Dietrich Rollmann (Hrsg.)

50 REDEN
AUS DEM DEUTSCHEN BUNDESTAG

DOKUMENTE ZUR ZEIT

50 REDEN AUS DEM DEUTSCHEN BUNDESTAG 1949 – 1983

ZUM 35JÄHRIGEN BESTEHEN DES DEUTSCHEN BUNDESTAGES

Herausgegeben von Dietrich Rollmann

BURG VERLAG · STUTTGART · BONN

CIP-Kurztitelaufnahme der Deutschen Bibliothek

50 Reden aus dem Deutschen Bundestag – 1949-1983
hrsg. von Dietrich Rollmann
Stuttgart: BURG, 1983
ISBN 3-922801-56-0
NE: Rollmann, Dietrich [Hrsg.];
Reden Bundestag: Politik

Auslieferung: BURG VERLAG, Untere Au 41,
7123 Sachsenheim 3, Tel.: 07147/6091
Schutzumschlag: Helm Renz, Haan
Fotos: Bundesbildstelle Bonn, Volker Hinz
Satz: Hans Richarz Publikations-Service, 5205 St. Augustin 1
Druck: Köllen Druck & Verlag GmbH, 5305 Bonn-Oedekoven
ISBN 3-922801-56-0

Inhalt

Einleitung des Herausgebers 11

1. „Unser Dienst gilt dem deutschen Volk“
Statt eines Vorwortes: Antrittsrede des neugewählten Bundestagspräsidenten Dr. Rainer Barzel am 29. März 1983 15

2. „Wir müssen uns zusammenfinden“
Konstituierung des Ersten Deutschen Bundestages durch seinen Alterspräsidenten Paul Löbe am 7. September 1949 19

3. „Gerechtigkeit erhöhet ein Volk“
Ansprache des ersten Bundespräsidenten Professor Dr. Theodor Heuss bei seinem Amtsantritt am 12. September 1949 24

4. „Das Werden des neuen Deutschlands“
Erste Regierungserklärung von Bundeskanzler Dr. Konrad Adenauer am 20. September 1949 30

5. „Die Aufgabe der Opposition“
Rede des Oppositionsführers Dr. Kurt Schumacher in der Debatte über die Regierungserklärung am 21. September 1949 50

6. Die SPD-Fraktion beantragt die Entlassung von Bundeswirtschaftsminister Professor Dr. Ludwig Erhard
Rede des Bundestagsabgeordneten Professor Dr. Carlo Schmid und Erwiderung von Bundeswirtschaftsminister Professor Dr. Ludwig Erhard am 28. Juli 1950 65

7. „Wiedervereinigung in Frieden und Freiheit“
Regierungserklärung von Bundeskanzler Dr. Konrad Adenauer am 9. März 1951 . 76

8. „Die deutsche Einheit ist ein zentrales Problem“
Rede des Oppositionsführers Dr. Kurt Schumacher in der Debatte über die Regierungserklärung am 9. März 1951 84

9. „Aussöhnung mit dem Staate Israel und den Juden in aller Welt“
Regierungserklärung von Bundeskanzler Dr. Konrad Adenauer und Erklärungen der Fraktionen im Bundestag am 27. September 1951 97

10. Der Streit um die Außen- und Sicherheitspolitik Adenauers
Reden der Bundestagsabgeordneten Franz Josef Strauß und Fritz Erler am 10. Juli 1952 103

11. Gegen die Wiedereinführung der Todesstrafe
Rede des Bundesjustizministers Dr. Thomas Dehler am 2. Oktober 1952 131

12. Der 17. Juni 1953 in Ost-Berlin und der Sowjetischen Besatzungszone
Regierungserklärung von Bundeskanzler Dr. Konrad Adenauer und Rede des Bundestagsabgeordneten Herbert Wehner am 1. Juli 1953 144

13. „Die Bundesrepublik Deutschland ist souverän"
Das Schreiben von Bundeskanzler Dr. Konrad Adenauer und die Erklärungen der Fraktionen am 5. Mai 1955 158

14. Adenauer in Moskau – Die Rückkehr der deutschen Kriegsgefangenen
Regierungserklärung von Bundeskanzler Dr. Konrad Adenauer am 22. September 1955 und Grußwort von Bundestagspräsident D. Dr. Eugen Gerstenmaier an die heimkehrenden Kriegsgefangenen am 12. Oktober 1955 165

15. Die Rentenreform und die Einführung der „dynamischen Rente"
Rede des Bundesarbeitsministers Anton Storch am 27. Juni 1956 176

16. Die kleine Wiedervereinigung im Westen – Die Rückkehr des Saarlandes zum 1. Januar 1957
Rede des Bundesaußenministers Dr. Heinrich von Brentano am 14. Dezember 1956 187

17. Verpaßte Chancen der deutschen Wiedervereinigung
Rede des Bundestagsabgeordneten Dr. Dr. Gustav Heinemann am 23. Januar 1958 190

18. Um Adenauers Kandidatur für das Amt des Bundespräsidenten
Rede des Oppositionsführers Erich Ollenhauer am 11. Juni 1959 200

19. „Bekämpfung des Hungers in der Welt"
Ansprache des neugewählten Bundespräsidenten Heinrich Lübke bei seinem Amtsantritt am 15. September 1959 209

20. „Bekenntnis zu den Vertrags- und Bündnisverpflichtungen der Bundesrepublik"
Rede des Bundestagsabgeordneten Herbert Wehner am 30. Juni 1960 215

21. Der Bau der Mauer am 13. August 1961
Regierungserklärung von Bundeskanzler Dr. Konrad Adenauer und Rede des Regierenden Bürgermeisters von Berlin, Willy Brandt, am 18. August 1961 229

22. Rücktritt und Verabschiedung von Bundeskanzler Dr. Konrad Adenauer
Reden des Bundestagspräsidenten D. Dr. Eugen Gerstenmaier und des Bundeskanzlers Dr. Konrad Adenauer am 15. Oktober 1963 240

23. „Politik der Mitte und Verständigung"
Erste Regierungserklärung von Bundeskanzler Professor Dr. Ludwig Erhard am 18. Oktober 1963 253

24. „Keine Verjährung für Mord"
Rede des Bundestagsabgeordneten Ernst Benda am 10. März 1965 268

25. „Im Interesse der Nation und des Vaterlandes" – Die Bildung der Großen Koalition
Erste Regierungserklärung von Bundeskanzler Kurt Georg Kiesinger am 13. Dezember 1966 277

26. „Gefahren der breiten Mehrheit"
Rede des stellvertretenden Oppositionsführers Wolfgang Mischnick in der Debatte über die Regierungserklärung am 15. Dezember 1966 294

27. „Weg aus der Talsohle"
Rede des Bundeswirtschaftsministers Professor Dr. Karl Schiller in der Debatte über die Regierungserklärung am 15. Dezember 1966 306

28. „Abstimmung von Finanz- und Wirtschaftspolitik"
Rede des Bundesfinanzministers Franz Josef Strauß in der Debatte über die Regierungserklärung am 15. Dezember 1966 314

29. Außerparlamentarische Opposition
Aktuelle Stunde im Bundestag am 9. Februar 1968 319

30. „Es gibt schwierige Vaterländer. Eines davon ist Deutschland"
Ansprache des neugewählten Bundespräsidenten Dr. Dr. Gustav Heinemann bei seinem Amtsantritt am 1. Juli 1969 328

31. „Wir wollen mehr Demokratie wagen" – Die Bildung der Sozialliberalen Koalition
Erste Regierungserklärung von Bundeskanzler Willy Brandt am 28. Oktober 1969 334

32. „Das Vaterland über die Parteipolitik stellen"
Rede des Oppositionsführers Dr. Rainer Barzel in der Debatte über die Regierungserklärung am 29. Oktober 1969 361

33. „Die erste Begegnung der Regierungschefs der beiden deutschen Staaten" – Bundeskanzler Willy Brandt und DDR-Ministerpräsident Willi Stoph am 19. März 1970 in Erfurt
Regierungserklärung von Bundeskanzler Willy Brandt am 20. März 1970 373

34. „Herr Bundeskanzler, Sie geben das Deutschlandkonzept des Westens auf!"
Rede des Bundestagsabgeordneten Theodor Freiherr von und zu Guttenberg am 27. Mai 1970 377

35. Um die Ostpolitik der Sozialliberalen Koalition
Reden des Bundesaußenministers Walter Scheel und des Bundestagsabgeordneten Dr. Gerhard Schröder zur ersten Beratung der Ostverträge am 23. Februar 1972 . . . 387

36. Konstruktives Mißtrauensvotum gegen Bundeskanzler Willy Brandt 1972 – Die Entscheidung der FDP
Rede des Bundesparteivorsitzenden Walter Scheel am 27. April 1972 405

37. Deutsche Energiepolitik
Regierungserklärung von Bundeswirtschaftsminister Dr. Hans Friderichs am 17. Januar 1974 410

38. „Wir setzen das Soziallliberale Bündnis fort"
Erste Regierungserklärung von Bundeskanzler Helmut Schmidt am 17. Mai 1974 . 420

39. „Nur die persönliche Freiheit ..."
Ansprache des neugewählten Bundespräsidenten Walter Scheel bei seinem Amtsantritt am 1. Juli 1974 429

40. „Der Bundestag ist Repräsentant des souveränen Volkes"
Ansprache der Bundestagspräsidentin Frau Annemarie Renger aus Anlaß der 25jährigen Wiederkehr der ersten Sitzung des Deutschen Bundestages am 18. September 1974 436

41. „Kampf dem Terrorismus" – Zur Ermordung von Dr. Hanns Martin Schleyer
Regierungserklärung von Bundeskanzler Helmut Schmidt am 20. Oktober 1977 . . 439

42. „Engagement für Freiheit und Menschenrechte"
Ansprache des neugewählten Bundespräsidenten Professor Dr. Karl Carstens bei seinem Amtsantritt am 1. Juli 1979 447

43. Konstruktives Mißtrauensvotum gegen Bundeskanzler Helmut Schmidt 1982 – Die Entscheidung der FDP
Rede des Fraktionsvorsitzenden Wolfgang Mischnick am 1. Oktober 1982 455

44. „Programm der Erneuerung" – Die „Wende" in Bonn
Regierungserklärung von Bundeskanzler Dr. Helmut Kohl am 4. Mai 1983 463

45. „Für die solidarische Gesellschaft"
Rede des Oppositionsführers Dr. Hans-Jochen Vogel in der Debatte über die Regierungserklärung am 4. Mai 1983 499

46. „Ideologie der fünfziger Jahre ..."
Rede der Bundestagsabgeordneten Frau Marieluise Beck-Oberdorf in der Debatte über die Regierungserklärung am 4. Mai 1983 521

47. „Hinterlassenschaft einer katastrophalen Finanzpolitik"
Rede des Bundesfinanzministers Dr. Gerhard Stoltenberg in der Debatte über die Regierungserklärung am 5. Mai 1983 530

48. „Zuerst Produktion, dann Verteilung"
Rede des Bundeswirtschaftsministers Dr. Otto Graf Lambsdorff in der Debatte über die Regierungserklärung am 5. Mai 1983 535

49. Deutsche Außen- und Sicherheitspolitik in den achtziger Jahren
Regierungserklärung von Bundesaußenminister Hans-Dietrich Genscher am 15. Juni 1983 542

50. „Wehrlosigkeit bringt uns nicht den Frieden"
Rede des Bundesverteidigungsministers Dr. Manfred Wörner am 15. Juni 1983 . . 556

Anhang

Kurzbiographien der Redner 573
Bundespräsidenten, Bundestagspräsidenten und Bundeskanzler von 1949 bis 1983 . 585
Übersicht der Legislaturperioden 585
Bestimmungen über den Bundestag im Grundgesetz 586
Quellenangaben der Reden 589

Einleitung

1984 ist die Bundesrepublik Deutschland fünfunddreißig Jahre alt. 1949 wurde das Grundgesetz verabschiedet, fand die Wahl zum ersten Deutschen Bundestag statt. Der erste Bundespräsident, Professor Dr. Theodor Heuss, und der erste Bundeskanzler, Dr. Konrad Adenauer, wurden gewählt.

In den dreieinhalb Jahrzehnten, die seitdem vergangen sind, ist die große Mehrheit unserer Mitbürger geboren, haben sie die entscheidende Zeit ihres Lebens verbracht. Die Jahre vor 1949 sind für die meisten von uns die Vor- oder bestenfalls die Frühgeschichte ihres eigenen Lebens. Die Bundesrepublik Deutschland ist der Staat, in dem wir leben.

Lehre und Forschung haben bisher die Geschichte der Bundesrepublik Deutschland vernachlässigt. An unseren Schulen wird sie nur unzulänglich unterrichtet. Viele Mitbürger, die an der jüngeren Geschichte interessiert sind, sind besser über die Zeit des Kaiserreiches, der Weimarer Republik und des Dritten Reiches informiert als über die Entwicklung der Bundesrepublik Deutschland.

Diesem Defizit möchte für den Bereich unseres Parlamentes diese Sammlung von „Fünfzig Reden aus dem Deutschen Bundestag" aus den Jahren von 1949–1983 abzuhelfen versuchen. Für diesen Zeitraum sind bisher nur Reden einzelner Politiker veröffentlicht worden. Fast die Hälfte der Zeit, um die es hier geht, von 1960 bis 1976, habe ich selbst dem Deutschen Bundestag als Abgeordneter angehört.

Wenn von der Geschichte der Bundesrepublik Deutschland die Rede ist, stehen mit Recht die Bundeskanzler und ihre jeweilige Politik im Vordergrund des Interesses. Ihr Amt aber verdanken die Kanzler dem Bundestag, der sie wählt, dem sie sich zu verantworten haben, der ihre Politik billigt oder verwirft. Die Rednertribüne des Bundestages ist der Platz, wo die Fragen der deutschen Politik debattiert werden. Das Plenum des Bundestages ist der Ort, wo die Fragen der deutschen Politik entschieden werden – bei aller Abhängigkeit vom Weltgeschehen. So wichtig der Kanzler und seine Minister auch sind, die Bundesgesetze werden im Parlament beraten und beschlossen. Der Bundestag ist der Repräsentant des Volkes. Was aber im Bundestag in den vergangenen dreieinhalb Jahrzehnten zu dieser oder jener Frage gesagt wurde, ist nur noch in historischen Archiven und wissenschaftlichen Sammlungen nachzulesen. Mithin also für den normalen Staatsbürger unerreichbar.

Ich möchte mit dieser Sammlung einige der älteren Reden, die im Deutschen Bundestag gehalten worden sind, der Vergessenheit entreißen und sie den

Zeitgenossen wieder bewußt machen. Ich möchte einigen der jüngeren Reden das Schicksal des Vergessenwerdens ersparen. Und es soll deutlich werden, wie sich das Zeitgeschehen der letzten fünfunddreißig Jahre im Deutschen Bundestag widerspiegelt.

An den Anfang der Sammlung habe ich die Rede gestellt, die der Alterspräsident des Ersten Deutschen Bundestages, der ehemalige Reichstagspräsident Paul Löbe, im Jahre 1949 bei der konstituierenden Sitzung unseres Parlamentes gehalten hat. Die spätere Bundestagspräsidentin Frau Annemarie Renger hat fünfundzwanzig Jahre danach an diesen Tag erinnert. Unter das Motto „Unser Dienst gilt dem deutschen Volk" hat der gegenwärtige Bundestagspräsident Dr. Rainer Barzel sein Amt gestellt. Seine Rede veröffentliche ich statt eines Vorworts.

Diese Sammlung ist durchzogen von den wegweisenden Reden, mit der die fünf Präsidenten der Bundesrepublik Deutschland ihr Amt angetreten haben.

Kernpunkt dieser Sammlung sind die ersten Regierungserklärungen der Bundeskanzler vor dem Bundestag, ihre Regierungsprogramme also. Nur bei Bundeskanzler Helmut Kohl habe ich die Regierungserklärung ausgewählt, die er – nach seiner Legitimation durch die Bundestagswahl 1983 – am 4. Mai 1983 vor dem Bundestag abgegeben hat. Soweit mit diesen Regierungserklärungen der Beginn eines neuen Abschnittes der Politik verbunden war, habe ich den Regierungserklärungen der Kanzler die Erwiderungen der Oppositionsführer gegenübergestellt. So antwortet 1949 der SPD-Vorsitzende Kurt Schumacher Bundeskanzler Konrad Adenauer, 1966 der stellvertretende FDP-Fraktionsvorsitzende Wolfgang Mischnick Bundeskanzler Kurt Georg Kiesinger, 1969 der CDU/CSU-Fraktionsvorsitzende Rainer Barzel Bundeskanzler Willy Brandt, 1983 der SPD-Fraktionsvorsitzende Hans-Jochen Vogel Bundeskanzler Helmut Kohl. Und als Sprecherin einer neuen Oppositionspartei, der GRÜNEN, erwidert Marieluise Beck-Oberdorf dem Bundeskanzler.

Damit sind die politischen Abschnitte der Bundesrepublik Deutschland markiert: 1949 der Neuanfang mit Konrad Adenauer, 1966 der Übergang zur Großen Koalition mit Kurt Georg Kiesinger, 1969 der „Machtwechsel" zur Sozialliberalen Koalition mit Willy Brandt, 1982/83 die „Wende" zur „Koalition der Mitte" mit Helmut Kohl.

Alles andere ist Auswahl, die Auswahl des Herausgebers natürlich. Unweigerlich kommt bei jedem informierten Leser die Frage auf, die ich mir selbst immer wieder gestellt habe: Warum dieser Parlamentarier und jener nicht? Warum gerade diese Rede und nicht die andere? Warum spiegelt sich dieses Ereignis wider und nicht die Begebenheit dort? Es ist unmöglich, in einer

Sammlung von Reden alles wiederzugeben, was an Richtigem, Gutem und Notwendigem über dreieinhalb Jahrzehnte in unserem Parlament gesagt worden ist. Ich möchte die Gesichtspunkte meiner Auswahl darlegen:

Die deutsche Frage spielt als eines der zentralen Themen der deutschen Politik in diesem Band eine bedeutende Rolle: der 17. Juni 1953 und der 13. August 1961, der Besuch Adenauers in Moskau 1955 und die Begegnung der Regierungschefs der beiden deutschen Staaten in Erfurt 1970. In diesen Rahmen gehört die Bundestagssitzung 1951 mit der Regierungserklärung von Bundeskanzler Konrad Adenauer und der Rede von Oppositionsführer Kurt Schumacher zur „Wiederherstellung der Einheit Deutschlands". Diese Sitzung endete mit einer fast einstimmig angenommenen Entschließung des Deutschen Bundestages, die es wahrlich verdient, wieder in unsere Erinnerung gerufen zu werden. Das Ringen um die Außen- und Sicherheitspolitik der Bundesrepublik in den Adenauer-Jahren wird in den Reden von Franz Josef Strauß und Fritz Erler 1952 genau so deutlich wie zwanzig Jahre später in den Reden von Walter Scheel und Gerhard Schröder in der Zeit der Sozialliberalen Koalition. Unvergessen sind die bewegenden Reden, die Gustav Heinemann 1958 und Theodor Freiherr von und zu Guttenberg 1970 zur Deutschlandpolitik im Bundestag gehalten haben. Am 30. Juni 1960 hat Herbert Wehner sich in einer aufsehenerregenden Rede für die Sozialdemokratische Partei Deutschlands zu den Verträgen und Bündnissen bekannt, die Adenauer abgeschlossen hat. Zur deutschen Frage gehört die Wiedergewinnung der Souveränität 1955 und die Rückkehr des Saarlandes 1957.

Aus dem Bereich der Rechtspolitik habe ich Thomas Dehlers große Rede gegen die Wiedereinführung der Todesstrafe 1952 und Ernst Bendas aufrüttelnden Appell „Keine Verjährung für Mord!" 1965 übernommen. „Die Aussöhnung mit dem Staate Israel und den Juden in aller Welt", für die sich Bundesregierung und Bundestag 1951 einmütig aussprachen, reicht weit über den Raum des Rechtes in moralische Kategorien.

Seine bedeutenden Reden zur Wirtschaftspolitik hat Ludwig Erhard nicht im Bundestag gehalten, und seine Debatten mit seinem planwirtschaftlich orientierten Gegenspieler Erik Nölting nehmen zu viel Raum ein, als daß sie hier Platz finden könnten. So mußte ich mich darauf beschränken, den Dialog zwischen Carlo Schmid und Ludwig Erhard über den Antrag der SPD-Fraktion, Bundeswirtschaftsminister Ludwig Erhard aus seinem Amt zu entlassen, in diesen Band aufzunehmen. Im übrigen kommen zur Wirtschaftspolitik und Finanzpolitik Karl Schiller und Franz Josef Strauß und – nach der „Wende" – Otto Graf Lambsdorff und Gerhard Stoltenberg zu Wort.

Überhaupt die „Wende"! In dem Bestreben, aktuell zu sein, findet die Zeit der „Wende" in diesem Band ihren ausführlichen Niederschlag: Wolfgang

Mischnick begründet, warum die FDP 1982 die „Wende“ von der SPD zur Union vollzogen und damit die Wahl von Helmut Kohl zum Bundeskanzler ermöglicht hat, während Walter Scheel zehn Jahre vorher diese „Wende“ noch abgelehnt hatte. Außer Bundeskanzler Helmut Kohl mit seiner Regierungserklärung legen Hans-Dietrich Genscher und Manfred Wörner das außen- und sicherheitspolitische Konzept der neuen Bundesregierung für die achtziger Jahre dar.

„Fünfzig Reden aus dem Deutschen Bundestag“ in einem Band – das bedingt überall Kürzungen, von denen ich nur die Reden der Bundespräsidenten ausgenommen habe. Ich habe mich bemüht, dabei so sorgfältig wie möglich zu verfahren und den Gehalt der Reden in keinem Falle anzutasten. Ich bitte um Entschuldigung, wenn mir das hier und da nicht gelungen sein sollte.

Ich möchte diese Sammlung von Reden aus dem Deutschen Bundestag allen meinen ehemaligen Kollegen widmen, die gleich mir einmal in diesen fünfunddreißig Jahren Mitglied des Bundestages waren und dort ihre Pflicht getan haben, ohne daß eine ihrer Reden in diesen Band aufgenommen werden konnte. Bei der Lektüre dieser Reden aber werden sie sich an die großen Stunden erinnern, die sie im Deutschen Bundestag miterlebt haben.

Dietrich Rollmann

Statt eines Vorworts

1.
„Unser Dienst gilt dem deutschen Volk"

Antrittsrede des neugewählten Bundestagspräsidenten Dr. Rainer Barzel am 29. März 1983

Der Zehnte Deutsche Bundestag wählte in seiner ersten Sitzung am 29. März 1983 den CDU/CSU-Bundestagsabgeordneten Dr. Rainer Barzel zu seinem Präsidenten. Der neugewählte Bundestagspräsident erklärte bei der Übernahme seines Amtes:

Meine Kolleginnen und Kollegen! Unser Dienst und unsere Pflicht gelten dem deutschen Volk, dem wir Rechenschaft schulden. Es hat uns nach dem Grundgesetz in allgemeiner, unmittelbarer, freier, gleicher und geheimer Wahl gewählt. Wir alle sind Vertreter des ganzen deutschen Volks, allein an unser Gewissen gebunden, nicht an Aufträge oder Weisungen.

Wir haben hier und da mehr Rechte als andere, weil wir mehr Pflichten haben. Damit wir diese erfüllen können, haben wir diese Rechte. Unsere herausragendste Pflicht ist, alles zu tun, damit unser Volk „in freier Selbstbestimmung die Einheit und Freiheit Deutschlands vollenden" kann. *(Beifall bei der CDU/CSU, der SPD und der FDP.)* So grüße ich alle Deutschen. Ich grüße sie mit der Versicherung: Wir werden diesem Gebot des Grundgesetzes entsprechen und auch deshalb die Zusammengehörigkeit mit Berlin kräftigen. *(Beifall bei der CDU/CSU, der SPD und der FDP.)*

Ich grüße alle Deutschen, besonders herzlich alle, die Not leiden, die seelisch oder körperlich krank, die Opfer des Krieges oder einsam oder behindert sind. Ich versichere sie unserer Solidarität. *(Beifall bei der CDU/CSU, der FDP und Abgeordneten der SPD.)*

Unser Staat ist die Heimstatt aller Deutschen.

Diese Heimstatt liegt in Europa. Wir suchen gute Nachbarschaft mit allen Europäern im Westen wie im Osten, im Norden wie im Süden, und erstreben – auch dies sage ich mit dem Grundgesetz –, „als gleichberechtigtes Glied in einem vereinten Europa dem Frieden der Welt zu dienen".

Wer diese Verpflichtung unserer Verfassung so hört und in sich aufnimmt,

wird nochmals denen danken, die unser Grundgesetz geschaffen haben, deren erlebte und erlittene menschliche und geschichtliche Erfahrung sie beherzte, uns so in die Zukunft festzulegen.
Wir wollen, meine Kolleginnen und Kollegen, ihrer würdig sein, indem wir, was immer uns sonst trennt, erneut verbindlich übereinkommen: Nie wieder soll von deutschem Boden Krieg oder Diktatur ausgehen. *(Beifall bei der CDU/CSU, der SPD und der FDP.)*
Das beides nie wieder!
Keiner hier hat ein besseres Mandat als ein anderer. Das Grundgesetz bindet uns alle ausdrücklich an die verfassungsmäßige Ordnung. Wie immer wir politisch handeln, denken, streiten, was immer wir neu und besser machen wollen – das ist das Fundament, auf dem wir alle stehen.
Dem Staat voran geht die Würde des Menschen. An diesem Grundrecht und am Schutz der Minderheiten findet auch die Mehrheit ihre Grenze. Diesseits dieser Grenze aber muß die Mehrheit entscheiden, entschließen, durchsetzen. Das schuldet sie unserem Volk, das in nach außen gesicherter, nach innen durch soziale Wirklichkeit im Alltag erfahrbarer Freiheit in Frieden leben will.
Zur Mehrheit führt der Weg der Kompromisse. Unterwegs dahin sind Humor und Witz erwünscht. Ernsthaftigkeit findet, wie ich meine, nicht in betulicher Erstarrung ihren Ausdruck.
Warum verschweigen, meine Kolleginnen und Kollegen, daß manche in der Welt, viele in Deutschland und wohl alle hier im Hause das veränderte Gesicht dieses neuen Deutschen Bundestages beschäftigt? Viele Erwartungen gelten dem Inhalt, zahlreiche Befürchtungen der Form. Das letztere teile ich nicht.
Mit der Form hier ist es wie mit unserer deutschen Sprache: Wir brauchen sie alle, um zugleich zusammen leben und über Inhalte streiten zu können.
Wir alle hier wissen: Die Rücksicht auf das Recht des anderen ist die unerläßliche Bedingung des Friedens nach innen wie nach draußen. Friedfertigkeit und gute Nachbarschaft beginnen zu Hause, auch hier im Hause. *(Beifall bei der CDU/CSU, der FDP sowie bei Abgeordneten der SPD und der GRÜNEN.)*
Wir erstreben keine gespreizte, verordnete Würde, sondern die natürliche Achtung, die aus unserer Arbeit und aus unserem Auftrag erwächst – und aus der Art, wie wir sie leisten. Keiner wird uns diese Achtung je entgegenbringen, wenn wir uns nicht, zunächst, untereinander Achtung erweisen.
Zur Eröffnung des 1. Deutschen Bundestages am 7. September 1949 sagte Alterspräsident Paul Löbe, der über lange Jahre Präsident des Deutschen Reichstags war – ich zitiere –:

Was erhofft sich das deutsche Volk von der Arbeit des Bundestags? – Daß wir eine stabile Regierung, eine gesunde Wirtschaft, eine neue soziale Ordnung in einem gesicherten Privatleben aufrichten, unser Vaterland einer neuen Blüte und neuem Wohlstand entgegenführen.
Das wurde – leider nur im freien Teil unseres Vaterlandes – rasch geschafft, weil sich die deutsche Politik nicht scheute, anspruchsvoll zu sein, sich hohe Ziele setzte und nach festen Grundsätzen berechenbar entschied, weil man wußte und sagte, daß „nicht Macht, sondern Geist die Ehre Deutschlands vor der Welt ausmacht".
Mein Wunsch für diesen 10. Deutschen Bundestag?
Daß unsere Werktagsarbeit mit unseren Sonntagsreden übereinstimmt; *(Beifall bei allen Fraktionen)* daß unser Volk sehen kann, wem unsere Arbeit dient und wofür wir miteinander streiten; daß Sinn und Zweck und Ziel, daß Werte und Überzeugungen uns leiten wie die Verantwortung für unsere Lebensgrundlagen; daß wir alle die Dimension Geist einbeziehen und ihr entsprechen.
Nur so – des bin ich gewiß – werden wir die sozialen Sorgen, allen voran die Arbeitslosigkeit, überwinden und die materiellen Probleme lösen können; denn der Mensch lebt nicht vom Brot allein. Allen, die arbeiten wollen, aber zur Zeit nicht können, versichere ich – ich glaube, das für alle tun zu dürfen –: Wir wollen und wir müssen das ändern.
Meine Damen und Herren, hier ist, wie ich schon sagte, Platz für Neues und für Besseres. Hier ist Platz für leidenschaftlichen Streit, aber ebenso für Nachsicht, für Herzlichkeit, für Höflichkeit und Kompromißbereitschaft. Nicht nur Freiheit und Gleichheit und Gerechtigkeit, auch Brüderlichkeit machen die Demokratie aus.
Das können wir nicht verordnen, aber es kann, es sollte, als geistig-politische Haltung von uns ausgehen.
So wollen wir, wie unser Grundgesetz es sagt, im „Bewußtsein der Verantwortung vor Gott und den Menschen" an die Arbeit gehen, um die Würde des Menschen zu achten und zu schützen; der sozialen Gerechtigkeit und dem Frieden zu dienen; unserer Verantwortung für die kommenden Generationen und deren Lebensgrundlagen gerecht zu werden; dem gesamtmenschheitlichen Gemeinwohl durch einen entschiedenen Beitrag zum Kampf gegen Hunger und Elend, Unwissenheit und Not zu entsprechen; und nie die Deutschen zu bevormunden oder zu vergessen, denen, wie das Grundgesetz sagt, hier „mitzuwirken versagt" ist. Diesen großen Zielen dient unsere Arbeit.
Wir sollten danach trachten, fröhlich und mit Zuversicht diesen Dienst zu leisten – dabei weder das Gegeneinander scheuen noch versäumen, zugleich

das Gemeinsame zu pflegen. Wir sind alle miteinander aufeinander angewiesen. Uns trennen nicht nur Zäune, uns alle verbindet gemeinsamer Boden. Glückauf dem 10. Deutschen Bundestag! *(Beifall bei der CDU/CSU, der FDP und bei Abgeordneten der SPD.)*

2.
„Wir müssen uns zusammenfinden“

Konstituierung des Ersten Deutschen Bundestages durch seinen Alterspräsidenten Paul Löbe am 7. September 1949

Am 8. Mai 1949 beschloß der aus den Vertretern der westdeutschen Länderparlamente gebildete Parlamentarische Rat das Grundgesetz der Bundesrepublik Deutschland. Am 14. August 1949 fanden die Wahlen zum Ersten Deutschen Bundestag statt. Der Bundestag konstituierte sich in seiner ersten Sitzung am 7. September 1949 mit einer Rede seines Alterspräsidenten, des SPD-Bundestagsabgeordneten Paul Löbe. Als ehemaliger Präsident des Deutschen Reichstages in der Zeit der Weimarer Republik verkörperte Löbe die Kontinuität des deutschen Parlamentarismus über die Zeit der nationalsozialistischen Diktatur hinweg:

Meine Damen und Herren! Abgeordnete des Deutschen Bundestages! Nach einem alten Brauch wird die erste Sitzung eines neuen Parlaments durch das an Jahren älteste Mitglied des Hauses eröffnet. Ich bin geboren am 14. Dezember 1875. Ich frage, ob sich ein Mitglied im Hause befindet, das zu einem früheren Termin geboren ist. – Offenbar ist das nicht der Fall.

Dann erkläre ich die erste Sitzung des Bundestags der Bundesrepublik Deutschland für eröffnet.

Meine Damen und Herren! Der Zufall hat es gefügt, daß ich als Alterspräsident vor Ihnen stehe als einer der Vertreter der alten deutschen Hauptstadt Berlin. In der Entsendung der Berliner Abgeordneten kommt der einhellige Wunsch seiner Bewohner zum Ausdruck, in dieses neue Deutschland einbezogen zu sein, und die Hoffnung, daß dieser Wunsch durch Ihre Arbeit bald seine Erfüllung finde. (Lebhafter Beifall.)

Aber nicht minder hoffnungsvoll, ich möchte sagen, Erlösung heischend, sind heute die Augen jener Millionen deutscher Landsleute auf uns gerichtet, die in den deutschen Ostgebieten wohnen und deren Vertretern Besatzungsmacht oder fremde Verwaltung gewaltsam verwehrt, mit in diesem Saale zu sitzen und mit uns zu beraten. Indem wir die Wiedergewinnung der deutschen Einheit als erste unserer Aufgaben vor uns sehen, versichern wir gleichzeitig, daß dieses Deutschland ein aufrichtiges, von gutem Willen erfülltes Glied eines geeinten Europa sein will. (*Bravorufe und Händeklatschen.*)

Ich habe dieses Bekenntnis bereits als Präsident der Deutschen Bewegung für die Vereinigten Staaten von Europa an die Konferenz in Straßburg gerichtet und wiederhole es in dieser historischen Stunde: Uns bewegt nicht, wie es früher geschehen ist, der Gedanke an irgendeine Form von Vorherrschaft; wir wollen mit allen anderen gleichberechtigt in den Kreis der europäischen Nationen treten. (Erneuter lebhafter Beifall.)

Meine Damen und Herren! In dem Augenblick, in dem zum ersten Male wieder freigewählte Abgeordnete eines erheblichen Teils von Gesamtdeutschland zusammentreten, um eine deutsche Regierung einzusetzen und eine neue Gesetzgebung zu beginnen, schweifen die Gedanken von uns Älteren zurück zu jener letzten Sitzung des Deutschen Reichstags in der Berliner Krolloper, der wir beiwohnten und in der durch das Hitlersche Ermächtigungsgesetz die staatsbürgerlichen Freiheiten für lange Jahre begraben wurden. Das war ein illegaler Akt, durchgeführt von einer illegalen Regierung. Der Widerstand dagegen war eine patriotische Tat. (*Lebhafte Zurufe: Sehr richtig! – Abg. Reimann: Wieviele Abgeordnete sitzen hier, die dafür gestimmt haben! – Abg. Rische: Sehr richtig!*)

Die Jüngeren unter uns aber, woher sie auch kommen mögen, haben auf ihrer Reise nach Bonn von Stadt zu Stadt noch einmal, vielleicht zum ersten Male in diesem Umfang, die erschütternden Zeugen der Zerstörung gesehen, die jene Machtergreifung schließlich herbeigeführt hat, die sichtbaren Zeugen nur, denn jeder einzelne von uns weiß dabei um die geistige und seelische Verwüstung, die mit der äußerlichen in unserem Volke angerichtet worden ist. Die Alten und die Jüngeren sind nun hier vereint in der schweren Aufgabe, an die Stelle der Trümmer wieder ein wohnliches Haus zu setzen und in den Mutlosen eine neue Hoffnung zu wecken.

Was erhofft sich das deutsche Volk von der Arbeit des Bundestags? – Daß wir eine stabile Regierung, eine gesunde Wirtschaft, eine neue soziale Ordnung in einem gesicherten Privatleben aufrichten, unser Vaterland einer neuen Blüte und neuem Wohlstand entgegenführen. Schier unüberwindlich scheinen die Hindernisse, die auf diesem Wege liegen, und ungezählte Scharen unserer Landsleute sind es, die von unserer Arbeit eine Minderung ihrer Sorge erwarten. Es stehen vor unserer Tür die Millionen der Heimatvertriebenen von jenseits der Oder-Neiße-Grenze, die Verstümmelten und Verwaisten des Krieges, die ja auch ein Opfer des Nazismus sind, jene, die in den Bombenangriffen Hab und Gut verloren, die anderen Opfer des Naziregimes und der mehrfachen Währungsmaßnahmen. Welch mühevolle, beharrliche,

wohlüberlegte und welch gutwillige Zusammenarbeit wird notwendig sein, um auch nur der geringsten dieser. Aufgaben Herr zu werden!
Meine Damen und Herren! Wir werden es nicht schaffen aus eigener Kraft allein. Wir werden – geben wir uns keinem Irrtum darüber hin – dabei noch lange der Beihilfe des Auslandes bedürfen. Wohlgemerkt: nicht in der Form und im Sinne von Almosen, sondern für den Aufbau unserer Wirtschaft, damit wir aus eigener Arbeit die Grundlagen unserer Existenz finden. Ich habe die Zuversicht: Unser arbeitsames, tüchtiges, ordnungliebendes, leider politisch so oft irregeführtes Volk wird es schaffen! (*Lebhafte Bravo-Rufe und Händeklatschen.*)
Dabei sind uns in den letzten Jahren von draußen her oft Vorhaltungen gemacht worden, weil wir das Ausmaß der Schuld noch nicht erkannt haben, das Deutschland durch den europäischen Krieg auf seine Schultern geladen hat, weil wir undankbar geblieben seien gegenüber der großen jahrelangen Hilfe, die uns zuteil wurde, Vorhaltungen, daß wir uns im Gegenteil im Räsonieren über schwer tragbare Lasten erschöpfen. Wir können offen über solche Vorwürfe sprechen. Ich als Berliner Abgeordneter würde mich für besonders undankbar halten, wollte ich nicht anerkennen, in welch unerhörtem Ausmaß die westlichen Besatzungsmächte unsern Freiheitskampf unterstützt, ja Berlin vor dem buchstäblichen Hungertode gerettet haben. (*Lebhafter Beifall.*)
Wir verkennen auch keinen Augenblick, daß das westliche Deutschland, dem das agrarische Hinterland zur Zeit entzogen ist, zu einem erheblichen Teil sein Leben nur hat fristen können durch die großmütig gewährten Beihilfen aus Ländern, die nicht so hart getroffen waren.
Wir erkennen das dankbar an und bestreiten auch keinen Augenblick das Riesenmaß von Schuld, das ein verbrecherisches System auf die Schultern unseres Volkes geladen hat. Aber die Kritiker draußen wollen doch eines nicht übersehen: Das deutsche Volk litt unter zwiefacher Geißelung. Es stöhnte unter den Fußtritten der eigenen Tyrannen und unter den Kriegs- und Vergeltungsmaßnahmen, welche die fremden Mächte zur Überwindung der Naziherrschaft ausgeführt haben. Wessen Haus an allen Ecken brennt, der sieht zunächst die eigene Not, ehe er die Fassung gewinnt, die Lage des Nachbarn voll zu würdigen.
Es sind auch Vorwürfe erhoben worden, weil das deutsche Volk sich nicht gegen den nationalsozialistischen Terror zur Wehr gesetzt habe. Wenn ich Ihnen sage, daß allein von den 94 sozialdemokratischen Abgeordneten, die gegen das Ermächtigungsgesetz gestimmt haben, da sie sich zu jener Zeit noch in Freiheit befanden, 24 ihren Widerstand mit dem Leben bezahlt haben, (*die Abgeordneten erheben sich von den Sitzen*) wenn Sie bedenken, welche

Opfer – – (*Unruhe. – Zuruf rechts: Auch von anderen Parteien sind Opfer gebracht worden; wir wollen keine Rechnungen aufmachen! – Weitere Zurufe rechts und von den Kommunisten.*)

– Meine Herren, lassen Sie mich nur weitersprechen. Wäre nicht die Unterbrechung erfolgt, so hätte ich das sowieso erwähnt. – Wenn Sie bedenken, daß große Opfer auch von der kommunistischen Fraktion gebracht worden sind, aber auch von Mitgliedern des früheren Zentrums und von Abgeordneten bis in die Rechtsparteien hinein, dann wird sich ergeben, daß auch dieser Vorwurf nicht aufrechterhalten werden kann. Die ersten fremden Botschafter waren noch nicht aus Deutschland abberufen, da lag die Mehrzahl dieser Opfer schon auf der Bahre.

Soweit solche Anklagen Berechtigung haben, bitten wir also, diese Ursachen mit zu berücksichtigen und auch bei den noch in Gang befindlichen Maßnahmen so zu verfahren, daß der Entwicklungsgang der deutschen Demokratie nicht aufs neue aufgehalten wird. (*Die Abgeordneten nehmen ihre Plätze wieder ein.*)

In diesem Zusammenhang muß ich auch an das Schicksal unserer Kriegsgefangenen und verschleppten Menschen erinnern, jener unbekannten Zahl in der Fremde schmachtender, doch zumeist unschuldiger Männner und Frauen, die schon über 5 Jahre von ihrer Heimat ferngehalten werden. (*Sehr richtig! rechts.*)

Das Leid der wartenden Frauen und Mütter, die die Hoffnung auf Wiederkehr ihrer Lieben nicht aufgeben können, ein Leid, das sie in tausend schlaflosen Nächten zermürbt, gehört zu jenen Grausamkeiten der Verschleppung, gegen die sich der Krieg unserer damaligen Gegner richtete, die aber immer noch fortwirken und Deutschland die innere Ruhe nicht finden lassen. (*Sehr richtig!*)

Wir rufen es deshalb auch von dieser Stelle aus in die Welt: Helft diese schlimme Unmenschlichkeit beseitigen! Es genügt nicht, der Wiederkehr der mörderischen Kriege vorzubeugen – wobei zu helfen unsere erste Pflicht sein wird –, es müssen auch die schmerzlichen Reste dieser Vergangenheit endlich beseitigt werden. (*Lebhafter Beifall.*)

Nun, meine Damen und Herren, lassen Sie uns eine Minute stillen Gedenkens all den Toten weihen, die als Opfer des Krieges von allen Völkern gefordert wurden, (*die Abgeordneten erheben sich von den Sitzen*) all denen, die durch die Fortwirkung des Krieges ihr Leben verloren. (*Minute des Schweigens.*)

– Sie haben das Andenken geehrt; ich danke Ihnen.

Deutschland will – ich sagte es schon – ein aufrichtiges, friedliebendes, gleichberechtigtes Glied der Vereinigten Staaten von Europa werden. Wir haben im Staatsgrundgesetz von Bonn den Verzicht auf nationale Souveränitätsrechte schon im voraus ausgesprochen, um dieses geschichtlich notwendige höhere Staatengebilde zu schaffen, und werden uns auch durch Anfangsschwierigkeiten von diesem Ziel nicht abschrecken lassen.

In diesem Zusammenhang begrüße ich die Vertreter der Besatzungsmächte und aller fremden Missionen, die sich an diesem wichtigen Tage bei uns eingefunden haben. Ich begrüße die Ministerpräsidenten der einzelnen Länder, ihre Minister und Vertreter, vor allen Dingen die Mitglieder des Bundesrats, und bitte Herrn Ministerpräsidenten Arnold, unsern Dank all denen zu sagen, die in ungewöhnlich angestrengter Arbeit diese Räume für uns hergerichtet haben. (*Lebhafter Beifall.*)

Ich begrüße ferner alle auf unseren Tribünen, die als einfache Staatsbürger oder als Inhaber hoher Ämter sich in ihrem Geschick mit uns verbunden fühlen und deshalb hierhergekommen sind.

Ich begrüße auch die Vertreter der Presse, füge daran aber die Bitte, ihre Berichterstattung und ihre Kritik nicht in Sensationen und Zwischenfällen zu suchen, (*sehr gut!*) sondern die praktische Arbeit des Bundestags zu würdigen. (*Lebhafter Beifall.*)

Meine Damen und Herren! Mein letzter Appell gilt den Abgeordneten dieses Hauses selbst. Hinter uns liegt ein erbitterter Wahlkampf, dessen Formen oft das erträgliche Maß weit überschritten. (*Sehr wahr! rechts.*)

Mit der Fortsetzung dieser Ausbrüche ist dem deutschen Volke nicht gedient. (*Sehr richtig! rechts.*)

Es braucht nicht niederreißende Polemik, sondern aufbauende Tat. Wollen wir vor der deutschen Geschichte bestehen, dann müssen wir uns, ob in Koalition oder Opposition, soweit zusammenfinden, daß Ersprießliches für unser Volk daraus erwächst, (*lebhafter Beifall*) damit wir uns auch die Achtung für unser deutsches Volk in der Welt draußen zurückgewinnen. – Meine Damen und Herren, lassen Sie uns die Arbeit mit diesem Vorsatz beginnen! (*Anhaltender lebhafter Beifall.*)

3. „Gerechtigkeit erhöhet ein Volk“

Ansprache des ersten Bundespräsidenten Professor Dr. Theodor Heuss bei seinem Amtsantritt am 12. September 1949

Am 12. September 1949 trat die „aus den Mitgliedern des Bundestages und einer gleichen Anzahl von Mitgliedern, die von den Volksvertretungen der Länder nach den Grundsätzen der Verhältniswahl gewählt“ worden sind, bestehende Bundesversammlung zusammen, um den ersten Präsidenten der Bundesrepublik Deutschland zu wählen. Gewählt wurde im zweiten Wahlgang mit 416 Stimmen der FDP-Vorsitzende Professor Dr. Theodor Heuss, der schon dem Reichstag der Weimarer Republik angehört hatte. 312 Stimmen wurden für den SPD-Vorsitzenden Dr. Kurt Schumacher abgegeben. In der Ansprache bei seinem Amtsantritt in der zweiten Sitzung des Ersten Deutschen Bundestages am 12. September 1949 erklärte der neugewählte Bundespräsident:

Verehrte Mitglieder des Bundestags, des Bundesrats und der Bundesversammlung! Niemand wird – so hoffe ich – mißdeuten, und mancher wird, denke ich, verstehen, wenn ich in dieser mich sehr bewegenden Stunde, die mein Leben verwandelt, zunächst sehr persönliche Dinge anspreche und zweier Männer gedenke: meines früh verstorbenen Vaters, der in die Seelen seiner jungen Söhne die Legenden des Jahres 48 gegossen hat, die mit der Familiengeschichte verbunden sind, und der uns einen Begriff davon gab, daß die Worte Demokratie und Freiheit nicht bloß Worte, sondern lebengestaltende Werte sind; und Friedrich Naumanns, des Mannes, der das wachsende Leben gestaltet hat, ohne den ich nicht das wäre, was ich bin, dem ich das Wissen zumal verdanke, das als Erbe in mir geblieben ist, daß die Nation nur leben kann, wenn sie von der Liebe der Massen des Volkes getragen wird, von dem ich gelernt habe, daß die soziale Sicherung mit die Voraussetzung der politischen Sicherung ist. Er hat uns das Wort in die Seele geschrieben: „Das Bekenntnis zur Nationalität und zur Menschwerdung der Masse sind für uns nur die zwei Seiten einer und derselben Sache.“

Ich darf an dieser Stelle mit aller Gelassenheit aussprechen: Dieses Amt wurde von mir nicht in einem unruhigen Ehrgeiz erstrebt. Es ist für mich mit persönlicher Resignation verbunden; denn manche Pläne wissenschaftlicher und literarischer Natur entfliehen mit ihm. Aber ich darf sagen, daß ich noch nie einer Aufgabe ausgewichen bin, wenn die Pflicht es verlangte. Ich möchte in der Berufung in dieses Amt die Deutung so sehen dürfen, daß sie eine Anerkennung darstellt für die Mittleraufgabe, die mir im Verlaufe des letzten Winters und Frühjahrs in Bonn zugewachsen war, als wir das Grundgesetz zu bilden hatten.

Noch ein persönliches Wort! In den Zeitungen habe ich in diesen letzten Tagen allerhand seltsame Dinge von mir lesen können – nette Sachen –, aber daß mir die „Ellbogenkraft" fehle, die zum Politiker gehöre. Ich selber habe das Gefühl: Von der Ellbogenpolitik haben wir reichlich genug gehabt. Ich betrachte es persönlich als einen Gewinn meines Lebens im öffentlichen Sein, daß ich, um die Worte von ehedem zu gebrauchen, auf der Rechten wie auf der Linken persönliche Freundschaften und Vertrauensverhältnisse besaß und heute besitze; das wird so bleiben. Es mag einer auch darin einen Mangel sehen; aber mir scheint, daß dieses Amt, in das ich gestellt bin, keine Ellbogenveranstaltung ist, sondern daß es den Sinn hat, über den Kämpfen, die kommen, die nötig sind, die ein Stück des politischen Lebens darstellen, nun als ausgleichende Kraft vorhanden zu sein.

Was ist denn das Amt des Präsidenten der Deutschen Bundesrepublik? Es ist bis jetzt ein Paragraphengespinst gewesen. Es ist von dieser Stunde an ein Amt, das mit einem Menschentum gefüllt ist. Und die Frage ist nun, wie wir, wir alle zusammen, aus diesem Amt etwas wie eine Tradition, etwas wie eine Kraft schaffen, die Maß und Gewicht besitzen und im politischen Kräftespiel sich selber darstellen will.

Es ist nicht meine Aufgabe und kann nicht meine Vermessenheit sein, in dieser Stunde so etwas wie ein Regierungsprogramm Ihnen vorzutragen. Das ist nicht meines Amts. Aber Sie haben einen Anspruch darauf, Auffassungen von lasnmir kennenzulernen.

Wir sind eine Bundesrepublik. Und nun die Frage: Sind wir zusammengefügt aus Staaten, oder sind wir auseinandergegliedert in Staaten? Wenn man sich das plastisch vorstellt, so spürt man gleich, daß hier zwei Geschichtsauffassungen, die gleichzeitig politisch aktuellen Charakter haben, nebeneinandertreten. Wir stehen in der dauernden Auseinandersetzung mit unserer Geschichte. In dem Bundestag kommt dies zum Ausdruck, daß das deutsche Volk in diesen letzten acht Jahrzehnten eine historische Rechtspersönlichkeit eigenen Ranges geworden ist und nicht bloß eine Addition von Landsmannschaften darstellt. (*Sehr richtig!*)

Aber indem wir das sagen, bejahen wir doch die Landsmannschaft. Die

Schwierigkeiten, die in dieser Frage stecken, sind jedem, der im öffentlichen Leben gewirkt hat, offenkundig genug. Nach dem ungeheuren Vorgang, in dem wir heute drinstehen, dieser furchtbaren Binnenwanderung von Millionen Heimatloser, die eine neue Heimat finden sollen, finden müssen, ist der Begriff der Landsmannschaft in mancher Wandlung mitbegriffen.
Aber die Länder als Staatsfiguren sind Elemente unseres staatlichen Lebens, und hier ist die große Schwierigkeit: Sie stehen in den Paragraphen gleichen Rechts und gleicher Art nebeneinander, aber sie haben eine verschiedene Geschichtsträchtigkeit, und an dieser Frage werden sich sehr große Schwierigkeiten entwickeln. Wir sind uns dieser Reibungen bewußt. Wir wissen dies: In Deutschland wird in den einzelnen Ländern nicht nur sprachlich, sondern auch politisch ein verschiedener Dialekt gesprochen. Das schadet nichts. Es ist nur zu wünschen, daß die, die diese verschiedenen Dialekte sprechen, der gemeinsamen Grundsprache sich je und je bewußt bleiben.
Wir hatten in den Verhandlungen über das Grundgesetz – und wir werden das hier wieder bekommen – die Problematik des Verhältnisses der einzelnen Länder zu dem Bund. Dazu ein persönliches Wort: Wir wollen keinen Zentralismus in Deutschland haben. Wir haben die Lehre der Nationalsozialisten hinter uns, die uns gezeigt haben, wohin es führt, wenn der deutsche Mensch genormt werden soll. Wir wollen nicht den genormten Deutschen! Wir wollen dies so aussprechen: Die Länder sollen ihr Eigenleben führen, aber nicht ihr Sonderleben, sondern im Verband des Gemeinen. Man möge das nicht falsch verstehen, wenn ich sie begreifen will als die hohen Entfaltungen – gleichviel wie die psychologisch-historischen Voraussetzungen sind – der Selbstverwaltung.
Man hat von den Deutschen oft geredet, daß sie ein „unpolitisches Volk" seien. Das will ich jetzt nicht vertiefen, es geht ja durch unsere eigene Kritik hindurch. Aber dies möchte ich sagen dürfen: Die Legende von dem unpolitischen Volk der Deutschen ist falsch, wenn wir etwas davon wissen, was die Selbstverwaltung in Deutschland, seitdem sie der Freiherr vom Stein geschaffen hat, aus diesem deutschen Volk in den konkreten Aufgaben gemacht hat. Und so begreife ich – wenn wir das Zentralistische, Befehlsmäßige ablehnen – die Gliederung, in der wir leben, als die großen Schulungsmöglichkeiten und als die Voraussetzungen zu dem, was ich eine lebendige Demokratie nennen möchte. Eine lebendige Demokratie!
Es ist – davon ist neuerlich nicht viel zu sagen – das geschichtliche Leid der Deutschen, daß die Demokratie von ihnen nicht erkämpft wurde, sondern als letzte, als einzige Möglichkeit der Legitimierung eines Gesamtlebens kam, wenn der Staat in Katastrophen und Kriegen zusammengebrochen war. Dies ist die Last, in der der Beginn nach 1918, in der der Beginn heute mit uns steht,

das Fertigwerden mit den Vergangenheiten. Diese Aufgabe war 1918 da. Damals dynastische Empfindungen, die weitergingen, von denen nicht gering zu sprechen ist; heute das Problem, vom Ausland stärker gesehen und groß gemacht, wieweit die nahe Vergangenheit, die hinter uns liegt, noch seelisch zwischen uns vorhanden.
Es ist eine Gnade des Schicksals beim Einzelmenschen, daß er *vergessen* kann. Wie könnten wir als einzelne leben, wenn all das, was uns an Leid, Enttäuschungen und Trauer im Leben begegnet ist, uns immer gegenwärtig sein würde. Und auch für die Völker ist es eine Gnade, vergessen zu können. Aber meine Sorge ist, daß manche Leute in Deutschland mit dieser Gnade Mißbrauch treiben und zu rasch vergessen wollen. Wir müssen das im Spürgefühl behalten, was uns dorthin geführt hat, wo wir heute sind. Das soll kein Wort der Rachegefühle, des Hasses sein. Ich hoffe, daß wir dazu kommen werden, nun aus dieser Verwirrung der Seelen im Volk eine Einheit zu schaffen. Aber wir dürfen es uns nicht so leicht machen, nun das vergessen zu haben, was die Hitlerzeit uns gebracht hat.
Die Bundesrepublik Deutschland umfaßt nur einen Teil unseres Volkes. Ich darf von den Deutschen im Osten sprechen. Ich muß von Berlin sprechen. Mehr als die Hälfte meines Lebens – verzeihen Sie das persönliche Wort – habe ich in dieser Stadt gelebt. Ich habe jahrelang als Bezirks- und Stadtverordneter mit in ihr gewaltet. Es ist mir eine Herzenssache und nicht bloß rationale Überlegung, dies auszusprechen: Berlin ist heute an das Schicksal Westdeutschlands gebunden; aber das Schicksal von Gesamtdeutschland bleibt an Berlin gebunden. Dessen müssen wir uns bewußt bleiben.
Und dann das andere. Ich habe selber, als wir das Grundgesetz berieten, den Antrag gestellt, daß wir uns als „stellvertretend" empfinden für die deutschen Brüder, die an dieser Aufgabe nicht mitwirken konnten. Wir wissen gut genug, daß das Herausarbeiten aus unserer Quasi-Souveränität, in der wir stecken, nicht bloß von uns geleistet wird, daß hier eine Weltproblematik vorliegt, daß wir in dem Mächteschicksal der anderen mit gebunden sind. Aber wir sprechen dies aus: Es ist mir in den politischen Erörterungen der vergangenen Jahre manchmal begegnet, daß man von dem Ackerboden, von den Kartoffelfeldern, von dem Kalorienvorrat sprach. Es ist ganz gut, wenn wir den anderen etwas davon erzählen, was es für die Ernährung Deutschlands bedeutet, daß diese Basis entrückt ist. Aber der deutsche Osten ist nicht bloß Getreideacker und Kartoffelfeld; er ist die Heimat deutscher Menschen. Dessen sollen wir uns in diesen Auseinandersetzungen im Innern wie nach außen hin immer bewußt bleiben. Seit die großen Wanderungen des späten Mittelalters zu Ende kamen und sich festigten, ist dort deutsches Land,

das wir nicht vergessen können, weil es in unserem Geschichtsgefühl und in dem Wissen um das Schicksal von Millionen deutscher Menschen bleibt. Dessen sollen auch die anderen innewerden und inne bleiben.
Der Bundesrat und der Bundestag werden vor schier unzählige Aufgaben gestellt sein: Die Vereinheitlichung des Rechts, das in den Ländern und in den Zonen auseinandergelaufen ist, die Fragen des Lastenausgleichs, Finanzprobleme, die Fragen des Wohnungsbaus, der Kriegsbeschädigten, der Kriegshinterbliebenen, die Sorge für die Vertriebenen, die Eingliederung Deutschlands in die Weltwirtschaft, ohne die wir nicht leben können. Die Frage aber ist die erste im Sinne des Rangs, nicht im Sinne des Morgen-damit-fertig-Werdens. Wann wird es möglich sein, die vornehmste Aufgabe hier mit zu lösen, daß wir die staatliche Selbständigkeit für unser Volk und unseren werdenden Staat zurückgewinnen?

Wir wissen, daß eine Gesamtwende der Fragestellungen gegenüber den historischen Vorstellungen und Gegebenheiten von nationalstaatlicher Bindung im Werden ist und daß die europäische Gesamtstaatlichkeit nun nicht mehr bloß Traum- oder Wunschbild von Idealisten oder Geschichtskonstrukteuren ist, sondern daß sie als realistische Aufgabe vor uns steht.
Deutschland braucht Europa, aber Europa braucht auch Deutschland. Wir wissen es im Geistigen: Wir sind in der Hitlerzeit ärmer geworden, als uns die Macht des Staates von dem Leben der Völker absperrte. Aber wir wissen auch dies: Die anderen würden ärmer werden ohne das, was Deutschland bedeutet. Wir stehen vor der großen Aufgabe, ein neues Nationalgefühl zu bilden. Eine sehr schwere erzieherische und erlebnismäßige Aufgabe, daß wir nicht versinken und steckenbleiben in dem Ressentiment, in das das Unglück des Staates viele gestürzt hat, und daß wir nicht ausweichen in hochfahrende Hybris, wie es ja nun bei den Deutschen oft genug der Fall war. Seltsames deutsches Volk, voll der größten Spannungen, wo das Subalterne neben dem genial spekulativ Schweifenden, das Spießerhafte neben der großen Romantik steht. Wir haben die Aufgabe im politischen Raum, uns zum Maß, zum Gemäßen zurückzufinden und in ihm unsere Würde neu zu bilden, die wir im Innern der Seele nie verloren.

Darf ich den Zufall der Zeit und des Ortes als Symbol nehmen, daß wir in diesem Jahre 1949 den 200. Geburtstag von Goethe begangen haben und daß wir hier in der Geburtsstadt von Beethoven weilen. Es steht uns nicht an, aus diesen beiden Namen, aus diesen beiden großen Erscheinungen etwas zu machen wie Reklameartikel und Propagandageschäfte. Es steht uns auch nicht an, wohlwollend auf ihre Schultern zu klopfen. Aber wir spüren dies: daß in diesen beiden Männern aus dem deutschen Mutterboden Weltwerte gewor den sind, vor denen wir selber stolz und bescheiden stehen. Sie mögen uns in der Zerschlagenheit der Zeit Festigung und Trost bedeuten.

Verehrte Mitglieder des Bundestags, des Bundesrats und der Bundesversammlung! Im Bewußtsein meiner Verantwortung vor Gott trete ich dieses Amt an. Indem ich es übernehme, stelle ich dieses Amt und unsere gemeinsame Arbeit unter das Wort des Psalmisten: „Gerechtigkeit erhöhet ein Volk." (*Langanhaltender lebhafter Beifall.*)

4.
„Das Werden des neuen Deutschlands"

Erste Regierungserklärung von Bundeskanzler Dr. Konrad Adenauer am 20. September 1949

„Ich schlage den Abgeordneten Dr. Konrad Adenauer zum Kanzler der Bundesrepublik Deutschland vor", schrieb Bundespräsident Professor Dr. Theodor Heuss an den Präsidenten des Bundestages. Der Bundestag wählte am 15. September 1949 mit 202 von 389 abgegebenen Stimmen den CDU-Vorsitzenden und ehemaligen Kölner Oberbürgermeister, Dr. Konrad Adenauer, zum ersten Kanzler der Bundesrepublik Deutschland. Damit hatte genau die absolute Mehrheit der 402 Mitglieder des Bundestages für Adenauer gestimmt. Adenauer bildete eine Bundesregierung, die sich auf eine Koalition von CDU/CSU, FDP und Deutscher Partei stützen konnte und im Bundestag über eine Mehrheit von 209 Stimmen verfügte. In der fünften Sitzung des Ersten Deutschen Bundestages am 20. September 1949 gab Bundeskanzler Dr. Konrad Adenauer seine erste Regierungserklärung ab:

Meine Damen und meine Herren! Das Werden des neuen Deutschlands hat sich nach den langen Verhandlungen im Parlamentarischen Rat und den Wahlen zum Bundestag am 14. August mit großer Schnelligkeit vollzogen. Am 7. September haben sich der Bundestag und der Bundesrat konstituiert; am 12. September hat der Bundestag den Bundespräsidenten gewählt, am 15. September den Bundeskanzler. Der Bundespräsident hat mich daraufhin am gleichen Tage zum Bundeskanzler ernannt. Heute, am 20. September, hat er auf meinen Vorschlag die Bundesminister ernannt.

Mit der Konstituierung der Bundesregierung, die am heutigen Tage erfolgt ist, ist auch das Besatzungsstatut in Kraft getreten. Wenn auch die Zuständigkeit des Bundestages und der Bundesregierung durch das Besatzungsstatut beschränkt ist, so darf uns doch diese Entwicklung, dieses Werden des deutschen Kernstaates mit Freude erfüllen.

Der Fortschritt gegenüber den Verhältnissen, die seit 1945 bei uns bestanden, auch gegenüber den Zuständen des nationalsozialistischen Reichs, ist groß. Zwar müssen wir uns immer bewußt sein, daß Deutschland und das deutsche Volk noch nicht frei sind, daß es noch nicht gleichberechtigt neben den anderen Völkern steht, daß es – und das ist besonders schmerzlich – in zwei Teile zerrissen ist. Aber wir erfreuen uns doch einer wenigstens relativen staatlichen Freiheit. Unsere Wirtschaft ist im Aufstieg. Wir haben vor allem aber wieder den Schutz der Persönlichkeitsrechte. Niemand kann bei uns, wie das im nationalsozialistischen Reich der Fall war und wie es jetzt noch in weiten Teilen Deutschlands, in der Ostzone, zu unserem Bedauern der Fall ist, durch Geheime Staatspolizei oder ähnliche Einrichtungen der Freiheit und des Lebens beraubt werden. Diese Güter: Rechtsschutz, Schutz der persönlichen Freiheit, die wir lange Jahre nicht besaßen, sind so kostbar, daß wir trotz allem, was uns noch fehlt, uns darüber freuen müssen, daß wir diese Persönlichkeitsrechte wieder besitzen.

Meine Wahl zum Bundeskanzler, meine Damen und Herren, und die Regierungsbildung sind eine logische Konsequenz der politischen Verhältnisse, wie sie sich in der Bizone infolge der Politik des Frankfurter Wirtschaftsrats herausgebildet hatten. Die Politik des Frankfurter Wirtschaftsrats, die Frage „Soziale Marktwirtschaft" oder „Planwirtschaft", hat so stark unsere ganzen Verhältnisse beherrscht, daß eine Abkehr von dem Programm der Mehrheit des Frankfurter Wirtschaftsrats unmöglich war. Die Frage: „Planwirtschaft" oder „Soziale Marktwirtschaft" hat im Wahlkampf eine überragende Rolle gespielt. Das deutsche Volk hat sich mit großer Mehrheit gegen die Planwirtschaft ausgesprochen. (*Unruhe links.*)

Eine Koalition zwischen den Parteien, die die Planwirtschaft verworfen, und denjenigen, die sie bejaht haben, würde dem Willen der Mehrheit der Wähler geradezu entgegengerichtet gewesen sein. (*Sehr richtig! in der Mitte.*)

Der Wähler hätte mit Recht im Falle einer Koalition zwischen diesen Parteien gefragt, ob denn dann Wahlen überhaupt nötig gewesen wären. Der demokratische Gedanke, die Überzeugung von der Notwendigkeit der parlamentarischen Demokratie, hätte in den weitesten Kreisen der Wähler, namentlich auch der Wähler der jüngeren Generation, schwersten Schaden gelitten, wenn eine Regierungsbildung erfolgt wäre, die dem Sinn und dem Ergebnis dieser Wahl nicht entsprochen hätte. Es ist darum abwegig und undemokratisch, diejenigen Parteien, die sich hier im Hause zur Bildung einer Regierung und zu gemeinsamer Arbeit zusammengeschlossen haben, deshalb mit irgendwelchen tadelnden Worten zu belegen. Ebenso abwegig ist es, der Sozialdemokratischen Partei Vorwürfe zu machen, weil sie sich nicht bereitgefunden hat zu einer sogenannten großen Koalition. (*Lachen links.*)

Man konnte weder von der einen noch von der andern Seite verlangen, daß sie, nachdem sie fast zwei Jahre in Frankfurt ihre Prinzipien verfochten hatten, nachdem die Wähler, zum Schiedsrichter aufgerufen, ihr Urteil gesprochen hatten, nunmehr alles das mehr oder weniger verleugneten, was sie bisher dem Volk als richtig dargestellt hatten.

Ich halte daher aus allgemeinen staatspolitischen Erwägungen heraus diese Entwicklung für richtig. Ich bin nicht der Auffassung, daß es den Interessen der Gesamtbevölkerung, den Interessen Deutschlands besser gedient hätte, wenn man etwa eine Koalition zwischen CDU/CSU und der Sozialdemokratischen Partei eingegangen wäre. Ich bin der Auffassung, daß die Opposition eine Staatsnotwendigkeit ist, daß sie eine staatspolitische Aufgabe zu erfüllen hat, daß nur dadurch, daß Regierungsmehrheit und Opposition einander gegenüberstehen, ein wirklicher Fortschritt und eine Gewöhnung an demokratisches Denken zu erzielen ist. Ich bin weiter der Auffassung: Bei den labilen Verhältnissen, wie sie in Deutschland herrschen, ist es viel richtiger, wenn die immer vorhandene Opposition sich klar im Parlament selbst zeigt, als wenn sie, da infolge einer großen Koalition im Parlament keine wesentliche Opposition hätte ausgeübt werden können, außerhalb des Parlaments in nicht kontrollierbarer Weise um sich greift. (*Sehr richtig! in der Mitte.*)

Ich habe dem Herrn Bundespräsidenten die Ernennung von 13 Bundesministern vorgeschlagen. Ich bin mir bewußt, daß manchem diese Zahl auf den ersten Blick groß erscheinen wird. (*Heiterkeit und Zuruf links: Auch dem Volke!*)

Demgegenüber weise ich darauf hin, daß in unsern Zeiten Aufgaben, die der staatlichen Arbeit bedürfen, entweder ganz neu entstanden sind – ich weise hier auf die Frage der Vertriebenen hin – oder daß staatliche Aufgaben einen solchen Umfang angenommen haben, daß sie den Rahmen der üblichen Ministerien sprengen würden. (*Zuruf links: Vor Tisch las man's anders!*)
Ich nenne hier die Frage der Wohnungswirtschaft und des Wohnungsbaus. So sind mehrere der Bundesministerien zeitbedingt, das heißt: Wenn sie ihre Aufgabe erfüllt oder aber wenn ihre Aufgaben wieder einen normalen Umfang angenommen haben, werden sie wieder verschwinden, während die sogenannten klassischen Ministerien, wie das Ministerium des Innern, der Finanzen, der Justiz, der Arbeit usw., ständig bleiben werden.

Wenn man die Zahl der Bundesministerien unter Würdigung dieser Gesichtspunkte betrachtet, wird man berechtigterweise nicht die Behauptung aufstellen können, daß ihre Zahl zu groß sei. Die Hauptsache ist, daß der ministerielle Apparat im ganzen möglichst klein gehalten wird, daß die Ministerien von all den Verwaltungsaufgaben befreit bleiben, die nicht in die ministerielle Instanz gehören. Dadurch werden die nötige Übersicht, die Arbeitsfähigkeit der Ministerien gewährleistet, Verwaltungskosten gespart, und die Bundesminister werden vor allem Zeit haben, ihre wichtigsten

Aufgaben, die Koordinierung der verschiedenen von ihnen wahrzunehmenden Interessen und die Wahrung der großen politischen Linien zu erfüllen. Unter den Bundesministerien fehlt ein Außenministerium. Ich habe auch nicht den an mich herangetragenen Wünschen stattgegeben, ein Ministerium für zwischenstaatliche Beziehungen einzurichten. Ich habe das deshalb nicht getan, weil nach dem Besatzungsstatut die auswärtigen Angelegenheiten unter Einschluß internationaler Abkommen, die von Deutschland oder im Namen Deutschlands abgeschlossen werden, Sache der Alliierten Hohen Kommission für die drei Zonen sind. Wenn wir demnach auch kein Ministerium des Auswärtigen haben, so bedeutet das keineswegs, daß wir damit auf jede Betätigung auf diesem Gebiete Verzicht leisten. Das Paradoxe unserer Lage ist ja, daß, obgleich die auswärtigen Angelegenheiten Deutschlands von der Hohen Alliierten Kommission wahrgenommen werden, jede Tätigkeit der Bundesregierung oder des Bundesparlaments auch in inneren Angelegenheiten Deutschlands irgendwie eine ausländische Beziehung in sich schließt. Deutschland ist infolge Besatzung, Ruhrstatut, Marshall-Plan usw. enger mit dem Ausland verflochten als jemals zuvor. (*Abg. Renner: „Verflochten" ist gut!*)

Diese Angelegenheiten werden in einem im Bundeskanzleramt zu errichtenden Staatssekretariat zusammengefaßt werden. Davon abgesehen glaube ich, daß die Hohen Kommissare infolge der großen Verantwortung, die sie tragen, keine wichtige Entscheidung in deutschen ausländischen Angelegenheiten treffen werden, ohne mit der Bundesregierung vorher Fühlung genommen zu haben. Die Erfahrung, die ich in den wenigen Tagen meiner Amtstätigkeit gemacht habe, berechtigt mich durchaus zu dieser Annahme.

Auf die Bundesregierung und den Bundestag, meine Damen und Herren, wartet eine außerordentlich große und umfangreiche gesetzgeberische Arbeit. Auf dem Zuständigkeitsgebiet des Bundes müssen die in den elf Ländern ergangenen Gesetze daraufhin nachgeprüft werden, ob in ihnen gleiches Recht auf diesen Gebieten besteht. Weiter werden Gesetze und Verordnungen, die bisher nur in der Bizone galten, auf die bisherige französische Zone ausgedehnt werden müssen; es werden weiter die bisher von seiten der verschiedenen Militärregierungen ergangenen Gesetze und Verordnungen auf den Gebieten, die jetzt der Zuständigkeit des Bundes unterstehen, überprüft und eventuell mit Zustimmung der Hohen Kommission den heutigen staatlichen Zuständen, wie sie sich aus Grundgesetz und Besatzungsstatut ergeben, angepaßt werden. Es werden schließlich die Gesetze erlassen werden müssen, deren Erlaß das Grundgesetz vorsieht; es werden die Gesetze, die der Wirtschaftsrat nicht mehr völlig erledigt hat, verabschiedet werden müssen. Diese Arbeit, die namentlich auch deshalb schwierig und umfangreich ist, weil

bisher bei Erlaß von Gesetzen infolge der Eilbedürftigkeit der Angelegenheiten oft nicht mit besonderer Genauigkeit gearbeitet worden ist, darf nicht übereilt werden, damit wir endlich wieder zu dem kommen, was uns sowohl in der nationalsozialistischen Zeit wie später verlorengegangen ist: zur Klarheit, zur Sicherheit und zur Einheit des Rechts.
Es wartet aber eine weitere sehr große Zahl von Aufgaben der Inangriffnahme durch den Bund. Eines darf ich hier mit allem Nachdruck an die Spitze meiner Ausführungen stellen: Die Koalitionspartner sind sich völlig einig darin, daß sie sich bei ihrer ganzen Arbeit von dem Bestreben leiten lassen werden, so sozial im wahrsten und besten Sinne des Wortes zu handeln wie irgend möglich. (*Bravo! in der Mitte und rechts.*)
Das Streben nach Linderung der Not, nach sozialer Gerechtigkeit, wird der oberste Leitstern bei unserer gesamten Arbeit sein. (*Erneuter lebhafter Beifall in der Mitte und rechts. – Abg. Renner: Frankfurt als Beispiel!*)
Aus der Fülle der Aufgaben, die des Bundes harren, lassen Sie mich einige besonders dringende und große hervorheben.
Die Vertriebenen werden gleichmäßiger als bisher auf die verschiedenen Länder verteilt werden müssen. Das liegt sowohl im Interesse der jetzt besonders stark belasteten Länder, vor allem aber auch im Interesse der Vertriebenen selbst.
Die Verhältnisse auf dem Wohnungsgebiet, die die soziale und ethische Gesundung und auch die politische Gesundung des deutschen Volkes unmöglich und die auch das Leben der Vertriebenen und Ausgebombten so unendlich schwer machen, werden von uns mit ganzer Kraft einer Besserung entgegengeführt werden. (*Bravorufe in der Mitte und rechts.*)
Wir wollen mit allen Mitteln den Wohnungsbau energisch fördern, (*erneuter lebhafter Beifall in der Mitte und rechts*) nicht, indem der Bund selbst baut, sondern indem er Mittel zur Verfügung stellt und darauf dringt, daß von den Ländern alle Möglichkeiten auf dem Gebiete des Wohnungsbaus erschöpft werden.
Wir werden weiterhin dazu übergehen, durch entsprechende, in vorsichtiger und nicht überstürzter Weise durchgeführte Lockerungsvorschriften der Raumbewirtschaftung und der Mietfestsetzung (*Zurufe links: Aha! und: Hört! Hört!*) das Privatkapital für den Bau von Wohnungen wieder zu interessieren. (*Lebhafter Beifall in der Mitte und rechts.*)
Wenn es nicht gelingt, das Privatkapital für den Wohnungsbau zu interessieren, ist eine Lösung des Wohnungsproblems unmöglich. (*Lebhafte Zustimmung in der Mitte und rechts.*)
Die Bedeutung, die wir gerade diesen Fragen beilegen, zeigt sich auch darin, daß wir ein besonderes Ministerium für sie geschaffen haben, dessen enge

Koordinierung mit dem Wirtschaftsministerium gesichert ist. Wir werden durch diese energische Förderung der Bautätigkeit auch eine allgemeine Belebung des Arbeitsmarktes herbeiführen.
Auf dem Gebiete der Wirtschaftspolitik werden wir die in Frankfurt so erfolgreich eingeschlagene Richtung weiter verfolgen. (*Lachen links. – Abg. Renner: Über 3 Millionen Arbeitslose!*)
Ich darf in diesem Zusammenhang den leitenden Herren der bizonalen Wirtschaftsverwaltung wie allen Beamten und Angestellten, insbesondere aber auch den Direktoren der einzelnen Ämter, den Dank der Bundesregierung für die geleistete Arbeit aussprechen. (*Bravo! in der Mitte und rechts. – Abg. Renner: Wie ist es mit Pünder?*)
Mein besonderer Dank gilt den leitenden Persönlichkeiten, die zur Zeit bei dem Aufbau der Bundesregierung nicht haben eingegliedert werden können. (*Zurufe links: Aha! Schade!*)
Bei der Durchführung des Prinzips der sozialen Marktwirtschaft (*Lachen links*) wird man sich selbstverständlich wie auch bisher davor hüten müssen, einem starren Doktrinarismus zu verfallen. Man wird sich, auch wie bisher, den jeweils sich ändernden Verhältnissen anpassen müssen. Die Zwangswirtschaft werden wir überall dort, wo wir es irgendwie verantworten können, beseitigen. (*Bravorufe und Händeklatschen in der Mitte und rechts. – Zuruf von der KPD: Neue Preiserhöhungen werden folgen!*)
Es ist in Aussicht genommen, vom 1. Januar 1950 an die Brennstoffbewirtschaftung aufzuheben (*Abg. Rische: Wenn kein Kohlenabsatz mehr da ist!*) und die Zuteilung von Hausbrand für das vierte Vierteljahr 1949, die ersten Wintermonate, zu erhöhen.
Wir werden auf dem Gebiete der Wirtschaft durch die Mittel des Wettbewerbs und durch die immer stärkere Einordnung der deutschen Wirtschaft in die Weltwirtschaft (*Zuruf von der KPD: Marshall-Plan!*) systematisch die durch 15 Jahre Zwangswirtschaft und Kriegswirtschaft entstandenen Strukturfehler der deutschen Wirtschaft beseitigen. (*Sehr gut! in der Mitte und rechts.*)
Unser ganzes Bestreben wird sein, möglichst wenig Hände und Köpfe in der Verteilung und der Verwertung der wirtschaftlichen Produktion und möglichst viele Hände und Köpfe in der gütererzeugenden Sphäre zu beschäftigen. (*Beifall rechts. – Zuruf von der KPD: Deshalb auch so viele Minister!*)
Der Mangel an fachlicher Ausbildung, wie er durch die nationalsozialistische Zeit und die Kriegszeit verursacht worden ist, wird dadurch ausgeglichen werden müssen, daß Gelegenheit geboten wird, die fachliche Ausbildung zu verbessern. Die deutsche Wirtschaft ist in der Vergangenheit groß und stark geworden durch ihre Facharbeiter und nicht zuletzt durch angewandte

Wissenschaft. Die Summen, die zur Zeit in Amerika und auch in England für wissenschaftliche Zwecke zum Nutzen der wirtschaftlichen Produktion und des Wettbewerbes ausgegeben werden, sind ungeheuer groß. (*Abg. Renner: Auch für die Atombomben!*)

Die Bundesregierung wird, soweit ihre finanziellen Kräfte es erlauben, dafür eintreten, daß die wissenschaftliche Forschung in Deutschland gefördert wird. (*Beifall.*)

Sie wird auch die deutsche Wirtschaft dazu veranlassen, das gleiche zu tun. Nur wenn es uns gelingt, uns durch Leistungen auf dem Weltmarkt auszuzeichnen, wird es uns möglich sein, auf ihm zu bestehen. Denn ein schwaches Volk, ein politisch schwaches Volk, läuft immer Gefahr, im wirtschaftlichen Wettbewerb mit andern Völkern hintangesetzt zu werden, wenn es nicht etwas Besonderes leistet. (*Zurufe von der KPD.*)

Der Pflege und der Freiheit des Außenhandels gilt unsere besondere Aufmerksamkeit.

Die Frage der Demontage unserer industriellen Anlagen bewegt das gesamte deutsche Volk. Es gibt wohl kaum jemanden in Deutschland, der sich gegen die Demontage wirklich kriegswichtiger Industrien irgendwie wendet. Aber die Vernichtung großer wirtschaftlicher Werte ist eine Angelegenheit, die man im Ausland nicht damit abtun sollte, daß es einmal so beschlossen ist. (*Sehr gut! in der Mitte.*)

Die letzte Änderung der Liste der zu demontierenden Werke war zwar, rein äußerlich betrachtet, ein großes Entgegenkommen gegenüber den deutschen Wünschen; sachlich, der Produktionskapazität und dem Werte nach gesehen, sind aber die deutschen Wünsche nur zu etwa 10 % erfüllt worden. (*Hört! Hört! rechts.*)

Die Demontagefrage ist auch eine Frage von großer psychologischer Bedeutung. Man versteht in den weitesten Kreisen des deutschen Volkes nicht, daß man mit der einen Hand ihm wirtschaftliche Hilfe gibt und mit der anderen Hand wirtschaftliche Werte zerstört. (*Sehr richtig! in der Mitte und rechts.*)

Man glaubt im deutschen Volke, daß damit die auch von ausländischen Staatsmännern wiederholt abgegebene Erklärung schwer zu vereinbaren ist, daß Deutschland zum Wiederaufbau Europas notwendig ist. Zur Zeit sind die maßgebenden Staatsmänner der Vereinigten Staaten, Englands und Frankreichs in Washington versammelt. Das deutsche Volk würde sich herzlich freuen, wenn diese Zusammenkunft dazu benützt würde, um das deutsche Demontageproblem einer Nachprüfung im Sinne einer Berücksichtigung der deutschen Wünsche zu unterziehen. Ich glaube, wenn auch mit

aller Vorsicht, sagen zu können, daß man die Hoffnung hegen darf, daß dies in Washington geschieht. (*Bravo! in der Mitte und rechts.*)
Die Bundesregierung wird es sich besonders am Herzen liegen lassen, den Mittelstand in allen seinen Erscheinungsformen zu festigen und ihm zu helfen. (*Bravo! in der Mitte.*)
Wir sind durchdrungen von der Überzeugung, daß dasjenige Volk das sicherste, ruhigste und beste Leben führen wird, das möglichst viele mittlere und kleinere unabhängige Existenzen in sich birgt. (*Sehr richtig! in der Mitte und rechts.*)
Die Aufgaben des Ministeriums für Landwirtschaft und Ernährung werden in Zukunft einen andern Charakter tragen müssen als bisher. In stärkerem Maße, als es bisher möglich war, wird die landwirtschaftliche Produktion zu verbessern und zu veredeln sein. Wir führen noch immer 50 % der benötigten Lebensmittel ein. Wenn die deutsche Wirtschaft bis zum Jahre 1952 eine ausgeglichene Handelsbilanz erreicht haben soll, ist es notwendig, die landwirtschaftliche Produktion sehr erheblich zu steigern, um den Verbrauch von Devisen für die Ernährung soweit als möglich einzuschränken. Voraussetzung für eine rasche und anhaltende Steigerung der landwirtschaftlichen Erzeugung ist ein weiterer Abbau der staatlichen Zwangswirtschaft (*Sehr gut! in der Mitte*) und Schaffung gesicherter und ausgeglichener Produktions- und Absatzverhältnisse für landwirtschaftliche Erzeugnisse zu Preisen, die die Produktionskosten gut arbeitender Durchschnittsbetriebe decken und gleichzeitig auch den Minderbemittelten den Kauf dieser Produkte gestatten. Eine Umstellung der Landwirtschaft zum Zwecke der Einsparung von Devisen wird, wie ich eben ausführte, eine absolute Notwendigkeit für uns sein. Um sie herbeizuführen, ist Aufklärung und Belehrung der landwirtschaftlichen Bevölkerung dringend erforderlich.
Die Forstwirtschaft, meine Damen und Herren, die eine der wichtigsten Rohstofflieferanten für die deutsche Wirtschaft ist, muß möglichst rasch wieder zu normalen Wirtschaftsverhältnissen zurückgeführt werden. Es ist für schnellste Aufforstung der Kahlflächen und Förderung der Holzerzeugung in bäuerlichen Betrieben zu sorgen.
Die Finanzpolitik muß einen Teil der allgemeinen Staatspolitik, insbesondere der Wirtschaftspolitik, bilden. Die Förderung der Kapitalbildung, und zwar sowohl der Bildung von Sparkapital wie von Betriebskapital, wird unser vordringlichstes Ziel sein. Nur wenn wir nach Kräften die innerdeutsche Kapitalbildung steigern, können wir erwarten, daß durch Freigabe von Gegenwertfonds und auf andere Weise das dringend benötigte ausländische Kapital zum Wiederaufbau unserer Wirtschaft zur Verfügung steht.
Der Wiederaufbau unserer Wirtschaft ist die vornehmste, ja einzige Grund-

lage für jede Sozialpolitik und für die Eingliederung der Vertriebenen. Nur eine blühende Wirtschaft kann die Belastungen aus dem Lastenausgleich auf die Dauer tragen. Nur sie kann auf die Dauer das Steueraufkommen bringen, das die Haushalte des Bundes, der Länder und der Gemeinden, die immer aus der Gesamtschau heraus betrachtet werden müssen, zur Erfüllung ihrer Aufgaben benötigen.

Eine verstärkte Kapitalbildung hängt von der Erfüllung zweier Voraussetzungen ab: von einer Herabsetzung der Steuertarife und der Wiedergewinnung des Vertrauens der Sparer.

Eine Herabsetzung der Einkommensteuersätze wird nach unserer Überzeugung das Gesamtaufkommen nicht vermindern. Die jetzigen überhöhten Steuersätze führen in der Wirtschaft zu unwirtschaftlichem Verhalten; (*Zuruf links: unmoralischem!*) sie hindern die Rationalisierung der Betriebe und damit die Preissenkung für die erzeugten Waren. Eine Senkung der Einkommensteuersätze ist nicht nur steuerpolitisch, sondern auch wirtschaftspolitisch absolut notwendig, und zwar mindestens auf die im Juni 1948 vom Wirtschaftsrat fast einstimmig und vom Länderrat einstimmig angenommenen Steuersätze. Wir sind sicher, daß schon nach wenigen Übergangsmonaten das Steueraufkommen die frühere Höhe, ja sogar eine noch größere Höhe erreichen wird. Diese Maßnahmen sollten bereits zum 1. Januar 1950 in Kraft gesetzt werden. Im Laufe des Jahres 1950 muß dann eine umfassende Steuerreform in die Wege geleitet werden.

Wenn durch die Steuersenkung die Möglichkeit einer größeren Kapitalbildung geschaffen wird, so muß ein Anreiz dafür gegeben werden, daß nicht der Konsum in unnötiger Weise gesteigert, sondern wirklich Kapital gebildet wird. Dazu ist notwendig, den Altsparern das Vertrauen zur staatlichen Gesetzgebung wiederzugeben. (*Sehr richtig! in der Mitte.*)

Das scheint mir eine staatspolitische Forderung ersten Ranges zu sein. Die von den Alliierten erlassene Währungsreform enthält vermeidbare soziale Härten, insbesondere in der Behandlung der Altsparer aller Art. Die Frage, in welchem Umfange diese Mängel beseitigt werden können, bedarf einer beschleunigten Prüfung und Erledigung.

Um das Vertrauen auch des ausländischen Kapitals wiederzugewinnen, sollte die Blockierung des ausländischen Vermögens in Deutschland bald aufgehoben werden. Wir werden bereit sein, alles in unseren Kräften Stehende zu tun, um mit den seit langer Zeit schwer geschädigten ausländischen Gläubigern ein beiderseitig tragbares Einvernehmen zu finden.

Wir hoffen, meine Damen und Herren, daß die zugesagte Herabsetzung der Besatzungskosten erheblich sein wird. Diese Herabsetzung würde vom gesamten deutschen Volk dankbar begrüßt werden. Sie wird die Grundlage

geben, den Wohnungsbau und die Eingliederung der Vertriebenen tatkräftig vorwärtszutreiben, und so die politische, soziale und wirtschaftliche Konsolidierung Deutschlands sichern.
Wir werden bemüht sein, den endgültigen Lastenausgleich baldigst zu verabschieden, um die Ungewißheit zu beseitigen, die seit so langer Zeit sowohl auf den Geschädigten wie auf der zu belastenden Wirtschaft liegt. Die gesetzliche Regelung muß sich in die allgemeine Steuer- und Finanzreform sinnvoll einordnen. Die Kleinst- und Kleingeschädigten müssen dabei besonders pfleglich behandelt werden.
Es wird notwendig sein, sobald wie möglich auch die Frage der Pensionen der vertriebenen Beamten und der ehemaligen Militärpersonen durch Bundesgesetz zu regeln. (*Sehr richtig! in der Mitte und rechts.*)
Diese Regelung kann zwar an den namentlich in der Kriegszeit ungewöhnlich rasch erfolgten Beförderungen der Militärpersonen nicht achtlos vorbeigehen, sie wird aber doch die Wehrmachtbeamten und Militärpersonen so behandeln müssen, wie es recht und billig ist. (*Abg. Rische: Für die neue Wehrmacht!*) – Wir sind doch nicht in der Ostzone! (*Heiterkeit und Händeklatschen in der Mitte und rechts. – Abg. Rische: Da fehlt der Kriegsminister!*)
– Ich sehe Sie ja schon in schöner Uniform. (*Heiterkeit und Beifall in der Mitte und rechts. – Abg. Renner: Dann sind Sie aber amerikanischer General!*)
– Dann stehen Sie stramm vor mir! (*Heiterkeit und Beifall in der Mitte und rechts.*)
Nach den freundlichen Unterbrechungen fahre ich nun fort.
Die Gefahren einer Deflation sind ebensogroß wie die einer Inflation. Im jetzigen Stadium unserer Wirtschaftsentwicklung ist eine aktive Konjunkturpolitik nötig, die sich, ohne damit irgendwie die Währung zu gefährden, des Instrumentes der Vorfinanzierung solcher Aufgaben bedient, deren Finanzierung, sei es aus inländischen Quellen, sei es aus Gegenwert-Fonds, in absehbarer Zeit gesichert ist.
Unsere besondere Fürsorge auf wirtschaftlichem Gebiet gilt der Stadt Berlin. Seit der Währungsreform sind bis zum 10. September 1949, also in rund 15 Monaten, aus dem Haushalt des Vereinigten Wirtschaftsgebiets 414 Millionen DM an den Magistrat der Stadt Berlin geflossen. (*Zuruf von der KPD: Für den kalten Krieg!*)
Es ist unbedingt notwendig, da wir unter keinen Umständen Berlin im Stiche lassen dürfen, beschleunigt über den Fortgang und Umfang der Hilfsmaßnahmen für Berlin, und zwar nicht ausschließlich durch Gewährung von finanziellen Zuschüssen, zu beraten und zu beschließen. (*Zuruf rechts: Mit Verwendungskontrolle!*)

Ich habe schon vorher erwähnt, daß diejenigen Fraktionen, die sich hier zu gemeinsamer Regierungsbildung und Arbeit zusammengefunden haben, es als ihre vornehmste Pflicht betrachten, auf allen Gebieten sozial zu handeln. Auf dem engeren Gebiet der Sozialpolitik gilt das im besonderen Maße. Die Bundesregierung wird sich bemühen, ihre Sozialpolitik den jetzigen Zeitverhältnissen entsprechend umzugestalten und auszugestalten. Wenn auch, wie ich ausgeführt habe, die beste Sozialpolitik eine gesunde Wirtschaftspolitik ist, die möglichst vielen Arbeit und Brot gibt, so wird es doch nach diesem Kriege und dieser Not in Deutschland immer einen sehr großen Prozentsatz von Menschen geben, denen anders und besonders geholfen werden muß. Das gilt insbesondere auch von den Schwerkriegsbeschädigten. Das Gesetz über ihre Unterbringung ist den jetzigen Verhältnissen entsprechend abzuändern. Den erwerbsunfähigen Kriegsbeschädigten und den Kriegshinterbliebenen ist ein ausreichender Unterhalt zu gewähren. Die Schaffung einer einheitlichen Versorgungsgesetzgebung für das gesamte Bundesgebiet ist nötig.

Die Rechtsbeziehungen zwischen Arbeitnehmern und Arbeitgebern müssen zeitgemäß neu geordnet werden. Die Selbstverwaltung der Sozialpartner muß an die Stelle der staatlichen Bevormundung treten. (*Sehr richtig! rechts.*)

Die Bundesregierung steht auf dem Boden der Koalitionsfreiheit. Sie wird es den Verbänden überlassen, alles das in freier Selbstverwaltung zu tun, was den wirtschaftlichen und sozialen Interessen förderlich ist und was einer weiteren Verständigung zwischen Arbeitgebern und Arbeitnehmern dient. Ein verständiger Ausgleich sozialer Gegensätze ist eine unumgängliche Voraussetzung für den Aufstieg unseres Volks. Dieser Ausgleich muß durch die Sozialpartner selbst herbeigeführt werden. Die sozial- und gesellschaftspolitische Anerkennung der Arbeitnehmerschaft macht eine Neuordnung der Besitzverhältnisse in den Grundindustrien notwendig. (*Bravo! in der Mitte.*)

Es scheint mir aber auch eine der wesentlichsten Grundbedingungen einer verständigen Sozialpolitik zu sein, dem Fleißigen und Tüchtigen jede Aufstiegsmöglichkeit zu geben. (*Sehr richtig! in der Mitte.*)

Auf die Betonung dieser Aufstiegsmöglichkeiten legen wir den größten Wert. (*Bravo! rechts.*)

Der als Folge des Krieges und der Verschleppung von Männern eingetretene Frauenüberschuß ist ein Problem, das unsere besondere Beachtung verdient. (*Zuruf von der KPD: Gab es denn keinen Krieg?*)

Es bedarf wohl keiner Versicherung, daß wir fest und entschieden gegenüber allen entgegengesetzten Tendenzen auf dem Boden des Artikels 6 des Grundgesetzes stehen, in dem es heißt: „Ehe und Familie stehen unter dem besonderen Schutz der staatlichen Ordnung." (*Bravo!*)

Das Problem des Frauenüberschusses erschöpft sich aber nicht in der Frage der notgedrungenen Ehelosigkeit eines großen Teiles der Frauen; es ist umfassender und weitreichender. Wir müssen den Frauen neue Berufe und Ausbildungsmöglichkeiten zu erschließen versuchen. Es wird – wenn es vielleicht zunächst auch nicht so wichtig aussieht – auch beim Wohnungsbau darauf geachtet werden müssen, daß den unverheiratet gebliebenen Frauen wenigstens in etwa ein Ersatz für die fehlende häusliche Behaglichkeit geboten wird. (*Bravo!*)

Wir werden alle diese Fragen, deren Wichtigkeit ich unterstreichen möchte, durch ein einer Frau anzuvertrauendes Referat im Ministerium des Innern einer möglichst guten Lösung zuzuführen versuchen. (*Bravo! rechts.*)

Den Jugendlichen, namentlich denjenigen, denen die Erziehung durch Familie und Schule während der Kriegszeit und der wirren Zeit nach dem Kriege und eine gute Ausbildung gefehlt hat, werden wir zu Hilfe kommen müssen. Wir werden überhaupt versuchen, unsere Pflicht gegenüber der jungen Generation anders zu betrachten, als das früher geschehen ist. (*Sehr gut! in der Mitte und rechts.*)

Die junge Generation, dessen wollen wir uns immer bewußt bleiben, trägt die Zukunft Deutschlands in ihren Händen.

Wir werden das Beamtenrecht neu ordnen müssen. Wir stehen grundsätzlich und entschlossen auf dem Boden des Berufsbeamtentums. (*Beifall in der Mitte und rechts.*)

Durch die Denazifizierung ist viel Unglück und viel Unheil angerichtet worden. (*Sehr richtig! in der Mitte und rechts.*)

Die wirklich Schuldigen an den Verbrechen, die in der nationalsozialistischen Zeit und im Kriege begangen worden sind, sollen mit aller Strenge bestraft werden. (*Zurufe von der KPD.*)

Aber im übrigen dürften wir nicht mehr zwei Klassen von Menschen in Deutschland unterscheiden: (*Zustimmung rechts*) die politisch Einwandfreien und die Nichteinwandfreien. Diese Unterscheidung muß baldigst verschwinden. (*Erneute Zustimmung.*)

Der Krieg und auch die Wirren der Nachkriegszeit haben eine so harte Prüfung für viele gebracht und solche Versuchungen, daß man für manche Verfehlungen und Vergehen Verständnis aufbringen muß. Es wird daher die Frage einer Amnestie von der Bundesregierung geprüft werden, (*Bravo!*) und es wird weiter die Frage geprüft werden, auch bei den Hohen Kommissaren dahin vorstellig zu werden, daß entsprechend für von alliierten Militärgerichten verhängte Strafen Amnestie gewährt wird. (*Beifall rechts und in der Mitte.*)

Wenn die Bundesregierung so entschlossen ist, dort, wo es ihr vertretbar erscheint, Vergangenes vergangen sein zu lassen, in der Überzeugung, daß viele für subjektiv nicht schwerwiegende Schuld gebüßt haben, so ist sie andererseits doch unbedingt entschlossen, aus der Vergangenheit die nötigen Lehren gegenüber allen denjenigen zu ziehen, die an der Existenz unseres Staates rütteln, (*Bravo! und Sehr gut!*) mögen sie nun zum Rechtsradikalismus oder zum Linksradikalismus zu rechnen sein. (*Lachen und Zuruf von der KPD.*)

– Ach, Sie sind ja gar nicht so radikal. (*Heiterkeit. – Abg. Renner: Sie sind auch nicht so sozial, wie Sie sich hier gebärden!*)

Die Befürchtungen, meine Damen und Herren, die namentlich in der ausländischen Presse über rechtsradikale Umtriebe in Deutschland laut geworden sind, sind ganz bestimmt weit übertrieben. (*Sehr richtig! rechts.*) Ich bedaure außerordentlich, daß durch Berichte deutscher und ausländischer Zeitungen Persönlichkeiten, indem man ihre ungezogenen Reden verbreitet hat, eine Bedeutung beigelegt worden ist, die sie in Deutschland niemals gehabt haben. (*Beifall in der Mitte und rechts.*)

Aber, meine Damen und Herren, ich betone nochmals: Wenn wir auch glauben, daß diese Berichte übertrieben sind, so sind wir uns völlig darüber einig, daß wir dem Auftreten rechts- und linksradikaler, den Staat gefährdender Bestrebungen unsere vollste Aufmerksamkeit widmen müssen; und ich wiederhole nochmals: Wir werden nötigenfalls von den Rechten, die die Gesetze uns geben, entschlossen Gebrauch machen. (*Beifall in der Mitte und rechts. – Zuruf von der KPD: Kennen wir!*)

Meine Damen und Herren! Lassen Sie mich in diesem Zusammenhang ein Wort zu hier und da anscheinend hervorgetretenen antisemitischen Bestrebungen sagen. Wir verurteilen diese Bestrebungen auf das schärfste. Wir halten es für unwürdig und für an sich unglaublich, daß nach all dem, was sich in nationalsozialistischer Zeit begeben hat, in Deutschland noch Leute sein sollten, die Juden deswegen verfolgen oder verachten, weil sie Juden sind. (*Zuruf von der KPD.*)

Meine Damen und Herren! Ich komme zu einem besonders ernsten und wichtigen Kapitel. Deutschland wird nunmehr durch seine staatliche Neugestaltung in die Lage versetzt, sich der Frage der deutschen Kriegsgefangenen und Verschleppten mit größerer Stärke anzunehmen als bisher. In Rußland werden noch Millionen von Kriegsgefangenen zurückgehalten. (*Zuruf rechts: Herr Renner, hören Sie!*)

Wir wissen nicht, wohin die 1,5 bis 2 Millionen deutscher Kriegsgefangener gekommen sind, (*Abg. Renner: Fragen Sie Hitler! – Lachen und Zurufe rechts*) die aus den russischen Heeresberichten über die jetzt von Rußland

angegebene Zahl der Kriegsgefangenen hinaus errechnet werden konnten. (*Zuruf des Abg. Renner.*)
Das gleiche gilt in ähnlicher Weise für Jugoslawien. (*Zuruf von der KPD: Und Indochina! – Zuruf rechts: Tschechei!*)
Das Geschick dieser Millionen Deutscher, die jetzt schon seit Jahren das bittere Los der Gefangenschaft getragen haben, ist so schwer, das Leid ihrer Angehörigen in Deutschland so groß, daß alle Völker mithelfen müssen, diese Gefangenen und Verschleppten endlich ihrer Heimat und ihrer Familie zurückzugeben. (*Bravo! in der Mitte und rechts. – Abg. Renner: Das erreicht man aber nicht durch die verlogene Hetze!*)
Präsident Dr. Köhler: Wen meinen Sie damit, Herr Abgeordneter Renner?
Abg. Renner: Die deutschen Parteien, die diese Hetze betreiben!
Präsident Dr. Köhler: Ich rufe Sie zur Ordnung. Während dieser Erklärung des Herrn Bundeskanzlers derartige Bemerkungen zu machen, stört die Würde des Hauses.
Bitte, Herr Bundeskanzler, fahren Sie fort! (*Zuruf von der KPD: Aber Hetze ist erlaubt!*)
Bundeskanzler Dr. Adenauer: Meine Damen und Herren! Es ist mir eine liebe Pflicht, für die weitreichende Hilfe, die unseren Kriegsgefangenen zuteil geworden ist, zu danken, in erster Linie dem Internationalen Komitee vom Roten Kreuz in Genf, (*Bravo-Rufe und Händeklatschen in der Mitte und rechts*) das unseren deutschen Kriegsgefangenen unendlich viel Gutes getan hat. Wir danken auch dem Vatikan und dem gegenwärtigen Papst, der nach dem Kriege der erste war, der den Ruf nach baldiger Entlassung der deutschen Kriegsgefangenen erhob (*lebhafter Beifall in der Mitte und rechts*) und der das Schicksal der deutschen Gefangenen durch großzügige Schenkungen und Gaben, zu denen er die Welt veranlaßte, zu mildern versuchte. Der Arbeit der Ökumene in Genf danken wir in gleicher Weise von ganzem Herzen. (*Erneuter lebhafter Beifall in der Mitte und rechts.*)
Sie hat insbesondere in der angelsächsischen Welt die Kräfte der Liebe evangelischen Glaubens mobilisiert. Ich hebe auch die internationale Organisation der Christlichen Vereine junger Männer hervor, die durch ihren hervorragenden Gefangenendienst unsern Brüdern in allen Ländern große Hilfe gewährt haben. (*Bravo! und Händeklatschen in der Mitte und rechts.*)
Auch dem Evangelischen Hilfswerk unter der Führung von Dr. Gerstenmaier und der Caritas-Kriegsgefangenenhilfe unter der Leitung des verstorbenen Prälaten Kreutz danken wir herzlichst.
Die Arbeit der Bundesregierung wird weiter den etwa 200 000 Deutschen gelten müssen, die sich in dem ehemaligen Ostpreußen und Schlesien sowie in

der Tschechoslowakei befinden, die als Facharbeiter oder als politisch mehr oder minder Belastete zurückgehalten werden. Darunter befinden sich viele Frauen, die in der ersten Schockwirkung der Niederlage und in der Hoffnung auf Rückkehr ihrer noch in Gefangenschaft befindlichen Männer für Polen optiert haben, deren Männer aber in der Zwischenzeit nach Westdeutschland entlassen worden sind. Das Internationale Rote Kreuz hat es übernommen, mit den Westalliierten einerseits und mit Warschau und Prag andererseits über die Umsiedlung dieser bedeutenden Restbevölkerung zu verhandeln.

Die Bundesregierung wird sich auch um die 300 000 freien Arbeiter bemühen müssen, die, um aus der Kriegsgefangenschaft herauszukommen, in Frankreich, Belgien und England Verträge als freie Arbeiter geschlossen haben. Endlich werden wir die Forderung erheben müssen, daß gegen diejenigen Deutschen, die in den alliierten Ländern wegen behaupteter Kriegsverbrechen zurückgehalten werden, die Gerichtsverhandlungen unter Wahrung aller rechtlichen Formen schnell zu Ende geführt werden. (*Abg. Dr. Richter: Man soll einmal internationale Gerichte gegen die Kriegsverbrecher auf der anderen Seite einsetzen! – Gegenruf links: Sind wir schon wieder so weit?*)

Das Los der Vertriebenen, meine Damen und Herren, ist besonders hart. Die Frage ihres zukünftigen Schicksals kann nicht von Deutschland allein gelöst werden. (*Sehr richtig! rechts.*)

Es handelt sich um eine Frage, die nur auf internationalem Wege ihrer Lösung nähergebracht werden kann. Man muß sie aber lösen, wenn man nicht Westdeutschland für lange Zeit hinaus zu einem Herd politischer und wirtschaftlicher Unruhe werden lassen will.

Lassen Sie mich nun zu Fragen übergehen, die uns in Deutschland außerordentlich am Herzen liegen und die für unser gesamtes Volk Lebensfragen sind. Es handelt sich um die Abkommen von Jalta und Potsdam und die Oder-Neiße-Linie. Im Potsdamer Abkommen heißt es ausdrücklich:

Die Chefs der drei Regierungen – das sind die Vereinigten Staaten, England und Sowjetrußland – haben ihre Ansicht bekräftigt, daß die endgültige Bestimmung der polnischen Westgrenze bis zur Friedenskonferenz vertagt werden muß. (*Hört! Hört! rechts.*)

Wir können uns daher unter keinen Umständen mit einer von Sowjetrußland und Polen später einseitig vorgenommenen Abtrennung dieser Gebiete abfinden. (*Sehr richtig! und lebhafter Beifall rechts, in der Mitte und bei der SPD.*)

Diese Abtrennung widerspricht nicht nur dem Potsdamer Abkommen, sie widerspricht auch der Atlantik-Charta vom Jahre 1941, der sich die

Sowjetunion ausdrücklich angeschlossen hat. (*Erneute Zustimmung in der Mitte und rechts.*)
Die Bestimmungen der Atlantik-Charta sind ganz eindeutig und klar. Die Generalversammlung der Vereinten Nationen hat durch Beschluß vom 3. November 1948 die Großmächte aufgefordert, nach diesen Prinzipien baldmöglichst Friedensverträge abzuschließen. Wir werden nicht aufhören, in einem geordneten Rechtsgang unsere Ansprüche auf diese Gebiete weiter zu verfolgen. (*Lebhafter Beifall in der Mitte und rechts. – Abg. Dr. Richter: Bitte auch das Sudetenland dabei nicht vergessen, Herr Bundeskanzler!*)
Ich weise darauf hin, daß die Austreibung der Vertriebenen in vollem Gegensatz zu den Bestimmungen des Potsdamer Abkommens vorgenommen worden ist. (*Sehr richtig! rechts.*)
In diesem Potsdamer Abkommen ist nur von einer Umsiedlung der in Polen, der Tschechoslowakei und Ungarn verbliebenen deutschen Bevölkerung die Rede, und es war vereinbart worden, daß jede stattfindende Umsiedlung auf organisierte und humane Weise vorgenommen werden sollte. Es fällt mir sehr schwer, meine Damen und Herren, wenn ich an das Schicksal der Vertriebenen denke, die zu Millionen umgekommen sind, (*Zuruf in der Mitte: 5 Millionen!*) mit der notwendigen leidenschaftslosen Zurückhaltung zu sprechen. Ich darf aber darauf hinweisen, daß kein Geringerer als Winston Churchill bereits im August 1945 im britischen Unterhaus öffentlich und feierlich nicht nur gegen das Ausmaß der von Polen angestrebten Gebietserweiterung, sondern auch gegen die Praxis der Massenaustreibung Protest eingelegt hat. (*Abg. Dr. Schmid: Er hat mit unterschrieben!*)
Die Massenaustreibung nannte Churchill eine „Tragödie unvorstellbaren Ausmaßes", und er deutete an, daß eine unerhört große Zahl von diesen Vertriebenen einfach verschwunden sei.
Die Bundesregierung wird allen diesen Fragen die größte Aufmerksamkeit widmen und sich dafür einsetzen, daß auch das uns zustehende Recht geachtet wird. (*Lebhafte Zustimmung in der Mitte und rechts.*)
Sie wird das ganze Rechts- und Tatsachenmaterial in einer Denkschrift, die veröffentlicht und den alliierten Regierungen überreicht werden wird, zusammenfassen.
Meine Damen und Herren! Wenn ich eingangs gesagt habe, daß unsere auswärtigen Beziehungen von den Hohen Kommissaren wahrgenommen werden, so habe ich doch gleichzeitig festgestellt, daß wir zu allen uns umgebenden Staaten in engen Zusammenhängen – seien es gute, seien es weniger gute – stehen. Ich würde daher eine Lücke in dieser Regierungserklärung lassen, wenn ich nicht auf unser Verhältnis zu diesen Ländern einginge. (*Abg. Renner: Vergessen Sie aber das Saargebiet nicht!*)

– Lassen Sie mich zunächst Sowjet-Rußland nicht vergessen! (*Heiterkeit in der Mitte und rechts. – Zurufe links.*)
– Und deswegen werde ich mit Sowjet-Rußland beginnen. (*Abg. Renner: Diesen Teil Ihrer Rede hat Ihnen ein Fachmann aufgesetzt!*)
– Sie sind ein neidischer Mann, Herr Renner! (*Heiterkeit. – Abg. Renner: Die Fragebogen von den Leuten müßte man kennen!*)
Meine Damen und Herren! Wir sind durchaus bereit, mit unsern östlichen Nachbarn, insbesondere mit Sowjetrußland und mit Polen, in Frieden zu leben. Wir haben den dringendsten Wunsch, daß die gegenwärtig bestehenden Spannungen zwischen Sowjetrußland und den Westalliierten ihre Lösung im Laufe der Zeit auf friedlichem Wege finden. Aber wenn ich ausspreche, daß wir den Wunsch haben, in Frieden mit Sowjetrußland zu leben, so gehen wir davon aus, daß auch Sowjetrußland und Polen uns unser Recht lassen und unsere deutschen Landsleute auch in der Ostzone und in dem ihnen unterstehenden Teil von Berlin das Leben in Freiheit führen lassen, das deutschem Herkommen, deutscher Erziehung und deutscher Überzeugung entspricht. (*Lebhafter Beifall in der Mitte und rechts.*)
Ich habe an einer anderen Stelle schon ausgeführt, daß das Besatzungsstatut zwar ein Fortschritt, sogar ein erheblicher Fortschritt, gegenüber dem bisherigen Zustand ist. Es wird aber ganz darauf ankommen, ob es in dem Geist gehandhabt wird, der aus dem Begleitschreiben der Außenminister von England, Frankreich und den Vereinigten Staaten vom April dieses Jahres an den Präsidenten des Parlamentarischen Rats sprach. „Die Außenminister betonen“, so heißt es in der Note, „daß es das höchste Ziel der drei Alliierten Regierungen ist, den festen Einbau des deutschen Volkes in einem demokratischen Bundesstaat in den Rahmen eines europäischen Zusammenschlusses zum beiderseitigen Besten zu ermutigen und zu fördern.“ Wir sind überzeugt davon, daß, wenn das Besatzungsstatut in diesem Sinne gehandhabt wird, es uns ein eigenes starkes Leben und weitere Fortschritte ermöglichen wird. (*Abg. Renner: Sie nannten es einmal Kolonialstatut!*)
Ich bin überzeugt: Wenn, wie es in dem Besatzungsstatut vorgesehen ist, nach 12 Monaten und auf jeden Fall innerhalb von 18 Monaten nach Inkrafttreten des Statuts die Besatzungsmächte seine Bestimmungen im Lichte der Erfahrungen prüfen, die sie inzwischen gemacht haben, werden die Mächte sicher zu dem Ergebnis kommen, daß es möglich sein wird, die Zuständigkeit der deutschen Behörden auf den Gebieten der Legislative, der Exekutive und der Justiz weiter auszudehnen.
Und nun, meine Damen und Herren, lassen Sie mich ein Wort über unsere Stellung zum Besatzungsstatut sagen! Das Besatzungsstatut ist alles andere als ein Ideal. Es ist ein Fortschritt gegenüber dem rechtlosen Zustand, in dem wir

bis zum Inkrafttreten des Besatzungsstatuts gelebt haben. Es gibt aber keinen andern Weg für das deutsche Volk, wieder zur Freiheit und Gleichberechtigung zu kommen, (*Abg. Renner: Friedensvertrag!*) als indem es dafür sorgt, daß wir nach dem völligen Zusammenbruch, den uns der Nationalsozialismus beschert hat, mit den Alliierten zusammen wieder den Weg in die Höhe gehen. Der einzige Weg zur Freiheit ist der, daß wir im Einvernehmen mit der Hohen Alliierten Kommission unsere Freiheiten und unsere Zuständigkeiten Stück für Stück zu erweitern versuchen. (*Sehr richtig!*)
Es besteht für uns kein Zweifel, daß wir nach unserer Herkunft und nach unserer Gesinnung zur westeuropäischen Welt gehören. Wir wollen zu allen Ländern gute Beziehungen, auch solche persönlicher Art, unterhalten, insbesondere aber zu unsern Nachbarländern, den Benelux-Staaten, Frankreich, Italien, England und den nordischen Staaten. Der deutsch-französische Gegensatz, der Hunderte von Jahren die europäische Politik beherrscht und zu so manchen Kriegen, zu Zerstörungen und Blutvergießen Anlaß gegeben hat, muß endgültig aus der Welt geschafft werden. (*Lebhafter Beifall.*)
Ich hoffe, ja ich sage: Ich glaube, daß das Saargebiet nicht zu einem Hindernis auf diesem Weg werden wird. (*Aha! und Hört! Hört!*)
Am Saargebiet hat Frankreich – das ist ohne weiteres anzuerkennen – wirtschaftliche Interessen. Deutschland hat dort wirtschaftliche und nationale Interessen. (*Sehr richtig! – Zuruf: Sind das nur Interessen?*)
Schließlich aber haben die Saarbewohner selbst den begründeten Wunsch, daß ihre eigenen wirtschaftlichen und nationalen Interessen berücksichtigt werden. (*Zuruf von der KPD: Vielleicht sagen Sie auch etwas über die Ausweisungen aus dem Saargebiet!*)
Alle diese Interessen sollen in eine Ordnung und Übereinstimmung gebracht werden, die sich im Rahmen der Europäischen Union, deren Mitglied wir möglichst bald zu werden wünschen, finden lassen wird.
Mit aufrichtiger Genugtuung und Freude, meine Damen und Herren, denke ich daran, daß Außenminister Bevin mir in einer persönlichen Unterredung im Sommer dieses Jahres erklärt hat: Der Krieg zwischen unseren beiden Völkern ist zu Ende, unsere beiden Völker müssen Freunde sein.
Ich habe eben gesagt, wir wünschen möglichst bald in die Europäische Union aufgenommen zu werden. Wir werden gerne und freudig an dem großen Ziel dieser Union mitarbeiten. Ich weise darauf hin, daß wir in unserer Bonner Verfassung im Artikel 24 für den Bund die Möglichkeit vorgesehen haben, Hoheitsrechte auf zwischenstaatliche Einrichtungen zu übertragen und sich zur Wahrung des Friedens im System gegenseitiger kollektiver Sicherheit einzuordnen. Es heißt dann in diesem Artikel weiter:

Der Bund wird hierbei in die Beschränkungen seiner Hoheitsrechte einwilligen, die eine friedliche und dauerhafte Ordnung in Europa und zwischen den Völkern der Welt herbeiführen und sichern.

Ich glaube, daß unser Grundgesetz damit die fortschrittlichste aller Verfassungen ist. (*Sehr richtig!*)

Wir sind entschlossen, alles zu tun, was in unserer Kraft steht, um den in diesem Artikel vorgezeichneten Weg zur Sicherung des Friedens in Europa und in der Welt zu gehen.

Wenn ich vom Frieden in der Welt und in Europa spreche, dann, meine Damen und Herren, muß ich auf die Teilung Deutschlands zurückkommen.

Die Teilung Deutschlands wird eines Tages – das ist unsere feste Überzeugung – wieder verschwinden. (*Lebhafter Beifall.*)

Ich fürchte, daß, wenn sie nicht verschwindet, in Europa keine Ruhe eintreten wird. (*Sehr richtig!*)

Diese Teilung Deutschlands ist durch Spannungen herbeigeführt worden, die zwischen den Siegermächten entstanden sind. Auch diese Spannungen werden vorübergehen. Wir hoffen, daß dann der Wiedervereinigung mit unseren Brüdern und Schwestern in der Ostzone und in Berlin nichts mehr im Wege steht. (*Abg. Dr. Richter: Auch mit den Sudetendeutschen!*)

Die Vertreter Groß-Berlins nehmen einstweilen nur mit beratender Stimme an den Arbeiten dieses Hauses und des Bundesrats teil. Ihre Stimmen haben aber deswegen nicht weniger Gewicht, weil sie kein Stimmrecht haben. Wenn auch der Eiserne Vorhang, der quer durch Deutschland geht, noch so dicht ist, – er kann nichts an der geistigen Verbundenheit zwischen den deutschen Menschen diesseits und jenseits des Eisernen Vorhangs ändern. (*Lebhafter Beifall rechts, in der Mitte und bei der SPD.*)

Lassen Sie mich, meine Damen und Herren, in dieser Stunde mit besonderem Dank der Vereinigten Staaten von Nordamerika gedenken. (*Bravo!*)

Ich glaube nicht, daß jemals in der Geschichte ein siegreiches Land es versucht hat, dem besiegten Land in der Weise zu helfen und zu seinem Wiederaufbau und seiner Erholung beizutragen, wie das die Vereinigten Staaten gegenüber Deutschland getan haben und tun. (*Bravo! rechts, in der Mitte und bei Teilen der SPD.*)

Wir glauben, meine Damen und Herren, daß eine spätere Geschichtsschreibung dieses Verhalten der Vereinigten Staaten als eine größere Tat bezeichnen wird als seine Anstrengungen im Kriege. (*Sehr richtig! – Lachen bei der KPD.*)

Ich weiß, daß unzählige Amerikaner aus echter, persönlicher Teilnahme und Nächstenliebe uns Deutschen in unserer schwersten Not, als hier Hunger und Mangel herrschten, in rührender Weise geholfen haben. Das deutsche Volk wird das dem amerikanischen Volk niemals vergessen dürfen, und es wird das auch nicht vergessen. (*Lebhafter Beifall rechts, in der Mitte und bei der SPD.*)

Meine Damen und Herren! Die kulturellen Angelegenheiten gehören nach dem Grundgesetz zu der Zuständigkeit der Länder. Aber im Namen der gesamten Bundesregierung kann ich folgendes sagen: Unsere ganze Arbeit wird getragen sein von dem Geist christlich-abendländischer Kultur und von der Achtung vor dem Recht und vor der Würde des Menschen. (*Bravo!*)

Wir hoffen – das ist unser Ziel –, daß es uns mit Gottes Hilfe gelingen wird, das deutsche Volk aufwärtszuführen und beizutragen zum Frieden in Europa und in der Welt. (*Anhaltender lebhafter Beifall.*)

5.
„Die Aufgabe der Opposition“

Rede des Oppositionsführers Dr. Kurt Schumacher in der Debatte über die Regierungserklärung am 21. September 1949

Durch die Ergebnisse der ersten Bundestagswahl und der Regierungsbildung war die SPD in die Rolle der Opposition verwiesen worden. Der Oppositionsführer Dr. Kurt Schumacher, der ebenfalls in der Zeit der Weimarer Republik schon Mitglied des Reichstages gewesen war, erwiderte in der sechsten Sitzung des Ersten Deutschen Bundestages am 21. September 1949 auf die Regierungserklärung von Bundeskanzler Dr. Konrad Adenauer:

Meine Damen und Herren! Die Erklärung der Bundesregierung sollte nicht als etwas Isoliertes betrachtet werden. Sie gehört zusammen mit der Politik der Parteien, die heute die Bundesregierung bilden, mit den Parolen des Wahlkampfs, mit den Deklarationen nach dem Wahlergebnis, mit den Methoden der Kabinettsbildung und mit der Zusammensetzung des Kabinetts.

Wollte man den Kardinalsatz der Regierungserklärung, daß die Bundesregierung die soziale Gerechtigkeit zum obersten Prinzip ihrer Handlungsweise nehmen wolle, als das Programm der Regierung voll akzeptieren, dann müßte man sagen: Mit diesem Programm hätte der Herr Bundeskanzler am 14. August einen rauschenden Wahlsieg über die Politik seines Wirtschaftsministers und seines Vizekanzlers davongetragen. (*Beifall bei der SPD. – Lachen in der Mitte und rechts.*)

Aber, meine Damen und Herren, Sozialpolitik kostet etwas, und der deutsche Besitz, der ja in seiner überwiegenden Mehrzahl hinter der neuen Bundesregierung steht, hat diese Regierung bestimmt nicht etabliert, um besonders große Aufwendungen für das Volk zu machen. (*Zuruf rechts: Sie schließen von sich auf andere!*)

Schließlich ist doch der tatsächliche Kern, der Punkt, bei dem ein eindeutiges Bekenntnis der Bundesregierung vorliegt, die Erklärung, daß man am bisherigen Kurs der Frankfurter Wirtschaftspolitik festhalten wolle. (*Zuruf von der CDU: Gott sei Dank!*) In Verbindung damit sind einige andere sehr

reale Dinge angedeutet worden, als da sind: die Aufhebung der Zwangswirtschaft auch für die Güter, bei denen heute noch fixierte Preise vorliegen; und ähnliche Bemerkungen sind bei der Betrachtung über Wohnungswirtschaft und Mietpreisgestaltung gemacht worden.
Die Erklärung der Bundesregierung ist nicht nur interessant durch das, was in ihr enthalten ist, sondern fast noch interessanter durch das, was sie nicht genannt hat. (*Zuruf links: Sehr wahr!*) Wir können uns ein demokratisches Staatswesen nicht vorstellen, bei dem die Arbeiter eine so geringe Rolle spielen, daß die Regierungserklärung das Wort „Arbeiter“ nicht einmal erwähnt hat, (*Beifall bei der SPD*) und wir können uns einen funktionierenden sozialen Organismus auch nicht recht vorstellen, bei dem die Gewerkschaften unerwähnt bleiben. (*Lebhafter Beifall bei der SPD.*) Es scheint mir eine schwere Undankbarkeit gegenüber den Gewerkschaften und der Rolle dieser Organisationen zu sein, wenn man nicht anerkennt, daß ohne diese Gewerkschaften die Situation des deutschen Volkes nach innen und außen eine sehr viel schlechtere sein würde. (*Lebhafter Beifall links.*)
Und wir haben auch vermißt – bei aller Anerkennung der liebenswürdigen Ausflüge in das Gebiet der Nöte der unverheirateten Frauen – ein grundsätzliches Anerkenntnis der Gleichheit von Mann und Frau vor dem Gesetz, wie das Bonner Grundgesetz es gebracht hat. (*Zustimmung links.*) Aus dieser These nämlich resultiert für die Regierung eine große Menge von Aufgaben, und wir hätten gerne gewußt, wie die Verwirklichung dieser Aufgaben sich in den Augen der Regierung darstellt.
Nun, wir sind die Opposition, und was Opposition ist, darüber hat sich eine unglaublich naive Diskussion in der deutschen Öffentlichkeit erhoben. Die Wertung der Opposition und der Regierung, die vorbehaltlose Überbewertung der Regierungsfunktion und die ebenso vorbehaltlose Unterbewertung der Oppositionsfunktion stammt aus dem Obrigkeitsstaat, (*erneute Zustimmung*) und die Begriffe des Obrigkeitsstaates scheinen noch in vielen Köpfen auch in diesem Hause sehr lebendig zu sein. (*Lebhafter Beifall links. – Zurufe rechts.*)
Eine Opposition ist in ihren Qualitäten nicht dann staatserhaltend, wenn sie eine wohlwollende Beurteilung durch die Bundesregierung oder durch ihre Parteien findet. Wir haben eine in Sachen der Besitzverteidigung sehr unsentimentale Regierung, und es wird die Aufgabe der Opposition sein, bei der Interessenvertretung der arbeitenden Bevölkerung ebenso unsentimental zu sein. (*Sehr gut! bei der SPD.*) Der Egoismus liebt es, an das Gemeinschaftsgefühl zu appellieren. (*Sehr gut! bei der SPD und rechts.*)
Die Regierung und die Opposition werden ihre Qualität durch ihre Leistungen bestimmen. Aber, werte Abgeordnete, der Grundsatz gilt für die

Opposition, daß die Bundesregierung sich die Mehrheiten für ihre Gesetze aus den Reihen der Regierungsparteien zu schaffen hat.
Man kann also als Opposition nicht die Ersatzpartei für die Regierung sein und die Verantwortung für etwas übernehmen, wofür die Verantwortung zu übernehmen sich manche Regierungsparteien gegebenenfalls scheuen werden. (*Sehr richtig! bei der SPD.*) Die Opposition ist ein Bestandteil des Staatslebens und nicht eine zweitrangige Hilfestellung für die Regierung. (*Beifall links.*) Die Opposition ist die Begrenzung der Regierungsmacht und die Verhütung ihrer Totalherrschaft. Ihre Eindeutigkeit zwingt alle Parteien, die der Opposition wie die der Regierung, ihr innerstes Wesen an ihren Taten zu offenbaren. (*Erneuter Beifall.*) Es wäre nämlich ein Fehler, weiter den Zustand der Wesensunechtheit in der Propaganda der politischen Parteien zu belassen. Tatsachen müssen sprechen. Aber ebenso richtig ist, daß die Opposition sich nicht in der bloßen Verneinung der Regierungsvorschläge erschöpfen kann. (*Zuruf in der Mitte: Gut!*) Das Wesen der Opposition ist der permanente Versuch, an konkreten Tatbeständen mit konkreten Vorschlägen der Regierung und ihren Parteien den positiven Gestaltungswillen der Opposition aufzuzwingen. (*Lebhafter Beifall links. – Zustimmung rechts.*)
Aus dem Wesen und der Zusammensetzung dieser Regierung heraus besteht die große Gefahr, daß dieser neue Staat ein autoritärer Besitzverteidigungsstaat werden kann. (*Lachen in der Mitte.*) Man hat doch in der Zusammensetzung der Regierung und den gestern vorgetragenen Tendenzen gesehen, daß die erste Periode von Weimar – wenn Vergleiche erlaubt sind – glatt übersprungen worden ist und wir bereits in einer zweiten Periode der absoluten Restauration mit stark vorweimarischen Zügen sind. (*Lachen.*) Das bringt die Gefahr der Entfremdung der arbeitenden Menschen vom Staat. Das ist eine Gefahr, die wir als Opposition bekämpfen wollen. Wir können den heutigen politischen Machtzustand sich nicht stabilisieren lassen. Es ist die Aufgabe der Opposition, die Dinge im Fluß im Sinne seiner Entwicklungsmöglichkeit zum Demokratischen und Sozialen zu halten.
Manches, was gestern gesprochen worden ist, war eine Schau nach rückwärts. Ich möchte eindeutig sagen, daß auch der wohlwollendste Ton der Ermahnung und die allmählich etwas abgestandene Bemerkung, daß die Jugend die Zukunft bedeute, der Jugend sehr wenig sagt. Die Jugend wünscht realen Boden, wünscht positive Lebensaussichten durch eine soziale Politik, (*Zurufe: Gut!*) und die Jugend wünscht, gleichberechtigt behandelt zu werden. (*Sehr richtig! in der Mitte.*) Auf alles kann die Jugend verzichten, sogar auf Moralpredigten und Ermahnungen. Nicht verzichten kann sie auf das Gefühl, als gleichwertiger Faktor im Staats- und Volksleben geachtet zu werden. (*Beifall links und Zurufe rechts.*)

Die Regierungsbildung ist eine notwendige Abrundung der Regierungserklärung; sie steht unter dem Zeichen des 14. August. Allerdings hat sie länger gedauert, als man damals annahm. Ihre Methoden waren nicht so eindeutig, wie nach den Versicherungen der Regierungsparteien das Wahlergebnis des 14. August sein soll. Die Regierung steht eben unter dem Eindruck der Tatsache, daß der Rechtsruck im deutschen Volk bedeutsamer ist, als die Mandatszahlen des 14. August ausdrücken. Dieser Druck von rechts kann bis tief in die Mitte hinein lähmende und ändernde Wirkungen haben. Darum ist es schon verständlich, wenn man den Gefahren von allen Seiten dadurch entgegentreten will, daß man sich sehr stark in sozialen Versicherungen gefällt. Unverständlich bleibt dann, warum man in der Frankfurter Wirtschaftspolitik alles das verhindert hat, was man jetzt als Zukunftsversprechungen an die arbeitenden Massen in Deutschland gibt. Die Dauer, die Methoden der Regierungsbildung und die Art, mit der die Macht im Staat auf allen Gebieten verteilt worden ist, haben keinen sehr berückenden und beglückenden Eindruck auf das deutsche Volk gemacht. (*Abg. Dr. Richter: Niedersachsen! – – Weitere Zurufe rechts.*)
– Verzeihen Sie, Sie sind wohl mit Verspätung als Kreuzfahrer aus Bayern hier in Bonn eingetroffen! (*Heiterkeit links.*)
Die Sache war zu geschäftig und geschäftlich betrieben und hat zuviel politische Wahlarithmetik enthalten, als daß sie einen überzeugenden eindeutigen Eindruck auf die Bevölkerung machen könnte. Ich meine: Wenn man all die Herren, denen man einen Ministerposten versprochen hat und die ihn dann nicht bekommen haben, heute hier zu einer Fraktion zusammenfassen würde, dann wäre das nicht die kleinste Fraktion des Bundestages. (*Lebhafter Beifall und große Heiterkeit.*)
Wir haben bei der Organisation der Regierung ohne Zweifel der Position des Bundesfinanzministers ein besonderes Augenmerk zuzuwenden. Wir betonen, daß ein Bundesfinanzminister mit gleicher Gerechtigkeit gegenüber allen Ländern Deutschlands die gleichen Prinzipien und den gleichen Willen zu zeigen hat (*Sehr richtig! bei der SPD.*) Wir dürfen nicht erleben, daß ein Bundesfinanzminister etwa der Verlockung einer praktisch betätigten überstarken Heimatliebe unterliegt. (*Zustimmung links. – Abg. Dr. Seelos: Das wäre für einen Sozialisten furchtbar!*)
– Was wissen Sie denn vom Sozialismus; buchstabieren Sie einmal das Wort! (*Lebhafter Beifall und Heiterkeit links.*)
Ohne eine gleichmäßige gerechte Anwendung der Finanzhoheit ist keine Hilfe für die schwachen Länder, aber auch keine Möglichkeit der Bewältigung der entscheidenden großen sozialen Fragen, keine Hilfe in der kardinalen Frage der Flüchtlinge gegeben. Die Wahlen in den steuerschwachen Ländern

haben ja gezeigt, daß dort, wo die Armee der Flüchtlinge massiert und deshalb die Arbeitslosigkeit überstark ist, die Chance für den Radikalismus – das ist in der heutigen Situation der Rechtsradikalismus – vorhanden ist.
Gerade darum muß die Hilfe den steuerschwachen Ländern zuteil werden, weil da die sozialen Probleme sich am stärksten auswirken.

Interessant und etwas schmerzlich war uns, daß in der gestrigen Regierungserklärung kein Wort von dem Finanzausgleich zu hören war (*Hört! Hört! bei der SPD.*) und auch nichts von den Gemeinden, ihrer Selbstverwaltung, ihren großen Aufgaben, ihrer sozialen Belastung und dem ganzen Komplex, der doch praktisch jeden Tag an jeden deutschen Staatsbürger herantritt.

Wir kündigen stärkste Gegnerschaft an für den Fall, daß das Bonner Grundgesetz nach Sinn und Buchstaben zugunsten betont überföderalistischer Regelungen seiner einheitstrebenden Tendenzen entkleidet wird. (*Sehr wahr! bei der SPD.*) Wir wollen keine Revision des Bonner Grundgesetzes durch Verwaltungsorganisationen, durch Personenauswahl, durch Schaffung von Vorgängen!

Um Mißverständnissen, gewollten Mißverständnissen, entgegenzutreten, möchte ich sagen: Die deutsche Einheit ist nur möglich auf der Grundlage der persönlichen und staatsbürgerlichen Freiheit und Gleichheit und der gleichen Wertung und Würdigung der Menschenrechte in allen Besatzungszonen. (*Bravorufe und Händeklatschen bei der SPD und vereinzelt rechts.*) Aber die deutsche Einheit ist nicht möglich in der Form einer russischen Provinz oder eines sowjetischen Satellitenstaates. (*Lebhafte Zustimmung bei der SPD und in der Mitte.*)

Wir müssen bei dieser Politik auch abrücken von einem Rückfall in die missionarische Illusion der Brückentheorie. Das sind Illusionen, die 1933 aus der Hoffnung entstanden, mit einem totalitären Gegner, der das Ganze will, zu einem Kompromiß zu kommen, der einem die eigene politische Existenz und Selbständigkeit läßt. Wir dürfen nicht in eine Anerkennung der Blockpolitik hineinrutschen, die in Wirklichkeit die Herrschaft der stärksten Regierungspartei und der hinter ihr stehenden Besatzungsmacht ist. Wir sollten bei aller Anerkennung der Tatsache, daß man sich nicht immer distanzieren kann von allem und jedem in Dingen des täglichen Lebens, derartige Dinge wie die beiden Godesberger Gespräche unterlassen. (*Sehr richtig! bei der SPD.*)

Wenn wir die Frage der deutschen Einheit diskutieren, dann können wir an der Frage Berlin nicht vorübergehen. (*Sehr gut!*) Berlin wünscht keine Wohltaten und keine Wohltäter-Allüren. (*Sehr gut!*) Die besondere Finanzhilfe für Berlin ist nicht eine Angelegenheit freiwilliger Zuwendungen,

sondern muß zu einem festen Bestandteil im Etat der deutschen Bundesrepublik gemacht werden. (*Zuruf: So war es doch!*)
Man sollte auch nicht nur dieser Zuwendung von Mitteln der Allgemeinheit zustimmen. Man muß in der Wirtschaftspolitik Berlin durch Vergebung von Krediten und von Aufträgen mehr Hilfe leisten als bisher. Auf diesem Gebiet, wo egoistische Interessen westlicher Produzenten mit Berliner Produktionsinteressen konkurrieren können, haben wir als deutscher Westen für Berlin noch lange nicht das geleistet, was zu leisten unsere Aufgabe ist. (*Sehr wahr!*)
Man darf doch nicht vergessen, daß man den Kampf der Berliner nicht für die deutsche Bundesrepublik zu Buche schreiben und dann, wenn eigene kleinere Interessen auf dem Spiel stehen, Berlins Lebensnotwendigkeiten irgend etwas verweigern kann. Berlin hat den Willen, Produktionsstätte und Steuerzahler zu werden. Aber um diesen Willen zu realisieren, brauchen wir eine andere Linie der Wirtschaftspolitik, zum Teil auch die Einlösung von Versprechungen, die in diesem Frühsommer von einem Herrn der Bundesregierung in Berlin gemacht worden sind. (*Sehr gut! bei der SPD.*)
Mögen nun viele Leute diesen Zustand der Spaltung Deutschlands für relativ und vorübergehend zufriedenstellend erachten, wir Sozialdemokraten können das nicht. Die Frage der deutschen Einheit kommt hinein in jede andere politische Frage, die Deutschland berührt. Diese Frage kommt nicht mehr von der Tagesordnung. Wir können niemanden als einen Freund des deutschen Volkes empfinden, dessen praktische Politik die deutsche Einheit auf der demokratischen Grundlage verweigert und behindert. (*Sehr gut! bei der SPD.*)
Wir können uns auch nicht damit einverstanden erklären, daß die deutsche Einheit zum Agitationsobjekt oder zum Agitationsinstrument einer politischen Richtung gemacht wird. Wir wünschen, daß bei aller Verschiedenheit der Auffassungen sozialer, politischer und kultureller Natur die Angelegenheit der deutschen Einheit überall in Deutschland die Angelegenheit der gleichen Herzenswärme und der gleichen politischen Entschiedenheit wird. (*Beifall links und in der Mitte.*)
Begrüßenswert war ohne Zweifel das Denken an die Kriegsbeschädigten, aber etwas mehr Konkretisierung wäre wohl nötig gewesen. (*Sehr richtig! bei der SPD.*)
Dagegen kann eine Unterlassung nicht unwidersprochen bleiben: Die deutschen Kräfte des Widerstandes und die deutschen Opfer des Faschismus gehören doch zu den wenigen außenpolitischen Aktiven des deutschen Volkes und der deutschen Außenpolitik. (*Sehr richtig! bei der SPD.*) Von diesen Menschen ist gestern gar kein Wort gesagt worden. Man kann nicht gegen den

Nazismus sein, ohne der Opfer des Nazismus zu gedenken. (*Sehr gut! links.*) Man kann sich nicht für die Hilfeleistung für einzelne Kategorien erwärmen – sie mögen noch so nötig sein –, wenn man die Opfer des Nazismus in einer selbstgewählten Rangordnung hinter die Rechte anderer zurückstellt. (*Sehr gut! links.*)

Zu matt und zu schwach ist gewesen, was gestern die Regierungserklärung über die Juden und über die furchtbare Tragödie der Juden im Dritten Reich gesagt hat. Resignierte Feststellungen und der Ton des Bedauerns helfen hier nichts. Es ist nicht nur die Pflicht der internationalen Sozialisten, sondern es ist die Pflicht jedes deutschen Patrioten, das Geschick der deutschen und der europäischen Juden in den Vordergrund zu stellen und die Hilfe zu bieten, die dort notwendig ist. (*Beifall bei der SPD.*)

Die Hitlerbarbarei hat das deutsche Volk durch Ausrottung von sechs Millionen jüdischer Menschen entehrt. An den Folgen dieser Entehrung werden wir unabsehbare Zeiten zu tragen haben. Von 600 000 deutschen Juden leben heute im Gebiet aller vier Zonen nur 30 000, meist ältere und kranke Personen. Auch sie erleben immer wieder beschämende und entwürdigende Vorfälle. In Deutschland sollte keine politische Richtung vergessen, daß jeder Nationalismus antisemitisch wirkt und jeder Antisemitismus nationalistisch wirkt. Das bedeutet nämlich die freiwillige Selbstisolierung Deutschlands in der Welt. (*Zustimmung bei der SPD.*)

Antisemitismus ist das Nichtwissen von den großen Beiträgen der deutschen Juden zur deutschen Wirtschaft, zum deutschen Geistesleben und zur deutschen Kultur und bei der Erkämpfung der deutschen Freiheit und der deutschen Demokratie. Das deutsche Volk stände heute besser da, wenn es diese Kräfte des jüdischen Geistes und der jüdischen Wirtschaftspotenz bei dem Aufbau eines neuen Deutschlands in seinen Reihen haben würde. (*Beifall bei der SPD.*)

Nun ist durch den Vorgang der internationalen Abwertung eine neue Erschwerung eingetreten.

Wenn der Bundeskanzler erklärt, nur eine blühende Wirtschaft könne die Belastung aus dem Lastenausgleich tragen, dann werden wir daraus folgern müssen, daß man in den entsprechenden Kreisen der Regierung den radikalen endgültigen Lastenausgleich nicht gerade mit heißem Herzen will. Das bedeutet die Verschiebung des Lastenausgleichs. Der Lastenausgleich, der notwendig ist, ist doch ein Lastenausgleich, der weitgehend zu einer Veränderung der Eigentumsverhältnisse und vor allem zu einer Veränderung der Einkommensverhältnisse beiträgt. Ich glaube nicht, daß man mit der heutigen sozialen Graduierung der Bevölkerung einen neuen lebensfähigen demokratischen Staat aufbauen kann. Wir haben jetzt gesehen, daß wir heute schon Reallöhne haben, die unter den anderen Reallöhnen Europas liegen, was man bei den Realgewinnen der meisten Sachwertbesitzer nicht sagen kann. Wir haben eine weitere Bedrohung der Reallöhne im kommenden Winter durch die Ankündigung der Aufhebung der restlichen Bewirtschaftung, die sich vor allem bei der Bildung der Lebensmittelpreise und der Mieten geltend machen würde.

Man kann nicht das Volk auffordern zu sparen bei steigenden Preisen. Spartätigkeit ist nur bei festen oder möglichst sogar rückläufigen Preisen möglich. Man kann nicht diese Wirtschaftspolitik betreiben und dann mit der anerkennenswert offenen, aber noch nicht die ganze Schwere aufzeigenden Bemerkung des Herrn Bundeskanzlers weitergehen, die von „geringfügigen Veränderungen im Lohn- und Preisgebäude" spricht. Geringfügig werden die Veränderungen nicht sein, wenn die staatliche Hilfe kommt. Aber die Möglichkeiten der staatlichen Hilfe, besonders in der Form einer positiven Preispolitik, sind ja durch die letzten 15 Monate deutscher Wirtschaftspolitik zerschlagen worden. (*Sehr richtig! bei der SPD. – Zuruf rechts.*)

– Die bessere Position Großbritanniens besteht jetzt eben darin, daß es ein funktionierendes System der Planwirtschaft (*große Heiterkeit rechts*) mit Investitionslenkung hat. (*Erneute große Heiterkeit und Zuruf rechts: Deshalb die Abwertung!*)

– Meine Herren, Sie haben anscheinend von Planwirtschaft und Investitionslenkung nur in den Formen wahlpropagandistischer Formulierungen gelesen. (*Unruhe. – Abg. Dr. Freiherr von Rechenberg: Die haben uns die Nazis vorgemacht!*)

Gerade der geringe Reallohn hat die deutsche Wirtschaft und die arbeitenden Menschen in Deutschland gegen eine neuerliche Bedrohung besonders empfindlich gemacht. Es wäre gut, wenn sich alle Kreise des Volkes dazu verstehen könnten, die Quote der Abwertung geringer zu nehmen, als etwa vom Gesichtspunkt interessierter Kreise von Importeuren und Exporteuren wünschenswert erscheint. Großbritannien hat jetzt die Chance, die Lohn-Preis-Spirale weitgehend zu vermeiden. Die deutsche Chance ist gerade auf Grund der Frankfurter Wirtschaftspolitik eine sehr viel geringere.

Wir haben weiter in der Regierungserklärung die Feststellung vermißt, daß in Deutschland nicht nur binnenwirtschaftlich bestimmte Preise vorhanden sind, sondern auch Preise, welche von Lebensmitteln und Textilrohstoffen herrühren, die von außen eingeführt werden und darum in jedem Fall auf die Lebenshaltung der Konsumenten einwirken. Wir hätten gern gehört, was zur Abwehr der schlimmen Konsequenzen dieser einfuhrabhängigen Preise getan wird. Wir hätten gern vernommen, wie die Dinge bei der Versorgung der minderbemittelten Schichten mit Brot und den sonstigen wichtigsten Lebens-

mitteln aussehen sollen. Wir hätten gern etwas über ein Subventionsprogramm gerade auf diesen Gebieten gehört. (*Sehr gut! bei der SPD.*) Denn Sie können doch nicht glauben, daß das Schicksal der armen Leute immer tiefer herabgedrückt werden kann und nicht nur der Reallohn, sondern auch die Realrente im Uferlosen verschwindet. (*Sehr richtig! bei der SPD.*)
Nun, werte Abgeordnete, haben wir ja gewisse Reserven; wir haben gewisse Möglichkeiten, hier einzugreifen. Das ist die aktive Preispolitik. Das ist der Kampf um die Minderung der Besatzungskosten. Das ist ein mehr wirtschaftlicher Einkauf von ausländischen Lebensmitteln. (*Sehr gut! bei der SPD.*) Dann gibt es die Chance einer zusätzlichen Auslandshilfe auf dem Gebiet der Hilfe für die Flüchtlinge und Heimatvertriebenen.
Lassen Sie mich noch einen Punkt erwähnen, nämlich die Wiederaufnahme der eigenen Handelsschiffahrt. Sie dient zur Gewinnung von Devisen und zur Entlastung der Zahlungsbilanz. Wir haben heute 25 Prozent der Marshallplangelder für Seetransporte der deutschen Importe aufzuwenden. (*Hört! Hört! bei der SPD.*) Ich möchte die Aufmerksamkeit der Bundesregierung darauf lenken, daß jetzt die Gelegenheit ist, die Serien von Fischerei- und Frachtschiffen freizubekommen, deren Größenklassen in London beschlossen worden sind.
Nun, werte Abgeordnete, wir haben heute einen Staat, den wir Sozialdemokraten als einen Staat der überwiegenden sozialen Restauration ansehen. Wir haben einen Staat, von dem wir befürchten, daß seine Führung, unter Ausnutzung gewisser Vorschriften des Grundgesetzes, gar zu leicht in Versuchung kommt, die Volksmassen als Objekte zu behandeln. Demgegenüber haben wir unseren positiven sozialdemokratischen Gestaltungswillen auf allen Gebieten der Politik zu setzen. Zu dem gehören der Lastenausgleich und die Sozialisierung, die auch durch das Wahlergebnis nicht von der Tagesordnung verschwunden ist.
Wir hätten auch gern gehört, wie das mit der großen Politik der Wirtschaft ist, nämlich mit der Arbeitsbeschaffung. Die Politik der Vollbeschäftigung ist unlöslich mit jeder positiven Politik für Flüchtlinge und für den Wohnungsbau verbunden. (*Sehr gut! bei der SPD.*) Es ist nicht möglich, diese Dinge aus dem großen ökonomischen Komplex herauszunehmen. Eins ist vom anderen abhängig. Und auch die wichtigsten Probleme sind nur Teiläußerungen des kardinalen Problems der Vollbeschäftigung. (*Sehr richtig! bei der SPD.*) Auch da vergleichen Sie bitte einmal Großbritannien und das Deutschland der Frankfurter Wirtschaftspolitik. (*Sehr wahr! bei der SPD.*) Man kann nicht bauen, und man kann den Flüchtlingen und den Armen nicht helfen ohne Planung und Kontrolle.
Wir hätten gern gehört, wie der Ausnützung einer rein privatwirtschaftlich

aufgefaßten Konjunktur entgegengetreten werden soll. Nach Kriegs-, Inflations-, Hortungs- und Demontagegewinnlern droht uns doch jetzt die Gefahr der Wiederaufbaugewinnler. (*Zustimmung bei der SPD.*)
Die Aufgabe, vor der wir stehen, ist die Erhöhung des Produktionsvolumens, grob geschätzt um zusätzlich ein Drittel der vorhandenen Produktion in Landwirtschaft, Industrie und Handwerk. Aber man kann ein solches Produktionsvolumen erfolgreich nur erhöhen, wenn die Senkung der Preise parallel geht. Das ist nur durch Konzentration der wirtschaftlichen Kräfte und der Rationalisierungspotenzen auf Massengüter möglich. Wenn nicht die Preise gleichzeitig zurückgehen, würde die Erhöhung des Produktionsvolumens nur zu einer übergroßen Lagerbildung mangels Kaufkraft führen.
Das Problem der Erholung unserer Volkswirtschaft ist die Hebung der Massenkaufkraft durch Preisverbilligung, Lohnerhöhung und völlige Abkehr von der Produktion von Luxusgütern. Aber dazu ist Planung in der Reihenfolge der Wichtigkeit der Güter nötig. Davon soll die Reihenfolge der Kredite abhängen, die zur Verfügung gestellt werden. Die Sicherung der Kreditverwendung erfordert jedoch ihrerseits wieder eine Kontrolle; sonst kommen wir nach den Erfahrungen der letzten 15 Monate nur zur Schaffung zusätzlicher Anlagekapazitäten, die keinen volkswirtschaftlichen Nutzen bringen. (*Sehr richtig! bei der SPD.*)
Die Belebung des Baumarktes darf auch nicht in erster Linie auf eine Politik des Anreizes des privaten Kapitals umgedrängt werden, wenn die Ergebnisse der Bautätigkeit für die Mieter erträglich sein sollen. (*Sehr richtig! bei der SPD.*) Der Wohnungsbau, der in erster Linie zu fördern ist, ist der soziale Wohnungsbau. (*Zustimmung bei der SPD.*)
Auch der Bau gewerblicher Einrichtungen hat in den meisten Fällen hinter diesen sozialen Wohnungsbau zurückzutreten. Der gewerbliche Wohnungsbau ist durch die bisherige Steuerpolitik und durch die Möglichkeit der Kompensation in der inflatorischen Periode unserer jüngsten Vergangenheit schon genügend gefördert worden. Nun haben wir die Ankündigung einer solchen Wohnungsbaupolitik, wie sie der Herr Bundeskanzler gestern ausgesprochen hat. Aber er hat, bevor er Regierungschef wurde, noch ein anderes Wort ausgesprochen; er hat nämlich gesagt, daß die Bundesregierung jedem Deutschen ein Heim schaffen werde. Nun, die Frankfurter Wirtschaftspolitik hat ja auch auf diesem Gebiet einen andern Weg eingeschlagen; aber an dieses Wort des jetzigen Herrn Bundeskanzlers soll die Regierung erinnert werden von der Wiege bis zum Grabe. (*Heiterkeit und Zustimmung bei der SPD.*)
Die Sozialdemokratische Partei hat der deutschen Öffentlichkeit ihren Plan A: Bau von einer Million Wohnungen in vier Jahren, vorgelegt. Und ich

möchte bei dieser Gelegenheit noch auf eine Reihe anderer Projekte insbesondere kommunaler Vereinigungen, die durchaus beachtenswert sind, hinweisen.
Man kann die Wohnungsfrage nicht von der Frage der Vertriebenen trennen.
Kein Mensch wird uns einreden können, daß für die Vertriebenen das getan worden ist, was hätte getan werden können. Ich warne auch davor, dieser großen Aufgabe der wirtschaftlichen und gesellschaftlichen Einsiedlung der Vertriebenen in unserem Volksleben mit dem Hinweis auf die Oder-Neiße-Linie auszuweichen. Man kann gegen die Oder-Neiße-Linie nur angehen, wenn man vorher in unserem Land seine soziale und menschliche Pflicht gegenüber den Vertriebenen getan hat. (*Beifall bei der SPD. – Zurufe.*)
Das Mitbestimmungsrecht der Arbeiter erschöpft sich für uns nicht in der Mitbestimmung im Betrieb, sondern involviert die Mitbestimmung im deutschen Wirtschaftsleben. (*Lebhafter Beifall bei der SPD. – Zuruf rechts.*)
Ich glaube, wenn wir einen Beitrag für die deutsche Einheit leisten wollen, dann sollten wir in der Linie der sozialen Geltung und der ökonomischen Mitbestimmung der arbeitenden Massen operieren. Ich kann hier im einzelnen nicht das große sozialpolitische Programm der Gewerkschaften aufzählen, das wohl in allen Punkten von der Sozialdemokratie vertreten wird; aber ich muß Ihnen sagen: Wenn Sie für die deutsche Einheit sind, dann machen Sie den deutschen Westen auch sozial und hinsichtlich der Geltung des arbeitenden Menschen zum Magneten! (*Beifall bei der SPD.*) Die soziale Gestaltungskraft schafft die nationale Einheit und das deutsche Staatsvolk, das Vertrauen zu sich und seiner Zukunft in der Zusammenarbeit mit der Welt hat.
Der Herr Bundeskanzler hat einen Teil seiner gestrigen Ausführungen dem Verhältnis Deutschlands zu den anderen Mächten gewidmet. Er hat allerdings keine Planung und keine Konzeption einer vorwärtsschreitenden deutschen Außenpolitik entwickelt.
Ich möchte gegenüber dem Besatzungsstatut sagen, daß mir sein größter Vorteil der zu sein scheint, daß seine baldige Revision in Aussicht steht. (*Sehr wahr! links.*) Ich würdige, daß der Ton dieses Dokumentes freundlicher ist als frühere. Ich erkenne durchaus an, daß man mit diesem Besatzungsstatut operieren kann. Schmerzlich empfinden wir aber den Mangel an konkreten Rechtsvorschriften in Rechten und Pflichten sowie die Arbeit mit noch sehr allgemeinen Generalformeln.
Wir haben gestern auch nichts über die Ruhrbehörde gehört. Die Sozialdemokratische Partei hat vom ersten Tag an erklärt, daß sie auf eine Umwandlung

der Ruhrbehörde tendiert, auf eine Umwandlung, die keine Hindernisse in Sachen der Sozialisierung schafft und die einen entscheidenden Fehler aus der Welt schafft, nämlich den, daß in diesem Ruhrstatut alle möglichen materiellen Dinge geregelt sind, aber von den Menschen, die die Werte schaffen, nicht die Rede ist. (*Sehr gut! links.*) Wir empfinden es als einen schmerzlichen Mangel, daß im Ruhrstatut nicht die Geltung und das Aktionsrecht der Gewerkschaften – sowohl der deutschen wie der internationalen Gewerkschaften – eingebaut ist. (*Sehr gut! links.*)
Wir akzeptieren keine Regelung, die die Konjunktur der Spaltung des deutschen Staatswesens ausnützt. Wir nehmen nur Regelungen an, die so getroffen sind, als ob sie für das ganze Deutschland getroffen sind. (*Bravorufe links*) und die die kulturellen und sozialen Wünsche und Überzeugungen des gesamten deutschen Volkes in allen vier Zonen ausdrücken. (*Lebhafter Beifall links.*)
Wir haben bei der Prüfung des Verhältnisses zu anderen Ländern auch einiges über die Grenzen gehört. Es ist an der Zeit, festzustellen, daß die Sozialdemokratische Partei 1945 längere Zeit die einzige gewesen ist, die sich in Deutschland und vor der Weltöffentlichkeit gegen die Oder-Neiße-Linie gewandt hat. (*Sehr richtig! bei der SPD. – Widerspruch in der Mitte.*)
Aber, werte Versammlung, man kann nicht die Grenzprobleme einer Seite einseitig diskutieren. Sogar die scheinbar kleineren Dinge der Grenzkorrekturen im Westen haben ihren bedeutsamen Wert über das Materielle hinaus, auch noch psychologisch-politisch. Ich meine, daß in keinem einzigen Fall durch solche Korrekturen ein so großer Nutzen für einen anderen erzeugt werden kann, daß er den Schaden aufwiegen könnte, der dem deutschen Volke in seinem Vertrauen gegenüber der internationalen Solidarität der Demokratie entsteht. Wir haben das Gefühl: Es ist in der Beziehung der europäischen Völker untereinander zuviel von einem alten Anti-Europageist und zu wenig von dem Geist des wirklichen Neubaues „Europa", der allein uns die großen kontinental-ökonomischen und politischen Probleme bewältigen lassen kann.
Im Vordergrund der Aussprache steht jetzt das Saargebiet. Trotz der Verfassung von 1947, über die zu diskutieren wohl deutsches Interesse ist, über die wir aber jetzt nicht diskutieren wollen, weil wir den Weg zur Verständigung nicht versperren möchten, ist in dieser Saarfrage doch klar: Der Wille des deutschen Volkes in seiner Gesamtheit geht auf den politischen Verbleib des Saargebiets in Deutschland. (*Abg. Dr. Richter: Das haben Ihre Genossen im Saargebiet vergessen, Herr Dr. Schumacher!*)
– Verzeihen Sie, diese SPS ist eine selbständige Partei, die nicht zur deutschen Sozialdemokratie gehört. Sie haben ganz vergessen, daß die Saarregierung in

erster Linie von einer Partei gebildet wird, die Ihnen näher steht als mir. (*Sehr gut! bei der SPD.*)
Nun, werte Abgeordnete, ich halte es nicht für angebracht, mit dieser Methodik und auf dieser Ebene eine nationale Frage zu erörtern, (*lebhafter Beifall bei der SPD*) bei der ich zwar nicht genau weiß, ob wir uns in vollem Umfang einig werden, aber bei der doch eine Einigung im Bereich des Möglichen und Erstrebbaren liegt. Die Schaffung eines selbständigen Saarstaates und seine Vertretung im Europarat scheint mir ein bedrohliches Hemmnis für die Entwicklung der europäischen Zusammenarbeit zu sein. Wenn wir nämlich ein selbständiges Saargebiet im Europarat tolerieren und – wie ich dies aus den Worten des Herrn Bundeskanzlers herauszuhören vermeine – erst in Straßburg den Ausgleich dieser Frage diskutieren, haben wir ja bereits eine vollendete Tatsache akzeptiert, (*Zustimmung bei der SPD*) die sehr schwer aus der Welt zu schaffen ist.
Grundsätzlich sollte die deutsche Außenpolitik in allen diesen Fragen von der These ausgehen, daß man wegen der Eiligkeit eines Termins niemals materielle Dinge preisgeben sollte. Diese Eiligkeit ist ja wahrscheinlich auch eine fiktive. Die Sozialdemokratie ist wegen ihrer Internationalität seit mehr als 80 Jahren angegriffen und meist sehr zu Unrecht angegriffen worden. Die Sozialdemokratie hat in einer Zeit, als keine andere Partei in Deutschland das tat, nämlich in ihrem Heidelberger Programm von 1925, die Vereinigten Staaten von Europa zu einem entscheidenden Bestandteil ihrer Außenpolitik gemacht. (*Sehr gut! bei der SPD.*)
Sie werden wohl von uns annehmen, daß wir Europa wollen. Sie werden auch gerade aus meinem Ökonomischen Exposé dasselbe entnommen haben. Aber, werte Abgeordnete, eine deutsch-französische Verständigung, die so lebensnotwendig ist, kann doch nicht durch pathetische Schwüre geschaffen werden, sondern nur durch sachlichen demokratischen Austrag in der Diskussion der Probleme. Blankowechsel sollten wir auch hier nicht geben. Das würde nur hegemoniale Tendenzen in Europa fördern und den guten Willen der breiten Massen des deutschen Volkes zu internationaler Kooperation schwächen. Europa heißt Gleichberechtigung, meine Damen und Herren! (*Lebhafter Beifall bei der SPD.*)
Man sollte nichts akzeptieren, was die Vorwegnahme von Bestimmungen des Friedensvertrags bedeutet. Wir schwächen damit nicht nur unverantwortlich unsere Position im Westen; wir schwächen auch unsere Position im Osten. Jemand, der hier auf dem Gebiet der Kompromisse in die Loslösung des Saargebietes aus dem politischen Gebiet Deutschlands hereinrutscht, verliert den festen Boden des politischen Kampfes gegen die Oder-Neiße-Linie. (*Zustimmung.*)

Dabei sollten wir auch die Diskussion über die Demontage wohl entschieden führen, sollten aber eine gewisse Bereinigung der Argumente auf allen Seiten vornehmen. Man sagt uns, die Welt sei nach den Erfahrungen vieler Jahrzehnte deutscher Geschichte um ihre Sicherheit besorgt. Das mag sein. Damit ist aber noch nicht der ganze Komplex illustriert. Wenn man um die Sicherheit besorgt ist, dann soll man auch offen sagen: um die Sicherheit vor wem! Wir wollen im deutschen Volk politisch und psychologisch Verständnis für die Sicherheitsbedürfnisse der nächsten Anrainer erwecken. Umgekehrt müßte man aber einsehen, daß gewisse Methoden der Auseinandersetzung mit uns auch nicht die richtigen sind. Wenn wir einen entscheidend wichtigen Teil unserer wirtschaftlichen Substanz mehr als vier Jahre nach Einstellung der Kriegshandlungen verteidigen, dann sind wir deswegen doch nicht Nationalisten. (*Sehr richtig! bei der SPD.*)
Man sollte es auch nicht auf die Ebene zu schieben versuchen, als ob die Deutschen bei dieser Verteidigung den Versuch einer Kraftprobe mit den Alliierten machen würden. Das ist eine Vergiftung der Situation. Man sollte realistisch betrachten, um welche Kapazitäten die Deutschen kämpfen. Es sind doch nicht die Kapazitäten Hitler-Deutschlands, um die gerungen wird. Genau die 14 1/2 Millionen Produktionskapazität in der Stahlindustrie, um die wir uns heute wehren, hatte Westdeutschland – also die drei westlichen Zonen – in der Periode des sozialdemokratischen Kabinetts Hermann Müller. Diese Diskussionsgrundlagen sollte man anerkennen. Man sollte auch akzeptieren, daß wir zu der damaligen Bevölkerung 7 1/2 Millionen Flüchtlinge zusätzlich haben. Man sollte einsehen, daß die Größe des Wiederaufbaus, vor allem im Wohnungsbau, auch einen außerordentlich starken Stahlbedarf bedeutet. Schließlich sollte man uns im europäischen Rahmen die Möglichkeit des Exports von Stahl und Stahlwaren geben; denn wir müssen schon aus der Bedrängnis unserer Lebensmittellage heraus exportieren. Mit der Politik, wie sie hier Teile des Auslands uns gegenüber einschlagen, kombiniert mit der Frankfurter Wirtschaftspolitik, werden wir bei Ablauf des Jahres 1952 ohne amerikanische Hilfe nicht in der Lage sein, die deutsche Wirtschaft erfolgreich zu gestalten. (*Sehr gut! bei der SPD.*)
Wir haben schon 1945 offen über diese unsere Haltung gesprochen. Wir haben dieselbe Offenheit jetzt gezeigt, und die Welt konnte darum nicht überrascht werden. Wir hoffen auf die Erreichung eines möglichen Kompromisses in allen diesen Fragen, der allen Beteiligten Genüge tut. Wir müssen aber offen sagen: Wir können und wir wollen aus ökonomischen und politischen Gründen nicht auf Unverzichtbares verzichten.
Nun, verehrte Abgeordnete: Das ist in kurzen Zügen gegenüber dem Programm der Regierung das Programm der Opposition. Nicht überall ist die

glatte Antithetik gegeben; sehr oft haben wir Forderungen, die scheinbar im bisherigen Programm der Regierung noch keine Rolle spielen. Wir sind nicht die bloße Negationserscheinung dieser Regierung. Wir sind etwas Selbständiges. So wollen wir unsere Opposition führen, mit dem Ziel, für die Politik der sozialistischen Demokratie einmal in diesem Hause die parlamentarische Mehrheit zu finden. (*Lebhafter Beifall bei der SPD.*)

Die frühere Pädagogische Akademie am Bonner Rheinufer wurde zum Bundeshaus umgestaltet. Hier konstituierte sich unter dem Vorsitz des Alterspräsidenten Paul Löbe am 7. September 1949 der Erste Deutsche Bundestag.

Am 15. September 1949 gab Bundeskanzler Konrad Adenauer vor dem Bundestag seine erste Regierungserklärung ab. Im Hintergrund: Bundestagspräsident Erich Köhler.

Von der jahrelangen Haft in den nationalsozialistischen Konzentrationslagern gezeichnet, verläßt der SPD-Vorsitzende Kurt Schumacher — gestützt auf seine damalige Sekretärin, die spätere Bundestagspräsidentin Frau Annemarie Renger — das Bundeshaus. Links der stellvertretende SPD-Vorsitzende Erich Ollenhauer.

Bundespräsident Professor Theodor Heuss mit Bundeskanzler Konrad Adenauer während der Einweihung des Bundesverfassungsgerichts, dem höchsten deutschen Gericht, in Karlsruhe 1951.

Auf seiner Moskau-Reise 1955 rang Bundeskanzler Konrad Adenauer den Sowjets die Zusage der baldigen Rückkehr der von sowjetischen Gerichten verurteilten zehntausend deutschen Kriegsgefangenen ab. Die Mutter eines Kriegsgefangenen dankt dem Bundeskanzler bei seiner Rückkehr nach Deutschland.

Trauerfeier für die Opfer des Volksaufstandes am 17. Juni 1953 in Ost-Berlin und der sowjetischen Besatzungszone vor dem Schöneberger Rathaus in West-Berlin. Am Rednerpult Bundeskanzler Adenauer.

Bundespräsident Heuss im Gespräch mit Bundeskanzler Adenauer (links) und Bundeswirtschaftsminister Erhard (Mitte) am 14. September 1959.

Bundeskanzler Adenauer bei seiner Ansprache an die ersten Freiwilligen der neugeschaffenen Bundeswehr im Januar 1956 in Andernach.

6.
Die SPD-Fraktion beantragt die Entlassung von Bundeswirtschaftsminister Professor Dr. Ludwig Erhard

Rede des Bundestagsabgeordneten Professor Dr. Carlo Schmid und Erwiderung von Bundeswirtschaftsminister Professor Dr. Ludwig Erhard am 28. Juli 1950.

Vor Gründung der Bundesrepublik Deutschland war Professor Dr. Ludwig Erhard Wirtschaftsdirektor der Frankfurter Zwei-Zonen- und dann der Drei-Zonen-Wirtschaftsverwaltung, die die westlichen Besatzungsmächte ins Leben gerufen hatten. Bei der Bildung der Bundesregierung wurde Erhard Wirtschaftsminister. Zwischen ihm und den Sozialdemokraten gab es heftige Auseinandersetzungen um die Grundrichtung der deutschen Wirtschaftspolitik. Während Erhard für die Politik der „sozialen Marktwirtschaft" eintrat, befürworteten die Sozialdemokraten eine Politik der „Planwirtschaft". Im Bundestag verlangten die Sozialdemokraten Erhards Rücktritt und wollten ihm sein Amtsgehalt streichen. In der 81. Sitzung des Ersten Deutschen Bundestages am 28. Juli 1950 stand der SPD-Antrag betreffend die Entlassung des Bundeswirtschaftsministers Dr. Erhard auf der Tagesordnung des Parlaments. Der SPD-Bundestagsabgeordnete Professor Dr. Carlo Schmid begründete den Antrag seiner Fraktion:

Meine Damen und Herren! Vor einigen Tagen sagte mir ein Kollege, der einer anderen Fraktion angehört, in bezug auf den Antrag, den zu begründen ich die Ehre habe: „Warum wollt ihr denn mit Kanonen nach Spatzen schießen?" (*Heiterkeit.*)
Nun, lassen wir es auf sich beruhen, ob es sich bei dem Objekt dieser Anfrage um einen Spatzen handelt! (*Heiterkeit bei der SPD.*)
Aber ich habe meinem Freunde – er sitzt mehr in dieser Richtung – damals gesagt: „Wenn Sie Interventionen dieser Art für einen Beschuß mit Bomben und Granaten halten, welche Waffen gedenken Sie dann ins Feld zu führen, wenn es sich einmal – nach Ihrer Auffassung – um etwas anderes als um ein Spatzenschießen handeln sollte?" Meine Damen und Herren, hier wird nicht

mit Kanonen nach Spatzen geschossen; es werden hier nicht Proportionen verschoben, sondern hier wird ein Mittel in Vorschlag gebracht, das genau adäquat der Sache ist, die es heute zu bereinigen gilt. (*Sehr richtig! bei der SPD.*)

Es gibt da etwas, was bereinigt werden muß, (*sehr wahr! bei der SPD*) eine Sache, die nicht anders in Ehren bereinigt werden kann als im Sinne des Antrages, für den ich spreche. (*Widerspruch und Rufe von den Regierungsparteien: Oho! – Rufe rechts: Äh! Äh!*)

– Da scheinen sich einige der Kollegen im Krähen geübt zu haben. (*Heiterkeit bei der SPD.*)

Ein anderer Kollege sagte mir: „Wollt ihr denn schon wieder eine wirtschaftspolitische Debatte auslösen?" Ich habe ihm geantwortet: „Nein, unser Antrag hat nicht den Zweck, die Qualitäten des Herrn Wirtschaftsministers einer neuen Erörterung zu unterwerfen; es soll keine wirtschaftspolitische Debatte ausgelöst werden." Ja, meine Herren – nun krähen Sie wieder; tun Sie es getrost, wenn Sie Lust haben! –, dieser Antrag hat auch nichts damit zu tun, ein bestimmtes parteipolitisches Anliegen zur Geltung zu bringen. (*Widerspruch rechts.*)

Es geht dabei um etwas anderes: Es geht um dieses Parlament! (*Lebhafter Beifall bei der SPD. – Widerspruch rechts.*)

Dazu will ich sprechen, und ich hoffe, das so zu tun, daß man auf allen Bänken dieses Hauses wenigstens fühlen kann: nostra res agitur. (*Rufe rechts: Aha! – Zuruf des Abg. Aumer.*)

– Herr Abgeordneter Aumer, ich habe Sie schon witziger gehört. Sie bleiben wirklich unterhalb Ihrer Talente. – (*Heiterkeit bei der SPD.*)

Es geht darum, daß dieses Haus bei der Aussprache über diesen Antrag und bei der Abstimmung über ihn einmal zeigen kann, wie es sich selber einschätzt, welchen Begriff es von seinen Funktionen hat und wo es seinen politischen Ort im Koordinatensystem der Verfassung der Bundesrepublik sieht. (*Lebhafte Zustimmung bei der SPD.*)

Es geht darum, ob dieses Haus glaubt, jemand auf der Regierungsbank dulden zu können, der Entscheidungen der großen Mehrheit dieses Parlaments – dem diese Regierung ja schließlich verantwortlich ist! – öffentlich als Ausflüsse der Hysterie bezeichnet hat. (*Sehr gut! bei der SPD. – Zuruf von der SPD: Pfui!*)

Am 17. Juli dieses Jahres hat der Herr Bundesminister Professor Dr. Erhard in München – in Ihrer Heimatstadt, Herr Abgeordneter Aumer – zu dem Beschluß des Bundestages vom 14. Juli, der die Regierung ersuchte, den Brotpreis wie bisher weiter zu stützen, erklärt: „Hier waren wieder einmal" –

ich wiederhole: „wieder einmal“! – „Hysteriker als Wirtschaftspolitiker am Werk.“ (*Entrüstete Rufe von der SPD: Pfui!*)
Meine Damen und Herren! Das ist öffentlich gesagt worden, und das ist vor einem internationalen Gremium gesagt worden, (*erneute Entrüstung und Rufe bei der SPD: Pfui!*) nämlich vor der Deutsch-Belgisch-Luxemburgischen Handelskammer. (*Erneute Rufe bei der SPD: Pfui!*)
Der Herr Bundeswirtschaftsminister hat also dieser seiner Meinung von diesem Parlament – auch von Ihnen, Herr Abgeordneter Aumer – eine internationale Publizität gegeben und so dieses Haus der Weltöffentlichkeit als Halbnarren, zum mindesten aber als eine Versammlung von Psychopathen charakterisiert. (*Widerspruch rechts und bei den Regierungsparteien.*)
– Halten Sie eine solche Ansprache für normal, wenn es sich um Ihre Person handelt, Herr Dr. Preusker? (*Abg. Dr. Preusker: Ich habe mich überhaupt nicht getroffen gefühlt!*)
– Nein, aber andere in diesem Hause sollten damit getroffen werden. (*Wiederholte Zurufe rechts.*)
– Jeder schätzt sich so ein, wie er sich bewertet. (*Lebhafte Zustimmung bei der SPD.*)
Meine Damen und Herren! Man spricht viel von der Parlamentskrise in Deutschland. In diesem Lande mag der einzelne Parlamentarier Achtung genießen; das Parlament als Ganzes genießt sehr wenig Achtung. „Wer soll das bezahlen!“, das ist alles, was die Existenz dieses Parlaments in den Gemütern der Wanderer auszulösen scheint, die hier vorüberziehen. (*Sehr gut! bei der SPD.*)
In anderen Ländern ist es umgekehrt. (*Unruhe rechts.*)
Ich will Ihnen sagen, wen die Schuld trifft. In diesen Ländern mag der einzelne Parlamentarier sehr wenig Ansehen genießen, das Volk aber ehrt sein Parlament, steht zu ihm und ist stolz darauf, es zu haben. (*Lebhafter Beifall bei der SPD.*)
Warum ist das so? Gewisse Parlamente haben sich diese Achtung verdient, nicht durch fleißige Ausschußarbeit, – – (*Abg. Matthes: Nicht durch Schlägereien! – Zustimmung rechts.*)
– Ach, Herr Kollege Matthes, wenn Sie da oben als Schriftführer neben mir sitzen, sind Sie viel netter! – (*Heiterkeit.*)
Gewisse Parlamente haben sich diese Achtung verdient, nicht so sehr durch fleißige Ausschußarbeit als dadurch, daß sie dem Volk je und je als Ausdruck demokratischer Selbstachtung erschienen sind, (*Sehr gut! bei der SPD*) oder dadurch, daß sie durch ihr Verhalten dem Volke je und je glaubhaft machen, daß es im Parlament einen Verteidiger hat, wenn es um Dinge geht, die ihm teuer sind. Verteidiger gegen wen? Nun, die Zeiten sind vorbei, in denen man

in Ländern mit Parlamenten eine Verteidigung gegen Despotie und Dunkelmänner brauchte. Wo es das gibt, gibt es ja keine Parlamente mehr. Aber auch hier und jetzt kann das Parlament das Volk verteidigen gegen die Gewaltigen dieser Welt, wenn es darum geht, gegen sie Positionen zu verteidigen, die auch dieses Volk noch hält. Vor allem aber, meine Damen und Herren, will das Volk vom Parlament, daß dieses es verteidigt gegen „den Übermut der Ämter", (*Sehr gut! bei der SPD*) dagegen, daß in den elementaren Bereichen das Los des Volkes zum Gegenstand von Berechnungen der Bürokraten und der Tabellen der Fachleute gemacht wird, daß man es gegen eine Welt verteidigt, in der das Wort – es fiel gestern leider Gottes auch hier – „Menschenmaterial" einen Sinn hätte. Wenn ein Volk sagen kann: Gegen solches verteidigt uns das Parlament, dann wird dieses Parlament ihm ans Herz wachsen. Denn es will sein Parlament ja nicht sehen als ein Gremium von „Fachleuten", als eine Art diskutierender Ersatzbürokratie, nicht als ein Kollegium von Technokraten, sondern als eine Einrichtung, bei der es auch – und ich möchte sagen: vordringlich – auf das Herz ankommt. (*Sehr richtig! bei der SPD. – Sehr gut! rechts.*)

Nicht der tüchtige Fachmann Carnot ist es gewesen, sondern der Nichtfachmann Danton, der den Franzosen ihr Parlament liebgemacht hat. Freilich: Die Entscheidungen, bei denen das Herz im Spiel ist, sind nicht gemacht, um die Fachleute zu erfreuen; das Herz stört immer, wenn man nur Tabellen zur Hand hat. Aber es ist nun einmal nicht die Aufgabe der Herren Technokraten – auch dann nicht, wenn sie Minister sind –, in einer Demokratie die Ziele zu setzen und die Impulse zu bestimmen, sondern es ist ihre Aufgabe, das, was aus den Zielsetzungen des Parlaments und aus den Impulsen, die dort lebendig werden, folgt, technisch auszugestalten und zu realisieren. Können sie es nicht, dann sollen sie anderen, die sich mehr zutrauen, Platz machen.

In dem konkreten Fall, um den es sich hier handelt, ging es um den Brotpreis. Und das macht diesen Fall so gravierend. Der Brotpreis ist doch zu allen Zeiten etwas Besonderes gewesen, Herr Kollege Hammer, jenseits aller Teufelei und aller Dämonologie. Das Fleisch mag teurer werden – das empfindet jeder als bedauerlich und als eine ungute Sache; es rührt aber nicht die Tiefenschichten in den Seelen der armen Leute auf. Zu allen Zeiten jedoch ist der Ruf „Das Brot wird verteuert" ein Sturmglockenzeichen gewesen. (*Sehr gut! bei der SPD.*)

Dieser Ruf hatte je und je und hat auch in dieser Zeit ein biblisches Pathos. (*Oho-Rufe rechts.*)

– Sehen Sie das anders? (*Zurufe rechts. – Gegenruf des Abg. Dr. Schumacher: Ach Gott, ach Gott!*)

Es ist sehr gut, daß Sie öffentlich bekunden, daß Sie hier anders empfinden. (*Beifall bei der SPD.*)

Die Regierung hatte versprochen, es werde keine Verteuerung des Brotes und keine Verschlechterung des Brotes geben. Anderntags kam aber schon die Verteuerung, kam die Verschlechterung; zum mindesten drohten sie zu kommen. Da begriff das Parlament, was das Volk von ihm erwartete. Es rief am 14. Juli – und viele hier auf dieser Seite *(nach rechts)* haben da mutig mitgerufen – den Fachleuten zu: „Halt, eure Tabellen in Ehren – aber das Brot ist ein besonderes Ding, das darf nicht verteuert werden; (*Sehr gut! bei der SPD*) die Regierung muß die Maßnahmen zur Aufrechterhaltung des Brotpreises weiterlaufen lassen, und ihr da oben seid dazu da, die Mittel hierzu ausfindig zu machen!

Meine Damen und Herren, wer in diesen Tagen draußen dem Volk aufs Maul geschaut hat, der weiß, daß hier endlich einmal ein Echo gekommen ist. (*Sehr gut! bei der SPD.*)

Ich habe in Mannheim manches Mal von den Leuten dort gehört: Es hat d o c h einen Sinn, daß wir ein Parlament in Bonn haben. Es war fast so wie damals, als der Müller von Sanssouci sagte: Es gibt noch ein Kammergericht in Berlin! Die Leute sagten: Es gibt noch ein Parlament zu Bonn! Zum ersten Mal habe ich damals das Wort gehört: *Unser* Bundestag. (*Zustimmung bei dere SPD.*)

Und nun geht der Herr Bundeswirtschaftsminister hin und erklärt: „Da waren Hysteriker am Werk und keine Wirtschaftspolitiker". (*Pfui-Rufe bei der SPD.*)

Nun geht der Herr Bundeswirtschaftsminister her und denunziert urbi et orbi das Parlament als eine Art Verein von Psychopathen. Ein anderer Minister soll gesagt haben – ich weiß nicht, ob es stimmt –, der Beschluß des Bundestages sei idiotisch. Sei es drum! Wenn es wahr sein sollte, paßt es ins Bild. Vielleicht sind wir dann allerdings mehr im Gebiet der Folklore oder dessen, was man heimatliches Brauchtum zu nennen pflegt. (*Heiterkeit und Beifall bei der SPD.*)

Meine Damen und Herren! Dieses Haus wird sich fragen müssen, ob es sich eine solche Behandlung gefallen lassen will. Es geht dabei nicht darum, ob man einem Minister die Manieren nachsehen will oder nicht; auch dann nicht, wenn dieser selbe Minister in derselben Stadt München am 16. Oktober 1948 laut den „Tagesnachrichten der Verwaltung für Wirtschaft" – es ist sein eigenes Blatt – vom 18. Oktober 1948 gegenüber anderen Gremien schon einmal mit dem Wort „Hysteriker" operiert hat. Es geht darum: Ist dieses Parlament damit einverstanden, daß Minister der Bundesregierung glauben, es sei ihres Amtes, Beschlüsse des Parlaments zu zensieren? (*Sehr gut! bei der SPD.*)

Mit anderen Worten: Es geht darum, zu entscheiden: Wer ist wem verantwortlich, das Parlament den Ministern oder die Minister dem Parlament? (*Lebhafter Beifall bei der SPD.*)

Ich meine, daß das Grundgesetz dieser Bundesrepublik darüber einige Aussagen macht.

Wenn das Parlament einen Beschluß faßt, dann hat die Regierung diesen Beschluß auszuführen. (*Sehr gut! bei der SPD.*)

Tut sie es nicht und läßt dieses Parlament der Regierung dies nach, dann verrät es damit, daß es ihm an Selbstgefühl mangelt; (*Sehr richtig! bei der SPD*) dann darf es sich nicht wundern, wenn das Volk es ebenso einschätzt, wie es selber sich einschätzt. (*Sehr gut! bei der SPD.*)

Darum war es vielleicht auch nicht glücklich, daß dieses Haus am 20. Juli, jüngst also, gegen einen Antrag gestimmt hat, durch den festgestellt werden sollte, daß die Regierung den Beschluß des Parlaments nicht ausgeführt hat.

Meine Damen und Herren, ich habe schon ein andermal gesagt: Wenn es sich darum handelt, ob ordnungsgemäß gefaßte Beschlüsse dieses Parlaments von der Regierung beachtet oder nicht beachtet werden, dann sollte sich jeder in diesem Hause – ob er hier sitzt oder ob er dort sitzt – in erster Linie als Verteidiger der Prärogativen dieses Hauses fühlen und nicht als Eideshelfer der Regierung! (*Sehr gut! bei der SPD.*)

Wenn ein Minister einen solchen Beschluß nicht verantworten kann, so mag das gute Gründe haben. Es mag vorkommen, und dabei braucht nicht der geringste Makel auf den Minister zu fallen. Aber dann muß er zurücktreten. Ein Nachfolger wird sich finden lassen. Aber statt den Beschluß des Bundestages auszuführen oder statt zu erklären, „Ich kann vor meinem Gewissen den Beschluß nicht ausführen", hat der Herr Bundesminister dieses Haus beschimpft. Und das ist unerträglich! (*Sehr richtig! und Beifall bei der SPD.*)

Das d a r f dieses Haus sich nicht gefallen lassen, nicht aus albernen Prestigeerwägungen heraus, sondern weil es hier gilt: principiis obsta! (*Zuruf: Deutsch!*)

–Ach, Verzeihung: „Widersetze dich den Anfängen!" – und weil es sich darum handelt, meine Damen und Herren, hier eine der Tugenden der Demokratie zu üben, jene, die da heißt: Wachsamkeit! (*Sehr gut! bei der SPD.*)

Es scheint mir so, als ob bei einigen Herren des Ministeriums viel zuviel Neigung bestünde, dieses Haus als eine Art von eigentlich überflüssiger

Erschwerung der Regierungsgeschäfte zu betrachten. (*Sehr gut! bei der SPD. – Zurufe rechts.*)

Es ist auch völlig richtig – Herr von Rechenberg, Sie werden mir zustimmen, wir sind oft einig –, es ist auch völlig richtig: Es regiert sich sehr viel bequemer ohne Störungen aus diesem Hause. Denn was wollen Sie alles wissen, meine Damen und Herren! – Fast lauter Dinge, die „Sie nichts angehen" und die die Herren Minister viel besser verstehen als wir alle. Eine parlamentarische Demokratie erschwert den Betrieb der Bürokratie; aber, meine Damen und Herren, unter sehr vielen anderen Dingen heißt Demokratie auch Verzicht auf Patentlösungen, und Demokratie heißt, diese Erschwerungen – obwohl man sie als Erschwerungen kennt – w o l l e n, weil man weiß, daß allzu bequemes Regieren etwas kostet, nämlich die Freiheit. (*Beifall bei der SPD und FDP.*)

Es gibt dann noch eine Reihe anderer Vorfälle, die man nur dann richtig in ihrer Gesamtheit verstehen kann, wenn man davon ausgeht, daß die Regierung glaubt, dem Parlament nicht allzuviel Achtung schuldig zu sein. Da gibt es zum Beispiel einen Brief vom 10. Juli, den der Herr Bundesjustizminister an den Ausschuß für Geld und Kredit gerichtet hat: (*Hört! Hört! bei der SPD.*)

„Auf Grund eines Beschlusses des Bundeskabinetts vom 7. Juli sehe ich mich nicht in der Lage, dem Ausschuß die in Aussicht gestellten Vorschläge zur Formulierung der Beschlüsse vom 7. Mai zu übermitteln." (*Hört! Hört! bei der SPD.*)

Mit anderen Worten: Die Bundesregierung hat beschlossen, ihren bürokratischen Apparat diesem Parlament dann nicht zur Verfügung zu stellen, wenn aus diesem Hause Initiativanträge kommen, die ihr nicht gefallen. (*Hört! Hört! bei der SPD.*)

Dieses Haus wird hier Remedur schaffen. Wenn ihm die Regierung ihren Beamtenapparat versagt, werden wir uns selber einen schaffen müssen! (*Sehr gut! und Beifall bei der SPD, der FDP und beim Zentrum.*) Und wir werden es tun.

Dann erinnere ich Sie nur an die höchst „rücksichtsvolle" Information dieses Hauses über wichtigste Angelegenheiten. Man wollte offensichtlich unsere Nerven schonen und hat uns die meisten Dinge erst dann mitgeteilt, wenn der Deckel auf dem Brunnen lag. Oder: Mitteilungen, die ein Ausschuß erbeten hat, werden lediglich zu Händen des Ausschußvorsitzenden gegeben mit der Auflage, diese Auskünfte den Mitgliedern des Ausschusses nicht mitzuteilen. (*Hört! Hört! bei der SPD.*)

Was fängt der Ausschußvorsitzende mit solchen Mitteilungen an? Er ist doch kein Schlüssellochgucker; er will doch diese Mitteilungen haben, um den

Ausschuß informieren und um eine Debatte im Ausschuß wecken zu können, eine Debatte, aus der heraus dann nützliche Anregungen an die Regierung gehen sollen!
Oder denken Sie daran, wie leer häufig die Regierungsbank ist! Noch gestern wurde Ihnen von einer Reihe von Rednern aus der Mitte des Hauses geklagt, daß die Regierung Beschlüsse dieses Parlaments nicht honoriert habe, daß sie gezögert habe, ja daß sie zögerlich gehandelt habe, weil ihr diese Beschlüsse nicht in den Kram paßten, obwohl das Volk wartete: beim Mitbestimmungsrecht, beim Versorgungsgesetz, beim Lastenausgleich!
In diese Zusammenhänge, meine Damen und Herren, gehört der Ausspruch des Herrn Bundeswirtschaftsministers. Wenn sich das Haus eine solche Behandlung und eine solche Einschätzung gefallen lassen will, gut! Es wird aber dann die Folgen zu tragen haben; denn das Volk wird das Parlament so einschätzen, wie dieses sich selber einschätzt, und dann, meine Damen und Herren – und hier wird die Sache bedenklich –, werden Kräfte aufstehen und Gehör finden, die zu primitiven oder elementaren Lösungen mehr Vertrauen haben als zu konstitutionellen. (*Sehr gut! bei der SPD.*)
Wenn das Haus das nicht will – und es darf das nicht wollen –, wenn es begreift, daß Demokratie die politische Ausdrucksform des Willens eines Volkes zur Selbstachtung ist, dann wird es sich diese Behandlung vom Herrn Bundeswirtschaftsminister nicht gefallen lassen können, sondern wird dagegen Front machen müssen. (*Lebhafte Zustimmung bei der SPD.*)
Aber hier genügt nicht ein platonischer Protest. Ich sage Ihnen – und ich meine es ohne jeden Sarkasmus, sondern so, wie es gesagt ist –: Man sollte dem Herrn Bundeswirtschaftsminister gegenüber soviel Achtung aufbringen, daß man ihm zumutet, für seine Worte in angemessener Weise einzustehen. (*Sehr gut! bei der SPD.*)
Denn was hier geschehen ist, ist keine Bagatelle, ist nicht eine bloße Entgleisung, sondern ist der Ausdruck einer Gesinnung gewesen, (*lebhafte Zustimmung bei der SPD*) das ist der Ausdruck einer politischen Haltung gewesen, (*Sehr gut! bei der SPD*) das ist der Ausdruck einer Staatsgesinnung gewesen, die nicht demokratisch ist. (*Lebhafter Beifall bei der SPD. – Widerspruch und erregte Zurufe in der Mitte.*)
Meine Damen und Herren, wir haben in Art. 98 des Grundgesetzes – – (*Große Unruhe. – Pfeifen. – Rufe in der Mitte: Frechheit! – Wiederholtes Glockenzeichen des Präsidenten. – Erregte Rufe und Gegenrufe in der Mitte und links.*)
Meine Damen und Herren, wir haben in Art. 98 des Grundgesetzes eine Bestimmung, die sich auf die Richter, also auf die Organe unseres Staates bezieht, (*anhaltende große Unruhe*) die Gott sei Dank unabhängig und

unabsetzbar sind. In diesem Artikel steht, daß ein Richter dann der Richteranklage unterworfen werden kann, wenn er innerhalb oder außerhalb des Dienstes gegen die demokratischen Grundsätze dieser Bundesrepublik verstößt. Wir haben diesen Satz damals im Parlamentarischen Rat einstimmig dahin definiert: Ein solcher Verstoß liege dann vor, wenn der Richter ohne kriminelles oder disziplinäres Verschulden durch sein Verhalten zeigt, daß er nicht von dem demokratischen Pathos getragen ist, das diesem Staat zugrunde liegen soll. (*Lebhafte Zustimmung bei der SPD.*)

Wenn ein Richter diese Worte gebraucht hätte, dann, meine Damen und Herren, hätte man ihn unter die Richteranklage gestellt, (*Sehr richtig! bei der SPD; – lebhafter Widerspruch in der Mitte*) und das Bundesverfassungsgericht hätte ihn verworfen. (*Erneuter lebhafter Widerspruch in der Mitte.*)

Hier muß klar zum Ausdruck gebracht werden, daß Männer von solcher politischen Grundgesinnung – mögen sie sonst so ehrenhaft sein wie auch immer – auf der Regierungsbank nichts zu suchen haben; (*Zustimmung bei der SPD*) denn dorthin gehört nur, wer zutiefst davon überzeugt ist, daß die Staatsgewalt vom Volk ausgeht, daß das Parlament dieses Volk vergegenwärtigt und daß, wer das Parlament beschimpft, das Volk trifft. (*Sehr gut! bei der SPD.*)

Darum schlagen wir Ihnen, meine Damen und Herren, vor, Sie möchten beschließen, den Herrn Bundeskanzler zu ersuchen, dem Herrn Bundespräsidenten die Abberufung des Herrn Bundeswirtschaftsministers vorzuschlagen. Der Herr Bundespräsident hat Respekt vor der Verfassung; er weiß, was demokratische Selbstachtung gebietet, und er weiß auch, wie teuer es zu stehen kommt, wenn die Zeit eines Tages die Rechnung für verpaßte Gelegenheiten präsentiert. Er wird, wenn das Haus so beschließen sollte, wie es das – ich sage es noch einmal – seiner Ehre schuldig ist, der Empfehlung des Herrn Bundeskanzlers Folge leisten. (*Lebhafter Beifall bei der SPD und beim Zentrum.*)

Bundeswirtschaftsminister Professor Dr. Ludwig Erhard nahm zu dem Antrag auf seine Entlassung, der mit 187 gegen 142 Stimmen bei 28 Enthaltungen abgelehnt wurde, wie folgt Stellung:

Herr Präsident! Meine Damen und Herren! Ich habe nicht die Absicht, zu dieser Demonstration der SPD mit gleich großen Worten um eine banale Sache zu sprechen. (*Erregte Zurufe von der SPD: Unerhört! – Klappen mit Pultdeckeln. – Glocke des Präsidenten.*)

Ich glaube, daß in dieser Zeit stärkster weltpolitischer Spannung dieses Hohe

Haus, die Regierung und alle Abgeordneten vor dem deutschen Volk vor allen Dingen die Verpflichtung haben, Zeichen ruhiger Besinnung und einer festen Haltung zu geben. (*Lebhafte Zurufe von der SPD.*)

Meine Damen und Herren, Sie sprachen vorhin von Weltöffentlichkeit und von deutscher Öffentlichkeit. Lassen Sie mich Ihnen sagen, daß die Weltöffentlichkeit und das deutsche Volk für derlei Demonstrationen nach meiner festen Überzeugung nicht das geringste Verständnis haben. (*Lebhafter Beifall in der Mitte und rechts. – Abg. Dr. Schumacher: Aber mit Frechheit allein können Sie es doch auch nicht machen!*)

Meine sehr verehrten Damen und Herren! Ich stelle ausdrücklich fest: Ich habe weder eine Institution noch eine Fraktion, noch eine Person angesprochen, und ich habe vor allen Dingen nicht vor einem internationalen Forum, sondern vor deutschen Industriellen gesprochen, die am Außenhandel mit Belgien und Luxemburg interessiert sind. (*Zuruf von der SPD: Um so schlimmer!*)

Ich habe in einer Aussprache mit meinen Freunden diese Dinge in wenigen Minuten bereinigt gehabt, weil nur etwas guter Wille dazu gehört, um zu verstehen, was sich hier abgespielt hat. Es lag mir völlig fern, irgendeine Fraktion, eine Institution oder eine Person zu beleidigen; es konnten sich ja ebensogut zwei Leute angesprochen fühlen wie 402. (*Aha! bei der SPD. – Abg. Dr. Schumacher: Das ist erbärmlich!*)

Ich sagte, ich habe nicht die Absicht, lange darüber zu sprechen. (*Abg. Mellies: Das ist auch besser! – Zuruf von der SPD: Weil Sie nichts zu sagen haben!*)

Es ist auch sehr wenig dazu zu sagen, aber es ist geradezu grotesk, wie dieser Fall einmal hier zu grundsätzlichen Fragen staatsrechtlicher Art aufgebauscht wird, obwohl ich auch dazu feststellen möchte, daß ich das Grundgesetz in allen seinen Teilen stets gewissenhaft gehalten habe und daß ich mich vor allen Dingen immer bemühte, zwischen meinem Ministerium und dem Bundestag in allen Teilen und zu allen Ausschüssen das beste Einvernehmen und die engste Zusammenarbeit zu wahren. (*Lebhafter Beifall bei der CDU.*)

Die Verhältnisse aber werden da auf den Kopf gestellt. Ich werde gewissermaßen als der Vertreter einer Bürokratie gebrandmarkt, die in einem Gegensatz zu dem lebendigen Leben, zu den Menschen mit Herz stünde. Ich habe bisher immer die Erfahrung gemacht, daß ich wohl mehr als jeder andere in diesem Hause alles getan habe, um den Übermut der Bürokratie zu brechen, (*Sehr richtig! bei der CDU*) gegen Ihren Willen, meine Herren *(nach links)*! (*Lebhafter Beifall bei der CDU.*)

Meine Damen und Herren! Ich glaube, es wird niemand hier sein, der etwa der Meinung ist, hier stünden wirklich so große staatspolitische Prinzipien, hier stünden sogar die Ehre und die Würde dieses Hauses auf dem Spiel, (*Abg. Dr. Schumacher: H a b e n Sie das Parlament beschimpft?*) und ich wäre gewissermaßen der erste gewesen, der sie verletzt hätte. Ich muß Ihnen sagen: Soweit ich mit der SPD und ihren Vertretern in Berührung gekommen bin, habe ich nicht den Eindruck gehabt, daß sie sich durch besondere Zartheit der Sprache und des Ausdrucks ausgezeichnet haben. (*Lebhafte Zustimmung bei der CDU. – Abg. Dr. Schumacher: Denken Sie an den letzten Wahlkampf!*)

Wenn die Würde des Hauses verletzt worden ist, Herr Dr. Schumacher, (*Abg. Dr. Schumacher: S i e sind der größte Schimpfbold!*) dann haben Sie es mit der Erklärung „Bundeskanzler der Alliierten" viel mehr getan, (*lebhafter Beifall bei der CDU*) und Sie haben die Abgeordneten der Regierungsparteien, mit deren Stimmen der Kanzler gewählt worden ist, damit persönlich beleidigt, (*Abg. Wehner: Warum kneifen Sie, Herr Erhard?*) während ich niemand angesprochen habe. Sie werden es ja auch niemand begreiflich machen, (*erneuter Zuruf von der SPD: Warum kneifen Sie, Herr Erhard?*) daß dahinter tatsächlich die Absichten stehen, die Professor Schmid vorgetragen hat. Nein, meine Damen und Herren, Sie wollen einen Mann beseitigen, der Ihnen mit Erfolg Widerstand geleistet hat! (*Lebhafter Beifall bei den Regierungsparteien. – Abg. Dr. Schumacher: Wir haben Sie noch nie als einen Mann angesehen!*)

Meine Damen und Herren! Ich kann zum Schluß und will zu Ihrem Antrag nur das eine sagen: Das könnte Ihnen so passen! (*Lebhafter Beifall bei der CDU und bei der DP. – Erregte Zurufe von der SPD. – Große Unruhe links.*)

7.
„Wiedervereinigung in Frieden und Freiheit“

Regierungserklärung von Bundeskanzler Dr. Konrad Adenauer am 9. März 1951

Die Wiedervereinigung Deutschlands war in den ersten Legislaturperioden des Bundestages zentrales Thema aller außenpolitischen Debatten. Die Außenpolitik der Bunderegierung wurde weitgehend unter dem Gesichtspunkt beurteilt, ob sie die Wiedervereinigung Deutschlands zu fördern oder zu behindern in der Lage wäre. In der 125. Sitzung des Ersten Deutschen Bundestages am 9. März 1951 gab Bundeskanzler Dr. Konrad Adenauer eine Regierungserklärung zur „Wiederherstellung der Einheit Deutschlands“ ab:

Meine Damen und Herren! Am vergangenen Montag hat in Paris die Vorkonferenz der stellvertretenden Außenminister begonnen. Sie soll die Tagesordnung für die kommende Konferenz der vier Außenminister festlegen. Wenngleich sich auf dieser Vorkonferenz starke Gegensätze geltend machen, erscheint es wahrscheinlich, daß die Konferenz der vier Außenminister doch zustande kommen wird. Da diese Außenministerkonferenz von außergewöhnlicher, ja lebenswichtiger Bedeutung für die Zukunft Deutschlands sein kann, habe ich am 6. Februar dieses Jahres den Regierungen der Vereinigten Staaten von Amerika, des Vereinigten Königreichs und der Französischen Republik über die Alliierte Hohe Kommission den Wunsch der Bundesregierung übermittelt, über alle Phasen der Verhandlung des Deutschland-Problems sowohl auf der Vorkonferenz als auch auf der Hauptkonferenz unterrichtet zu werden. Darüber hinaus habe ich die drei westalliierten Regierungen gebeten, der Bundesregierung rechtzeitig vor jeder Entscheidung Gelegenheit zu geben, ihre Auffassung zu den deutschen Problemen darzulegen.

Der amerikanische Hohe Kommissar McCloy hat mir in seiner Eigenschaft als geschäftsführender Vorsitzender der Alliierten Hohen Kommission am 22. Februar dieses Jahres mitgeteilt, daß die in der Alliierten Hohen Kommission vertretenen drei Regierungen in voller Würdigung des deutschen Interesses an den in Rede stehenden Fragen die Hohe Kommission ermächtigt

haben, die Bundesregierung in vollstem Ausmaß über die Verhandlungen sowohl der Vorkonferenz als auch der Hauptkonferenz zu unterrichten. Die Hohe Kommission hat sich ferner bereit erklärt, die Auffassungen der Bundesregierung an die drei Regierungen weiterzuleiten.
In Ausführung dieser Zusicherungen bin ich inzwischen davon unterrichtet worden, daß die drei westalliierten Mächte beabsichtigen, auf der Konferenz der vier Außenminister vor allem die Gründe zu untersuchen, die zu den gegenwärtigen internationalen Spannungen geführt haben. Die Bundesregierung begrüßt diese Absicht aufrichtig; denn sie ist der Überzeugung, daß nur durch die Erkenntnis und Beseitigung der wirklichen Ursachen dieser Spannungen die Grundlage für einen dauernden Frieden in Europa und der Welt geschaffen werden kann.
Es kann keine Rede davon sein, daß, wie die sowjetrussische Seite behauptet, die angebliche Remilitarisierung Deutschlands die Ursache dieser Spannungen ist. Eine der wesentlichsten Spannungen zwischen den vier Mächten ist vielmehr das Mißverhältnis zwischen dem Rüstungsstand des Ostblocks und der Atlantikpaktmächte. Die drei Westalliierten haben nach der Beendigung der Feindseligkeiten 1945 ihre bewaffneten Streifkräfte auf ein Mindestmaß reduziert und ihre Kriegsproduktion auf Friedensproduktion umgestellt. Die Entmilitarisierungsbestimmungen der Alliierten vom 5. 6. 1945 sind in der Bundesrepublik bis auf den letzten Buchstaben durchgeführt worden. Es gibt keine deutschen militärischen Verbände in der Bundesrepublik; es gibt auch keine deutsche Rüstungsproduktion. Nicht eine einzige zu militärischen Zwecken geeignete Waffe ist seit 1945 in der Bundesrepublik hergestellt worden. Alle in diese Richtung zielenden Behauptungen der sowjetischen Regierung und der ihr hörigen Regierung der sowjetisch besetzten Zone Deutschlands entbehren jeder Grundlage. (*Die Scheinwerfer werden erneut eingeschaltet.*)
– Das Ein- und Ausschalten geht aber nicht!
Präsident Dr. Ehlers: Ich bitte, die Scheinwerfer auszuschalten.
(*Abg. Renner: Ja, Herr Adenauer, wenn die Granaten wieder über uns platzen, gibt das aber ein noch unangenehmeres Licht!*)
Bundeskanzler Dr. Adenauer: Sie werden gegen besseres Wissen erhoben. Demgegenüber aber hat die Sowjetunion ihre Rüstungsindustrie seit 1945 weiter ausgebaut und eine gewaltige Streitmacht neu aufgestellt. Allein in der Sowjetzone Deutschlands stehen an 30 voll ausgerüstete Divisionen. Darüber hinaus ist in der Sowjetzone in Gestalt der Volkspolizei eine Organisation geschaffen worden, die nach Größe, Aufbau und Art der Bewaffnung ein militärischer Verband ist.
Gestützt auf diese militärische Macht und die straffe Organisation der

kommunistischen Parteien ist es Sowjetrußland seit 1945 gelungen, Polen, die Tschechoslowakei, Ungarn, Rumänien und Bulgarien völlig in seine Einflußsphäre einzubeziehen und einen Zustand der Spannung und der Furcht in ganz Europa und der Welt hervorzurufen. Dieses Spannungsverhältnis zwischen Ost und West hat sich zwangsläufig auch auf Deutschland übertragen. Das deutsche Problem, die Spaltung Deutschlands in zwei Teile, ist eine der Folgen, aber gleichzeitig auch eine der Ursachen der jetzigen gespannten Situation. Die Beseitigung der Spaltung, die Wiederherstellung eines geeinten Deutschlands in Freiheit – ich wiederhole und unterstreiche dieses Wort: Einheit in Freiheit – ist daher nicht nur ein Anliegen des deutschen Volkes, sondern auch eine wesentliche Voraussetzung für die Erhaltung des Friedens in der Welt. (*Lebhafter Beifall bei allen Parteien mit Ausnahme der KPD und von Abgeordneten der äußersten Rechten.*)

Die Bundesrepublik hat auf diese Notwendigkeit schon wiederholt mit großem Ernst und mit großem Nachdruck hingewiesen, lange bevor die Machthaber der sowjetischen Zone den Versuch machten, sich durch eine laute und in ihren Zielen und Zwecken nur allzu durchsichtige Propaganda als die Rufer nach der deutschen Einheit dem deutschen Volke darzustellen. Bereits in den Erklärungen, die die Bundesregierung und der Bundestag vor einem Jahr, nämlich am 22. März 1950, und erneut am 14. September 1950 abgegeben haben, ist klar und eindeutig festgestellt worden, daß der Weg zur deutschen Einheit nur durch eine freie und unbeeinflußte Willensentscheidung des deutschen Volkes gefunden werden kann. (*Sehr richtig! in der Mitte.*)

Der erste Schritt zur Einheit Deutschlands ist die Abhaltung freier, allgemeiner, gleicher, geheimer und direkter Wahlen in ganz Deutschland zu einem verfassunggebenden deutschen Parlament. (*Lebhafter Beifall bei allen Parteien mit Ausnahme der KPD und von Abgeordneten der äußersten Rechten.*)

Diesem Parlament muß gleichzeitig die Aufgabe übertragen werden, bis zum Inkrafttreten einer freiheitlichen Verfassung die Wahrnehmung der gesamtdeutschen Regierungsgewalt zu regeln. (*Erneuter lebhafter Beifall bei allen Parteien mit Ausnahme der KPD und von Abgeordneten der äußersten Rechten.*)

Die drei westalliierten Regierungen haben sich diesen Auffassungen und diesem Verlangen nach Wahlen angeschlossen. Ich stelle ausdrücklich fest, meine Damen und Herren, daß weder von seiten der Regierung der Sowjetunion noch von seiten der Regierung der sowjetisch besetzten Zone Deutschlands jemals auf diese klar und eindeutig formulierten Vorschläge überhaupt eine Antwort eingegangen ist. (*Hört! Hört! bei den Regierungsparteien.*)

Ich stelle weiter fest, daß sich die sowjetzonale Regierung, die sich heute so national gebärdet, nicht gescheut hat, gleichzeitig, während sie zur Wiederherstellung der deutschen Einheit ruft und uns beschuldigt, diese Wiederherstellung zu verhindern, das Gebiet jenseits der Oder und Neiße, d. h. ein Drittel Deutschlands, widerrechtlich an Polen abzutreten. (*Pfui-Rufe.*)

Erst als von Sowjetrußland der Vorschlag der Einberufung einer Außenministerkonferenz gemacht wurde, änderte sich die Haltung der Sowjetzonenregierung. Nunmehr kamen der Brief Grotewohls an den Bundeskanzler, der Brief der Volkskammer an den Bundestag, die Reden Grotewohls und Ulbrichts. Gleichzeitig ergoß sich eine Flut von Propagandaschriften und -briefen über die Bundesrepublik. Mit allen Mitteln wurde versucht, mit der Losung „Wiederherstellung der Einheit Deutschlands" in Verhandlungen mit Vertretern der Bundesrepublik zu kommen. Während in den ersten Verlautbarungen „Abhaltung von gesamtdeutschen Wahlen" in den Vordergrund gestellt wurde, verlagerte sich später die Propaganda auf „sofortige Bildung eines gesamtdeutschen Konstituierenden Rates", zu dem die Bundesrepublik mit ihren 47 Millionen Einwohnern die gleiche Zahl von Mitgliedern entsenden sollte wie die Sowjetzone mit ihren 18 Millionen. (*Hört! Hört! bei der SPD.*)

Dieser Rat sollte in der Hauptsache die Funktionen einer Regierung Deutschlands im Verhältnis zu den vier Besatzungsmächten übernehmen.

Der Zweck des Ganzen ist klar. (*Abg. Dr. Wuermeling: Sehr richtig!*)

Sowjetrußland wollte durch seinen Einfluß auf diesen Rat seine Stellung gegenüber den Westalliierten stärken. Jedem, dem die Verhältnisse auch nur einigermaßen bekannt sind, ist es klar, daß wirklich freie und geheime Wahlen in der Sowjetzone niemals beabsichtigt waren. (*Sehr richtig! in der Mitte.*)

Wenn es aber noch eines endgültigen Beweises für die Unaufrichtigkeit der östlichen Machthaber bedurft hätte, dann ist er in den letzten Tagen geliefert worden. Der Propagandachef der Sowjetzone, Staatssekretär Eisler, erklärte in aller Offenheit, daß nach Ansicht der Sowjetzonenregierung die Ostzonenwahlen vom 15. Oktober 1950 als allgemeine, freie, geheime und direkte Wahlen (*Lachen bei der SPD und bei den Regierungsparteien*) auch für die vorgesehenen gesamtdeutschen Wahlen vorbildlich sein müßten. (*Erneutes Lachen bei der SPD und bei den Regierungsparteien. – Zuruf von der Mitte: Schwindel ist das!*)

Bei diesen Wahlen vom 15. Oktober, meine Damen und Herren, waren die Sitze des Parlaments schon von vornherein unter den zugelassenen Parteien dadurch verteilt, daß nur eine Einheitsliste gewählt werden durfte. Die Wahl selbst vollzog sich nach dem durch die Wahlen in Sowjetrußland und seinen Satellitenstaaten bekannten Schema. Es ist dabei ein totalitärer Machtapparat in Funktion getreten, der sich in keiner Weise von dem des nationalsozialistischen Regimes unterscheidet, (*Sehr richtig! bei den Regierungsparteien*) ja, ihn an Grausamkeit und Härte noch übertrifft. (*Erneute Zustimmung bei den Regierungsparteien.*)

So also sollen nach der Erklärung des offiziellen Sprechers der Sowjetzonenregierung die gesamtdeutschen Wahlen gestaltet werden. (*Hört! Hört! in der Mitte.*)

Nach dieser Erklärung Eislers ist es auch zu verstehen, daß Ulbricht die Besprechung gesamtdeutscher Wahlen auf der Viererkonferenz ausdrücklich ablehnt.

Das deutsche Volk, auch soweit es in der Sowjetzone wohnt, lehnt diese Vergewaltigung der Freiheit mit Empörung ab. (*Sehr gut! in der Mitte.*)

Wir fordern wirklich freie und geheime Wahlen, die mit allen Schutzmitteln versehen sein müssen, damit der wahre Wille der Wähler zum Ausdruck kommt für ganz Deutschland. (*Lebhafter Beifall bei allen Parteien mit Ausnahme der KPD und der SRP*.*)

Die Bundesregierung wiederholt heute mit aller Entschiedenheit ihre schon zweimal in aller Form ausgesprochene Forderung nach Abhaltung solcher Wahlen. Sie fordert die Sowjetzonenregierung auf, sich zu diesem Vorschlag mit einem klaren Ja oder Nein zu äußern. Sie fordert als Voraussetzung für die Abhaltung gesamtdeutscher Wahlen, daß ebenso wie in der Bundesrepublik auch in der Sowjetzone die unerläßlichen Freiheiten vor, während und nach der Wahl sichergestellt sind. (*Sehr richtig! in der Mitte.*)

Seit Jahr und Tag ist in der Sowjetzone die bürgerliche Freiheit unterdrückt und die Bevölkerung noch in jüngster Zeit durch das sogenannte Gesetz zum Schutze des Friedens unter einen besonders scharfen politischen Zwang gestellt worden. Diese Maßnahme, nicht zuletzt aber die völlige Beseitigung aller in demokratischen Staaten als Grundlage jeder bürgerlichen Freiheit angesehenen Garantien einer rechtsstaatlichen Ordnung, insbesondere einer wirklich unabhängigen Rechtspflege und eines ordentlichen Gerichtsverfahrens, haben in der Sowjetzone eine Atmosphäre der Unsicherheit und der Angst geschaffen, in der freie Wahlen unmöglich durchgeführt werden können. (*Sehr richtig! bei den Regierungsparteien.*)

Ich kann es mir ersparen, hier ein Gesamtbild der Zustände in der Sowjetzone und der Rechtlosigkeit ihrer Bewohner zu geben. Die erschreckende

* SRP = Sozialistische Reichspartei

Gesamtwirkung ist hinlänglich bekannt. Nur einige Einzelheiten darf ich hervorheben. Jahrelang sind Hunderttausende von Häftlingen in Konzentrationslagern festgehalten worden, von denen auch heute noch entgegen allen anderslautenden Behauptungen mindestens zwei, nämlich ein Lager in Mansfeld und ein Lager im Zwangsarbeitsschacht Annaberg, bestehen. Die staatliche Sicherheitspolizei in der Sowjetzone unterhält eigene Gefängnisse, in denen Verhaftete ohne richterlichen Schutz eingekerkert und oftmals schweren Mißhandlungen ausgesetzt sind. (*Hört! Hört! in der Mitte.*)
Die genaue Zahl dieser Gefangenen ist unbekannt; sie wird aber nach den vorliegenden Berichten auf mindestens 28 000 geschätzt. (*Erneute Rufe: Hört! Hört!*)
Ebenso liegt auch kein genaues Zahlenmaterial über diejenigen Gefangenen vor, die nach außerhalb der Sowjetzone deportiert worden sind. Ein großer Teil der politischen Prozesse, wie z. B. die Verurteilung der 3500 aus sowjetischen Konzentrationslagern überstellten Gefangenen im Zuchthaus Waldheim, hat unter Ausschluß der Öffentlichkeit und vor politischen Sondergerichten stattgefunden, in denen weder eine ordnungsmäßige Verteidigung noch ein ordnungsmäßiges Verfahren sichergestellt waren.
Diese Zustände widersprechen nicht nur den Grundsätzen der zivilisierten Welt und stellen eine grauenhafte Wiederholung der nationalsozialistischen Methoden dar, sie stehen auch in flagrantem Widerspruch zu der sowjetzonalen Verfassung, insbesondere zu den Artikeln 8, 127, 133, 134 und 136, in denen die Grundsätze der persönlichen Freiheit, der Unverletzlichkeit der Wohnung, der Unabhängigkeit der Richter, der Öffentlichkeit der Gerichte, der Notwendigkeit eines richterlichen Haftbefehls mit Worten, meine Damen und Herren, garantiert sind. (*Hört! Hört! in der Mitte.*)
Die durch diese Maßnahmen in der Sowjetzone geschaffene Unsicherheit und Angst schwinden nicht von heute auf morgen. Es genügt deshalb nicht, wenn hinsichtlich der Voraussetzungen für die Abhaltung freier Wahlen lediglich Erklärungen oder Zusicherungen gegeben werden. (*Sehr richtig! bei den Regierungsparteien.*)
Es ist vielmehr erforderlich, daß auch in der Sowjetzone und im Sowjetsektor von Berlin die rechtlichen und psychologischen Voraussetzungen für die Abhaltung freier Wahlen ohne Verzug geschaffen werden, (*Sehr richtig! in der Mitte*) damit sie sich während eines angemessenen Zeitraumes auswirken können. Die zum Wesen eines demokratischen Staates gehörende staatsbürgerliche Freiheit muß in der sowjetischen Besatzungszone geraume Zeit wiederhergestellt sein, bevor dort überhaupt eine freie Wahl möglich ist. (*Sehr wahr! bei den Regierungsparteien.*)
Die Bundesregierung hält es für nötig, daß insbesondere folgende Maßnah-

men in der Sowjetzone getroffen werden: Wiederherstellung der ordnungsgemäßen deutschen Rechtspflege, insbesondere unabhängiger Gerichte und eines ordentlichen Gerichtsverfahrens, Freilassung aller wegen ihrer Gegnerschaft gegen das herrschende Regime inhaftierten Personen, Rückführung aller Deportierten, Außerkraftsetzung des sogenannten Gesetzes zum Schutze des Friedens, Auflösung des „Staatssicherheitsdienstes" und ähnlicher Einrichtungen. (*Abg. Renner: Und Übernahme der Macht durch Adenauer!*)

Nur durch baldigste Schaffung dieser Voraussetzungen kann die für Abhaltung freier Wahlen notwendige Atmosphäre der Freiheit in der Sowjetzone geschaffen werden. (*Abg. Dr. Wuermeling: Sehr richtig!*)

Nur aus solchen freien Wahlen kann ein gesamtdeutsches Parlament hervorgehen. (*Zustimmung in der Mitte.*)

Dieses Parlament hätte, wie ich bereits erwähnt habe, eine gesamtdeutsche Verfassung und bis zu deren Inkrafttreten eine provisorische gesamtdeutsche Regierung zu bilden. Es ist selbstverständlich, daß sich diese Wahlen auch auf Berlin erstrecken müssen.

Nach alledem, was sich in den letzten Jahren in der Sowjetzone ereignet hat, müssen internationale Maßnahmen die Durchführung solcher Wahlen sichern. (*Sehr gut! bei der FDP.*)

Es muß weiter Vorsorge dafür getroffen werden, daß kein Deutscher nach der Wahl wegen seiner Abstimmung irgendwie zur Rechenschaft gezogen wird. (*Sehr richtig! bei den Regierungsparteien.*)

Falls das Hohe Haus mit diesen Grundsätzen einverstanden ist, werde ich im Auftrage der Bundesregierung eine sie enthaltende Note an die westalliierten Regierungen richten und sie bitten, auf der Viererkonferenz, falls sie stattfindet, die Beachtung dieser unserer Forderungen durchzusetzen, damit wir auf diese allein mögliche Weise zur deutschen Einheit in Freiheit kommen. (*Lebhafter Beifall bei allen Parteien mit Ausnahme der KPD und der SRP.*)

Lassen Sie mich noch mit allem Nachdruck folgendes erklären: Über lebenswichtige Interessen eines Volkes kann von keiner Konferenz ohne Zustimmung dieses Volkes selbst entschieden werden. (*Anhaltender stürmischer Beifall.*)

Ich darf Ihnen nun, meine Damen und Herren, den Wortlaut der Note bekanntgeben, die ich, wie ich wohl annehmen darf, mit Ihrem Einverständnis und Ihrer Zustimmung über die Hohe Kommission an die westalliierten Regierungen richten würde:

[*Es folgt der Wortlaut der Note*]

Meine Damen und Herren, nachdem die Bundesregierung dieser Note einstimmig zugestimmt hat, darf ich zum Schlusse nochmals folgendes feststellen: Wir in der Bundesrepublik Deutschland wollen und haben immer gewollt mit ganzer Kraft die deutsche Einheit, aber wir wollen eine Einheit in Freiheit, (*lebhafter Beifall*) und wir hoffen und wünschen, daß die Viererkonferenz dem deutschen Volke zur Einheit in Freiheit verhelfen möge. (*Langanhaltender lebhafter Beifall bei allen Parteien mit Ausnahme der KPD und der SRP.*)

8.
„Die deutsche Einheit ist ein zentrales Problem“

Rede des Oppositionsführers Dr. Kurt Schumacher in der Debatte über die Regierungserklärung am 9. März 1951

Der Oppositionsführer Dr. Kurt Schumacher erwiderte auf die Regierungserklärung von Bundeskanzler Dr. Konrad Adenauer:

Meine Damen und Herren! Die Frage der deutschen Einheit ist für unser Volk ein zentrales Problem. Sie ist aber auch eine bedeutsame Frage für die Erhaltung der Freiheit in der Welt. Alle europäischen Probleme und Projekte werden nicht europäisch behandelt, wenn man aus der Teilung Deutschlands Nutzen ziehen will. Die Kosten für eine solche Politik zahlt nicht Deutschland allein, die Kosten zahlt die Sache der Freiheit in der ganzen Welt. (*Lebhafter Beifall bei der SPD und bei den Regierungsparteien.*)
Jede Betrachtungsweise hat von der Tatsache auszugehen, daß es Sowjetrußland gewesen ist, das seine Zone separiert und isoliert hat. (*Lebhafter Beifall bei der SPD, in der Mitte und rechts.*)
Das ganze Kampfgeschrei der Kommunisten und ihrer Anhänger für die Einheit, wie sie sie verstehen, wäre völlig unnötig, wenn sich die kommunistische Praxis der Teilung Deutschlands dem angeblichen kommunistischen Wunsche der Einigung Deutschlands untergeordnet hätte. (*Lebhafte Zustimmung.*)
Die Stärke der totalitären Position beruht weitgehend auf der Unkenntnis und der Unklarheit über das Wesen des Totalitarismus bei den westlichen Demokratien und erst recht bei großen Teilen des deutschen Volkes. (*Sehr richtig! bei der SPD und in der Mitte.*)
Die Uneinheitlichkeit und Unentschlossenheit der westlichen Demokratien in ihrer Deutschlandpolitik, die vielen Vorbehalte und Unklarheiten in der Behandlung und der Zusammenarbeit mit den Deutschen schwächen die Front der Freiheit, nehmen ihr die Geschlossenheit und bedrohen ihre letzte Gemeinsamkeit. (*Zustimmung bei der SPD, in der Mitte und rechts.*) Wir haben einen Gegner, dessen Einheit und Konzentration seiner politischen Kräfte zentral dirigiert wird. Die deutsche Frage kann nicht für sich allein

betrachtet werden; sie kann aber auch nicht vom Westen her mit Deutschland als Objekt gelöst werden. (*Beifall bei der SPD, in der Mitte und rechts.*)

Wenn wir auf der Viererkonferenz nicht am Tisch sitzen, so gibt es doch in der Sache nur die eine große Möglichkeit: Man darf nicht über Deutschland beraten, man muß letzten Endes mit Deutschland beraten. (*Beifall bei der SPD, in der Mitte und rechts.*)

Die Information der deutschen Politik vor, während und nach der Viererkonferenz bei der Behandlung des ganzen Komplexes muß permanent und vollständig sein. Die Deutschen sollten auch wirklich befragt werden, sie sollten auch wirklich die Möglichkeit haben, ihre Meinung zu äußern. Es liegt im Interesse einer großen gemeinsamen Sache, daß die Erkenntnisse und aktiven demokratischen Kräfte unseres Volkes mobilisiert werden. (*Sehr richtig! bei der SPD.*)

Letzten Endes gibt es keinen Erfolg der kommenden Viererkonferenz, wenn nicht das Ergebnis der Beratungen vom deutschen Volk bejaht und darum als verbindlich angesehen wird. (*Sehr gut! bei der SPD.*)

Man hat in einem Teil der westlichen Presse sehr leichtfertig empfohlen, die deutsche Einheit nach dem österreichischen Vorbild zu organisieren. Man übersieht dabei, daß der Prozeß und die Methoden, die in Österreich 1945 begannen, etwas grundsätzlich Verschiedenes und Unvergleichbares sind, wenn sie auf das Deutschland von 1951 angewandt werden. (*Beifall bei der SPD, in der Mitte und rechts.*)

Hier in Deutschland sind in sechs Jahren durch die sowjetischen Besatzungsmethoden tatsächlich Machtpositionen des Kommunismus geschaffen worden. Angesichts dieser Tatsache wäre die Übertragung des österreichischen Beispiels die Auslieferung Deutschlands an den Kommunismus mit Privilegierung der kommunistischen Chancen. (*Zustimmung bei der SPD.*)

Das deutsche Volk kann weder diesem noch einem anderen Vorschlag zustimmen, der zur Viermächtekontrolle oder gar zur Viermächtekontrolle mit Vetorecht führt. (*Sehr richtig! bei der SPD.*)

Die sowjetische Politik versucht jetzt, entgegen der Tatsache, daß sie die Deutschen als bloßes Material handhabt, bei denselben Deutschen das Gefühl zu erzeugen, als ob sie ein selbständiges, nach eigenem Willen handelndes, souveränes Subjekt seien. Tatsächlich ist die Ostzonenverwaltung nur der Bestandteil eines Satellitensystems, in dem es nur einen Willen gibt, nämlich den Willen des zentralen Auftraggebers und Herrschers, der Sowjetunion. (*Sehr richtig! bei der SPD und rechts.*)

Das System von Pankow ist die völlige Entdeutschung und die völlige Sowjetisierung der Politik. (*Beifall bei der SPD, in der Mitte und rechts.*)

Die angebliche deutsche Initiative aus dem Osten für die Einheit ist ein

Bestandteil der nationalrussischen Außenpolitik. (*Zuruf rechts: Ausgezeichnet!*)
Sie dient der Stärkung der sowjetischen Position gegenüber den westlichen Alliierten. So war es vor jeder Viererkonferenz. Und so ist es auch heute wieder. Man will bei unserem Volk den Blick für die Realitäten der Macht und für die Motive der Machtpolitik vernebeln. (*Sehr gut! rechts.*)
Jetzt steigert sich die Intensität der Propaganda. Die vorsichtigste Schätzung über die Briefe und Postsachen, die wöchentlich in das Gebiet der Bundesrepublik kommen, beläuft sich auf mehr als 2 Millionen Stück wöchentlich! (*Hört! Hört! in der Mitte.*)
An dieser Stelle ist es unsere Aufgabe, die Ahnungslosen, Wohlmeinenden in unserem Volk vor jeder Form der Gemeinsamkeit zu warnen, mag sie noch so freundlich angebahnt werden. (*Sehr richtig! bei der SPD und in der Mitte.*)
Es darf keine Unterschriften geben, es darf keine Gemeinsamkeit der Kundgebungen geben, es darf keine Aktionseinheiten geben. (*Lachen bei der KPD.*)
Es ist Tatsache, daß die Sozialdemokratische Partei in der Bundesrepublik 8000 Ortsvereine hat. Kein einziger Ortsverein hat mit ihnen verhandelt. (*Bravo-Rufe bei der SPD.*)
Die agitatorische Betriebsamkeit kann uns nicht darüber hinwegtäuschen, daß zwischen ihrem System und den Menschen in diesem Lande jede menschliche Beziehung fehlt. (*Sehr richtig! – Lebhafte Zustimmung.*)
Den Wohlmeinenden, den Redewütigen und Repräsentationshungrigen hier in diesem Lande möchte ich sagen: Man kann nicht mit den Peinigern verhandeln und die Gepeinigten ignorieren. (*Beifall.*)
Die Opfer der Freiheit, die Eingekerkerten, die Verschleppten, die gesamten Bewohner der Ostzone, die Kriegsgefangenen, sie alle haben Anspruch auf unsere menschliche und nationale Solidarität. (*Lebhafte Zustimmung mit Ausnahme der KPD.*)
In den Mittelpunkt der östlichen Propaganda ist jetzt das nationale Moment getreten. Es wird dort das Problem gelöst, wie man nationalrussische Politik mit nationaldeutschen Phrasen macht. (*Sehr gut! in der Mitte.*)
Wenn ich diese nationale Agitation untersuche, dann ist das ins Auge springende Resultat: Diese nationalistische Agitation aus dem Osten hat keine einzige eigene Idee und keine einzige neue Idee. Alle Parolen sind Zwangsanleihen aus den diversen Mottenkisten des deutschen Nationalismus. (*Lebhafte Zustimmung bei der SPD.*)
Sie sind alle so „angenehm" historisch; man trifft nur alte Bekannte wieder. (*Heiterkeit.*)
Die Führungsschichten gewisser rechtsradikaler Gruppen glauben, die

sowjetische Politik überspielen und für sich, die deutschen rechtsradikalen Gruppen, nutzen zu können.
Alle die Illusionisten und Spekulanten, sie sollten das eine wissen: Was sollen Verhandlungen, bei denen der kommunistische Partner seinen Auftraggeber nicht binden kann? Der große Auftraggeber im Hintergrund behält freie Hand; seine deutschen Beauftragten mögen tun und lassen, was sie wollen. Aus dem Mangel auch nur der Möglichkeit einer Vertragstreue sollte sich die Meinung unseres Volkes in der Behandlung dieser Personen und Komplexe bestimmen. Es ist eben jedem Totalitarismus strukturell unmöglich, sich mit einem anderen zu verständigen oder gar auszusöhnen. (*Sehr richtig!*)
Was er dem andern an Selbständigkeit läßt, soll immer nur dem Totalitarismus als Deckwand dienen und ihm nützen. Ob dieser Totalitarismus also eine politische Partei zertrümmert oder andere politische Parteien bestehen läßt, ist nur unter dem Gesichtspunkt des Nutzens eben für diesen Totalitarismus entschieden worden und wird in Zukunft so entschieden werden. Die Rolle, die der Kommunismus den deutschen Illusionären zugewiesen hat, ist doch eine sehr kurzfristige. Sie sollen die Aufgabe erfüllen, dem antidemokratischen, dem totalitären, dem diktatorischen Prinzip zur Macht zu verhelfen. Haben sie ihm dazu verholfen, dann werden sie überflüssig und als hinderlich zertreten und zerschlagen. Die Geschichte der Eroberung der Macht durch die Kommunisten in den Satellitenstaaten spricht eine eindeutige und unwiderlegbare Sprache. (*Zustimmung.*)
Jetzt steht neben dem nationalen Moment im Vordergrund der angebliche Kampf für den Frieden, ausgerechnet durch die Partei der Kriegsrüstung in der ganzen Welt für die stärkste Militärmacht der ganzen Welt! (*Sehr gut!*)
Der Sinn dieser Propaganda ist nicht Krieg dem Kriege, sondern in der kommunistischen Formulierung: Krieg dem imperialistischen Kriege, d. h. für die Kriegspotenz der Sowjetunion und für die Ohnmacht der demokratischen Länder einzutreten. (*Sehr richtig!*)
Was der Kommunismus wirklich denkt über den Frieden, seine Bedeutung, seine sittlichen Werte, seine Wohltaten für die Völker, das zeigt am besten eine Rede, die Stalin am 13. Juni 1928 vor der kommunistischen Parteiorganisation in Leningrad gehalten hat. Dort heißt es klar und eindeutig:

> Das am weitesten verbreitete Mittel, um die Arbeiterklasse einzulullen und sie vom Kampf gegen die Kriegsgefahr abzulenken, ist der heutige Pazifismus mit seinem Völkerbund, seinen Friedenspredigten, mit dem Verbot des Krieges, mit seinem Abrüstungsgeschwätz.

Die Behandlung der Abrüstungsfrage seit 1945 bringt Aufklärung genug. Die Abrüstung ist von den Angelsachsen, besonders den Amerikanern, weitgehend durchgeführt worden. Aber bis heute hat e i n großes Land praktisch die

Abrüstung verweigert: Sowjetrußland. Wenn die Viererkonferenz eine Aufgabe hat, dann ist es die, vor der Welt über diese Tatsache Klarheit zu schaffen. (*Sehr richtig!*)

Die Auslösung der großen Aufrüstungswelle in der ganzen Welt ist doch durch den sowjetischen Militarismus erfolgt. (*Sehr richtig!*)

Die Aufwendungen für die großen Militärlasten und damit die Verringerung des Anteils der arbeitenden Menschen am Sozialprodukt, die Senkung der Lebenshaltung ganzer Völker, sie sind doch im letzten Grunde das Ergebnis der sowjetischen Militär- und Rüstungspolitik. (*Lebhafter Beifall.*)

Es waren und es sind die Sowjets, die die internationale Kontrolle der Atombombe verhindert haben. Es waren und es sind die Sowjets, die die internationale Inspektion des Rüstungsstandes vereiteln. Sie haben es heute in der Hand, in der Frage der Atomkontrolle und der internationalen Rüstungsinspektion in der ganzen Welt, auch in Sowjetrußland selbst, den Völkern den Eindruck ihres Friedenswillens zu vermitteln. (*Lebhafter Beifall.*)

Der Westen hat lange genug dem Osten die deutsche Einheit gütigst überlassen zur Ausnutzung als Schwindelparole. Er darf nicht denselben Fehler beim Ideenkampf um den Frieden begehen. Von der kommenden Viererkonferenz erwarten die Völker die Erhaltung des Friedens und die Verbesserung der Aussichten seiner Bewahrung. Diese große Menschheitsfrage bewegt alle. Hier haben die Mächte Zeugnis abzulegen für ihre menschlichen und moralischen Werte. (*Sehr gut!*)

Der politische und propagandistische Angriff der Totalitären soll den Angreifern das Gesetz des Handelns in der Frage der deutschen Einheit in die Hand spielen. Sie wollen die Themen bestimmen, die Reihenfolge und die Art ihrer Behandlung und die Umstände der Diskussion. Sie sind die alles bestimmenden Fragesteller. Derjenige verspielt die Sache der Freiheit, der sich als Antwortender in das System dieser Fragen hineindrängen läßt. (*Lebhafter Beifall bei der SPD.*)

Sie wollen überall hineinreden und alles bestimmen. Sie selbst aber wollen sich in nichts hineinreden lassen und keinen anderen Wunsch respektieren. Zur gleichen Zeit, in der sie sich jetzt als kameradschaftliche Gesprächspartner aufführen, versuchen sie mit der Einheitsfront von unten dem Gesprächspartner der anderen Seite den festen politischen Boden unter den Füßen wegzuziehen. Je härter man aus unseren Reihen das Nein gegen das diktatorische Manöver ausspricht, desto mehr geht die heuchlerische Kameradschaftlichkeit in die Binsen. Wenn Sie in den letzten Wochen die SED-Presse in Berlin und in der Ostzone gelesen hätten, dann würde Ihnen grauen vor der letzten Unflätigkeit dieser Sprache und dieser Methoden

gegenüber denselben Leuten, mit denen man sich angeblich, wie es so schön heißt, „an einen Tisch setzen" will. (*Lachen bei der SPD.*)
Jetzt haben sie erkennen lassen, daß sie die freien Wahlen mit den gleichen Chancen für alle Beteiligten mehr fürchten als der Teufel das Weihwasser. (*Heiterkeit.*)
Davon zeugen die Anweisungen, die zentral und in den einzelnen Ländern der sowjetischen Besatzungszone von der Führung der „Nationalen Front" an ihre sogenannten „Aufklärer" gegeben werden. Dort bekennt man sich zur Blockpolitik; dort erklärt man gegenüber den aufgeregten Anhängern, man wolle Konzessionen nur formal und vorübergehend machen und man habe alles für die Machtergreifung im Stile der Prager Vorgänge vorbereitet. Die Leute, die die Aufgabe haben, propagandistisch auch gegenüber den eigenen Anhängern die Taktik der Kommunisten abzudecken, haben sich gar dazu verleiten lassen, den Terrorakt des 15. Oktober und die Einheitslisten als demokratische Vorbilder für die zukünftige Gestaltung Deutschlands zu preisen.
Das oberste Ziel, auf das vom Osten her alle Kräfte konzentriert werden, ist also, um in der kommunistischen Sprache zu sprechen, die Errichtung eines Gesamtdeutschen Konstituierenden Rates. Dieser Konstituierende Rat ist das Stück im taktischen System, durch das alles bedingt ist. Von seiner Schaffung oder von seiner Verweigerung hängt das Gelingen oder Mißlingen der kommunistischen Politik ab. Der Konstituierende Rat soll, wie die Kommunisten sagen, die „Repräsentanz des deutschen Volkes" sein. Aber diese Repräsentanz des deutschen Volkes soll nicht gewählt werden, sie soll den Willen des deutschen Volkes nicht ausdrücken, weil eine solche Einrichtung dann für die sowjetische Besatzungsmacht gar zu schwer zu handhaben wäre.
Der Konstituierende Rat soll paritätisch zusammengesetzt sein. Die Parität zwischen zahlenmäßig ungleich Starken ist immer der Versuch, die Herrschaft der Minderheit über die große Mehrheit zu etablieren. (*Beifall bei der SPD.*)
Dabei rechnen die Leute des Totalitarismus auf das Bündnis mit den Illusionären und den Rückversicherern der Bundesrepublik. (*Sehr richtig! bei der SPD.*)
Dieser Konstituierende Rat ist die nationale Methode zur Erkämpfung der kommunistischen Diktatur in Deutschland. Viel zu wenig wird in unserem Lande die zur gleichen Zeit angewandte internationale Methode beachtet. Wenn die nationale Methode, der Kampf um die Etablierung des Konstituierenden Rates, eine propagandistische Aktion ist, bei der die Wahrheit unterdrückt werden muß, so ist die internationale Methode, die es auch mit

anderen Kräften als den Deutschen zu tun hat, von dem Wunsche nach Klarheit und nach Ausdruck der wirklichen Absichten bestimmt. – Im Februar dieses Jahres fand in Berlin – ausgerechnet in Berlin! – eine internationale „Friedenskonferenz“ statt, die aus 81 Ländern beschickt war. Dort wurde kein einziges versöhnliches Wort gegenüber dem deutschen Volke gesprochen. (*Sehr wahr!*)

Dort haben sich die Kommunisten, die überall in der Welt die rücksichtslosesten Feinde Deutschlands sind, und ihre deutschen Satelliten und Mitläufer mit den fremden Kommunisten geeinigt in dem Willen zur Unterdrückung und Entrechtung Deutschlands. (*Zurufe von der CDU und SPD: Sehr wahr! – Hört! Hört! – Pfui!*)

Dort verlangte man die Rückkehr zu den Abkommen, die die Alliierten während der härtesten Perioden des Krieges miteinander geschlossen haben. (*Hört! Hört! bei der SPD.*)

Dort erklärte ausgerechnet der französische Kommunist Farge unter einmütigem Beifall der Versammlung etwas, das sich jeder Deutsche einprägen sollte: Man müsse „eine Friedenssolidarität schaffen, die im Interesse der Völker die Solidarität des Krieges weiterzuführen“ habe. (*Hört! Hört! bei den Regierungsparteien und bei der SPD.*)

Man will also eine neue Welt mit den Mitteln der Kriegspsychose aufbauen. Daß Deutsche dazu ihre Zustimmung geben können, ist eine Warnung für die Ahnungslosen in unserem Lande. Daß ausgerechnet die Kommunisten in der Welt sich auf die Heiligkeit der Verträge besinnen, nämlich der Verträge mit sehr unheiligem Inhalt, (*Heiterkeit*) das ist um so überraschender, als doch die Kommunisten die Verträge mit einem heiligen Inhalt, nämlich die Friedensverträge, die den Balkanländern Rumänien, Bulgarien und Ungarn die Freiheit und die Demokratie sichern sollten, rücksichtslos gebrochen haben. (*Lebhafte Zustimmung bei der SPD, in der Mitte und rechts.*)

Auf dem Berliner Friedenskongreß bekannten sich die Kommunisten der ganzen Welt zu dem Vernichtungswillen von Jalta und Quebec und all den anderen Konferenzen. Dort bekannte man sich ausdrücklich immer wieder zu Potsdam. Dort wurde nicht nur politische und militärische Abwehr gegen den Westen gepredigt und das deutsche Volk unter diesem Gesichtspunkt negativ behandelt; dort erklärte man dem Sinne nach jede deutsche Industrie zu einer Kriegsindustrie und deklarierte wörtlich den Passus der Forderung der Quebecer Konferenz vom September 1944: „Schließung oder Zerstörung aller metallurgischen, chemischen und elektrischen Industrien der Ruhr und der Saar.“ (*Hört! Hört! bei der CDU und bei der SPD. – Abg. Rische: „Rüstungsindustrie“ hieß es!*)

– Lesen Sie nach, Sie Kenner der diplomatischen Akten!

Die beiden Hauptziele der kommunistischen Kampagne sind: Erstens propagandistisch die Kampagne gegen die sogenannte Remilitarisierung. (*Erneute Zurufe von der KPD.*)

Aber, meine Damen und Herren, diese sogenannte Remilitarisierung ist in diesem Munde ja wohl eine Lähmungsaktion ohne sachlichen Ernst. Die Diskussion, die jetzt auf einer kommenden, von der Weltfriedenskonferenz eingesetzten „Europäischen Arbeiterkonferenz gegen die Remilitarisierung Deutschlands" begonnen wird, hat ja tatsächlich ein anderes Ziel. Tatsächlich erstrebt man die Verlangsamung, wenn nicht gar das Abstoppen bei der Aufstellung der ungeheuren Produktionskader der amerikanischen Rüstungsindustrie.

Neben dieser propagandistischen Attacke gibt es aber eine sehr realpolitische. Man will dem undemokratisch zustande gekommenen totalitären Konstituierenden Rat als Hauptaufgabe den Abschluß eines Friedensvertrages noch im Jahre 1951 zuweisen. (*Hört! Hört! bei der SPD. – Lachen.*)

Was in einem solchen Friedensvertrag stehen soll, haben die Sowjets ja unvorsichtigerweise vor der Pariser Außenministerkonferenz 1949 erzählt. Sie forderten die Entnahme von Reparationen für die Sowjets aus der laufenden Produktion Westdeutschlands. Sie wollen die sowjetische Mitkontrolle und die Heranziehung ihrer Satellitenstaaten bei der Mitkontrolle des Ruhrgebietes. Sie erstreben die verstärkte politische Einwirkungsmöglichkeit auf die Gestaltung des deutschen Staatswesens. – Diese undemokratische Zweckeinrichtung des Konstituierenden Rates soll eine ebenso undemokratische Zweckregierung schaffen. Die Aufgabe dieser sogenannten Regierung wäre, die Politik der vollendeten Tatsachen im kommunistischen Sinne durchzuführen. (*Sehr gut! bei der CDU und SPD.*)

Alle Parteien sollen mit diesem Friedensvertrag, der eine Kapitulation vor den Sowjets unter Verleugnung der deutschen Lebensnotwendigkeiten zu sein hat, belastet werden. So will man den Weg zur Eroberung der Macht nach dem Vorbild der Satellitenstaaten gehen. Es ist eine Illustrierung der Leninschen Theorie von der provisorischen Regierung, die so viel Tatsachen zu schaffen hat, daß sie nachher durch demokratische Wahlen nicht mehr korrigiert oder gar aus der Welt geschafft werden können. (*Sehr richtig! bei der SPD.*)

Der Hauptbestandteil eines Friedensvertrages noch 1951 wäre aber ein anderer. Er soll die Befreiung der Sowjets von ihrer größten europäischen und deutschen Sorge sein, die imstande ist, das ganze Satellitensystem zu schwächen und zu lähmen. Das Hauptziel dieses Friedensvertrages wäre, die deutsche Zustimmung zur Oder-Neiße-Linie als der endgültigen Grenze zu erlangen. (*Sehr wahr! rechts.*)

Zur gleichen Zeit, in der man hier wilhelminisch, hitlerisch und in allen anderen Sprachen des Nationalismus unserem Volk propagandistisch kommt, verhandelt der sogenannte Ministerpräsident von Pankow mit Polen! Dieser Monat März ist der Monat der deutsch-polnischen Freundschaft. (*Zuruf von der KPD: Gott sei Dank! – Zuruf rechts: Pfui Teufel!*)

Wir wollen die Freundschaft mit dem polnischen Volk, – aber nicht um den Preis des deutschen Selbstmords. (*Allgemeiner lebhafter Beifall.*)

Die Kommunisten haben nicht das Recht, auf Menschen und Gebiete Deutschlands zu verzichten, die ihnen doch nicht gehören, diese kommunistische Partei, eine Funktion einer Besatzungsmacht! (*Erneuter lebhafter Beifall.*)

Dabei ist wichtig, daß bei den Erklärungen und gemeinsamen Aufrufen im Osten die Oder-Neiße-Linie nicht mehr die bloße Grenze ist. Im Stil der Agitation des vorigen Jahres ist sie nicht einmal nur die berühmte „Friedensgrenze" und die „Friedensgrundlage". Jetzt ist sie noch mehr! Es heißt in dem gemeinsamen großen Aufruf der „Blockparteien" wörtlich: „Die Oder-Neiße-Grenze ist ein Bindeglied beider Völker geworden." (*Abg. Renner: Richtig! – Allgemeine Heiterkeit.*)

Man schwärmt in diesen Erklärungen davon – ich zitiere wieder wörtlich –, „daß sowjetisches Erz und polnische Kohle zu deutschem Friedensstahl verarbeitet werden". (*Große Heiterkeit.*)

Bloß wie die Kommunisten zu anständigen Deutschen gemacht werden, dafür ist kein Programm vorgesehen. (*Heiterkeit und Beifall bei der SPD, in der Mitte und rechts. – Zurufe bei der KPD.*)

Von dieser Stelle aus ist es unsere Aufgabe, die Offiziere und Mannschaften der Volkspolizei in der sowjetischen Besatzungszone zu fragen, wie lange sie noch den Weg unter den Fahnen des Kommunismus gegen ihr eigenes Vaterland weitermarschieren wollen. (*Stürmischer Beifall von der SPD bis rechts. – Zurufe von der KPD. – Gegenrufe: Raus!*)

Alle Bemühungen der östlichen Politik haben nur das eine Ziel, den Konstituierenden Rat zu schaffen und ihm die Funktion der Gesetzgebung und der Regierungsbildung zu überlassen. Demgegenüber haben wir Sozialdemokraten schon seit 1946 immer wieder gleiche und freie Wahlen unter den gleichen Chancen für alle Beteiligten als den Schritt Nr. 1 angesehen. Wenn die kommunistische Taktik siegen oder auch nur auf dem Wege des Kompromisses gewisse Erfolge haben würde, dann, meine Damen und Herren, wäre nicht nur eine Schlacht, dann wäre der Feldzug um die Freiheit in Deutschland, vielleicht in Europa verloren. (*Sehr richtig! bei der SPD, in der Mitte und rechts.*)

Alles steht und fällt damit, daß die freien Wahlen unter den gleichen Bedingungen und Voraussetzungen für alle politischen Richtungen der Demokratie der Schritt Nr. 1 sind. (*Bravo!*)

Die deutsche Frage auf der Außenministerkonferenz ist die Frage nach den freien Wahlen und damit die Frage nach einer freien und starken Regierung. (*Abg. Rische: Ohne amerikanische Aktien!*)

– Nein; wir werden unsere Bundesgenossen aber auch nicht aus der Kirgisensteppe holen. (*Heiterkeit und Beifall.*)

Das ist politischer Sinn und Inhalt des Briefes der Sozialdemokratischen Partei vom 31. Januar an den Herrn Bundeskanzler. Ich hoffe, die Befriedigung von vielen außerhalb der Regierungskoalition auszudrücken, wenn ich sage, daß das auch der entscheidende Punkt der Note und der Erklärung der Bundesregierung gewesen ist. (*Bravo! bei der SPD.*)

Ein frei gewähltes und freies Parlament hat nicht nur eine Verfassung zu schaffen, es hat die ganze Gesetzgebung zu bewältigen, und es hat die oberste Aufgabe der Bildung einer demokratischen Regierung, einer starken Zentralgewalt. Diese Zentralgewalt und das sie tragende Parlament haben nicht nur Recht zu setzen, sondern sie haben Tatsachen zu schaffen. Diese Tatsachen haben übereinzustimmen mit den Tatsachen, die vor, während und nach den Wahlen durch die demokratischen Kräfte der ganzen Welt gestaltet und organisiert werden sollen.

Die propagandistische Welle der Kommunisten wird weitergehen. Aber die politische Aktion ist für diese Situation gescheitert. Die politische Eroberung der Deutschen Bundesrepublik durch den Kommunismus findet nicht statt. (*Heiterkeit und Beifall.*) Sie findet wenigstens legal nicht statt. (*Zurufe von der KPD.*)

Sie dürfen aber nicht übersehen, daß die Kommunisten das, was sie legal nicht erreichen, in der Illegalität einer durch nichts gehemmten Propaganda zu erreichen versuchen werden. (*Sehr wahr!*)

Das heißt: Die Gefahr bleibt vom Propagandistischen her, und die Gefahr steigert sich. Die Gegenseite erreicht ihren Konstituierenden Rat nicht, weil sich die Bundesrepublik im Interesse der Notwendigkeiten des deutschen Volkes und der Notwendigkeiten der Freiheit in der Welt verweigert. Darum werden die Kommunisten den Versuch machen, ein Schattenparlament, ein Scheinparlament, auch Konstituierender Rat genannt, zu schaffen und dabei die Vertreter aus dem Westen nach ihrer kommunistisch-sowjetischen Einsicht benennen. (*Zuruf von der KPD: Frei nach Hedler!*)

Bei dieser Gelegenheit werden wir einmal die ganze trojanische Kavallerie hier vorbeigaloppieren sehen, (*Große Heiterkeit*) und wir werden dann die Möglichkeit haben, uns politisch, moralisch und juristisch mit den Leuten auseinanderzusetzen, die Deutschland im Stich lassen, um Sowjetrußland zu dienen. (*Stürmischer Beifall bei der SPD, in der Mitte und rechts.*)

Dieses Schattenparlament hätte dann die Aufgabe, eine Schattenregierung zu bilden. (*Zuruf von der KPD: Die Pferde wiehern schon!*)

– Ja, das höre ich gerade. (*Heiterkeit; – Erneute Zurufe von der KPD.*)

Genau wie dieses Schattenparlament wäre diese Schattenregierung auch ein Propagandainstrument der Sowjets. Diese Tatsache legt dem deutschen Volk, soweit es das Glück hat, seinen politischen Willen frei bilden und frei vertreten zu können, eine große Aufgabe für die deutsche und für die Demokratie der Welt auf.

Die Viererkonferenz mag ausgehen, wie sie will: Wir können nicht in einem Zustand der Passivität, des Sichabfindens mit den Dingen verharren.

Die Teilung Deutschlands kann man nicht in dem Stil behandeln, als sei sie eine hoffentlich vorübergehende Angelegenheit. Das Resignieren ist eine Chance für die Diktatur. (*Sehr gut!*)

Die westdeutsche Bundesrepublik muß bei jedem Ausgang der Viererkonferenz und bei jedem Verhalten der Propagandamaschinerie der Kommunisten immer wieder von dem einen Gebot ausgehen: Wir freien, wir demokratischen Deutschen haben die Aufgabe, politisch und propagandistisch für die deutsche Einheit aktiv und kämpferisch zu bleiben und diese Aktivität um dieses Zieles willen weiterzuentwickeln. (*Beifall.*)

Wir haben dabei drei große Komplexe zu behandeln. Wir haben eine starke soziale Ordnung zu schaffen, die den weltweiten Unterschied im Sozialen zwischen den Ländern der Demokratie und den Ländern der Diktatur auch den Menschen im Osten, auch den Bewohnern der Satellitenstaaten klarmacht. (*Sehr wahr! bei der SPD.*)

Wir haben zum anderen eine demokratische Praxis im eigenen Lande und eine demokratische Praxis der Außenpolitik zu entwickeln, die die Gleichberechtigung zum idealen Vorbild für die Völker des Ostens macht, die Gleichberechtigung, die aus der Vernunft und der natürlichen Solidarität der Demokratie allen Völkern gegeben ist. (*Beifall.*)

Wir haben schließlich ein System praktischer Maßnahmen zu schaffen, wie sie von den Kräften der Demokratie bei der Rückgewinnung der sowjetischen Besatzungszone nicht nur rechtlich, sondern auch tatsächlich für die Eroberung und Sicherung der Freiheit durchgeführt werden sollen.

Meine Damen und Herren! Mit dem Kampf für die deutsche Einheit dienen wir unserem eigenen Volk. Mit dem Kampf für die deutsche Einheit dienen wir aber auch der Sache der Freiheit und der Menschlichkeit in der ganzen Welt! (*Anhaltender stürmischer Beifall.*)

Am Schluß der Debatte nahm der Bundestag gegen wenige Stimmen einmütig einen Entschließungsantrag an:

Die geplante Konferenz der vier Besatzungsmächte wird sich auch mit der Frage Deutschland befassen. Das veranlaßt den Bundestag, vor dem deutschen Volk und der Welt zu erklären:

Das deutsche Volk bekennt sich zu den unveräußerlichen und unverzichtbaren Grundsätzen der Menschheit und der Menschlichkeit. Aus den bitteren Erfahrungen der Vergangenheit und angesichts der weiter bestehenden totalitären Bedrohungen in der Welt hat sich das deutsche Volk eindeutig für die freiheitliche Ordnung des Staates und gegen jeden totalitären Zwang entschieden.

Freiheitliche Ordnung kann nur im Frieden mit allen Völkern gedeihen. Wir wollen diesen Frieden. Wir lehnen den Krieg und jede Kriegsvorbereitung ab. Wir wollen aber keinen Scheinfrieden, mit dem der Kommunismus seine Angriffsabsichten und Unterdrückungen verschleiert und die Welt in dauernder Unrast und Spannung hält. Ein dauerhafter Friede kann nur geschaffen werden, wenn es gelingt, die Ursachen der Spannungen, die die Welt belasten, zu beseitigen. Wir begrüßen daher die von den Westmächten erklärte Absicht, daß die Prüfung dieser Spannungen und der Möglichkeiten zur Herbeiführung wirklicher und dauernder Verbesserungen in den Beziehungen zwischen den Mächten zum ersten Gegenstand der geplanten Konferenz der Außenminister gemacht werden soll. *(Abg. Dr. Richter [Niedersachsen]: Aber nicht auf unsere Kosten!)*

Eine wesentliche Ursache für die Störung der europäischen Ordnung und damit des Weltfriedens liegt in der Spaltung Deutschlands. Die Überwindung dieser Spaltung dient dem Frieden. In diesem Geiste bekundet der Deutsche Bundestag seinen Willen, die staatliche Einheit des deutschen Volkes als unverzichtbares nationales Recht zu verwirklichen.

Grundlage dieser Einheit ist der Aufbau des Rechtsstaates in freier Selbstbestimmung, der jedem Einwohner Deutschlands die volle persönliche staatsbürgerliche Freiheit und Gleichheit sichert. Wir wollen, daß ganz Deutschland ein Rechtsstaat ist, in dem freie Menschen ohne Furcht in Verantwortlichkeit füreinander leben, kein Zwangsstaat einer allein herrschenden Partei *(Abg. Dr. Richter [Niedersachsen]: Auch nicht der Gewerkschaften! – Unruhe)* mit ihrem politischen, wirtschaftlichen und geistigen Terror.

Der Deutsche Bundestag als das freigewählte Parlament der Bundesrepublik Deutschland fordert die Bundesregierung auf, den vier Besatzungsmächten zugleich im Namen derjenigen Deutschen, denen bis jetzt das Recht der freien Wahl versagt ist, als dringendes Anliegen des ganzen deutschen Volkes das Ersuchen zu unterbreiten:

1. Die Viermächte-Konferenz möge die Voraussetzungen dafür schaffen, daß sobald wie möglich freie, allgemeine, gleiche, geheime und direkte Wahlen zu einem Parlament für ganz Deutschland durchgeführt werden können.

2. Die Durchführung dieser Wahlen unter gleichen Bedingungen in allen Zonen setzt voraus, daß durch internationale Sicherungsmaßnahmen vor, während und nach den Wahlen die volle persönliche und staatsbürgerliche Freiheit und Gleichheit für alle Personen und politischen Parteien rechtlich und tatsächlich gewährleistet wird.

3. Das aus solchen Wahlen hervorgegangene Parlament hat als echte Volksvertretung allein die Vollmachten einer verfassung- und gesetzgebenden Versammlung. Es ist allein befugt, eine Regierung zu bilden und zu kontrollieren.

4. Die so gebildete Regierungsgewalt muß durch geeignete Vorkehrungen gegen unbefugte und rechtswidrige Eingriffe wirksam geschützt werden.

Der Bundestag fordert die Bundesregierung auf, die Regierungen der Besatzungsmächte zu ersuchen, die Bundesregierung über alle Deutschland berührenden Fragen, die sich im Zusammenhang mit der Viermächte-Konferenz ergeben, vollständig zu informieren, zu konsultieren und keinen Deutschland berührenden Beschluß ohne Zustimmung des deutschen Volkes zu fassen.

Der Bundestag stimmt den Darlegungen der Regierungserklärung zu und ersucht die Regierung, die Verwirklichung der aufgestellten Forderungen nachdrücklich zu betreiben.

Der Deutsche Bundestag will dem Ziel der Wiedervereinigung Deutschlands mit allen Kräften dienen. Mit diesem Gelöbnis grüßen wir alle Deutschen. Wir begrüßen besonders die Deutschen in den Ländern der sowjetischen Besatzungszone und in Berlin. Wir sind mit ihnen untrennbar verbunden und erstreben wie sie den gemeinsamen Staat, in dem wir in Freiheit und sozialer Gerechtigkeit zusammen leben. So werden wir als gleichberechtigtes Glied in einem freien und vereinten Europa dem Frieden der Welt dienen.

9.
„Aussöhnung mit dem Staate Israel und den Juden in aller Welt"

Regierungserklärung von Bundeskanzler Dr. Konrad Adenauer und Erklärungen der Fraktionen im Bundestag am 27. September 1951

Die nationalsozialistische Judenverfolgung gipfelte in der Ermordung von sechs Millionen Juden. In der 165. Sitzung des Ersten Deutschen Bundestages am 27. September 1951 traten Bundeskanzler Dr. Konrad Adenauer und die Sprecher der Fraktionen für die Aussöhnung und die Wiedergutmachung gegenüber Israel und den Juden ein:

Bundeskanzler Dr. Adenauer:
Ich habe die Ehre, gegenüber dem Hohen Hause im Auftrag der Bundesregierung folgende Erklärung abzugeben.
In letzter Zeit hat sich die Weltöffentlichkeit verschiedentlich mit der Haltung der Bundesrepublik gegenüber den Juden befaßt. Hier und da sind Zweifel laut geworden, ob das neue Staatswesen in dieser bedeutsamen Frage von Prinzipien geleitet werde, die den furchtbaren Verbrechen einer vergangenen Epoche Rechnung tragen und das Verhältnis der Juden zum deutschen Volke auf eine neue und gesunde Grundlage stellen.
Die Einstellung der Bundesrepublik zu ihren jüdischen Staatsbürgern ist durch das Grundgesetz eindeutig festgelegt. Art. 3 des Grundgesetzes bestimmt, daß alle Menschen vor dem Gesetz gleich sind und daß niemand wegen seines Geschlechtes, seiner Abstammung, seiner Rasse, seiner Sprache, seiner Heimat und Herkunft, seines Glaubens, seiner religiösen oder politischen Anschauungen benachteiligt oder bevorzugt werden darf. Ferner bestimmt Art. 1 des Grundgesetzes:

> Die Würde des Menschen ist unantastbar. Sie zu achten und zu schützen ist Verpflichtung aller staatlichen Gewalt.
> (*Zuruf von der KPD.*)
> Das deutsche Volk bekennt sich darum zu unverletzlichen und unveräußerlichen Menschenrechten als Grundlage jeder menschlichen Gemeinschaft, des Friedens und der Gerechtigkeit in der Welt.

Diese Rechtsnormen sind unmittelbar geltendes Recht und verpflichten jeden deutschen Staatsbürger – und insbesondere jeden Staatsbeamten –, jede Form rassischer Diskriminierung von sich zu weisen. In demselben Geiste hat die Bundesregierung auch die vom Europarat entworfene Menschenrechtskonvention unterzeichnet und sich zur Verwirklichung der darin festgelegten Rechtsgedanken verpflichtet.
Diese Normen können aber nur wirksam werden, wenn die Gesinnung, aus der sie geboren wurden, zum Gemeingut des gesamten Volkes wird. Hier handelt es sich somit in erster Linie um ein Problem der Erziehung. Die Bundesregierung hält es für dringend erforderlich, daß die Kirchen und die Erziehungsverwaltungen der Länder in ihrem Bereich alles daran setzen, damit der Geist menschlicher und religiöser Toleranz im ganzen deutschen Volk, besonders aber unter der deutschen Jugend, nicht nur formale Anerkennung findet, sondern in der seelischen Haltung und praktischen Tat Wirklichkeit wird. Hier liegt eine wesenhafte Aufgabe der zur Erziehung berufenen Instanzen vor, die aber freilich der Ergänzung durch das Beispiel der Erwachsenen bedarf.
Damit diese erzieherische Arbeit nicht gestört und der innere Friede in der Bundesrepublik gewahrt werde, hat die Bundesregierung sich entschlossen, die Kreise, die noch immer antisemitische Hetze treiben, durch unnachsichtige Strafverfolgung zu bekämpfen. Dem Bundestag liegen Vorschläge zu einer Ergänzung des Strafgesetzes vor, auf Grund deren unter anderm auch rassenhetzerische Propaganda mit schwerer Strafe belegt wird. Die Bundesregierung wird diese Bestimmungen, sobald sie in Kraft getreten sind, mit aller Entschlossenheit anwenden.
Die Bundesregierung und mit ihr die große Mehrheit des deutschen Volkes sind sich des unermeßlichen Leides bewußt, das in der Zeit des Nationalsozialismus über die Juden in Deutschland und in den besetzten Gebieten gebracht wurde. Das deutsche Volk hat in seiner überwiegenden Mehrheit die an den Juden begangenen Verbrechen verabscheut und hat sich an ihnen nicht beteiligt. Es hat in der Zeit des Nationalsozialismus im deutschen Volke viele gegeben, die mit eigener Gefährdung aus religiösen Gründen, aus Gewissensnot, aus Scham über die Schändung des deutschen Namens ihren jüdischen Mitbürgern Hilfsbereitschaft gezeigt haben. Im Namen des deutschen Volkes sind aber unsagbare Verbrechen begangen worden, die zur moralischen und materiellen Wiedergutmachung verpflichten, sowohl hinsichtlich der individuellen Schäden, die Juden erlitten haben, als auch des jüdischen Eigentums, für das heute individuell Berechtigte nicht mehr vorhanden sind. Auf diesem Gebiet sind erste Schritte getan. Sehr vieles bleibt aber noch zu tun. Die Bundesregierung wird für den baldigen Abschluß der Wiedergutmachungs-

gesetzgebung und ihre gerechte Durchführung Sorge tragen. Ein Teil des identifizierbaren jüdischen Eigentums ist zurückerstattet worden; weitere Rückerstattungen werden folgen.
Hinsichtlich des Umfangs der Wiedergutmachung – in Anbetracht der ungeheuren Zerstörung jüdischer Werte durch den Nationalsozialismus ein sehr bedeutsames Problem – müssen die Grenzen berücksichtigt werden, die der deutschen Leistungsfähigkeit durch die bittere Notwendigkeit der Versorgung der zahllosen Kriegsopfer und der Fürsorge für die Flüchtlinge und Vertriebenen gezogen sind. Die Bundesregierung ist bereit, gemeinsam mit Vertretern des Judentums und des Staates Israel, der so viele heimatlose jüdische Flüchtlinge aufgenommen hat, eine Lösung des materiellen Wiedergutmachungsproblems herbeizuführen, um damit den Weg zur seelischen Bereinigung unendlichen Leides zu erleichtern. Sie ist tief davon durchdrungen, daß der Geist wahrer Menschlichkeit wieder lebendig und fruchtbar werden muß. Diesem Geist mit aller Kraft zu dienen, betrachtet die Bundesregierung als die vornehmste Pflicht des deutschen Volkes. (*Lebhafter Beifall im ganzen Haus außer bei der KPD und auf der äußersten Rechten.*)

Löbe (SPD):
Herr Präsident! Meine Damen und Herren! Deutschland hat nach der Überzeugung der sozialdemokratischen Fraktion des Bundestages die sittliche Verpflichtung, sich mit ganzer Kraft um eine Aussöhnung mit dem Staate Israel und den Juden in aller Welt zu bemühen, und zwar kommt es dabei uns Deutschen zu, den ersten Schritt auf diesem Wege zu tun. Wir Sozialdemokraten werden deshalb den eben angekündigten Schritt der Bundesregierung von Herzen unterstützen und hätten es begrüßt, wenn er schon früher und mit noch größerer Entschiedenheit getan worden wäre. (*Zustimmung bei der SPD.*)
Die verbrecherischen Machthaber der nationalsozialistischen Gewaltherrschaft haben die jüdischen Deutschen und die Juden in Europa unmenschlich verfolgt und sechs Millionen Menschen – Männer, Frauen, Kinder und Greise – nur wegen ihrer jüdischen Abstammung ermordet. Wir wollen dieses unermeßliche Leid nicht vergessen. Jeder rechtlich denkende Mensch schämt sich dieser Schandtaten, die unter Mißbrauch des deutschen Namens zum Entsetzen der überwiegenden Mehrheit auch des deutschen Volkes verübt worden sind. (*Beifall bei der SPD.*)
Wir wissen uns insbesondere mit den Juden, die gleich uns als Deutsche geboren sind, unlösbar verbunden und können ihren Beitrag aus unserer gemeinsamen Geschichte nicht fortdenken. (*Erneuter Beifall bei der SPD.*)

Deutschland und Europa haben in allen Bereichen ihres geistigen, gesellschaftlichen und wirtschaftlichen Lebens Männern wie Felix Mendelssohn, Heinrich Heine, Walter Rathenau oder den zahlreichen deutschen Nobelpreisträgern jüdischer Abstammung Außerordentliches zu verdanken. Jeder Deutsche ist deshalb aufgerufen, das den Juden in unserer Mitte zugefügte Unrecht wiedergutzumachen. Jeder Deutsche ist deshalb auch aufgerufen, die Pest des Rassenhasses zu bekämpfen und durch die Ehrfurcht vor dem Mitmenschen zu überwinden. Unser rücksichtsloser Kampf gilt auch den Nutznießern der offenen und versteckten Verfemung der Juden. (*Beifall bei der SPD.*)
Die furchtbare Größe des Unrechts, auf die der Herr Bundeskanzler eben auch hinwies, fordert von uns Opfer. Mehr als bisher ist durch die Tat zu beweisen, daß diese Wiedergutmachung auch das Maß für die Erneuerung des Rechts in Deutschland ist. Aus dieser Gesinnung bemühen wir uns um den Frieden mit Israel. (*Lebhafter Beifall im ganzen Hause außer bei der KPD und auf der äußersten Rechten.*)

Dr. von Brentano (CDU):
Meine Damen und Herren! Der Herr Bundeskanzler hat in seiner Regierungserklärung ein Thema angeschnitten, das uns alle tief bewegt. Ich möchte mich aus diesem Grunde auch bewußt darauf beschränken, das, was in der Regierungserklärung gesagt und zum Teil von Herrn Kollegen Löbe aufgenommen worden ist, mit Nachdruck zu unterstreichen. Wir müssen uns, jeder für sich, klar werden – und jeder muß versuchen, es dem deutschen Volk klarzumachen –: Das Maß der Achtung, das wir unseren Mitmenschen und auch unseren jüdischen Mitbürgern entgegenzubringen bereit sind, wird das Maß der Achtung bestimmen, das wir für uns selbst begehren. (*Beifall im ganzen Hause außer bei der KPD und auf der äußersten Rechten.*)

Dr. Schäfer (FDP):
Herr Präsident! Meine Damen und Herren! Mit der Erklärung des Herrn Bundeskanzlers ist wieder einmal eines der dunkelsten Kapitel unserer jüngsten Geschichte aufgeschlagen worden. Ich glaube nicht, daß weitere Worte geeignet sind, die Entschlossenheit und die Klarheit der Absichten zum Ausdruck zu bringen, die hinter dieser Regierungserklärung stehen. Ich möchte mich darauf beschränken, die Billigung auch im Namen meiner Freunde auszusprechen; ich möchte aber hinzufügen, daß es für uns alle eine der entscheidenden Aufgaben sein wird, die Vorstellungswelt auszuräumen und die Reste dieser Vorstellungswelt zu beseitigen, die aus einer ausschließlich materialistischen Betrachtung des Lebens hervorgeht und die zu dieser

Raserei eines wahnwitzigen Biologismus geführt hat. Von ihm abzurücken und die Grundlagen zu schaffen und die Grundgedanken einer praktischen Humanität in den Vordergrund zu rücken, das scheint mir dem heutigen Anlaß angemessen zu sein. (*Beifall im ganzen Hause außer bei der KPD und auf der äußersten Rechten.*)

*Dr. von Merkatz (DP)**:
Herr Präsident! Meine Damen und Herren! Namens meiner politischen Freunde habe ich zu erklären, daß wir uns angesichts des furchtbaren Ernstes dieser Frage weitere Worte der Beteuerung einer Humanitas ersparen wollen. Wir billigen nicht nur die Erklärung der Regierung, wir unterstützen sie von ganzem Herzen, denn es gilt, einen Frevel, der wider göttliches und menschliches Recht begangen worden ist, wiedergutzumachen. Wir wollen uns bei dieser Wiedergutmachung an den Satz halten: Gerechtigkeit erhöhet ein Volk. Wir sind es der alten Geschichte Deutschlands schuldig, daß wir auf diesem Gebiete zu Taten kommen, die die Erneuerung unseres Staates, unseres Staatsbewußtseins und unserer Würde in der Welt im ganzen und im Tiefsten auch der seelischen Bereiche sicherstellen. (*Beifall im ganzen Hause außer bei der KPD und auf der äußersten Rechten.*)

*Dr. Reismann (Z)***:
Herr Präsident! Meine Damen und Herren! Die Zentrumsfraktion begrüßt mit voller Überzeugung und mit Dankbarkeit die Erklärung des Herrn Bundeskanzlers, die den ersten Schritt der Bundesrepublik zur Herstellung geordneter, friedlicher und, wie wir hoffen wollen, freundschaftlicher Verhältnisse zu unseren jüdischen Mitbürgern in Deutschland, in der Welt und insbesondere im Staate Israel darstellen soll. Unter den Verbrechen und Greueltaten dieses Jahrhunderts, das daran leider Gottes wahrlich nicht arm ist, nehmen die an unseren jüdischen Mitbürgern in Deutschland und Europa von der Verbrecherbande, die den deutschen Namen ein Jahrzehnt lang geschändet hat, begangenen einen hervorragenden Platz ein. Wir fühlen alle in uns die Verpflichtung, das namenlose Unheil und Leid, das geschehen ist, nach Kräften wiedergutzumachen, aber auch den großen materiellen Schaden nach allen Kräften wieder in Ordnung zu bringen. Wichtiger als das aber erscheint uns die auch vom Herrn Bundeskanzler betonte Verpflichtung, die geistige Atmosphäre auszuräumen, in der diese Schandtaten möglich waren, und ein Zusammenleben und eine Atmosphäre von Humanität zu schaffen, in

* DP = Deutsche Partei
** Z = Zentrum (Deutsche Zentrumspartei)

der die Wiederholung unmöglich ist, ja der Gedanke an solche Dinge nur Abscheu bei allen deutschen Mitbürgern erwecken kann. Die feierlichen Erklärungen aller Parteien hier im Bundestag und die Erklärung der Bundesregierung vor der gesamten Öffentlichkeit der Welt mögen dazu beitragen, daß das erklärliche Ressentiment bei denen, die so schweres Leid durch eine voraufgegangene Regierung Deutschlands haben ertragen müssen, aus der Welt geschafft wird. In diesem Sinne danken wir der Bundesregierung für die abgegebene Erklärung. (*Beifall im ganzen Hause außer bei der KPD und auf der äußersten Rechten.*)

*Dr. Ing. Decker (BP)**:

Herr Präsident! Meine Damen und Herren! Meine Fraktion steht auf folgendem Standpunkt. Wer sich zum Rechtsstaat bekennt, muß sich auch zur Erklärung des Herrn Bundeskanzlers bekennen, sie begrüßen und unterstützen. (*Beifall im ganzen Hause außer bei der KPD und auf der äußersten Rechten.*)

* BP = Bayernpartei

10.
Der Streit um die Außen- und Sicherheitspolitik Adenauers

Reden der Bundestagsabgeordneten Franz Josef Strauß und Fritz Erler am 10. Juli 1952

So sehr die Fraktionen des Bundestages auch in dem Ziel der Wiedervereinigung Deutschlands übereinstimmten, so uneins waren sie sich über die Wege, die zu diesem Ziel führen sollten. Während Bundeskanzler Dr. Konrad Adenauer und seine Anhänger glaubten, dieses Ziel am ehesten über die Westbindung der Bundesrepublik Deutschland erreichen zu können, hielten die Sozialdemokraten diesen Weg für nicht gangbar. Die Sozialdemokraten stimmten gegen den Beitritt der Bundesrepublik Deutschland in den Europarat, die Europäische Gemeinschaft für Kohle und Stahl, die Europäische Atomgemeinschaft und die Europäische Verteidigungsgemeinschaft, die später allerdings in der französischen Nationalversammlung scheiterte. Eine Wende in der sozialdemokratischen Europapolitik trat erst ein, als die SPD in der Mitte der fünfziger Jahre dem Beitritt der Bundesrepublik Deutschland in die Europäische Wirtschaftsgemeinschaft zustimmte. Die Sozialdemokraten lehnten auch den Beitritt der Bundesrepublik Deutschland zur NATO und den deutschen Verteidigungsbeitrag ab. Der Streit dauerte an, bis der sozialdemokratische Bundestagsabgeordnete Herbert Wehner sich in seiner Rede vom 30. Juni 1960 für seine Partei auf den Boden der Verträge stellte, die Bundeskanzler Dr. Konrad Adenauer abgeschlossen hatte.
Die verschiedenen Positionen der CDU/CSU und der SPD in den fünfziger Jahren werden aus den Reden deutlich, die die Bundestagsabgeordneten Franz Josef Strauß und Fritz Erler in der 222. Sitzung des Ersten Deutschen Bundestages am 10. Juli 1952 im Rahmen einer großen außenpolitischen Debatte gehalten haben:

Strauß (CDU/CSU):
Ich darf mich mit der Frage der deutschen und der europäischen Sicherheit befassen und hier auf das Vertragswerk, das dieser Frage gewidmet ist, im allgemeinen und im besonderen eingehen. Die Entwicklung der weltpoliti-

schen Lage und die besondere Situation Deutschlands haben es mit sich gebracht, daß wir uns im Deutschen Bundestag mit der Frage der deutschen Sicherheit befassen müssen. Ob wir wollen oder nicht; es ist unsere Aufgabe. Wenn von seiten der Opposition dagegen angeführt wird, der gegenwärtige Bundestag habe nicht das Recht, darüber eine Entscheidung zu treffen, weil zum Zeitpunkt seiner Wahl dieses Problem noch nicht in deutscher Zuständigkeit oder nicht aktuell gewesen sei, so erlauben wir uns, den Standpunkt zu vertreten, daß jedes Parlament die ihm gestellten Aufgaben anpacken muß, auch wenn sie im Katalog der späteren Opposition zum Zeitpunkt der Wahl noch nicht eingetragen waren. (*Heiterkeit und Beifall bei den Regierungsparteien.*)

Für uns besteht diese Frage im Augenblick nicht darin, Vorbereitungen gegen einen unmittelbar drohenden Angriff der Sowjetunion zu treffen. Für uns besteht die Aufgabe darin, unserem Staate ein Fundament zu geben, auf dem sich überhaupt erst ein geordnetes Staats-, Wirtschafts-, Kultur- und Sozialleben aufbauen läßt.

Deutschland muß aus dem Zustand des Spielballs zwischen zwei Machtblökken, aus dem Zustand, ein Objekt der Politik der anderen zu sein, endlich einmal herauskommen. In dem Sinne, glaube ich, sind sich die Regierung und die Opposition einig. Die jahrelange Sorglosigkeit der Westmächte auf der einen Seite, die zielstrebige Macht- und Aufrüstungspolitik der Sowjets auf der anderen Seite haben dazu geführt, daß eine ganze Anzahl europäischer Völker ihre Freiheit verloren haben, haben dazu geführt, daß 18 Millionen Deutsche, deren Hoffnung sich heute auf uns hier und bei der zweiten und dritten Lesung auf den Deutschen Bundestag richtet, (*Abg. Fisch: Auf Sie bestimmt nicht!*) dem gleichen Schicksal unterworfen wurden, haben letzten Endes auch dazu geführt, daß wir in dem Modellfall Korea unser eigenes Schicksal sehen könnten, wenn wir in der Frage der Sicherheit nicht frei von Parteiegoismus, frei von Schlagworten unter bewußtem Verzicht darauf, unserem Volk ein trügerisches Bild der Sicherheit vorzugaukeln, nüchtern und klar unsere Lage erkennen und dann das tun, was nach dieser Erkenntnis notwendig ist, auch wenn es unpopulär ist; das hat mit Verantwortung sonst nichts zu tun. (*Beifall bei den Regierungsparteien.*)

Aus diesem Grunde und aus keinem andern Grund hat sich die Bundesregierung an der Ausarbeitung des Vertrags über die Europäische Verteidigungsgemeinschaft beteiligt, und aus diesem Grunde sind wir heute dabei, uns in erster Lesung mit diesem Vertrag zu beschäftigen.

Es geht uns bestimmt nicht darum, wieder Soldaten zu spielen, weil die Alliierten es uns freundlichst erlauben; es geht nicht darum, Deutschland wieder zu einer Militärmacht zu machen; es geht uns auf keinen Fall darum, alliierten Wünschen zu folgen, wenn sie das deutsche Menschen- und Rüstungspotential für ihre Sicherheitszwecke einspannen möchten. (*Abg. Fisch: Aber Sie beeilen sich!*)

Uns geht es darum, dem Volk zu zeigen, daß diese Frage zu ernst ist, als daß sie lediglich zum Spielball der Argumente zwischen den Parteien gemacht werden darf. (*Beifall bei den Regierungsparteien.*) Diese Frage ist eine Schicksalsfrage unseres Volkes: An ihr wird sich unsere Zukunft entscheiden.

Uns nützt es gar nichts, zu sagen, daß die anderen mit dem totalen Sieg auch die totale Verantwortung übernommen haben, die ihnen wie ein Mühlstein am Halse hängen soll. Wir können die anderen nicht von ihrer Verantwortung für die Einheit und Sicherheit Deutschlands lossprechen. Wir sollen aber jede Gelegenheit benutzen, um die Verantwortung für uns selbst auch wieder selbst in die eigene Hand zu nehmen, soweit wir dazu in der Lage sind, und die anderen dann zu echter Mitverantwortung in unserem Sinne zu zwingen. (*Sehr gut! in der Mitte.*)

Es wäre töricht, von den Westmächten zu erwarten, daß sie unsere Interessen wahren und für unsere Sicherheit Opfer bringen, wenn wir nicht selbst durch unsere eigene Mitwirkung es den anderen unmöglich machen, gegen deutsche Interessen zu handeln.

Es ist notwendig und zweckmäßig, eine Viererkonferenz zu verlangen, in der über die deutsche Einheit und über einen deutschen Friedensvertrag entschieden wird. Noch zweckmäßiger erscheint es uns, eine Situation herbeizuführen, in der es unmöglich ist, daß sich die vier Mächte über Deutschland auf Kosten Deutschlands einigen können, (*Sehr gut! in der Mitte*) in der es keine andere Möglichkeit mehr gibt, als daß Deutschland, sei es auch nur in der Gestalt der gegenwärtigen Bundesrepublik, als freier, gleichberechtigter und nicht übersehbarer Partner von vornherein mit am Verhandlungstisch sitzt. (*Erneute Zustimmung in der Mitte.*) Darum soll man bei der Beurteilung der Vertragswerke nicht allein auf Ziffern und Paragraphen, man soll auf die Tatsachen schauen, die durch sie herbeigeführt werden sollen. (*Zuruf von der SPD: Sollen!!*)

– Die Tatsachen kommen ja meist nicht vorher, sondern sie kommen durch die automatische Entwicklung von selber. Wenn Sie es fertigbringen, die Tatsachen vor den Buchstaben zu schaffen, dann bitten wir Sie herzlichst um ihr Rezept dazu. (*Heiterkeit bei den Regierungsparteien.*)

Meine Herren von der Opposition, was Sie im Zusammenhang mit dieser Frage im Laufe der letzten Monate und Wochen auch in diesem Parlament in der Öffentlichkeit und anderswo gesprochen haben, das sind doch weitgehend Spekulationen im luftleeren politischen Raum gewesen. (*Beifall bei den Regierungsparteien.*)

Ich habe einmal mit Interesse und Anerkennung das Wort von Disraeli, einem der größten englischen Staatsmänner, gelesen, daß Ereignisse eigentlich eine wundervolle Sache seien (*Zurufe von der SPD*) – passen Sie genau auf! –: „Ereignisse sind eine wundervolle Sache. Sie sind von größerer Bedeutung als die feinste und umfassendste Spekulation." (*Abg. Erler: Disraeli freut sich über Ihre Anerkennung!*)

– Sie meinen, er freut sich noch? (*Abg. Erler: Ja, sehr!*)

– Ja, von der Art Seelenwanderung, Herr Kollege Erler, bin ich noch nicht so erfaßt. (*Heiterkeit bei den Regierungsparteien.*)

Ohne Zweifel hat auch die Bundesregierung Fehler begangen und hat Rückschläge bei ihrer Politik erlebt. Eine Politik ohne Schnitzer zu erfinden, meine Herren von der SPD, bleibt allein Ihnen überlassen. (*Erneute Heiterkeit bei den Regierungsparteien.*) Uns genügt es, daß die Bundesregierung mit ihrer bisherigen Politik eindeutige Tatsachen geschaffen hat, die wertvoller sind als die geistreichsten Betrachtungen. (*Beifall bei den Regierungsparteien.*)

Wir sind mit diesem Vertrag über die Errichtung der Europäischen Verteidigungsgemeinschaft daran, eine weitere Tatsache zu schaffen, die unserm Staat einen festen Standort gibt, die ihn vor dem Zugriff eines Aggressors schützt und die uns gleichzeitig für die Sicherheit der anderen unentbehrlich macht. Auch darin liegt eine politische Position. (*Sehr gut! bei den Regierungsparteien.*)

Diese Tatsache, meine Damen und Herren, ist mehr wert als der kurzsichtige Versuch – das trifft nicht die SPD –, durch die Propagierung eines Ohne-mich-Standpunktes Stimmen zu gewinnen oder durch die Noch-nicht-Propaganda Anhängerschaft im Lande zu sammeln. Wenn wir trotz mancher Bedenken und trotz mancher nicht erfüllten Wünsche zu diesem Vertrag ja sagen, dann tun wir es in der Erkenntnis, daß mit diesem Vertrag eine Tatsache zugunsten Deutschlands geschaffen wird, und tun wir es in der Überzeugung, nüchtern nach deutschen Interessen zu handeln. (*Zuruf von der SPD.*)

Wenn Herr Kollege Ollenhauer bei jeder Gelegenheit erklärt, hundert Wohnungen seien für unser Volk wichtiger als hundert Soldaten, und damit den Eindruck erwecken will, als ob die Bundesregierung für Soldaten, aber nicht für Wohnungen Interesse habe, dann erweist er hiermit den deutschen Interessen weder so noch so einen guten Dienst. (*Sehr richtig! bei den Regierungsparteien.*) Wir wissen sehr genau, wie notwendig Wohnungen in dieser Situation sind. Diese Bundesregierung braucht sich der Wohnungszahl nicht zu schämen, die sich während ihrer Tätigkeit als Bilanz ergibt. (*Lebhafter Beifall bei den Regierungsparteien.*)

Man soll aber nicht Wohnungen Soldaten gegenüberstellen. Das ist genau so unzweckmäßig – um höflich zu bleiben –, als wenn jemand sagen wollte, daß zehn Kindergärtnerinnen wichtiger sind als Feuerwehrmänner. (*Heiterkeit.*) Für den Fall eines Brandes, Herr Kollege Ollenhauer, wäre mit zehn Kindergärtnerinnen wenig gedient, und ich möchte nicht Sie zu ihrem Hauptmann ernennen. (*Erneute Heiterkeit.*) Ebensowenig wäre mit zehn Feuerwehrmännern im Kindergarten gedient; auch das gäbe eine Katastrophe. (*Fortgesetzte Heiterkeit. – Zurufe von der SPD: Das ist Kabarett, was Sie da machen! – Abg. Erler: Der Bundestag ist aber kein Kindergarten!*)

– Aber manchmal scheint es doch so, Kollege Erler! (*Heiterkeit bei den Regierungsparteien. – Fortgesetzte Zurufe von der SPD.*)

Wenn Sie das Wort Kabarettrede bringen, dann sind Sie vielleicht doch bitte auch etwas empfänglich dafür, daß man nicht immer alles mit tierischem Ernst sagen kann; man kann es auch anders sagen. (*Abg. Dr. von Brentano: Sehr gut!*)

Wenn es dann noch heißt: Bevor wir uns mit der Frage eines Verteidigungsbeitrages abgeben dürften, müßten alle Chancen und alle Risiken für die beteiligten Völker gleich sein, dann können wir darauf nur antworten: Unsere Schuld ist es nicht – und auch Ihre Schuld nicht –, daß Deutschland zu beiden Seiten der Elbe und nicht zu beiden Seiten des Mississippi liegt. Es hat keinen Sinn, sich die Welt so vorzustellen, wie man sie wünscht. Man muß sich danach richten, wie sie ist. (*Zustimmung bei den Regierungsparteien.*)

Wenn Sie in der Regierungsverantwortung wären, meine Damen und Herren von der SPD, dann würden Sie Ihr schönes Spiel, das Sie in der Gegenwart betreiben – man kann es unter Umständen „Welt als Wille ohne Vorstellung" oder „Welt als Wille ohne Weg" nennen –, nicht lange fortsetzen. (*Beifall bei den Regierungsparteien.*)

Kein Mensch würde in späteren Jahren diesen Bundestag und die verantwortliche deutsche Bundesregierung entschuldigen, wenn sie in der Stunde der Entscheidung für oder gegen die eigene Sicherheit Wunschbildern nachgelaufen wären und sich nicht an die deutsche Wirklichkeit gehalten hätten. (*Zustimmung bei den Regierungsparteien.*) Wir laufen keinem Wunschbild nach, wir halten uns als deutsche Realisten an die gegebene Wirklichkeit. (*Zuruf von der SPD.*)

In diesem Zusammenhang muß ein Wort über die Neutralität Deutschlands – oder besser gesagt: über die Neutralisierungspolitik Deutschlands – gesagt werden. Die Neutralisierung Deutschlands ist ein Stück der sowjetischen

Außenpolitik geworden, das sich in allen Noten wiedergefunden hat. (*Sehr richtig! bei den Regierungsparteien.*)

Diese Forderung war sozusagen das Gegenstück für das Zugeständnis, freie Wahlen nach sowjetischen Vorstellungen zuzugestehen. Der Kreml hat immer eine doppelte Außenpolitik getrieben – Sie gehören nicht dazu, Kollege Reimann –, (*Heiterkeit*) einmal eine defensive zur Sicherung und Erhaltung des Eroberten und Gewonnenen, dann eine offensive, um das noch zu erwerben, was ihm als nächster Schritt notwendig oder wünschenswert erschien. Es besteht für uns kein Zweifel darüber, daß die Neutralisierungspolitik der Sowjetunion gegenüber Deutschland ein Stück ihrer Offensivpolitik und nicht ihrer Defensivpolitik ist. (*Sehr richtig! in der Mitte.*)

Wenn die Sowjets durch das Zugeständnis freier Wahlen innerpolitische Macht in einem Stück Deutschlands aus der Hand geben, dann fordern sie dafür, wie es in den Noten geschehen ist, eine Gegenleistung. Diese Gegenleistung besteht in der Neutralisierung Deutschlands. Der Wert der Neutralisierung Deutschlands besteht für die Sowjets nicht allein darin, Deutschland von einem westlichen Bündnissystem fernzuhalten, sondern das Ziel geht noch wesentlich weiter.

Wir Deutschen müssen uns über zwei Tatsachen im klaren sein, einmal: Ohne Deutschland kann Europa nicht zustande kommen. Wir müssen aber ebenso wissen, daß auf die Dauer ohne Zusammenschluß der europäischen Völker auch in der gegenwärtig nur möglichen Form ein freies Deutschland nicht einmal in Gestalt der gegenwärtigen Bundesrepublik mehr möglich sein wird. (*Sehr gut! in der Mitte.*)

Das ist gleichzeitig die Stärke unserer politischen Position, die erkannt und nicht überspannt werden darf; das ist auch ihre Begrenzung und ihre Verantwortung. Es ist immer ein Ziel der kommunistischen Politik seit der Ausgangslage nach dem zweiten Weltkriege gewesen, Deutschland zu kommunisieren und auf diesem Wege nicht nur die europäische Einigung zu verhindern, sondern nach und nach ganz Europa in die Hand zu bekommen.

Neutralisierung Deutschlands im sowjetischen Sinn, gleichgültig ob mit deutscher Nationalarmee oder ohne sie, bedeutet eine endgültige Verhinderung der europäischen Einigung, bedeutet auf lange Sicht Rückzug der USA aus Europa – was gäbe es Schöneres, Kollege Reimann?! –, nicht nur mit Truppen, sondern auch in ihren außenpolitischen Verpflichtungen. Ein im gegenwärtigen Zustande sich selbst überlassenes Europa, das keine militärische Kraft nennenswerten Umfanges mehr aufweisen kann, würde durch innere Zersetzungstätigkeit und äußeren Druck in der Lage des Kaninchens vor der Schlange einem unausweichlichen Schicksal entgegensehen, nämlich der Bolschewisierung.

Diejenigen Frauen und Männer, die als echte Pazifisten um des Gewissens willen gegen einen deutschen Verteidigungsbeitrag sind – und gegen diese wird kein böses Wort gesagt und soll und darf es auch nicht gesagt werden –, müssen aber merken, daß die kommunistische Propaganda sie zwar ausnutzt, aber mit ihnen nur Schindluder treibt. (*Sehr richtig! in der Mitte.*)

Als die neue Schallplatte aus Moskau mit dem Schlager „Volk ans Gewehr" zur Anpreisung einer deutschen Nationalarmee bereits unterwegs war, hielten die letzten kommunistischen Redner noch ihre Lobreden auf das Glück der deutschen Waffenlosigkeit und Militärfreiheit. (*Sehr richtig! in der Mitte.*)

Selbst die an automatische Außensteuerung gewohnten Gehirne kommunistischer Versammlungszuhörer des Herrn Kollegen Reimann in München konnten nicht so rasch umdenken, daß sie ihm Beifall gespendet hätten, als er mit Pathos die Notwendigkeit einer deutschen Nationalarmee verkündete. (*Heiterkeit.*)

Um die Neutralitätsapostel, soweit sie von nationalen Ressentiments angehaucht sind, noch voll zu begeistern, hat man ihnen das Zerrbild einer deutschen Nationalarmee versprochen. Wir gehen wohl nicht fehl in der Annahme, daß man uns einen Teil der Arbeit bei der Aufstellung einer deutschen Nationalarmee damit abnehmen will, indem man sich die ostzonale Volkspolizei als deren Grundbestandteil bereits vorstellt.

Wir kennen, meine Damen und Herren, aus den sowjetischen Vorschlägen für den japanischen Friedensvertrag, was man sich dort unter einer solchen Nationalarmee vorstellt: nichts anderes als eine mit den Waffen von gestern ausgerüstete Polizeitruppe, deren Stärke und Ausrüstung von der Zustimmung der Sowjetunion abhängt. Deutschland braucht aber weder Soldaten für Paraden noch für Manöverbälle. Es braucht keine Flurschützengarde zur psychologischen Beruhigung für hintergründige politische Ziele. (*Abg. Fisch: Sie wollen ja nur schießen!*)

– Ach so! Sie stellen sich die deutsche Nationalarmee als eine Armee ohne Schießen vor. Genau so! Da stimmen wir in den Ansichten völlig überein. (*Heiterkeit.*) Aber gegen Sie nur mit Kartoffelsalat; das reicht völlig. (*Erneute Heiterkeit.*)

Deutschland braucht echte Sicherheit durch eigenen Beitrag zu einer reinen Defensivarmee Europas. Eine deutsche Nationalarmee hätte überhaupt nur dann einen Sinn, wenn sie sich in Bewaffnung und Ausrüstung entweder selbst mit den modernsten Geräten versorgen könnte oder eng an den Westen anlehnen dürfte, wie es Schweden und die Schweiz tun. Das würde aber genau dem Neutralitätszustand widersprechen, den die Sowjets im Auge haben und

zur vertraglichen Grundlage machen würden. Eine von West und Ost völlig unabhängige deutsche Nationalarmee müßte aus eigener Produktion ausgerüstet und bewaffnet werden. Denn Ausrüstung und Bewaffnung von einer der beiden Seiten bezogen, würde diese Armee sofort von jeweils dieser Seite abhängig machen, würde ihr also den Charakter einer Neutralitätsarmee im sowjetischen Vertragssinne nehmen.
Außerdem, meine Damen und Herren, aus eigener Produktion eine Armee aufzustellen, die wirklich eine Sicherheitsgarantie bietet, ist Deutschland voraussichtlich nie mehr in der Lage, weil ihm dafür der Wirtschaftsraum fehlt, wie die beiden Weltkriege eindeutig bewiesen haben. (*Sehr richtig! bei den Regierungsparteien.*)
Es sei nur nebenbei bemerkt, daß wir nach der Zerstörung unserer Rüstungsproduktion und nach der Veränderung unserer Wirtschaftsstruktur nach dem Kriege weder große Neigung noch großes Interesse haben, unsere spärlichen Investitionsmittel für den Aufbau ausgerechnet einer Rüstungsindustrie zu verwenden. (*Sehr gut! und Beifall bei den Regierungsparteien.*)
Die deutsche Sicherheit darauf aufzubauen, daß wir eine eigene Rüstungsproduktion errichteten, das erst, meine Damen und Herren, hieße Sozialpolitik und Sicherheit in einen ausweglosen Widerspruch zueinander bringen. (*Sehr richtig! bei den Regierungsparteien. – Abg. Fisch: Das hat der große Adolf schon mal gesagt!*) Die sozialen und wirtschaftlichen Opfer, die in diesem Falle gebracht werden müßten, stünden in keinem Verhältnis zu dem, was der finanzielle Verteidigungsbeitrag für die europäische Armee von uns fordert, so hoch er ist und so wenig er bagatellisiert werden kann.
Man kann die deutsche Neutralität aber auch nicht mit der Stellung der Schweiz oder Schwedens vergleichen. Diese Staaten sind in ihrem inneren Wesen und in ihrer militärischen Abwehrbereitschaft trotz ihrer Neutralität an den Westen angelehnt. Ein neutralisiertes Deutschland dürfte das nicht tun und könnte es nicht tun, ohne daß die Sowjets sich über den Bruch des Neutralitätsvertrages beschweren und darin einen Anlaß zur Intervention erlangen könnten. (*Sehr richtig! bei den Regierungsparteien.*)
Darüber hinaus – und das ist der entscheidende Gesichtspunkt bei dieser Frage Neutralität oder nicht? – behindert weder die schwedische noch die Schweizer Neutralität die europäische Einigung. Aber eine deutsche Neutralität würde die Einigung Europas verhindern, die USA nach absehbarer Zeit zum Abzug bringen und Europa im gegenwärtigen Zustand – im gegenwärtigen Zustand! – dem Terror ausliefern, der allein schon darin besteht, daß die Rote Armee Gewehr bei Fuß vor seinen ungeschützten Toren steht. (*Zustimmung bei den Regierungsparteien.*)
Das heißt: Die vorübergehende Scheinfreiheit eines auf dieser Grundlage

geeinigten Gesamtdeutschlands würde nicht nur uns die Freiheit endgültig nehmen, sondern auch den Deutschen in der Ostzone jede Aussicht auf Rückkehr zu einer echten und dauernden Freiheit für immer versperren. Die deutsche Sicherheit bedarf der Solidarität der europäischen Völker und der echten Sicherheitsgarantie der USA. So und nicht anders liegen Aussichten und Möglichkeiten einer deutschen Neutralität nach den Vorschlägen der Moskauer Note.

Meine Damen und Herren, wir Deutschen müssen uns vor einem hüten, was unserer Lage und unserer Mentalität nach dem Kriege und nach einer gewissen materiellen Erholung so sehr entspricht – und ich sage das in aller Deutlichkeit und Offenheit –: vor einer falschen Sicherheitsillusion. Nichts, aber auch gar nichts berechtigt uns, in dieser Illusion einzuschlafen. Wir würden eines Tages mit dem Rufe „Pan, komm mit!" geweckt werden. Wir müssen das begreifen, daß wir es uns auf die Dauer nicht leisten können – ich stimme hier wortwörtlich mit dem Kollegen Ollenhauer überein –, die Hände in die Hosentaschen zu stecken und uns auf die Garantien der Westmächte oder auf die gutmütige Haltung der Sowjetunion uns gegenüber zu verlassen. Auch uns ist jetzt die Frage gestellt, ob wir unser Teil beitragen. J e t z t ist die Frage gestellt, j e t z t muß die Antwort gegeben werden. Sie muß nicht deshalb jetzt gegeben werden, weil etwa in nächster Zeit ein sowjetischer Angriff droht, sondern weil nur mit uns der erste Schritt getan werden kann, aber auch nur getan werden darf, damit in absehbarer Zeit Europa einschließlich Deutschlands auf einem sicheren Fundament steht.

Wenn die SPD die Ansicht vertritt, man könne jetzt die Verträge ruhig scheitern lassen, um dann später wieder verhandeln zu können, dann soll sie sich sagen lassen, daß sie in absehbarer Zeit kein besseres Ergebnis aushandeln kann, als dieses ist, wenn sie überhaupt zum Verhandeln kommt. (*Beifall bei den Regierungsparteien. – Zuruf von der SPD: Woher wissen Sie das?*)

– Beweisen Sie doch zuerst einmal das Gegenteil! (*Beifall in der Mitte. – Zurufe von der SPD.*)

– Meine Damen und Herren, es ist doch unsinnig, zu behaupten: Wir können diese Verträge ruhig scheitern lassen; wenn wir zum Verhandeln kommen, haben wir eine ganz andere Grundlage; vor uns fallen die anderen in die Knie, und uns werden sie das geben, was sie euch nicht gegeben haben! Mit den Methoden, mit denen bisher aus Ihren Reihen darüber gesprochen worden ist, werden Sie das bestimmt nicht erreichen! (*Lebhafter Beifall bei den Regierungsparteien.*)

Ein Nein des Deutschen Bundestages zu den vorliegenden Vertragswerken könnte in letzter Auswirkung zu Korea-Gesprächen über unsere Zukunft

führen, die aber dann eindeutig auf unsere Kosten gingen. (*Zustimmung in der Mitte.*)
Wenn Kollege Carlo Schmid von der Gefahr spricht, mit einer solchen Politik der Ausweglosigkeit zuzutreiben, dann kann er damit nur die Politik der SPD selbst meinen, (*Sehr richtig! bei der CDU*) die mit der faulen Zauberformel „Alles oder nichts" uns wirklich in die Ausweglosigkeit treiben würde. (*Beifall bei den Regierungsparteien.*)
Die politische Entwicklung wird auch nicht auf die Opposition warten, bis sie sich entschließt, in positivem und realem Sinne wieder mitzuarbeiten, diese Entwicklung wird entweder unter unserer Mitgestaltung weitergehen, oder sie wird ohne uns über uns hinweggehen. (*Zustimmung.*)
Wir haben uns schon öfter über den Begriff des Risikos in unserer Außenpolitik hier in diesem Hause unterhalten. Wir sind uns wohl darüber im klaren, daß es für uns Deutsche in unserer gegenwärtigen Lage eine Politik ohne Risiko überhaupt nicht gibt, (*Sehr gut! bei der CDU*) ferner darüber, daß das Risiko am größten ist, wenn wir gar nichts tun und darauf warten, bis die anderen ihre Politik in unserem Sinne ändern.
Die Aufstellung einer Europäischen Verteidigungsgemeinschaft wird niemals, wie im Vertrage ja ausdrücklich festgelegt ist, darauf ausgehen, politische Ziele mit militärischen Mitteln anzustreben, das heißt Gewalt anwenden zu wollen. Die Europäische Verteidigungsgemeinschaft ist ein reines Instrument der Abwehr und der Notwehr und nichts anderes. Aber weil wir politisch denken, erkennen wir für Europa die Notwendigkeit an, ein Verteidigungsinstrument zu haben, um dann die politischen Fragen auf politischem Wege lösen zu können. Die Sowjets wissen ganz genau, daß Gründungsabsicht und -umfang der Europäischen Verteidigungsgemeinschaft keine Gefahr für sie darstellt. Sie haben nicht nur keinen Grund, dagegen militärisch einzuschreiten; sie wissen auch genau, daß ein militärisches Eingreifen ihrerseits unweigerlich das auslösen würde, was sie genau so wenig wollen – hoffentlich! – wie wir.
Es ist eine alte Forderung Dr. Schumachers und der SPD, daß die angelsächsischen Mächte eine solche Zahl von Divisionen in Deutschland stationieren sollen, daß hinter ihrem Wandschirm ein deutscher Verteidigungsapparat ohne Risiko aufgebaut und im Falle eines russischen Eingreifens der Gegenstoß sofort bis in die Gebiete von Weichsel und Njemen – ich zitiere wörtlich – vorgetragen werden kann. – Nun, ganz so militaristisch haben wir uns die Entwicklung nicht vorgestellt. (*Heiterkeit in der Mitte.*)
Zur Zeit dürften im Bundesgebiet 10 bis 11 angelsächsische Divisionen stehen. Wir sind aber der Meinung, daß eine erhebliche Vermehrung der angelsächsischen Divisionen in Deutschland in dem dafür für notwendig gehaltenen

Ausmaß nicht nur unleidliche Verhältnisse bei uns bringen, sondern die Kriegsgefahr dann wirklich herbeirufen kann, weil sich die Sowjets dadurch echt provoziert fühlen könnten.

In diesem Zusammenhang müssen wir die Bundesregierung und ihre militärischen Berater aber mit allem Nachdruck und mit aller Deutlichkeit auf eines hinweisen: Weder die Vereinigten Staaten von Amerika noch die Länder Europas wünschen einen Krieg. Aber immerhin ist die Lage der Vereinigten Staaten von Amerika so, daß sie im Ernstfall trotz erheblicher Opfer nicht die Zerstörung ihres Landes und nicht die Vernichtung ihrer Bevölkerung befürchten müßten. Amerika könnte es sich leisten, ohne seinen Kontinent zu gefährden, den Sieg in der letzten Auseinandersetzung anzustreben. Für Europa könnte schon die erste Schlacht eines wenn auch später gewonnenen dritten Weltkrieges vernichtend werden! Es bleibt nur als eine Selbstverständlichkeit anzufügen, daß nach einer sowjetischen Überrollung und Besatzung später auch eine Befreiung nicht mehr viel nützen würde. (*Sehr richtig! bei der CDU/CSU.*)

Wir haben Grund anzunehmen, daß es eine echte atlantische Strategie gibt, die einen Angriff von sowjetischer Seite aussichtslos macht, weil die Sowjetunion mit einem Präventivkrieg zwar wertvolle Positionen gewinnen, aber den späteren Ausgang nicht entscheidend beeinflussen könnte. Was wir fordern müssen, wenn wir gewillt sind, ein Ja zu dem Vertrag über die Europäische Verteidigungsgemeinschaft zu geben, das ist eine klare europäische Strategie mit besonderer Rücksicht auf die Verhältnisse Deutschlands als des letzten Partners. (*Lebhafte Zustimmung.*)

Es ist klar, daß diese Dinge nicht in der Öffentlichkeit präzise in Form von Verpflichtungen kundgetan werden können, wie Kollege Carlo Schmid es gestern, sicher aus der gleichen Sorge heraus, gefordert hat. Aber wir erwarten von der Bundesregierung, daß sie eine strategische Konzeption durchsetzt, in der Deutschland nicht zum Schauplatz einer Auseinandersetzung werden kann. (*Sehr richtig! in der Mitte.*)

Die Europäische Verteidigungsgemeinschaft dient nicht dazu, um für militärische Experimente gebraucht zu werden. Sie dient ausschließlich der Sicherung Europas, der Erhaltung des Friedens und der Bewahrung der europäischen Substanz als einem strategischen Grundsatz. (*Beifall bei den Regierungsparteien.*)

Wenn aber auch die Europäische Verteidigungsgemeinschaft dem NATO-Oberbefehlshaber nach den Bestimmungen des Vertrages zur Verfügung steht, so darf das nichts an der Tatsache ändern, daß die Europäische Verteidigungsgemeinschaft nichts anderes ist als das Ergebnis einer gemeinsamen europäischen Staatspolitik. Auch wir hätten es lieber gesehen, wenn zuerst ein europäischer staatlicher Unterbau mit einer gemeinsamen Verfassung und einer gemeinsamen europäischen Regierung und Außenpolitik geschaffen worden wäre. Der Ablauf der Ereignisse hat es leider anders bestimmt. Es ist aber eine alte Lehre seit Clausewitz' und längeren Zeiten, daß eine Armee keinen Selbstzweck darstellen darf, sondern einem politischen Willen unterworfen sein muß. Dieser gemeinsame politische Wille Europas fehlt heute noch. Er muß durch den Bau eines europäischen Staatswesens herangebildet und geformt werden. (*Zustimmung bei den Regierungsparteien.*)

Um so größeren Wert legen wir darauf, daß der – ich möchte sagen – konstruktivste und positivste Artikel des gesamten EVG-Vertrags, der Art. 38, (*Sehr richtig! in der Mitte*) von dem im EVG-Vertrag vorgesehenen Parlament dazu benutzt wird, um den verfassungsmäßigen Unterbau eines europäischen Staatswesens vorzubereiten. (*Beifall bei der CDU.*) Wir sind uns völlig darüber im klaren, daß weder die Montan-Technokratie des Schumanplans noch die Militärbürokratie des EVG-Vertrags ausreichende europäische Anfänge darstellen. (*Hört! Hört! bei der SPD.*) Wir wünschen und arbeiten dafür, daß Schumanplan und Verteidigungsgemeinschaft möglichst bald organisch in den Rahmen eines europäischen Staatswesens eingefügt werden. (*Zustimmung bei den Regierungsparteien.*)

Schließlich müssen wir fordern und erreichen, daß eine atlantisch-europäische Politik der echten Stärke Schutz auch für den letzten Partner bietet, der in diesem Fall Deutschland ist. Die Zukunft der europäischen Substanz liegt in der Erhaltung des Friedens. Sie kann durch die Zerstörung auch nur eines einzigen europäischen Landes schon erheblich gemindert werden. (*Sehr richtig! bei den Regierungsparteien.*)

Schließlich möchte ich mich gegen ein Märchen wenden, das von manchem Redner der Opposition – ich weiß nicht, ob zur eigenen Beruhigung oder zur Beruhigung der Zuhörer – immer gebraucht wird. Dieses Märchen heißt: Ein deutscher Verteidigungsbeitrag ist schon deshalb überflüssig, weil die Amerikaner, auf deren Anwesenheit Regierung und Opposition aus den gleichen Gründen den gleichen Wert legen, niemals eine Politik treiben könnten, in der sie Europa aufgeben könnten.

Wir wissen sehr genau, daß man auf die Frage, ob die Sowjets eine Gefahr darstellen oder nicht, weder eindeutig ja noch eindeutig nein sagen kann. Sie sind nach unserer Auffassung eine dann mit tödlicher Sicherheit drohende Gefahr, wenn sie ungestraft zugreifen können. (*Zustimmung bei den Regierungsparteien.*) In demselben Maße hören sie auf, eine Gefahr zu sein, wo ihnen durch den Verteidigungswillen des bedrohten Landes mit allen

Konsequenzen das Zugreifen unmöglich gemacht wird. (*Sehr gut! in der Mitte.*)

Aber diese Neufassung der Grimmschen Märchen für Politiker – daß die einen nicht abziehen dürfen und die andern nicht kommen wollen – sollten wir im deutschen Interesse nicht verbreiten. (*Beifall bei den Regierungsparteien.*) Wer heute die These vertritt, daß die Amerikaner nicht gehen können, weil sie nicht gehen dürfen, der wendet die gleiche Logik an wie jemand, der im Kriege sagte: Deutschland wird den Krieg nicht verlieren, weil es ihn nicht verlieren darf. (*Heiterkeit.*) Und wenn man dann fragte: warum?, bekam man regelmäßig zur Antwort: weil es siegen muß! (*Erneute Heiterkeit. – Abg. Erler: Der Oberleutnant Strauß hat das auch gesagt!*)

– Herr Kollege Erler, wir wollen uns auf dem Gebiet gegenseitig keine Vorwürfe machen. (*Oho-Rufe von der SPD.*) Mir jedenfalls sollen Sie das Sacrificium intellectus, das manche von Ihnen begangen haben, nicht unterschieben, auch nicht während des Krieges. (*Beifall bei den Regierungsparteien.*)

Es ist wohl richtig, daß jede außenpolitische Richtung in den Vereinigten Staaten – gleichgültig, wer Präsident wird, gleichgültig, ob Demokraten oder Republikaner in der Staatsführung sind – sich zur Verantwortung und Verpflichtung der USA für Europa und Ostasien bekennt. Ebenso richtig ist es aber, daß sich mit großer Wahrscheinlichkeit eine außenpolitische Richtung durchsetzen wird, die dieses Programm nicht endlos fortzusetzen gedenkt und die eines Tages die Konsequenzen ziehen wird, wenn die europäischen Völker nach sieben jahren amerikanischer Hilfe noch nicht so weit sind, sich wenigstens zusammenschließen zu wollen, um durch Zusammenschluß ihrer Kräfte ihre eigene Sicherheit zu stärken und eine Verminderung der Amerikahilfe zu ermöglichen. Auf keinen Fall wird die Dauer der amerikanischen Verpflichtung sich nach den innerpolitischen Wünschen der deutschen Opposition richten. (*Zustimmung bei den Regierungsparteien.*)

Eines Tages wird es zum Abzug der amerikanischen Landtruppen kommen, wenn auch amerikanische Luftstreitkräfte im wirksamen Ausmaße noch auf lange Zeit zur Verfügung stehen werden. Wenn wir vermeiden wollen, daß Quartierherren aus dem Osten sie vertreten, müssen wir die Zeit bis dahin nutzen, um die europäische Verteidigungsarmee aktionsfähig zu machen.

Diese europäische Verteidigungsarmee, angelehnt an Industriepotential, Luft- und Seemacht der Vereinigten Staaten, wird einerseits in der Lage sein, einen jeden Angreifer von seinem Vorhaben abzuhalten, und stellt andererseits wegen ihres begrenzten Ausmaßes keine offensive Bedrohung der Sowjetunion dar. Auch darauf kommt es uns an. Nicht der Generalvertrag und die Europäische Verteidigungsgemeinschaft – an Kollegen Dr. Carlo Schmid gerichtet – sind eine Illusion der Sicherheit, wie er gestern meinte, sondern der Wackelzustand Deutschlands, in den uns die Politik der Unentschlossenheit stürzen würde. (*Beifall bei den Regierungsparteien.*)

Unser Kollege Carlo Schmid hat gestern so besorgt festgestellt, daß der Verteidigungsbeitrag militärisches und teilweise finanzielles Potential zur Verfügung Dritter stellt. Er hat dabei vergessen zu sagen, daß es sich hier nicht um die Preisgabe deutscher Menschen an fremde Generalstäbe handelt, sondern daß Deutschland in allen zivilen und militärischen Führungsstellen der Europaarmee gleichberechtigt (*Abg. Erler: Aber nicht der NATO!*) mit den beiden anderen großen Teilnehmerstaaten Frankreich und Italien vertreten ist. Ich hätte einmal gern von Herrn Carlo Schmid gehört, ob er die Form der Koalitionsarmeen aus der Zeit der Kabinettskriege oder der Weltkriege für richtiger und zweckmäßiger hielte. In diesem Falle müßte er für eine nationale deutsche Wehrmacht eintreten, die sich aber bekannterweise, Kollege Schoettle, bei der SPD nicht immer gerade großer Beliebtheit erfreut hat und erfreuen würde. Wenn er aber mit seinen Ausführungen beanstandet, daß Deutschland bis jetzt im Atlantikpakt nicht gleichberechtigt ist – ich will nichts unterlassen, Herr Kollege Erler –, sondern dort nur im Rahmen des Ministerrats gemeinsame Beratungen herbeiführen kann, dann hat er recht mit diesem Vorwurf. Die im EVG-Vertrag ausdrücklich festgelegte Gleichberechtigung aller Teilnehmer muß zwangsläufig dazu führen, daß Deutschland auch die Gleichberechtigung im Atlantikpakt erhält, mit dem die EVG durch ein besonderes gegenseitiges Beistandsabkommen verbunden ist. (*Zustimmung bei den Regierungsparteien.*)

Eine militärische Partnerschaft hat nur dann einen Sinn, wenn sie durch eine praktisch politisch bewiesene Partnerschaft begleitet und bestätigt wird. (*Sehr richtig! in der Mitte.*)

Gerade Frankreich sollte erkennen: Wenn Deutschland sich so einseitig und eindeutig in ein Vertrags- und Schicksalsverhältnis mit dem Westen einläßt, dann ist es Zeit, wirklich den Schlußstrich unter eine trennende Vergangenheit zu ziehen. (*Beifall bei den Regierungsparteien.*)

Man muß der deutschen Delegation in Paris, die unter Vorsitz des Kollegen Blank verhandelt hat, auch hier im Bundestage – ob man Freund oder politischer Feind ist, hat damit nichts zu tun – die Anerkennung und den Dank dafür aussprechen, daß sie es fertiggebracht hat, im Rahmen des EVG-Vertrags die deutsche Gleichberechtigung durchzusetzen. (*Beifall bei den Regierungsparteien.*)

Bevor aber deutsche Kontingente aufgestellt werden, muß etwas aus der Welt geräumt werden, was die Atmosphäre zwischen uns und den Vertragspartnern vergiftet. Zahlreiche deutsche Soldaten werden noch hinter Schloß und

Riegel gehalten, die nach normalen strafrechtlichen Begriffen und nach der von den Alliierten im Krieg selbst geübten Praxis nicht schuldig sind. Ich meine damit nicht diejenigen, die sich wirkliche Verbrechen haben zuschulden kommen lassen. (*Sehr gut! in der Mitte.*) Wir sind aber der Meinung, daß man das Schicksal des unbekannten Obergefreiten genau so ernst nehmen muß wie das Schicksal eines bekannten Generals und daß man für beide eintreten muß. (*Lebhafte Zustimmung in der Mitte.*) Wir hoffen und wünschen, daß hier in der nächsten Zeit sichtbare Schritte geschehen, wie sie der Herr Bundeskanzler gestern angekündigt hat.
Man hört so viel an berechtigter und unberechtigter Sorge heute über das Wiederentstehen eines deutschen Militarismus. Wollen wir doch kurz klipp und klar einen Grundsatz aufstellen, auf den wir uns einigen könnten. Der Grundsatz heißt, daß Verfügungsgewalt über Waffen und Kommandogewalt über Waffenträger nur in die Hände von echten, zuverlässigen Demokraten gelegt werden darf. (*Beifall bei den Regierungsparteien. – Abg. Fisch: So wie Ridgway!*) Die Qualifikation des guten Fachmanns allein gibt noch nicht die Bestätigung dafür.
Ich möchte mich aber ebenso scharf hier gegen die törichten Behauptungen im Ausland, aber leider auch im Inland wenden, daß man den Deutschen überhaupt keine Waffen mehr in die Hand geben dürfe, weil sie unverbesserliche Militaristen seien.
Ich möchte hierzu in aller Klarheit feststellen: Wer als Deutscher dem deutschen Volk die innere Befähigung abspricht, Waffen zur Selbstverteidigung zu erhalten, ohne gleichzeitig dem Militarismus zu verfallen, der hat innerlich vor dem Militarismus kapituliert. (*Lebhafter Beifall bei den Regierungsparteien.*) Schließlich muß der Unfug einmal aufhören, daß man den ehrlichen und anständigen Soldaten immer zum Militaristen stempelt. (*Erneuter Beifall bei den Regierungsparteien.*)
Der Ungeist des Militarismus muß überwunden bleiben und, wo er auftreten sollte, rücksichtslos unterdrückt werden. Die Verteidigungsbereitschaft des friedlichen deutschen Bürgers darf nicht durch die Verunglimpfung des Ansehens des deutschen Soldaten geschwächt oder erstickt werden.
Auch dieser Verteidigungsvertrag – wenn ich das zum Schluß noch sagen darf – ist ein Stück der Außenpolitik der Regierung Adenauer, die von Ihnen, meine Damen und Herren von der SPD, so gern als Politik der Schwäche und Nachgiebigkeit gebrandmarkt wird. Warum sagen Sie nicht gleich, es sei die Erfüllungspolitik einer Systemregierung? Dann wären die Fronten doch klarer. (*Zurufe von der SPD.*)
Herr Kollege Carlo Schmid hat gestern gefragt, ob diese Verträge einen neuen Anfang begründen oder ob sie eine Politik abschließen, die 1945

begonnen wurde. Er hat das erste verneint und das letzte bejaht. Ich glaube, daß Herr Kollege Carlo Schmid damit unrecht hat. Es gibt nur eine Antwort, und die heißt: Beides ist gleichzeitig der Fall. (*Sehr richtig! bei der CDU.*)

Durch diese Verträge wird die Politik des Jahres 1945 liquidiert (*Abg. Hilbert: Richtig!*) und wird eine neue Epoche in der deutschen Politik eingeleitet. (*Beifall bei der CDU.*) Der Generalvertrag dient zum großen Teil der Liquidation der alten Politik; der EVG-Vertrag ist ein Bestandteil der neuen Politik. (*Sehr gut! bei der CDU.*)

Sie haben gestern, Herr Kollege Schmid, die Etappen 1945, 1949 und 1952 genannt und gemeint, daß die Wende schon vor 1949 eingetreten sei. Sie haben nur zum Teil recht, Herr Kollege Schmid. Die Wende ist nicht nur durch die Schwerkraft der Tatsachen eingetreten. Heute spricht man so natürlich von der automatischen Entwicklung. Wenn wir keine Regierung gehabt hätten, wenn wir geschlafen oder überhaupt nichts getan hätten – wir hätten sogar dagegen arbeiten können –, die Schwerkraft der Tatsachen hätte all das geschafft, was wir heute haben! (*Beifall und Heiterkeit bei den Regierungsparteien.*)

Lassen Sie mich auch mit aller Deutlichkeit feststellen: Die Wende ist nicht nur durch die Schwerkraft der Tatsachen eingetreten, sondern durch die unerhörte Leistung des deutschen Volkes in allen seinen Schichten (*Sehr gut! bei der CDU*) und, was Sie gern bestreiten würden, durch eine kluge und maßvolle politische Führung des deutschen Volkes. (*Langanhaltender stürmischer Beifall bei den Regierungsparteien.*)

Sie haben gestern erwähnt, daß im Petersberger Abkommen die deutsche Bundesregierung durch eigene Unterschrift das Ruhrstatut anerkannt hat. Das ist ausdrücklich aus dem Munde des Kollegen Carlo Schmid gekommen. Kollege Schmid hat aber vergessen hinzuzufügen, daß die Unterschrift derselben Bundesregierung damit die Einstellung der Demontagen erwirkt hat (*Hört! Hört! rechts*) und daß die spätere Unterschrift derselben Bundesregierung unter den Schumanplan und das Ja der Mehrheit dieses Hauses zum Schumanplan die Unterschrift der Bundesregierung unter das Ruhrstatut wieder aufgehoben hat. (*Sehr gut! Sehr richtig! in der Mitte.*)

Herr Kollege Carlo Schmid hat gestern davon gesprochen, daß der Schumanplan der deutschen Souveränität die Verfügung über das größte deutsche Wirtschaftspotential – Kohle und Eisen – entziehe. Ja, wenn man die Zeitungen der letzten Tage liest, möchte man meinen, daß Carlo Schmid Mitglied des französischen Industriellenverbandes geworden ist, (*Heiterkeit*) nur auf der umgekehrten Seite; denn von dem stand vor einigen Tagen in der Zeitung zu lesen, daß er den Schumanplan wegen der Auslieferung der französischen Grundstoffindustrie an Deutschland ablehne. (*Hört! Hört! in der Mitte.*)

Dann muß ich ihn – Herrn Kollegen Schmid – fragen, was er eigentlich von General de Gaulle hält, der den EVG-Vertrag in Frankreich aufs heftigste angegriffen hat, weil er den Deutschen Gleichberechtigung ohne Gegenleistung bringe. (*Hört! Hört! bei der CDU.*) Wir kommen doch mit diesen Standpunkten weder auf deutscher noch auf französischer Seite einen Schritt weiter.

Man kann nicht, wie ich schon einmal gesagt habe, mit der Einstellung von gestern und den Begriffen von vorgestern die Notwendigkeiten von heute und die Aufgaben von morgen begreifen. Wer es trotzdem tut, der ist ein Reaktionär. (*Beifall bei den Regierungsparteien.*)

Es steht nirgendwo in der Bibel geschrieben – nirgendwo! –, daß die Sozialisten die Fortschrittlichen und die Christlichen Demokraten die Reaktionäre sind; in der Bibel steht lediglich geschrieben: „An ihren Früchten sollt ihr sie erkennen.“ (*Große Heiterkeit und lebhafter Beifall bei den Regierungsparteien.*)

Kollege Schmid hat gestern erklärt, Deutschland habe sich für ein Leben entschieden auf Grund von Ordnungen, die nur im Westen existieren. Wir sind völlig einverstanden mit ihm. Aber ziehen doch auch Sie, meine Damen und Herren von der SPD, einmal die praktischen politischen Konsequenzen daraus! Dr. Schmid hat gestern weiter erklärt, man dürfe mit dem Westen nur in Formen verbunden sein, die der Osten nicht als Bedrohung zu empfinden brauche. Das kann doch nicht praktisch heißen, daß die beherrschende Macht des Ostens den von ihr beherrschten Völkern ruhig Formen aufzwingen kann und selbst Formen annehmen darf, die für uns eine Bedrohung sind. Letzten Endes empfindet ja jeder Einbruchsdieb ein Sicherheitsschloß vor der Tür als eine Bedrohung seiner beruflichen Existenz! (*Große Heiterkeit und lebhafter Beifall bei den Regierungsparteien.*)

Wir aber, Kollege Carlo Schmid, sollen nach Ihrer Meinung nicht das einzige tun dürfen, was für uns die Freiheit sichert und was einen politischen Ansatzpunkt bietet, um die Freiheit den Deutschen in der Ostzone wiederzuverschaffen?! (*Abg. Erler: Wie eigentlich?*)

Sie haben schließlich betont, daß die SPD den Neutralismus ablehne, daß Sie aber keine Untertanen des Ostens werden wollen, daß Sie es auch ablehnen, Vasallen des Westens zu sein; – und dann wartet der neugierige Zeitgenosse auf etwas, was Sie eigentlich denn sein wollen. Sie haben vergessen zu sagen, was Sie denn eigentlich sein wollen, wenn sie die konkret gegebenen politischen Möglichkeiten betrachten. Die vierte Dimension ist noch nicht in

der Naturwissenschaft, geschweige denn in der Politik erfunden worden. (*Heiterkeit in der Mitte.*)
Die Taktik der Verzögerung und die Taktik der Verhinderung kann nicht als echte politische Dimension angesprochen werden, (*Heiterkeit und Zustimmung bei den Regierungsparteien*) höchstens als Verlegenheitslösung derjenigen, die sich zwischen sämtliche Stühle damit setzen würden. (*Beifall bei den Regierungsparteien.*)
Kollege Carlo Schmid hat gestern auch gesprochen von einem Ja zu einem Europa aller Völker mit gleichen Rechten und gleichen Pflichten. Keine deutsche Politik kann dieses Europa in der gegenwärtigen Lage sofort verwirklichen. Unser Ja zum Deutschlandvertrag, unser Ja zum Verteidigungsvertrag ist die erste Voraussetzung und eine notwendige Etappe, um dieses gewünschte Europa überhaupt erst zu schaffen. Großbritannien und die skandinavischen Länder werden sich erst dann anschließen, wenn ein starker Kern geschaffen ist, der durch diese Verträge vorbereitet wird.
Das andere, was hier vorgeschlagen wird, ist nichts anderes als eine Politik mit der Devise: „Alles oder nichts." Wir haben nur eine echte Alternative. Diese echte Alternative heißt: „Das Mögliche oder nichts." Wir sollten es uns nicht leicht machen, das Mögliche zu erkennen und das Mögliche auszuschöpfen. Wir sollten aber auch an dieser Grenze stehenbleiben, weil wir darüber hinaus unwirklich und lächerlich wirken. (*Zustimmung bei den Regierungsparteien.*)
Wenn wir das, was heute möglich ist, ablehnen, werden wir das, was wir für morgen wünschen, niemals erreichen. Das Ansehen der Opposition und die Stellung Deutschlands in der Welt würden bedeutender sein, wenn auch Sie sich entschließen könnten, eine konstruktive Mitarbeit in der Außenpolitik auch in der politischen Opposition zu betreiben. (*Abg. Wehner: Fragen Sie den Kanzler danach!*)
Die vorliegenden Verträge sind kein Ideal. In manchen Punkten der Zusatzverträge ist vielleicht nicht einmal das Maximum erreicht worden, das möglich gewesen wäre. (*Erneute Zurufe von der SPD.*) Aber diese Verträge sind ein Meilenstein auf dem Wege zur europäischen Einheit. (*Abg. Niebergall: Zur Katastrophe!*)
– Was Sie als Katastrophe empfinden, ist für uns die Rettung; darüber sind wir völlig einig! – Diese Verträge sind für uns eine Garantie für die deutsche Sicherheit und sie sind das Ende einer Politik, die mit dem Morgenthau-Plan begonnen hat. Diese Verträge sind der Beginn einer Politik, in der Deutschland wieder mitspricht und wieder mitentscheidet in der Gemeinschaft der freien Völker. Das verdanken wir d i e s e r Außenpolitik und keiner anderen. (*Anhaltender lebhafter Beifall bei den Regierungsparteien.*)

Erler (SPD):
Herr Präsident! Meine sehr verehrten Damen und Herren! Sie wünschen: sowohl daß die Verträge ratifiziert werden, als auch – wie Sie sagen – daß trotzdem noch auf einer Viererkonferenz über eine friedliche Lösung der Deutschlandfrage verhandelt wird – wobei Sie genau wissen, daß der Gegenstand dieser Verhandlungen weitgehend vorweggenommen wird durch das System der Verträge, das wir heute diskutieren. (*Abg. Dr. Gerstenmaier: Aber Herr Erler, das ist doch wirklich nicht bewiesen, das ist doch eine Fiktion!*)

– Nein, das ist keine Fiktion; Sie müssen sich die Reden Ihrer eigenen Freunde sehr genau anhören. Sie müssen sich durchlesen, was in Art. 2 des Vertrages steht. Das Ziel der Vertragspartner ist völlig klar. Sie haben es im Vertrag ausdrücklich festgelegt, daß sich die Bundesrepublik als ihr politisches Ziel gemeinsam mit den Westmächten die Integrierung ganz Deutschlands in diejenige europäische Gemeinschaft setzt, zu der ausdrücklich auch die Europäische Verteidigungsgemeinschaft gehört. (*Zuruf von der Mitte: Ausgezeichnet!*) Das ist das erklärte Ziel der Vertragspartner, und mit diesem Ziel vor Augen ist also eine echte Viererkonferenz nicht möglich. (*Abg. Euler: Unter Vorbehalt der Entscheidungsfreiheit!*)

Wie sieht es denn heute aus? Ist die Frage, die wir heute zu diskutieren haben, wirklich so gestellt, als ob es sich darum handelte, daß wir abzurüsten beginnen, um dann nackt und bloß den Russen gegenüberzustehen? Das ist doch gar nicht die weltpolitische Frage, vor der Deutschland heute steht, sondern die Frage ist genau umgekehrt, ob in einer Situation eines relativen Gleichgewichts der großen militärischen Blöcke in der Welt (*Abg. Dr. Gerstenmaier: Stimmt doch gar nicht!*) die Deutschen von sich aus einen Beitrag dazu leisten sollen, daß die Rüstungsschraube in schnellere Umdrehung versetzt wird, ob sie einen Beitrag dazu leisten sollen, daß Öl ins Feuer gegossen wird, (*Zuruf von der Mitte*) statt den Versuch zu unternehmen, an einer Stelle die Kette des Verhängnisses zu durchbrechen, statt den Versuch zu unternehmen, an einer Stelle, nämlich bei der Lösung der deutschen Frage, einen Beitrag zur Entspannung der internationalen Situation zu leisten, statt die internationale Situation weiterhin zu verschärfen.

Man diskutiert mit unseren amerikanischen Freunden – ich sage bewußt „Freunden" – auch das Schicksal Europas. Niemand in diesem Saale ist davon überzeugt, daß dieses Europa nun auf ewige Zeiten nur mit amerikanischen Almosen und mit amerikanischer militärischer und wirtschaftlicher Hilfe erhalten bleiben könne. Es kommt darauf an, in der konkreten Wirklichkeit von heute auch unseren amerikanischen Freunden klarzumachen, welch

großer Beitrag für die Erweiterung der Freiheit in der Welt es wäre, wenn es gelänge, durch eine Verständigung in der deutschen Frage die Grenzen der Freiheit doch zunächst einmal von Lübeck bis – sagen wir einmal – nahe Stettin vorzurücken. Die Weltkarte hätte ein anderes Gesicht. Es kommt darauf an zu prüfen, was unter diesen Umständen wirklich ein angemessener Preis für diese Veränderung der Weltlage zugunsten der freien Kräfte in der Welt wäre und ob es wirklich nun der Weisheit letzter Schluß wäre, daß man sich diesen Weg verbaut, indem man meint, wir kauften auf lange Sicht mit zwölf deutschen Divisionen ein größeres Ausmaß an Freiheit ein. Es ist im Gegenteil nahezu offensichtlich, daß die deutschen Divisionen den Schutz der Bundesrepublik vielleicht im Verein mit den anderen ermöglichen können, daß sie aber nicht die Tür aufhalten für eine in absehbarer Zeit zu erreichende Befreiung von 18 Millionen Deutschen, deren Schicksal uns doch allen, Ihnen wie uns, am Herzen liegt. (*Beifall bei der SPD.*)
Ich möchte Ihnen sagen, daß das ganze Gerede über die Neutralisierung, wo es hier nur um die militärischen und doch nicht um die politischen, ökonomischen und sozialen Aspekte der Zusammenarbeit der freien Völker geht – nur um das Militär und um nichts anderes –, doch in Wahrheit nur dazu dient, von der Tatsache abzulenken, die aus allen Ihren Erklärungen hier hindurchschimmert, daß Sie doch in Wirklichkeit die Viererkonferenz entweder gar nicht wollen oder sich von ihr so wenig versprechen, daß sie entschlossen sind, von Anfang an Bedingungen zu stellen, die sie zum Scheitern verurteilen müssen. (*Beifall bei der SPD. – Abg. Dr. Gerstenmaier: Das ist aber eine starke Behauptung!*)
Ich sage Ihnen ehrlich, daß es für die Sache Europas und für die Sache des echten Zusammenwachsens der europäischen Völker keine Förderung, sondern leider Gottes ein Verhängnis ist, wenn wir die europäische Sache in dieser Weise mit den Problemen der Rüstung belasten und Europa mit Rüstung gleichsetzen. (*Abg. Lücke: So was von Weltfremdheit habe ich noch nicht gehört! – Abg. Dr. Gerstenmaier: Nicht wir, sondern die Russen belasten sie!*)
Warum sind die an den Verträgen beteiligten sechs europäischen Regierungen nicht mit dem gleichen Eifer – ich wiederhole noch einmal: mit mindestens dem gleichen Eifer –, den sie für die Schaffung der Verteidigungsgemeinschaft aufgebracht haben, daran gegangen, jene Vorschläge voranzutreiben, die – unter Förderung und Weiterausbau der Arbeiten des Europäischen Wirtschaftsrats in Paris, unter weiterem Ausbau des Instruments der Europäischen Zahlungsunion, unter Aufnahme der gerade auch von den Skandinaviern und von den Engländern im Europarat gemachten und dort gutgeheißenen Vorschläge – den Weg gewiesen haben, um nicht nur aus den sechs Ländern,

sondern aus ganz Europa durch systematischen, Jahr für Jahr im vorhinein vertraglich festgelegten Abbau der Zollmauern zu einem einheitlichen, zusammenhängenden großen Wirtschafts- und Währungsgebiet zu gelangen? Das ist u n s e r e europäische Einheit! Ich meine, sie läßt sich durchaus sehen neben dem Versuch, nun die Sechs lediglich zusammenzufassen und damit in der Praxis in diesem Europa, wie die letzten Erörterungen ja auch in verschiedenen Ausschüssen des Europarats gezeigt haben, neue Spannungen zwischen dem Kontinent und den doch wahrlich auch vom militärischen Gesichtspunkt und von der Sicherheit aus nicht zu verachtenden Freunden in England und in Skandinavien heraufzubeschwören. (*Abg. Dr. Schröder, [Düsseldorf]: Jetzt haben Sie den Schumanplan schon wieder ganz vergessen!*)
– Der Schumanplan ist ebenfalls leider kein Plan, der wirklich imstande ist, einen einheitlichen Markt in dem Sinne zu schaffen, daß alle Verbraucher an ihm partizipieren. Durch das Herausbrechen von Teillösungen – so wie Sie es unternommen haben – kann man nicht zu einer Zusammenfassung des Ganzen kommen: Denn ich kenne keinen Verbraucher, der mit Eisenbahnschienen oder mit Roheisenblöcken handelt. Woran die Verbraucherschaft, woran die ganze Wirtschaft wirklich interessiert ist, (*Unruhe rechts – Zurufe rechts: Junge, Junge!*) das ist der Markt für die gesamte Wirtschaft und nicht ausschließlich für Kohle und Eisen. Aber wir führen keine Schumanplan-Debatte.
Ich möchte mich in diesem Zusammenhang auf die Erörterung der großen Hoffnung beschränken, die Sie auf den Art. 38 des EVG-Vertrags setzen. Ich muß Ihnen ehrlich sagen: Diese Hoffnung ist sehr mager. Wozu verpflichten sich eigentlich die Regierungen und die Parlamente nach diesem Vertrag? Sie verpflichten sich – bitte, lesen Sie es sehr genau; der letzte Absatz ist der entscheidende –, nach einer bestimmten Zeit noch einmal eine Konferenz abzuhalten. Das ist alles, was eigentlich darin steht. Viel mehr ist doch in der Sache nicht präzisiert. Warum haben die Regierungen, wenn es ihnen darauf ankam, eine echte parlamentarische Kontrolle auch des künftigen Haushalts der Verteidigungsgemeinschaft und auch der wesentlichen Entschlüsse der Leitung der Verteidigungsgemeinschaft durchzusetzen, dann nicht an den Beginn ihrer Beratungen die Ausstattung der Versammlung dieser Gemeinschaft mit den entsprechenden parlamentarischen Befugnissen gesetzt? (*Abg. Dr. Hasemann: Das haben S i e doch nie gewollt!*)
– Darum geht es nicht! (*Abg. Bausch: Doch, darum geht es!*)
– Nein, es geht genau darum, daß Sie, die den Vertrag gemacht haben, doch nicht daran gehindert worden sind, so weit zu gehen, wie Sie es für richtig hielten. Also wollten Sie die parlamentarische Kontrolle nicht! Sonst hätten

Sie sie nicht weggelassen. Das ist doch die Frage. W i r haben doch den Vertrag nicht gemacht. (*Beifall bei der SPD.*)

Und nun zu den Ausführungen des Kollegen Strauß. Ich habe ein ganzes Kapitel bei ihm vermißt. Ich nehme nicht an, daß das landsmannschaftliche Ursachen hat, verehrter Kollege Strauß. Aber immerhin, in allen Reden, die hier gehalten worden sind, mußte natürlich außer der Frage der rein militärischen Sicherung der Bundesrepublik doch – und fast alle Redner haben sich damit auseinandergesetzt – gestellt werden die Frage nach der Verknüpfung dieser Verträge mit der deutschen Einheit. (*Abg. Strauß: Dafür war Herr Kollege Lemmer da!*)

Zu diesem Thema haben Sie sich nicht geäußert. Sie haben selbst ausgeführt, daß ein unmittelbarer militärischer Angriff nicht droht. Trotzdem war der ganze Tenor Ihrer Ausführungen ausschließlich darauf abgestellt, zu beweisen, daß wir uns mit den Verträgen militärische Sicherheit für die Bundesrepublik erwerben. Es ist kein Versuch unternommen worden, sichtbar zu machen, wie denn nun mit politischen Mitteln in absehbarer Zeit die Freiheit für die 18 Millionen Deutschen in der Sowjetzone überhaupt erlangt werden kann. Diese Frage steht bis zu dieser Stunde unbeantwortet im Raume. (*Abg. Lücke: Beantworten Sie sie! – Abg. Strauß: Mehr unbeantwortet von Ihnen als von uns!*) Wir sagen Ihnen dazu, daß der Versuch zu einer solchen Regelung entgegen der Meinung des Kanzlers nie zu früh unternommen werden kann. (*Sehr richtig! bei der SPD.*)

Kollege Strauß hat einen beneidenswerten Sinn für Humor entwickelt. Ich gebe ehrlich zu, daß es eine schätzenswerte Eigenschaft ist, wenn man nicht immer mit einem so fürchterlichen Bierernst an alle Probleme herangeht. Er hat auch eine große Gabe für eine volkstümliche Darstellung sehr ernsthafter und schwieriger Probleme. Aber ich meine, Kollege Strauß, in der Schicksalsfrage, die wir hier diskutiert haben, da waren Ihre Ausführungen des Ernstes und der Bedeutung der Stunde nicht voll angemessen. (*Beifall bei der SPD.*) In dieser Weise kann man hier wirklich keine Anekdoten erzählen, (*Zuruf des Abg. Strauß*) wie Sie hier versucht haben, Gleichnisse für Gebiete der Politik einzuführen, die von einer Vergleichbarkeit sehr weit entfernt sind. Ich will den Versuch unternehmen, das an einigen kleinen Beispielen aufzuzeigen. Sie haben gemeint, die sozialdemokratische Politik ginge von der Vorstellung aus, daß wir eigentlich doch der Meinung seien, obwohl Deutschland den Krieg verloren habe, müßten wir jetzt erst die totale Kapitulation der anderen fordern. (*Abg. Lücke: So benehmt ihr euch tatsächlich!*)

Ich darf in aller Bescheidenheit daran erinnern, daß nicht die Bundesrepublik, sondern die Deutschen im Jahre 1945 kapituliert haben nicht nur vor den Westmächten, sondern auch vor der Sowjetunion. Das ist immerhin ein

nackter Tatbestand. Und was Sie jetzt wollen in der Frage der Wiederherstellung der deutschen Einheit, das bedeutet nicht mehr und nicht weniger, als daß Sie hoffen auf eine Kapitulation der Russen, bevor ein Schuß fällt, lediglich aus dem Gefühl, daß wachsende westliche Stärke sie erzwingt. (*Abg. Dr. Schröder [Düsseldorf]: Das ist eine ganz unmögliche Formulierung, Herr Erler; es handelt sich um unser Land und nicht um das der Russen! – Abg. Kiesinger: Herr Erler, das ist auch nicht seriös!*)
Ein zweites. Sie haben hier vom Wohnungsbau gesprochen (*Abg. Dr. Schröder [Düsseldorf]: So müssen Sie nur weitermachen! – Abg. Lücke: Das ist die typische Verstellung!*) und haben gemeint, man dürfe nicht den Wohnungsbau in eine Relation zu den Leistungen für den Verteidigungsbeitrag bringen. Sie haben dann im Hause den Eindruck erweckt, als ob die erfreulicherweise gewaltige Leistung des deutschen Volkes im Wohnungsbau in den vergangenen Jahren nun ausschließlich und allein ein Verdienst der amtierenden Regierung wäre. (*Abg. Strauß: Lesen Sie doch die Rede nach! Sie erzählen ja Unwahrheiten! – Abg. Lücke: Lügen Sie doch nicht!*)
– Das war der Eindruck, den Ihre Ausführungen machen mußten. (*Abg. Strauß: Sie erzählen Unwahrheiten!*)
– Kollege Strauß, wenn Sie jetzt durch Ihre Zwischenrufe zu erkennen geben, daß Sie genau wie wir der Überzeugung sind, daß von der Bundesregierung über alle Parteien dieses Hauses bis zu den Länderregierungen und jeder Kommune und jedem, der Hand mit angelegt hat, der Wohnungsbau eine ungeheure Gemeinschaftsleistung unseres Volkes gewesen ist, wenn das der Sinn Ihres Zwischenrufs eben gewesen ist, dann bin ich in diesem Punkt mit Ihnen einig. (*Abg. Strauß: Ich habe gesagt, die Regierung braucht sich ihrer Bilanz nicht zu schämen; das wiederhole ich!*)
Das ist aber nicht ausschließlich eine Bilanz der Regierung; darauf kommt es in diesem Zusammenhang an! (*Zuruf von der Mitte: Das ist ja auch nicht behauptet worden! – Abg. Lücke: Warum so empfindlich?*)
Nun darf ich Sie, wenn wir vom Wohnungsbau sprechen, Kollege Strauß, an eine Einzelheit erinnern. Ich darf Sie erinnern an den Kampf, den wir in diesem Hause – zusammen mit dem Kollegen Lücke – allmonatlich und alljährlich geführt haben, um auch nur die letzten kümmerlichen 100 Millionen im Jahr an Bundesmitteln für die Förderung des sozialen Wohnungsbaus herauszuholen. Und dann haben wir heute gehört, daß es leicht ist, daß es gar keine allzu großen Schwierigkeiten bringen wird, den Verteidigungsaufwand aufzubringen ohne Steuererhöhung und ohne Herabsetzung der sozialen Leistungen. Das beweist doch, daß entweder die Bundesregierung und der Finanzminister in den Fragen des Wohnungsbaus eben bisher von einem Standpunkt ausgegangen sind, von dem aus man die

eigenen Möglichkeiten schlechter eingeschätzt hat, als sie waren, oder aber – und das geht gar nicht auf unseren Finanzminister; das ist eine Bemerkung, die möchte ich allen Regierungen in der ganzen Welt gemeinsam zurufen –, daß wir hier wieder der verhängnisvollen Tradition gegenüberstehen, daß immer, wenn es um die Rüstung irgendwo in der Welt geht, alle Anstrengungen der Nation auf dieses Ziel konzentriert werden können, obwohl es in den Perioden vor der Rüstung weiß Gott Ziele gegeben hätte, die ähnlicher Anstrengungen und ähnlichen Schweißes auch wert gewesen wären. (*Lebhafter Beifall bei der SPD.*)

Der Herr Finanzminister hat uns hier eine beruhigende Zusicherung gegeben. Er hat gesagt, der große Bruder aus Amerika kommt für alles auf. Aber hier steht auch noch eine Frage offen im Raum, nämlich die Frage – – (*Zuruf rechts: Das hat er ja gar nicht gesagt! – Abg. Lücke: Unwahr! – Abg. Strauß: Sie sollen mit dem Ernst reden, der dem Gegenstand angemessen ist! – Weitere Zurufe und Unruhe.*)

– Doch, er hat in der Antwort an den Kollegen Schoettle gesagt, daß ihm die Aufbringung dieser Lasten auch dank der amerikanischen Hilfe keine Sorgen macht. (*Anhaltende Zurufe.*)

Die Amerikaner – und jetzt will ich Ihnen ein paar Zahlen nennen, vielleicht beruhigt Sie das wieder – haben sich bisher nur dahin vernehmen lassen, daß sie bereit sind, 1 Milliarde Dollar für die Erstausstattung der Deutschen zu geben. Das sind 5 Milliarden – die Zahl hat Kollege Schoettle genannt –, 5 Milliarden DM unter Brüdern gerechnet. Daß aber nach den Zahlen des Kollegen Blank, denen nicht widersprochen worden ist, 40 Milliarden bis Ende 1954 aufgebracht werden müssen für das Material für die deutschen Divisionen, daß für die Ausfüllung der Lücke, die da klafft in Gestalt von 35 Milliarden, bisher nur Hoffnungen da sind und nichts anderes, das ist doch ein Tatbestand, mit dem man sich allen Ernstes auseinandersetzen muß. Es kommt noch hinzu, daß die vom Finanzminister angekündigten schweren Waffen auch nach der Zusage der Amerikaner bisher nur bis zum 30. Juni 1953 geliefert werden sollen, bis zu einem Termin, an dem es selbst nach Ihrem eigenen Fahrplan kaum deutsche Verbände gibt, die ernsthaft schwere Waffen gebrauchen. Und was dann?

Das ist eine ganze Reihe von offenen Fragen, die wir in gründlicher Ausschußberatung diskutieren müssen. Selbst diejenigen von Ihnen, die den Verträgen zuzustimmen beabsichtigen, müssen über diese Punkte Klarheit haben, damit sie wirklich wissen, was sie tun und was in Wirklichkeit an Lasten und Verpflichtungen übernommen wird.

Dann ist hier geredet worden von der faulen Zauberformel der Sozialdemokratischen Partei: „Alles oder nichts". Nun, wir haben nie ein Programm

aufgestellt, in dem drinsteht „Alles oder nichts"; das ist einfach nicht wahr. Aber der Kanzler hat hier Verträge vorgelegt, bei denen in der Sache von uns gefordert wird, sie ganz anzunehmen oder ganz abzulehnen. (*Abg. Lücke: Das ist doch üblich bei Verträgen!*)
– Bitte, das ist doch in Wahrheit eine Politik des „Alles oder nichts" im Zusammenhang mit diesem Vertrag, des Ja oder Nein, während die Möglichkeit bestanden hätte, durch eine rechtzeitige Aussprache (*Zuruf von der Mitte: Ist doch geschehen!*) über die mit dem Vertrag in Zusammenhang stehenden Fragen in diesem Hause der Bundesregierung noch jene Rückendeckung und jene Ratschläge auch aus Ihren eigenen Reihen mit auf den Weg zu geben, (*erneuter Zuruf von der Mitte: Ist doch geschehen!*) die sie bei den internationalen Verhandlungen hätte mit einsetzen können. (*Beifall bei der SPD. – Zurufe von der Mitte.*)
In der entscheidenden Stunde haben Sie sich diesem Begehren nach der Aussprache versagt, während das englische Parlament die Aussprache in der Woche vorher gehabt hat. (*Zuruf von der Mitte: Die Engländer haben sogar protestiert! – Abg. Lücke: Im Februar war doch die Debatte, ist doch alles besprochen worden! – Weiterer Zuruf: In England war doch keine Vertragsdebatte! – Anhaltende Zurufe. – Glocke des Präsidenten.*)
– Der Standort dieser Verträge in der politischen Wirklichkeit der Landschaft des Jahres 1952 ist in der Februar-Debatte nicht in der Weise abgehandelt worden, daß annähernd zutreffende Präzisionen über die zur Entscheidung stehenden Fragen dem Hause wirklich bekannt waren: Das ist ausgeschlossen. (*Erneute Zurufe von der Mitte.*)
Nein, meine Damen und Herren, „Alles oder nichts" ist keine Parole, weder für Sie noch für uns, sondern da meine ich, der Bundeskanzler hat ganz recht, wenn er sagt: eine Politik des Schritt-für-Schritt. Nur muß man eben wissen, wohin die Schritte gesetzt werden sollen, nur muß man wissen, nach welcher Seite man zu gehen wünscht. Wir stehen hier an dem Kreuzweg, an dem auf der einen Seite die Schritte zum Versuch einer friedlichen Wiederherstellung der deutschen Einheit, (*wiederholte Zurufe von der Mitte – Glocke des Präsidenten*) zum Abbau der internationalen Spannungen führen und auf der andern Seite zu einer Verhärtung der jetzigen Spannungen in der Welt, zur Verwandlung der beiden Teile Deutschlands in Festungen der beiden Mächteblöcke, die einander waffenstarrend mit dem sehr gefährlichen Konflikts- und Explosionsstoff gegenüberstehen, der, unvermeidlich, sich in einer solchen Entwicklung bildet.
Kollege Strauß meinte, wir wollten Verhandlungen im machtleeren Raum. Das ist weder für heute noch für morgen richtig; denn einmal können Verhandlungen mit der Sowjetunion über die Wiederherstellung der deut-

schen Einheit weder heute noch, wenn sie die Verträge ratifizieren sollten, nach Abschluß der Verträge überhaupt von den Deutschen geführt werden. Wir führen ja die Verhandlungen gar nicht. (*Abg. Strauß: Aber die Westmächte!*)

Von denjenigen, die die Verhandlungen führen, kann kein Mensch behaupten, nämlich auf der westlichen Seite mindestens von den Amerikanern und Engländern, daß sie den Russen nackt und waffenlos zum Fraße vorgeworfen daliegen. Das ist doch auch keine zureichende Darstellung der Tatsachen des Verhältnisses der Verhandlungspartner bei diesen Verhandlungen. (*Sehr gut! bei der SPD.*)

Einige Worte haben mich etwas erschreckt, und zwar das Wort von der deutschen Weltgeltung, verehrter Kollege Strauß, und die Anklänge dahin, daß es sich doch eigentlich mit Divisionen, wenn man sie erst einmal hat, in vielen Punkten leichter verhandelt. Ich meine, gerade diese beiden Punkte deuten doch auf das hin, was Sie selbst in Ihren weiteren Ausführungen ein wenig zutreffend als Kraftmeierei gebrandmarkt haben.

Dann haben Sie sich mit dem französischen Bündnis mit der Sowjetunion beschäftigt. Sie haben geglaubt, diese Frage damit abtun zu können, daß Sie gesagt haben: Ja, wollen Sie denn Krieg mit Frankreich? Das ist doch gar nicht die Frage, sondern wie sich z. B. die Französische Republik bei einem Konflikt zwischen der Sowjetunion und Deutschland verhält, das ist die Frage, um die es geht. Welcher Vertrag hat dann den Vorrang? (*Unruhe und Zurufe von der Mitte. – Abg. Dr. Schröder [Düsseldorf]: Bitte, das brauchen Sie doch in beiden Verträgen nur nachzulesen!*)

– Nein, auch dieser Punkt ist nicht im Verteidigungsvertrag geregelt, das ist offen! (*Abg. Strauß: Reden Sie doch mit dem Ernst, der der Sache angemessen ist, von Ihren eigenen Forderungen!*)

– Jawohl! Kommen wir zu einem weiteren Punkt, den Sie scherzhaft erwähnt haben, es gebe keine vierte Dimension. Ich muß Ihnen leider widersprechen. Es ist vielleicht merkwürdig, aber ich muß Ihnen sagen, daß es seit Einstein wirklich eine vierte Dimension gibt, (*Heiterkeit bei der SPD*) und zwar die Bewegung des Raumes in der Zeit. Wenn Sie das nicht mitbekommen haben, dann tut mir das leid. Aber es gibt manches in der Welt, das sich Ihrem Zupacken, Ihrem sehr begreiflichen Zupacken entzieht. Die Politik muß sich aber nach allen Tatsachen und Erkenntnissen richten, auch nach denen, die dem Kollegen Strauß nicht ganz zugänglich sind; das ist nun einmal nicht anders. (*Heiterkeit und Beifall bei der SPD. – Abg. Strauß: Die Räume sind nicht so groß wie die Ihren!*)

Nun stehen noch ein paar Fragen an, zu denen wir, glaube ich, auch noch keine zutreffende Auskunft bekommen haben. Es ist eine geschichtliche

Erfahrung, daß jedes Wettrüsten bisher in der Welt an einen Punkt geführt hat, bei dem die Explosion nahezu unvermeidlich wurde. (*Abg. Lücke: Wollen Sie denn Neutralität?*)
– Darauf komme ich noch zu sprechen. Ich frage: Wie stark muß man eigentlich werden – und meinen Sie wirklich, daß die andere Seite nicht auch Bemühungen unternimmt, in der gleichen Zeit stärker zu werden? –, (*Sehr gut! links*) wie stark muß man eigentlich werden, ehe Sie glauben, daß die Viererkonferenz einen Sinn hat? (*Beifall bei der SPD.*) Diese Frage bitte ich offen zu beantworten. (*Abg. Schröder [Düsseldorf]: Vielleicht sagen Sie, wie schwach man sein muß!*)
Die Viererkonferenz hat nur einen Sinn, wenn man sie will und wenn man den Erfolg will. Dazu muß man unseren westlichen Verhandlungspartnern dann aber auch zuraten und darf ihnen nicht abraten. Dazu darf man keine Tatsachen schaffen, die durch die Eingliederung der Bundesrepublik in ein festes System der Militärbündnisse der anderen Seite das Abhalten einer solchen Konferenz nahezu interesselos machen.
Was meinen Sie denn, über was verhandelt wird, wenn wir einmal zu einer friedlichen Wiederherstellung der deutschen Einheit kommen werden und man sitzt mit dem Russen an einem Tisch? Meinen Sie, daß dann die Frage des Austritts des bereits mitgerüsteten Deutschland aus der europäischen Verteidigungsgemeinschaft noch ernsthaft erörtert werden kann? Meinen Sie, daß man erst 40 Milliarden zum Fenster hinauswirft, um nachher zu sagen: Wir können das alles als Schrott verkaufen? Damit setzen Sie eine Entwicklung in Gang, die tatsächlich eine gewisse Eigengesetzlichkeit entfaltet. (*Abg. Strauß: Wollen Sie schießen?*)
Wo ist der Weg, (*Zuruf von der Mitte: Darauf warten wir!*) der nach Ihrer Meinung automatisch in Anwendung dieser Verträge zur Wiedervereinigung führt? Das Wort des Kollegen Lemmer von der Dynamik ist in diesem Punkt tatsächlich eine Deklamation, die in den Tatsachen keine Stütze findet.
Sie meinen, es besteht keine Hoffnung, es ist sinnlos, sich mit den Russen an einen Tisch zu setzen. (*Zurufe von der Mitte: Das meint keiner! Das hat niemand behauptet! – Unwahrheit! – Weitere lebhafte Zurufe von den Regierungsparteien.*)
Das kann man erst wissen, wenn man es ernsthaft ergründet hat. Es gibt ein Beispiel, das der Bundeskanzler selbst zitiert hat. Der Bundeskanzler hat in seiner Regierungserklärung ausgeführt, daß der Rückzug der Sowjetrussen aus Persien durch die Vereinten Nationen erzwungen worden sei. Er ist nicht erzwungen worden mit Gewalt, er ist nicht erzwungen worden durch die Einbeziehung Persiens in irgendein System der Militärallianzen, sondern er ist erzwungen worden auf dem Weg von Verhandlungen, bei denen es gelang,

beide Seiten davon zu überzeugen, daß sie jede in dieser Lösung tatsächlich für die Zukunft einen eigenen Erfolg erblicken könnten. Bitte, das ist der Weg, der auch im Deutschlandfalle ernsthaft beschritten werden muß. Ich meine, wir sind das unserem Volke und dem Frieden der Welt schuldig. (*Anhaltender lebhafter Beifall bei der SPD. – Abg. Lücke: Und die Wahrheit sind wir dem Volke schuldig! – Abg. Dr. Schröder [Düsseldorf]: Wo bleibt denn nun Ihr Rezept? – Weiterer Zuruf von der Mitte: Wir wollen Ihr Rezept haben!*)

11. Gegen die Wiedereinführung der Todesstrafe

Rede des Bundesjustizministers Dr. Thomas Dehler am 2. Oktober 1952

„Die Todesstrafe ist abgeschafft“, sagt Artikel 102 unseres Grundgesetzes. In den ersten Jahren der Bundesrepublik Deutschland aber gab es immer wieder Bestrebungen, die Todesstrafe wenigstens für Mord wieder einzuführen. In der 232. Sitzung des Ersten Deutschen Bundestages am 2. Oktober 1952 stand ein entsprechender Antrag auf der Tagesordnung des Parlaments. Bundesjustizminister Dr. Thomas Dehler erklärte:

Herr Präsident! Meine Damen und Herren! Man kann die bedeutsame Frage der Todesstrafe nicht obenhin, bestimmt auch nicht aus irgendeinem dumpfen Gefühl heraus entscheiden. Gestatten Sie mir daher, daß ich Ihnen für ihre Aussprache einige Gesichtspunkte aufzeige, die ich für bedeutsam halte, und Ihnen einschlägige Unterlagen gebe.

Man sieht das Problem der Todesstrafe nur richtig, wenn man es in seinem geschichtlichen Ablauf, in seiner Entwicklung betrachtet. Die Todesstrafe beruhte ursprünglich auf Blutrache, auf heidnischem Kultopfer, ist nach der Christianisierung des Abendlandes zurückgedrängt worden und hat dann im Mittelalter einen Höhepunkt erreicht. Zahlreiche Taten, die uns heute als Lappalien erscheinen, sind in diesen Zeiten mit dem Tode gesühnt worden. Diebstahl ganz geringfügiger Art, Fälschung von Münzen, Gewichten, Maßen, Gotteslästerung, – alle diese Taten führten zum Galgen.

In England – es ist ganz interessant, sich das zu vergegenwärtigen – sind noch 1810 Ladendiebstähle, bei einem Objekt über 5 Schillinge, mit dem Tode bestraft worden, und noch 1835 wurden Entwendungen von Briefen bei der Post mit dem Tode bestraft.

Zahllose Todesurteile sind vollstreckt worden. Die Zahlen der Menschen, die dem Henker verfielen, sind wissenswert. Unter Heinrich VIII. sind 72 000, unter Elisabeth 89 000 Todesurteile gefällt worden.

In Deutschland soll der Inhaber des Leipziger Schöffenstuhls, Benedikt Carpzow, allein von 1652 bis 1660 rund 20 000 Todesurteile gesprochen haben. Ein Nürnberger Scharfrichter am Anfang des 16. Jahrhunderts hat in zwanzig Jahren 1159 Todesurteile vollzogen. Ich brauche sie nicht daran zu erinnern, was für Strafen damals noch hinzukamen: die Folter, das Rädern und vieles andere.

Ich erinnere – das ist wichtig, wenn man ein klares Bild gewinnen will – daran, daß die Todesstrafe ursprünglich der Abschreckung wegen öffentlich vollzogen wurde, auf Marktplätzen, auf Straßen, gewöhnlich in der Form eines Volksfestes. Auch das liegt nicht allzuweit zurück. In Preußen war noch 1805 nach der preußischen Kriminalordnung der Lehrer verpflichtet, seine Kinder zu den Hinrichtungen zu führen.

Erst in der Zeit der vielgescholtenen Aufklärung hat sich ein Wandel vollzogen; es waren ja nicht die schlechtesten Geister, die hier nach einer Änderung gerufen haben, besonders Thomas Morus in seiner „Utopia". Die Söhne der Maria Theresia – man muß diesen Namen nennen –, Josef II. in Österreich und Leopold I. in Toscana, haben schon 1786/87 die Todesstrafe in ihren Ländern abgeschafft. Dann kamen wieder Rückschläge; aber seit dieser Zeit – mit Recht sagte Herr Kollege Ewers: seit 200 Jahren – ist dieses Problem strittig. Ich möchte aber darüber hinaus sagen, daß sich seit dieser Zeit eine Entwicklung vollzogen hat, die zu einer ständig zunehmenden Einengung der Todesstrafe führte. Die grausamen Vollzugsformen sind vollkommen verschwunden; der Vollzug in der Öffentlichkeit hat aufgehört.

Eine ganze Reihe europäischer und außereuropäischer Staaten hat die Todesstrafe abgeschafft. Andere haben von dem Vollzug der Todesstrafe restlos abgesehen.

Wo die Todesstrafe nicht abgeschafft worden ist, ist sie auf ganz wenige Verbrechenstatbestände beschränkt worden; auch bei uns in Deutschland wurde sie in dem Strafgesetzbuch von 1871 nur auf Mord, Hochverrat und einen bestimmten Tatbestand der Sprengstoffdelikte beschränkt. Aber auch bei uns hat sich darüber hinaus eine ganz intensive Auseinandersetzung mit dem Problem der Todesstrafe vollzogen, nicht nur literarisch, sondern auch politisch. Nicht nur das Paulskirchen-Parlament hat sich 1848 zu der Abschaffung der Todesstrafe bekannt, sondern auch die Preußische Nationalversammlung, beide übrigens ungefähr mit der gleichen Stimmenzahl von 60 %. Ausgenommen wurden damals nur bestimmte Fälle des Kriegsrechts. Tatsächlich – das wollen wir auch nicht vergessen – ist nach den Frankfurter Beschlüssen in Sachsen, in Württemberg, in Baden, in Hessen, in Oldenburg, in Braunschweig, in Hamburg, in Bremen und in einigen anderen kleineren deutschen Staaten die Todesstrafe abgeschafft worden. Nur Österreich, Bayern und Preußen haben davon abgesehen; es ist Ihnen überlassen, daraus Schlüsse zu ziehen.

Schon 1863 hat ein Deutscher Juristentag – damals in Mainz –, an dem bedeutendste Rechtslehrer teilgenommen haben – ich muß schon sagen: die Fixsterne unseres Juristenhimmels, Ihering, Planck, Gneist, von Wächter und Merkel –, mit überwiegender Mehrheit die Abschaffung der Todesstrafe verlangt. Es ist interessant, daß sich auch noch bei den Verhandlungen zur Zeit des Norddeutschen Bundes der Reichstag in den ersten beiden Lesungen für die Abschaffung der Todesstrafe entschieden hat. Dann hat sich in einer geschichtlich gewordenen Rede am 1. März 1870 Bismarck mit seinem ganzen Gewicht in diese Debatte geworfen, und daraufhin hat sich eine relativ kleine Mehrheit – 127 zu 119 Stimmen – für die Beibehaltung der Todesstrafe entschieden. Aber auch damals ist von Bismarck selbst gesagt worden, daß diese Entscheidung keine endgültige sein solle, sondern daß man die Entwicklung abwarten wolle.

Die Entwürfe eines neuen Strafgesetzbuches in der Folgezeit haben keine eindeutigen Ergebnisse gezeitigt. In der Weimarer Nationalversammlung wurde die Beibehaltung der Todesstrafe mit 153 zu 128 Stimmen beschlossen. Sehr interessant ist, daß damals ein Mann eine ganz entscheidende Rolle gespielt hat, dem begegnet zu sein, ich mir immer noch als großen Gewinn anrechne: Geheimrat Kahl, der große Strafrechtler und Vorsitzende des Rechtsausschusses im Reichstag. Er war der Mann, der auf dem Juristentag in Wien 1912 die entscheidende Rede für die Beibehaltung der Todesstrafe gehalten hat und dann im Laufe der Jahre doch zum Gegner der Todesstrafe geworden ist.

Wenn ein Mann wie Kahl, ein Mann mit der höchsten Einsicht in die Rechtswissenschaft, in die Rechtspolitik und in die allgemeine Politik, im Lauf seines Lebens seine Anschauung wandelt, so ist das, glaube ich, für uns eine ernste Mahnung.

Die Dinge sind dann in der Weimarer Verfassung so weitergegangen, daß sich der Reichsjustizminister Koch-Weser im Jahre 1928 auf Grund einer allgemeinen Enquête bei im Geistesleben hervorragenden Deutschen veranlaßt gesehen hat, die Landesregierungen zu ersuchen, von der Vollstreckung der Todesstrafe bis zu einer einheitlichen reichsrechtlichen Regelung abzusehen.

Die Entwicklung nach 1933 ist Ihnen bekannt. Italien hat im Jahre 1931 unter dem Eindruck der faschistischen Lehre die Todesstrafe wieder eingeführt, ist aber in der Anwendung sehr zurückhaltend geblieben. In Deutschland sind schon im Jahre 1934 mehr Menschen hingerichtet worden als in der gesamten Zeit von 1924 bis 1933. Und wie dann die Guillotinen und Galgen ihre Tätigkeit gesteigert haben, – Sie wissen es ja alle. In den Jahren 1933 bis 1945 sind in Deutschland rund 16 500 Todesurteile gefällt worden, (*Bewegung*) davon in den Kriegsjahren rund 15 900, die überwiegend vollstreckt worden

sind. Ein einziger Scharfrichter in München, Reichhart, hat in den Jahren von 1933 bis 1945 2948 Hinrichtungen vorgenommen. (*Hört! Hört! links.*)
Der Parlamentarische Rat hat sich dazu entschlossen, die Todesstrafe in dem Grundgesetz abzuschaffen. Ich will zugestehen, daß die Dinge dort nicht in allen Einzelheiten durchdacht worden sind und daß wir zweifellos im Parlamentarischen Rat unter dem Reflex der Ereignisse der Jahre vorher gestanden sind.
Zunächst ist die Beurteilung des Problems der Todesstrafe eine Frage der Weltanschauung wie auch der Religion. Deshalb werden Grundfragen beantwortet werden müssen und verschieden beantwortet werden können, so die Fragen: Hat der Staat das Recht, das Leben eines Menschen zu vernichten, hat der Staat das Recht, einem Menschen zuzumuten, andere Menschen berufsmäßig zu töten? Je nach der Weltanschauung des einzelnen wird die Antwort verschieden ausfallen. Dabei spielt eine wesentliche Rolle, wie man sich zum Tode stellt, ob man ihn, wie damals Bismarck in seiner Rede am 1. März 1870, als „Janua vitae", als Tor des Lebens, sieht oder ob man in dem Tod ein absolutes Auslöschen oder ein ungeklärtes Mysterium sieht.
Noch bedeutsamer ist vielleicht die Frage, welche Rolle man dem Staate zubilligt, vor allem, ob man den Satz, daß alle Staatsgewalt vom Volke ausgeht, dahin auslegt, daß hinter dem Staat Gott steht. In der bayerischen Verfassung ist der klassische Satz: „Alle Staatsgewalt geht vom Volke aus" aus dieser Erwägung vermieden worden. Man hat erklärt, das Volk sei nur der Träger der Staatsgewalt, aber alle Gewalt sei bei Gott. Es handelt sich also um die Frage, ob man annimmt, daß das Volk seine Staatsgewalt von Gott habe, daß in dem Staate und hinter dem Volke Gott stehe, oder ob man in dem Volk und damit hinter dem Staat nur eine irdische Staatsgewalt und im Staate lediglich Menschenwerk sieht.
Bismarcks Argumentation in seiner damaligen Rede war: Eine menschliche Kraft, die keine Rechtfertigung von oben in sich spürt, ist zur Führung des Richtschwertes nicht stark genug.
Der dritte entscheidende Punkt in der weltanschaulichen Bewertung ist wohl, wie man die Würde, das Gewicht des einzelnen Menschen im Verhältnis zu Staat und Volk bewertet. Hitler hat den einzelnen verachtet, er hat nur der Masse einen Wert gegeben und ist deswegen über die Leichen von vielen Tausenden geschritten.
Alle diese Grundfragen lassen aber – das müssen wir zugestehen – verschiedene Antworten zu, so daß das Ja oder das Nein zur Frage der Todesstrafe nicht nur von der Weltanschauung her gefunden werden kann. Tatsächlich ist es ja so, daß sich Befürworter und Gegner der Todesstrafe von jeher in allen geistigen und politischen Lagern finden.

Ich darf vielleicht auch in diesem Zusammenhang sagen, daß die Haltung des Christentums zu diesem Problem in keiner Weise einheitlich ist. Zitate aus dem Alten Testament lassen sich ohne weiteres für die Todesstrafe verwerten, Zitate aus dem Neuen Testament, ich meine vor allem die geistige Grundhaltung des Neuen Testaments, gegen die Todesstrafe. Es kommt darauf an, wie man die Akzente setzt; danach wird die Antwort verschieden ausfallen. Ich darf nur erwähnen, daß z. B. die Waldenser die Todesstrafe als unsittlich verworfen haben, daß aber Papst Innozenz III. dagegen Verwahrung eingelegt hat.

Es gibt noch einige Tatsachen, die nicht uninteressant sind. In der Paulskirche haben von 14 protestantischen und katholischen Geistlichen 9, darunter immerhin der spätere Bischof von Ketteler, für die Abschaffung der Todesstrafe gestimmt. In der Preußischen Nationalversammlung stimmten von 38 Geistlichen 31 für die Abschaffung der Todesstrafe.

Darf ich ein Wort von Ernst Moritz Arndt in der Paulskirche zitieren. Er sagte: „Der Verbrecher, der morgen hingerichtet wird oder nach 30 Jahren stirbt, mag vielleicht besser sein als sein Beichtvater oder als der Oberrichter, der ihn verurteilt hat. Das ist auch der christliche Glaube."

Bei Erörterung des Problems wird viel mit der Volksüberzeugung gearbeitet. Auch ein Mann wie Kahl hat bei seinem Referat in Wien die Volksüberzeugung in den Vordergrund gestellt.

Darf ich ein ketzerisches Wort sagen: Ich glaube, man verkennt das Wesen der Demokratie, wenn man glaubt, das Parlament sei der Exekutor der Volksüberzeugung. Ich meine, das Wesen der repräsentativen Demokratie ist ein anderes, es ist das der parlamentarischen Aristokratie. Die Parlamentarier haben die Pflicht und die Möglichkeit, aus einer größeren Einsicht, aus einem besseren Wissen zu handeln, als es der einzelne kann. (*Beifall bei der SPD, in der Mitte und rechts.*)

Ich möchte auch meinen: Wer das hohe Mandat der Volksvertretungt hat, wird am Ende eine größere Charakterstärke haben, die notwendig ist, um eine wichtige Frage unseres Volkes richtig zu entscheiden.

Es kann keine Rede davon sein, daß die Volksüberzeugung einheitlich sei. Die Volksmeinung schwankt, sie ist von Stimmungen und von bestimmten Reizen abhängig.

Ich muß auf jeden Fall für mich sagen: Als ich um das Leben der durch die Militärgerichte Verurteilten rang, da habe ich mich auf das Grundgesetz bezogen und habe gesagt: Ihr – die Amerikaner – dürft nicht mehr vollstrecken, weil es hier auf deutschem Boden keine Todesstrafe mehr gibt, und ich würde mich mit meiner eigenen Haltung in Widerspruch setzen, wenn ich jetzt einen anderen Standpunkt einnähme. (*Beifall in der Mitte, rechts und bei der SPD.*)

Wir haben einige Jahrzehnte Psychoanalyse hinter uns. Ich meine, manches hat sie immerhin aufgeklärt. Sieht man von den aktuellen Reizen ab, so bleiben für die sogenannte Volksüberzeugung irgendwelche Residuen, die im Blute liegen, noch wirksam, Reste der früheren Entwicklungsstufen. Das sind Stimmungen, die sich einer rationalen Kontrolle entziehen, bei dem einfachen Menschen noch mehr als bei dem geistig differenzierten Menschen. Der Psychoanalytiker sagt uns, daß in jedem Menschen der Drang zur Vernichtung, zur Zerstörung liegt und daß man diesen Drang noch auf den anderen, vielleicht sogar auf den Staat zu übertragen versucht. In einem sehr interessanten Gutachten des Juristen Liepmann, das er für den Wiener Juristentag erstattet hat, wird gesagt, daß der Anhänger der Todesstrafe überall unter dem Einfluß ererbter Gefühle kämpft. Vielleicht wollen wir uns diesen Satz bei der Behandlung des Problems vor Augen stellen.

Man operiert manchmal mit der Erwägung, die Abschaffung der Todesstrafe würde zu Verdrängungen führen und am Ende in der Lynchjustiz endigen. Tatsache ist, daß dort, wo gelyncht wird, am meisten gehängt oder hingerichtet wird. (*Sehr richtig! bei der SPD.*) Das ist eine unbestreitbare Tatsache.

Schmerzlich hat es mich berührt, daß Herr Kollege Ewers, der mit Recht seine ethische Haltung in den Vordergrund gestellt hat, das Vergeltungsprinzip, die Talionstheorie, aufstellt, daß man Gleiches mit Gleichem vergelten müsse. (*Zuruf von der SPD: Dann müßten die Nazis alle weg sein!*)

Ist das möglich? – Es ist praktisch und ethisch unmöglich, Herr Kollege Ewers. Wir wissen, wir können bei keinem Sittlichkeitsdelikt Gleiches mit Gleichem vergelten. Auch in diesem Zusammenhang ein Zitat des Juristen Merkel, das ich für sehr richtig halte. Er sagt: „Die Strafe soll nicht den Geist der Elemente spiegeln, die sie bekämpft, sondern derer, die berufen sind, jene emporzuziehen." (*Sehr gut! bei der SPD.*)

Man hat weiter die Todesstrafe als Notwehrrecht des Staates zu rechtfertigen versucht. Davon kann keine Rede sein, soweit es sich um einen einzelnen Mordfall handelt. Die Konstruktion, daß der Ermordete sein im Augenblick des Angriffs gegebenes Notwehrrecht dem Staate abtrete, der es dann in der Hinrichtung anwende, ist meiner Meinung nach nicht haltbar. In Betracht käme eine derartige Rechtfertigung nur bei einer großen Anzahl von Anschlägen, die letztlich gegen die Gemeinschaft gerichtet sind. Deswegen hat auch in bestimmten Einzelfällen das Frankfurter Parlament, wie auch die Schweiz, die Todesstrafe in Sonderfällen, z. B. im Kriege, für zulässig gehalten. Den Verfechtern des Republikschutzgesetzes in der Weimarer Zeit hat man auch zum Vorwurf gemacht, daß die Todesstrafe in Abweichung von vorher begründeten Grundsätzen im Republikschutzgesetz für zulässig erklärt worden war.

Folgender Gesichtspunkt scheint mir von besonderem Gewicht: Die Todesstrafe kann, wenn man sie nicht als bloße Sicherungsmaßnahme ansieht, nur als Strafe für volle Schuld angesehen werden; weil sie die physische Existenz des Schuldigen vernichtet. Die moderne Soziologie und die moderne Psychologie haben aber erwiesen, daß es auch unter der Voraussetzung der Anerkennung des Postulats sittlicher Verantwortlichkeit kein Verbrechen gibt, an dem nicht andere Momente mit Schuld tragen, daß es kein Verbrechen gibt, an dem der Täter allein sittlich schuldig ist. Am Zustandekommen jedes Verbrechens sind viele andere Faktoren beteiligt, die dem Täter nicht zur Last gelegt werden können: seine Anlage, für die er nichts kann, seine Umwelt, in die er hineingeboren worden ist und für die er nicht verantwortlich gemacht werden kann. Bloße Teilschuld verlangt nach meiner Meinung aber auch eine teilbare Strafe, wie sie die Todesstrafe niemals sein kann.

Ein Gesichtspunkt, der erst durch die Erfahrungen nach 1933 wieder besondere Anschaulichkeit erlangt hat: Das Bestehenbleiben der Todesstrafe für wenige Delikte, auch nur für ein einziges, birgt die Gefahr der Ausweitung in sich. Hat man sich grundsätzlich für die Todesstrafe entschlossen, dann ist die entscheidende Schwelle überschritten; (*Zustimmung bei der SPD*) dann ist die Ausdehnung der Todesstrafe eben keine Grundsatzentscheidung mehr. Wer, meine Damen und Herren, wie ich erlebt hat, wie im letzten Weltkrieg Menschen wegen eines Wortes, man kann sagen, wegen einer Geste, wegen einer Haltung, die sich kaum geäußert hat, oder wegen wirtschaftlichen Verhaltens aufs Schafott gekommen sind, der weiß, welche Gefahr in der Möglichkeit der Ausdehnung der Todesstrafe liegt. (*Beifall bei der SPD.*)

Aber mir erscheint eine Feststellung für unsere Aussprache bedeutsam, und darüber müssen wir Klarheit haben. Soweit die weltanschauliche Haltung, auf die es in erster Linie ankommt, die Todesstrafe nicht ausschließt, sollte das Recht des Staates, Menschenleben zu vernichten, nur dann ausgeübt werden, wenn es notwendig, wenn es zum wenigsten nützlich ist. Ich glaube, darauf müßte sich unsere Diskussion besonders erstrecken, weil wir auf der weltanschaulichen Ebene zu keiner Verständigung oder gemeinschaftlichen Entscheidung kommen können. Ich möchte sagen, daß in den letzten Jahren deswegen zu Recht über die Beschränkung der Diskussion auf die Frage: „Ist die Todesstrafe notwendig, oder ist sie nützlich?" Einverständnis bestanden hat. Die Frage, die uns beschäftigt, verlagert sich damit in das Gebiet kriminalpolitischer Überlegungen, und diese haben den Vorzug, überprüfbar zu sein und rational entschieden werden zu können.

Die Todesstrafe stammt – das habe ich schon gesagt – aus einem ganz anders gearteten System der Lebens- und Leibesstrafen des Mittelalters und läßt sich in ein modernes Strafensystem nur schwer einpassen. Die Strafe, wie wir sie sehen, die Strafe nach modernen Vorstellungen, will nicht die *Tat* treffen, sondern den *Täter*. Wir müssen an eine moderne Strafe die Anforderung stellen, daß sie jedem einzelnen Fall gerecht werden kann. Den verschiedenen Graden des Verschuldens muß eine Art gleitende Skala der Strafen entsprechen. Absolute Strafen stehen im inneren Widerspruch zu dieser Anforderung an das Strafensystem. Selbst wenn die Todesstrafe nicht in absoluter Form angedroht wird, sondern nur neben der Möglichkeit, lebenslängliches oder zeitliches Zuchthaus zu verhängen, so würde dieser Widerspruch nicht ausgeräumt werden; denn die Schuld stuft sich graduell ab, und der Übergang von der Freiheitsstrafe zur Todesstrafe ist ein qualitativer Sprung. Todesstrafe und zeitliche Strafen, überhaupt Freiheitsstrafen, sind inkommensurabel. Die Möglichkeit, Freiheitsstrafe statt Todesstrafe zu verhängen, würde nach meiner Meinung übrigens auch den Richter vor eine kaum lösbare Verantwortung stellen. Sie würde praktisch zur Abschaffung der Todesstrafe auf dem Wege der Rechtsprechung führen können.
Ich würde die Todesstrafe in unserem Strafensystem auch deswegen als einen Fremdkörper empfinden, weil es nach den Vorstellungen unserer Zeit die entscheidende, mindestens doch die wesentliche Aufgabe der Strafe ist, zu resozialisieren, den Menschen zu bessern. Die Todesstrafe ermöglicht es lediglich, den Täter vor deren Hinrichtung zu einer inneren Umkehr zu bringen. Es gibt Darlegungen, besonders von Gefängnisgeistlichen, die das behaupten und die glauben, daß sie in ihrer Praxis echte innere Umkehr der zum Tode Verurteilten vor deren Hinrichtung erlebt haben. Wir werden sehr skeptisch bleiben, ob solche inneren Wandlungen sich nicht aus Todesangst oder aus der Hoffnung auf Gnade vollzogen haben. Wir wissen es nicht. Die Verurteilung zu lebenslänglichem Zuchthaus ermöglicht dem Täter jedenfalls eine echte innere Umkehr. Wir haben hinreichendes Material, daß in Wirklichkeit wegen Mordes Verurteilte zu einer echten Besserung gekommen sind und in den Strafanstalten ein beispielhaftes Leben geführt haben.
Die Frage der Abschreckung ist ein wichtiger, sehr umstrittener Punkt bei dieser Auseinandersetzung. Es ist sicher eine sehr fragwürdige Angelegenheit, ob es möglich ist, einem Menschen ein derart einschneidendes Übel zuzufügen, nur um das Verhalten anderer dadurch zu beeinflussen. Aber – und hier ist es besonders schwer, mit Laien zu diskutieren – es scheint mir überhaupt überaus zweifelhaft zu sein, ob der Todesstrafe eine abschreckende Wirkung zukommt. Von vielen, die Einblick haben, ist immer wieder festgestellt worden, daß gerade die Länder und die Zeitalter der härtesten

Strafen auch die blutigsten und unmenschlichsten Verbrechen sahen. (*Beifall bei der SPD und beim Zentrum.*) Ich glaube, wir haben eine Periode hinter uns, die uns die Richtigkeit dieser Tatsache nahebringt. (*Sehr wahr! bei der SPD.*)
Es wird immer wieder auf diese abschreckende Wirkung der Todesstrafe hingewiesen, und es ist nicht leicht, diese Frage zu entscheiden. Sie entzieht sich der verstandesgemäßen Feststellung.
In diesem Zusammenhang eine ganz bedeutsame Tatsache über die Beziehung des Mörders zu seinem Leben. In Berlin hat eine Tötungsstatistik ergeben, daß in den Jahren 1926 bis 1932 von 287 Mördern 153 Selbstmord begangen haben. Die Mörder scheuen also gar nicht den Tod; im Gegenteil, sie suchen ihn, (*Sehr richtig! bei der SPD*) weil letztlich ihre Taten und die Selbstvernichtung aus der gleichen seelischen Wurzel herausfließen. Von 32 Totschlägern dagegen hat nur einer Selbstmord begangen. Diese aufschlußreichen Zahlen sprechen auf jeden Fall s e h r gegen die Annahme, daß sich der Mörder von der Todesstrafe abschrecken lasse. Aber wir müssen uns, um zu einem Bild zu kommen, auch wenn der Herr Kollege Ewers die Kriminalstatistik nicht für sehr überzeugend hält, auf die Zahlen verlassen. Wie waren die Verhältnisse in den Ländern, die die Todesstrafe abgeschafft oder sie zeitweise beseitigt haben? Wie waren die Verhältnisse in den Ländern, in denen für bestimmte Gebiete die Todesstrafe galt und für andere nicht? Da gibt es ein ganz umfassendes Material, mit dem sich auch der Rechtsausschuß, wenn die Anträge an ihn überwiesen werden, befassen wird. Alle diese ganz eingehenden Untersuchungen kommen zu dem Ergebnis, daß eine Beeinflussung der Mordziffer durch das Vorhandensein oder Fehlen der Todesstrafe nicht feststellbar ist. Natürlich sagt man: Da wirken wieder andere Faktoren mit, die man nicht kennt und die sich dauernd ändern, niemand könne daher sagen, inwieweit die relative Konstanz der Mordziffer vor oder nach der Aufhebung der Todesstrafe als Folge dieser Maßnahme gewertet werden könne. Das ist an sich richtig; aber man müßte doch zumindest zu dem Schluß kommen können, daß, wenn die Todesstrafe beseitigt worden ist, eine Verschlechterung eingetreten wäre, es sei denn, daß sich damals die übrigen Faktoren nur günstig entwickelt haben, was aber doch nicht anzunehmen ist.
Gerade in Ländern, bei denen die Einzelstaaten nur teilweise die Todesstrafe kennen, müßte die Abschreckung besonders wirksam werden, z.B. in der Schweiz. Die Schweiz hat Zeiten mit und ohne Todesstrafe gehabt. Vielleicht darf ich mich auf eine Erklärung des Eidgenössischen Justiz- und Polizeidepartements von 1949 berufen, in der ausdrücklich festgestellt wird: „Eine Zunahme der Morde seit dem Inkrafttreten des Schweizerischen Strafgesetzbuches vom Jahre 1942, durch das die Todesstrafe abgeschafft wurde, ist nicht

feststellbar.“ Die einzelnen Kantone in der Schweiz haben die gleiche Feststellung getroffen.
Vielleicht darf ich auf eine interessante Untersuchung für die USA aus dem Jahre 1946 hinweisen. Als Maßstab für die Kriminalitätsstatistiken nimmt man eine Zahl, die von 100 000 Strafmündigen ausgeht. Danach hat sich für die Staaten der USA mit Todesstrafe im Jahre 1946 eine Mordkriminalitätsziffer von 1,49 ergeben, für die Staaten ohne Todesstrafe eine solche von nur 0,51, also von einem Drittel. (*Zuruf rechts.*)
– Nun, man darf das nicht verallgemeinern; (*erneute Zurufe rechts*) aber es sind doch immerhin wichtige Indizien.
Ich will aus dem reichen Material die Entwicklung in Deutschland kurz darstellen. Die Kriminalitätsziffer im Jahre 1883 war 0,48; das ist der Höchststand zwischen 1882 und 1914. Sie betrug 1908 nur 0,18 – der tiefste Stand zwischen 1882 und 1914; ich brauche Ihnen nicht zu sagen, warum –, 1921 0,50 – der höchste Stand zwischen 1918 und 1933 –, dann 1929 0,14, der tiefste Stand zwischen 1918 und 1933; Sie wissen, daß da wirklich die wirtschaftlichen und sozialen Verhältnisse ausschlaggebend waren.
Nun einige Zahlen aus der letzten Zeit. Es ist ein bißchen schwierig, richtige Zahlen zu geben, weil wir besonders für die Jahre vor 1947 keine umfassenden Feststellungen treffen konnten. An Fällen von Mord und Totschlag einschließlich des Versuchs sind bekanntgeworden: im Jahre 1947: 1252, 1948: 985, 1949: 855, 1950: 847, 1951: 805; also eine dauernd fallende Tendenz. Es ist vielleicht interessant, wieviele von diesen Fällen aufgeklärt werden konnten: von den 1252 im Jahre 1947: 861, von den 985 im Jahre 1948: 743, von den 855 im Jahre 1949: 689, von den 847 im Jahre 1950: 751 und von den 805 im Jahre 1951: 732, also auf jeden Fall nach diesen Feststellungen eine fallende Tendenz seit dem Inkrafttreten des Grundgesetzes.
Keinesfalls kann man behaupten, daß seit der Abschaffung der Todesstrafe im Jahre 1949 eine ungünstige Wirkung eingetreten wäre. Bei der ersten Debatte in diesem Hause habe ich erklärt: „Sprechen wir in zwei oder zweieinhalb Jahren wieder.“ Es ist richtig, daß wir das tun; aber wir werden zu dem Ergebnis kommen, daß sich unsere Erkenntnis seit dieser Zeit nicht zum Negativen entwickelt hat.
Interessant sind nun diese Zahlen vor allem, wenn man sie mit der anderen Kriminalität vergleicht. Während die Mordziffer und überhaupt die Tötungsziffer ständig im Fallen sind, sind andere Delikte gegen die Person – die Körperverletzungen und vor allem die Sittlichkeitsdelikte – im Steigen. Ein doppelter Beweis dafür, daß die Abschaffung der Todesstrafe in Wirklichkeit nicht geschadet hat. Seit 1947 sind die Tötungsdelikte die einzigen unter den Delikten gegen die Person, die eine fallende Tendenz haben, während im

übrigen die Tendenz steigend ist, wenn es auch teilweise mit der besseren kriminalistischen Erfassung zusammenhängt. Ich glaube, man kann über dieses Tatsachenmaterial der Statistik nicht hinwegkommen.

Es gibt noch viele andere Faktoren, die mitspielen. Man muß natürlich die Tötungsdelikte nach ihrem Hintergrund unterscheiden, Dinge, die man statistisch nicht erfassen kann. Wir wissen doch – so weit ist unsere Psychologie forgeschritten –, daß Menschen, die einen Mordentschluß fassen, sich in einer besonderen psychischen Verfassung befinden. Es ist charakteristisch, daß die meisten Mörder jünger sind als 30 Jahre, daß sie also zum größten Teil keine gefestigten Menschen sind, sondern daß sie aus irgendeinem Affekt heraus handeln. In England ist in den letzten Tagen jemand hingerichtet worden, der die Frau, die ihn verschmäht hat, niedergestochen hat.

Daß die Mörder im allgemeinen unter einem besonderen seelischen Druck stehen, das ist doch zweifelsfrei. Wenn in einer bestimmten Zeit der größere Teil der Mörder, wie ich Ihnen vorhin dargelegt habe, Selbstmord begangen hat, dann wissen Sie, in welcher abnormen Verfassung diese Menschen standen. In einer solchen Verfassung kalkuliert man nicht, was einem droht, was man zu erwarten hat. Natürlich gibt es eiskalte Rechner, Raubmörder. Es gibt Berufsverbrecher, die die Todesstrafe gewissermaßen als Berufsgefahr einkalkulieren. Das sind exzeptionelle Fälle, die man bei einer Erörterung auch berücksichtigen muß. Aber im allgemeinen wird man nicht feststellen können, daß die Todesstrafe auf den Mörder abschreckend wirkt. Ich habe schon darauf hingewiesen, daß es im Gegenteil durchaus möglich ist und von vielen Psychologen unterstellt wird, daß gerade durch die Todesstrafe die Bestie im Menschen geweckt und zu ihrer Tat geführt wird. Der Umstand, daß die Todesstrafe nicht mehr öffentlich vollstreckt wird, ändert an dieser Erkenntnis gar nichts; denn die Vorstellung von der Hinrichtung ist genau so lebendig wie der physische Aspekt dieses Vorganges.

Ein anderes Argument für die Todesstrafe will ich nicht außer acht lassen: daß nur diese Strafe die Sicherheit vor neuen Verbrechen dieses Täters biete. Mit dieser Erwägung kann man beinahe für alle schweren Verbrechen die Todesstrafe fordern, und wir würden am Ende wieder zu gewissen politischen Erwägungen der nationalsozialistischen Zeit kommen, die in der Ausdehnung der Todesstrafe immer weiter ging und schließlich verlangte, daß jede Handlung, die die Sicherheit des Volkes gefährde, mit dem Tode gesühnt werde. Diese Erwägungen wären ja auch nur richtig, wenn man sagen könnte, daß bei den Mördern wirklich eine ernste Wiederholungsgefahr gegeben ist. Ich will das nicht vertiefen. Auch hier sprechen die Statistiken eine deutliche Sprache. Sie zeigen, daß die Mehrheit der Mörder überhaupt noch nicht

vorbestraft war, sondern erstmalig straffällig wurde, bei Frauen sogar 80 bis 85 % noch nicht mit dem Strafgesetzbuch in Kollision gekommen waren.
Es wird weiter geltend gemacht, wer zum Tode verurteilt worden sei, habe keine Hemmung mehr, eine ähnliche Handlung zu begehen. Die Erfahrungen unseres Strafvollzuges sprechen dagegen. Ich habe vorhin schon darauf hingewiesen, daß die Erfahrung mit lebenslänglich Verurteilten im allgemeinen gut ist. Ich will dabei nicht verhehlen, daß die Meinung mancher Beamter, die im Strafvollzug stehen, anders ist und daß auch von dieser Seite der Ruf nach Wiedereinführung der Todesstrafe kommt.
Wenn man sich schon auf das Gebiet der Argumentation begibt, muß man auch auf die Gefahr hinweisen, die in der Todesstrafe liegt. Der Schuldiggewordene wird, wenn ihm der Tod droht, vor seiner Verhaftung alles aufwenden, um sein Leben zu retten. Er wird also die Polizei und alle diejenigen, die ihn verfolgen, viel mehr gefährden, als wenn nur die Drohung mit lebenslänglichem Zuchthaus vor ihm steht.
Die Kosten des Strafvollzuges können hier keine Rolle spielen. Das muß man, glaube ich, auch in aller Öffentlichkeit sagen, weil gerade die Volksmeinung von diesen Gedanken sehr bewegt wird. Man kommt mit einer derartigen Betrachtung doch sehr in die Nähe der Vernichtung des lebensunwerten Lebens, der Vergasung von Geisteskranken und zu ähnlichem.
Der andere Gesichtspunkt: Todesstrafe ist irreparabel, ist nicht leicht zu nehmen, meine Damen und Herren. Der Gesetzgeber schuf das Wiederaufnahmeverfahren, weil er weiß, daß keine Justiz vollkommen ist, weil er weiß, daß in jedem Verfahren Mängel liegen können, da das Einsichtsvermögen des Gerichts menschlich beschränkt ist. Soll ausgerechnet bei der Strafe, die nicht rückgängig gemacht werden kann, diese Möglichkeit, im Wiederaufnahmeverfahren ein Urteil zu kassieren, ausgeschlossen werden?
Man weist teilweise darauf hin, daß man Härten ja im Gnadenverfahren beseitigen könnte. Das ist sehr schwer möglich, meine Damen und Herren. Der für den Gnadenentscheid Zuständige ist auf die Akten mit ihren beschränkten Möglichkeiten angewiesen.
Damit kommen wir noch auf andere Zusammenhänge, die auch beim Gnadenerweis eine Rolle spielen können. Man sagt, man solle nur hinrichten, wenn der Verurteilte geständig sei. Das ist ein sehr schwerwiegendes Problem, meine Damen und Herren. Wer lange Zeit in der Rechtspflege gestanden hat, ist voller Skepsis gegenüber dem Geständnis. Wir wissen, daß es Geständnisse von pathologischen Persönlichkeiten aus einer Sucht zur Selbstbezichtigung gibt, und wir wissen, wie Geständnisse oft zustande kommen. Bedenken bestehen hier immer. Es ist ein Grundprinzip der deutschen Strafrechtspflege, daß niemals ein Geständnis allein zur Verurteilung führen kann, sondern daß

der Richter verpflichtet ist, sich unabhängig davon seine Überzeugung zu bilden. Wenn man diesen Gesichtspunkt anerkennen wollte, würde das außerdem dazu führen, daß der reumütig Geständige mit dem Tode rechnen muß, während der, der hartnäckig leugnet, seinen Kopf retten würde.

Eine Differenzierung nach Indizienbeweis und nach Zeugenbeweis scheint mir ebenfalls nicht möglich. Die Praxis weiß, daß der Zeugenbeweis wohl das schlechteste Beweismittel ist. Ich will das nur andeuten und mir Einzelheiten ersparen. Es wäre dazu vieles zu sagen.

Nur vielleicht ein Gesichtspunkt noch: Es gibt eine Reihe von Fällen, in denen festgestellt worden ist, daß hingerichtete Mörder in Wirklichkeit unzurechnungsfähig waren. Die Psychiater werden Ihnen sagen, daß sie sich hüten werden, mit apodiktischer Sicherheit die Zurechnungsfähigkeit, d. h. die Schuld, eines Mörders festzustellen.

Wenn ich für die Diskussion drei Thesen aufstellen darf:

Die Abschreckungswirkung der Todesstrafe ist überaus zweifelhaft.

Der Sicherheitsgedanke kann nach meiner Meinung die Todesstrafe nicht rechtfertigen.

Die Gefahr von Justizirrtümern ist nicht auszuschließen.

Ich habe versucht, die Dinge möglichst objektiv darzustellen. Natürlich ist meine Meinung dabei durchgeschlagen. Es wäre ja auch merkwürdig, wenn man in einer so wichtigen Frage nicht zu seiner Ansicht stünde. (*Lebhafter Beifall bei der SPD, bei der FDP und bei Abgeordneten der CDU*)

12.
Der 17. Juni 1953 in Ost-Berlin und der Sowjetischen Besatzungszone

Regierungserklärung von Bundeskanzler Dr. Konrad Adenauer und Rede des Bundestagsabgeordneten Herbert Wehner am 1. Juli 1953

Aus einem Streik der Arbeiter gegen die Lebens- und Arbeitsbedingungen in Ost-Berlin und der Sowjetischen Besatzungszone am 17. Juni wurde ein Volksaufstand gegen die Diktatur und für die Freiheit, der schließlich durch die Rote Armee niedergeschlagen wurde und Hunderte von Menschen das Leben kostete. Bundeskanzler Dr. Konrad Adenauer gab dazu in der 278. Sitzung des Ersten Deutschen Bundestages am 1. Juli 1953 eine Regierungserklärung ab:

Herr Präsident! Meine Damen und Herren! Der Aufstand der deutschen Bevölkerung in Ost-Berlin und der sowjetisch besetzten Zone gegen Unfreiheit und Unterdrückung hat die Spaltung Deutschlands wieder in den Brennpunkt der außenpolitischen Auseinandersetzungen gerückt. Was hat sich in Ost-Berlin und der Ostzone ereignet? Nanach Ausbeutung und Terror haben sich die arbeitenden Menschen gegen den sowjetischen Machthaber erhoben und die Wiederherstellung der Menschenrechte gefordert.

Ausgehend von dem Protestmarsch der Bauarbeiter in der Frankfurter Allee, überspringend auf den Ostsektor Berlins und von da aus wie ein Lauffeuer sich ausbreitend über das ganze mitteldeutsche Gebiet, sich immer neu entflammend in Magdeburg, in Jena, in Erfurt, in Leipzig und vielen anderen Städten und kleineren Orten, (*Zuruf von der KPD: Organisierte Propaganda!*) entwickelte sich der Aufstand für Freiheit und Recht, gegen Terror und Unterdrückung, gegen Panzer und Maschinengewehre. (*Beifall in der Mitte und rechts. – Abg. Rische: Und Dollars!*)

Die Sowjets sind durch diesen Ausbruch überrascht worden. Nur mit äußersten Zwangsmaßnahmen ist es ihnen gelungen, der Situation wieder Herr zu werden. (*Abg. Renner: Eine historische Unwahrheit!*) Über die Zahl der Toten und der Verletzten liegen bis heute authentische Nachrichten noch

nicht vor. Sowjetzonale Stellen haben lediglich zugegeben, daß bei dem Juni-Aufstand 25 Personen getötet und 388 Personen verletzt worden seien. Wir haben Grund zu der Annahme, daß nach den Unruhen 62 Todesurteile vollstreckt worden sind. (*Hört! Hört! und Pfui-Rufe von der Mitte.*)
Darüber hinaus sind bisher rund 25 000 Personen verhaftet worden. (*Lebhafte Pfui-Rufe von der Mitte und rechts.*) Diese Toten werden eingehen in die Geschichte des deutschen Volkes. (*Beifall in der Mitte.*) Den Gefangenen versichern wir, daß wir alles in unsern Kräften Stehende tun werden, (*Abg. Reimann: Um den nächsten Krieg zu provozieren!*) um sie so rasch wie möglich aus ihrer schweren Lage zu befreien.
Meine Damen und Herren! Millionen Deutsche haben die Welt aufgerufen, damit die Wiedervereinigung in Freiheit Tatsache werde und damit Brüder und Brüder und Schwestern und Schwestern nach Jahren der Trennung wieder zusammenkommen und das deutsche Haus gemeinsam bauen können. (*Beifall in der Mitte und rechts.*)
Wir haben den Ruf gehört. Die Bundesregierung hat in eindringlichen Botschaften an den Präsidenten der Vereinigten Staaten, den britischen Premierminister und den französischen Ministerpräsidenten den Appell gerichtet, alles in ihren Kräften Stehende zu tun, daß dem deutschen Volk die Einheit und die Freiheit wiedergegeben werden. Unser Appell hat starken Widerhall gefunden. Alle drei Staatsmänner haben sich in voller Übereinstimmung zur Wiedervereinigung Deutschlands in Frieden und Freiheit bekannt und erklärt, daß sie den Grundlinien der an die Sowjets gerichteten Note vom 23. September 1952 folgen werden, die die Wiedervereinigung Deutschlands und die Stellung einer freien gesamtdeutschen Regierung näher umschreiben. Diese Grundlinien stimmen vollständig mit der Entschließung des Bundestages vom 10. Juni dieses Jahres überein, deren Hauptpunkte lauten: Abhaltung freier Wahlen in ganz Deutschland, (*Abg. Renner: Mit welcher Prozentklausel?*) Bildung einer freien Regierung für ganz Deutschland, Abschluß eines mit dieser Regierung frei vereinbarten Friedensvertrages, Regelung aller noch offenen territorialen Fragen in diesem Friedensvertrag, die Sicherung der Handlungsfreiheit für ein gesamtdeutsches Parlament und eine gesamtdeutsche Regierung im Rahmen der Grundsätze und der Ziele der Vereinigten Nationen.
Die Bundesrepublik steht also mit diesen Forderungen nicht allein. Sie ist in dieser Frage eng verbunden mit den Westmächten, die sich erneut zu den Verpflichtungen in den großen Vertragswerken bekennen, in deren Präambel es heißt, daß die Wiederherstellung eines völlig freien und vereinigten Deutschlands auf friedlichem Wege und die Herbeiführung einer frei vereinbarten friedensvertraglichen Regelung ein grundlegendes gemeinsames

Ziel der vertragschließenden Mächte sind. Wir befinden uns in dieser für Europa und für Deutschland so entscheidenden Frage in voller Harmonie mit den drei Mächten. Das ist nicht zuletzt ein Ergebnis der konsequenten Politik der Bundesregierung in den letzten vier Jahren. (*Beifall bei den Regierungsparteien und bei der FU.*)
Meine Damen und Herren, lassen Sie mich aus Anlaß des Aufstandes in Ost-Berlin und der Ostzone über unsere Außenpolitik Rechenschaft geben, unseren Standpunkt im gegenwärtigen Augenblick erhöhter außenpolitischer Aktivität präzisieren und die Ziele zeigen, die uns in der Zukunft für die deutsche Außenpolitik als richtungweisend erscheinen.
Nach der Katastrophe des Jahres 1945 mußte es für jede deutsche Regierung die erste Aufgabe sein, Deutschland wieder einen angesehenen Platz in der Gemeinschaft der Völker zu erringen. Das konnte nur dadurch geschehen, daß alles darangesetzt wurde, Deutschland aus Besatzung und Besatzungsrecht herauszulösen, es aus dem Objekt fremden Willens zum Subjekt eigener politischer Entscheidungen zu machen. Der Weg, meine Damen und Herren, war hart und dornenvoll. Er ist heute infolge der Tatsache, daß die großen Verträge noch nicht in Kraft getreten sind, noch nicht abgeschlossen. Wir dürfen aber, wenn wir den Weg seit Amtsübernahme der Bundesregierung im September 1949 bis heute überschauen, mit Befriedigung feststellen, daß sich unendlich vieles zum Besseren gewendet hat.
Die Bundesrepublik ist heute schon auf den meisten Gebieten der inneren und äußeren Politik tatsächlich Herrin ihrer eigenen Entscheidungen. Das konnte nur erreicht werden, weil wir in zähem Bemühen, Schritt für Schritt, in Geduld und Beharrlichkeit das zerstörte Vertrauen und den verlorenen politischen Kredit durch Leistung – und nur durch Leistung – zurückgewonnen haben. (*Abg. Renner: Leistungen? Vorleistungen!*)
Geholfen und genutzt hat uns auf diesem Wege, daß wir uns vom ersten Tage an entschieden und entschlossen zu der auch aus anderen Gründen zwingend notwendigen europäischen Integration bekannt haben. (*Zurufe von der KPD: Für den Krieg! – Für den Atlantik-Kriegspakt!*)
Hier handelt es sich darum, in freier Zusammenarbeit mit den anderen europäischen Völkern den falschen und übertriebenen Nationalismus, der Ursache und Anlaß so vieler blutiger Kriege in der Vergangenheit gewesen ist, durch Zusammenschluß und Zusammenarbeit an praktischen Aufgaben zu überwinden. (*Zustimmung in der Mitte.*)
Die Meilensteine auf diesem Wege sind der Eintritt der Bundesrepublik in den Europarat, der Abschluß des Vertrags über die Montanunion, der Vertrag über die Europäische Verteidigungsgemeinschaft und nicht zuletzt die Arbeit an der Entwicklung einer europäischen politischen Gemeinschaft, der

Krönung der beiden anderen großen Zusammenschlüsse. (*Zuruf von der KPD: Und die Kriegsprovokation in Berlin! – Abg. Renner: Und der Besuch in Werl bei den Kriegsverbrechern!*) Auch dieser Weg ist mühsam und schwer.

Auf diesen Wegen, die wir einschlugen, um aus Deutschland einen gleichberechtigten und gleichverpflichteten Partner der freien Welt zu machen und ein neues, wirtschaftlich und politisch starkes Europa zu schaffen, ist uns leider die Opposition nicht gefolgt. Ohne uns je zu sagen, wie man es anders oder besser machen könnte, (*Lachen bei der SPD – Zurufe links – Abg. Renner: Jetzt kommt die Wahlrede! – Unruhe – Glocke des Präsidenten*) hat sie jeden Schritt, den die Bundesregierung und die Mehrheit des Bundestages getan haben, um Deutschland dem geschilderten Ziele näherzubringen, mit negativer Kritik begleitet. (*Zustimmung bei den Regierungsparteien. – Zurufe von der SPD.*)

Ich brauche nur an die Tage des Petersberger Abkommens zu erinnern, (*Beifall bei den Regierungsparteien*) das die erste Etappe auf dem Wege zur Lösung der Besatzungsfesseln und zur Befreiung der deutschen Wirtschaft von Zerstörung durch Demontagen bedeutete. (*Zuruf von der KPD: Das ist ja kalter Kaffee!*)

Mit diesem Abkommen haben wir eine große Zahl bedeutender deutscher Industriewerke gerettet; mit diesem Abkommen sind auch die Fesseln gesprengt worden, die den deutschen Schiffbau zum Erliegen gebracht hatten. (*Sehr gut! in der Mitte.*)

Dieses Abkommen war der Ausgangspunkt für weitere zähe Verhandlungen der Bundesregierung um die Freigabe weiterer bedeutender Werke und ganzer Industriezweige. Wenn heute Watenstedt-Salzgitter, (*Zurufe von der KPD: Aha!*) von dem direkt oder indirekt 80 000 Menschen leben, wieder arbeitet, so hat die Bundesregierung daran einen entscheidenden Anteil. (*Lebhafter Beifall bei den Regierungsparteien. – Zuruf von der SPD: Sie sollten sich nicht mit fremden Federn schmücken! – Weitere Zurufe links.*)

Trotz der Widerstände der Opposition haben wir uns nicht beirren lassen. Eine spätere Zeit wird erst voll würdigen können, daß die Bundesregierung sich in diesen schweren Jahren entschlossen von falschen Ressentiments freigemacht hat und den Weg des Maßhaltens und der Verständigung mit anderen Mächten gegangen ist. (*Beifall bei den Regierungsparteien. – Abg. Niebergall: Uralstürmer Hallstein! – Weitere Zurufe links.*)

Das Ergebnis dieser Politik ist, daß sich die Beziehungen der Bundesrepublik zu der ganzen freien Welt nicht nur normalisiert, sondern freundschaftlich gestaltet haben. Wir können damit rechnen, daß, wie Botschafter Conant gestern vor der Presse ausgeführt hat, die Beziehungen zu den drei

Westmächten noch vor dem Inkrafttreten der Vertragswerke soweit wie möglich normalisiert werden. (*Bravo! bei der FDP.*) An dieser Entwicklung haben die Hohen Kommissare dank ihrer Umsicht und Tatkraft ein großes Verdienst.

Der Zusammenschluß der freien Völker Westeuropas, zu dem die Bundesrepublik einen so wesentlichen Beitrag leistete, hat an Stelle des desorganisierten Europas nach 1945 eine kraftvolle Gemeinschaft ins Leben gerufen. Dieser Zusammenschluß ist – das ist meine feste Überzeugung – ein entscheidender Grund für die Taktik, die die sowjetische Politik seit dem Tode Stalins entwickelt hat. (*Zustimmung in der Mitte.*)

Denn wenn es etwas gab, das den Sowjetrussen klarmachte, daß sie mit den Mitteln des Kalten Krieges die europäische Welt nicht unterminieren und von ihr Besitz ergreifen können, so war es der Zusammenschluß der europäischen Völker in den genannten Gemeinschaften. (*Zustimmung in der Mitte und bei der FDP.*) Es ist also auch ein Erfolg unserer Außenpolitik, wenn wir heute die Möglichkeiten einer Viererkonferenz vor uns sehen, die die Lösung der Frage der deutschen Wiedervereinigung erbringen soll. (*Beifall bei den Regierungsparteien. – Zurufe links.*)

Es ist nicht nur falsch, sondern auch gefährlich, wenn unrealistische Politiker heute fordern, daß die europäischen Zusammenschlüsse zurückgestellt oder gar aufgegeben werden. (*Sehr richtig! bei den Regierungsparteien.*) Ganz und gar unrealistisch ist es – und den Interessen Deutschlands abträglich –, wenn sogar geäußert wird, die Verträge seien tot. (*Zurufe von der SPD: Sind auch tot! – Abg. Dr. Greve: Siehe Reinhold Maier!*) Glaubt man, daß man damit Deutschland bei den Verhandlungen mit den Sowjets nützt? (*Sehr richtig! in der Mitte.*)

Gerade die Bevölkerung der Ostzone, die so tapfer den sowjetischen Machthabern die Stirn bot, (*Zuruf links: Ohne Adenauer!*) hat uns in den letzten Tagen immer wieder sagen lassen, daß wir uns der starken Position nicht begeben möchten, die unsere Partnerschaft mit der freien Welt bedeutet (*Beifall in der Mitte und rechts. – Zuruf von der KPD: Ist nicht möglich!*) und die allein auch für das Volk Ost-Berlins und der Ostzone schließlich die Wiedervereinigung zu gewährleisten vermöge. (*Abg. Niebergall: Das ist ein Kaiser-Märchen!*)

Im Mittelpunkt unseres Programms für die Wiedervereinigung Deutschlands stehen freie Wahlen. (*Abg. Niebergall: Ja, 5%-Klausel, 10%-Klausel!*) Sie sind in der Tat die zentrale Frage. Wir werden in ganz Deutschland keine allgemeine und persönliche Freiheit erringen, solange nicht frei gewählte Vertretungen eine kontinuierliche demokratische Politik entwickeln und führen können. Die deutsche Politik soll auf dem Willen des Volkes beruhen

und nicht auf Willkür und Launen totalitärer Machthaber. (*Beifall in der Mitte und rechts.*) Freie Wahlen können aber nur in geordneten freiheitlichen Verhältnissen abgehalten werden. (*Zuruf von der KPD: Unter Adenauer!*) Die Bundesregierung wird sich bemühen, folgendes Sofortprogramm zu verwirklichen: Öffnung aller Zonenübergänge, Aufhebung des Sperrstreifens und der evakuierten Zone, Freizügigkeit aller Deutschen in ganz Deutschland, (*Beifall in der Mitte und rechts*) Presse- und Versammlungsfreiheit, (*Zurufe von der KPD: Ja, ja! Wo denn? Auch bei uns?*) Zulassung der Parteien, (*Abg. Niebergall: Pharisäer seid ihr!*) Schaffung demokratischer Rechtsformen zum Schutze des Menschen gegen Willkür und Terror. (*Zustimmung bei den Regierungsparteien.*)
Unsere Pläne für die Zeit nach der Wiedervereinigung sind fertiggestellt. Besondere Arbeitsausschüsse haben Sofortmaßnahmen für den Tag der Wiedervereinigung vorbereitet. Es sind Vorarbeiten geleistet für die Versorgung mit Lebensmitteln, (*Abg. Renner: Aha!*) Kohle, Eisen, Stahl und Energie. Ferner sind die notwendigen Maßnahmen auf den Gebieten des Arbeitsmarktes, der Währung, der sozialen Versorgung und des Verkehrs festgelegt worden.
Wie können wir in diesem entscheidenden Stadium auf den Rat und die Mitwirkung der Deutschen in Ost-Berlin und der sowjetisch besetzten Zone verzichten? (*Zuruf von der KPD: Die Bankiers warten schon!*) Es wäre zu begrüßen, wenn der neue Bundestag sich entschlösse, ihre berufenen Vertreter in dieses Haus aufzunehmen. (*Beifall in der Mitte.*) Sie sollen und müssen teilnehmen an unserer Arbeit bis zu dem Tage, an dem ganz Deutschland frei eine Nationalversammlung wählt. (*Abg. Rische: Syngman-Rhee-Parlament!*)
Man sagt uns, daß die Sowjets mit ihrer Politik der kleinen Zugeständnisse eine echte Entspannung einleiten wollen. Nun, meine Damen und Herren, es gibt etwas, das ihre Aufrichtigkeit beweisen könnte. Mögen sie zunächst alle jetzt Gefangenen, dann aber auch unsere Kriegsgefangenen, die Verschleppten und politischen Häftlinge freigeben, viele Hunderttausende, die seit Jahren in Sowjetrußland auf den Tag der Freiheit warten. (*Beifall in der Mitte und rechts und bei Abgeordneten der SPD. – Abg. Renner: Ihr solltet euch endlich einmal auf eine Zahl einigen!*)
Was ich gesagt habe, ist nichts anderes (*Abg. Niebergall: Als Lüge!*) als die normalen Voraussetzungen, die notwendig sind, um ein friedliches Zusammenleben innerhalb eines Volkes und zwischen den Völkern zu gewährleisten. (*Sehr gut! bei den Regierungsparteien.*) Wir wünschen dieses friedliche Zusammenleben mit allen unseren Nachbarn, auch mit der Sowjetunion. (*Abg. Kunze: Sehr richtig!*) Wie unserem Volke, so wünschen wir auch dem

russischen Volke Wohlfahrt und Sicherheit. (*Abg. Niebergall: Deshalb die Hetze, was!*)

Wenn die sowjetrussische Regierung die Auffassung vertritt, daß durch die Bildung der Europäischen Gemeinschaft die Sicherheit Rußlands bedroht werde, so kann ich dazu nur folgendes erklären: Die Europäische Gemeinschaft wie auch die anderen Zusammenschlüsse der freien Welt dienen ausschließlich der friedlichen Zusammenarbeit und tragen rein defensiven Charakter. (*Abg. Renner: Ein Witz mehr!*) Die Tatsache, daß die militärischen Kräfte und die Rüstung beschränkt und kontrolliert bleiben, ist ein wesentliches Moment der Festigung und Erhaltung des Friedens in Europa. Ein solches System kann einen vernünftigen Ausgleich mit der Sowjetunion nur fördern. (*Sehr richtig! bei den Regierungsparteien.*

Wenn ein System der Rüstungsbeschränkungen in weltweitem Maßstab verwirklicht werden könnte, so würden damit, wie Präsident Eisenhower in seiner denkwürdigen Rede vom 16. April dieses Jahres ausgeführt hat, die Mittel frei, um auch den bedürftigen Völkern den Weg zu Wohlstand und zu einem besseren Leben zu öffnen.

Da die Teilung Deutschlands ein Ergebnis des Ost-West-Konflikts ist, setzt die Wiedervereinigung die Entspannung dieses Konflikts voraus. Wiedervereinigung und europäisches Zusammenleben sind notwendige Teile ein und derselben Politik. (*Sehr gut! in der Mitte.*)

Wenn die Bundesregierung und die Mehrheit des Bundestages in den letzten vier Jahren diese Politik verfolgt haben, so erfüllten sie damit den Auftrag, den das Grundgesetz gegeben hat, nämlich die nationale und staatliche Einheit zu wahren und als gleichberechtigtes Glied in einem vereinten Europa dem Frieden der Welt zu dienen. (*Lebhafter Beifall bei den Regierungsparteien und bei der FU.*)

Auf die Regierungserklärung von Bundeskanzler Dr. Konrad Adenauer erwiderte der sozialdemokratische Bundestagsabgeordnete Herbert Wehner:

Herr Präsident! Meine Damen und Herren! Nachdem der Herr Bundeskanzler in einer Erklärung dazu angesetzt hat, die Ereignisse, die Mitte dieses Monats in der sowjetisch besetzten Zone und im Ostsektor Berlins zum Ausbruch gekommen sind, zum Anlaß eines Rückblicks auf die Außenpolitik der Bundesregierung zu machen, läge es – wenn es nur darauf ankäme, in diesem Hause in Rede und Gegenrede abzumessen, was getan oder versucht worden ist – nahe, auf diesen Versuch einzugehen. Ich vermisse allerdings, daß der Herr Bundeskanzler den Versuch, den er weit zurückgreifend begonnen hat, auch weitergeführt hat. Ich muß sagen, der Versuch wirkte doch mehr als eine Bekundung dessen, was der Chef der Bundesregierung im Lichte der gegenwärtigen Ereignisse über seine bisherige Politik sagen wollte, (*Sehr richtig! bei der SPD*) damit es in dem Zusammenhang gesehen werden möge. Der Sprung hin zu Erklärungen, die der Herr Bundeskanzler hier über die innere Vorbereitung und Bereitschaft auf den Tag nach der Wiedervereinigung gegeben hat, scheint mir ein wenig sehr weit zu sein. (*Abg. Renner: Es war dankenswert, daß er etwas gesagt hat! – Zuruf von der Mitte: Schreiben Sie doch einen Kommentar dazu!*) Die Erklärung, daß die Pläne für die Wiedervereinigung festgesetzt und festgestellt, die Pläne für die Versorgung fertig seien und daß es eigentlich nur noch darauf ankomme, den Tag zu erleben, müßte bei ernster Betrachtung wesentlichen Korrekturen unterzogen werden.

Der Herr Bundeskanzler hat es für richtig gehalten, schon am Anfang zu erklären, die Opposition sei in den Fragen seiner Europapolitik einen anderen Weg gegangen und habe lediglich negative Kritik geübt, um am Schluß diese Art der Europapolitik, die Politik der Integration mit den Ländern – auch mit den beiden Ländern, die die stärksten kommunistischen Parteien in Westeuropa und die die am wenigsten stabilen Regierungen haben – (*Sehr richtig! bei der SPD*) als das notwendige Begleitstück zur Politik der Wiedervereinigung hinzustellen. (*Abg. Renner: Also auch Adenauers Geheimmitarbeiter!*)

Wir meinen, daß mit dem Aufstand der Arbeiter der meisten Betriebe der Großindustrie fast aller Städte der sowjetisch besetzten Zone und Ost-Berlins ein neues Stadium im Ringen um die Wiedervereinigung Deutschlands begonnen worden ist. Die Arbeiter der sowjetisch besetzten Zone haben mit ihrem Freiheitsmarsch, mit ihren Streiks in einem waffenlosen Aufstand gegen ein ihnen unerträglich gewordenes Regime im Ringen um die Wiedervereinigung diesen neuen Abschnitt eingeleitet. (*Sehr gut! bei der FPD.*)

Alle neigen sich in Ehrfurcht vor den Opfern. Darüber dürfte es keine Meinungsverschiedenheiten geben. Aber man muß in Sachlichkeit über die politischen und diplomatischen Folgerungen sprechen können, die sich aus diesem gewaltigen Ereignis, sicher dem gewaltigsten seit vielen Jahren, ergeben. (*Zuruf rechts: Na, dann mal los!*)

– Man sollte, verehrter Herr Zwischenrufer, etwas Respekt haben vor den Anschauungen anderer, vor den Anschauungen einer politischen Partei – auch wenn sie zu Ihnen in Opposition steht –, die doch Fleisch vom Fleisch der mitteldeutschen Arbeiter ist. (*Lebhafter Beifall bei der SPD.*)

Die Einheit Deutschlands – und ich meine, das ist das Wesentliche, was durch diesen Aufstand manifestiert wurde – ist ein elementares Anliegen, das nicht durch Konstruktionen und Pläne nach mehr oder weniger fremden Interessen verschoben werden kann. (*Abg. Dr. Bucerius: Was soll das heißen?*) Diese Pläne beruhten auf der Vorstellung – ich will damit nicht sagen, daß alle, die solche Pläne gemacht haben, die Teilung Deutschlands wünschten –, als sei diese Teilung für lange Zeit unabänderlich. (*Widerspruch in der Mitte und rechts.*) Diese Pläne sind heute nicht nur gefährlich, sondern wirklichkeitsfremd. Das haben die Arbeiter mit ihrem Aufstand in der sowjetisch besetzten Zone gezeigt.

Zweitens: Die deutsche Politik und die Politik des ganzen Westens müssen unserer Meinung nach auf Grund des Aufstands der Arbeiter in Mitteldeutschland und in Ost-Berlin zum Ausgangspunkt ihrer Bemühungen und Handlungen das unbestreitbare Bedürfnis und den Willen der Bevölkerung dieser besetzten Teile Deutschlands nehmen. Das heißt, das sind die Kräfte, die uns antreiben müssen, das Äußerste mit den Mitteln der Politik und Diplomatie zu versuchen, damit wir die Leidenszeit dieser unserer Mitmenschen abkürzen und damit ihrem Anliegen gerecht werden. (*Abg. Dr. Schäfer: Das ist doch selbstverständlich!*)

Und drittens: Mit Bezug auf Deutschlands Teilung oder Einheit kann in Zukunft nicht mehr über Deutschland, sondern muß mit Deutschland verhandelt werden. Ich glaube, daß diesem gemeinsamen Anliegen die gewaltigen Aktionen der arbeitenden Menschen der sowjetisch besetzten Zone und Berlins einen entscheidenden Dienst getan haben. (*Sehr gut! bei der SPD. – Abg. Dr. Schäfer: Darin sind wir alle einig!*)

Die Arbeiter der sowjetisch besetzten Zone – das kann man nicht nur erraten, sondern das sagen sie, das schreiben sie, und sie wünschen, daß es bekannt wird – wollen nicht beklagt sein und bedauert werden, sondern was sie wollen, ist eine deutsche Politik, auf die das, was sie getan haben und trotz Standrecht noch weiter tun, Einfluß ausübt.

Die Träger der deutschen Politik, wir alle, schulden den Arbeitern der sowjetisch besetzten Zone und Ost-Berlins Dank dafür, daß sie es uns – sogar mit viel Blut – bestätigt haben, daß wir ein Mandat haben, die Besatzungsmächte zu drängen und immer wieder zu drängen, jede sich bietende Chance zur Wiedervereinigung Deutschlands in Frieden und Freiheit auszunutzen. (*Beifall bei der SPD.*)

Lassen Sie mich bei dieser Gelegenheit und an dieser Stelle ein Wort zu dem Antrag der Fraktion der SPD sagen, der in der Form eines Gesetzentwurfs in drei Paragraphen gefaßt ist:

§ 1

Der 17. Juni ist der deutsche Nationalfeiertag.

§ 2

Der 17. Juni ist Feiertag im Sinne des Gesetzes zur Regelung der Lohnzahlung an Feiertagen vom 2. August 1951.

§ 3

Das Gesetz tritt am Tage nach seiner Verkündung in Kraft.

Es handelt sich – wie es bei solch großen historischen Situationen eben der Fall ist – um ein Zusammentreffen verschiedener Umstände und Faktoren, und man sollte sich nicht zu sehr in Einzelheiten ergehen. (*Abg. Renner: Was ist denn da zusammengetroffen?*)

– Zusammengetroffen ist die Verzweiflung der arbeitenden Menschen, in einer solchen Lage nicht mehr so weiterleben zu können, (*lebhafte Zustimmung bei der SPD und rechts*) mit einer gewissen Unsicherheit des Regimes von Gnaden der Besatzungsmacht.

Es sollte festgehalten werden, was der bankrotte Ministerpräsident eines bankrotten Pankower Regimes vor den Arbeitern im Transformatorenwerk gesagt hat, als er sich eine Woche nach der Verhängung dieses Belagerungszustandes und des Standrechts mit ihnen auseinandersetzen wollte. Er sagte wörtlich:

> Die gegenwärtige Situation ist das Ergebnis einer fehlerhaften Politik unserer Partei – *d. h. der SED* – und der daraus resultierenden falschen politischen, wirtschaftlichen und kulturellen Maßnahmen durch die Regierung. Das ist – *so betont er* – vollkommen klar.

Und weil es noch nicht genügend klar war, wurde auch noch betont, mit dieser Politik der SED und ihrer Blocksatellitenparteien habe man zu den bereits gegebenen neue Hindernisse gegen die Wiedervereinigung Deutschlands errichtet. (*Hört! Hört! bei der SPD.*)

> Diese Kluft – *so sagt Herr Grotewohl* – bildete eine Trennung zwischen den deutschen Menschen, so daß in der Tat ein praktisches Ergebnis in der wichtigsten Frage unserer Politik, nämlich in der Herstellung der Einheit Deutschlands, unterbrochen und geschädigt wurde.

Das ist immerhin wert, festgehalten zu werden, wenn es um die Feststellung historischer Tatbestände geht. (*Zuruf von der KPD: Er hat aber auch noch mehr gesagt!*)

Die Frage ist: Wofür zogen denn die Arbeiter in einer für normale Berechnungen aussichtslos erscheinenden Lage und Kräfteverteilung in den Kampf? Aus zahlreichen Berichten, die ich von einzelnen und von Gruppen aus Ost-Berlin und aus der Zone bekommen habe, habe ich die Forderungen herausgezogen, für die die Arbeiter marschiert sind, nachdem sie es in ihren Betriebsversammlungen beschlossen hatten, so, wie man's sie gelehrt hat, z. B.: „Wir brauchen keine SED-Stadtverwaltung mehr!“ – „Weg mit dem Spitzbart“, mit Ulbricht, das war überall die Forderung. Dieses Regime ist für sie einfach nicht mehr diskutabel und erträglich. Und dann die schweren wirtschaftlichen Sorgen! „HO macht uns k.o.“ (*Abg. Renner: Deshalb haben sie sie angesteckt!*)

Uns genügt nicht, so sagten die Arbeiter in Kirchmöser und forderten es schriftlich, die Abschaffung der Normen. Wir wollen mehr. Wir wollen freie, geheime Wahlen. Wir wollen die Abschaffung der Zonengrenzen. Wir wollen einen höheren Lebensstandard und Abzug der Besatzungsmächte. Wir fordern die Freilassung – das kehrt in fast allen Entschließungen wieder – der verhafteten Kollegen.

Zu den erschütterndsten Erlebnissen gehört ja doch wohl, wie die Arbeiter von Magdeburg, nachdem sie gehört hatten, in Berlin sei man in den Ausstand getreten, erklärten: Wir dürfen sie nicht im Stich lassen. Und sie traten ebenfalls in den Streik in einer Situation, in der sie seit sechs Wochen durch besondere Abgesandte des Politbüros der SED geknebelt und geplagt worden waren wegen ihres angeblichen Sozialdemokratismus, wegen angeblicher Sabotage am Aufbauwerk. Und die erste Tat der Magdeburger war die Befreiung von 150 politischen Gefangenen aus dem Gefängnis (*lebhafter Beifall bei der SPD*) und das Einsperren der Wachmannschaften.

Wer es erlebt hat, wird es nicht vergessen, wie die Arbeiter des Hennigsdorfer Stahlwerks in einer Weise, die darauf schließen läßt, daß sie sich der Ungewöhnlichkeit der Situation und ihrer Schritte wohl bewußt waren, Arm in Arm mit entblößter Brust, die meisten in Arbeitskleidung, den langen Marsch von ihrem Werk aus der Zone durch den französischen Sektor bis in den Ostsektor gemacht haben und als es wegen des Standrechts am Nachmittag nicht mehr möglich war, ihre Demonstrationen vor den Regierungsgebäuden fortzusetzen, geschlossen in den Betrieb zurückgegangen sind und dort noch drei Tage unter Standrecht den Sitzstreik durchgeführt haben. (*Beifall im ganzen Hause außer bei der KPD.*)

Das machen doch Menschen nur aus dem Mute der Verzweiflung, gepaart mit einer Kühnheit, die eine Hoffnung in ihnen erweckt hat. Daß es gerade die Arbeiter waren, die in dieser Weise ihren Willen manifestierten, wundert uns nicht. Das ist die Fortsetzung, wenn auch auf Arbeiterart, des Protestes von Hundert- und aber Hunderttausenden, die seit dem Herbst vergangenen Jahres auf ihre Weise – Mittelschichten, Gewerbetreibende –, weil sie der Würgegriff gepackt hat, davongegangen sind, die Unsicherheit eines Flüchtlingsdaseins vorgezogen haben der „Sicherheit“ dort, wirtschaftlich und menschlich kaputtgemacht zu werden. Nun ist diese neue Phase im Arbeiterkampf dazugekommen, wie ihn eben nur diese Schicht der Bevölkerung zur Förderung einer politischen und gesellschaftlichen Entwicklung beitragen kann.

Meine Damen und Herren, es fing an mit dem Kampf gegen die Normenschinderei, mit einem Ausbruch gegen den Hunger. Es verband sich sofort mit dem Eintreten für verfassungsmäßige Verhältnisse gegen eine Regierung, die diese eigene Verfassung verletzt und mit Füßen getreten hat. Und das alles mündete in dieses glühende Bekenntnis, für das in Berlin an einem Tag ein fast hundertprozentiger Generalstreik war und für das in der Zone Hunderttausende unter Lebensgefahr gestreikt haben; in dieses glühende Bekenntnis: Wir wollen nicht mehr in einem gespaltenen Deutschland leben, wir wollen Wiedervereinigung! Das mag etwas sein, das uns berechtigt, mit einem Wort von Karl Marx zum Gedenken an die Juni-Kämpfer von Paris des Jahres 1848 zu sagen: Die Arbeiter sind zwar geschlagen worden, aber sie sind nicht besiegt! (*Lebhafter Beifall im ganzen Hause außer bei der KPD.*) Besiegt sind ganz andere, das wird die Geschichte lehren!

Sehen Sie, meine Damen und Herren: Ich fand es erschütternd, daß immer wieder der Ruf erklang: Wir sind Arbeiter und keine Sklaven! Welches Bewußtsein der menschlichen Würde, der Würde ihrer Schicht! Und das in welchem System! Hier habe ich ein Urteil vor mir, gefällt gegen einen Teilnehmer an den Aufmärschen nach den Tagen des Generalstreiks. Der bekam außer der Freiheitsstrafe unter den sogenannten Sühnemaßnahmen diese aufoktroyiert: Es ist ihm für die Dauer von fünf Jahren nach seiner Freilassung verboten, in einem freien Beruf oder selbständig in irgendeinem gewerblichen Betrieb tätig zu sein, sich an einem solchen zu beteiligen oder dessen Aufsicht oder Kontrolle auszuüben, in nichtselbständiger Stellung anders als ein gewöhnlicher Arbeiter tätig zu sein. Dies das Urteil eines sowjetsektoralen Gerichts: Es ist eine Strafe, als gewöhnlicher Arbeiter tätig sein zu müssen! Das ist die Demaskierung eines Systems, das angab, für die Arbeiter wirken zu wollen! Um so erschütternder dieser Ruf: Wir sind doch Arbeiter und keine Sklaven! (*Lebhafter Beifall im ganzen Hause. – Zurufe von der KPD.*)

Aber welches sind nun die Schlußfolgerungen? Wir haben aus vielen Ländern gehört Bekundungen der Erschütterung, der Verwunderung und der Bewunderung. Überall klingt die Erkenntnis durch: Es handelt sich um eine elementare Kraft! Man muß eine neue Politik inaugurieren, die die Spaltung zu überwinden sucht!

Was weiterhin systematisch und impulsiv weiter betrieben werden müßte:

Eine Erweiterung des Interzonenhandels auf den Sektoren, die in irgendeiner Weise mit der Ernährung im Zusammenhang stehen.

Dritter Vorschlag: Auflockerung und Aufhebung der Sperren an der Zonengrenze entsprechend den Forderungen, die auch der Herr Bundeskanzler kundgegeben hat, und Versuche, zu einem ungehinderten Reise- und Güterverkehr zu kommen.

Viertens: Versuche, zu Aufgliederungen und Teillösungen von Komplexen zu kommen. Was verstehen wir darunter? Wir möchten, daß z. B. in bezug auf die Gefangenen nicht nur die selbstverständliche und sicher allen gemeinsame Forderung nach Freilassung gestellt wird, sondern daß man durch Aufgliederung und Teilforderungen an die Gesamtlösung heranzukommen versucht, und zwar unter Einschaltung der Kommissare und ihres Einflusses. Ich nehme ein Beispiel heraus: die sogenannten Altinternierten, eine Gruppe von rund 12 000 Personen, die seit dem Jahre 1945/46 sitzen und die im achten und neunten Jahr ihrer Haft freigelassen werden müßten. Sie sind zum großen Teil nur noch Wracks. Das wäre ein Beitrag zu dem Versuch, das große Problem der Gefangenen, Internierten und politischen Gefangenen aufzugliedern, nicht um auf die anderen zu verzichten, sondern um zunächst zu versuchen, zu gewissen Teilresultaten zu kommen.

Dasselbe scheint uns in bezug auf die Kriegsgefangenen richtig zu sein. Warum sollte es nicht möglich sein, durch die westlichen Hohen Kommissare dem Kommissar der sowjetischen Besatzungsmacht vorzuschlagen, daß, damit die Vorwürfe über die Bestände, Listen und Register einmal aufhören – soweit das gewünscht wird –, z. B. die sowjetzonalen Stellen mit den bundesrepublikanischen Stellen an der Durchkämmung der Register der Wehrmachtsauskunftsstellen (WAST) mitwirken? Dann wäre es möglich, daß man die eliminiert, die auf beiden Seiten als tot erkannt sind, etwas, was wir heute allein tun, wozu die andere Seite zwar Propagandaverleumdungen liefert, aber nicht dazu beiträgt, daß diese Verzeichnisse ordnungsgemäß auf den Tag geführt werden.

Eine zweite Forderung, die dieses Problem aufgliedert, wäre, uns die Namen der verurteilten und angeklagten deutschen Kriegsgefangenen zu geben, die im Bericht der Sowjetregierung vom September 1951 an die Vereinten Nationen zahlenmäßig als dort befindlich bekanntgegeben worden sind, damit wir wenigstens wissen: Diese Zahl deckt den und den lebenden Personenkreis.

Gewiß, Sie werden sagen: Das sind ja alles keine gewaltigen Dinge. Uns kommt es hier darauf an, zu versuchen, Kontakte herzustellen und zu sehen, ob es Chancen gibt, die allmählich zur allgemeinen Entspannung führen.

Dazu gehören sechstens politische Schritte. Wir meinen a), daß man durch die Hohen Kommissare das Problem, das schon einmal in einem Angebot im September 1951 akut gewesen ist – das Angebot des Berliner Abgeordnetenhauses, das hier unterstützt worden ist, in allen vier Sektoren Berlins freie Wahlen auf der Grundlage der Wahlordnung von Oktober 1946 abzuhalten, was ohne kostspielige und umständliche Apparaturen und Kontrollen möglich wäre –, jetzt wieder aufgreifen und akut machen sollte, damit man zu einer einheitlichen Verwaltung unter demokratischer Kontrolle kommt.

Wir meinen b) eine Einwirkung, die – wenn man so will – als eine sowjetisch-sowjetzonale Vorleistung auf die notwendigen nächsten, größeren Leistungen betrachtet werden muß. Es geht darum, daß die von der SED und ihren Blockparteien diktatorisch und bürokratisch verhängte Verwaltungsreform, durch die die Länder aufgelöst und die Selbstverwaltung der Gemeinden, auch wenn sie nur noch eine Farce war, unter diesem Regime völlig liquidiert wurde, rückgängig gemacht wird. Denn sie fällt ja unter das, was angeblich am Kurs der SED durch die sowjetische Besatzungsmacht hat desavouiert werden sollen. Wir fordern also die Einführung der Selbstverwaltung in den Gemeinden und Kreisen als die Vorbereitung einer anderen Atmosphäre, in der es möglich sein wird, über Viermächtevereinbarungen zu einer Wahl in den vier Zonen und in Berlin zu kommen.

Alles das soll diesem Ziele dienen: auf das Viermächteabkommen hinzuarbeiten durch schrittweise Erleichterung, Lockerung und schließlich Normalisierung.

13.
„Die Bundesrepublik Deutschland ist souverän"

Das Schreiben von Bundeskanzler Dr. Konrad Adenauer und die Erklärungen der Fraktionen am 5. Mai 1955

Vom ersten Tage seiner Regierung an war das Bestreben von Bundeskanzler Dr. Konrad Adenauer darauf gerichtet, die seit der bedingungslosen Kapitulation des Jahres 1945 bestehenden alliierten Souveränitätsrechte abzulösen und wenigstens die Souveränität der Bundesrepublick Deutschland herzustellen. Am 5. Mai 1955 war es soweit. Am gleichen Tage würdigte der Zweite Deutsche Bundestag in seiner 80. Sitzung das Ende des Besatzungsregimes und die Souveränität der Bundesrepublik Deutschland:

Präsident D. Dr. Gerstenmaier:
Meine Damen und Herren, ich habe dem Hause bekanntzugeben, daß der Herr Bundeskanzler der Bundesrepublik Deutschland mir ein Schreiben übergeben hat, das ich dem Haus im Wortlaut zur Kenntnis gebe:

An den
Herrn Präsidenten des Deutschen Bundestages

Sehr geehrter Herr Präsident!

Namens der Bundesregierung mache ich Ihnen, Herr Präsident, und damit dem Deutschen Bundestag folgende Mitteilung.
Die Vertreter der Französischen Republik und des Vereinigten Königreichs haben um 12 Uhr die Urkunden über die Ratifizierung des Deutschlandvertrags und des Truppenstationierungsvertrags hinterlegt. Da die Vereinigten Staaten und die Bundesrepublik Deutschland die Hinterlegung schon vorher vorgenommen hatten, sind die Verträge in Kraft getreten. Das Besatzungsregime ist damit beendet. Die Bundesrepublik Deutschland ist souverän.

Mit vorzüglicher Hochachtung
(gez.) Adenauer

(*Langanhaltender lebhafter Beifall bei den Regierungsparteien.*)

Dr. von Brentano (CDU/CSU):
Herr Präsident! Meine Damen und Herren! Der Herr Bundeskanzler hat soeben dem Deutschen Bundestag bekanntgegeben, daß die Ratifizierungsurkunden des gesamten Vertragswerks von London und Paris heute hinterlegt worden sind. Die Verträge sind damit in Kraft getreten.

Niemand von uns wird sich dem tiefen Eindruck entziehen können, den diese Mitteilung auslöst, und ich stehe nicht an, zu erklären, daß meine politischen Freunde und ich selbst auf das tiefste bewegt sind. Der heutige Tag weckt Erinnerungen an die zurückliegende Zeit. Er erinnert an die Jahre, in denen eine unselige Führung das Ansehen und die Achtung des deutschen Volkes verspielte. Er erinnert an den beispiellosen Zusammenbruch des Jahres 1945, der jede staatliche, wirtschaftliche und soziale Ordnung zerstörte und von dem viele befürchteten, daß er auch die geistige und sittliche Ordnung in seinen Strudel ziehen und vernichten würde. Er erinnert uns an zerstörte Wohnungen und leere Arbeitsplätze, zwischen denen Millionen von Menschen herumirrten, die Haus, Hof und Existenz verloren hatten und von denen viele auch ihre Heimat hatten aufgeben müssen. Er erinnert uns an die Zerreißung unseres Vaterlandes, die bis zur Stunde noch andauert und die es Millionen von deutschen Menschen unmöglich macht, ihre Anstrengungen mit den unseren zu vereinen und an dem Wiederaufbau des gesamten Deutschlands mitzuwirken. Er erinnert aber auch an die mutigen Bemühungen des deutschen Volkes, sich aus diesem Chaos zu befreien und dem deutschen Volke eine neue, demokratische und rechtsstaatliche Ordnung zu geben. In den Teilen unseres Vaterlandes, in denen die Besatzungsmächte die freie Entfaltung der aufbauenden Kräfte unseres deutschen Volkes ermöglichten, ist eine solche neue Ordnung geschaffen worden, die ihren äußeren und sichtbaren Ausdruck in dem Entstehen und in der Entwicklung der Bundesrepublik gefunden hat.

Mit dem heutigen Tage wird der Bundesrepublik Deutschland die souveräne Stellung eines freien und gleichberechtigten Staates zurückgegeben. Damit erlangen wir Rechte. Aber diesen Rechten steht auch die schwere Verantwortung gegenüber, die das deutsche Volk in der Bundesrepublik an diesem Tage auf sich nimmt. Diese Verantwortung wiegt umso schwerer, als wir sie auch tragen müssen für diejenigen, die noch von uns getrennt sind.

Unsere politische Arbeit wird weitergehen. Sie wird unbeirrbar dem gleichen Ziele gelten wie seither: ein freies, wiedervereintes deutsches Volk in Frieden einzugliedern in die Gemeinschaft der freien Völker der Welt. Wir werden unsere Bemühungen vereinigen mit allen denen, die mit uns an die Freiheit glauben und das Recht des Menschen achten. Wir werden alles daransetzen, das Vertrauen zu erhalten und zu stärken, das die freie Welt uns entgegengebracht hat und das einen so sichtbaren Ausdruck in den Verträgen findet.

Ich möchte hier an dieser Stelle und zu dieser Stunde den Regierungen und ihren Vertretern danken, die sich in den Verträgen mit uns zusammengeschlossen haben, und ihnen versichern, daß für das neue Deutschland Verträge nicht politische Instrumente bedeuten, sondern daß wir uns der sittlichen Verpflichtung bewußt sind, die wir auch in diesen Verträgen übernommen haben. (*Beifall bei den Regierungsparteien.*)

Und Ihnen, verehrter Herr Bundeskanzler, möchte ich den tiefen Dank Ihrer Fraktion aussprechen. Seit nahezu sechs Jahren stehen Sie an der Spitze der Regierung der jungen deutschen Bundesrepublik. Unbeirrbar haben Sie daran gearbeitet, dem deutschen Volk das Vertrauen wieder zu verschaffen, das es verloren hatte, ihm Freundschaften zu vermitteln, um es aus seiner Isolierung zu befreien, und Partner zu gewinnen, die mit uns zusammen auch die obersten Ziele unserer Politik verfolgen werden.

Es ist mein aufrichtiger Wunsch, daß unter Ihrer Führung, Herr Bundeskanzler, dem ganzen deutschen Volk das zurückgegeben wird, was heute durch die Verträge der Bundesrepublik anvertraut wird. (*Beifall bei den Regierungsparteien.*) Mit diesem Dank, verehrter Herr Bundeskanzler, verbinde ich die Versicherung aufrichtiger Mitarbeit auch für die schweren Aufgaben, die noch vor Ihnen, die noch vor uns allen liegen. (*Lebhafter Beifall bei den Regierungsparteien.*)

Ollenhauer (SPD):
Herr Präsident! Meine Damen und Herren! Im Namen der sozialdemokratischen Bundestagsfraktion möchte ich folgende Erklärung abgeben:

Für das deutsche Volk bietet die Ablösung des bisherigen Besatzungsrechts im Geltungsbereich des Grundgesetzes keinen Anlaß zum Feiern. Die der Bundesrepublik mit den Pariser Verträgen zuerkannte politische Bewegungsfreiheit ist schwerwiegend eingeschränkt durch die Verpflichtungen zur Leistung eines militärischen Beitrags im Rahmen des Nordatlantikpakts und durch in Vertragsrecht umgewandeltes bisheriges Besatzungsrecht. Deutschland ist nach wie vor gespalten. Von der Souveränität Deutschlands kann erst die Rede sein, wenn Deutschland in Freiheit wiedervereinigt ist. (*Beifall bei der SPD.*)

Dieses Ziel zu erreichen, bleibt die vordringlichste politische Aufgabe des ganzen deutschen Volkes. (*Lebhafter Beifall bei der SPD.*)

Um der Bevölkerung der DDR den Fluchtweg nach West-Berlin und in das Bundesgebiet abzuschneiden, riegelte die DDR am 13. August 1961 durch den Bau der Mauer Ost-Berlin von West-Berlin ab. Die Empörung in Deutschland und in der Welt über dieses menschenverachtende Sperrsystem war groß. Präsident John F. Kennedy nannte „die Mauer die abscheulichste und die stärkste Demonstration für das Versagen des kommunistischen Systems“.

Der Bundeskanzler der Großen Koalition, Kurt Georg Kiesinger, im Gespräch mit dem Hamburger Bundestagsabgeordneten Dietrich Rollmann, dem Herausgeber dieser Redensammlung, bei einer Wahlkundgebung der Hamburger CDU im September 1969.

Bundespräsident Lübke und Frau Wilhelmine während eines Gala-Empfanges für König Bhumibol (links) und Königin Sirikit (2. v. rechts) von Thailand im Juli 1960 in Schloß Brühl.

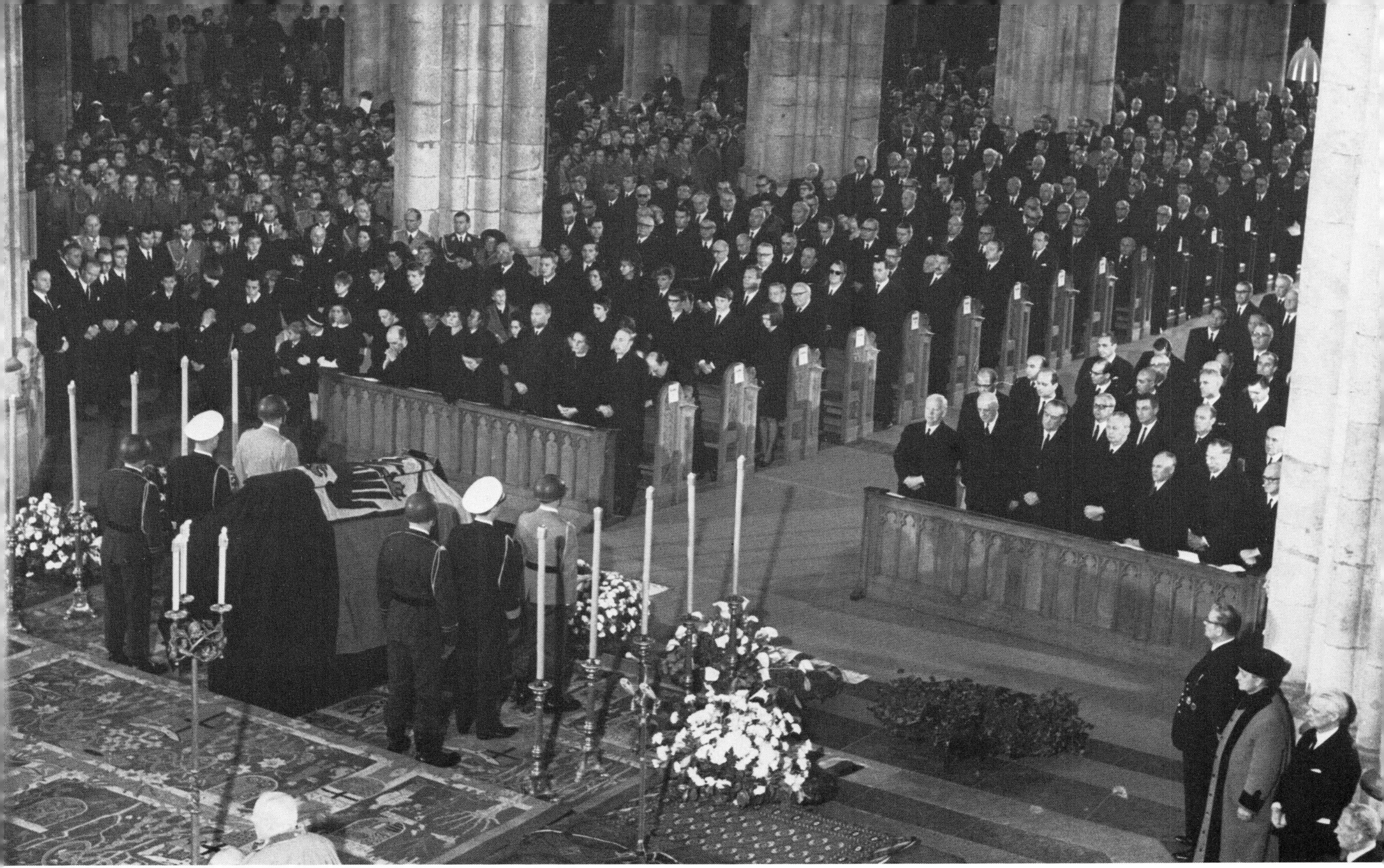

Staatsbegräbnis für Bundeskanzler Konrad Adenauer: Pontifikal-Requiem am 25. April 1967 im Kölner Dom.

Unterzeichnung des Warschauer Vertrages am 7. Dezember 1970. Von links: Außenminister Walter Scheel, Staatssekretär Egon Bahr, Bundeskanzler Willy Brandt, KP-Generalsekretär Wladislaw Gomulka, Ministerpräsident Josef Cyrankiewicz, Außenminister Stefan Jedrychowski.

Zweites innerdeutsches Treffen zwischen Bundeskanzler Willy Brandt und DDR-Ministerpräsident Willi Stoph am 21. Mai 1970 in Kassel.

Frau Dr. Dr. h. c. Lüders (FDP):
Herr Präsident! Meine Damen und Herren! Im Namen der Bundestagsfraktion der Freien Demokraten habe ich die Ehre, folgende Erklärung abzugeben:

Die Bundestagsfraktion der Freien Demokratischen Partei begrüßt das Ende der Besatzungszeit für die Bundesrepublik, doch verbindet sich mit dem Gefühl der Befriedigung für Westdeutschland, endlich nicht mehr unter fremder Oberherrschaft zu stehen, um so lebendiger das schmerzliche Bewußtsein, daß auch heute noch andere Teile Deutschlands mit Millionen Deutscher und der Ostsektor der Reichshauptstadt Berlin von der deutschen Gemeinschaft und Freiheit ausgeschlossen sind und viele Tausende Kriegsgefangener und Vermißter das gleiche schwere Schicksal teilen. Deshalb sehen wir in dem Ereignis des heutigen Tages keinen Abschluß, sondern nur die erneute Verpflichtung, mit allen Kräften zur Erfüllung des demokratischen und nationalen Zieles unseres Grundgesetzes zu gelangen: in freier Selbstbestimmung die Einheit und Freiheit Deutschlands zu vollenden. (*Lebhafter Beifall im ganzen Hause.*)

*Seiboth (GB/BHE)**:
Herr Präsident! Meine Damen und Herren! Im Namen der Fraktion des Gesamtdeutschen Blocks/BHE habe ich in dieser bedeutsamen Stunde folgende Erklärung abzugeben:
Zehn Jahre nach dem deutschen Zusammenbruch, der unsägliches Leid über unser ganzes Volk brachte und Millionen deutscher Menschen die Heimat nahm, wurde der größere Teil unseres Volkes vom Besatzungsrecht frei. Wir begrüßen dankbar die Souveränität der Bundesrepublik als einen ersten wesentlichen Schritt auf dem Wege zur Vereinigung aller Deutschen in einem gemeinsamen Vaterlande. Gesamtdeutschland in Frieden, Freiheit und Sicherheit bleibt unser aller Ziel. (*Beifall bei den Regierungsparteien.*)

Dr. von Merkatz (DP):
Namens der Fraktion der Deutschen Partei habe ich die Ehre, folgende Erklärung abzugeben:
Vor zehn Jahren schien unsere Lage aussichtslos zu sein. Die Beendigung des Besatzungsregimes gibt zwar keinen Anlaß zu festlichem Überschwang, wohl aber zur Besinnung und zur Dankbarkeit vor Gott. (*Beifall bei den Regierungsparteien.*) Ein kleinliches Mäkeln an der Tragweite der deutschen

---

* GB/BHE = Gesamtdeutscher Block / Bund der Heimatvertriebenen und Entrechteten

Souveränität wäre grober Undank und ein Verkennen ihrer rechtlichen und politischen Bedeutung. (*Beifall bei den Regierungsparteien.*) Mit der Beendigung des Besatzungsregimes beginnt ein höheres Maß deutscher Verantwortung. Sie besteht vor allem in der Verantwortung für ganz Deutschland und im Hinblick auf die Neuordnung Europas. Größte Vorsicht ist geboten, um die Vertrauensgrundlage für ganz Deutschland nicht zu gefährden. (*Erneuter Beifall bei den Regierungsparteien.*) Vergleichen wir die Souveränität der Bundesrepublik mit der Scheinsouveränität der sogenannten Deutschen Demokratischen Republik, dann haben wir den richtigen Maßstab für die von uns errungene Position.

Die deutsche Außenpolitik und mit ihr auch die Innenpolitik haben im freien Teil Deutschlands eine grundsätzliche Wendung zur Beendigung alter Gegensätze und Rivalitäten im Westen vollzogen. An ihre Stelle ist eine möglichst enge und dauerhafte Zusammenarbeit gesetzt worden. Die Wiederherstellung der Einheit Deutschlands in Freiheit und Sicherheit würde auch nach Osten hin die Grundlage für eine dauerhafte Entspannung und damit für den Frieden in Europa und in der Welt schaffen. Dieser Friede bleibt das oberste Ziel.

Mit Befriedigung sieht die Fraktion der Deutschen Partei auf den erfolgreich beendeten ersten Abschnitt des deutschen Weges zurück, an dessen Richtungsbestimmung sie keinen geringen Anteil genommen hat. Sie beginnt mit voller Zuversicht den nächsten Abschnitt.

Die Fraktion der Deutschen Partei gedenkt in dieser Stunde aller derer, die ihr Leben für den Bestand unseres Volkes und unseres Vaterlandes dahingegeben haben. Sie gedenkt in Ehrfurcht all der Opfer, die um der Freiheit Deutschlands willen heute in den Lagern der Bedrückung schmachten müssen. Sie gedenkt aller derer, die fern von unseren Grenzen noch sein müssen.

Die Fraktion der Deutschen Partei würde es dieser Stunde nicht für würdig halten, wenn wir nicht auch unseren Dank dem Regierungschef zum Ausdruck bringen würden, der von unserem Vertrauen getragen ist und unter dessen Führung dieser mühevolle erste Abschnitt des deutschen Weges beschritten worden ist. Möge die Zukunft licht sein! (*Lebhafter Beifall bei den Regierungsparteien.*)

Präsident D. Dr. Gerstenmaier:

Meine Damen und Herren! Sie haben die Erklärungen der Fraktionen dieses Hauses zu der Mitteilung des Herrn Bundeskanzlers gehört. Erlauben Sie mir, zusammenfassend folgendes zu sagen.

Weil das deutsche Volk im Jahre 1933 seine Rechtssicherheit und seine innere

Freiheit an eine totalitäre Diktatur verlor, hat es Jahre danach – am 8. Mai 1945 – auch seine äußere Freiheit verloren. Der Herr Bundeskanzler hat dem Deutschen Bundestag mitgeteilt, daß in dieser Stunde das Besatzungsregime beendet ist und der größere Teil Deutschlands, die Bundesrepublik, seine innere und äußere Freiheit wiedererlangt hat.

Ungeachtet der verschiedenartigen politischen Beurteilung der soeben in Kraft getretenen Verträge begrüßt dieses Haus gewiß jedes Ereignis, das dazu angetan ist, dem ganzen deutschen Volk seine innere und äußere Freiheit wiederzugeben und seinen Frieden und seine Einheit zu sichern. Auch wenn das Besatzungsregime dank der Einsicht der westlichen Besatzungsmächte und der Weisheit ihrer in Deutschland stationierten Hohen Kommissare seit Jahren vom deutschen Volk nicht mehr als schwere Bedrückung empfunden wurde, so ist sich der Deutsche Bundestag und mit ihm das deutsche Volk der Bedeutung der Stunde wohl bewußt, in der das Besatzungsstatut fällt.

Dieser Augenblick gehört nicht der eingehenden Würdigung der deutschen Geschichte eines Jahrzehnts. Aber eine dreifache Vergegenwärtigung scheint mir erlaubt, ja notwendig.

Erstens. Die Verantwortung der obersten frei gewählten Vertretung des deutschen Volkes für den Weg und das Schicksal der Deutschen ist damit noch unmittelbarer und unabweisbarer für uns alle geworden.

Zweitens. In dieser Stunde gehen unsere Gedanken zu allen Deutschen, denen es verwehrt ist, mit uns in Freiheit und Einheit zusammenzuleben. Wir gedenken damit auch unserer Kriegsgefangenen und Vermißten. Es ist unser fester und gemeinsamer Wille, daß die neuerworbene Freiheit im Dienst der Wiedervereinigung unseres Vaterlandes stehe. Dieses Haus wird nicht müde werden, dafür Voraussetzungen zu schaffen und die Einheit der Nation zu verwirklichen.

Drittens. Der Deutsche Bundestag ist gewiß einmütig gewillt, Deutschlands Freiheit in den Dienst des Weltfriedens und der Völkerversöhnung zu stellen und damit der Schaffung einer neuen, besseren Ordnung zwischen den Völkern unseres Kontinents zu dienen.

Meine Damen und Herren! Trotz der Bitternis und des Leides um das geteilte Vaterland darf diese Stunde nicht danklos zu Ende gehen. Unser Dank gilt Gott, dem Herrn der Geschichte, für die Rettung unseres Volkes und des größeren Teils unserer Heimat vor der physischen Vernichtung. Es ist der Dank für die Heilung schwerer Wunden, für die Rückgewinnung der Freiheit im größeren Teil unseres Vaterlandes und schließlich für die ehrenvolle Rückkehr Deutschlands in die Gemeinschaft der freien Welt. Noch ist die Wiederherstellung des Vaterlandes nicht vollendet. Wir aber vereinen uns mit allen Deutschen im Osten, im Westen, im Norden und Süden Deutschlands in der Hoffnung und in der Bitte, daß für ganz Deutschland bald die Stunde der Einheit und der Freiheit in einer befriedeten Welt schlagen möge. (*Lebhafter Beifall bei den Regierungsparteien.*)

14.
Adenauer in Moskau – Die Rückkehr der deutschen Kriegsgefangenen

Regierungserklärung von Bundeskanzler Dr. Konrad Adenauer am 22. September 1955 und Grußwort von Bundestagspräsident D. Dr. Eugen Gerstenmaier an die heimkehrenden Kriegsgefangenen am 12. Oktober 1955

In den ersten Jahren der Bundesrepublik Deutschland wurden enge Bande zwischen der Bundesrepublik Deutschland und den westlichen Ländern geknüpft, während mit der östlichen Siegermacht des Zweiten Weltkrieges, der Sowjetunion, nicht einmal diplomatische Beziehungen bestanden. Am 7. Juni 1955 schlug die sowjetische Regierung der Bundesregierung in einer Note vor, über die Herstellung diplomatischer, wirtschaftlicher und kultureller Beziehungen zu verhandeln. Diese Note führte zur Reise einer deutschen Regierungsdelegation unter Leitung von Bundeskanzler Dr. Konrad Adenauer vom 9. bis 13. September nach Moskau. Der Bundeskanzler berichtete dem Zweiten Deutschen Bundestag in seiner 102. Sitzung am 22. September 1955 über diese Reise:

Herr Präsident! Meine Damen und meine Herren! Ich habe Ihnen folgenden Bericht über die Ergebnisse der Vorgänge in Moskau zu erstatten. Ich darf Ihnen aber einleitend zunächst noch die Vorgeschichte kurz ins Gedächtnis zurückrufen.

Wir waren unter meiner Leitung vom 9. bis 13. September in Moskau. Wir hatten dort Besprechungen mit einer Regierungsdelegation der Sowjetunion unter Führung des Herrn Ministerpräsidenten Bulganin. Die Namen der Teilnehmer unserer Delegation sind Ihnen bekannt.

Ich möchte besonders dankbar die Teilnahme des Vorsitzenden und des stellvertretenden Vorsitzenden des Auswärtigen Ausschusses des Bundestages, der Herren *Kiesinger* und *Schmid*, und des Vorsitzenden des Auswärtigen Ausschusses des Bundesrates, des Herrn Ministerpräsidenten *Arnold*, hervorheben. Die Teilnahme dieser Herren an der Arbeit der Delegation war uns sehr wertvoll.

Die Initiative zu dieser Reise war von der Sowjetregierung ausgegangen, die in einer Note vom 7. Juni dieses Jahres vorgeschlagen hatte, über die Herstellung diplomatischer, wirtschaftlicher und kultureller Beziehungen zwischen beiden Ländern mit uns zu verhandeln. In ihrer Antwort vom 30. Juni erklärte die Bundesregierung sich mit der Erörterung des sowjetischen Vorschlags einverstanden und schlug vor, zunächst in einen Meinungsaustausch über die Themen dieser Erörterung und ihre Reihenfolge einzutreten. Die Sowjetregierung war mit diesem Vorschlag einverstanden.

In ihrer Note vom 12. August betonte die Bundesregierung, daß nach ihrer Überzeugung über die von der Sowjetregierung in den Vordergrund gestellten Fragen hinaus weitere Probleme erörtert werden müßten. Als solche nannte sie die Frage der Wiedervereinigung Deutschlands und die Frage der in sowjetischem Gewahrsam zurückgehaltenen Deutschen. In ihrer Antwortnote vom 19. August erklärte sich die Sowjetregierung zu einem Meinungsaustausch über die Frage der nationalen Einheit Deutschlands bereit, wobei sie darauf hinwies, daß der Standpunkt der Sowjetregierung in dieser Frage bekannt sei. Die Frage der in sowjetischem Gewahrsam zurückgehaltenen Personen wurde in der Note nicht erwähnt, doch erklärte die Sowjetregierung sich damit einverstanden, alle internationalen Fragen zu erörtern, die für beide Teile von Interesse sind.

Dieser Notenwechsel, meine Damen und Herren, bildete den Ausgangspunkt der Verhandlungen. Man muß aber den Blick weiter zurückwenden, um auch den Hintergrund zu sehen. Man muß sich vor Augen halten, daß wir einen Krieg gehabt haben, der zu sehr grausamen Ereignissen führte und mit dem vollen Zusammenbruch unseres Landes endete. Dieses Erbe haben Parlament und Regierung der Bundesrepublik Deutschland übernehmen müssen. Sie standen vor der Aufgabe, das staatliche Leben neu aufzubauen, die Souveränität des freien Teiles Deutschlands wiederherzustellen und die Freiheit der ihnen anvertrauten Menschen zu sichern. Diese Aufgaben konnten auch dank der Verständigung, zu der wir in der Zwischenzeit mit den drei westlichen Siegermächten gekommen sind, gelöst werden. Diese Verständigung wurde aber nur dadurch ermöglicht, daß das Vertrauen zu Deutschland neu erworben wurde. Es ist die Frucht einer auf festen Grundsätzen beruhenden Außenpolitik, die zur Schaffung der Westeuropäischen Union und zum Eintritt der Bundesrepublik in die Gemeinschaft des Nordatlantikpaktes führte.

Demgegenüber waren unsere Beziehungen zur vierten Siegermacht, zur Sowjetunion, so geblieben, wie sie bei Abbruch des Krieges gewesen sind. Die Ursache dafür liegt in einer Entwicklung, die schon bald nach 1945 klar zutage trat und unserem Einfluß entzogen war. Die sowjetische Nachkriegspolitik

bemühte sich, die östlichen Provinzen Deutschlands und Mitteldeutschland entgegen den Beschlüssen der Siegermächte nicht nur unter die vorübergehende Verwaltung Polens und der Sowjetunion zu stellen, sondern sie diesen Staaten einzuverleiben. Die mitteldeutschen Provinzen erhielten ein dem Willen der überwältigenden Mehrheit der dortigen Bevölkerung nicht entsprechendes Regierungssystem, das den sowjetischen Vorstellungen und Vorbildern entsprach. Während die Bundesrepublik Deutschland einen wenn auch mühsamen Weg zur Wiedergewinnung internationaler Anerkennung und internationalen Vertrauens gehen und schließlich ihre Souveränität wiedererlagen konnte, ging diese Entwicklung an der sowjetisch besetzten Zone Deutschlands vorbei und führte dadurch zum Verlust unserer staatlichen Einheit. Ihnen, meine Damen und Herren, ist diese tragische Entwicklung wohlbekannt. Sie kennen auch die Rolle, welche die sowjetische Politik dabei gespielt hat. Ein weiteres, menschlich besonders schwerwiegendes Problem, das im Rahmen dieser Entwicklung ungelöst blieb, war die Frage der in der Sowjetunion zurückgehaltenen Deutschen.
Auf diesem Hintergrund hat sich die Konferenz von Moskau abgespielt. Die Verhandlungen, die wir mit der Sowjetregierung geführt haben, waren nicht nur der schwerwiegenden sachlichen Auffassungsunterschiede wegen außergewöhnlich schwierig. Sie führten uns auch mehr als einmal in die Nähe des Entschlusses, abzubrechen und unverrichteter Dinge zurückzukehren. Sie waren auch auf beiden Seiten von den Erinnerungen an den vergangenen Krieg erfüllt und an die Leiden, die er sowohl über Sowjetrußland wie auch über Deutschland gebracht hat. So lag über dieser Konferenz nicht nur der Schatten schwerer politischer Meinungsverschiedenheiten. Leidenschaften und nicht vergessener Groll der Kriegszeit wirkten auf die Atmosphäre ein. Aber die Freimütigkeit, durch die sich diese Verhandlungen von manchen anderen internationalen Konferenzen unterschieden, hat ihr Gutes gehabt. Gegensätze sind nicht dadurch aus der Welt zu schaffen, daß man sie verschweigt. Sie lassen sich eher überwinden, wenn man sie offen ausspricht. Daß dies geschehen ist, hat die Ergebnisse der Konferenz nicht ungünstig beeinflußt.
Zu diesen Ergebnissen ist folgendes festzustellen. Es ist vereinbart worden, diplomatische Beziehungen vorbehaltlich des Einverständnisses des Bundeskabinetts und des Bundestages sowie des Präsidiums des Obersten Sowjets aufzunehmen und Botschafter zwischen beiden Ländern auszutauschen. Den Vorbehalt des parlamentarischen Einverständnisses haben wir aus zwei Gründen für zweckmäßig gehalten. Einmal ist das Schicksal der in der Sowjetunion zurückgehaltenen Deutschen ein menschliches Problem, das unser ganzen Volk zutiefst bewegt. Zum anderen wirft die Herstellung

diplomatischer Beziehungen mit der Sowjetunion auch politische Fragen von Bedeutung auf, insbesondere im Hinblick auf die sogenannte Deutsche Demokratische Republik.
Die Delegation der Bundesrepublik hat in den Gesprächen mit den Vertretern der Sowjetregierung mit großer Klarheit darauf hingewiesen, daß eine Normalisierung der Beziehungen unter keinen Umständen darin bestehen kann, daß man den anormalen Zustand der Teilung Deutschlands legalisiert. Es ist auch darauf hingewiesen worden, daß das Bestehen diplomatischer Beziehungen zwischen zwei Staaten nicht mit einem freundschaftlichen Vertragsverhältnis gleichzusetzen ist. Unsere sowjetischen Verhandlungspartner selbst haben erklärt, daß sie diplomatische Beziehungen auch zu Staaten unterhielten, mit denen sie im übrigen erhebliche politische und ideologische Meinungsverschiedenheiten hätten.
Andererseits, meine Damen und Herren, ist folgendes zu bedenken. Die Sowjetunion ist eine der vier Siegermächte, ohne deren Mitwirkung das vornehmste Anliegen unserer Politik, die Herstellung der Einheit unseres Landes, nicht verwirklicht werden kann. Das Fehlen von Beziehungen zwischen diesen beiden Staaten, die sich daraus für uns ergebende Unmöglichkeit, unsere nationalen Anliegen auch selbst in Moskau zu vertreten, ist eine Anomalie. Würde man uns auch deshalb nicht mit Recht unklug genannt haben, wenn wir das von der Sowjetregierung gemachte Angebot, diplomatische Beziehungen aufzunehmen, abgelehnt hätten?
Durch die Aufnahme der diplomatischen Beziehungen wird die Bundesrepublik, deren effektive Hoheitsgewalt drei Viertel unseres Volkes und 80 % seiner produktiven Kräfte umfaßt und hinter deren Politik – das ist unsere Überzeugung – auch mindestens 90 % der Bevölkerung Mitteldeutschlands stehen, nunmehr auch von der Sowjetunion anerkannt. Es besteht schließlich kein Widerspruch zwischen unserem Entschluß, diplomatische Beziehungen aufzunehmen, und der Linie unserer Außenpolitik, die fortzusetzen wir unter allen Umständen entschlossen sind. *(Beifall bei der CDU/CSU.)*
Die Länder, die die Westeuropäische Union bilden und die dem Nordatlantikpakt angehören, unterhalten gleichfalls diplomatische Beziehungen zur Sowjetunion, ohne daß darum an ihrer Entschlossenheit gezweifelt werden könnte, den Verpflichtungen nachzukommen, die sie durch ihre Zugehörigkeit zu diesen Verträgen eingegangen sind. Was diese Staaten für sich in Anspruch nehmen, können auch wir beanspruchen.
Ich möchte betonen, daß die Vertreter der Sowjetunion ihrerseits bei den Verhandlungen in Moskau unsere Zugehörigkeit zu diesen Organisationen als Realität hingenommen und nicht den Versuch gemacht haben, uns zu einem Austritt zu bewegen. Die Westverträge stehen normalen Beziehungen mit der

Sowjetunion nicht nur nicht im Wege. Die Verträge sind vielmehr eine in die Zukunft weisende Möglichkeit einer internationalen Entspannung, die für die Welt den Frieden, für Deutschland die staatliche Einheit in Freiheit bringen soll. An unserer Vertragstreue lassen wir nicht den geringsten Zweifel zu. Deutschlands Zugehörigkeit zum Westen liegt ja auch viel tiefer als in der politischen Konstellation, nämlich in seiner untrennbaren Zugehörigkeit zum christlich-abendländischen Kulturkreis, begründet. Ich darf in aller Form für mich, für die Bundesregierung, für das ganze deutsche Volk in West und Ost erklären: Deutschland ist ein Teil des Westens, seiner geistigen und sozialen Struktur, seiner geschichtlichen Tradition und nach dem Willen seiner Bevölkerung. *(Beifall bei der CDU/CSU, der FDP und der DP.)*
Die Bundesregierung wird in Zukunft in ihren Bemühungen um die europäische Integration und die Verteidigung der Freiheit nicht nachlassen; sie wird sie vielmehr verstärken. Auch an dieser Stelle möchte ich betonen, daß die Bundesregierung in der Integration Europas eine absolute Notwendigkeit sieht. *(Beifall bei der CDU/CSU, der FDP und der DP.)* Auf längere Sicht gesehen, sind die europäischen Staaten in der Isolierung politisch und wirtschaftlich nicht lebensfähig, und die Lebensfähigkeit Europas entspricht nicht nur ihrem Interesse, sondern auch dem Interesse der ganzen Welt.
Die Aufnahme diplomatischer Beziehungen zwischen der Bundesrepublik und der Sowjetunion widerspricht also nicht den Interessen des Westens. Ich glaube sogar weitergehen zu dürfen: Sie dient den Interessen des Westens. Indem die Bundesrepublik als eine eindeutig westliche, europäisch orientierte Macht nun ebenfalls einen Vertreter in Moskau haben wird, wird sie dort die Stimmen des Westens um eine weitere verstärken.
Die Aufnahme der Beziehungen hat noch eine weitere Bedeutung. Sie leistet einen Beitrag zu der mühsamen Aufgabe der Entspannung der internationalen Lage und damit zum Frieden der Welt.
Zur Entspannung bedarf es allerdings bestimmter Voraussetzungen. Die deutsche Delegation hat den Vertretern der Sowjetregierung in aller Deutlichkeit gesagt, daß die Entspannung nur am Ende politischer Entscheidungen stehen kann und nicht an ihrem Anfang. Sie hat mit allem Nachdruck unsere Auffassung unterstrichen, daß eine wirksame Entspannung, die auch wir wünschen, ein echtes Sicherheitssystem voraussetzt, das allen Beteiligten Sicherheit vermittelt. Ein solches Sicherheitssystem ist auf der Basis der Teilung Deutschlands unmöglich. *(Beifall bei allen Parteien.)* Solange Deutschland geteilt ist, bleibt ein Spannungsherd erster Ordnung bestehen, solange wird die Spannung zwischen Ost und West in einer gefährlichen Weise dadurch verschärft, daß die Berührungsfläche der beiden gegensätzlichen Systeme mitten durch ein und dasselbe Volk und Land geht.

Endlich habe ich selbst bei meinen Gesprächen mit den sowjetischen Führern den aufrichtigen Wunsch empfunden, sie möchten Gelegenheit haben, sich durch einen Botschafter in der Bundesrepublik manche falschen Eindrücke berichtigen zu lassen.
Die Vorgeschichte und der Verhandlungsverlauf haben gezeigt, daß die Sowjetregierung großen Wert auf die Herstellung der diplomatischen Beziehungen legt. Dabei mögen Prestigegründe eine Rolle gespielt haben, vielleicht auch eine gewisse Entspannungsstrategie oder andere Momente, die noch nicht ganz überschaubar sind. Jedenfalls erwies es sich, daß die Vertreter der Sowjetregierung mit großer Empfindlichkeit auf die Möglichkeit reagierten, daß ihr Vorschlag abgelehnt oder die Annahme an Bedingungen geknüpft werde. Indem ich im Einklang mit der Note der Bundesregierung vom 12. August die Probleme der Wiedervereinigung Deutschlands und der in der Sowjetunion zurückgehaltenen Deutschen von Anfang an als zentrale Fragen in die Besprechungen einführte, habe ich Wert darauf gelegt zu sagen, daß es sich dabei nicht um „Vorbedingungen" für die Aufnahme diplomatischer Beziehungen handelte, sondern um das von der Sowjetregierung gestellte Thema der Normalisierung selbst.
Die Vertreter der Sowjetregierung zeigten sich zunächst von unseren Forderungen auf Freilassung der zurückgehaltenen Personen wenig beeindruckt. Die Verhandlungen über diese Frage nahmen tagelang einen so negativen Verlauf, daß wir allen Ernstes unsere Abreise in Erwägung ziehen mußten. Die Wendung trat ein, als die Herren Bulganin und Chruschtschow mir, nachdem sie zuvor härtesten Widerstand geleistet hatten, am Montagabend das Angebot machten, die Kriegsgefangenen freizulassen, wenn die diplomatischen Beziehungen aufgenommen würden. Die beiden Herren gaben mir darauf ihr Wort, und sie haben es vor den versammelten Delegationen wiederholt. Sie haben diese Zusage auf mein Drängen hin dahin erweitert, daß auch in der Sowjetunion zurückgehaltene Zivilpersonen, die wir ihnen durch Listen nachwiesen, freigelassen werden. Damit war die deutsche Delegation vor die Frage gestellt, die auch eine Gewissensfrage war und deren schweren Ernst niemand vergessen wird, der an unseren internen Delegationsbesprechungen teilgenommen hat. Ich möchte betonen: Auch der Politiker darf nicht sagen, bei großen Entscheidungen spielten Menschenschicksale keine Rolle. Das würde nicht richtig gehandelt sein. So hat uns alle bei den ganzen Verhandlungen immer der Gedanke bewegt und manchmal drückend bewegt: Was wird werden, wenn wir ohne eine Verständigung auseinandergehen, wenn niemand von den Gefangenen der Heimat und seinen Angehörigen zurückgegeben wird?
Nun habe ich soeben schon gesagt, daß die Russen die Aufnahme von

diplomatischen Beziehungen nicht an Bedingungen geknüpft wissen wollten, weil sie sagen: Man nimmt diplomatische Beziehungen miteinander auf, auch wenn man sonst Gegensätze hat. Unsererseits mußten wir aber doch versuchen, gleichzeitig eine Erfüllung des uns so dringend am Herzen liegenden Wunsches der Freigabe aller dieser Menschen zu erreichen. Das ist dann durch die ehrenwörtliche Zusage der Herren Bulganin und Chruschtschow geschehen. Ministerpräsident Bulganin versicherte mir wörtlich: „Wir fangen mit unseren Maßnahmen an, ehe Sie Bonn auf Ihrem Rückflug erreicht haben." Das bezog sich zunächst auf die von sowjetischen Gerichten verurteilten annähernd 10 000 Gefangenen. In der Frage der anderen zurückgehaltenen Personen, von denen die Vertreter der Sowjetregierung nichts zu wissen erklärten, wurde vereinbart, daß wir der Sowjetregierung eine Liste dieser Personen mit genauen Angaben geben werden und daß dann von sowjetischer Seite festgestellt wird, wo diese Menschen sind. Sowohl Herr Ministerpräsident Bulganin als auch Herr Chruschtschow haben ihr Wort auch darauf gegeben, daß diese Deutschen genau so behandelt werden würden wie die Kriegsverurteilten. Das ist für uns ein Erfolg, den ich unter keinen Umständen missen möchte.

Wir haben ferner in Moskau nachdrücklich das Anliegen der Wiedervereinigung Deutschlands vorgebracht. Wir mußten uns dabei vor einem hüten. Wir durften – das sagte ich ausdrücklich in meiner ersten Erklärung in Moskau – das Verfahren, das zur Einheit führen soll, nicht dadurch verwirren, daß wir einen von den Viermächteverhandlungen unabhängigen zweiseitigen Verhandlungsweg eröffneten. Auch nur die Möglichkeit einer Ausklammerung des Problems aus der Genfer Tagesordnung und eines Abschiebens auf zweiseitige deutsch-sowjetische Verhandlungen mußte unter allen Umständen verhütet werden. Wir haben uns deshalb bewußt damit begnügt, daß auch die Sowjetunion anerkenne, daß die vier Siegermächte verpflichtet seien, die Einheit Deutschlands wiederherzustellen.

Die sowjetische Delegation war andererseits nicht bereit, einer Wiederherstellung der nationalen Einheit Deutschlands alsbald zuzustimmen. Ich gebe mich daher keinen Illusionen darüber hin, daß zur Wiedervereinigung Deutschlands schwierige Verhandlungen auch unter den Siegermächten nötig sein werden. Aber ich betrachte es doch als einen Fortschritt, daß die Sowjetunion die Verpflichtung, die Einheit Deutschlands wiederherzustellen, auch als eine Verpflichtung der Sowjetunion anerkannt hat. Ich glaube daher, daß die Aufnahme diplomatischer Beziehungen zur Sowjetunion in Verbindung mit der gradlinigen Weiterführung unserer Bündnispolitik mit dem Westen in der Frage der Wiedervereinigung fördernd wirken wird. Das ist

auch in dem Brief des sowjetischen Ministerpräsidenten ausgesprochen, in dem die Aufnahme diplomatischer Beziehungen angekündigt wird.
Die Aufnahme diplomatischer Beziehungen machte völkerrrechtliche Vorbehalte notwendig, um den deutschen Standpunkt in lebenswichtigen Fragen unseres Volkes zu wahren und die Entscheidungsfreiheit einer zukünftigen gesamtdeutschen Regierung nicht zu präjudizieren. Diese Vorbehalte sollten sicherstellen, daß in der Erklärung über die Aufnahme diplomatischer Beziehungen nicht ein Verzicht auf den bisherigen Rechtsstandpunkt der Bundesregierung bezüglich erstens der Grenzfragen, zweitens des Rechts der Bundesregierung, Sprecher des ganzen deutschen Volkes zu sein, drittens der Nichtanerkennung der sogenannten Deutschen Demokratischen Republik gesehen werden kann.
Wir haben mit den Vertretern Sowjetrußlands in offiziellen Verhandlungen sehr offen darüber gesprochen. Sie haben erklärt, sie hätten andere Ansichten, aber wenn wir es für notwendig hielten, völkerrechtlichen Konsequenzen vorzubeugen, so hätten sie nichts dagegen, wenn wir diese Vorbehalte machten, und zwar in einer Weise, die wir wählten, sei es in Form eines Briefes, sei es in Form einer Erklärung an die Presse. Ich habe infolgedessen am Tage meiner Abreise einen Brief an Ministerpräsident Bulganin gerichtet.
Bei den Vorbehalten handelt es sich um eine deutsche Rechtsverwahrung. Für eine solche ist eine einseitige Erklärung der Bundesregierung ausreichend. Diese Erklärung muß nur der anderen Seite zugegangen sein. Dies ist geschehen, und die deutschen Vorbehalte sind damit völkerrechtlich wirksam geworden. Die Erklärung muß nicht etwa, um völkerrechtlich wirksam zu sein, von der Gegenseite angenommen werden. Durch diese Vorbehalte ist die Möglichkeit beseitigt worden, daß dritte Staaten unseren Entschluß, diplomatischer Beziehungen zur Sowjetunion aufzunehmen, mißverstehen. Alle Staaten, die zu uns diplomatische Beziehungen unterhalten, können nun klar sehen, daß sich der Standpunkt der Bundesregierung gegenüber der sogenannten Deutschen Demokratischen Republik sowie zu den Grenzfragen nicht im geringsten geändert hat.
Was die Frage der deutschen Ostgebiete betrifft, so gehen die Sowjets indessen, wie inzwischen bereits von amerikanischer und britischer Seite festgestellt worden ist, von einer falschen Interpretation des Potsdamer Drei-Mächte-Abkommens aus, zu dessen Signatarmächten Deutschland bekanntlich nicht gehört. In dem Potsdamer Abkommen ist die Festlegung der endgültigen Grenzen ausdrücklich dem Friedensvertrag vorbehalten worden. Dieser Grundsatz gilt nicht nur für die unter polnischer, sondern auch für die unter sowjetischer Verwaltung befindlichen deutschen Ostge-

biete. Eine völkerrechtlich verbindliche Regelung des Gebietsstandes Deutschlands steht noch immer aus. Eine solche Regelung kann auch nur in einem Friedensvertrag getroffen werden, der mit einer frei gewählten gesamtdeutschen Regierung abgeschlossen wird. *(Beifall bei den Regierungsparteien.)*

Die Haltung der Bundesregierung gegenüber der Sowjetregierung wird, wie aus dem ersten Vorbehalt hervorgeht, durch die Aufnahme diplomatischer Beziehungen zwischen der Sowjetunion und der Bundesrepublik nicht berührt. Die Regierung der sogenannten Deutschen Demokratischen Republik ist nicht auf Grund wirklich freier Wahlen gebildet worden. Sie verfügt daher über kein echtes Mandat des Volkes, ja sie wird von der überwältigenden Mehrheit der Bevölkerung abgelehnt. *(Beifall bei der CDU/CSU und rechts.)* Es herrschen in der sowjetischen Besatzungszone Rechtsunsicherheit und Unfreiheit, und die Verfassung steht nur auf dem Papier. *(Sehr wahr! in der Mitte.)* Die Bundesregierung ist daher nach wie vor die einzige frei und rechtmäßig gebildete deutsche Regierung, die allein befugt ist, für das ganze Deutschland zu sprechen. *(Beifall bei den Regierungsparteien.)*

Ich brauche bei dieser Gelegenheit kaum daran zu erinnern, daß die Regierungen der sämtlichen Staaten, die Mitglieder der Nordatlantikpakt-Organisation sind, am 23. Oktober 1954 eine gemeinsame Erklärung abgegeben haben, in der sie diesen Standpunkt übernehmen. Auch alle anderen Staaten der freien Welt, die mit uns diplomatische Beziehungen unterhalten, akzeptieren ausdrücklich oder stillschweigend unseren Anspruch. Wir haben unsere Auffassung, um jeden Zweifel an der Unveränderlichkeit unserer Haltung zu zerstreuen, auch der Sowjetregierung notifiziert. Wenn die Sowjetregierung trotzdem diplomatische Beziehungen zu uns aufnimmt, tut sie dies zwar nicht mit Billigung, aber doch in Kenntnis unseres Standpunkts gegenüber der sogenannten Deutschen Demokratischen Republik und unseres Anspruchs, für ganz Deutschland zu sprechen.

Ich darf zusammenfassen: Als Ergebnis der Reise nach Moskau haben wir beschlossen, mit der Sowjetregierung diplomatische Beziehungen aufzunehmen. Wir haben das Wort der sowjetischen Führer, daß die zurückgehaltenen Personen in der allernächsten Zeit zurückkehren werden. Wir haben das Anerkenntnis der Sowjetregierung, auf Grund des Viermächteverhältnisses bezüglich Deutschlands zur Wiederherstellung der staatlichen Einheit Deutschlands verpflichtet zu sein. Wir haben die zur Wahrung unseres Rechtsstandpunkts erforderlichen völkerrechtlichen Vorbehalte gemacht, welche die Sowjetregierung zur Kenntnis genommen hat. Wir haben in außerordentlich schwierigen Verhandlungen das im menschlichen und im

politischen Bereich Mögliche getan, aus der gegebenen Situation herauszuholen, was herauszuholen war.
Die Tragweite der zu treffenden Entscheidungen hat mich bewogen, die Wirksamkeit der Moskauer Vereinbarungen von dem Einverständnis des Bundestages abhängig zu machen. Ich verkenne nicht die in den Moskauer Entscheidungen liegende Problematik. Ohne jedes Risiko werden sich aber die schwierigen politischen Probleme unseres Staates nicht lösen lassen, wird die Einheit Deutschland nicht zu verwirklichen sein.
Ich glaube, Ihnen, meine Damen, meine Herren, empfehlen zu dürfen, im Einklang mit dem Beschlusse des Kabinetts sich mit den Moskauer Ergebnissen einverstanden zu erklären. *(Lebhafter Beifall bei der CDU/CSU, der FDP und der DP.)*

Bundestagspräsident D. Dr. Eugen Gerstenmaier richtete in der 105. Sitzung des Zweiten Deutschen Bundestages am 12. Oktober 1955 ein Grußwort an die aus der Sowjetunion heimkehrenden deutschen Kriegsgefangenen, die aufgrund der Moskauer Vereinbarungen freigelassen worden waren:

Meine Damen und Herren, das ganze deutsche Volk hat in diesen Tagen mit großer innerer Anteilnahme die Heimkehr der ersten Kriegsgefangenen erlebt, die durch die Vereinbarungen des Herrn Bundeskanzlers mit dem russischen Ministerpräsidenten Bulganin der Freiheit und der Heimat wiedergegeben sind. Der ersten größeren Gruppe, die am Sonntag eingetroffen ist, haben Vertreter der Bundesregierung, des Bundestages und des Landes Niedersachsen zusammen mit vielen anderen einen bewegenden Empfang bereitet. Ich glaube, meine Damen und Herren, in Ihrer aller Sinne zu handeln, wenn ich hier von dieser Stelle aus den Willkommensgruß im Namen des ganzen deutschen Volkes wiederhole. *(Allseitiger lebhafter Beifall.)*
Dieser unser Gruß gilt allen, die gekommen sind, er gilt denen, die heute kommen, und er gilt ganz ebenso allen, die noch kommen werden. Die tiefe und aufrichtige Anteilnahme des deutschen Volkes am Geschick dieser seiner durch besonders lange und bittere Leiden gegangenen Söhne und Töchter ist in diesen Tagen unüberhörbar bekundet worden. Der Deutsche Bundestag gibt mit dem deutschen Volke der Freude Ausdruck über ihre Rettung und Heimkehr.
Der Deutsche Bundestag gedenkt aber auch in herzlicher Anteilnahme derer, die in diesen Wochen lange gehegte heiße Wünsche und Hoffnungen für immer begraben müssen. Sie dürfen des Mitgefühls dieses Hauses, ja des ganzen deutschen Volkes gewiß sein.

Den Heimgekehrten aber wünschen wir, meine Kollegen und Kolleginnen, daß ihnen nicht nur der eigene private Lebensbereich, sondern auch das gewandelte Vaterland zu einer Stätte neuen Glückes werde. *(Erneuter allgemeiner Beifall.)*

15.
Die Rentenreform und die Einführung der „dynamischen Rente“

Rede des Bundesarbeitsministers Anton Storch am 27. Juni 1956

Eine grundlegende Sozialreform, die insbesondere die Alterssicherung der Arbeitnehmer neu regeln sollte, beschäftigte bereits den Ersten Deutschen Bundestag und wurde in der Regierungserklärung von Bundeskanzler Dr. Konrad Adenauer vom 20. Oktober 1953 als notwendig herausgestellt. In der 154. Sitzung des Zweiten Deutschen Bundestages am 27. Juni 1956 brachte Bundesarbeitsminister Anton Storch den Entwurf eines Gesetzes zur Neuregelung des Rechts der Rentenversicherung der Arbeiter und der Angestellten ein, dessen Kernpunkt der Übergang zu der seit jener Zeit existierenden „dynamischen Rente“ war:

Herr Präsident! Meine sehr verehrten Damen und Herren! Die Regierung legt Ihnen heute den Entwurf eines Gesetzes zur Neuregelung des Rechts der Rentenversicherung der Arbeiter und der Angestellten vor. Es hat langer und intensiver Arbeit bedurft, um diesen Gesetzentwurf fertigzustellen und im Volk die geistige Atmosphäre zu schaffen, die für die Annahme und die Durchführung eines derartigen Gesetzes notwendig ist.

Seit Jahren ringen alle gutmeinenden Kräfte im deutschen Volk um die Lösung der Frage, wie man eine bessere soziale Sicherung für die breiten Volksschichten, die als Arbeitnehmer im Wirtschaftsleben stehen, finden könne. Diesem Suchen nach neuen Wegen begegnet man nicht nur in der Bundesrepublik, sondern wir beobachten es in allen Industriestaaten der Welt. Dies hängt einmal mit den allen industrialisierten Völkern gemeinsamen inneren Entwicklungsgesetzen zusammen und ist zum anderen auch durch die weiter fortschreitende Integration der westlichen Welt auf sozialpolitischem Gebiet bedingt. In einer Reihe übernationaler Gremien arbeitet die Bundesrepublik mit anderen Ländern auf sozialpolitischem Gebiet zusammen, wobei gemeinsame Zielsetzung den Austausch von Anregungen und Erfahrungen befruchtet.

Die Bundesrepublik hatte im Vergleich zu vielen anderen Nachbarstaaten nach dem Kriege ein schweres Beginnen. Sie mußte sowohl auf wirtschaftlichem als auch auf politischem Gebiet nach einem verlorenen Krieg völlig neu anfangen. Bei einem infolge der wirtschaftlichen Zerrüttung zunächst noch geringen Sozialprodukt mußten zusätzliche soziale Lasten übernommen werden, die infolge des Krieges und der Nachkriegsschäden auf uns zugekommen waren. Ich verweise hierbei auf die Kriegsopferversorgung, auf die Hilfe für die sieben Millionen Vertriebenen und Flüchtlinge, für die Ausgebombten und Evakuierten. Solche Lasten hatte kein anderes Volk zu tragen.

Im Zuge der wirtschaftlichen Gesundung konnten mannigfache Verbesserungen der sozialen Leistungen durchgeführt werden, die aber naturgemäß mehr von den Erfordernissen und Möglichkeiten des Augenblicks bestimmt waren. Je mehr sich unsere politischen und wirtschaftlichen Verhältnisse festigten, um so mehr konnte daran gedacht werden, die Zweckmäßigkeit des Systems der sozialen Sicherung einer gründlichen Prüfung zu unterziehen.

Wie Sie sich erinnern werden, gehen die Bemühungen von Regierung und Parlament um die Sozialreform bereits in die Zeit des 1. Deutschen Bundestages zurück. Ich darf in diesem Zusammenhang an die Beratungen des Hohen Hauses am 21. Februar 1952 erinnern, in denen der gemeinsame Wille aller politischen Parteien, das Recht der sozialen Sicherung neu zu ordnen, eindeutig zum Ausdruck gebracht wurde. Das Ergebnis dieser Beratungen war ein Auftrag an mich, einen Beirat für die Neuordnung der sozialen Leistungen zu berufen. Dieser auf Beschluß des Deutschen Bundestages entstandene Beirat setzte sich aus Vertretern aller Parteien, der Spitzenverbände der Sozialpartner, der Sozialleistungsträger sowie aus sonstigen Sachverständigen und Wissenschaftlern zusammen und hat inzwischen in jahrelanger mühsamer Kleinarbeit vieles dazu beigetragen, daß wir heute in die Beratung des Ihnen vorliegenden Gesetzes eintreten können. Die Notwendigkeit einer umfassenden Sozialreform ist dann von der Bundesregierung in ihrer Regierungserklärung vom 20. Oktober 1953 noch einmal deutlich herausgestellt worden.

In der Zwischenzeit hat in aller Öffentlichkeit eine ausgiebige Diskussion über die zweckmäßigste Form einer neuen sozialen Ordnung stattgefunden, an der sich neben vielen Wissenschaftlern und Sozialpolitikern auch viele Mitglieder dieses Hohen Hauses beteiligt haben. Die einen sprachen von der unbedingten Aufrechterhaltung der klassischen Sozialversicherung. Sie konnten bei ihren Argumenten darauf verweisen, daß diese soziale Ordnung, wenn auch unter größten Schwierigkeiten, zwei Weltkriege und die folgenden Währungszerrüttungen überstanden habe. Vielfach wurde dabei aber überse-

hen, daß diese soziale Ordnung unter der Voraussetzung aufgebaut war, daß wir normale Verhältnisse behalten würden.
Die beiden Weltkriege haben aber nun einmal Zustände geschaffen, die in einer Sozialversicherung nicht vorher einkalkuliert werden konnten. Deshalb mußte man, ob man wollte oder nicht, die neue Ordnung auf den Verhältnissen aufbauen, die zur Zeit gegeben sind.
Die anderen sagten, die wirtschaftspolitische Entwicklung habe sich in den letzten 70 Jahren so verändert, daß ein ganz neues System erstehen müsse. Dabei bestanden verschiedene Vorstellungen. Die einen erinnerten an den Ley-Plan, der in der nationalsozialistischen Zeit entstanden war, die anderen verwiesen auf die neue engliche Sozialordnung, die sich aus dem Beveridge-Plan entwickelt hatte. Wieder andere verwiesen auf das Kontrollratsgesetz aus dem Jahre 1946, und schließlich gab es solche, die meinten, man könne eine allgemeine Staats- oder Volkspension einführen, wie sie heute in Schweden besteht. Man darf ohne weiteres annehmen, daß alle, die sich an der Diskussion beteiligt haben, es gut gemeint haben.
Das Bundesarbeitsministerium hat Anfang des Jahres 1955 dem Kabinett eine Vorlage gemacht, wie nach seiner Auffassung die Dinge neu geordnet werden müßten. Der Herr Bundeskanzler hat sich dann von einer Reihe Professoren ein Gutachten erarbeiten lassen. Wir kennen alle die vielen Aufsätze und Denkschriften, die über dieses Problem im letzten Jahre erstellt und zur Diskussion gestellt worden sind.
Nach Prüfung all dieser Gedankengänge und Vorschläge ist die Bundesregierung zu dem Entwurf gekommen, der Ihnen heute vorliegt.
Die grundsätzlichen Fragen waren in der vorausgegangenen Diskussion weitgehend geklärt worden, so daß diese Abschlußarbeiten nur die gesetzliche Formulierung der vorliegenden Grundsatzerkenntnisse gebracht haben.
Ich sagte bereits, daß die Diskussion um die Sozialreform sich vor allem mit dem Funktionswandel beschäftigte, den das System der sozialen Sicherung in der jüngsten Vergangenheit durchgemacht hat. Wenn wir an die Zeit zurückdenken, in der unter der Schirmherrschaft von Bismarck die deutsche Sozialversicherung geschaffen wurde, dann stellen wir fest, daß damals im sozialpolitischen Raum andere Voraussetzungen, von denen der Gesetzgeber auszugehen hatte, gegeben waren als die, die wir heute finden. Zu jener Zeit war der Mensch im allgemeinen in dem Sicherheitsverband der Familie eingebettet. Diese Familiengemeinschaft beruhte auf andersartigen wirtschaftlichen und gesellschaftsstrukturellen Voraussetzungen als heute, wo der Besitz von Haus und Hof als wirtschaftliche Grundlage für die Familie nur noch für einen kleinen Teil der Bevölkerung von Bedeutung ist.
Seit der Zeit der Schaffung der deutschen Sozialversicherung ist die Mehrheit

der Bevölkerung von der ländlichen Lebens- und Arbeitsweise zu einer städtisch und industriell geprägten Lebensführung übergegangen. Wir müssen hier die realen Tatbestände klar sehen und dürfen uns nicht auf irgendwelche ideellen Vorstellungen verlassen. Im sozialpolitischen Raum gilt einfach der Tatbestand und nicht das, was man gerne hätte. Es entsprach also den damaligen Gegebenheiten, wenn man die Rente aus der sozialen Rentenversicherung entsprechend der Vorstellungswelt, wie sie um die Jahrhundertwende herrschte, als einen Zuschuß zur Lebenshaltung ansah.
Inzwischen ist aus der damaligen Minderheit der abhängig Beschäftigten eine überwiegende Mehrheit geworden. Die Menschen haben sich vereinzelt. Die wirtschaftliche Einbettung in den Schoß der Familie kann nicht mehr als Regel gelten. Auch hohe und wachsende Einkommen schützen den Menschen nicht mehr vor der Unsicherheit des Daseins. Eher ist sogar das Gegenteil richtig. Je besser man verdient, um so härter empfindet man den Verlust eines regelmäßigen Arbeitsentgeltes.
Wir können also feststellen, daß sich mit zunehmendem Wohlstand auch ein zunehmendes Sicherheitsbedürfnis geltend macht. Aus diesem Grunde haben wir allen Anlaß, das geltende System der sozialen Sicherheit daraufhin zu prüfen, ob es auf alle diese gesellschaftlichen und ökonomischen Wandlungen, die sich in den vergangenen 70 Jahren vollzogen haben, noch ausreichend Rücksicht nimmt. Wir haben hierbei nicht nur an die Millionenzahl derer zu denken, die heute schon Renten beziehen, sondern auch an diejenigen, die in der Zukunft auf Renten angewiesen sein werden. Deshalb gilt es, eine gesellschaftspolitische Entscheidung zu fällen. Es entspricht unserer heutigen Auffassung von der Würde des Menschen und seiner Arbeit, wenn wir uns bemühen, ein Auseinanderfallen von Verdienenden und Nichterwerbstätigen zu beseitigen und für die Zukunft zu verhindern. Wir müssen dabei helfen, daß sichergestellt wird, daß jeder Rentenbezieher am Aufstieg seines Standes oder seines Berufes teilnimmt, und zwar nach Maßgabe seiner individuellen Position im Sozialgefüge, die er sich und den Seinen während der Dauer seines Arbeitslebens erarbeitet hat.
Wenn wir uns vergegenwärtigen, daß die alten Menschen in der Zeit, als sie selbst noch im arbeitsfähigen Leben standen, das ihrige zur Verbesserung der allgemeinen Lebensverhältnisse beigetragen haben und daß die gegenwärtig schaffende Bevölkerung zum Teil von ihren Vorleistungen zehrt, dann ist es, glaube ich, selbstverständlich, daß auch sie im Ruhestand an den Früchten der gemeinsamen Anstrengungen der Generationen teilhaben. Die Sicherstellung des einmal erworbenen Lebensstandards ist dann nicht ein Akt der Barmherzigkeit seitens der jeweils Erwerbstätigen oder gar des Staates, sondern die Erfüllung einer geschuldeten Pflicht und der Ausdruck einer von den

Umständen begründeten Solidarität zwischen den Generationen. Auf diesem Wege wird es uns gelingen, den Riß, der sich in unserer Gesellschaft zwischen den Verdienenden und den nicht mehr Verdienenden abzuzeichnen droht, zum Verschwinden zu bringen. So wie die Gemeinschaft das Eigentum des einzelnen schützt, muß sie auch das Arbeitseinkommen schützen. Unser Ziel muß sein, den Menschen das Bewußtsein zu geben, daß sie sich auch nach dem Ausscheiden aus dem Arbeitsleben den Lebensunterhalt selbst verdient haben. *(Beifall in der Mitte.)* Ich hoffe, hiermit deutlich gemacht zu haben, daß es uns um mehr als um die Lösung des Problems des Alters- und Invalidenrentners und der Hinterbliebenen geht.

Wir haben uns bei der Erarbeitung dieses Gesetzes von dem Gedanken leiten lassen, daß es nicht nur Hilfe für diejenigen bringen soll, die alt und invalide geworden sind oder den Ernährer verloren haben, sondern daß auch eine Stärkung des Lebensgefühls für jeden Arbeitenden während seines ganzen Arbeitslebens erreicht werden muß. *(Beifall bei der CDU/CSU.)*

Wie bei der Schaffung der Sozialversicherungsgesetze diese staatspolitische Grundeinstellung das Fundament der ganzen Gesetzgebung war, so hat sich auch diesmal über alle vordergründigen Argumente hinweg diese Grundauffassung von der Verpflichtung der Staatsführung durchgesetzt. Das Vertrauen des einzelnen in die Gemeinschaft, in die er geboren ist und in die er mit seiner Arbeit hineingestellt ist, soll dadurch gestärkt werden, daß die Menschen für einen wichtigen Abschnitt ihres Lebens nicht von der Entwicklung der gesamten Gemeinschaft ausgeschlossen werden. So wie es eines unserer vornehmsten Ziele ist, die Freiheit der Einzelperson im Rahmen der Gesamtheit zu stärken und zu schützen, so muß auch diese Sicherheit gestärkt und geschützt werden. Diese gesellschaftspolitische Grundentscheidung, die jedem Arbeiter und Angestellten das Vertrauen in die Stabilität seiner Alters- und Invaliditätssicherung gibt, will damit zugleich das Vertrauen des Bürgers zu der Gemeinschaft, die ihm diese Sicherheit gewährt, stärken.

Von hier aus versteht sich auch die Entscheidung der Kernfrage des Entwurfs, nämlich der Frage nach der Rentenformel. Die Rentenberechnung erfolgte bisher nach einer starren, d.h. lediglich den Nennwert der Beiträge berücksichtigenden Rentenformel. Bei der Festlegung dieser Formel am Ende des vergangenen Jahrhunderts konnte man noch nicht übersehen, daß die Fortschritte der Technik und der Produktivität, die durch menschliche Energie und Erfindergeist erfolgten, solche stürmischen Ausmaße annehmen würden. Der technische Fortschritt führte zu einer Erhöhung der Arbeitsproduktivität und damit zu einer Produktionsausweitung, die sich ganz allgemein in dem fortlaufend steigenden Lebensstandard niederschlägt. Die gestiegene Produktivität hat steigende Löhne und Gehälter zur Folge.

Die gegenwärtige Rentenformel erwies sich als ungeeignet, den Rentner an dieser Gesamtentwicklung in entsprechender Weise teilnehmen zu lassen. Wiederholte Rentenerhöhungsgesetze mit lebhaften Auseinandersetzungen führten zu unsystematischen, unübersichtlichen und beim Fortgang der Entwicklung sehr bald unbefriedigenden Teillösungen. Der durch die Entwicklung hervorgerufenen unbefriedigenden Rentenerhöhung steht auf der anderen Seite die Tatsache gegenüber, daß sich die Einnahmen der Rentenversicherungsträger infolge prozentualer Bemessung der Beiträge im Einklang mit den Lohn- und Arbeitsverhältnissen entwickelten und zu ständig wachsenden Vermögensüberschüssen führten.
Auf seiten der Bundesregierung besteht Einmütigkeit darüber, daß eine schematische Versorgung, die jeden Menschen unabhängig von seiner Lebensleistung auf ein Einheitsrentenniveau herabdrückt, für unser Volk nicht in Frage kommen kann. Deshalb geht die neue Rentenformel von dem Gedanken aus, daß das Einkommen des einzelnen seinen Beitrag zur Erstellung des Sozialprodukts der jeweiligen Periode zum Ausdruck bringt. Die für den Rentner so nachteilige Veränderung der Löhne und Gehälter im Laufe eines längeren Arbeitslebens ließ sich dadurch abfangen, daß man zum Maßstab der Beiträge eine von solchen Veränderungen unabhängige Größe herangezogen hat. Auf diese Weise konnte die Höhe der Renten dem jeweiligen Stand der wirtschaftlichen Entwicklung angepaßt werden.
Der Grundgedanke einer elastischen Rentengestaltung ist inzwischen auch in denjenigen Kreisen anerkannt worden, die sich zunächst den soeben angedeuteten Erkenntnissen zu verschließen suchten. Die Meinungsverschiedenheiten beschränken sich gegenwärtig auf die Frage nach dem Ausmaß der Rente. Der Grundgedanke des neuen Rentenbemessungsverfahrens ist also der folgende: Wenn durch eine Erhöhung des Sozialprodukts die Gesamtmasse dessen, was unserem Volk zum Verzehr zur Verfügung steht, vergrößert wird, so sollen an dieser Erhöhung der Verbrauchsgütermenge auch die Rentner teilnehmen.
Ich darf noch einmal betonen, daß es sich hierbei nicht um ein Geschenk an die alten Menschen handelt. Wir vollziehen vielmehr lediglich einen Akt der Gerechtigkeit, weil die alten Menschen in früheren Jahren mit die Voraussetzungen dafür geschaffen haben, daß gegenwärtig mehr Güter erzeugt werden und zur Verfügung gestellt werden können.
Seit die Beschlüsse der Bundesregierung über die Alters- und Invaliditätssicherung bekanntgeworden sind, macht man sich an vielen Stellen Gedanken über die wirtschaftlichen Auswirkungen. Natürlich sind wir alle daran interessiert, daß die sozialpolitisch für notwendig gehaltene Regelung und der daraus sich ergebende zusätzliche Rentenaufwand keine schädlichen Folgen

für unsere Wirtschaft haben. Doch kann ich keineswegs einsehen, welche schädlichen Auswirkungen von der vorgeschlagenen Neuregelung ausgehen könnten.

Man hat zuweilen von inflationistischen Wirkungen gesprochen. Da jedoch die Renten sich in der Zukunft stets und immer nur in Abhängigkeit von der Lohnentwicklung bewegen und sich ihr mit zeitlicher Verzögerung anpassen werden, ist nicht einzusehen, warum ausgerechnet davon eine Inflationsgefahr ausgehen sollte. Hierbei ist auch zu berücksichtigen, daß die Rentner niemals mehr für Konsumzwecke ausgeben können, als die arbeitende Generation vorher in Form von Beiträgen an Konsumverzicht auf sich genommen hat. Bedenken Sie bitte bei solchen Überlegungen, daß die Gesamtsumme der Renten, die wir in der sozialen Rentenversicherung zahlen, stets nur einen Bruchteil der Gesamtsumme ausmacht, die für den privaten Verbrauch aller Menschen des Volkes ausgegeben wird.

Ebenso scheinen mir Besorgnisse bezüglich der Stabilität unserer Währung im Zusammenhang mit einer Neuordnung der Renten nicht begründet zu sein. Man kann doch kaum anerkennen, daß eine ungerechte Rentenordnung bestehen müsse, weil die Möglichkeit bestehe, daß sich die Preis- und Lohnentwicklungen nicht im Rahmen des vernunftmäßig Gebotenen hielten. Ich kann nur nochmals betonen, daß es sich bei den Renten um abgeleitetes Einkommen handelt, von dem keine schädlichen Wirkungen ausgehen können, solange diejenigen richtig handeln, die für Löhne und Preise verantwortlich sind. Letzten Endes hängt natürlich jede Art der sozialen Sicherung, sei sie nun modern oder weniger modern, in ihrem Erfolg von der Stabilität der Preise und der Sicherung der Währung ab. Ich glaube, wir können in diesem Punkt den Hütern unserer Währung weithin vertrauen.

Lassen sie mich noch ein Wort zum Finanzierungsverfahren sagen. Die soeben geschilderten Fortschritte fallen naturgemäß nicht vom Himmel, sie wollen erarbeitet und bezahlt sein. Bezahlen kann sie stets nur die arbeitende Bevölkerung, unabhängig davon, über welche Konten man diese Gelder verrechnet. Ich glaube, daß es gerade zur Festigung der Freiheit der Einzelperson in unserem Wirtschaftsleben führt, wenn wir die erhöhte Sicherheit nicht als ein Geschenk, sondern als das Ergebnis eigener Arbeit und eigenen Verzichts ansehen. *(Beifall in der Mitte.)*

Eine Abhängigkeit vom Staate sollte bei einer Neuordnung der sozialen Sicherheit im Interesse aller Menschen soweit wie möglich vermieden werden. Dies läßt sich gegenwärtig nicht in vollem Umfange vermeiden. Doch soll die Alterssicherung auf jeden Fall ohne eine staatliche Beteiligung allein aus Beiträgen finanziert werden. Es ist für den Versicherten wertvoll, die rechnungsmäßige Beziehung zwischen seinem Beitragsaufkommen und der

Rentenleistung klar zu übersehen. Hierin liegt für die Versicherten auch die Sicherheit, daß der Rechtsanspruch auf Rente unangefochten bleibt, so daß hier eine Bedürftigkeitsprüfung niemals eingeschaltet werden kann. Auch das trägt zur Stärkung und Wiederherstellung der Würde des Alters im Rahmen der Gesamtgesellschaft bei. So werden auch die Versicherten eine Beitragshöhe als gerecht empfinden, die eine auskömmliche Rente verspricht und finanziert.

Für den Fall der Invalidität liegen die Verhältnisse anders, so daß hier auch die Leistungsgestaltung unterschiedlich sein muß. Wenn ein Versicherter noch vor Erreichung der Altersgrenze wegen einer Beeinträchtigung seiner Erwerbsfähigkeit aus dem Arbeitsleben ausscheiden muß, so wird auch dann, wenn er bis dahin schon eine gute Einkommensposition erworben hat, die Versicherungsdauer oft nicht dazu ausreichen, eine angemessene Rentenhöhe zu gewährleisten. Der Entwurf sieht eine wesentliche Verbesserung der Leistungen im Falle der Invalidität vor. Es gilt, solche Familien, die von dem Unglück einer vorzeitigen Invalidität des Ernährers betroffen werden, in ihrer wirtschaftlichen Existenz zu sichern und insbesondere für die Fälle vorzusorgen, in denen noch Kinder zu unterhalten sind. Das Risiko der vorzeitigen Invalidität muß von der Gesamtheit der Staatsbürger mit getragen werden. Aus diesem Grunde sind für solche Fälle Staatszuschüsse notwendig, berechtigt und in der Gesetzesvorlage vorgesehen.

Der Entwurf unterscheidet bei der Rentenbemessung zwischen Invalidität und völliger Erwerbsunfähigkeit. Die Rente für völlig erwerbsunfähige Personen soll in ihrer Höhe der Altersrente entsprechen.

Die Hilfe bei vorzeitiger Invalidität ist noch aus einem anderen Grunde ein gesellschaftspolitisches Anliegen, dem wir unsere ganze Aufmerksamkeit schenken müssen. Die Krankheitshäufigkeit der Bevölkerung hat sich gesteigert, die körperlichen und seelischen Anspannungen haben Abnutzungserscheinungen zur Folge, so daß trotz der verlängerten Lebenserwartung die Arbeitsfähigkeit in den vorgerückten Lebensjahren nicht in gleichem Umfange gestiegen, sondern eher geringer geworden ist. Es kann jedoch nicht unser einziges sozialpolitisches Ziel sein, die Lebenserwartung der Menschen zu erhöhen, sondern wir müssen auch dafür Sorge tragen, daß sie dieses verlängerte Leben in Gesundheit durchleben können. Eine wirkliche Lebensfreude kann sich nur in einem gesunden Körper entwickeln.

Dieses Anliegen hat natürlich auch die angenehme Auswirkung, daß wir mit Maßnahmen zur Erhaltung, Besserung und Wiederherstellung der Erwerbsfähigkeit der Menschen wieder Menschen der Produktion zuführen können, die vorher zur Untätigkeit verurteilt waren. Damit werden der Produktionskraft unseres Volkes wie auch der Beitragsleistung der Versichertengemein-

schaft erhöhte Beiträge zugeführt und die gesamte Rentenlast vermindert. Aber Sie alle werden mit mir darin einig sein, daß wir hierin nicht den vornehmsten Zweck dieser Maßnahmen erblicken. Es geht uns vor allem darum, die Menschen gesund und froh zu machen. Hierbei dürfen wir sicherlich von der gemeinsamen Auffassung ausgehen, daß ein Leben erst durch Arbeit seinen wahren Sinn erhält.
Die Bedeutung, die die Bundesregierung diesem Komplex beigemessen hat, ersehen Sie bereits daraus, daß in den Vorschriften des Entwurfs die Maßnahmen zur Erhaltung, Besserung und Wiederherstellung der Gesundheit und damit der Erwerbsfähigkeit als selbständige Aufgabe der Rentenversicherungsträger der Gewährung von Renten und sonstigen Leistungen vorangestellt werden. Aus einzelnen Formulierungen des Entwurfs ergibt sich, daß solche Maßnahmen auch dann durchgeführt werden können, wenn sie nicht zur Einsparung oder zum Wegfall einer Rente führen, also auch zur Herstellung der Gesundheit der Rentner, die bereits eine feste Rente beziehen. Die Rentenversicherungsträger werden hier ein reiches und ausbaufähiges Arbeitsfeld vorfinden. Sie werden sich dieser Aufgabe, entsprechend der Grundtendenz des Gesetzentwurfs, daß Vorbeugung und Wiederherstellung der Gesundheit und Arbeitsfähigkeit wichtiger sind als die Gewährung von Rente, in stärkerem Maße zuwenden können, als es bisher der Fall war.
Hierbei ist auch dafür Sorge zu tragen, daß der Erfolg der medizinischen und berufsfördernden Hilfen nicht dadurch beeinträchtigt wird, daß der Betreute während der Dauer der Wiederherstellungsmaßnahmen für sich und seine Familie von wirtschaftlichen Sorgen belastet ist. Als neuartige Leistung wird deshalb ein sogenanntes Übergangsgeld vorgesehen.
Es ist klar, daß der Erfolg der wiederherstellenden Maßnahmen im wesentlichen davon abhängt, daß gesundheitliche Schäden möglichst frühzeitig erkannt werden. Der Entwurf sieht deshalb vor, daß die Träger der Krankenversicherung und die Arbeitsverwaltung dem Rentenversicherungsträger sofort mitteilen müssen, wenn ihnen Fälle bekannt werden, in denen vorbeugende oder wiederherstellende Maßnahmen angezeigt erscheinen.
Zusammenfassend darf ich sagen, daß das neue Sicherungssystem unvollkommen wäre ohne die geschilderten Maßnahmen mit dem Ziel einer planmäßigen Zurückdämmung und Einschränkung der vorzeitigen Invalidität. Schließlich ist es die Gesellschaft ihren Mitgliedern auch schuldig, daß sie das Möglichste auf diesem Gebiet nicht ungetan läßt. Ich vertraue hier auf eine langfristig angelegte Gemeinschaftsarbeit der Ärzte, der Psychologen, der Berufsberater und der Arbeitsvermittler, für die wir versucht haben, in dem vorliegenden Entwurf eine solide Grundlage für ihre weitere Arbeit zu schaffen.

Ich kann im Augenblick nur versuchen, Ihnen die wesentlichen Anliegen des Entwurfs vor Augen zu führen. Neben den bereits bekannten Punkten bringt der Entwurf für Witwen und Waisen eine Besserung der sozialen Sicherung in mehrfacher Weise. Die Witwenrenten werden auf 6/10 der Versichertenrente heraufgesetz. Damit wird dem Sachverhalt Rechnung getragen, daß der Lebensbedarf für eine Person mehr erfordert als den Betrag, der bei einem Haushalt von mehreren Personen auf den einzelnen entfällt. Die Waisenrenten werden auf einen Betrag erhöht, der sich ebenfalls mit der wirtschaftlichen Entwicklung verändert. Damit wird auch für die heranwachsende Generation besser gesorgt werden können, als es bisher möglich war. Mit all dem fördert der Entwurf die wirtschaftliche Lage der Familienhaushalte, in denen eine Witwe für Kinder zu sorgen hat.
Wesentliche Änderungen des bisherigen Systems werden weiterhin auch dadurch bewirkt, daß in Zukunft allen Arbeitnehmern, also Arbeitern und Angestellten, im wesentlichen die gleiche Sicherung gegeben wird. Damit werden zugleich Ungerechtigkeiten, die insbesondere in der bisherigen Rentenformel für Angestellte mit längerem Arbeitsleben hervorgetreten sind, ausgeglichen, wie andererseits eine Angleichung von Arbeitern und Angestellten dadurch erfolgt, daß die Leistungen für Arbeiter an diejenigen der Angestellten herangehoben werden. Eine systematische Gleichstellung wird schon deshalb vermieden, weil die neue Rentenformel das individuelle Arbeitsleben des einzelnen getreu widerspiegelt.
Doch aus dieser Rechtsangleichung darf nicht geschlossen werden, daß damit irgendwelche Vereinheitlichungstendenzen gefördert werden sollen. Das Angestelltenversicherungsgesetz wird als besonderes Gesetz aufrechterhalten bleiben. Die Bundesversicherungsanstalt für Angestellte bleibt nicht nur als selbständiger Versicherungsträger für die Angestellten erhalten, sie kann vielmehr gerade in dem erweiterten Aufgabenbereich der Prävention und Rehabilitation die besonderen, für ihre Versicherten speziell erforderlichen und auf deren Wesensart und Bedürfnisse abgestellten Maßnahmen und Hilfen medizinischer und berufsfördernder Art gestalten und ausbauen.
Die soziale Sicherung berührt eine der wichtigsten Existenzbedingungen der modernen Gesellschaft. Sie beeinflußt die wirtschaftliche Leistungsfähigkeit ebenso wie die Lebenshaltung der gesamten Bevölkerung. Es liegt in ihrer Macht, Einzel- und Massennotstände zu verhindern, produktive Kräfte zu wahren und zu entfalten und für die Herstellung und Wahrung eines geordneten Gemeinwesens unter dem Prinzip sozialer Gerechtigkeit einen wesentlichen Beitrag zu leisten. Dieses Ziel rechtfertigt nicht nur die langjährige, vielfältige und weithin andauernde Bemühung der verantwortlichen Stellen, sondern auch die lebhafte Teilnahme der Öffentlichkeit.

Zu einer umfassenden Sozialreform gehören sicherlich neben der Alters- und Invaliditätssicherung noch viele andere Gebiete, von denen ich nur die Versorgung, die Fürsorge, die Unfallversicherung, die Krankenversicherung, die Familien- und die Jugendhilfe sowie die soziale Sicherung der Selbständigen erwähne. Ich glaube jedoch, wir sind uns darüber einig, daß nicht so lange gewartet werden kann, bis für alle diese Komplexe die gesetzgeberische Gesamtlösung gefunden ist. Die Bundesregierung war der Auffassung, daß Einzelmaßnahmen, deren innerer Zusammenhang keineswegs verkannt werden soll, von verschiedener Dringlichkeit sind. Auf dem Gebiete der Rentenreform ist die Meinungsübereinstimmung am weitesten gediehen. Also hielten wir es für richtig, dieses Problem, das mir persönlich ein Herzensanliegen ist, bevorzugt zu behandeln und einer beschleunigten gesetzlichen Regelung zuzuführen. Eine Modernisierung der Alters- und Invaliditätssicherung wird ihre heilsame Wirkung auf unsere gesellschaftliche Verfassung nicht verfehlen. Wir alle wollen daran mithelfen, daß die Alten, Invaliden und Hinterbliebenen künftig gleichberechtigte Mitglieder der Gesamtheit sind. Ich hoffe, daß unser Vaterland mit diesem Werk wieder eine führende Stellung auf dem Gebiete der Sozialpolitik in der Welt einnimmt, wie es ehemals gewesen ist. *(Lebhafter Beifall bei der CDU/CSU.)*

16.
Die kleine Wiedervereinigung im Westen – Die Rückkehr des Saarlandes zum 1. Januar 1957

Rede des Bundesaußenministers Dr. Heinrich von Brentano am 14. Dezember 1956

Das wegen der französischen Reparationsforderungen gegen das Deutsche Reich durch den Versailler Vertrag der treuhänderischen Verwaltung des Völkerbundes unterstellte Saargebiet war aufgrund einer Volksabstimmung im Jahre 1935 zu Deutschland zurückgekehrt. „Nach dem Zweiten Weltkrieg", so schilderte es der damalige CDU/CSU-Bundestagsabgeordnete Kurt Georg Kiesinger als Generalberichterstatter des Auswärtigen Ausschusses bei der Debatte über den Vertrag zwischen der Bundesrepublik Deutschland und der Französischen Republik zur Regelung der Saarfrage im Bundestag, „hat Frankreich seine Anstrengungen wieder aufgenommen, das Saarland mindestens wirtschaftlich Frankreich zuzuordnen. Es hat in einer Reihe von Maßnahmen das Saarland aus dem Zusammenhang des Besatzungsgebietes gelöst, hat eine Zollunion geschlossen, die französische Währung dort eingeführt, und schließlich wurde eine Verfassung eingeführt, die die Unabhängigkeit des Saarlandes von Deutschland statuierte". Ziel der französischen Politik war die endgültige Unabhängigkeit des Saarlandes von Deutschland und seine Zuordnung zu Frankreich. Bundesregierung und Bundestag, vor allen Dingen aber die Saarländer selbst, widersetzten sich dieser französischen Politik, die immer wieder zu Belastungen des deutsch-französischen Verhältnisses führte.

Am 23. Oktober 1954 verständigten sich Bundeskanzler Dr. Adenauer und der französische Ministerpräsident Mendes-France auf das Saarstatut, das eine Europäisierung des Saarlandes vorsah, aber am 23. Oktober 1955 in einer Volksabstimmung von 67,7 Prozent der Saarländer abgelehnt wurde. Damit war der Weg frei zu dem deutsch-französischen Vertrag „zur Regelung der Saarfrage" vom 27. Oktober 1956, der vorsah, daß sich der Anwendungsbereich des Grundgesetzes vom 1. Januar 1957 an auch auf das Saarland erstreckt. Von den Auseinandersetzungen zwischen Deutschland und Frankreich sowie im Deutschen Bundestag um die Saarfrage klingt noch etwas in der Rede nach, die Bundesaußenminister Dr. Heinrich von Brentano bei der dritten Beratung der Saarverträge in der 181. Sitzung des Zweiten Deutschen Bundestages am 14. Dezember 1956 hielt:

Herr Präsident! Meine Damen und Herren! Alle Redner dieses Hohen Hauses haben den Verträgen ihre Zustimmung erteilt, und alle Redner des Hohen Hauses haben sich zu den Pflichten bekannt, die die Bundesrepublik in diesen Verträgen auf sich genommen hat. Ich möchte namens der Bundesregierung aussprechen, daß auch wir in der Bundesregierung uns dieser Pflichten bewußt sind, die wir gegenüber dem Vertragspartner, gegenüber Frankreich, übernommen haben, ebenso wie der Pflichten, die wir gegenüber den Deutschen an der Saar übernommen haben. Ich möchte erklären, daß wir sie getreulich erfüllen werden. *(Beifall bei den Regierungsparteien und vereinzelt bei der FDP.)*
Ich möchte nicht polemisieren, ich möchte auch kein Wort der Kritik an dem sagen, was vorgetragen worden ist. Ich möchte nur sagen: Ich hoffe, daß wir uns gemeinsam über die soziale Ordnung und den sozialen Besitzstand aller Deutschen verständigen, derer an der Saar und derer in der Bundesrepublik. Wir haben nicht die beste soziale Ordnung; ich gebe es zu. Wir können sie nicht haben nach dem, was hinter uns liegt. Aber ich glaube, wir bemühen uns gemeinsam, eine gute soziale Ordnung zu schaffen, und wir bemühen uns gemeinsam, sie ständig und von neuem zu verbessern. *(Beifall bei den Regierungsparteien.)*
Ich möchte auch nicht davon sprechen, wer diese Verträge herbeigeführt hat. Ich glaube, wir sollten es nicht tun. Ich bin dankbar, daß es auch nicht angeklungen ist. Der Abschluß dieser Verträge ist, so glaube ich, der Erfolg des unbeirrbaren Willens des ganzen deutschen Volkes, sich in Frieden und Freiheit wiederzuvereinigen. *(Beifall bei den Regierungsparteien und vereinzelt bei der FDP.)*
Er ist auch der Ausdruck des unbeirrbaren Willens des ganzen deutschen Volkes, seine politischen Ziele, und seien sie noch so drängend und quälend, nur auf dem Wege der Verständigung zu erreichen. *(Beifall bei den Regierungsparteien und vereinzelt bei der FDP.)*
Wir haben alle empfunden, daß wir mit diesen Verträgen einen entscheidenden Schritt getan haben. Sie werden es mir nicht übelnehmen – ich sage es ohne Pathos –, wenn ich hier ausspreche, daß ich am 27. Oktober, als ich die Verträge namens der deutschen Bundesregierung in Luxemburg unterzeichnete, das beglückende Gefühl hatte, daß an diesem Tage das ganze deutsche Volk diese Unterschrift billigte. *(Beifall bei den Regierungsparteien.)*

So hoffe ich auch, daß an einem Tag, an dem ein Deutscher seine Unterschrift unter ein Vertragswerk setzen darf, das allen Deutschen die Einheit und die Freiheit und den Frieden wiederbringt, das ganze deutsche Volk hinter diesem Mann und hinter seiner Unterschrift steht.

Als vorgestern das französische Parlament die Verträge ratifizierte, hat der französische Ministerpräsident Guy Mollet einen bewegenden Appell an sein Parlament, an das deutsche Volk und an die Welt gerichtet. Wir haben diesen Appell gehört, und wir sind bereit, ihn zu beantworten. Wir empfinden in dieser Stunde Dankbarkeit für die Menschen an der Saar, die in ihrer Treue nicht versagt haben, wir empfinden Dankbarkeit für das französische Volk, für das französische Parlament und für seine Regierung, die sich zu einem mutigen Entschluß durchgerungen haben. *(Beifall im ganzen Hause.)*

Aber ich glaube sagen zu dürfen, die Antwort des deutschen Volkes auf diesen Appell, die Antwort des deutschen Volkes auf die Bereitschaft seines westlichen Nachbarn, eine alte schwere Last vom deutsch-französischen Verhältnis wegzunehmen und die Voraussetzungen für eine dauerhafte und tiefe innere Freundschaft zu schaffen, und diese Bereitschaft sollten auch unseren Nachbarn im Osten zum Beispiel dienen. Auch im Osten sollte man wissen, daß das deutsche Volk auf einen Appell zu antworten bereit ist, wenn ihm erst einmal die Wiedervereinigung in Frieden und Freiheit geschenkt ist. *(Lebhafter Beifall im ganzen Hause.)*

17.
Verpaßte Chancen der deutschen Wiedervereinigung

Rede des Bundestagsabgeordneten Dr. Dr. Gustav Heinemann am 23. Januar 1958

Von den zahlreichen Regierungserklärungen und Debattenbeiträgen, die in den vergangenen Jahrzehnten im Bundestag zur deutschen Frage abgegeben wurden, haben vor allen Dingen zwei Reden einen nachhaltigen Eindruck hinterlassen: die Rede von Gustav Heinemann 1958 und von Theodor Freiherr von und zu Guttenberg 1970. In der neunten Sitzung des Deutschen Bundestages am 23. Januar 1958 rechnete der ehemalige Christliche-Demokrat und damalige SPD-Bundestagsabgeordnete Dr. Dr. Gustav Heinemann mit der Deutschlandpolitik von Bundeskanzler Dr. Konrad Adenauer ab:

Herr Präsident! Meine Damen und Herren! Vor siebeneinhalb Jahren trennten sich die Wege, die der Bundeskanzler und ich nach dem Kriege zunächst gemeinsam gegangen waren. *(Zuruf von der Mitte: Schreibt jetzt jeder seine Memoiren?)* Nun begegnen wir uns hier erstmalig wieder in einem Augenblick, da der Herr Bundeskanzler sagte, es habe noch nie so ernst um uns gestanden wie heute, d.h. mit anderen Worten, daß die Sicherheit der Bundesrepublik noch nie so gefährdet war und daß die Wiedervereinigung unseres Volkes noch nie so wenig in Sicht war wie gegenwärtig. An diesem Urteil ist leider vieles richtig, und dieses Urteil besagt zugleich, daß die Zeit gegen uns gearbeitet hat und daß wir alle miteinander gerufen sind, die Richtigkeit des Weges zu überprüfen, der in den letzten Jahren verfolgt wurde. *(Beifall bei der SPD.)*

Das Thema des Gesprächs von 1950, als wir auseinandergingen, und von heute ist im Grunde unverändert. Damals ging es auch um Eigenmächtigkeiten des Bundeskanzlers. Er war es ja, der ohne einen Beschluß der Bundesregierung den Westmächten westdeutsche Soldaten gegen die vierte, östliche Besatzungsmacht anbot, *(Hört! Hört! bei der SPD)* so wie heute zur Erörterung steht, ob er die Bundeswehr nun auch eigenmächtig in atomare Bewaffnung verstricken wird. Im Jahre 1950 ging es um die Frage Bundes-

polizei oder Aufrüstung. Auch damals rumorte in den Köpfen – ich muß mich wirklich wundern, daß das immer noch der Fall ist – Korea. Die Koreageschichte sieht anders aus, als sie damals erzählt wurde. *(Sehr richtig! bei der SPD.)*
Meine Damen und Herren, wir haben heute dieselbe Schwarzmalerei vernommen wie damals. Aber ich sage Ihnen: das beeindruckt nachgerade nicht mehr. *(Sehr wahr! bei der SPD.)* Denn auch mir geht es, wie es Herrn Dehler gegangen ist. Das Vertrauen ist zerbrochen, und die Wahrheiten, die nun nachgerade ausgesprochen worden sind und zu denen ich einige hinzufügen werde, sind bitter. Es wird nicht genügen, sehr verehrter Herr von Brentano, daß Sie das mit einer großen Geste zurückweisen, anstatt zu den vorgetragenen Tatsachen Stellung zu nehmen. *(Lebhafter Beifall bei der SPD und FDP.)*
Der erste politische Konflikt in der ersten Bundesregierung ergab sich über die Frage, ob die Bundesrepublik dem Europarat beitreten sollte. Darüber gab es im Mai 1950 in der Bundesregierung eine stundenlange Aussprache. Jakob Kaiser und ich waren gegen diesen Beitritt, weil er geeignet erschien, die Spaltung Deutschlands zu vertiefen. Nach stundenlanger Beratung im Kabinett wurde eine Kompromißformulierung gefunden, und drei Wochen später erlebte ich in der Bundesratssitzung, daß der Berichterstatter einen anderen Text vortrug, als die Bundesregierung ihn beschlossen hatte! *(Hört! Hört! bei der SPD. – Zuruf von der SPD: Das ist Konrad Adenauer!)* Der zweite Konflikt, der entscheidende, ergab sich aus dem eigenmächtigen Angebot der Aufrüstung.
Meine Damen und Herren, Herr Dehler ist besonders auf die Vorgänge vom März 1952 zu sprechen gekommen, als die Sowjetunion anbot: Wiederherstellung der deutschen Einheit, Redefreiheit, Pressefreiheit, Versammlungsfreiheit, freie wirtschaftliche Entwicklung, nationale Streitkräfte für ein wiedervereinigtes Deutschland, Aufnahme in die Vereinten Nationen, gesamtdeutsche Regierung, hervorzugehen aus freien Wahlen, alles das unter der Bedingung, daß Deutschland sich nicht an Militärbündnissen beteilige.
Verehrte frühere Freunde aus der CDU! Als diese Note der Sowjetunion 1952 auf den Tisch kam, gab es in Ihren Reihen eine weite Zustimmung zu dieser Note. Damals tagte in den gleichen Tagen des März 1952 der Evangelische Arbeitskreis der CDU in Siegen. Sie können im CDU-Informationsdienst über diese Tagung nachlesen, daß dort ausgesprochen wurde:

> Wir sehen in der Note der Sowjetunion vom 10. März 1952 einen Erfolg der Politik der Bundesregierung, da damit ein Gespräch zwischen den Mächten veranlaßt wird, auf denen die Verantwortung für die Teilung Deutschlands ruht. Wir bitten die Bundesregierung, bei ihren Beratungen

mit den Westmächten sich dafür einzusetzen, daß auch diese nichts unversucht lassen, das von ihnen gleichfalls bejahte Ziel der deutschen Wiedervereinigung zu verwirklichen.

Was wurde aus diesem Appell des Evangelischen Arbeitskreises? Der Herr Bundeskanzler hat damals, als die Note ihm bekannt wurde, gleich wegwerfend gesagt – wie ja immer, wenn so etwas passiert –: „Belanglos". Er nahm in Siegen zu dem Arbeitsergebnis des Evangelischen Arbeitskreises selbst Stellung und sagte: Der Westen muß erst stärker werden, ehe wir in eine Verhandlung eintreten können! Noch ist der Zeitpunkt nicht gekommen! Und als Inhalt dieser anzustrebenden Verständigung beschrieb er: Wiedervereinigung Deutschlands sowie Bereinigung und Neuordnung im Osten. *Abg. Dr. Mommer: Hört! Hört!)* Was hieß das?

Wenige Tage vorausgegangen war die Rede des Bundeskanzlers vor dem CDU-Tag in Heidelberg am 1. März 1952, wo er mit aller Klarheit gesagt hatte „Erst stärker werden", und dann sollte es gehen, so hieß es wörtlich, „um die Neuordnung der Verhältnisse in Osteuropa". Ebenso hieß es im Rundfunk in einer Rede vom 5. März 1952, es gehe nicht nur um die Ostzone; es gehe darum, ganz Osteuropa östlich des Eisernen Vorhangs zu befreien. Kaum wurde eine Möglichkeit sichtbar, mit der Sowjetunion wirklich weiterzukommen, da war auch schon der ganze Übermut, die ganze Hybris wieder im Spiel, es uns als Aufgabe zuzuschreiben, ganz Osteuropa neu zu ordnen. *(Abg. Dr. Krone: Ach! – Weitere Zurufe von der CDU/CSU.)*

Dem Volke hier gegenüber wurde das alles zugedeckt durch eine ungewöhnlich verheerende Parole, verheerend, weil sie in einer tückischen Weise das Richtige und das Falsche miteinander vermengte, nämlich die Parole: „Zuerst freie Wahlen!" – Gewiß, freie Wahlen wollen wir alle. Aber zu sagen „zuerst" – das mußte genau den Weg zu diesen Wahlen verschließen. Wenn Herr Dr. Gradl heute morgen hier gesagt hat, daß es ihm nicht im Sinne stehe, daß die freien Wahlen der Anfang seien, sondern daß sie das Ergebnis von mancherlei Zwischenbemühung sein müßten, so kann ich nur dankbar zur Kenntnis nehmen, daß diese Einsicht mittlerweile da ist. Aber 1952 hieß es und noch lange danach: „Zuerst freie Wahlen", also eben nicht voraufgehend die Lösung der militärischen, strategischen Fragen in bezug auf das mitteleuropäische Gebiet. *(Abg. Dr. Bucerius: Herr Dr. Heinemann, Herr Professor Schmid hat uns gesagt, daß er damals die gleiche Denkweise gehabt habe!)*

– Das mag ja sein, und trotzdem: Die Wahrheit, auch wenn sie eine Geschichte hat, ist deshalb nicht falsch. *(Zuruf von der CDU/CSU: Diese Auffassung haben alle gehabt!)*

– Entschuldigen Sie gütigst, nicht alle haben das damals so trompetet wie Sie von der CDU, ich jedenfalls nicht!

Zu den „freien Wahlen“ will ich noch folgendes sagen. Es gab auch einmal einen Augenblick – längst vor der Bundesrepublik –, wo die Sowjetunion die freien Wahlen anbot, nämlich 1947, wo sie eine vorläufige gesamtdeutsche Regierung aus Wahlen entstehen lassen wollte. Damals sagte der englische Außenminister Bevin: „Ich bin nicht gewillt, die Sicherheit Englands einer Volksabstimmung durch die Deutschen auszusetzen.“ Also: von der westlichen Seite so gut wie von der östlichen Seite in bezug auf freie Wahlen von Anfang an die Überlegung: Was hat das für Sicherheitsauswirkungen für uns Besatzungsmächte? Für die Westmächte so gut wie für die östliche Besatzungsmacht liegt der Schlüssel zu jeder Änderung hier in Deutschland bei den Sicherheitsfragen. Erst wenn wir über diese hinwegkommen, kommen wir im deutschen oder mitteleuropäischen Bereich zu politischen Ordnungen. *(Beifall bei der SPD.)*

Aber jedenfalls 1952, als die Sowjetunion diese Offerte auf den Tisch legte, von der ein großer Teil der CDU damals sagte, das sei ein Erfolg und darauf solle man zugehen, wurde vom Bundeskanzler der Weg verfolgt: erst stärker werden! Nicht wahr? Der stärkste Bundesgenosse, der Amerikaner, ist ja auf unserer Seite.

1953 traten Eisenhower und Dulles ihr erstes Regiment in den Vereinigten Staaten an, und der Herr Bundeskanzler machte seinen ersten Besuch bei dem amerikanischen Präsidenten. Verehrte Freunde von der CDU, haben Sie in Erinnerung, was auf Ihrem Parteitag in Hamburg im April 1953 von dem unmittelbar von Amerika nach Hamburg zurückgekommenen Bundeskanzler gesagt wurde – wörtlich, Informationsdienst der CDU, 29. April 1953 –:

> In unserer Hand, in der Hand der CDU und CSU zusammen mit den beiden anderen Koalitionsparteien,

– damals waren die Freien Demokraten noch dabei, die mittlerweile von ihrem Ausflug in die Politik der Stärke zurückgekehrt sind –

> liegt bei der zukünftigen Wahl in Wahrheit das Schicksal der Welt .... Die Nachwelt wird einmal darüber das Urteil fällen, ob in der Bundesrepublik Deutschland sich in diesem historischen Jahr 1953 Männer und Frauen zusammengefunden haben, die erkannt haben, daß Deutschland jetzt tatsächlich im Mittelpunkt des Weltgeschehens steht und daß es von uns abhängt, ob die Welt Frieden bekommt .... Sternstunden der Menschheit sind nur einmal da; wenn man sie ungenutzt verstreichen läßt, kehren sie nicht wieder.

Richtig an alle dem ist nur das allerletzte: daß die Stunde, die man verstreichen läßt, nicht wiederkehrt. *(Beifall bei der SPD.)* Wo sind die Sprecher der CDU, die heute noch sagen wollen: „Sternstunden der Menschheit“, „Deutschland im Mittelpunkt des Weltgeschehens“?

Im Januar 1954 folgte die Berliner Konferenz. Haben Sie in Erinnerung, was die Bundesregierung damals auf sämtlichen Plakatsäulen in der ganzen Bundesrepublik als Anrede an diese Berliner Konferenz plakatieren ließ? Nämlich die drei Thesen: „Freie gesamtdeutsche Wahlen" – jawohl; „Verfassunggebende Nationalversammlung" – jawohl; „Gesamtdeutsche Regierung mit völliger Handlungsfreiheit" – da steht es wieder; da sollte wieder einmal überrannt werden, was die Besatzungsmächte an Sicherheitserfordernissen uns gegenüber erheben, ehe sie Wahlen, Nationalversammlung, gesamtdeutsche Regierung und all dergleichen zulassen.
Eine letzte Chance, lediglich über die Sicherheitsfragen zu einer Wiedervereinigung zu kommen, war im Winter 1954/55, eingeleitet durch eine Note der Sowjetunion vom 23. Oktober 1954, in der noch einmal die Vorschläge vom März 1952 auflebten, nämlich der Vorschlag einer Viererkonferenz, freier Wahlen in Deutschland unter internationaler Kontrolle, aber alles unter der Bedingung, daß eine Einigung über den militärischen Status eines wiedervereinigten Deutschlands erreicht werde. Und die Antwort des Westens: „Erst die Pariser Verträge! Die Sowjetunion wird hinterher auch noch verhandeln. Lassen wir uns nicht einschüchtern! Erst stärker werden!" Das war die Antwort.
Wie sieht denn nun das Ergebnis eben dieser ganzen Politik heute aus? Sie müssen ja selber sagen, daß die DDR stärker im Spiele ist als je zuvor. Wahrscheinlich fühlte die Sowjetunion in all diesen Jahren, daß ihr mehr und mehr an Stärke zuwuchs. Das heißt mit anderen Worten, daß die Politik der eingebildeten Stärke das Spiel der Sowjetunion gespielt hat, *(Beifall bei der SPD und bei Abgeordneten der FDP)* daß diese Politik der eingebildeten Stärke, während der man die Chancen ausließ, der Sowjetunion die Zeit gab, aus dem Handicap herauszukommen, das doch noch so lange für sie bestand, als sie keine Wasserstoffbomben, keine Raketen usw. hatte. Heute ruft die CDU, ruft die Bundesregierung nach der Viererkonferenz. Als der Osten sie anbot, war die wegwerfende Antwort: „Belanglos!" Herr Bundeskanzler, was Sie in diesen Jahren betrieben haben, war die gleiche Politik der Preissteigerung in der deutschen Politik, wie wir sie auch hier in der Wirtschaft erleben. *(Beifall bei der SPD.)*
Ich erachte es für die historische Schuld der CDU, daß sie bis zum Jahre 1954 in dieser leichtsinnigen Weise die damaligen Möglichkeiten ausgeschlagen hat, denen wir heute nachtrauern müssen. *(Sehr wahr! bei der SPD.)* Wie lange wollen Sie dieses Spiel noch fortsetzen! Wie lange noch?
Meine Damen und Herren! Unsere politische Aufgabe nach dem Krieg war von Anfang an und ist bis zur Stunde eine doppelte, und das heißt mit anderen Worten, um ein wesentliches Stück schwerer, als die CDU sie uns vorstellt.

Sie ist eine doppelte, nämlich das harte, das unerschütterliche Nein zum totalitären System zu verbinden mit dem Ja zur Nachbarschaft der totalitär regierten Ostvölker. *(Zurufe von der CDU/CSU.)* Das müssen wir miteinander fertigbringen, dieses Nein und gleichzeitig dieses Ja. Ich habe dem Herrn Bundeskanzler nie und keinen Augenblick vorgeworfen, daß er mit den westlichen Nachbarn einen Ausgleich betrieb. Das war unerläßlich. Aber ich habe ihm immer vorgeworfen und tue es auch in dieser Stunde, daß er mit diesem westlichen Ausgleich neue Ostfeindschaft verbunden hat, in der Art, wie geredet wurde, von ihm und seinen Mitarbeitern bis tief in die Reihen der CDU hinein, und in der Art, wie gefordert wurde: Neuordnung usw. Bis wohin denn?

Diese doppelte Aufgabe endlich anzufassen, daß ist das Gebot der Stunde, und dem gilt alle Bemühung um eine neue Überlegung, nachdem Sie ja selber sagen müssen: Es stand noch nie so schlecht um uns wie heute. Die Rüstung löst diese Doppelheit der Aufgabe nicht. Ehe die zwölf westdeutschen Divisionen da sind, sind ja zwölf westalliierte längst aus Europa abmarschiert, und vor allen Dingen haben die Sowjets längst das Tausendfache an Waffenkraft aus dem dagegen entwickelt, was sie heute haben. Das ist doch die Bilanz des ganzen Rüstungswettlaufs, oder ich will sagen: dieses dreifachen Wettlaufs in neuen Waffen, in alten Waffen und in der Wirtschaftshilfe gegenüber den Völkern in aller Welt. Dieser dreifache Wettlauf trägt sich nicht mehr aus. Wenn man diesen Weg trotz dieser Gegebenheit, trotz dieser Erkenntnis heute immer noch fortsetzen will, dann muß allerdings auch ich sagen: Wer Deutschland immer noch tiefer spalten will, kann es nicht besser machen als in Fortsetzung immer noch dieses Weges. *(Beifall bei der SPD und FDP.)*

Herr Bundeskanzler, für mich persönlich bedeutet dieses alles an Sie die Frage, ob Sie nicht nachgerade zurücktreten wollen. *(Beifall bei der SPD und FDP. – Lachen bei der CDU/CSU. – Zurufe.)*

– Warum, Herr Bundeskanzler? Ich bitte Sie, das jetzt einen Augenblick zu hören. Ich verstehe zur Genüge, daß Sie sich in eine politische Sicht und in einen politischen Weg begeben haben, von denen Ihnen persönlich der Rückweg schwerfällt. Das verstehe ich. Dafür haben Sie vieles darangesetzt, die Dinge dahin zu entwickeln, wohin Sie sie geführt haben. Aber ich meine, daß eine ruhige Überlegung und Prüfung der gesamten Gegebenheiten es nachgerade nahelegen sollten, den Weg freizugeben für andere Kräfte, die nun aus dieser Gegebenheit wirklich und glaubwürdig das entwickeln, was geboten ist.

Ich verbinde damit an die früheren Freunde der CDU nun noch eine ganz besonders ernste Frage im Hinblick darauf, daß sie christliche Politik zu treiben angetreten sind. Ich meine dieses: Es soll ja nun – und das ist doch wohl klar durchzufühlen durch alles, was wir heute hier gehört haben – die Fortentwicklung auf die atomare Bewaffnung der Bundeswehr hingetrieben werden. Früher konnte man sicher sein, wenn man so stark war, den Gegner zerschlagen und erschlagen zu können. So stark ist der Westen heute auch. Aber er würde darüber selbst zerschlagen werden, und das bedingt die Notwendigkeit eines gründlichen Umdenkens. Dazu sind wir, wir Deutschen in dieser Mittellage, in diesem Eingeklemmtsein vielleicht mehr berufen als andere Völker.

Nun erstaunt es mich, nein, ich muß so sagen: Es macht mich bis ins tiefste betroffen, mit welch einer Selbstverständlichkeit Sie im Begriff sind, auf eine atomare Bewaffnung hier in Deutschland zuzugehen. Steht Ihnen überhaupt nicht zur Überlegung – und zwar so zur Überlegung, daß Sie sich getrauen möchten, das hier auch einmal auszusprechen –, daß die Massenvernichtungsmittel von heute einfach keine Waffen mehr sind? Herr von Brentano hat das am vergangenen Sonntag in seiner Berliner Rede laut Bulletin sogar wörtlich so gesagt. Wenn das eben keine Waffen mehr sind, sondern wenn das etwas ganz anderes ist, dann können Sie doch unmöglich in dieser Selbstverständlichkeit auf solch eine „Bewaffnung" zugehen.

Die Warnungen davor werden immer dringender. Ich muß es beklagen, daß der Herr Bundesverteidigungsminister hier von einer „Panikmache" redet. Verehrter Herr Dr. Strauß, Albert Schweitzer ist kein Panikmacher, die 18 Göttinger sind keine Panikmacher, *(lebhafter Beifall bei der SPD und der FDP)* die 9000 Wissenschaftler aus 40 Ländern, die gerade eine Eingabe an die Vereinten Nationen eingereicht haben, sind keine Panikmacher!

Aber die Geister scheiden sich nicht in den Erklärungen, sondern in den Konsequenzen, die sie mit den Erklärungen verbinden. Das Aufregende an der Erklärung der 18 Göttinger war, daß sie ein persönliches Engagement mit ihrer Erklärung verbanden, indem sie nämlich sagten: Keiner von uns ist bereit, sich an Herstellung, Erprobung oder gar an dem Einsatz von Atomwaffen zu beteiligen. Da wurde die allgemeine Linie verlassen – *(Zuruf von der Mitte)* – auch in der Sowjetunion gibt es einen gewissen Kapizka, der genauso erklärt hat –, daß man allgemein warnt, daß man anderen zuredet und dann wartet, was die anderen tun oder nicht tun. Hier wurde etwas Persönliches gesagt: Wir tun nicht mit.

Nun beobachten Sie doch bitte einmal, wie diese Bewegung in steigendem Maße um sich greift, insbesondere im Bereich der Evangelischen Kirche in Deutschland. Ich weise im Augenblick auf die Erklärung hin, die die sechs Dekane der sechs theologischen Fakultäten in der DDR im April 1957 abgaben, in der sie einen Dank an die Göttinger Professoren aussprachen und einen Dank an die ostdeutschen Atomforscher, die ähnliche Erklärungen abgaben, wo sie sagten:

... In den Massenvernichtungsmitteln werden Gottesgaben ... mißbraucht, wird der Mensch verraten. Wir warnen davor, in dieser Sache mitzumachen oder sich verantwortungsloser Gleichgültigkeit und Resignation zu überlassen. Die Weltgefahr, die nicht nur das gegenwärtige Geschlecht, sondern unsere Kinder und Kindeskinder bedroht, fordert den Einsatz jedes einzelnen, um das Ziel einer allseitigen Ächtung und Abschaffung der Massenvernichtungsmittel zu erreichen.

Diese Erklärung, die also zunächst von den Dekanen der theologischen Fakultäten in der DDR ausging, wurde alsbald von sämtlichen Bischöfen der evangelischen Gliedkirchen in der DDR einschließlich des Bischofs Dibelius in Berlin aufgegriffen. Sie wurde von einer Mehrzahl von Kirchenleitungen der aus Westdeutschland aufgegriffen, und sie wurde in besonderer Weise vor sechs Wochen auf einer Synode der Kirchen der Union aufgegriffen. Aus dieser Entschließung von west- und ostdeutschen Kirchen auf einer Tagung in Berlin lese ich folgende Sätze vor:

Die Synode bekennt sich zu der vergebenden Langmut Gottes, der seinen Menschen auch in den notvollsten Verhältnissen das Leben schenkt und erhalten will bis an den Tag, an dem Er selbst die Welt und ihre Geschichte an sein Ziel bringt. Darum verwirft die Synode alle Massenvernichtungsmittel und alle Versuche, sie durch irgendwelche Zwecke rechtfertigen zu wollen. Durch die Massenvernichtungsmittel wird in jedem Fall verraten, was man retten will, und seien es Freiheit und Frieden. In ihrer Mitverantwortung für den Frieden in der Welt und für die Heilung des Risses, der durch unser Volk geht, warnt die Synode nicht nur vor einer Fortsetzung des selbstmörderischen atomaren Wettrüstens der Weltmächte, sondern insbesondere auch vor einer atomaren Bewaffnung deutscher Armeen. Sie warnt jeden einzelnen, in dieser Sache durch Beteiligung, Verharmlosung oder Gleichgültigkeit vor Gott und den Menschen schuldig zu werden.

Verehrte frühere Freunde von der Christlich-Demokratischen Union! Ich appelliere hier unter besonderem Hinweis auf Erklärungen aus kirchlichem Kreise an Sie mit der Frage, ob oder wie Sie glauben verantworten zu können, auf Massenvernichtungsmittel zuzuschreiten, von denen auch Herr von Brentano sagt, daß sie keine Waffen mehr seien. Sie werden nicht etwa mit dem Satz durchkommen, daß eine solche atomare Bewaffnung zwangsläufig sei, weil andere Mächte, weil die Sowjetunion solche Massenvernichtungsmittel besitze. „Zwangsläufig" – das ist eine atheistische Denkkategorie! *(Beifall bei der SPD.)* Von Zwangsläufigkeit kann nur derjenige sprechen, für den

Gott nicht mehr im Weltregimente sitzt. *(Zurufe von der Mitte: Notwehr!)*
– Diese Dinge will ich jetzt nicht bis ins letzte vertiefen. Ich höre den Zwischenruf „Notwehr". Nehmen Sie einmal zur Hand, was der Professor Gollwitzer, der ja bis vor kurzem in Bonn gewirkt hat, dazu in seinem Vortrag vor der Bonner Studentenschaft im Juli gesagt hat! So billig kommt niemand davon – niemand –, daß hier einfach gesagt wird „zwangsläufig" oder „Notwehr" oder dergleichen.
Es wird auch nicht gelingen, die Menschen hierzulande an die Massenvernichtungsmittel einfach zu gewöhnen, so wie man ihnen die Aufrüstung nach 1950 angewöhnt hat. Seien Sie sich klar darüber. Ich spreche hier gar keine Drohungen aus, das liegt mir völlig fern. Ich möchte nur dazu helfen, daß hier nicht auf irrtümlichen Grundlagen, auf brüchigen Grundlagen politisch gehandelt wird. Seien Sie sich klar darüber, daß das, was der Herr Strauß „Panikmache" nennt, einer tiefen, nur zu begründeten, unüberwindlichen Furcht im Volke entspringt, daß hier ein Verhängnis heraufzieht, dem man sich entgegenstellen wird, so wie etwa das japanische Volk es tut, so wie etwa im Augenblick die Engländer sich dagegen auflehnen, daß ununterbrochen mit Atom- und Wasserstoffbomben ausgerüstete Flugzeuge über ihrem Vaterland umherkreisen. *(Abg. Kiesinger: Die Engländer!)* Das, was hier Panikmache genannt worden ist – ich kann diesen Ausdruck nur tief bedauern –, wird nicht weggewischt werden können, einfach weil hier die Wunden, die Sorgen viel zu tief brennen, viel zu echt sind; hier wird sich etwas mobilisieren.
Meine Damen und Herren, Sie haben heute in der Aussprache von den Sprechern der Opposition immer wieder zu hören bekommen, daß wir es leid sind, von Ihnen, von den Regierungsgruppen immer, wenn dies oder das gesagt oder vorgeschlagen wird, als Antwort zu erhalten, das sei belanglos. Störmanöver, Propaganda, Panikmache, „Keine Zeit zum Lesen", und wie das alles heißt. Nehmen Sie bitte zur Kenntnis, daß niemand von uns irgendwie Apologet von Ostvorschlägen ist. Das haben wir gar nicht nötig. Aber uns treibt die Sorge, daß hier Versäumnisse geschehen. Sie werden uns unablässig am Werke finden, hier die Initiative, wenn Sie so wollen, auch die Phantasie anzuregen und zu beflügeln, damit wir über den toten Punkt hinwegkommen, ehe denn die Katastrophe vollends da ist und Sie uns noch einmal wieder sagen, es sei noch böser um uns bestellt und es sei noch viel risikoreicher geworden usw., wie wir das von Ihnen bis dato zu hören bekamen. *(Beifall bei der SPD und bei der FDP.)*
Halten Sie uns bitte auch nicht entgegen, daß auch das, was wir wollen, daß auch das, was wir anregen, mit Risiken verbunden sei. Das wissen wir selbst.

Aber das Kriegsrisiko, das hier so drohend vor uns steht, das wird uns munter machen und, wie ich meine, auch willig machen müssen, ein anderes Risiko, ein Risiko friedlicher Begegnungen und Auseinandersetzungen, einzugehen. Denn jedes Risiko ist geringer als das Risiko des Krieges. *(Lebhafter Beifall bei der SPD und der FDP.)*

Wiederholen Sie bitte auch nicht den Satz, daß die Sozialdemokratische Partei mit ihrer Politik den Untergang Deutschlands verursachen werde. Die Bundesrepublik ist nicht Deutschland. Sie, verehrte Damen und Herren, haben Deutschland nicht wiederhergestellt; wieso sollte ein anderer Deutschland untergehen lassen können?! *(Beifall bei der SPD und bei Abgeordneten der FDP.)*

Der Untergang Deutschlands – das ist unsere Sorge – kann kommen, wenn nicht endlich wenigstens mit dem Wettrüsten Schluß gemacht wird, wenn nicht endlich einmal in all diesen Entwicklungen, von denen Sie selber sagen, daß sie sich bis heute zum Bösen ausgetragen haben, ein Stopp und ein Haltepunkt kommt. Das ist es, was uns veranlaßt hat, auf Rapacki-Plan, auf Kennan-Vorschläge und dergleichen hinzuweisen als eine Möglichkeit, wenigstens einen Ansatz zu finden, eine Möglichkeit, die ausgestaltet werden muß.

Ich will alles mit einem einzigen Satz zusammenfassen. Die Verdünnung des militärischen Aufmarschs in alten, sogenannten klassischen Waffen ist in Europa längst im Gange; lassen Sie bitte davon ab, diese Verdünnung in alten, klassischen Waffen aufzufüllen mit Atomwaffen! Darum geht es uns. *(Langanhaltender lebhafter Beifall bei der SPD und der FDP.)*

18.
Um Adenauers Kandidatur für das Amt des Bundespräsidenten

Rede des Oppositionsführers Erich Ollenhauer am 11. Juni 1959

Im Jahre 1959 lief die zweite Amtsperiode von Bundespräsident Professor Dr. Theodor Heuss ab. Eine dritte Amtsperiode war nach dem Grundgesetz nicht möglich. Am 7. April 1959 nominierte das Wahlmännergremium der CDU/CSU für die Wahl des Bundespräsidenten Bundeskanzler Dr. Konrad Adenauer als Kandidaten. Am 8. April erklärte Adenauer in einer Rundfunk- und Fernsehrede: „Mein Entschluß ist zwar schnell gefaßt worden, aber er war wohlüberlegt.“ Als sich jedoch herausstellte, daß die verfassungsmäßigen Kompetenzen des Bundespräsidenten geringer waren, als Adenauer angenommen hatte, und sich ein Adenauer genehmer Nachfolger als Bundeskanzler in der CDU/CSU-Fraktion nicht durchsetzen ließ, erklärte er in einem Schreiben an die Fraktionsvorsitzenden der CDU/CSU, Dr. Heinrich Krone und Hermann Höcherl, seinen Rücktritt von der Kandidatur. Der Sturm der Entrüstung, der sich in der Öffentlichkeit und in der CDU/CSU selbst erhob, wurde drei Jahre später nur durch die Empörung über die „Spiegel-Affäre“ überboten. In der 74. Sitzung des Dritten Deutschen Bundestages am 11. Juni 1959 erklärte der Oppositionsführer Erich Ollenhauer bei den Haushaltsberatungen 1959 zum „Geschäftsbereich des Bundeskanzlers und des Bundeskanzleramtes“:

Herr Präsident! Meine Damen und Herren! Wenn ich hier in der dritten Lesung zum Haushalt des Herrn Bundeskanzlers spreche, dann handelt es sich für uns in diesem Zusammenhang nicht darum, daß wir uns heute hier noch einmal mit der Politik des Bundeskanzlers oder der Bundesregierung auseinandersetzen.

Nach unserer Meinung steht heute ein anderes Problem zur Debatte, wie wir glauben, ein ernsteres und tiefergreifendes Problem, weil es an die Grundlagen unserer demokratischen Ordnung rührt. *(Sehr wahr! bei der SPD.)* Es handelt sich um den Entschluß des Bundeskanzlers, nicht für das Amt des Bundespräsidenten zu kandidieren. Selbstverständlich steht es Herrn Dr.

Adenauer frei, diese oder jene Position in der Vorbereitung dieser Wahl zu wählen. *(Sehr richtig! in der Mitte.)* Aber das ist hier nicht die entscheidende Frage.

Die außergewöhnliche Lage, in der wir uns befinden, ist durch die Umstände bedingt, die zu diesem Schritt des Herrn Bundeskanzlers geführt haben. Ich meine die Art und Weise der Vorbereitungen der Wahl des Bundespräsidenten durch die Mehrheitspartei in diesem Hause, durch die CDU/CSU.

Die CDU/CSU hat auch diesmal von vornherein die Wahl des neuen Bundespräsidenten als eine reine Parteiangelegenheit betrachtet. *(Sehr wahr! bei der SPD.)* Es gab in den vergangenen Monaten nicht einen einzigen Versuch der Fühlungnahme mit den übrigen Parteien und Fraktionen dieses Hauses über die Vorbereitung und Durchführung der Wahl des neuen Bundespräsidenten.

Wir sind nicht überrascht; denn im Grunde haben Sie damit dieselbe Praxis angewendet wie bereits im September 1949, als Sie die Besetzung des Amtes des Bundespräsidenten in die Vereinbarung über die Bildung der ersten Koalitionsregierung einbezogen *(Abg. Wehner: Leider wahr!)* ohne irgendeine Fühlungnahme mit der sozialdemokratischen Fraktion des Bundestages.

Es geht hier nicht um die Frage, ob Sie mit dieser Praxis damals oder heute formal gegen das Grundgesetz verstoßen haben – das ist sicher nicht der Fall –, aber in den letzten Wochen hat die Praxis der Vorbereitungen zur Bundespräsidentenwahl dazu geführt, daß wir heute, wenige Wochen vor dieser Wahl, praktisch vor einem Trümmerfeld des Vertrauens in die demokratische Grundordnung der Bundesrepublik stehen. *(Beifall bei der SPD.)*

Hinter uns liegt ein monatelanger beschämender Streit in der Mehrheitspartei dieses Hauses um die Kandidatur für das Amt des Bundespräsidenten. In dieser langen Auseinandersetzung sind alle möglichen Namen von Mitgliedern Ihrer Fraktion öffentlich ins Spiel gebracht worden. Man hat hin und her diskutiert bis zu der Weigerung von Professor Erhard, für das Amt des Bundespräsidenten zu kandidieren. Ihre Fraktion – mindestens in der Mehrheit – wollte ihn in der aktiven Politik behalten. Dann erfolgte aus der Sorge, in der Abstimmung der Bundesversammlung gegenüber der Kandidatur von Professor Carlo Schmid zu unterliegen, der Beschluß Ihres Wahlmännergremiums, den Bundeskanzler Dr. Adenauer selbst zu nominieren. Das war am 7. April. Sie wissen alle besser als wir, daß das der wirkliche Hintergrund dieser Entscheidung war. Wir haben alle noch die Rede des Herrn Bundeskanzlers vom 8. April im Ohr, in der er seinen Beschluß mit der Feststellung begründet hat: „Mein Entschluß ist wohlüberlegt und richtig." *(Lachen bei der SPD.)*

Das war damals. Es war bemerkenswert, daß es der damalige Kandidat für das Amt des Bundespräsidenten in seiner ersten öffentlichen Erklärung in dieser Funktion für richtig hielt, einige Bemerkungen über die Bedeutung des Amts des Bundespräsidenten in der Vergangenheit und in der Zukunft zu machen, die jeder nur als eine kritische Abwertung der Tätigkeit unserers gegenwärtigen Bundespräsidenten verstehen konnte. *(Beifall bei SPD und FDP.)*
Immerhin, es schien, als sei damit mindestens für Ihre Fraktion, für die Mehrheit dieses Hauses, der Streit um die Kandidatur des Bundespräsidenten ausgestanden. Aber dann beginnt ein zweites Kapitel, das wir alle leider fast auch in aller Öffentlichkeit miterleben mußten, nämlich das Ringen in Ihrer Partei und Fraktion um den Nachfolger von Dr. Adenauer für das Bundeskanzleramt.
Da beginnt wieder eine außergewöhnliche Entwicklung, offensichtlich deshalb, weil die Vorstellung von Herrn Adenauer damals war, auch als Bundespräsident einen aktiven Anteil am politischen Leben zu nehmen und einen Bundeskanzler zu bestimmen, von dem er sicher war, daß er als ausführendes Organ der Weisungen des Bundespräsidenten seinen Vorstellungen folgen würde; etwa die Übertragung des für Herrn Dr. Adenauer sicher sehr anziehenden Beispiels der französischen Regelung mit Herrn de Gaulle als Staatspräsidenten und Herrn Debré als Ministerpräsidenten. *(Beifall bei der SPD.)*
Meine Damen und Herren, ich sage Ihnen kein Geheimnis. Sie haben in Ihrer eigenen Fraktion diese Angelegenheit ja bis zum äußersten und mit bitteren Auseinandersetzungen durchdiskutiert. Sie wissen, wie wir alle, Sie besser als wir, daß schließlich eine Krise entstand, weil die Mehrheit der CDU/CSU-Fraktion nicht bereit war, ohne weiteres blanko den personellen Vorschlag des zukünftigen Bundespräsidenten Dr. Adenauer für den Bundeskanzler zu akzeptieren. Sie haben mit Recht das Recht beansprucht, über den Vorschlag des Bundespräsidenten für einen zukünftigen Bundeskanzler, auch wenn der Bundespräsident Dr. Adenauer heißt, frei zu entscheiden. Das war nicht nur eine parteiinterne, sondern es war eine allgemein politische Angelegenheit. Ich glaube, es war verdienstvoll von Ihrer Fraktion, daß sie sich schon in diesen Auseinandersetzungen einem solchen Versuch widersetzt hat.
Aber, meine Damen und Herren, was war das Resultat? Wir haben alle den Gegenzug Dr. Adenauers erlebt, jedenfalls in seinem Schlußkapitel, nämlich seine Entscheidung, die er in der vorigen Woche den Vorsitzenden Ihrer Fraktion mitgeteilt hat: Wenn ihr nicht so wollt wie ich, dann bleibe ich Bundeskanzler. Das ist doch der tiefere Sinn dieser Entscheidung von Herrn Dr. Adenauer.

Wir haben hier vor gut einer Woche, am 3. Juni, die zweite Lesung des Haushalts gehabt. Mein Freund Erler hat seine Rede gehalten mit dem Tenor, es sei aller Voraussicht nach die letzte Etatrede gegenüber der Regierung Adenauer. *(Heiterkeit bei der CDU/CSU. – Abg. Hilbert: Da haben Sie sich eben wieder getäuscht!)*
Denn, meine Damen und Herren, an dem Tage, an dem Dr. Adenauer hier Erler antwortete, war dieser Mann bereits entschlossen – bereits entschlossen! –, die Kandidatur als Bundespräsident zurückzugeben. Am nächsten Tag, am 4. Juni, hat hier von diesem Rednerpult aus Ihr Kollege Dr. Barzel gesprochen – das war der Tag, an dem der Herr Bundeskanzler seinen Brief an die beiden Fraktionsvorsitzenden der CDU/CSU übergab – und sich bei der Opposition beschwerte, daß wir durch die Rede Erlers sozusagen eine Bestimmung des Grundgesetzes verletzt hätten, nämlich die Bestimmung, daß der Bundespräsident ohne Diskussion zu wählen sei; wir hätten durch die Bemerkungen von Fritz Erler sozusagen die Autorität des neuen Bundespräsidenten Dr. Adenauer beeinträchtigt. Ja, meine Damen und Herren – haben Sie gewußt, haben Sie mit dem Bundeskanzler hier das falsche Spiel am Dienstag und Mittwoch voriger Woche gespielt, *(lebhafter Beifall bei der SPD und bei der FDP)* oder sind Sie selber so überrascht gewesen, wie wir es auch waren? Es geht hier darum, daß wir auf das tiefste beunruhigt worden sind über die Methoden, mit denen ein Mann wie der Bundeskanzler seine eigene Fraktion und den Bundestag in einer so lebenswichtigen Frage behandelt hat.
Meine Damen und Herren, das ist der Punkt, den wir in aller Offenheit und ohne jede Rücksicht auf die Tagesordnung dieser Debatte herausstellen. Denn schließlich, wenn man mit der Kandidatur für das höchste Amt in der Bundesrepublik so jonglieren, so spielen kann – wo soll eigentlich da in unserem Volke und in der Welt das Vertrauen zu den Institutionen und zu den Männern, die diese Institutionen bekleiden, bleiben? *(Beifall bei der SPD.)* Es kann doch nur auf das tiefste erschüttert werden.
Nun, wir haben den Tatbestand, daß Herr Dr. Adenauer erklärt hat, er ziehe seine Kandidatur zurück. Selbstverständlich, trotz aller dieser Begleitumstände bliebe es dann für uns alle die Pflicht, zu untersuchen: Gibt es eine solche außergewöhnliche Situation, die einen so weittragenden Schritt rechtfertigen könnte und die uns manches milder beurteilen lassen müßte, wenn es solche Gründe wirklich gibt? Wir haben keine gehört, keine! Es gibt eine allgemeine Erklärung des Herrn Bundeskanzlers vor dem Fernsehen, und soweit ich sehe, hat er sie in ähnlicher Weise nach den Berichten der Presse in den Sitzungen der CDU/CSU-Fraktion wiederholt. Das ist die Behauptung, seit dem 7. oder 8. April habe sich die internationale, die außenpolitische Situation so verschlechtert, daß er es nicht verantworten könne, jetzt das Amt des

Bundeskanzlers aufzugeben. Wir brauchen nicht darüber zu reden, daß die internationale Situation alles andere als erfreulich ist. Aber, meine Damen und Herren, wenn das ein Argument wäre, dann hätte es vor der Entscheidung des Herrn Bundeskanzlers am 7. April auch schon gelten müssen. *(Beifall bei der SPD.)* Es kann jetzt nicht für eine solche weitgehende Meinungsänderung als entscheidend angeführt werden.

Es gibt also, soweit wir sehen, keine die Öffentlichkeit überzeugende Begründung, und das macht die Sache noch schlimmer; denn damit steht vor uns als das nackte Resultat eine dauernde Auseinandersetzung innerhalb der CDU/CSU-Fraktion über die beste Besetzung dieses höchsten Amtes und die Haltung ihres Kandidaten, der vor einigen wenigen Wochen erklärte, er sei bereit bzw. entschlossen, das höchste Amt auszufüllen, und der jetzt erklärt, er habe es sich anders überlegt. Wo bleibt eigentlich der Respekt vor den Kandidaturen zu dem höchsten Amt in der Bundesrepublik? *(Sehr gut! bei der SPD.)*

Wir beklagen uns so oft, daß wir in dieser Bundesrepublik an Symbolen und Beispielen so arm sind. Wir haben hier ein Beispiel dafür, wie man mutwillig die Ansätze eines Vertrauens zu den demokratischen Institutionen zerstört. *(Beifall bei der SPD.)* Denn, meine Damen und Herren, wenn wir uns das Resultat am Ende dieses frivolen Spiels einmal ansehen, dann ergibt sich fraglos, daß wir infolge der Art und Weise, wie um die Kandidatur gespielt wurde, vor einer Abwertung des Amtes des Bundespräsidenten stehen. Wir stehen vor der Tatsache der Herabwürdigung der höchsten Ämter der Bundesrepublik, weil die Öffentlichkeit den Eindruck gewinnen mußte, sie seien ausschließlich Objekte persönlicher oder parteipolitischer Überlegungen.

Meine Damen und Herren! Wir stehen erstens vor einer Brüskierung mindestens der Mehrheitspartei dieses Hauses durch den Bundeskanzler und zweitens vor einer Brüskierung und Mißachtung des Parlaments, wie wir sie in den vergangenen neun Jahren noch nicht erlebt haben. *(Beifall bei der SPD und der FDP.)* Das ist der Punkt, der uns bewegt und der uns veranlaßt, diese Angelegenheit hier zur Sprache zu bringen.

Ich habe schon gesagt: die weitere Schwierigkeit ist, daß man kein überzeugendes sachliches Motiv für diese Entscheidung, für die Änderung der Haltung des Bundeskanzlers finden kann. Und wenn das so ist, bleibt nur eine einzige Schlußfolgerung, daß nämlich hier in Wirklichkeit nicht überragende sachliche oder nationale Gründe eine Rolle gespielt haben, sondern das persönliche Motiv, die Behauptung der Macht unter allen Umständen, die Mißachtung des Rechts der Mehrheitsfraktion und des Parlaments, frei über einen neuen Kandidaten für das Amt des Bundeskanzlers zu entscheiden. Im

Grunde also die Umkehrung der demokratischen Ordnung! Statt Respektierung des Willens der Mehrheit in Partei und Parlament die Aufstellung des nackten Prinzips: „Der Staat bin ich, *(Sehr wahr! bei der SPD)* und nur ich allein bin fähig und in der Lage, das Notwendige und Richtige zu tun." *(Zustimmung und Zurufe bei der SPD.)*

Noch mehr, auch das muß ausgesprochen werden: Was war die Reaktion des Herrn Bundeskanzlers auf den Widerstand in seinen eigenen Reihen und in der Öffentlichkeit? Er hat gesagt: Wenn ihr wollt, könnt ihr ja ein Mißtrauensvotum gegen mich einbringen, ihr werdet mir zustimmen müssen, ihr könnt es knurrend tun, das gestatte ich euch; im übrigen wird in 14 Tagen wieder alles vergessen ein. – Das ist der Geist und die Gesinnung, aus der heraus der Bundeskanzler diese Auseinandersetzung geführt hat. *(Zustimmung bei der SPD.)*

Wiederum: Es ist Ihre Sache, aber Sie können doch nicht bestreiten, daß es uns alle angeht, wenn der Chef der Regierung unter solchen Aspekten eine politische Entscheidung von dieser Tragweite begründet. Im Grunde offenbart sich hier, was wir immer gewußt haben: eine tiefe Verachtung des Menschen, *(Beifall bei der SPD)* die viele Handlungen und Reaktionen des Bundeskanzlers in den letzten 10 Jahren, wo wir ihn hier an der Spitze der Bundesregierung sehen, überhaupt nur zu erklären vermögen, *(Sehr wahr! bei der SPD)* die Überzeugung bei ihm von der Unfähigkeit eines Volkes, sich selbst verantwortlich zu regieren. *(Zustimmung bei der SPD.)*

Ich sage ihnen: Das ist im Grunde das Problem unserer Demokratie seit 1949. So überzeugend der gegenwärtige Bundespräsident dem Amt des Staatsoberhauptes einen demokratischen, der Verfassung gegenüber loyalen und menschlich-vertrauenerweckenden Inhalt zu geben vermochte, *(anhaltender, zuletzt stürmischer Beifall bei der SPD und der FDP)* so leer und fragwürdig blieb das innere Verhältnis des Bundeskanzlers zu Geist und Inhalt der Demokratie. *(Erneuter lebhafter Beifall bei der SPD und der FDP.)*

Im Grunde – ich darf das in diesem Zusammenhang sagen – liegt auch hier die Wurzel für das unbefriedigende Verhältnis zwischen Regierung und Opposition. Die Entfremdung dieser beiden Wesenselemente der parlamentarischen Demokratie hat hier ihre tiefste Ursache. *(Zustimmung bei der SPD.)* Sie hat das notwendige und fruchtbare Wechselverhältnis zwischen Regierung und Opposition so weit unmöglich gemacht, daß es heute geradezu zur Loyalitätspflicht gegenüber der Regierung gehört, von vornherein irgendeine sachliche Diskussion über Vorschläge oder Ideen der Opposition abzulehnen. *(Abg. Wehner: Leider wahr!)*

Alle großen Leistungen des Kanzlers in Rechnung gestellt, — *(Zurufe und Beifall bei der CDU/CSU.)* – wir bestreiten sie nicht – alle großen Leistungen

des Kanzlers in Rechnung gestellt, wir müssen heute und hier sagen, daß er durch sein Verhalten in dieser Frage die Bewährungsprobe als Repräsentant eines demokratischen Staates nicht bestanden hat. *(Lebhafter Beifall bei der SPD und bei Abgeordneten der FDP.)*
Manche Leute meinen, die SPD sei verbittert, weil durch den Beschluß Dr. Adenauers, Bundeskanzler zu bleiben, ihre Hoffnung auf das Ende der Ära Adenauer zerstört sei. Als wenn es heute darum ginge! Ob Sie es heute anerkennen wollen oder nicht, der Herr Bundeskanzler Dr. Adenauer vom 11. Juni 1959 ist nicht mehr der Bundeskanzler vom 3. Juni dieses Jahres. *(Beifall bei der SPD.)* Das menschliche Manko, welches sein Schritt offenbart hat, ist so groß, daß es durch nichts mehr ausgeglichen werden kann. *(Erneuter Beifall bei der SPD.)* Und politisch gesehen: Die Politik, die wir hier als die Politik der Ära Adenauer bezeichnet haben, geht trotz der Entscheidung des Bundeskanzlers zu Ende. Herr Dr. Adenauer wird dieses Ende nach seinem Willen und seiner Entscheidung als aktiver Politiker erleben. Es wird für ihn ein bitteres politisches Ende sein. *(Sehr gut! bei der SPD. – Lachen und Zurufe von der CDU/CSU.)*
Meine Damen und Herren, es geht hier auch gar nicht mehr um die Person des Herrn Dr. Adenauer. Es geht um das Ansehen der Demokratie, ihrer Institutionen und ihrer Repräsentanten in den Augen unseres Volkes. Unterschätzen Sie diese wirkliche Grundfrage nicht! Wenn heute in der Bundesrepublik eine Abstimmung über die Frage möglich wäre: Billigen Sie den Entschluß Dr. Adenauers?, es würde eine überwältigende Mehrheit unserer Bevölkerung mit Nein stimmen. *(Sehr gut! bei der SPD. – Abg. Dr. Vogel: Warten Sie das doch mal ab!)* Die negative Reaktion ist so spontan und so tief wie nie zuvor und über alle Parteigrenzen hinweg. *(Zurufe von der CDU/CSU.)*
Ich meine, vom Standpunkt der Demokratie ist diese Reaktion erfreulich. Denn sie bedeutet ganz einfach: Wir wollen kein Einmann-System! *(Beifall bei der SPD und bei der FDP.)* Wir wollen kein System der einsamen Beschlüsse! Wir wollen eine Politik des Respekts vor jeder menschlichen Persönlichkeit! Ich glaube, daß das auch in den Empfindungen vieler Menschen eine Rolle gespielt hat, als sie erlebten, wie hier mit Namen und Personen in einer leichtfertigen Weise ein leichtfertiges Spiel getrieben wurde. *(Beifall bei der SPD.)* Und meine Damen und Herren, diese Reaktion bedeutet: Wir wollen den Respekt vor der demokratischen Grundordnung und den Respekt vor der Verfassung der parlamentarischen Demokratie!
Es gibt in unserem Land in diesen Tagen Millionen von Menschen, die so denken und fühlen, die aber keine Möglichkeit des sichtbaren Ausdrucks ihrer Empfindungen und ihrer Überzeugung haben. Deshalb muß es hier im

Parlament vor der deutschen und internationalen Öffentlichkeit für alle diese Menschen laut gesagt werden: Es ist nicht wahr, daß die Mehrheit unseres Volkes noch oder schon wieder bereit ist, in dumpfem Schweigen und Grollen zuzusehen, wie der Weg zurückgeht in das Dunkel der Herrschaft eines einzelnen. *(Lebhafter Beifall bei der SPD. – Lachen und Zurufe von der CDU/CSU.)*

Der Schaden, den der Schritt des Bundeskanzlers im Inland und im Ausland angerichtet hat, ist groß. Ich will hier keine Pressestimmen zitieren. Es könnte sein, daß eine solche Aufzählung von Zitaten als Ausdruck einer Schadenfreude oder einer Genugtuung über die Reaktion im Ausland ausgelegt wird. *(Abg. Schlick: Sehen Sie sich den sozialdemokratischen Pressedienst an!)*

– Nicht eine einzige! Aber Sie werden ja nicht bestreiten, daß fast alle Pressestimmen negativ gewesen sind, einschließlich der Stimme des Leib- und Magenorgans des Bundeskanzlers, der „Neuen Zürcher Zeitung". *(Sehr gut! bei der SPD. – Lachen bei der CDU/CSU.)*

Meine Damen und Herren, es ist ein trauriges und ein beklagenswertes Lied, das uns aus all diesen Pressestimmen im Ausland entgegenklingt. *(Zurufe von der CDU/CSU: Warum denn überhaupt?)*

– Warum?! Weil für uns in sehr vielen Fällen die bedrückende Frage auftaucht: Ist Deutschland eine Demokratie, *(Zurufe von der CDU/CSU: Ach!)* ist das deutsche Volk wirklich auf dem Wege der demokratischen Selbstverantwortung, oder war alles in den letzten Jahren nur Schein?

Es bleibt die Feststellung: Wir haben eine Krise des Vertrauens in die demokratischen Institutionen und in die demokratischen Kräfte des deutschen Volkes im In- und Ausland. Diese Krise ist nicht mit demonstrativen Schritten zu überwinden.

Man hat gesagt, die Opposition, die Sozialdemokratie habe die Absicht, im Zusammenhang mit dieser Debatte ein Mißtrauensvotum einzubringen, um die CDU/CSU vor eine Entscheidung in ihrer Treue gegenüber Dr. Adenauer zu stellen. Meine Damen und Herren, auch ohne Ihren gestrigen einstimmigen Beschluß, wie ein Mann ein solches Mißtrauensvotum abzulehnen, hätten wir es nicht eingebracht. *(Abg. Rasner: Sie haben ja auch keinen Kanzlerkandidaten!)* Es geht ja überhaupt nicht darum, daß wir hier angesichts einer Krise, in die die Mehrheitspartei geraten ist, parteipolitisch die Kräfte messen. In diesem Augenblick geht es darum, auszusprechen, daß es nötig ist, daß vor allem Sie als Mehrheitspartei Mittel und Wege finden, damit wir aus der Krise des Vertrauens, in die uns das Verhalten Ihres Vorsitzenden hineingeführt hat, wieder herauskommen. *(Beifall bei der SPD und der FDP.)* Das ist das wirkliche Problem. Nicht mehr und nichts anderes möchten wir heute zu diesem Kapitel sagen.

Glauben Sie mir, wir sind nicht sehr beeindruckt durch die gestrige „brüderliche Versöhnung". Wir sind nicht sehr beeindruckt durch die freudige Mitteilung, daß alles wieder in bester Einigkeit sei. Sie haben sicher noch lange Zeit an den Folgen dieser Auseinandersetzung zu tragen. Es wäre menschlich unverständlich, wenn es anders wäre, meine Damen und Herren. *(Beifall bei der SPD und der FDP.)* Deshalb lassen Sie das! Demonstrieren Sie uns gegenüber nicht den Willen Ihrer Einheit und Ihrer Verbundenheit mit Dr. Adenauer! Was könnten Sie in diesem Augenblick denn anderes tun? *(Sehr wahr! bei der SPD.)*

Wir möchten Sie hier nur mit einer einzigen Frage entlassen *(Zurufe von der CDU/CSU: Entlassen?)* – ja, entlassen aus dieser Debatte –: Glauben Sie wirklich, daß die Fragen, die krisenhaften Zuspitzungen, die sich ergeben haben, mit Ihrem Beschluß erledigt sind? Bestimmt nicht! Sie müssen, meine Damen und Herren, ob Sie es wollen oder nicht, in der nächsten absehbaren Zukunft ein sehr weit sichtbares Signal geben, um deutlich zu machen, daß für die Mehrheitspartei in diesem Hause die Grundlagen und Grundsätze der Demokratie gegenüber jedem unantastbar sind. *(Beifall bei der SPD.)*

Meine Damen und Herren, im Grunde sind Sie in der Lage, daß es praktisch nur noch eine Lösung gibt, nämlich die, sich aus d i e s e m Grunde, nicht aus i r g e n d e i n e m politischen Grunde, von Dr. Adenauer zu trennen. *(Beifall bei der SPD. – Lachen in der Mitte.)*

– Meine Damen und Herren, es war klar, daß Sie so reagieren würden. Aber ich sage Ihnen eines: Wenn Sie glauben, Sie brauchten nicht so weit zu gehen, Sie könnten es mit so gewissen nach außen wirkenden Einigungsbeschlüssen erledigen, dann seien Sie sich darüber klar, daß Sie mit einer solchen Haltung, die diese Krise nicht im Grunde bereinigt und nicht die eindeutige Stellung der Mehrheitspartei zur Sache der Demokratie vor aller Öffentlichkeit zeigt, denen helfen, die im Inland und im Ausland die Zweifel aufbringen, ob wir in dieser Bundesrepublik wirklich eine Demokratie haben. *(Anhaltender lebhafter Beifall bei der SPD und Beifall bei der FDP.)*

19.
„Bekämpfung des Hungers in der Welt“

Ansprache des neugewählten Bundespräsidenten Heinrich Lübke bei seinem Amtsantritt am 15. September 1959

Am 1. Juni 1959 wählte die Bundesversammlung in Berlin den damaligen Bundesminister für Ernährung, Landwirtschaft und Forsten, den CDU-Politiker Heinrich Lübke, im zweiten Wahlgang mit 526 Stimmen zum zweiten Präsidenten der Bundesrepublik Deutschland. 386 Stimmen wurden für den SPD-Politiker Professor Dr. Carlo Schmid abgegeben. In der Ansprache bei seinem Amtsantritt in der 80. Sitzung des Dritten Bundestages am 15. September 1959 erklärte der neugewählte Bundespräsident:

Sehr verehrter Herr Professor Heuss! Meine Herren Präsidenten des Bundestages und des Bundesrates! Exzellenzen! Sehr geehrte Mitglieder des Bundestages und Bundesrates! Liebe Mitbürger! Zunächst möchte ich dem Präsidenten des Deutschen Bundestages, Herrn Dr. Gerstenmaier, der mir in seiner Ansprache ein freundliches Willkommen geboten hat, meinen herzlichen Dank sagen. Seine Worte sind mir heute eine Freude und für die Zukunft eine Ermutigung.

In dieser Stunde übernehme ich das mir übertragene Amt aus den Händen eines Vorgängers, dessen Scheiden allgemein tief bedauert wird. Nur der Respekt vor der Verfassung war es, der den Wechsel im Amte des Bundespräsidenten bedingte.

Nach dem Grundgesetz ist die Stellung des Bundespräsidenten die einer neutralen Macht. Sie ist herausgehoben aus dem Bereich der Regierungsgeschäfte und an die Wahrung einer umgrenzten Anzahl von Funktionen gebunden. Die Ereignisse der vergangenen zehn Jahre haben gelehrt, daß die Pflichten des Bundespräsidenten sich nicht ohne weiteres im einzelnen festlegen lassen. Mein Herr Vorgänger hat allen aus der staatlichen Entwicklung anfallenden politischen Erfordernissen mit behutsamer und glücklicher Hand Rechnung getragen und damit bewiesen, daß menschliches Wirken auch im politischen Bereich bedeutsamer ist, als es Institutionen sind.

Im Parlamentarischen Rat sind die Grenzen, die das Grundgesetz für das Amt des Bundespräsidenten festgelegt hat, sehr eingehend diskutiert worden. Es herrschte volle Übereinstimmung, daß die Machtbefugnisse des Bundespräsidenten gegenüber der Zeit der Weimarer Republik beschränkt werden müßten. Die Erklärung dafür ist leicht zu finden, wenn wir uns vor Augen halten, daß unser Grundgesetz in seinem materiellen Inhalt die Folgerung aus den sehr schmerzhaften Lehren zieht, die uns der jüngste Abschnitt unserer Geschichte erteilt hat. Die Mitglieder des Parlamentarischen Rates wollten die Wiederholung von zwei Übeln vermeiden: die völlige Aufsplitterung der politischen Kräfte, die in der Weimarer Republik zur Erschöpfung der Staatsautorität führte, und die Zusammenballung von großen Machtbefugnissen in einer Hand.

Weder totale Staatsmacht noch totale Auflösung der Staatsautorität ist die Erwartung, die an das Grundgesetz der Bundesrepublik in seiner praktischen Wirksamkeit geknüpft wird. Dabei sollte man aber nie vergessen, daß alle darauf gesetzten Hoffnungen enttäuscht werden können, wenn die Masse der Bürger kein inneres Verhältnis zu ihrem Staate findet.

Eine demokratische Verfassung, eine Verfassung eines sozialen Rechtsstaates, muß deshalb allen, die ein Stück Staatsautorität verkörpern, also ein öffentliches Amt innehaben, gleich einem unvergänglichen Siegel das Bewußtsein einprägen, daß sie eine dem Gemeinwohl dienende Funktion ausüben.

Ich möchte damit sagen: Ein Amt ist recht geführt, wenn diese Verpflichtung des Dienens dem einzelnen Staatsbürger, der Rat und Hilfe bei der Behörde sucht, klar erkennbar wird. Sein positiver Eindruck wird sich dann auf den Staat und die Staatsform übertragen.

Dieser Weg zur Schaffung eines Vertrauensverhältnisses zwischen Bürger und Staat wird um so erfolgreicher beschritten werden, je mehr gute Vorbilder vorhanden sind, denen der jugendliche Nachwuchs nacheifern kann.

Zehn Jahre haben wir im Amte des Bundespräsidenten ein Beispiel für ständig wachsende Autorität vor uns gehabt. Heute, am Tage des Ausscheidens unseres verehrten ersten Bundespräsidenten aus seinem Amte, möchte auch ich ihm herzlich danken, daß er mir durch seine vorbildliche Amtsführung, durch die von ihm geschaffene Tradition und durch die ritterliche Art seines Beistandes in den Tagen der Überleitung die Bewältigung der vor mir liegenden Aufgaben wesentlich erleichtert hat. Uns allen, besonders aber der Jugend, der selbstlose politische Arbeit vorgelebt werden muß, war er im uneigennützigen Dienst an der Gesamtheit ein leuchtendes Beispiel.

Gestatten Sie mir jetzt einige persönliche Bemerkungen.

Über mein bisheriges Leben und Wirken ist in den letzten Wochen viel geschrieben worden – sehr vieles, was mir selbst bis dahin völlig unbekannt war. *(Heiterkeit.)* Aber es ist heute nicht der Tag, an dem man sich mit Ungereimtheiten oder mit Schlimmerem auseinandersetzen könnte.

Aufgewachsen bin ich in einer ländlichen Welt mit ihrem einfachen, vielfach schweren Leben, aber auch ihren Schönheiten. Dieser Welt, mit der mich tiefe Liebe verbindet, habe ich einen großen Teil meiner bisherigen Lebensarbeit gewidmet. Kindheit und Jugend verbrachte ich in dem mir bis heute nahegebliebenen Dorf Enkhausen im westfälischen Sauerland in einem Elternhaus, in dem man auf tätiger Arbeit ein sparsames und unabhängiges Leben aufbaute. Die wirtschaftliche Basis eines gutgehenden handwerklichen Betriebes mit Landwirtschaft war gesund und bot mir sorglose Kinderjahre, auch nach dem frühen Tode meines Vaters. Neben meiner guten Mutter, die überall half, wo Not war, hatte mein ältester Bruder den größten Einfluß auf meine Entwicklung. In seiner für dörfliche Verhältnisse beachtlichen Bibliothek fand ich Anregung aus vielen Wissensgebieten. Er sorgte dafür, daß die Ausbildung in geordneter Weise erfolgte. Auch an den Abenden im Familienkreise wurde in Lesestunden mit nachfolgenden Diskussionen oder mit musikalischen Übungen sozusagen „spielend" weitergelernt. So begann ich mit 18 Jahren nach dem Besuch der Gymnasien Werl und Brilon nach bestandenem Abitur meine eigentliche Berufsausbildung, die dann schon nach kurzem Anlauf durch den ersten Weltkrieg unterbrochen wurde. Am 1. August 1914 meldete ich mich als Kriegsfreiwilliger in Köln in der irrigen Annahme, ich würde sonst zu spät an die Front kommen.
Erst nach Abschluß des Krieges konnte ich meine Studien fortsetzen, Examina machen und dann meine praktische Arbeit aufnehmen. Seit 1926 war ich Geschäftsführendes Vorstandsmitglied der Deutschen Bauernschaft, von 1931 bis 1933 Mitglied des Preußischen Landtages.
Am 1. April 1933 wurden alle landwirtschaftlichen Organisationen, natürlich auch unsere, aufgelöst, und ich wurde am gleiche Tage verhaftet und wieder freigelassen. Nach etwa 10 Monaten erfolgte die zweite Verhaftung, die mir mehr als 20 Monate Zeit gab, darüber nachzudenken, was Freiheit und Menschenwürde bedeuten. Im August 1944 sollte ich erneut verhaftet werden, aber man hat mich dann glücklicherweise vergeblich gesucht.
Nach meiner Entlassung aus der Haft im Herbst 1935 war ich bis nach dem zweiten Weltkrieg im Bauwesen tätig. Im Januar 1947 übernahm ich als Minister für Ernährung, Landwirtschaft und Forsten des Landes Nordrhein-Westfalen die Aufgabe, die durch Krieg und Kriegsfolgen schwer zurückgeworfene landwirtschaftliche Leistungsfähigkeit zu steigern und die Ernährung der Bevölkerung des dicht besiedelten Landes zu sichern. 1953 wurde ich – nach kurzer Tätigkeit beim Raiffeisenverband – Bundesminister für Ernährung, Landwirtschaft und Forsten.
Besonderen Einfluß auf meine Entwicklung hatten mein Elternhaus, der erste Weltkrieg – so merkwürdig das auch klingen mag – und meine Tätigkeit als

Minister. Im Elternhaus wirkten das Vorbild derer, die für mich sorgten, die Geborgenheit in der Familie und die Verwurzelung in der Heimat. Im Kriege und als Minister für Ernährung und Landwirtschaft lernte ich Verantwortung für Leben und Gesundheit anderer zu tragen und erkannte Sinn und Bedeutung der Verpflichtung des einzelnen für die Gesamtheit. – So viel über meine Entwicklung.

Meine Damen und Herren, in dieser Stunde drängt es mich, über die Lebensfrage unseres Volkes, die deutsche Wiedervereinigung, zu sprechen. In dieser Sorge sind wir alle verbunden, ungeachtet der Parteizugehörigkeit, der Konfession und des Berufes, aber auch in der Auffassung, daß wir Deutschen nur ein Deutschland kennen. Einem Teil unseres Vaterlandes, der in erzwungener Unfreiheit lebt, wird aber zur Zeit noch das unveräußerliche Recht auf Selbstbestimmung und Heimat vorenthalten. Auf die Dauer wird es aber weder durch widersinnige Grenzen noch durch gewaltsame Unterbrechung der persönlichen Verbindung ausgeschlossen werden können. Denn es wäre ein unlösbarer Widerspruch, wenn diejenigen, die heute den asiatischen und afrikanischen Völkern ihr Recht auf Freiheit und Selbstbestimmung zubilligen, uns Deutschen dieses natürliche Recht versagten.

Deshalb trägt jeder von uns – solange die Zerrissenheit unseres Landes anhält – eine persönliche Verantwortung für die deutsche Einheit. In der tapferen Bevölkerung jenseits des Eisernen Vorhanges muß die Hoffnung lebendig bleiben, daß der Tag des Zusammenschlusses kommen wird. Nach allem, was unsere Landsleute in Mittel- und Ostdeutschland an Leid, Unterdrückung und Enttäuschung in den vergangenen Jahren erlebt haben, sollte jede unserer Erklärungen durch Taten erhärtet werden, Taten, die aus dem Gefühl der natürlichen Zusammengehörigkeit und gegenseitiger Hilfsbereitschaft geboren sein müssen.

Allen Brüdern und Schwestern in Mittel- und Ostdeutschland möchte ich heute unseren Gruß entbieten und ihnen versichern, daß wir, die in Freiheit leben, uns in besonderem Maße verpflichtet fühlen, ein geeintes Deutschland zu schaffen. Die Welt soll erkennen, mit welcher Lebendigkeit und Strahlungskraft heute und in Zukunft die Gedanken um die Einheit und das Heimatrecht in unserem Volke wirksam sind. In dieser entscheidenden Frage wird unsere Standhaftigkeit und unsere Geduld nie erlahmen.

Bei solcher Gemeinsamkeit des Willens zur Einheit kann auch Berlin seinen unveräußerlichen Rang als politischer Mittelpunkt Deutschlands erfolgreicher behaupten. Das Gefühl für die Bedeutung unserer deutschen Hauptstadt lebt in unserem Volke stärker denn je. Die dunklen Wolken, die vor wenigen Monaten über ihr auftauchten, haben die Gedanken und Energien aller Deutschen auf sie gerichtet. Deshalb war gerade in der Zeit der politischen

Bedrängnis Berlins der Zusammenhalt mit der Bundesrepublik ganz besonders eng und herzlich. Daß das wirtschaftliche Leben unserer Hauptstadt damals in der westdeutschen Wirtschaft einen besonders starken Rückhalt fand, hat die Berliner Bevölkerung dankbar anerkannt. Man sieht daraus: Je schwerer die Bedrückung, desto stärker der Wille zur Freiheit und Einheit.
Am heutigen Tage treffen sich der Präsident der Vereinigten Staaten, Eisenhower, dessen freundschaftlicher Besuch in Bonn in unserer Erinnerung lebendig bleiben wird, und der Ministerpräsident der Sowjetunion, Chruschtschow. Den Besprechungen, in denen auch Deutschland und Berlin eine große Rolle spielen werden, wünschen wir im Interesse des Weltfriedens und der Freiheit aller Völker den besten Erfolg. Auch bei bescheidensten Erwartungen muß man sagen, daß durch persönliche Aussprachen verantwortlicher Männer eine politische Entspannung wenigstens erhofft werden kann.
Für die Verwirklichung der deutschen Wiedervereinigung sind wir auf die Unterstützung der freien Welt angewiesen. Wir können aber in unseren eigenen Anliegen nur dann auf Hilfe von außen rechnen, wenn auch wir der ungeheuren Not außerhalb unserer Grenzen, besonders in den Entwicklungsländern, aus menschlicher und christlicher Verpflichtung nach besten Kräften zu steuern suchen. Wir müssen deshalb unseren Idealismus sowie unseren Wiedergutmachungs- und Hilfswillen den übrigen Völkern durch eindrucksvolle Leistungen glaubhaft machen.
Die Bekämpfung des Hungers in der Welt ist dabei aus politischen und menschlichen Gründen das vordringlichste Problem. Sie alle wissen, daß die Entwicklungsländer geradezu eine Bevölkerungsexplosion erleben und daß sich in diesem Punkt für die Entwicklung in der Welt nicht nur wir Deutsche, sondern auch viele andere interessieren. Es war mir sehr interessant, daß gerade auch der Präsident Eisenhower von uns Deutschen sehr nachdrücklich gefordert hat, bei der Lösung dieses Problems zu helfen.
Das unvermeidliche Heranwachsen von Milliarden hungernder Menschen, die leicht eine Beute kommunistischer Ideen werden können, ist die Schicksalsfrage unserer Zeit. Es ist klar, daß das Nebeneinander von satten Völkern, bei denen täglich Tausende von Tonnen Lebensmitteln verderben oder vernichtet werden, und hungernden, von Seuchen und grenzenloser Armut und Unwissenheit geplagten Menschenmassen auf die Dauer völlig unmöglich ist. So wie der Bruder gegenüber dem Bruder Verantwortung trägt, so haben auch die Völker füreinander einzustehen. Beachten wir dieses Gebot nicht, so wird das ungelöste Problem den Fortbestand unserer Zivilisation in Frage stellen.
Eine Sicherung unseres Lebens ist nur möglich durch allmähliche Eingliede-

rung der Entwicklungsländer in unsere geistige und ökonomische Welt. Dafür Opfer zu bringen ist leicht, wenn man bedenkt, welche Summen allein in der Bundesrepublik jährlich für Tabak und alkoholische Getränke ausgegeben werden – ich nenne das nur als Beispiel –, während aus weiten Teilen der Welt der Jammer der Mütter um ihre hungernden Kinder zu uns dringt. Wollen wir uns diesem Ruf verschließen? Was wird sich ereignen, wenn die hungernden Massen, organisiert durch zerstörerische Ideologien, aufstehen und die wohlhabenden Völker zum Kampf um das Brot zwingen? Es ist eine überparteiliche gesamtdeutsche und darüber hinaus eine Aufgabe aller Industrieländer, auf die Dauer auch der Sowjetunion, hier gemeinsam zu helfen.

Wie Sie aus meinem Lebensbild ersehen konnten, habe ich meine bisherige Arbeit in großem Umfange der Entwicklung der Landwirtschaft und damit der Sicherung der Ernährung und der Bekämpfung des Hungers gewidmet. Ich möchte mich auch im weltweiten Bereich in meinem neuen Amt im Zusammenwirken mit allen Bevölkerungskreisen und allen zuständigen Stellen um die Durchführung wirksamer Förderungsmaßnahmen zur Bekämpfung des Hungers in der Welt im Wege der „Hilfe zur Selbsthilfe" bemühen. Das bedeutet praktisch, in Zusammenarbeit mit den Entwicklungsländern deren eigene Nahrungsquellen zur vollen Ausnutzung zu bringen, damit sie aus eigener Kraft ihre Nahrungssorgen verringern können. Fassen wir diese Aufgabe richtig und in uneigennützigem Sinne an, dann helfen wir anderen, aber auch uns selbst.

Ich trete mein Amt mit dem Vorsatz an, mit allen meinen Kräften dem Wohle unseres Volkes und Vaterlandes zu dienen. Unser Volk und allen voran die Träger seines Willens bitte ich um Vertrauen und Mitarbeit.

20.
„Bekenntnis zu den Vertrags- und Bündnisverpflichtungen der Bundesrepublik“

Rede des Bundestagsabgeordneten Herbert Wehner am 30. Juni 1960

Der Streit um die Außen- und Sicherheitspolitik Adenauers dauerte so lange an, bis der sozialdemokratische Bundestagsabgeordnete Herbert Wehner in der 122. Sitzung des Dritten Deutschen Bundestages am 30. Juni 1960 ein aufsehenerregendes Bekenntnis der SPD zu den Vertrags- und Bündnisverpflichtungen der Bundesrepublik ablegte. „Das bedeutet nichts anderes“, schreibt Manfred Franze „als die Einsicht, daß die Wiedervereinigung als ‚Nahziel‘ nicht zu erreichen war und die SPD nunmehr die Westintegration nicht länger in Frage stellte.“

Herr Präsident! Meine Damen und Herren! Gleichviel, was auf den verschiedenen Seiten unseres Hauses von dieser Debatte erwartet wird, ich glaube, diese Debatte kann eigentlich nichts anderes sein als eine hoffentlich im Positiven bemerkenswerte Etappe im Ringen um das höchsterreichbare Maß an Übereinstimmung bei der Bewältigung der deutschen Lebenfragen. Mir ist es verständlich, daß dabei noch sehr stark Gefühle und Gedanken mitschwingen, die geprägt worden sind durch die jahrelangen Auseinandersetzungen über Abschnitte des Weges, den wir alle haben gehen müssen. Wie sehr das der Fall ist, zeigt sogar die Regierungserklärung des Herrn Bundesministers des Auswärtigen.

Die Frage – wechselseitig gestellt –: Werden die auf der anderen Seite des Hauses nun endlich einsehen, daß wir recht gehabt haben?, diese Frage wird immer wieder aufkommen. Unserem Klima entsprechend – da braucht man keine Angst zu haben – wird sie auch künftig noch oft die Form einer Forderung, je nach Temperament einer sehr barsch ausgesprochenen Forderung, annehmen.

---

* Manfred Franze in „Persönlichkeit und Politik in der Bundesrepublik Deutschland“, herausgegeben von Bernecker/Dotterweich, Göttingen 1982, Band 2, S. 224.

So will ich mich angesichts dessen auch gar nicht damit aufhalten, das, was in dieser Beziehung vor der heutigen Bundestagsdebatte gesagt oder geschrieben worden ist, nochmals aufzugreifen, – nicht deswegen, ich bitte alle um Entschuldigung, weil ich es mißachten möchte; es waren sehr viele Anregungen und bemerkenswerte Gedanken auch in dieser Vordebatte. Aber ich meine, die Ereignisse nötigen uns, den Blick nach vorn zu richten.

Wenn nicht alles trügt – auch das weiß man nicht –, so bedeutet das Scheitern der Gipfelkonferenz in Paris wohl mehr als nur die zeitweilige Unterbrechung der Konferenzbrücke, die seit dem Ende der Blockade Berlins zwischen West und Ost aufrechterhalten wurde. Würde man mit der Lupe untersuchen, was meine verehrten Vorredner in dieser Beziehung gesagt haben und was jetzt ich mit diesen Bemerkungen gesagt habe, käme man hinsichtlich der Fakten schon zu einigen Unterschieden in der Betrachtung. Aber lassen Sie mich den Gedanken noch etwas weiter entwickeln.

Je mehr es offenbar wird, daß das Ringen um die Groß- und Weltmachtsansprüche des kommunistisch regierten China, das, wie ich annehme, in ein entscheidendes Stadium getreten ist, das Verhältnis der traditionellen Weltmächte zueinander und zur übrigen Welt beeinflußt, sogar bewegt, um so weniger brauchbar werden Vorstellungen aus den vergangenen Etappen der Auseinandersetzung, die wir gemeinsam oder im Gegensatz zueinander gehabt haben, Vorstellungen, die vorher in manchen Fällen übereinstimmend, in anderen Fällen kontrovers als ausreichend angesehen werden konnten oder vielleicht sogar mußten.

Wir – und da spreche ich nun von den Sozialdemokraten; Sie haben ja Ihr Bedauern schon ausgedrückt – haben mit Sorge mit ansehen müssen, wie der sowjetische Ministerpräsident Chruschtschow die Pariser Konferenz unmöglich gemacht hat, die er vorher selbst angestrebt hatte.

Wir Sozialdemokraten haben ebenso wie Sie vor einigen Tagen mit Sorge und mit Bitterkeit miterlebt, wie die Vertreter der Ostblockstaaten die Konferenz von Genf abgebrochen haben, obwohl sie ja hätten wissen müssen, daß man sich unmittelbar vor der Vorlage neuer amerikanischer Vorschläge befand. Offenbar legen es die Sowjetregierung und ihre Gefolgschaft darauf an, jetzt vor allem in Asien und in Afrika – aber auch Lateinamerika rückt schon in diese Reihe hinein – durch eine groß angelegte Propaganda Stimmungen aufzuwühlen und so die Vorbereitungen für die großen Auseinandersetzungen in der Vollversammlung der Vereinten Nationen zu treffen, deren Termin ja feststeht und deren Termin wiederum mit anderen Terminen zusammenfällt, wie Sie alle wissen. Wahrscheinlich hofft die Sowjetregierung samt Gefolgschaft, in dieser so vorbereiteten Diskussion im breiten Forum der

Vereinten Nationen besonders auf die vielen neuen Mitglieder Eindruck zu machen, mit denen es die Vereinten Nationen dort zu tun haben.
Wenn der sowjetische Ministerpräsident Chruschtschow nach Paris davon gesprochen hat, in sechs bis acht Monaten könne eine Gipfelkonferenz stattfinden, so muß, denke ich, diese Bemerkung wohl so verstanden werden, daß wir in dieser Zeit allerlei zu erwarten haben. Das ist etwas anderes, als wenn man diese Frist als eine Art Stillhaltefrist betrachten würde.
Angesichts dieser Auffassung und Einsichten ist es immerhin beruhigend, folgende Worte des amerikanischen Präsidenten Eisenhower, die er unlängst in Manila sagte, zu hören:

> Wir werden aber niemals die Tür zu friedlichen Verhandlungen schließen. Wir werden weiterhin deutlich darauf hinweisen, daß Vernunft und gesunder Menschenverstand über sinnlose Feindschaft und verzerrte Mißverständnisse und Propaganda die Oberhand gewinnen. Das Wettrüsten muß unter Kontrolle, und die nukleare Drohung muß beseitigt werden. Dies kann nach meiner Auffassung ohne Appeasement oder Kapitulation erreicht werden, indem man den Kurs geduldiger, einfallsreicher und sachlicher Verhandlungen mit den Sowjetführern weitergeht.

So Präsident Eisenhower am 16. Juni.
Im Vertrauen darauf, daß die Vereinigten Staaten keine Mühe scheuen werden, müssen wir, wenn etwas daran ist, daß in diesen sechs bis acht Monaten allerlei erwartet werden kann, in diesem unserem Bereich das Unsere dazu beitragen, daß in der kritischen Zeit bei uns alles in Ordnung ist und in Ordnung bleibt. *(Beifall bei der SPD und des Abg. Majonica.)*
Wenn ich den Herrn Bundesminister des Auswärtigen kürzlich richtig verstanden habe, so hat er davon berichtet, daß auch die Außenminister der Westeuropäischen Union, als sie am 17. Juni zusammen waren, keine über Vermutungen und Annahmen hinausgehenden Anhaltspunkte dafür gehabt haben, was den sowjetischen Ministerpräsidenten Chruschtschow in seinem Verhalten in Paris einen Monat vorher letzten Endes bestimmt habe, es so und nicht anders zu gestalten. Angesichts dieser Feststellung finde ich es verständlich, daß man im Kreise der Außenminister der Westeuropäischen Union sehr vorsichtig war und sehr vorsichtig bleibt und daß man die Äußerung des sowjetischen Ministerpräsidenten bezüglich der in sechs bis acht Monaten möglichen Gipfelkonferenz nicht der eigenen Politik als eine Art von Versicherung zugrunde legen kann und will.
Wie unberechenbar die Lage angesichts des in seinen Einzelaktionen unberechenbaren Akteurs ist, das hat sich – ich folge hier, Sie mögen mir verzeihen, der Auffassung einer hervorragenden Journalistin, der man – deswegen nehme ich meine Zuflucht zu ihren Worten – schwerlich

Wahlkampftaktik oder Wahlkampfabsichten unterstellen kann – in Paris gezeigt, wo nach ihren Worten dieselben Leute, die noch kurz zuvor sich sorgten, die Entspannungspolitik könne zu weit gehen, drei Tage später vor der Möglichkeit eines neuen Krieges zitterten; so Gräfin Dönhoff in der „Zeit". *(Abg. Dr. Krone: Wir haben es geraten!)*
– Ich glaube, es gibt hier einige Feinschmecker. *(Heiterkeit.)*
Wenn – so möchte ich noch kurze Zeit ihren Gedanken folgen – der Begriff „redliche Bestandsaufnahme" – mein Begriff, wenn man so will – mißfällt, vielleicht weil ich ihn gebraucht habe oder weil die Bundesregierung, wie ich heute vernommen habe, meint, so etwas vertrage sich nicht mit ihrer Autorität, so sollte darüber kein Streit sein. Dann kann man ja das, worauf es ankommt, auch anders umschreiben. Da folge ich noch einmal den Worten der eben zitierten Journalistin, die geschrieben hat:

> Es gilt jetzt, die eingetretene Pause zu nutzen und die politischen Generalstabspläne zu überprüfen, einzelne Versionen durchzuspielen, Ideen, Vorschläge, Möglichkeiten zu untersuchen. *(Zuruf von CDU/CSU: Das ist doch klar!)*

– Angenommen, daß das für Sie klar ist; wenn Sie entschuldigen, zitiere ich noch bis zu Ende:

> Weder Rüsten noch Reisen – zum Gipfel nämlich – sind ein Ersatz für Politik. *(Beifall bei der SPD!)*

Und um das abzuschließen – ich stimme damit ganz überein –:

> Daß äußere Festigkeit der einzig mögliche Ausgangspunkt in einer solchen Situation ist, das ist gewiß. Aber sie allein – in Parenthese hinzugefügt: der Ausspruch, den man manchmal hört: Wenn die Sowjets irgend etwas in Berlin ändern, dann knallt's – genügt nicht. So weit Gräfin Dönhoff.

Meine Damen und Herren, wir haben nicht die Absicht, die Bundesregierung jetzt in dieser oder jener Einzelfrage auf diesen oder jenen Schritt festzulegen, sie auf einen Gesamtplan für einen längeren Zeitraum festzulegen oder ihr einen solchen abzufordern. Wir schlagen vor, und wir mahnen, die Bundesregierung möge sich der in Wahrheit gefährlich unübersichtlichen Lage gewachsen zeigen und alles in ihren Kräften Stehende tun, um gemeinsam mit den Parteien der Opposition zu prüfen, erstens, was versucht, was in die Wege geleitet und was weitergeführt werden muß, damit wir alle zusammen sicher sein können, daß nicht durch einseitige Maßnahmen der anderen Seite die jetzige Lage im gespaltenen Deutschland noch weiter verschlechtert werden kann – das ganze Volk muß ja das, was sich daraus ergibt, tragen können –, zweitens, was ins Auge gefaßt und in gemeinsamen Bemühungen angestrebt werden muß, damit die deutschen Fragen ungeachtet aller erhöhten Schwierigkeiten in internationale Verhandlungen gebracht

werden. Das sind zwei Dinge, aber zwei zusammengehörige Dinge, deren Prüfung wir vorschlagen, und das ist gemeint, wenn bisher die Rede war von außenpolitischer Bestandsaufnahme und von Bemühungen, das höchstmögliche Maß von Gemeinsamkeit in der Bewältigung der sich ergebenden Probleme zu erreichen – also vor allem gewissenhafte Prüfung der außenpolitischen Lage und all der Gegebenheiten, die für Deutschland von Bedeutung sein oder werden können.
Es ist kein Zweifel, die Bundesregierung weiß mehr, als die Opposition wissen kann. Aber wir wollen doch gar nicht auf diesem Umweg jetzt die Rollen von Regierung und Opposition vertauschen oder die Befugnisse von Regierung und Opposition verwechseln. Es geht nicht darum, der Regierung etwa die Politik der Sozialdemokraten, wie man es nennt, aufzwingen zu wollen, es geht ja wohl auch nicht um das Umgekehrte, sondern es geht darum, sich darüber zu verständigen, was zu tun ist, wenn dieses oder jenes eintritt, und was – vielleicht auf lange Sicht – angestrebt und getan werden muß, um die deutschen Fragen in internationale Verhandlungen zu bringen oder darin zu halten.
Nun wird uns heute häufig vorgehalten, was alles an Voraussetzungen für eine gemeinsame Außenpolitik – ein ziemlich verpflichtender Begriff – vorweg gefordert werden muß, mit der scharfen Betonung, daran sei nichts zu ändern, ja, daran brauche auch nichts geändert zu werden, denn die Voraussetzung für gemeinsame Politik sei die Fortsetzung der bisherigen Politik. Warum sollen wir nun darüber rechten? Diese Politik haben Sie bisher durchgeführt. Man muß sich nicht daran entzünden, zu fragen, ob zu erwarten sei, ob in der vor uns liegenden Periode die Resultate, sagen wir, der nächsten acht Jahre, andere sein können oder sein werden als die der verflossenen acht Jahre, wenn nämlich zu dieser Politik lediglich unsere Stimmen hinzukommen. Das ist nicht das – wenn wir es in dieser Beziehung heute nicht zu einer übereinstimmenden Meinung bringen, werden wir es eines Tages zu einer solchen bringen –, was dieser Periode entspricht.
Es ist wichtig, daß wir an unsere künftigen Aufgaben mit einer konstruktiven Geisteshaltung herangehen. *(Sehr richtig ! bei der CDU/CSU.)*
– Ich bedanke mich für das Kompliment. – Gegenseitige Anschuldigungen über vergangene Aktionen sind nutzlos. *(Aha! bei der CDU/CSU.)*
– Sie werden gleich noch mehr lachen, meine Herren, die Sie dazu geneigt sind; einen Moment! – Es hilft auch nichts, unsere Politik gegenüber der Sowjetunion als „hart“ oder als „weich“, je nachdem, wer sie vertritt, zu definieren, oder wenn wir den internationalen Konflikt als „schwarz“ oder als „weiß“ bezeichnen. Unsere Haltung sollte ruhig entschlossen und wachsam sein, während wir gleichzeitig jede Möglichkeit prüfen, unsere Beziehung zu

einem hoffnungsvollen Plan zunehmender Verständigung und wechselseitiger Zusammenarbeit zu verbessern. – Bei den Herren, die sich bei Ihnen auf diese Debatte vorbereitet haben, hat es längst geklingelt. – So sagte der amerikanische Außenminister Herter... *(Anhaltender lebhafter Beifall bei der SPD.)* Ich mache mir das zu eigen.

Nun, meine Damen und Herren, der amerikanische Außenminister Herter hat zu Beginn dieses Jahres, der Übung folgend, die alle Männer in solchen Positionen einhalten müssen, in einem aber auch sachlich interessanten Jahresvorausblick etwas gesagt, an das man sich ab und zu erinnern sollte. Er sagte, 1960 werde ein außenpolitisch ereignisreiches Jahr werden, doch für die Lösung der Probleme würden wahrscheinlich Generationen nötig sein. Ich habe das Wort nicht leicht genommen, weil ein Mann in solcher Position und bei solcher Gelegenheit und vor solchen Ereignissen, von denen er sagt, das Jahr wird voll von ihnen sein, das sicher nicht so hinsagt. Ich deute diese Worte wohl annähernd richtig, wenn ich aus ihnen heraushöre: Keine Seite der Weltmächte kann der jeweils anderen Seite ihre Lösungen aufzwingen, und jede Seite muß mit der anderen Seite rechnen. Das steckt wohl in diesem Wort von den „vielleicht Generationen", die man für die Lösungen brauchen werde. Vielleicht hat der Herr Bundeskanzler daran gedacht und hat es ähnlich gemeint, als er kürzlich sagte, wenn nicht wir die Wiedervereinigung verwirklichen können, so werde es die kommende Generation tun.

Jedenfalls muß man der deutschen Politik wünschen, dessen eingedenk sich so zu verhalten und so zu disponieren, daß wir, die Bundesrepublik, überall und in geeigneter Weise versuchen, unsere Fragen anzubringen, um Vertrauen zu werben und geachtet zu sein.

Der Regierende Bürgermeister von Berlin, Willy Brandt, hat vor einigen Tagen auf Berührungspunkte der Auffassung der demokratischen Parteien hingewiesen, über die, wie er sich ausdrückte – und auch ich bin dieser Meinung –, es eigentlich keine Auseinandersetzungen bei uns in der Bundesrepublik zu geben brauchte. Ich nehme an, diese Berührungspunkte könnten, wenn man sich's genau überlegt, als Aktivposten bei der außenpolitischen Bestandsaufnahme von allen Seiten eingebracht werden; Bestandsaufnahme so verstanden, wie ich es vorhin versucht habe, einschränkend zu sagen. Das sind:

Erstens: Berlin muß beim Bund bleiben. Aus einer Zweiteilung Deutschlands darf keine Dreiteilung werden.

Zweitens: Das deutsche Volk und die Bundesrepublik haben sich gegen jede Diktatur und für die westliche Gemeinschaft entschieden, d.h. für eine enge Zusammenarbeit mit den westlichen Nachbarn und der freien Welt.

Drittens: Die verantwortungsbewußten Kräfte Deutschlands haben sich gegen jede Form des Kommunismus und gegen die sowjetische Deutschlandpolitik entschieden.

Viertens: Es muß alles getan werden, um das Leben und das Los der 17 Millionen Landsleute im sowjetisch besetzten Teil Deutschlands zu erleichtern. Wir dürfen den Willen zur Selbstbestimmung in unserem Volk nicht erlahmen lassen und müssen uns ständig um neue Ansätze zur Lösung der deutschen Frage bemühen.

Fünftens: Nachdem Europa schon durch die Kommunisten gespalten ist, darf nicht dazu beigetragen werden, Europa noch einmal zu spalten. Vielmehr muß, soweit wir dazu etwas tun können, alles in die Wege geleitet werden, damit es in einer breiten Gemeinschaft zusammenarbeiten kann.

Sechstens: Bei aller Notwendigkeit, den Fragen der militärischen Sicherheit gerecht zu werden, muß die Bundesrepublik jede Anstrengung machen, um zur Sicherung des Friedens in der Welt beizutragen. *(Unruhe bei der CDU/CSU.)*

– Ich merke, es lockert sich auf. *(Heiterkeit.)*

Sicherlich, meine Damen und Herren, ist das kein Programm für die Außenpolitik der nächsten Periode *(Sehr wahr! bei der CDU/CSU)*, sicherlich nicht, natürlich nicht. Dann stimmen wir ja in diesem Punkt sogar überein. Diesen Anspruch erhebt die Aufzählung auch gar nicht. Aber es sind Feststellungen, die für die praktischen Schritte der nächsten Periode positive Bedeutung haben. Jedenfalls sollten sich die Skeptiker unter Ihnen einmal überlegen, wie es denn wäre, wenn es in diesen Punkten kontroverse Auffassungen gäbe! *(Beifall bei der SPD. – Zustimmung des Abg. Dr. Bucher.)*

Der Herr Bundesverteidigungsminister Strauß hat vor einigen Tagen in Schleswig-Holstein gesagt, eine angestrebte gemeinsame Außenpolitik von Regierung und Opposition sei eine Frage von großer politischer Bedeutung, denn sie würde nicht nur der jetzt amtierenden Regierung, sondern auch künftigen Regierungen auf lange Sicht die politische Freundschaft der Verbündeten garantieren. Kurz darauf hat er in Erlangen von vier Voraussetzungen für die gemeinsame Außenpolitik gesprochen. Ich habe sie auch im Deutschland-Union-Dienst wiedergefunden. Die vier Voraussetzungen, die er nennt – ich will ihn auf die Zahl genauso wenig festlegen, wie ich mir ganz klar darüber bin, wie viele Voraussetzungen eigentlich schon genannt worden sind –, sind:

a) Die Sozialdemokraten müßten gemeinsam mit der CDU anerkennen, daß die europäische Einheit und die atlantische Allianz Voraussetzungen für die Erhaltung der Freiheit und für die Erlangung der deutschen Wiedervereinigung sind. *(Sehr richtig! bei der CDU/CSU.)*

b) Die Sozialdemokratische Partei müsse sich von der alten These distanzieren, daß die Wiedervereinigung nur möglich sei, wenn die Bundesrepublik Deutschland aus der NATO und aus den europäischen Bündnissystemen ausscheide.

c) Die Sozialdemokraten müßten nicht nur in Worten, sondern auch in der Tat bereit sein, mit den Unionsparteien die Lasten und Bürden der Landesverteidigung zu tragen, gleichgültig wer in der Regierungsverantwortung und wer in der Opposition steht.
Dazu gibt es noch ein Anhängsel, das nicht numeriert ist, sondern sozusagen zwischen der dritten und der vierten Voraussetzung steht: Die Sozialdemokraten müßten alle irgendwie gearteten Disengagement-Pläne aufgeben.

d) Die Sozialdemokraten müßten den Begriff des Selbstbestimmungsrechts für ganz Deutschland, d.h. nach freien Wahlen für die Wiedervereinigung, uneingeschränkt anerkennen.
Das sind – mit der kleinen Unterteilung – die vier Voraussetzungen, von denen Herr Strauß gesprochen hat.
Nun etwas auf Vorschuß. Für eine Bestandsaufnahme und für eine Diskussion, bei der man eingehend in die Sachverhalte hineinleuchten und hineingehen kann, möchte ich doch heute schon sagen:
Zu a). Die Sozialdemokratische Partei Deutschlands geht davon aus, daß das europäische und das atlantische Vertragssystem, dem die Bundesrepublik angehört, Grundlage und Rahmen für alle Bemühungen der deutschen Außen- und Wiedervereinigungspolitik ist.
Zu b). Die Sozialdemokratische Partei Deutschlands hat nicht gefordert und beabsichtigt nicht, das Ausscheiden der Bundesrepublik aus den Vertrags- und Bündnisverpflichtungen zu betreiben. Sie ist der Auffassung, daß ein europäisches Sicherheitssystem die geeignete Form wäre, den Beitrag des wiedervereinigten Deutschlands zur Sicherheit in Europa und in der Welt leisten zu können. *(Sehr wahr! bei der SPD.)*

Zu c). Die Sozialdemokratische Partei Deutschlands bekennt sich in Wort und Tat zur Verteidigung der freiheitlichen demokratischen Grundrechte und der Grundordnung und bejaht die Landesverteidigung. *(Unruhe bei der CDU/CSU.)*
– Meine Damen und Herren, unterschiedliche Auffassungen über Zweckmäßigkeiten auf diesem Gebiet, die im demokratischen Staat legitim sind und die demokratisch-parlamentarisch ausgetragen werden, bedeuten doch nicht, daß die parlamentarische Opposition weniger verantwortungsfreudig wäre als die Regierung. *(Beifall bei der SPD und Abgeordneten der FDP.)*
Zu d) berufe ich mich auf den Wortlaut des Beschlusses, den der Bundestag

am 1. Oktober 1958 einstimmig, mit den Stimmen der Sozialdemokraten, in Berlin gefaßt hat. Er lautet:

> Der Deutsche Bundestag erwartet die Wiederherstellung der staatlichen Einheit Deutschlands von einem unmittelbaren freien Willensentschluß des gesamten deutschen Volkes in seinen heute noch getrennten Teilen, der nach der Beseitigung der nicht in deutscher Zuständigkeit liegenden Hindernisse herbeizuführen ist.
> Der Deutsche Bundestag erklärt seine Bereitschaft, jede Verhandlung zu unterstützen, die die Wege zu einem solchen Willensentscheid des deutschen Volkes ebnet, sobald eine Vereinbarung der vier Mächte diese Möglichkeit erschlossen hat.

Das zu den vier Voraussetzungen oder Fragen.
Lassen Sie mich aber noch etwas zu den Fragen sagen, die ebenfalls vorher und nachher als Grundvoraussetzung oder was auch immer in die Diskussion gebracht worden sind. Der Herr Bundesminister Strauß z.B. hat gefragt, ob denn die SPD die Verträge der Bundesrepublik nur dem Buchstaben nach oder dem Sinne nach halten wolle. Der verehrte Kollege Höcherl, der auch in diese Debatte hineingesprungen ist, hat das nette, volkstümliche und etwas deftige Beispiel für seine Frage gewählt, ob wir es denn mit den Verträgen so halten wollten – Sie werden entschuldigen, wenn ich das nicht genau so wiedergeben kann, aber ungefähr war es wohl so – wie jene Schwiegermutter, die die unerbetene Schwiegertochter zwar nicht aus dem Hause schicken, sich aber vornehmen kann, sie allmählich hinauszugraulen. *(Heiterkeit.)* So war es ungefähr; ich bin nicht ganz so volkstümlich wie Sie. Das war die zweite Variante.
Dann gab es die dritte Variante, die schon in der Gegenüberstellung von Herrn Strauß mit liegt: oder ob wir als loyale Vertragspartner diese Verträge einhalten würden. Lassen Sie mich ganz offen sagen: Für Sozialdemokraten kommt nur dies in Frage!
Warum aber uns Fragen in dieser Weise stellen? Damit im Ausland Zweifel an der Vertragszuverlässigkeit der Deutschen oder wenigstens eines großen Teiles der Deutschen erweckt oder gar genährt werden? Ist das richtig, ist das klug? *(Lebhafter Beifall bei der SPD.)* Ist das etwas, was der Lage entspricht?
Die reserviert kühle Haltung z.B. des Präsidenten eines befreundeten Staates zu den Europa-Verträgen, seine Sondervorstellungen und Anforderungen bezüglich der NATO, ihrer inneren Ordnung und der Streitkräfte in nationaler Zuständigkeit, oder auch seine politischen Erklärungen darüber, was z.B. hinsichtlich der deutschen Ostgrenzen längst erledigt und festgelegt

sei, alles das wird hingenommen. Man vergleiche das mit der Art, mit der wir examiniert werden. *(Sehr richtig! und Beifall bei der SPD.)*

Meine Damen und Herren! Wenn Sie schon nicht geneigt sind, als Prüfstein für die Haltung der deutschen Sozialdemokraten andere Beispiele anzunehmen, weil Sie sagen: das hat der sich ja alles nur so zusammengesucht, das ist ein ganz fauler Trick, dann sollen Sie doch gerechterweise die Haltung der Sozialdemokraten in Berlin als einen solchen Prüfstein anerkennen. *(Lebhafter Beifall bei der SPD.)* Oder soll auch die noch allmählich in die Lauge hineinkommen?

Der Bundesverteidigungsminister – ich muß ihn noch einmal in Anspruch nehmen – hat gesagt, der erste Schritt zu einer gemeinsamen Außenpolitik sollte seines Erachtens eine geheime Debatte im Außenpolitischen Ausschuß des Bundestages sein; später können dann führende Körperschaften der Parteien in gemeinsamer Sitzung über die Außenpolitik beraten. Das wäre doch des Versuches wert. Oder was spricht dagegen, diesen Versuch zu machen?

Zu dem, was der Herr Bundesminister Strauß als denkbare Methode erkannt hat, möchte ich für den Anfang, nicht etwa weil wir eine Koalition mit Ihnen einzugehen beabsichtigen – keine Angst, nicht darum geht es am Schluß der Legislaturperiode *(Heiterkeit und Beifall bei der SPD)*, ich meine: vor den Wahlen –, sondern weil wir beabsichtigen, hier der gemeinsamen Verpflichtung von Regierung und Opposition gerecht zu werden, mit auf den Weg geben:

> Die politische Partei, die gerade an der Macht ist, kann nicht gut von der Oppositionspartei eine Mitverantwortlichkeit an der Außenpolitik verlangen, wenn nicht die Führer der Opposition vollen Einblick in unsere politischen Maßnahmen erhalten ... Das ausführende Organ der Regierung kann nicht eine wichtige politische Maßnahme, die die Zustimmung des Kongresses erfordert, ankündigen und erst danach den Führern der Opposition Einblick gewähren. ... Eine Politik, die den Kongreß umgeht, macht eine Zwei-Parteien-Politik unmöglich.
>
> Und ich hoffe erneut, daß unsere Politiker nie wieder Fehler begehen mögen wie unter Präsident Wilson und daß unsere verantwortlichen Führer beider Parteien über unsere Politik vom anfänglichen Entwurf bis zur endgültigen Regelung auf dem laufenden gehalten werden.

Bei allem Unterschied der Befugnisse, setze ich hinzu. Diese paar Erkenntnisse aus der Praxis eines Mannes, der regieren gelernt hatte – von Byrnes –, darf man wohl mit auf den Weg geben.

Wir bestehen nicht darauf, daß unsere jeweils zu den Konferenzen vorgelegten Vorschläge der vergangenen Jahre, mit denen wir helfen wollten, den toten Punkt zu überwinden, nachträglich von Ihnen sanktioniert werden. Auch der heute wieder apostrophierte Deutschlandplan des Jahres 1959 war, was Sie von ihm auch immer halten mögen, aus der Sorge um Berlin und als ein Versuch zur Entlastung Berlins entstanden. Dieser Deutschlandplan – das habe ich ein Jahr nach der Übergabe der Vorschläge von 1959 an die Öffentlichkeit geschrieben – hat sich während der Genfer Konferenz ungeachtet mancher Berührungspunkte, die sich hinsichtlich der Methode und hinsichtlich des Geistes boten, in dem man an die schwierig gewordene Problematik der Wiedervereinigung herangehen muß – es gibt so ein „Paket", das der Westen dort vorgetragen hat – hat sich nicht durchsetzen lassen. Damit ist er genau wie die Vorschläge, die wir zu anderen Außenministerkonferenzen gemacht haben, ein Vorschlag, der der Vergangenheit angehört. Wir kommen ja auch nicht mit den Vorschlägen von 1954 und 1955, an die sich – ich will ihn hier nicht apostrophieren oder kompromittieren – auch der Herr Bundesminister des Auswärtigen noch erinnern wird. Wir haben darüber einige Male gesprochen. Die stellen wir jetzt nicht als unsere Forderungen auf oder verlangen nachträglich, daß Sie sich ihnen anschließen. Aber meine Damen und Herren, Deutschlandplan hin und Deutschlandplan her, – er ist ja kein Plan, der irgendwo zur Entscheidung stünde, und kann es nicht mehr sein. *(Abg. Majonica: In allen seinen Elementen?)*
Und nun: Warum wollen wir nicht versuchen, auf der Basis der Anerkennung der moralischen und der nationalen Integrität des innenpolitischen Gegners zu Resultaten zu kommen, die uns allen morgen oder übermorgen helfen könnten? Es bleiben dann noch genug Einzelfragen zu klären. Darunter sehe ich so gewichtige wie die, was von der deutschen Politik aus getan werden kann und was getan werden muß, damit nicht das nukleare Wettrüsten alle Aussichten auf friedliche Lösungen ebenso wie auf die für den sozialen Fortschritt notwendige militärische Entspannung verschlingt. Es kommt darauf an, ob der Versuch gemacht werden soll oder nicht. Ich meine, es ist eigentlich klar, daß der Versuch gemacht werden muß, weil das eben darauf ankommt, die Bundesrepublik nicht scheitern zu lassen in ihrer eigentlichen Aufgabe: der Erfüllung ihrer gesamtdeutschen Verpflichtung.
Da müssen wir doch nicht über „Provisorien" streiten. Hier geht es um die Erfüllung einer gesamtdeutschen Verpflichtung, über die wir wahrscheinlich nicht zu streiten haben. Müssen wir nicht – das ist meine Frage selbst dann, wenn außenpolitisch geraume Zeit eine Schlechtwetterperiode für Deutschland und die deutschen Fragen herrschen mag – um unseres inneren Verhältnisses im geteilten Deutschland willen versuchen, diese Anstrengung

zu machen, die Streitfragen zu versachlichen? Wem z.B. sollte jetzt eine Diskussion über „Provisorium Bundesrepublik" nützen? Sollten wir unsererseits nun anfangen, darüber zu reden, ob diejenigen, die 1949 dem Grundgesetz ihre Stimmen nicht gaben, indem sie sich der Stimme enthielten oder dagegenstimmten – es sind doch verhältnismäßig viele gewesen –, vertrauenswürdig sind, ob sie das Grundgesetz bis heute nur dem Buchstaben gemäß oder dem Sinn nach eingehalten haben? Ich meine, sie werden es wohl dem Sinn nach einhalten. Aber wo kommen wir hin, wenn wir wechselseitig in dieser Weise vorgehen? Ist denn – das ist eine Frage, die nicht weniger wichtig ist, glaube ich – die Scheidelinie, die uns in vielen Fragen trennt, eine Scheidelinie zwischen Leuten auf der einen Seite, die für den Westen sind, und Leuten auf der anderen Seite, die gegen den Westen sind?
Eine der beiden letzten Schriften, die Kurt Schumacher vor seinem Tode 1952 schrieb, beginnt mit dem Satz: „Die Sozialdemokratische Partei Deutschlands ist nach 1945 von der Idee ausgegangen, ein Deutschland zu schaffen, das die Wiederholung der Schrecken der Vergangenheit ausschließt." Dann heißt es weiter: „Dazu war nach ihrer Meinung notwendig, die Zusammenarbeit mit den anderen freiheitlichen Faktoren in der Welt anzustreben, unter keinen Umständen aber die Deutschen in die Position der Unterworfenen sinken zu lassen."
Das war also die Grundvorstellung, von der aus dieser Mann, der geraume Zeit unserer Partei das Gepräge gegeben hat, aber – das werden Sie wohl nicht bestreiten – klar und mit beiden Beinen im und zum Westen stehend, seine Absichten entwickelt hat. Ich meine, statt immer wieder von vorn, mit dem Petersberger Abkommen und dem Folgenden anzufangen, während dann eben von sozialdemokratischer Seite immer wieder auf das hingewiesen wird, was schon vorher getan worden ist, auch von Sozialdemokraten mit sozialdemokratischer Beteiligung getan worden ist, sei es in Berlin, sei es an anderen Stellen, würde es nicht schaden, wenn Sie sich, meine Damen und Herren von den Regierungsparteien, meinetwegen in aller Stille, fragten, ob es nicht gut war, daß Sie es in dieser Periode mit einer demokratischen Opposition zu tun gehabt haben. *(Sehr richtig! bei der SPD. – Abg. Dr. Krone: Das ist doch selbstverständlich!)*
– Ich verlange nicht, daß Sie sich dazu äußern. Gut, alles ist selbstverständlich; es wäre manches selbstverständlich. Da wir aber schon von Selbstverständlichkeiten reden, möchte ich umgekehrt die Frage stellen, ob die sozialdemokratische Opposition bei aller Enttäuschung über so manches, was sie versucht und nicht erreicht hat, was sie sich gedacht und nicht verwirklicht gesehen hat, nicht auch froh darüber sein kann, vieles erreicht zu haben, sei es auch nur dadurch, daß Sie Zugeständnisse gemacht haben, um uns den Wind

aus den Segeln zu nehmen. Ich will das im einzelnen nicht aufzählen; denn auf einigen Gebieten der Innen- und Sozialpolitik könnte dann zwischen Ihnen ein Streit entstehen. Ich will Sie nicht gegeneinander aufhetzen, sondern ich will den Versuch machen, ob wir uns nicht in anderen Fragen ein Stück näherkommen können. Ich möchte meinen, wir sollten bei dem Abstand, den wir von den Dingen haben, zeitbedingte Überspitzungen vernünftig betrachten. In Wirklichkeit sind die Auseinandersetzungen darum geführt worden, in welcher Weise wir den Westen, auf den wir beide, die Mehrheit und die Minderheit, angewiesen sind, für die deutschen Fragen bewegen können. Wenn ich sage, „angewiesen sind", meine ich, daß wir beide bei allen unseren Gegensätzen auch geistig zum Westen gehören. *(Beifall bei der SPD.)* Es gibt viele Gründe dafür, darüber in der Welt keine Zweifel aufkommen zu lassen oder gar zu nähren.

Was immer uns hier zum Streit anregen oder sogar zwingen mag, es gibt Dinge, die ausgestritten werden müssen. Alle sollten helfen, es verständlich zu machen: In der Bundesrepublik Deutschland gibt es eine demokratische Alternative zur gegenwärtigen Regierung. *(Lebhafter Beifall bei der SPD.)* Und das heißt: Die Bundesrepublik ist ein zuverlässiger Vertragspartner, gleichgültig ob die jetzige Regierung oder die gegenwärtige Opposition als Regierung die Geschäfte führt. *(Lebhafter Beifall bei der SPD und bei der FDP.)*

Die Frage, meine Damen und Herren: Finden die demokratischen Kräfte in der Bundesrepublik ungeachtet ihrer Gegensätze, die weder bagatellisiert werden sollen noch bagatellisiert werden dürfen, d a s Verhältnis zueinander, das von der Verantwortung jeder einzelnen Partei gegenüber dem Volksganzen in unserem geteilten Vaterland bestimmt wird?, – diese Frage wird, was wir heute auch noch darüber streiten werden oder streiten müssen, in Wirklichkeit das bestimmende Thema der deutschen Politik werden. Angesichts seiner Bedeutung werden heute noch mancherorts mit Eifer betriebene Versuche schließlich scheitern, und – da wir hier schon manchmal von den Generationen gesprochen haben, die nach uns kommen, darf ich es in diesem Zusammenhang auch einmal tun – den Nachkommen werden diese Versuche in einer gewissen Kläglichkeit vor Augen stehen, die darauf hinauslaufen, die SPD an die Seite der Kommunisten zu rücken oder an ihrer Seite zu zeigen oder – Sie erinnern sich – den linken Flügel herauszukitzeln oder zu provozieren, damit die Sozialdemokratische Partei daran flügellahm werde. Kurz nachdem in der Bundesrepublik die Kommunistische Partei mit Verbot belegt und damit auch der Kontrolle durch Wahlen und Kontrolle durch die breite Öffentlichkeit leider entzogen worden ist, hält man sich nun stellvertretend an den Sozialdemokraten schadlos und übt kalten Krieg. Das sollten wir nicht zum Ernstfalle werden lassen.

Nach unserer Ansicht jedenfalls sind die Zeichen der Zeit so zu deuten: nicht Selbstzerfleischung, sondern Miteinanderwirken im Rahmen des demokratischen Ganzen, wenn auch in sachlicher innenpolitischer Gegnerschaft. Innenpolitische Gegnerschaft belebt die Demokratie. Aber ein Feindverhältnis, wie es von manchen gesucht und angestrebt wird, tötet schließlich die Demokratie *(Beifall bei der SPD und bei Abgeordneten der FDP)*, so harmlos das auch anfangen mag. Das geteilte Deutschland – meine Damen und Herren, ich will Sie damit nicht belehren; Sie wissen das wahrscheinlich zum größten Teil selbst – kann nicht unheilbar miteinander verfeindete christliche Demokraten und Sozialdemokraten ertragen. – Ich danke Ihnen für Ihre Geduld. *(Langanhaltender Beifall bei der SPD und bei Abgeordneten der FDP.)*

21.
Der Bau der Mauer am 13. August 1961

Regierungserklärung von Bundeskanzler Dr. Konrad Adenauer und Rede des Regierenden Bürgermeisters von Berlin, Willy Brandt, am 18. August 1961

Um der Bevölkerung der DDR den Fluchtweg nach West-Berlin und in das Bundesgebiet abzuschneiden, riegelte die DDR durch den Bau der Mauer Ost-Berlin von West-Berlin ab. Bundeskanzler Dr. Konrad Adenauer und der Regierende Bürgermeister von Berlin, Willy Brandt, erklärten dazu in der 167. Sitzung des Dritten Deutschen Bundestages am 18. August 1961:

Bundeskanzler Dr. Adenauer:
Herr Präsident! Meine Damen und meine Herren! Namens der Bundesregierung gebe ich folgende Erklärung ab:

Die Machthaber in der sowjetisch besetzten Zone Deutschlands haben seit den frühen Morgenstunden des 13. August den Verkehr zwischen dem sowjetischen Sektor und den drei westlichen Sektoren Berlins fast völlig zum Erliegen gebracht. Entlang der Sektorengrenze wurden Stacheldrahtverhaue errichtet; starke Verbände der Volks- und Grenzpolizei bezogen ihre Stellungen an der Sektorengrenze, um die Abriegelung des Verkehrs zwischen Ost- und Westberlin durchzuführen. Gleichzeitig wurden Truppen der Nationalen Volksarmee in Ostberlin eingesetzt.

Diese Abriegelungsmaßnahmen wurden auf Grund eines Beschlusses der Zonenmachthaber vom 12. August ergriffen. Mit ihrer Durchführung hat das Ulbricht-Regime gegenüber der gesamten Welt eine klare und unmißverständliche politische Bankrotterklärung einer 16jährigen Gewaltherrschaft abgegeben. *(Beifall bei der CDU/CSU und der FDP.)* Mit diesen Maßnahmen hat das Ulbricht-Regime eingestehen müssen, daß es nicht vom freien Willen der in der Zone lebenden Deutschen getragen und gestützt wird. Mit diesen Maßnahmen hat das Ulbricht-Regime bestätigt, daß die Ausübung des Selbstbestimmungsrechts durch das deutsche Volk zur Erhaltung des Weltfriedens unaufschiebbar geworden ist! *(Beifall bei der CDU/CSU und der SPD.)*

Diese widerrechtlichen Maßnahmen, die die Bundesregierung mit Sorge und mit Abscheu zur Kenntnis genommen hat, stehen in flagrantem Widerspruch zu den Viermächtevereinbarungen über die Bewegungsfreiheit innerhalb Groß-Berlins und denjenigen Viermächtevereinbarungen, die die Regelung des Verkehrs zwischen Berlin und der Zone zum Gegenstand haben. Mit der Abriegelung des Verkehrs zwischen Ost- und Westberlin hat das Zonenregime die bestehenden und von der Regierung der UdSSR bis auf den heutigen Tag anerkannten Viermächtevereinbarungen betreffend Berlin einseitig und mit brutaler Gewalt verletzt.
Die Bundesregierung stellt mit großem Bedauern fest, daß dieser Willkürakt mit Billigung der Regierung der UdSSR als Führungsmacht des Warschauer Paktes erfolgt ist. Mit dieser Billigung hat sich die sowjetische Regierung in Gegensatz zu ihren ständigen Beteuerungen gestellt, die Deutschland- und Berlin-Frage auf dem Verhandlungswege zu lösen.
Die Regierung der Sowjetunion hat am 10. November 1958 durch ihre Erklärungen die Berlin-Krise ausgelöst. Sie hat in der Zwischenzeit in zahllosen Noten und Erklärungen darauf hingewiesen, daß sie, was auch sonst ihr Ziel sei, nicht daran denke, die Freiheit West-Berlins anzutasten, die vielmehr von ihr feierlich garantiert werden solle. Wie lassen sich diese Erklärungen mit den Ereignissen der letzten Tage vereinbaren? Die Abmachungen der Sowjetunion mit den drei westlichen Mächten wurden zerrissen. Die Panzer der Volksarmee, die Volkspolizei und die Betriebskampfgruppen, die in und um Ost-Berlin zusammengezogen wurden, um einen rechtswidrigen Angriff gegen den Status der Stadt Berlin militärisch zu unterstützen, geben eine Vorahnung dessen, wie die Garantie einer sogenannten Freien Stadt beschaffen sein würde. *(Beifall bei der CDU/CSU und bei Abgeordneten der SPD sowie rechts.)*
Die Welt war am 13. August 1961 Zeuge des ersten Schrittes auf dem Wege zur Verwirklichung der angekündigten Ziele. Das nach den Regeln des Völkerrechts gültige Viermächtestatut der Stadt Berlin ist erneut gebrochen worden. Die jüngste Maßnahme ist zugleich die schwerwiegendste und die brutalste. Die von den Behörden der sowjetischen Besatzungszone auf Weisung ihrer Auftraggeber durchgeführten Absperrungsmaßnahmen innerhalb der Stadt Berlin und zwischen der Stadt und der sowjetisch besetzten Zone sollen offensichtlich der Auftakt sein für die Abschnürung des freien Teiles der deutschen Reichshauptstadt von der freien Welt.
Noch in ihrer letzten Note vom 3. August 1961 hat die Sowjetunion erneut ihre Forderung nach Abschluß eines sogenannten Friedensvertrages und nach Umwandlung des geltenden Viermächtestatus der Stadt Berlin, und zwar nur des westlichen Teils von Berlin, in eine sogenannte freie Stadt mit der

Behauptung begründet, daß diese Maßnahme notwendig sei, um dem angeblichen Militarismus und Revanchismus in der Bundesrepublik zu begegnen. Sie hat erneut versucht, den Eindruck zu erwecken, als ob verantwortliche Kreise in der Bundesrepublik die Absicht hätten, gegen die Sowjetunion oder irgendeinen anderen Staat der Welt kriegerische Maßnahmen vorzubereiten. Jeder, der in die Bundesrepublik kommt, kann sich von dem Gegenteil überzeugen, und die überwältigende Mehrheit aller Staaten der Welt stimmt mit uns in der Bewertung unserer friedlichen und ausschließlich auf die Verteidigung unserer Lebensinteressen ausgerichteten Politik überein. *(Beifall bei der CDU/CSU und bei Abgeordneten der SPD sowie rechts.)*
Jeder, der heute nach Ost-Berlin und in die Zone geht, kann sich durch Augenschein davon überzeugen, daß dort Maßnahmen getroffen worden sind, die im wahren Sinne des Wortes die Bezeichnung militaristisch verdienen. *(Beifall.)*
Die Bundesregierung hält es für unerläßlich, die Weltöffentlichkeit auf die wahren Ursachen dieser Gewaltpolitik hinzuweisen. Nicht die angebliche militaristische und revanchistische Politik der Bundesrepublik hat die Zonenmachthaber veranlaßt, ihre wahren Absichten offenzulegen, sondern das Resultat ihrer ständigen Weigerung, den in der Zone lebenden Deutschen die Lebensordnung zu geben, die diese Menschen haben wollen. *(Lebhafter Beifall auf allen Seiten.)* Es mutet wie eine makabre Groteske an, wenn sich die Vertreter des Ulbricht-Regimes heute hinstellen und erklären, daß die Deutschen in der Zone das Selbstbestimmungsrecht bereits ausgeübt hätten.
Der ständige Flüchtlingsstrom der vergangenen Wochen und Jahre spricht eine andere Sprache, die Sprache der Wirklichkeit. Es ist aufschlußreich, sich in das Gedächtnis zurückzurufen, wann dieser verstärkte Flüchtlingsstrom erneut einsetzte. Er setzte ein, als die massiven Drohungen des sowjetischen Ministerpräsidenten, einen Friedensvertrag mit der Zone abzuschließen, den Menschen in der Zone die Hoffnungslosigkeit ihrer Situation vor Augen führten. Für diese Menschen wurde der angekündigte Separationsvertrag ein Alpdruck, dem sie unter allen Umständen entrinnen wollten. In ihrer seelischen Verzweiflung sahen diese Menschen keinen anderen Ausweg, als ihre Heimat in der Zone unter Aufgabe von Hab und Gut und unter Gefährdung ihres Lebens zu verlassen, um in der Bundesrepublik ein neues Leben in Freiheit zu beginnen und aufzubauen. Ihr freier Entschluß, ihre Heimat aufzugeben, war die einzige Form, in der sie das ihnen verbliebene persönliche Selbstbestimmungsrecht ausüben konnten. Es blieb ihnen nichts anderes übrig als die „Abstimmung mit den Füßen", um diesen Ausdruck Lenins zu gebrauchen. Mit dieser Abstimmung haben diese Menschen der

Welt gezeigt, was sie wirklich wollen: Sie wollen die Freiheit und nicht die Unfreiheit. *(Beifall bei der CDU/CSU.)*

Die Bundesregierung hat sichere Unterlagen dafür, daß trotz einer 16jährigen Terrorherrschaft kommunistischer Funktionäre in der Zone über 90 Prozent der dort lebenden Deutschen das Regime, welches sie unterdrückt, ablehnen, den Sklavenstaat, den man ihnen aufgezwungen hat, verachten und nichts sehnlicher als die Vereinigung mit den in der Freiheit lebenden Deutschen wünschen.

Die Sowjetunion, meine Damen und Herren, behauptet immer wieder, daß der jetzt gültige Status der Stadt Berlin eine der Ursachen für die bestehenden Spannungen sei. Es ist nicht nötig zu wiederholen, daß diese Behauptung unrichtig ist. Wohl aber ist es angebracht, nachdrücklich darauf hinzuweisen, daß eine Lösung des Deutschlandproblems auf der Grundlage der Selbstbestimmung der beste, ja der einzige Weg ist, um die Spannungen und Schwierigkeiten auszuräumen. *(Beifall bei der CDU/CSU.)* Eine solche Lösung wäre wirklich ein echter Beitrag zur Erhaltung und Sicherung des Friedens in der Welt.

In dieser ernsten Lage, die durch die Zonenmachthaber heraufbeschworen worden ist, steht die Bundesregierung mit ihren drei westlichen Verbündeten in engster Verbindung. Sie wird gemeinsam mit ihnen die erforderlichen Maßnahmen vorbereiten und durchführen. Die Bundesregierung und ihre Verbündeten sind sich in der Bewertung der der freien Welt drohenden Gefahren einig. Der amerikanische Außenminister Rusk hat im Anschluß an die mit den Außenministern Frankreichs, Großbritanniens und der Bundesrepublik geführten Besprechungen den NATO-Rat unterrichtet, der bei dieser Gelegenheit erneut und unzweideutig die Entschlossenheit aller NATO-Staaten zum Ausdruck gebracht hat, die Freiheit Berlins aufrechtzuerhalten. *(Beifall auf allen Seiten des Hauses.)* Zugleich hat der NATO-Rat wiederholt die Überzeugung ausgedrückt, daß eine friedliche und gerechte Lösung der deutschen Frage einschließlich Berlins nur auf der Grundlage des Selbstbestimmungsrechtes des gesamten deutschen Volkes herbeigeführt werden kann. *(Erneuter Beifall.)*

Die Bundesregierung wird die Hoffnung nicht aufgeben, daß alsbald Verhandlungen aufgenommen werden und daß durch sie eine Lösung des Deutschlandproblems und damit der Berlin-Frage auf der Grundlage des Selbstbestimmungsrechts der Völker ermöglicht wird. Das Prinzip, daß den Völkern das Recht gegeben werden muß, über ihre staatliche Ordnung selbst zu entscheiden, hat seinen Siegeszug über die ganze Welt angetreten. Die Bundesregierung vertraut darauf, daß es auch im Herzen Europas, wo zur

Zeit immer noch 16 Millionen Deutschen dieses Recht verweigert wird, durchgesetzt werden kann. *(Beifall.)*

Die Bundesregierung hat mehrfach erklärt und wiederholt es bei dieser Gelegenheit, daß sie bereit ist, an Plänen mitzuwirken, die für den Fall der Wiedervereinigung Deutschlands der Sowjetunion Sicherheitsgarantien geben. Zuletzt habe ich noch hier an dieser Stelle am 17. Juni dieses Jahres diese Bereitschaft bekräftigt. An dieser Absicht der Bundesregierung hat sich nichts geändert. Die Wiederherstellung der deutschen Einheit würde nicht nur dem Frieden, sondern auch dem richtig verstandenen Sicherheitsinteresse der Sowjetunion und allen anderen Völkern dienen. *(Beifall bei der CDU/CSU und Abgeordneten der SPD und FDP.)*

Die drei westlichen Verbündeten, die im Rahmen der Viermächtevereinbarung eine besondere Verpflichtung für Berlin und für Deutschland übernommen haben, haben einen nachdrücklichen Protest und eine ernste Mahnung an die Sowjetunion gerichtet. Sie haben die ergriffenen Maßnahmen als illegal und als einen unverantwortlichen einseitigen Bruch der bestehenden Vereinbarungen bezeichnet. Sie haben mit Recht die verlogene Behauptung zurückgewiesen, die in der sogenannten Empfehlung der Staaten des Warschauer Paktes enthalten ist, daß nämlich diese Maßnahmen im eigenen Interesse des deutschen Volkes liegen; und sie haben betont, daß diese Behauptung nichts anderes darstellt als eine Einmischung in die inneren Verhältnisse des deutschen Volkes. *(Beifall bei der CDU/CSU und Abgeordneten der SPD und FDP.)*

Wie das deutsche Volk über diese brutalen Maßnahmen denkt, wäre leicht zu ermitteln. Es würde genügen, alle Deutschen in der Bundesrepublik, in der sowjetisch besetzten Zone und in ganz Berlin darüber zu befragen. Die Antwort wäre eine leidenschaftliche Verurteilung durch die überwältigende Mehrheit des deutschen Volkes. *(Lebhafter Beifall auf allen Seiten des Hauses.)*

Die Bundesregierung hat das Recht und hat die Pflicht, für das ganze deutsche Volk zu sprechen, also auch für diejenigen Deutschen, die durch die Gewaltmaßnahmen in der sowjetischen Besatzungszone zum Schweigen verurteilt sind. Sie appelliert eindringlich an die Sowjetunion, in diesem kritischen Augenblick zu einer realistischen Betrachtung der Dinge zurückzufinden. Es sollte unter der Würde eines großen Volkes sein, Kreaturen zu schützen, die vom eigenen Volke verachtet werden. *(Lebhafter Beifall bei der CDU/CSU. – Beifall bei Abgeordneten der anderen Fraktionen.)* Die russische Regierung und das russische Volk sollten sich nicht dazu hergeben, daran mitzuwirken, daß ein Teil eines großen ihnen benachbarten Landes

gegen den Willen der Bewohner in ein Konzentrationslager umgewandelt wird. *(Beifall bei der CDU/CSU und Abgeordneten der SPD und FDP.)*
Man sollte in Moskau erkennen, daß alle Menschen in der Welt, die sich zu dem mit der Charta der Vereinten Nationen anerkannten Selbstbestimmungsrecht der Völker bekennen, nur eine tiefe Verachtung für ein Regime haben können, das dieses Selbstbestimmungsrecht mit Füßen tritt. Eine Neuordnung der Beziehungen zwischen dem russischen Volk und dem deutschen Volk ist auf dem von den Behörden der Sowjetzone beschrittenen Wege nicht denkbar. *(Sehr richtig! bei der CDU/CSU.)* Die Deutschen in der Zone empfinden Haß und Verachtung gegenüber denen, die sie in unmenschlicher Weise vergewaltigen. Und sie müssen ähnliche Gefühle denen gegenüber tragen, die dieses System unterstützen. Die Schließung der Grenzen ist eine beispiellose Bankrotterklärung; sie zeigt, daß die Menschen, die in diesem Teil Deutschlands zu leben gezwungen sind, nur unter Anwendung physischen Zwanges daran gehindert werden können, dieses Paradies der Arbeiter und Bauern zu verlassen. *(Beifall bei der CDU/CSU.)*
Es gibt nur e i n e Möglichkeit, die Beziehungen zwischen dem russischen und dem deutschen Volk auf eine neue Grundlage zu stellen: Dem deutschen Volk muß das Recht zurückgegeben werden, das man keinem Volk der Welt verweigert, durch freie und unbeeinflußte Willensentscheidung eine Regierung zu bilden, die dann den legitimen Auftrag besitzt, für das ganze deutsche Volk zu sprechen, zu handeln und zu entscheiden. *(Beifall bei der CDU/CSU und Abgeordneten der SPD und FDP.)*
Die Bundesregierung appelliert aber auch an die Regierungen aller Nationen der Welt, die die Charta der Vereinten Nationen unterzeichnet oder anerkannt haben. Die Maßnahmen, die von den sowjetzonalen Behörden durchgeführt werden und angekündigt wurden, sind nichts anderes als ein flagranter Verstoß gegen dieses Grundgesetz, das für die innere Ordnung der Völker der Welt ebenso gültig sein soll wie für die Beziehungen zwischen den Nationen.
Mit tiefer Bewegung gedenkt die Bundesregierung aber auch der persönlichen Schicksale von vielen Millionen, die ein Opfer dieser unmenschlichen Maßnahmen geworden sind. Nahezu dreieinhalb Millionen sind in den zurückliegenden Jahren aus der Zone und dem Ostsektor von Berlin geflohen, weil ihnen keine andere Möglichkeit blieb, ein Leben in Freiheit zu führen. Unter Aufgabe ihres Berufes, unter Zurücklassung von Hab und Gut haben sie sogar die menschlichen Beziehungen abgebrochen, die sie mit ihrer Familie, mit ihren Verwandten, mit ihren Freunden verbanden. Für unzählige Menschen, die den gleichen Weg gehen wollten, ist nun die Tür zugeschlagen worden. Die Bundesregierung gibt der Hoffnung, aber auch der Überzeugung

Ausdruck, daß am Beginn der auch von ihr gewünschten Verhandlungen die Aufhebung dieser Maßnahmen stehen wird. *(Beifall.)* Nichts könnte das deutsche Volk besser davon überzeugen, daß solche Verhandlungen der Aufrechterhaltung des Friedens in der Welt und einer dauerhaften Neuordnung der Beziehungen zwischen den Völkern dienen, als eine solche Maßnahme.

Es genügt nicht, meine Damen und Herren, von Frieden zu sprechen; dem mündlichen Bekenntnis müssen Taten folgen, *(Sehr wahr, bei der SPD)* die erkennen lassen, daß der Friede nicht nur zwischen, sondern erst recht und ganz besonders in den Völkern bestehen muß. (Beifall.) Jeder einzelne hat ein Recht darauf, in Frieden zu leben. Die Unfreiheit ist die schauerlichste Form der Friedlosigkeit.

Lassen Sie mich zum Schluß einige Sätze an die Bewohner des Ostsektors von Berlin und der Zone richten. I h r Leid und I h r e Sorge ist u n s e r Leid und u n s e r e Sorge. *(Allgemeiner starker Beifall.)* In Ihrer so besonders schweren Lage fanden Sie wenigstens in dem Gedanken Trost, daß Sie, wenn Ihr Los nicht mehr tragbar sei, ihm durch die Flucht entgehen könnten. Es sieht jetzt so aus, als wenn Ihnen auch dieser Trost genommen ist. Ich bitte unsere Brüder und Schwestern im Ostsektor von Berlin und in der Zone von Herzen: Geben Sie die Hoffnung auf eine bessere Zukunft für Sie und Ihre Kinder nicht auf. *(Beifall.)*

Wir sind überzeugt, daß es den Anstrengungen der freien Welt und insbesondere auch unseren Anstrengungen doch eines Tages gelingen wird, Ihnen die Freiheit wieder zu verschaffen. *(Erneuter Beifall.)* Das Selbstbestimmungsrecht wird seinen Siegeszug durch die Welt fortsetzen und wird auch vor den Grenzen der Zone nicht haltmachen. Sie werden eines Tages – glauben Sie es mir – mit uns in Freiheit vereint sein. Wir stehen nicht allein in der Welt, das Recht steht auf unserer Seite, und auf unserer Seite stehen die Völker der Welt, die die Freiheit lieben. *(Anhaltender starker Beifall bei der CDU. – Beifall bei Abgeordneten der SPD und der FDP.)*

Brandt, Regierender Bürgermeister von Berlin:

Herr Präsident! Meine Damen und Herren! Es kommt nicht häufig vor, daß vor diesem Hohen Hause von der Bundesratsbank aus das Wort ergriffen wird. Wenn ich heute namens des Landes Berlin vor Sie hintrete, dann spiegelt sich darin die außerordentliche Lage wider, in die wir gebracht wurden.

Es geht nicht um Berlin allein. Es geht um das kalte Ungarn, das sich im anderen Teil Deutschlands und im Ostsektor meiner Stadt vollzogen hat. Sie alle kennen die Bilder vom Stacheldraht, von den Betonpfählen und Betonmauern, von den Panzern, von den spanischen Reitern und von den feldmarschmäßig ausgerüsteten Soldaten. Was geschehen ist, ist mehr als ein schreiendes Unrecht.

Man muß die Unzahl menschlicher Tragödien im Auge haben, die sich in diesen Tagen abspielen. Mitten durch eine Stadt, in der es trotz der administrativen Teilung noch immer täglich vieltausendfache Verbindungen gab, sind die Betonpfähle einer Grenze eingerammt worden, die zu einer Art chinesischer Mauer ausgebaut wird.

Was zusammengehört, ist weiter auseinandergerissen, es wird brutal zerschlagen. Das Recht auf Freizügigkeit wurde zertrampelt. Dabei ist es primitives Menschenrecht, fliehen zu dürfen von einem Land in das andere. Um wieviel mehr gilt das erst, wenn es sich um die Flucht innerhalb eines Landes und innerhalb einer einzigen Stadt handelt.

Deshalb ist es die Meinung Berlins, daß vor allem eine Initiative ergriffen werden müßte, um die flagrante Verletzung der Menschenrechte international zu brandmarken. Der Schutz der Menschenrechte ist eine ureigene Aufgabe der Vereinten Nationen. Den Weg vor das Weltforum kann man sich nicht aufheben für den Fall, daß eine Welt zu brennen beginnt. *(Beifall bei der SPD und bei Abgeordneten der FDP.)*

Die Menschen in der von Ulbricht geknebelten und von sowjetischen Panzern in Schach gehaltenen Zone und in dem von Ulbricht besetzten und annektierten Ost-Berlin sind voll Haß und Verzweiflung. Sie befinden sich in einem Gefühl grenzenloser Verlassenheit. *(Sehr wahr! bei der SPD.)* Sie müssen ihre Empörung unterdrücken. Niemand von uns wird sie der Verzweiflung preisgeben wollen.

Auch aus diesem Grund ist es gut, daß der Deutsche Bundestag zusammengetreten ist, und es ist erfreulich, daß sich in diesen Tagen manche Zeichen der Verbundenheit, der Solidarität gezeigt haben. Wir dürfen jetzt – das ist die Meinung Berlins – mit den Ulbricht-Leuten weder über Geschäfte reden noch sonst so tun, als sei nichts Besonderes passiert. *(Lebhafter Beifall im ganzen Hause.)*

Für die Stadt Berlin ist eine neue Lage entstanden. Als Stätte täglicher menschlicher Begegnungen zwischen West und Ost ist sie ausgeschaltet worden. Ausgeschaltet worden ist aber auch das Ventil, durch das bisher der Überdruck aus dem Ulbricht-Staat entweichen konnte.

Meine Damen und Herren, mehr als 9 Millionen Karten für kulturelle Veranstaltungen sind im letzten Jahr an Ostberliner und Bewohner der Zonenrandgebiete ausgegeben worden. 60 000 Bürger meiner Stadt, die ihren Wohnsitz in Ost-Berlin haben, haben ihre Arbeit in West-Berlin gefunden. Ich kenne aus diesen letzten Tagen Fälle, in denen Menschen nachts durch den

Stacheldraht gekrochen sind, um sich von ihren Arbeitskollegen zu verabschieden, und mit Tränen in den Augen hinter den Stacheldraht zurückgingen, weil ihre Frauen, ihre Kinder und ihre Eltern drüben sind. Berlin ist nicht mehr der Ort, zu dem die Menschen kommen konnten, um die Luft der Freiheit zu atmen, um sich neue Kraft zu holen, bevor sie in ihren grauen Zonenalltag zurückkehrten.

Der Senat von Berlin – und dieses möchte ich dem Hohen Hause in aller Form zur Kenntnis bringen – hat im Rahmen seiner begrenzten Möglichkeiten getan oder eingeleitet, was die Lage erfordert. Er hat dafür gesorgt, daß die Ordnung in der Stadt aufrechterhalten wurde und daß das Wirtschaftsleben nicht in Unordnung geriet.
Ich muß von dieser Stelle aus herzlich darum bitten, daß jetzt erst recht Aufträge nach Berlin gegeben werden. *(Lebhafter Beifall im ganzen Hause.)*
Das freiheitliche Berlin kann nicht leben ohne sein eigenes und das Vertrauen seiner Freunde in seine Lebensfähigkeit und Lebenskraft. Es wird noch mehr als bisher ausgebaut werden müssen zu einer großen modernen Stadt wirtschaftlichen und kulturellen Schaffens.

Meine Mitbürger haben Vertrauen in die für die Freiheit der Bevölkerung West-Berlins, die Anwesenheit der alliierten Truppen in West-Berlin und den Zugang von und nach West-Berlin gegebenen alliierten Garantien. Ich bin nicht nur überzeugt, ich weiß es – und ich habe es meinen Mitbürgern auf einer großen Kundgebung dieser Tage gesagt –, daß das Überschreiten der dadurch gezogenen Linie mehr als ein Risiko wäre. Diese Garantien sind heute Garantien des Friedens. Sie sind die Basis unserer Existenz in Berlin. Aber das gilt auch für Westdeutschland und für den Westen überhaupt.
Die Berliner haben seit mehr als zwölf Jahren bewiesen, daß sie lieber Entbehrungen auf sich nehmen, als ihren Nacken unter das Joch einer neuen Diktatur zu beugen. *(Beifall im ganzen Hause.)* Heute kommt es dort und anderswo trotz bitterer Enttäuschungen mehr denn je darauf an, daß wir fest und entschlossen an der Seite unserer Freunde stehen. *(Erneuter Beifall im ganzen Hause.)*

Was in Ost-Berlin geschehen ist, das ist der Einmarsch einer Armee in ein Territorium, in dem sie nichts zu suchen hat. *(Lebhafter Beifall im ganzen Hause.)* Die sogenannte Volksarmee mit ihren Nebenorganisationen hat Ost-Berlin annektiert. Sie hat den Viermächtestatus unter ihren Panzerketten zermahlen. *(Zustimmung bei der SPD.)*

Die Zonenregierung hat ihre Quasi-Souveränität voll auf Ost-Berlin ausgedehnt. Sie hat Ost-Berlin annektiert, und sie hat diese Souveränität ausgeübt über alle – ich wiederhole: über alle –, die in Frage kommen könnten, Ost-Berlin zu betreten. *(Abg. Wehner: Sehr richtig!)*

Das, was man dort bisher als Staatsgrenze bezeichnet hat – die Schlagbäume am Ostrand des Ostsektors –, ist an den Potsdamer Platz und an das Brandenburger Tor vorverlegt worden.

Selbstverständlich kann das Verhältnis zur Regierung der Sowjetunion – so haben es die Berliner dieser Tage vor dem Abgeordnetenhaus und an anderer Stelle gesagt, und so sage ich es auch hier, nicht unbeeinflußt bleiben durch den empörenden Rechtsbruch vom 13. August. *(Beifall bei der SPD sowie in der Mitte und rechts.)* Selbstverständlich können wir nicht so tun und werden wir nicht so tun, als ließe sich das Vorgefallene isolieren und ausklammern. Selbstverständlich können wir angesichts der flagranten Verletzung der Menschenrechte nicht über ein Kulturabkommen verhandeln, als ob nichts geschehen wäre. *(Beifall bei der SPD und bei der CDU/CSU.)*

Es ist eine Selbstverständlichkeit, daß die, die Verantwortung tragen in Deutschland – die Bundesregierung und auf unserer bescheidenen Ebene der Senat von Berlin –, nichts zu tun beabsichtigen, was die internationale Lage verschlechtert. Es kann keine Stadt geben, und es kann kein Volk geben, die die Sicherung des Friedens mehr wünschten als Berlin und als das deutsche Volk; und ich bin überzeugt, es wird dabei bleiben. Aber die Regierung der Sowjetunion darf nicht glauben, uns ins Gesicht schlagen zu können, und wir lächeln noch dazu. *(Lebhafter Beifall bei der SPD. – Beifall bei Abgeordneten der Mitte und rechts.)*

Unsere westlichen Schutzmächte haben in allem Ernst gestern auch in Moskau protestiert. Sie haben in voller Übereinstimmung mit uns die Verantwortung der Sowjetunion festgestellt. Sie haben diesen Einmarsch als illegal bezeichnet und die Rücknahme der damit verbundenen Maßnahmen verlangt. Das deckt sich auch mit der Meinung des Senats von Berlin und der Berliner Bevölkerung.

Der Senat von Berlin hat vor dem Abgeordnetenhaus, vor der Berliner Bevölkerung und gegenüber der Bundesregierung betont, daß überzeugende nichtmilitärische Maßnahmen ergriffen werden sollten. Er verbindet damit keine Vorwürfe an die Adresse der westlichen Verbündeten. Er hält nur nichts von sogenannten Gegenmaßnahmen, die ein schallendes Gelächter vom Potsdamer Platz bis Wladiwostok auslösen würden. *(Beifall bei der SPD und der FDP.)* Er hält nichts von Ankündigungen, denen nichts folgt. *(Erneuter, lebhafter Beifall bei der SPD und der FDP.)* Er hält mehr davon, daß unserem ganzen Volk ein möglichst klares Bild vermittelt wird von den tatsächlichen Gegebenheiten und von der veränderten Wirklichkeit, mit der wir es zu tun haben, wenn es nicht gelingt, den Rechtsbruch rückgängig zu machen. Alle Beteiligten müssen sich völlig darüber im klaren sein, daß die Maßnahmen des letzten Sonntags nur ein Auftakt gewesen sind. Sie waren der erste Akt eines Dramas, dessen zweiter Akt bereits angekündigt ist.

Der zweite Akt der Erpressung, der separate Friedensvertrag, den ich nur Teilungsdiktat nennen kann, wird in aller Offenheit angedroht.

Die Berliner stehen ganz gewiß nicht allein, wenn sie sagen: Die Bundesrepublik wird sich mit einem Teilungsdiktat nicht abfinden können. *(Beifall im ganzen Hause.)* Sie wird es niemals anerkennen können, nicht nur, weil sie ihre eigene Verfassung nicht brechen darf, die uns verbindlich auffordert, stellvertretend für alle Deutschen zu handeln. Das Grundgesetz verpflichtet die Bundesrepublik – wie es auch hier erneut gesagt worden ist –, sich um die Menschen in der sowjetisch besetzten Zone zu kümmern. Die Bundesrepublik kann und darf ein Teilungsdiktat nicht anerkennen, ohne die Verfassung zu brechen.

Wir sind uns mit den Verbündeten einig, die ebenfalls die Wiedervereinigung vertraglich zum Ziele ihrer Politik gemacht haben. Auch sie könnten sich nicht mit einem Vertrag abfinden, der das Gegenteil der gemeinsamen Politik bedeutet.

Die Preisgabe unserer Landsleute wird nicht stattfinden. Wir sind ein Volk – das haben die Berliner angesichts der Drohungen dieser Tage auf ihre Weise noch einmal zu zeigen gehabt –, ein Volk, das auch eine Selbstachtung hat. Recht und Moral verpflichten uns zu diesem Standpunkt. Diese Haltung ergibt sich aber auch aus unserer demokratischen Überzeugung; denn ohne diese integre und unerschütterliche Haltung würden wir selbst, aus Schwäche oder Opportunismus, Wegbereiter eines neuen Nationalismus werden. Und niemand, dem der Friede etwas wert ist, in Ost oder West, kann das wünschen.

Der Regierende Bürgermeister von Berlin weiß mit seinen Mitbürgern, daß wir vor schweren Monaten stehen. Hoffentlich werden wir uns darin bewähren. *(Anhaltender lebhafter Beifall bei der SPD. – Beifall bei der CDU/CSU und rechts.)*

22.
Rücktritt und Verabschiedung von Bundeskanzler Dr. Konrad Adenauer

Reden des Bundestagspräsidenten D. Dr. Eugen Gerstenmaier und des Bundeskanzlers Dr. Konrad Adenauer am 15. Oktober 1963

Bei der Bundestagswahl 1961 hatte die Union die absolute Mehrheit im Bundestag verloren und war auf eine Koalition mit der FDP angewiesen. Die FDP aber, die sich im Bundestagswahlkampf zwar für eine Koalition mit der Union, aber gegen eine weitere Kanzlerschaft Adenauers ausgesprochen hatte, setzte in der Koalitionsvereinbarung schließlich den Rücktritt Adenauers zur Mitte der Legislaturperiode des Vierten Deutschen Bundestages durch. Nach vierzehnjähriger Kanzlerschaft erklärte der 87jährige Bundeskanzler Dr. Konrad Adenauer zum 15. Oktober 1963 den Rücktritt von seinem Amt. Am gleichen Tage würdigte Bundestagspräsident D. Dr. Eugen Gerstenmaier in der 86. Sitzung des Vierten Deutschen Bundestages Persönlichkeit und Werk des ersten Bundeskanzlers:

Meine Damen und Herren, der Herr Bundespräsident hat mir folgendes Schreiben übersandt:

> Der Bundeskanzler, Herr Dr. Konrad Adenauer, hat mir mit Schreiben vom 10. Oktober 1963 den Rücktritt von seinem Amt erklärt. Ich habe diesen Rücktritt angenommen und werde dem Herrn Bundeskanzler heute nachmittag eine Urkunde überreichen, in der festgestellt wird, daß sein Amt mit Ablauf des 15. Oktober 1963 endet.

Verehrter Herr Bundeskanzler, diesem Haus und Ihnen selbst ist durchaus bewußt, daß es in einer parlamentarischen Demokratie kein ungewöhnlicher Vorgang ist, wenn ein Regierungschef sein Amt verläßt und auf seinen Abgeordnetensitz zurückkehrt. Der Deutsche Bundestag beabsichtigt auch nicht, mit dieser Sitzung einen Vorgang zu schaffen, der unbedingt zur Regel werden soll. Aber dieses Haus steht mit allen seinen Teilen so sehr unter dem Eindruck des Außergewöhnlichen und Bedeutsamen, das sich heute ereignet, daß es niemand gab, der dieser Sitzung widersprochen hat.

Auch heute haben sich hier nicht nur Ihre Freunde, Weggefährten und Bewunderer vereint, sondern auch Ihre Kritiker und Ihre politischen Gegner. Ich weiß, daß in diesem Haus noch manche Wunde schmerzt, die in den Jahren Ihrer Kanzlerschaft geschlagen wurde. Um so höher aber ist der Rang dieser Stunde, in welcher die oberste Vertretung des deutschen Volkes allein dazu zusammentritt, um dem ersten Bundeskanzler der Bundesrepublik Deutschland dafür zu danken, daß er, obwohl in hohem Alter, standhaft und kraftvoll 14 Jahre hindurch die Bürde des schwersten Amtes trug, das Deutschland zu vergeben hat. *(Beifall.)*
Der geschichtliche Rang dieser Stunde wird, wie mir scheint, schon daran deutlich, daß Sie, Herr Bundeskanzler, in hundert Jahren sturmbewegter deutscher Geschichte der einzige sind, der nach langer Regierungszeit unbesiegt und in Frieden von einem vergleichbaren Stuhle steigt und der gelassen zu dem Sitz zurückkehrt, von dem Sie hier am 15. September 1949 aufgestanden sind. *(Beifall bei den Regierungsparteien.)*
Bismarck, in dessen Regierungszeit Sie geboren sind und der wahrscheinlich auch der einzige ist, mit dem der Vergleich lohnt, hat unter unvergleichlich viel günstigeren Bedingungen als Sie die Kanzlerschaft übernommen. Er regierte länger als Sie, und ihm wurde – allerdings wiederum unter günstigeren Bedingungen – das zuteil, was Ihnen und uns bisher versagt blieb: nämlich die Einheit des Deutschen Reiches. Aber im Unterschied zu Ihnen schied er im Unfrieden aus seinem Amt, so glanzvoll sein Abschied auch aussah.
Der Mann, der ihn entließ, verlor dreißig Jahre später Thron und Herrschaft, und an die Stelle der konstitutionellen Monarchie trat in Deutschland die parlamentarische Demokratie. Der verlorene erste Weltkrieg, die zerbrochenen Traditionen, der renitente Illusionismus und die zeitweise verzweifelte wirtschaftliche Situation sind zwar gewichtige Gründe, aber doch keine ausreichende Entschuldigung dafür, daß keiner der aus 20 Regierungsbildungen und -umbildungen hervorgegangenen zwölf Kanzler der Weimarer Zeit mit Ihrer Leistung ernsthaft verglichen werden kann. So treffliche Männer sich auch unter ihnen befanden, das Glück – nein, die Gnade, die Ihnen, Herr Bundeskanzler, zuteil wurde, blieb allen Ihren Vorgängern in der Weimarer Zeit versagt.
Obwohl Sie damals schon in den Jahren standen, in denen ein Mannesleben seinem Höhepunkt zustrebt, und obwohl Sie schon weit über Ihre Vaterstadt Köln hinaus eine angesehene Stellung im öffentlichen Leben Deutschlands einnahmen, haben Sie damals nicht nach der Regierungsgewalt gestrebt. Niemand weiß, ob es Ihnen gegeben gewesen wäre, Deutschland vor dem Unglück zu bewahren, dessen Folgen zu überwinden später dann das eigentliche Thema Ihres Lebens geworden ist. Als es dann soweit war, als Sie

im frühen Sommer 1945 zwischen den Trümmern Ihrer Stadt Köln in das öffentliche Leben zurückkehrten, da ging Ihr Blick von Anfang an darüber hinaus auf die ganze große deutsche Schutthalde. Ich weiß, daß Sie, der aus langer Verfemung kaum Zurückgekehrte, schwer daran getragen haben, daß Ihnen das Kölner Stadtzepter bald darauf wieder brüsk aus der Hand genommen wurde. Inzwischen haben Sie längst erkannt, wie sinnvoll, ja notwendig dies war, um Sie endgültig auf die Bahn zu stellen, auf der Ihr Leben zu der Höhe stieg, die es heute erreicht hat.

Am Anfang dieser Bahn stand freilich noch ganz anderes und unvergleichlich Schwereres als die persönliche Unbill. Da stand die ganze massierte Last unserer jüngsten Geschichte, bis zur Verzweiflung vermehrt und verdunkelt durch den Fluch, den die nun erst ganz offenkundig werdenden Schandtaten verruchter Mörder über Deutschland gebracht haben.

Ein junger Dichter des ersten Weltkrieges hat einmal gesagt. „Wir sind der Haß der Erde, ob Mann, ob Weib, ob Kind ...“. Ich weiß nicht, ob das zu seiner Zeit wahr gewesen ist. Bis zum Ende des zweiten Weltkrieges aber waren wir tatsächlich zum Fluch der Welt geworden. Das unübersehbare Elend im Innern paßte dazu! Hunger, Vertreibung, Ruinen, Enttäuschung, Verzweiflung, Totenklage! – Herr Bundeskanzler, ich rede nicht davon, um denen recht zu geben, die meinen, daß wir Deutsche schnell und gern Mitleid mit uns selber hätten. Nein, ich rede nur deshalb davon, weil man diese Stunde heute gar nicht recht versteht, jedenfall nicht ganz versteht, wenn man von jenem Anfang nichts mehr weiß.

Aber auch in einer anderen Hinsicht war er für Sie alles andere als leicht. Auch auf die Gefahr hin, mir von manchem ehrwürdigen Veteranen der Weimarer Zeit Mißbilligung zuzuziehen, will ich in dieser Stunde noch freimütig sagen, daß nach meiner Erfahrung nicht wenige Männer und Frauen meiner eigenen Generation nach dem zweiten Weltkrieg den meisten in das politische Leben zurückkehrenden Gestalten der Weimarer Zeit mit ernstem Vorbehalt gegenüberstanden. Hätten sie uns – so fragten wir – nicht energischer davor bewahren können, in Kesselschlachten verheizt oder in Plötzensee erwürgt zu werden? Wir wissen, daß untadelige Persönlichkeiten der Weimarer Zeit Hals und Heimat daran gewagt haben. Immer wieder sehe ich das ernste, gesammelte Gesicht von Otto Wels, dem damaligen Fraktionschef der deutschen Sozialdemokraten, vor mir, wie er in einer Stunde, in der wahrscheinlich schon alles verloren war, dem Despoten im Reichstag die Stirne bot und so nicht nur die Ehre seiner Partei, sondern auch die des deutschen Parlamentarismus wahrte. *(Beifall im ganzen Hause.)*

Herr Bundeskanzler, es gibt nicht wenige andere, die unseren Dank und unsere Ehrerbietung in jener Zeit verdient haben. Aber das ändert wenig daran, daß Sie, Herr Bundeskanzler, und andere ehrenwerte Männer der Weimarer Zeit es eben nicht nur mit dem Fluch der Welt und dem Chaos im Inneren, sondern auch mit tiefsitzenden Vorbehalten, mindestens in meiner Generation, zu tun hatten, als Sie sich anschickten, Deutschland wiederaufzubauen. Ich spreche in diesem Augenblick für viele kritische, aber redlich denkende Menschen meiner Generation und Erfahrung, wenn ich sage, daß Sie, Herr Bundeskanzler, mit Ihrem Wirken von 1945 bis heute zusammen mit anderen unsere damaligen Vorbehalte widerlegt haben. *(Beifall bei der CDU/CSU und bei Abgeordneten der FDP.)*

Unter Ihrem Präsidium haben die Väter des Grundgesetzes im Parlamentarischen Rat eine sehr praktische Konsequenz aus den Erfahrungen der Weimarer Zeit gezogen. Beim Rückblick auf Ihre lange Regierungszeit zeigen sich nicht viele, aber doch einige wenige Situationen, in denen ein Kanzlerwechsel vielleicht denkbar gewesen wäre, wenn es, ja wenn es auch ein anderes als ein konstruktives Mißtrauensvotum in diesem Hause gäbe. Es ist das selbstverständliche Recht der Opposition, Alternativen zu entwickeln und nach der Macht im Staate zu streben. Die idealisierte Weimarer Verfassung bot ihr dafür wahrscheinlich mehr Chancen als unser Grundgesetz. Aber die geschichtliche Erfahrung hat alle unsere Parteien nachdrücklich davor gewarnt, zur Verfassung von Weimar zurückzukehren. Man darf darin jedoch nicht den einzigen Grund sehen für die erstaunliche Tatsache, daß sich in einer parlamentarischen Demokratie auf deutschem Boden auch durch leidenschaftlich geführte politische Richtungskämpfe von grundlegender Bedeutung hindurch ein Regierungschef so lange behaupten kann, bis er zurücktritt, nicht um dem Gegner zu weichen, sondern um dem Gesetz des Kreatürlichen zu gehorchen.

Gewiß, Sie haben nicht nur den Vorteil des Grundgesetzes genossen mit der starken Position, die es dem Bundeskanzler einräumt, und dem Schutz des konstruktiven Mißtrauensvotums. Noch schwerer wiegt die Tatsache, daß Sie von Anfang an in Ihren Kabinetten und Ämtern nicht wenige ganz hervorragende Mitarbeiter besaßen und daß Sie ausländische Staatsmänner hohen Ranges als persönliche Freunde gewannen. Ihr politischer Stil ist oft kritisiert worden. Indessen haben diese vierzehn Jahre deutscher parlamentarischer Demokratie gezeigt, daß, anders als in der Präsidialdemokratie, geschweige gar in der Bismarckschen Reichsverfassung, der Regierungschef unserer Demokratie unablässig auf einen mindestens ausreichenden parlamentarischen Rückhalt bedacht sein muß. Es ist selbstverständlich, daß er deshalb immer versuchen wird, wenigstens seine eigene Fraktion und Koalition so geschlossen als möglich hinter sich zu bringen. Das hat aber natürlich auch zur Folge, daß ein wesentlicher, oft entscheidender Teil des

Dialogs zwischen Regierung und Parlament eben nicht hier im Plenum, sondern vor den Fraktionen, und das heißt praktisch unter Ausschluß der Öffentlichkeit, erfolgt. Man mag das bedauern, man kann das auch kritisieren, aber man täuscht sich über die Realität, wenn man daraus den Schluß zieht, daß das Parlament in unserem Staat oder seine Regierungsfraktionen die Befehlsempfänger der Regierung, genauer: des Mannes seien, der die Richtlinien der Politik bestimmt. Dies zu tun war nicht nur Ihr verfassungsmäßiges Recht, Herr Bundeskanzler, das war auch Ihre Pflicht! Darauf läßt sich in unserem Staat um so weniger ein Vorwurf autoritärer Herrschaft gründen, als die Regierung schließlich zur Verwirklichung ihrer Politik doch immer auf eine Parlamentsmehrheit angewiesen bleibt. Wer sich das vergegenwärtigt, wird verstehen, wie Sie, Herr Bundeskanzler, mir einmal gesagt haben, daß Sie sich unablässig darum bemüht hätten, möglichst viele zu überzeugen. Darauf bleibt eben auch ein Bundeskanzler in unserem Staat unerbittlich angewiesen, und deshalb ist auch jede Bundestagswahl eine Volksentscheidung für oder gegen seine Politik.

Mit schwankenden Mehrheiten hat sich das deutsche Volk, soweit es frei ist, in vier Bundestagswahlen für Ihre Politik ausgesprochen. Diese Entscheidungen und die weltpolitische Entwicklung führten zu Ergebnissen, die Ihre Politik nahezu alternativlos gemacht haben. Es ist zwar vorauszusehen, daß dieses Haus auch in der Zukunft noch manchen harten Methodenstreit von Bedeutung erleben wird. Es ist auch nicht ausgeschlossen, daß veränderte weltpolitische Konstellationen neue Alternativen von Gewicht für die deutsche Politik bringen. Dennoch dürfen Sie sich bei Ihrem heutigen Abschied vom Amte sagen, daß die Grundentscheidungen der deutschen Politik, die Sie für notwendig gehalten haben, in diesem Haus schon seit einigen Jahren von allen hier vertretenen politischen Parteien anerkannt sind. *(Beifall bei der CDU/CSU und bei Abgeordneten der FDP.)*

Die Bundesrepublik Deutschland steht seit Jahr und Tag als gleichberechtigtes Glied in der Bündnisgemeinschaft der freien Welt; das Gefühl der Sicherheit und Freiheit in unserem Volk ist zwar noch immer nicht ganz ungefährdet, aber tiefer und stärker als vor 14 Jahren. Die Zuversicht in eine friedliche Zukunft Deutschlands und der Welt ist gewachsen. Die Schutthalden sind beseigt, die Wirtschaft läuft, die soziale Sicherheit ist noch immer im Wachsen.

Mit Frankreich haben wir eine unvergeßliche Aussöhnung erlebt: eines der Ereignisse, an dem Sie ganz persönlich einen großen Anteil haben. *(Lebhafter Beifall bei den Regierungsparteien und bei Abgeordneten der SPD.)* Mit unseren anderen Nachbarn im Westen, Süden und Norden verbinden uns mindestens freundlich-korrekte Beziehungen; England, Italien, Benelux gehören zu unseren NATO-Partnern, und mit den Vereinigten Staaten von Amerika verbindet uns darüber hinaus noch besondere Dankbarkeit.

Der große Gedanke der europäischen Einigung, für den Sie Ihr Bestes gaben, ist aus den ersten Stufen der Verwirklichung heraus, und obwohl um seine Vollendung noch schwer gerungen werden muß, hat er Europa ein neues Gesicht gegeben und die herkömmlichen Methoden, Ziele und Wertordnungen der alten nationalstaatlichen Souveränitätspolitik so in Frage gestellt, daß eine Rückkehr zu ihr hoffentlich nicht mehr befürchtet zu werden braucht.

Das alles, Herr Bundeskanzler, muß man in den Blick nehmen und muß es noch einmal sehen vor der trostlosen Kulisse vom Mai 1945 und auch noch vor dem 15. September 1949. Tut man das, dann wird deutlich, warum in dieser Stunde vom Dank die Rede ist. Sie wissen selbst, wieviel davon auch vielen anderen gelten muß: den ehemaligen Gegnern und Bundesgenossen von heute, dem deutschen Volk in allen seinen Schichten und Gruppen, Ihren Freunden und Mitarbeitern, den toten und den lebenden, Ihren Kritikern und auch Ihrer Opposition.

Dennoch ist es nicht mehr als recht und billig, in diesem Augenblick eben vor allem Ihnen zu danken. Denn Sie haben die Last Deutschlands auf dieser Bahn vor allem getragen, und Ihnen persönlich ist es wohl auch am meisten gelungen, die Mauer von Ablehnung um Deutschland zu durchbrechen und das zarte Pflänzchen eines neuen vorsichtigen Vertrauens zu den Deutschen sorgsam zu pflegen. Und dort, wo Deutschland wieder zu Ansehen in der Welt gekommen ist, da haben Sie einen großen Anteil daran. *(Beifall bei den Regierungsparteien und bei Abgeordneten der SPD.)*

Nun, schön und gut, werden Ihre und meine Kritiker spätestens jetzt sagen. Aber eines, das Wichtigste, hat eben auch Konrad Adenauer nicht geschafft, nämlich die Wiedervereinigung Deutschlands! Ich darf und will hier keinen Streit um die Rangordnung der Werte und Ziele eröffnen, welche die Politik Ihrer Regierung bestimmt haben. Aber vielleicht darf man bei einem ruhigen Rückblick auf die heißen Kämpfe, die Sie, Herr Bundeskanzler, hier jahrelang zu bestehen hatten, heute doch sagen, daß diese Kämpfe ja nicht deshalb geführt wurden, weil etwa die einen nur die Einigung Europas und die anderen nur die Wiedervereinigung Deutschlands wollten, sondern sie wurden darum geführt, weil für den von allen anerkannten und für alle gültigen Verfassungsauftrag unseres Grundgesetzes zwei sich gegenseitig ausschließende Alternativen verfochten wurden. Daß es bindender Verfassungsauftrag für jede Bundesregierung und jeden Bundestag ist – ich zitiere –, „die Einheit und Freiheit Deutschlands zu vollenden" u n d „als gleichberechtigtes Glied in einem vereinten Europa dem Frieden der Welt zu dienen", das

steht außer Zweifel. Wir aber mußten in diesen 14 Jahren immer nur die Erfahrung machen, daß der Eiserne Vorhang dichter und die Mauern höher wurden, die uns von den 17 Millionen trennen. Die Kontroverse darüber, ob es nicht doch einmal eine echte Chance gegeben hätte, Deutschlands Einheit unter tragbaren Bedingungen wiederzugewinnen, ist in einigen bitteren Nachtstunden hier im Bundestag entbrannt. Inzwischen hat auch diese Kontroverse vielleicht nicht ihren historischen, aber ihren politischen Gehalt nahezu verloren, so daß in dem Augenblick, in dem Sie, Herr Bundeskanzler, heute aus Ihrem Amte scheiden, fast allenthalben in den hier vertretenen Parteien Übereinstimmung darüber besteht, daß Deutschlands Wiedervereinigung nicht im Alleingang der Deutschen, sondern nur im Zusammenwirken mit der freien Welt herbeigeführt werden kann. *(Beifall bei den Regierungsparteien und bei Abgeordneten der SPD.)*
Diese Einsicht lag Ihrer Politik als Bundeskanzler von Anfang an zugrunde. Auf diesem Weg stießen wir unablässig hart und schonungslos auf die Grenze, die schon zur Entstehung der Bundesrepublik geführt hatte und die auch dem entschlossenen Zusammenwirken dieses Hauses in dieser Sache bis jetzt gesetzt blieb. Ich finde dafür auch in dieser Stunde kein tröstendes Wort. Im Blick auf die Leiden der jetzt – alles zusammengenommen – 30 Jahre lang von Diktatur und Terror im Herzen Deutschlands Niedergehaltenen scheint mir ohnehin manches zu billig, was auch bei uns dazu gesagt und getan wird. Aber wir sollten uns das Wort geben, mit dem künftigen Bundeskanzler zwar der Grenzen unseres Vermögens bewußt zu sein, aber doch auch – ob gelegen oder ungelegen – stets hart an dieser Sache zu bleiben. *(Beifall bei den Regierungsparteien und bei Abgeordneten der SPD.)*
Herr Bundeskanzler, es sind nun bald acht Jahre her, daß ich aus Anlaß Ihres 80. Geburtstages die Ehre hatte, vor diesem Haus und für dieses Haus etwas zur Würdigung Ihrer Person zu sagen. Nichts davon ist ungültig geworden. Heute sehen wir jedoch noch deutlicher, wie die Sache, der Sie dienten, sich mit Ihrer persönlichen Entscheidung verbunden und verwoben hat. Es ist auch wahr, was in diesen Tagen gesagt wurde, daß Sie „sich selbst in das Muster unserer Zeit gewoben" haben. Umgekehrt hat aber auch diese Zeit mit ihren Nöten und Forderungen Sie in Ihrem hohen Amte mitgeprägt und umgestaltet.
Dennoch sind Sie im Wandel vieler Jahre und Situationen nicht nur Ihrem Wesen mit seinen Vorzügen und seinen Grenzen treu geblieben, sondern auch der inneren Orientierung Ihres Lebens. Als Sie, dem Knabenalter eben entwachsend, Ihre ersten selbständigen Blicke auf die Welt warfen, da trieben Bismarcks Epigonen dem Unheil zu, und Papst Leo XIII. erließ die erste große Enzyklika der katholischen Kirche zur sozialen Frage. Der Volksverein

Franz Hitzes begann sich in Ihrer Umgebung kräftig zu regen, und er schuf ein Erbe, auf das Sie nicht nur in der Weimarer Zeit, sondern auch dann noch zurückgreifen konnten, als Sie mit alten und neuen Freunden an die Schaffung einer neuen, über die herkömmlichen Grenzen weit hinausgehenden christlich orientierten Volkspartei gingen.

Sie selbst sind oft mit Betonung als ein christlicher Staatsmann angesprochen worden. Ich weiß, daß Sie selbst keine moralische oder kirchlich-religiöse Vorzugsstellung in Anspruch nehmen. Dem widerspricht nicht Ihr Bewußtsein, schließlich nicht nur Staat und Volk, sondern zugleich der Sache Gottes zu dienen. Dennoch haben Sie sich in Ihrem hohen Amt mit Recht zu keiner anderen als einer staatlich-politischen Aufgabe berufen gefühlt. Sie sind nicht dem Mißverständnis erlegen, daß der christliche Staatsmann zur Missionierung der Welt oder gar zur Manipulation des Denkens und Handelns Andersgesinnter verpflichtet sei. Sie haben sich auch mit Ihrer persönlichen Auffassung in der Wirklichkeit des modernen Rechtsstaates bewegt, der ganz grundsätzlich Glaubensfreiheit und Rechtsgleichheit miteinander verbindet und der deshalb auch die staatliche Manipulation der Denk- und Gewissensfreiheit seiner Bürger ausschließt. Wenn ich Sie recht verstehe, bedeutet der christliche Glaube auch Ihnen im Bereich der Politik vor allem eine verbindliche, sittlich-religiöse Orientierung im Umgang mit der Macht. Niemand kann sagen, daß er dadurch vor Irrtum und Fehlern gefeit sei – auch Sie sind nicht davor bewahrt geblieben –; aber es scheint mir dennoch wesentlich, ob ein Mann im Umgang mit der Macht sich einem solchen letzten kritischen Maßstab unterwerfen will oder ob er das nicht will. *(Beifall bei der CDU/CSU.)*

Herr Bundeskanzler, noch einmal: Wenn Sie jetzt gehen, ist vieles unvollendet. Deutschland ist noch immer geteilt, die Spannung zwischen Ost und West noch gefährlich groß, die Einigung Europas steht in einer schwierigen Phase, unsere innere Selbstgestaltung ist in vielem noch nicht so, wie sie sein sollte, das Verhältnis von Bund und Ländern macht uns Sorge, *(Beifall bei Abgeordneten der CDU/CSU)* und das Grundgesetz, für eine Übergangszeit und also nur auf relativ kurze Sicht entworfen, stellt uns vor ernste Aufgaben. Dennoch können Sie heute Ihr Amt in der Gewißheit verlassen, daß der Grund gelegt, der Rahmen gezogen, die Bahn bereit und das Ziel geklärt ist, dem Deutschland in der zweiten Hälfte dieses blutigen Jahrhunderts zustrebt.

Und Sie können außerdem – was selten genug einem Staatsmann widerfährt – Abschied nehmen in der Überzeugung, daß, alles zusammengenommen, die von Ihnen verfassungsmäßig bestimmte Politik der neuen Orientierung Deutschlands in der Welt nicht nur unvermeidlich, sondern auch richtig war.

Dennoch werden Sie, der Sie immer ein empfindsames Ohr gehabt haben, die Klagen nicht überhören, die auch bei Ihrem Abschied vom Amte laut werden. Sie sind nicht neu. Sie gelten zumeist der Trägheit der Epoche, dem dumpfen Wohlstandsdenken, mangelnder Staatsgesinnung, sinkender Arbeitsmoral, der unbewältigten Vergangenheit, einer problematischen demokratischen Gesinnung usw. usf.
Ich bin zwar nicht davon überzeugt, daß in einem demokratischen Staat Parlament und Regierung für all das die richtigen Adressaten sind. Aber Regierung wie Parlament müssen es sich über ihre begrenzte sachliche und amtliche Kompetenz hinaus gefallen lassen, daß sie als öffentliche Beispiele in Anspruch genommen werden. Sie, Herr Bundeskanzler, haben in mindestens zweifacher Hinsicht der Nation ein Vorbild gegeben. Sie haben uns vorgelebt, wie man sich selber persönlich engagieren muß in einem freiheitlichen Staat und wieviel Standhaftigkeit eine große politische Aufgabe verlangt. *(Beifall bei den Regierungsparteien.)* Sie haben damit zugleich ein großes Beispiel dafür gesetzt, daß der Dienst an der Freiheit auch in unserer Zeit immer noch ein strenger Dienst ist und daß die verbürgten Rechte auch ernste Pflichterfüllung verlangen. Eine altmodische Weisheit? Mag sein. Aber ohne sie zu befolgen, kommen wir Deutsche nicht sicher in die Zukunft, auch wenn wir die schönsten politischen Rezepte und lauter großartige Bundeskanzler hätten. Was aber jene Klagen anbelangt, so sollten Parlament und Regierung ein offenes Ohr für sie haben, auch wenn völlig klar sein muß, daß unser freiheitlicher Rechtsstaat das Risiko der eigenen inneren Orientierung bewußt dem einzelnen mündigen Staatsbürger überlassen muß.
Herr Bundeskanzler, es gibt noch einige andere wesentliche Aspekte der Ära, die Ihren Namen trägt. So gewichtig sie aber auch sein mögen, sie sind zu vielfältig, als daß man sie heute auch nur ansprechen könnte. Diese Stunde des Abschieds wird für Sie und für uns gemildert, weil Sie heute nicht Abschied von diesem Hause nehmen, sondern von Ihrem Amt. Wenn Sie morgen auf Ihren Abgeordnetensitz zurückkehren, dann hat das Haus seinen Senior, sein an Jahren ältestes Mitglied, ganz wieder, und für Sie, verehrter Herr Bundeskanzler, schließt sich dann ein großer Ring. Am 15. September 1949 haben Sie sich hier von Ihrem Abgeordnetensitz erhoben, um den Platz des Bundeskanzlers der Bundesrepublik Deutschland einzunehmen. Heute verlassen Sie ihn wieder mit einer geschichtlichen Leistung, ungebeugt und in Ehren. Damals standen Sie auf und traten vor das Haus. Heute steht der Deutsche Bundestag vor Ihnen auf, Herr Bundeskanzler, *(die Abgeordneten erheben sich)* um für das deutsche Volk dankbar zu bekunden: Konrad Adenauer hat sich um das Vaterland verdient gemacht. *(Langanhaltender Beifall im ganzen Hause.)* Das Wort hat der Herr Bundeskanzler.

Bundeskanzler Dr. Adenauer:

Herr Bundestagspräsident! Meine Damen und Herren! Ich bin Ihnen, Herr Bundestagspräsident, von Herzen dankbar für Ihre Worte, und ich bin Ihnen meine verehrten Mitglieder, Kolleginnen und Kollegen im Bundestag, von Herzen dankbar dafür, daß Sie die Schlußworte des Herrn Bundestagspräsidenten in dieser markanten Weise durch Ihr Aufstehen gutgeheißen und unterstrichen haben.

Wenn ich am heutigen Tage zu Ihnen spreche, dann bin auch ich von Dank erfüllt, von Dank für das deutsche Volk. Sicher, meine verehrten Damen und Herren, wenn wir an das Jahr 1949 zurückdenken, wenn wir von den Trümmerfeldern hören, von denen der Herr Präsident soeben gesprochen hat, dann wollen wir auch den Blick noch hinausgehen lassen über die Grenzen unseres Landes und wollen daran denken, wie der deutsche Name damals in der Welt gewertet wurde und wie es heute anders geworden ist. Wenn wir vieles, nicht alles, wiederaufgebaut haben und wenn der deutsche Name im Ausland wieder seinen Klang hat, dann, meine Damen und Herren, wäre das nicht möglich gewesen ohne das deutsche Volk selbst. *(Beifall im ganzen Hause.)*

Es ist wahr, meine Damen und Herren: Jedes Volk bedarf seiner Staatsform und bedarf auch innerhalb dieser Staatsform einer gewissen Lenkung. Aber wir sind uns doch gerade in diesen Zeiten der Not, die hinter uns liegen, darüber klar geworden, daß ohne das Mitgehen des Volkes, ohne daß das Volk mit handelt, ohne daß das Volk mit die Last auf sich nimmt, ohne daß das Volk sich müht weiterzukommen, der Erfolg für jedes Parlament und für jede Regierung versagt bleibt.

Und darum bin ich stolz auf das deutsche Volk – ich darf das wohl auch mit dem Blick über unsere Grenzen hinaus heute sagen –: Ich bin stolz auf das, was das deutsche Volk in dieser verhältnismäßig kurzen Spanne Zeit geleistet hat. Wir Deutschen dürfen unser Haupt wieder aufrecht tragen, denn wir sind eingetreten in den Bund der freien Nationen und sind im Bund der freien Nationen ein willkommenes Mitglied geworden. *(Beifall bei den Regierungsparteien.)*

Es ist wahr, Herr Präsident, wir haben nicht alles erreicht. Ich würde sogar noch weitergehen und würde sagen: Wir haben vieles noch nicht erreicht. Wir müssen uns doch immer klarbleiben darüber, daß das ständig flutende Leben immer neue Aspekte gibt, immer neue Forderungen hervorruft, aber auch dem Menschen immer neue Lasten auferlegt. Deswegen muß man Tag für Tag daran denken, bemüht zu sein, dem Volke in seiner Allgemeinheit zu helfen, weiterzukommen, aber auch die Last, die der moderne Fortschritt auf den Menschen legt, zu erleichtern.

Lassen Sie mich einige Worte sagen über unser Verhältnis zum Ausland. Der Herr Präsident hat es schon gekennzeichnet, und ich möchte es wiederholen: Wir haben die Wiedervereinigung noch nicht erreicht, obgleich ich glaube, daß wir am Horizont Möglichkeiten einer Wiedervereinigung kommen sehen, wenn wir achtsam und vorsichtig und geduldig sind, bis der Tag gekommen ist. Ich bin fest davon überzeugt, daß dieser Tag einmal da sein wird. Denn man kann einem Volke wie dem deutschen Volke nicht widersprechen und man kann ihm keinen Widerstand leisten, wenn es in Frieden seine Einheit wiederherstellen will. *(Beifall bei den Regierungsparteien und bei der SPD.)*

Aber, meine Damen und Herren, seien wir uns auch darüber klar, daß die Bundesrepublik heute ein wertvolleres Land für den Gegner vom Osten ist als vor zwanzig Jahren dank unseres wirtschaftlichen Emporsteigens, dank auch der ganzen Kraft, die das deutsche Volk durch den Wiederaufbau gezeigt hat. Und über eines seien wir uns klar: Mehr denn je zuvor ist Deutschland ein Angelpunkt der weltpolitischen Spannungen, die über die Kontinente hinweggehen. Daher dürfen wir nicht etwa glauben, diese unsere Last der Trennung werde von uns genommen werden, ohne daß gleichzeitig die Last der Spannungen auch von den anderen Völkern genommen wird. Das erfordert von uns um so größere Achtsamkeit, um so größere Sorge und um so größere Geduld.

Vergessen wir doch nicht, meine Damen und Herren, was Herr Präsident Gerstenmaier soeben gesagt hat: Eine Lösung der deutschen Frage ist nicht möglich allein zwischen uns und dem Gegener, der uns bedrückt; eine Lösung dieser Frage ist nur möglich mit Hilfe unserer Freunde. Und wir danken Gott, daß wir wieder Freunde in der Welt gefunden haben. *(Beifall bei der CDU/CSU und bei Abgeordneten der FDP und der SPD.)* Wenn Sie sich vorstellen, meine Damen und Herren, wir hätten diese Freunde nicht wieder gefunden; was wäre in der Zwischenzeit aus Deutschland geworden oder was würde jetzt aus Deutschland! Gerade diese Freundschaft in Europa, außerhalb Europas, mit den Vereinigten Staaten, mit allen freien Völkern der Welt gibt uns erst ein Recht, mit Sicherheit zu erwarten, daß eines Tages auch die Wiedervereinigung in Freiheit erfolgen wird. *(Beifall bei der CDU/CSU und bei Abgeordneten der FDP.)*

Meine Damen und Herren, es sind für mich bewegte Tage, und ich möchte danken. Ich möchte Ihnen danken, Herr Präsident, für Ihre Worte; ich möchte denjenigen Mitgliedern dieses Hauses, die mit mir gearbeitet haben, dafür danken, daß sie die ganzen 14 Jahre hindurch mit mir gearbeitet haben, und ich möchte auch der Opposition dafür danken, daß sie da war und die Pflicht einer parlamentarischen Opposition erfüllt hat. *(Beifall bei den*

Regierungsparteien.) Diese Opposition in parlamentarisch regierten Staaten, diese Pflicht der Opposition ist notwendig für das Parlament, für das Volk und für dessen Regierung.
Wir brauchen alle eine Kontrolle, eine Kontrolle, ob wir auf dem richtigen Wege sind. Und es ist wirklich nicht so – das darf ich in diesem Augenblick sagen –, als ob ich allen und jeden Satz, der von der linken Seite des Hauses gekommen ist, ohne weiteres beiseitegeschoben hätte. *(Heiterkeit.)* Keineswegs, meine Damen und Herren! Erstens ist das Dasein der Opposition prophylaktisch. *(Heiterkeit.)* Dieses prophylaktische Wirken der Opposition wird leider in der Öffentlichkeit zu wenig veranschlagt. Aber es ist da. Das Vorhandensein einer Opposition äußert sich nicht nur in Zeitungsartikeln oder etwa in Reden hier im Parlament, sondern jeder Regierungschef, der ein Volk führen will, muß sowohl darauf achten, daß er eine Mehrheit hat, wie auch darauf, daß er eine Opposition hat. *(Heiterkeit.)*
Meine verehrten Damen und Herren, es wird in diesen Tagen so viel vom konstruktiven Mißtrauensvotum gesprochen. Dieses konstruktive Mißtrauen ist allerdings eine der wertvollsten Errungenschaften unseres Grundgesetzes. Es ist nicht jedem von uns bekannt, daß das Wort von den Richtlinien der Politik – wer sie bestimmt – wörtlich aus der Weimarer Verfassung abgeschrieben ist. Aber nicht aus der Weimarer Verfassung abgeschrieben ist das Wort über das konstruktive Mißtrauen. Die Kollegen, die mit mir zusammen im Parlamentarischen Rat tätig gewesen sind, möchte ich hier besonders bitten, daran zu denken, daß sich unser so früh verstorbener Kollege Katz gerade um das konstruktive Mißtrauen besonders bemüht hat.
Gerade für ein geschlagenes Volk, wie wir es waren, nach einem Krieg, der von Deutschen vom Zaun gebrochen war, ist die Stetigkeit in der Politik eine Grundbedingung. Nichts, meine Damen und Herren, ist dem Ansehen eines Volkes und namentlich unserem Volke nach alledem, was hinter uns liegt, abträglicher als der Ruf der Unstetigkeit. Die Stetigkeit in der Politik ist die Voraussetzung für das Ansehen eines Volkes. *(Beifall bei der CDU/CSU.)*
Ein guter Teil des Erfolges ist auch darauf zurückzuführen, daß die Opposition milder geworden ist *(Heiterkeit)* – auch das, meine Damen und Herren, ist ein Erfolg des Parlaments – und daß sich die Parlamentsmehrheit auch daran gewöhnt hat, zuzuhören, wenn die Opposition spricht. *(Erneute Heiterkeit.)* Denn nur vom Sprechen und vom Zuhören kann etwas Gutes werden, nicht vom Sprechen allein; das Zuhören gehört dazu. *(Beifall.)*
Ich werde ja wieder in Ihre Reihen zurückkehren – da ist mein Platz –, und ich werde zuhören. Ich hoffe, wenig zu sprechen. *(Abg. Dr. Mommer: Na, na! – Heiterkeit.)* – Ja, meine Herren, wenn Sie mich auffordern, *(erneute*

Heiterkeit) dann werde ich sprechen; hoffentlich gut sprechen. Meine Damen und Herren, man soll nicht zuviel sprechen. Wer immer spricht, dessen Wort wird wenig geachtet. *(Sehr gut! bei der SPD.)* Man soll nur dann sprechen, wenn es absolut notwendig ist und wenn man glaubt, man müßte es tun.

Ich werde dort auf diesen Platz zurückkehren und bin dann von manchen Fesseln frei, die ich jetzt habe; *(Heiterkeit)* denn der Platz da oben fesselt auch, der gestattet einem nicht immer, freien Schrittes zu gehen und frei zu sprechen. Aber wenn ich zu Ihnen zurückkehre, dann – lassen Sie mich das wiederholen – werde ich mich befleißigen, gut zuzuhören.

Nun, meine verehrten Damen und Herrn, möchte ich Ihnen nochmals danken, wie ich das zu Eingang meiner Ausführungen getan habe, Ihnen allen ausnahmslos, dem einen mehr und dem anderen weniger natürlich. *(Heiterkeit.)* Ich möchte Ihnen allen danken. Vor allem aber wollen wir unserem deutschen Volke dankbar sein. Ich sage bewußt und gewollt nicht: dem deutschen Volke, sondern: unserem deutschen Volke. *(Beifall auf allen Seiten des Hauses. – Die Abgeordneten erheben sich. Bundeskanzler Dr. Adenauer begibt sich auf seinen Abgeordnetenplatz.)*

23.
„Politik der Mitte und Verständigung“

Erste Regierungserklärung von Bundeskanzler Professor Dr. Ludwig Erhard am 18. Oktober 1963

Auf Vorschlag von Bundespräsident Heinrich Lübke wählte der Bundestag am 16. Oktober 1963 den damaligen Bundeswirtschaftsminister Professor Dr. Ludwig Erhard als Nachfolger von Konrad Adenauer zum Kanzler der Bundesrepublik Deutschland. Erhard setzte die Koalition der CDU/CSU mit der FDP fort. In der 90. Sitzung des Vierten Deutschen Bundestages am 18. Oktober 1963 gab Bundeskanzler Professor Dr. Ludwig Erhard seine erste Regierungserklärung ab:

Herr Präsident! Meine Damen und Herren! Sie haben mir durch Ihre Entscheidung das höchste Regierungsamt übertragen. Ich danke dem Herrn Bundespräsidenten und dem Hohen Hause für das mir bezeugte Vertrauen. Dieser Dank gilt dem ganzen deutschen Volk.

Ich werde aus christlicher Gesinnung und Verantwortung handeln. Ich fühle mich der Demokratie und der tragenden Kraft des Geistes verpflichtet. Meine Politik ist eine Politik der Mitte und der Verständigung. Unser Weg in die Zukunft wird uns weiter aufwärts führen, aber er bleibt voller Gefahren. Bezeugen wir Mut, Gewissen und Solidarität!

Nach einem so bedeutenden Abschnitt in der Geschichte unseres Landes, der – durch Konrad Adenauer geprägt – den Weg des deutschen Volkes aus politischem, wirtschaftlichem und sozialem Chaos bis in unsere Gegenwart kennzeichnet, kann eine Regierungserklärung nicht auf die Forderung des Tages beschränkt sein. Ich bin mir nur zu bewußt, welches schwere, aber auch reiche Erbe ich mit dem Regierungswechsel übernehme, das zu wahren und zu mehren mir aufgegeben ist.

Diese Regierung ist eine Koalitionsregierung, die auf vertrauensvoller Partnerschaft beruht. Sie stützt sich auf gemeinsam erarbeitete Grundsätze, wie sie auch in dieser Erklärung ihren Ausdruck finden.

Wir haben die materiellen Kriegsfolgen weitgehend überwunden und konnten durch den Aufbau einer blühenden Wirtschaft vielen dringenden sozialen Aufgaben genügen. Die demokratische Ordnung unseres Landes ist fest gefügt, und die Bundesrepublik hat im westlichen Bündnissystem Sicherheit gefunden. Aber unser Volk ist weiterhin geteilt. Der eine Teil darf sich der Freiheit erfreuen, der andere lebt in von außen aufgezwungener Unfreiheit. Das Einigungswerk Europas ist trotz ermutigender Anfänge keineswegs vollendet. Die freie Welt ermangelt noch jener festen Bindungen, die sie ihre politischen, wirtschaftlichen und sozialen Aufgaben glücklich bewältigen lassen.

Schon dieser kurze Überblick läßt erkennen, daß die Aufgaben, die vor uns liegen, von hohem Rang sind. Wir haben unseren Blick vorwärts zu richten. Nicht nur die Bundesrepublik, sondern die ganze Welt ist im Begriff, aus der Nachkriegszeit herauszutreten. Die Völker sind in Bewegung geraten. Den Strom der Zeit können wir zwar nicht lenken, aber wir werden unser Schiff sicher steuern. In dieser Zeit ist auch die deutsche Politik zum Handeln aufgerufen und hat ebenso überzeugend für die Einigkeit und Stärke des westlichen Bündnisses zu wirken wie auch für den Frieden und die Lösung unserer nationalen Frage einzutreten.

Die Freiheit ist ein so hoher und absoluter Wert, daß sich ein Volk selbst preisgibt, wenn es auf sie verzichtet. Es muß das Ziel unserer Politik bleiben, den Kalten Krieg beenden zu helfen, den die Sowjets vor allem durch die Verweigerung des Selbstbestimmungsrechts für die Deutschen in der Zone seit eineinhalb Jahrzehnten führen. Die deutsche Politik wird deshalb nach innen wie nach außen immer weltweit orientiert und so freiheitlich gestaltet werden müssen wie nie zuvor in unserer Geschichte. Sie wird ihren Beitrag zur Stärkung der europäischen und atlantischen Zusammenarbeit leisten und sich dabei unverlierbar der schicksalhaften Bedeutung des engen Zusammengehens und Zusammenstehens mit allen unseren Verbündeten bewußt bleiben.

Den Gefahren, die die Bundesrepublik bedrohen, werden wir um so wirksamer begegnen können, je stärker wir unsere Kräfte sammeln und sie der Zukunft unseres Volkes nutzbar machen. Mehr denn je wird künftig die Zusammengehörigkeit unseres Volkes auf eine hohe Probe gestellt und zur Bewährung aufgerufen sein.

Die schöpferischen Energien des deutschen Volkes sind nach dem Kriege in erster Linie dem wirtschaftlichen Wiederaufbau zugute gekommen. Dank unserer freiheitlichen Politik verfügen alle Schichten unseres Volkes über einen weiten Spielraum zur eigenen Entfaltung. Der wirtschaftliche Wettbewerb hat die Kräfte gewogen und gestärkt. So ist die Bundesrepublik heute zu einer der größten Wirtschaftsmächte der Welt geworden. Dabei beruht diese Kraft nicht nur auf ihrer industriellen Potenz, der Leistung der Landwirtschaft, des Handels, des Handwerks, der freien Berufe sowie dem Einsatz und dem Können von Unternehmern, Arbeitern und Angestellten sowie allen Angehörigen des öffentlichen Dienstes, sondern auch auf der Befruchtung unserer Arbeit durch Wissenschaft und Forschung. *(Beifall bei den Regierungsparteien.)* Das Werk lobt alle seine Meister.

Aber welches Bild des öffentlichen Lebens stellt sich uns heute dar? Wir laufen Gefahr, daß der produktive Elan unserer Gesellschaft zunehmend dem Genuß des Erreichten weichen will. Eine oft ausschließlich materiell bestimmte Grundhaltung weiter Kreise der Bevölkerung charakterisiert die Lage – 18 Jahre nach Beendigung der größten Katastrophe deutscher Geschichte. Aus diesem Grunde bedeutet es eine wesentliche Aufgabe aller verantwortungsbewußten Kräfte im Lande, jenen Leistungswillen, der uns gerettet hat, für alle Zukunft wachzuhalten. *(Beifall bei den Regierungsparteien.)*

Wie noch deutlich zu machen sein wird, müssen wir damit aufhören, unsere Kräfte und Mittel jeweils nur an speziellen und individuellen Forderungen auszurichten, sondern wir müssen das Ganze bedenken und alles Handeln an gemeinsamen Zielen messen. *(Sehr gut! bei der CDU/CSU.)* Ich bin gewiß, einer Sorge und zugleich einem Verlangen des deutschen Volkes Ausdruck zu geben, wenn ich Regierung und Parlament mahne, über Interessentenwünsche hinweg sich entschiedener den prinzipiellen Fragen der Politik zuzuwenden. *(Beifall bei den Regierungsparteien und bei Abgeordneten der SPD.)*

Vor allem junge Menschen wollen nach übergeordneten Werten und Maßstäben handeln. Sie erwarten, daß sich auch der Staat an diese Maxime hält. Unsere Jugend will vor Aufgaben gestellt werden! Je bewußter und wahrhaftiger wir sie darauf ansprechen, um so besser wird es uns gelingen, sie von dem falschen Weg des nur Geld-verdienen- und Versorgt-sein-Wollens abzubringen. *(Beifall bei den Regierungsparteien.)* Bemühen wir uns darum auch, jedwede Forderung an den Staat nicht vorschnell mit dem Wort „sozial" oder „gerecht" zu versehen, wenn es in Wahrheit nur zu oft um partikuläre Wünsche geht! *(Zustimmung in der Mitte und bei der SPD.)*

Verschließen wir die Augen nicht vor der Tatsache, daß dem entwickelten Engagement für das Private und für das Gruppeninteresse zunehmend ein Defizit an Bürgersinn gegenübersteht! *(Sehr gut! bei der CDU/CSU und bei der FDP.)* Das ist um so gravierender, als die Bundesrepublik ihren Bürgern ein ungewöhnliches Maß an Freizügigkeit in ihren privaten Tätigkeiten zugesteht und ihnen den großen Respekt vor dem Wert individueller Entfaltung bezeugt.

Es muß unser unablässiges Bemühen sein, die Werte, die unsere Verfassung setzt, ins Bewußtsein aller Bürger zu rücken und es immer wieder deutlich zu machen, daß Freiheit mit Verantwortung gepaart sein muß, wenn sie nicht chaotisch entarten soll. *(Beifall bei den Regierungsparteien.)* So haben wir uns denn auch immer wieder zu fragen, was im Einzelfall die Notwendigkeit eines weiteren Ausbaus unserer freiheitlichen Lebensordnung und das Erfordernis wirklicher sozialer Gerechtigkeit gebieten. Das Vertrauen in unseren Rechtsstaat ist nur so lange gesichert, wie die politisch Verantwortlichen durch ihr eigenes Verhalten das gute Beispiel vorleben. *(Hört! Hört! bei der SPD und Beifall im ganzen Hause.)*

Wenn es darum unverzichtbar ist, den Interessengruppen die Grenzen ihrer Ansprüche deutlich zu machen, so erscheint das nur glaubhaft, wenn auch der Staat die rechten Maße zu setzen weiß. *(Beifall bei den Regierungsparteien und bei Abgeordneten der SPD.)* Der Staat ist kein von der Gemeinschaft eines Volkes losgelöstes, abstraktes Gebilde. Gewiß ist er aber auch mehr als die Addition seiner Staatsbürger.

Wenn darum im politischen Leben dem Staat die Sorge um Verteidigung und Sicherheit aufgetragen ist, wenn er Bildung, Forschung und Gesundheit fördern soll, wenn er für Reinhaltung der Luft und des Wassers sorgen, *(Hört! Hört! bei der SPD)* die Verkehrsverhältnisse ordnen, *(Hört! Hört! bei der SPD)* den Wohnungsbau fortführen soll, *(Hört! Hört! bei der SPD)* wenn ihm zunehmend höhere soziale Leistungen abverlangt werden und der Ruf nach Subventionen und Beihilfen gewiß nicht schwächer wird, dann muß der Staatsbürger begreifen, daß er damit im letzten Grunde sich selbst anspricht. *(Beifall bei den Regierungsparteien.)* Aus solcher Sicht spiegelt die Anklage, der Staat bezeuge zu wenig Verständnis und leiste zu Geringes, nur die mangelnde Einsicht des Staatsbürgers wider. Es gibt keine Leistungen des Staates, die sich nicht auf Verzichte des Volkes gründen.

In diesem Zusammenhang sind deshalb die Interessenorganisationen im weitesten Sinne anzusprechen. Wohl gliedern sie das Volk und verhindern auf solche Weise, daß die einzelnen zur beliebig manipulierbaren Masse werden. Auf der anderen Seite können diese Verbände auch zu wachsender Unmündigkeit der Menschen führen. Es ist einzusehen, daß die Gruppen dem Bedürfnis des einzelnen entstammen, durch solidarisches Handeln die private Ohnmacht zu überwinden und auch politisch handlungsfähig zu werden; aber es ist auch nicht zu verkennen, daß die so geschaffene Apparatur ständig der Versuchung unterliegt, die von ihr vertretenen Menschen nach ihrem Willen zu lenken. *(Beifall bei den Regierungsparteien.)*

Aus solchem Widerstreit der Interessen erwächst kein organisches Ganzes, solange die Beteiligten bewußt oder unbewußt der Devise huldigen, daß gerade das und nur das recht sei, was ihnen nütze. Ich erkläre, daß sich die Bundesregierung aus ihrer besonderen Verantwortung keinem Zwang und auch keiner offenen oder versteckten Drohung zu beugen gewillt ist. *(Beifall*

Friedensnobelpreis 1971 für Willy Brandt. Dabei wurde die Ostpolitik des Bundeskanzlers als ein wesentlicher Beitrag für die Entspannung und den Frieden in Europa gewürdigt. Die feierliche Preisverleihung erfolgte am 10. Dezember 1971 in Oslo.

Auf dem Höhepunkt der Auseinandersetzungen um die Ostpolitik brachte die CDU/CSU-Fraktion den Antrag ein, Bundeskanzler Willy Brandt das Mißtrauen auszusprechen und den Oppositionsführer Rainer Barzel zu seinem Nachfolger zu wählen. Der Antrag scheiterte am 27. April 1972 an zwei Stimmen. Willy Brandt blieb Bundeskanzler.

Stimmenauszählung im Bundestag.

Aufgrund der Guillaume-Affäre trat Bundeskanzler Willy Brandt am 7. Mai 1974 von seinem Amt zurück. Zu seinem Nachfolger wurde Helmut Schmidt gewählt. SPD-Fraktionsführer Herbert Wehner (links) gratuliert dem neugewählten Bundeskanzler nach seiner Vereidigung am 16. Mai 1974. Rechts: Willy Brandt und Karl Carstens.

Der Parlamentarische Untersuchungsausschuß des Bundestages bei der Arbeit.

Staatsakt zum 25. Jahrestag des Grundgesetzes im Bundestag am 24. Mai 1974. Das Bild zeigt beim Betreten des Plenarsaals: Bundespräsident Gustav Heinemann, Bundestagspräsidentin Frau Annemarie Renger, Präsident des Bundesverfassungsgerichts Ernst Benda, Bundesratspräsident Hans Filbinger, Bundeskanzler Helmut Schmidt sowie Bundestagsvizepräsident Richard Jäger.

13 Jahre — von 1969 bis 1982 — saß die CDU/CSU-Fraktion auf der Oppositionsbank. Unser Bild aus dem Jahr 1974 zeigt von rechts: Franz Josef Strauß, Richard Stücklen, Hans Katzer und Kai Uwe von Hassel.

bei den Regierungsparteien.) Dagegen werde ich immer jedem guten Argument zugänglich sein. Um zu einer gedeihlichen Arbeit hinzufinden, appelliere ich an die Verantwortung der Organisationen gegenüber dem Ganzen. *(Zuruf von der SPD: Welcher?)*

Diese Bundesregierung sieht es auch als ihre Aufgabe an, den Kontakt zu den geistig und kulturell führenden Schichten unseres Landes zu suchen und zu vertiefen. *(Beifall bei den Regierungsparteien.)* In der Welt, in der wir leben, kann kein Bereich des menschlichen Handelns neben der Erfahrung der tieferen Erkenntnis entraten. So wie viele Sparten des öffentlichen Lebens schon längst mit der Wissenschaft zusammenarbeiten, um ihre Aufgaben besser meistern zu können, kann auch die Politik nicht darauf verzichten, ihre Probleme durch den menschlichen Geist durchleuchten zu lassen und für ihre Zwecke alle Kräfte zu mobilisieren. *(Beifall bei den Regierungsparteien.)*

Wenn wir die Wissenschaft fragen, wie sie uns in der Aufgabe, die Freiheit zu verteidigen und unsere innere Ordnung zu vervollkommnen, helfen kann, so sind wir dabei doch weit davon entfernt, Politik mit Wissenschaft zu verwechseln. Das Handeln entspringt anderen Gesetzen als das Denken; gleichwohl sind beide aufeinander angewiesen. So sollten die Politiker auch das Gespräch mit denen suchen, deren Beruf es ist, über die Geschäfte der Menschen nachzudenken. Vielleicht wird dann der Rahmen deutlicher, in dem sich unser Handeln vollzieht, und wie dieses sinnvoll angelegt sein sollte. Dieser Dialog scheint mir besser als eine einseitige Polemik gegen die Intellektuellen. *(Beifall bei den Regierungsparteien und bei Abgeordneten der SPD. – Hört! Hört! bei der SPD.)*

Wir brauchen eine verantwortungsbewußte öffentliche Kritik. Sie ist ein unveräußerlicher Bestandteil unserer Ordnung und geeignet, die innere Beteiligung des Bürgers am staatlichen Leben wachzuhalten. Ich bekenne mich ausdrücklich dazu, daß nicht jeder Tadel an einer Regierung den Staat erschüttert, wie umgekehrt nicht jede Kritik der Regierung an den Organen der öffentlichen Meinung schlechthin als Eingriff in demokratische Grundrechte aufgefaßt werden sollte. *(Beifall bei den Regierungsparteien.)*

Die Bundesregierung wird nach Kräften bemüht sein, den Trägern der öffentlichen Meinung ihre Arbeit zu erleichtern. Sie wird ihrem Informationsbedürfnis so weit Rechnung tragen, wie es die ordnungsmäßige Tätigkeit von Regierung und Verwaltung des Bundes gestattet.

Ich rufe die schöpferischen Menschen in der Bundesrepublik zur Mitarbeit an diesem Staate auf. Wir haben gemeinsam die Werte zu respektieren und zu verteidigen, die das Fundament eines freien Gemeinwesens sind. *(Beifall bei den Regierungsparteien. – Zustimmung des Abg. Dr. Schmid [Frankfurt].)*

Gerade weil wir uns redlich um eine Neuordnung des demokratischen Lebens

in Deutschland bemüht haben, sollten wir trotz der Spaltung unseres Vaterlandes den Mut haben, uns als Volk geschlossen zur Bundesrepublik, d.h. zu unserem Staat, zu bekennen. *(Beifall bei den Regierungsparteien und Abgeordneten der SPD.)* Ein wenig entwickeltes Staatsbewußtsein nährt die gesellschaftlichen Spannungen und schwächt die Kraft, die wir benötigen, um der Sehnsucht aller Deutschen nach einem Zusammenleben in einer freiheitlichen und friedlichen Ordnung Aussicht auf Erfüllung zu bieten.
Gewiß gehört es zum Wesen der parlamentarischen Demokratie, daß sich der Bundeskanzler auf eine Fraktion oder Koalition stützt, die im Parlament über die Mehrheit verfügt. Mit seiner Wahl aber hat er sich über alle Parteiungen hinweg als Sachwalter des ganzen deutschen Volkes zu fühlen und aus dieser Verantwortung heraus zu handeln. *(Beifall bei den Regierungsparteien.)* Zur Wahrung dieses Grundsatzes bekenne ich mich vor dem Hohen Hause ausdrücklich. So erblicke ich denn auch in der Opposition einen notwendigen und vollwertigen Bestandteil des parlamentarisch-demokratischen Systems und erwarte, daß unsere gewiß unvermeidlichen Auseinandersetzungen von diesem Geist getragen sein werden.
Dabei darf die Bundesregierung voraussetzen, daß über wichtige Ziele unserer Politik – auch der Innnenpolitik – vor allem hinsichtlich der gemeinsamen Verpflichtung, die Stabilität unserer Wirtschaft und Währung zu wahren, Übereinstimmung besteht. Die Anerkennung des Vorrangs dieser Forderung bedeutet nicht – wie oft gesagt und verwechselt – einen Verzicht auf wirtschaftliches Wachstum und die daraus fließenden materiellen Verbesserungen, aber sie zeigt nicht minder deutlich die Grenzen des Begehrens und die Möglichkeiten des Erfüllens auf.
Wenn die Bundesregierung dem Hohen Hause den Haushaltsplan für 1964 vorlegen wird, kann über die Bedeutung und den Ernst dieser Aussage kein Zweifel bestehen. Es erscheint mir in Übereinstimmung mit dem Bundesfinanzminister zwingend geboten, daß sich Regierung und Parlament hinsichtlich der materiellen Anforderungen an den Haushalt über eine Rangordnung der Werte verständigen und in gerechter Abwägung der Notwendigkeiten und Dringlichkeiten in gegenseitiger Rücksichtnahme auch Teillösungen zu akzeptieren bereit sind. *(Beifall bei den Regierungsparteien.)* Die seitherige Entwicklung der wirtschaftlichen und sozialen Verhältnisse in der Bundesrepublik läßt die glaubhafte Aussage zu, daß ein noch nicht oder nicht voll erfüllbares Begehren nicht schlechthin abgeschrieben werden müßte. Die kommenden Haushaltsberatungen werden den Rahmen für die möglichen Ausgaben und Leistungsverbesserungen zu setzen haben.
Ich hoffe, daß dieses harte Muß als ein zwingendes Gebot beachtet werden wird. Würde sich diese meine Erwartung nicht erfüllen, dann erwächst mir

aus meinem Diensteid die Verpflichtung, um das deutsche Volk vor Schaden zu bewahren, den Artikel 113 des Grundgesetzes anzuwenden. *(Beifall bei den Regierungsparteien.)* Vor seiner Anwendung werde ich gewiß nichts unversucht lassen, die Fraktionen zu einer maßvollen, die Stabilität gewährleistenden Ausgabenwirtschaft zu bewegen, aber ich würde mich auch nicht scheuen, den zunächst vielleicht unpopulär anmutenden Weg des Einspruchs zu beschreiten. Schließlich hat die Bundesregierung die Verantwortung gegenüber jedem Bürger und damit auch gegenüber jedem Sparer. *(Beifall bei den Regierungsparteien.)* Dies wird für jedermann erkennbar, wenn ich auf die Höhe der Spareinlagen von über 70 Milliarden DM verweise.
In solchem Zusammenhang hängt viel von dem verantwortungsbewußten Verhalten der Tarifpartner ab. Das Geschehen in vielen Ländern sollte uns mahnen, besonnen zu bleiben und uns in den Grenzen des Möglichen zu bewegen. Ich erkenne an, daß die letzten Vereinbarungen der Sozialpartner über Lohnhöhe und Vertragsdauer einen Fortschritt bedeuten. Unter diesen Bedingungen und in der Erwartung, daß auch in Zukunft selbst harte Auseinandersetzungen nicht zu reinen Machtkämpfen entarten, zögert die Bundesregierung nicht, sich zur Wahrung der Tarifautonomie zu bekennen. Die Bundesregierung hat das betonte Ja der Gewerkschaften zur staatsbürgerlichen Verantwortung dankbar begrüßt. Sie erwartet, daß diese auch in ihrem Bereich den demokratischen Grundfreiheiten der von ihnen betreuten Menschen uneingeschränkt Raum geben.
Es wird immer einen Widerstreit der Interessen geben. Auch das Verhältnis von Bund und Ländern ist davon nicht frei. Mag die derzeitige Situation auch unbefriedigend sein, so hat es doch keinen Sinn – ja, es ist Unsinn –, sich in gegenseitigen Vorwürfen zu ergehen und nach Schuldigen zu fragen. Ich jedenfalls werde in voller Unvoreingenommenheit bemüht sein, zu gesunden und gedeihlichen Grundlagen einer für das Wohl des Staates – und das heißt gewiß auch zum Nutzen der Länder – fruchtbaren und freundschaftlichen Zusammenarbeit zu gelangen. *(Beifall bei den Regierungsparteien.)* Ein Bundesstaat wie die Bundesrepublik verträgt nicht ein nebengeordnetes staatenbund-ähnliches System. *(Beifall bei den Regierungsparteien und bei Abgeordneten der SPD.)* Wir müssen uns vielmehr in jedem Augenblick der inneren Geschlossenheit und der Geltung unseres Staates als einer Einheit in der Vielfalt bewußt bleiben. Damit werden wir auch den Vorstellungen des ganzen deutschen Volkes und den Notwendigkeiten europäischer und atlantischer Bindungen gerecht. Der Bund hat ein elementares Interesse an einem guten Verhältnis zu den Ländern, wie umgekehrt den Ländern an einer guten Zusammenarbeit mit dem Bund gelegen sein muß.
Ein neuer Geist und Stil der Beziehungen zwischen Bund und Ländern wird

sich in der Auseinandersetzung über die Höhe des Bundesanteils an der Einkommen- und Körperschaftsteuer zu bewähren haben. Eine klare Abgrenzung der Finanzverantwortlichkeiten zwischen Bund, Ländern und Gemeinden sowie eine angemessenere Verteilung der Steuereinnahmen auf alle Gebietskörperschaften ist dringlich geworden. *(Beifall bei Abgeordneten der CDU/CSU und bei der SPD.)* Die Vorarbeiten für eine Finanzreform, die eine allzu lange Verzögerung erfahren haben, werden deshalb unverzüglich aufgenommen. *(Beifall bei der SPD.)*

Das Bund-Länder-Verhältnis wird zu einer Lebensfrage, wenn es sich um Zuständigkeit und Verantwortung für das Schul- und Bildungswesen oder um das weite Gebiet der Forschung handelt. So gewiß die Bundesregierung bereit ist, die Zuständigkeit der Länder in der Kulturpolitik zu respektieren, so gewiß hat doch die Bundesregierung die Pflicht, vorausblickend die Lebensbedingungen eines modernen Staates zu garantieren. *(Abg. Dr. Vogel: Sehr gut!)* Das aber bedeutet, den Menschen auf allen Bildungsstufen das geistige Rüstzeug an die Hand zu geben, ihnen die technischen Kenntnisse und Fertigkeiten zu vermitteln, deren sie und wir alle nicht entraten können, wenn wir in einer dynamischen Welt unseren Rang behaupten und unsere Zukunft gesichert wissen wollen. *(Beifall bei der CDU/CSU.)*

Ohne dieses Thema hier eingehender behandeln zu können, möchte ich doch ganz deutlich machen, daß sich hier ein weites Feld der Heran- und Fortbildung unserer Jugend eröffnet, das das allgemeine Schul- und Fachschulwesen wie auch Hochschulen und Universitäten bis zur Forschung und Lehre hin einschließt. Dieser kritische Situationsüberblick darf uns nicht übersehen lassen, daß es auch vorbildliche Leistungen gibt. Ich erinnere nur an unser Berufsausbildungssystem, das als mustergültig bezeichnet werden kann. *(Beifall in der Mitte und rechts.)* Ohne Verstärkung der geistigen Investitionen müßte Deutschland gegenüber anderen Kultur- und Industrieländern zurückfallen. Das aber hieße, nicht nur den wirtschaftlichen Fortschritt und Wohlstand, sondern auch die soziale Sicherheit aufs Spiel setzen. Bund und Länder müssen zusammenwirken, um eine große, gemeinsame Aufgabe mit Tatkraft anzupacken. Es muß dem deutschen Volke bewußt sein, daß die Aufgaben der Bildung und Forschung für unser Geschlecht den gleichen Rang besitzen wie die soziale Frage für das 19. Jahrhundert. *(Beifall bei den Regierungsparteien.)*

Wenn wir von Wirtschafts-, Agrar-, Sozial-, Steuer- oder Verkehrspolitik sprechen und in der ressortmäßigen Behandlung dieser Fragen Fortschritte zu erzielen suchen, so wird diese Arbeit vom Ganzen her gesehen doch erst sinnvoll und fruchtbar, wenn sie sich an einem gesellschaftlichen Leitbild orientiert. Es geht schlechthin um die Fortgestaltung unserer Lebensordnung,

aus deren Bejahung einem Volke ein waches Lebensgefühl und ein starker Lebensmut zufließen. Wir sind vielleicht auf diesem Wege zu sehr im Technischen steckengeblieben.
In diesem Geiste haben wir uns auch mit der Frage der Eigentumspolitik zu befassen. Ohne die oft gebrauchten Thesen „Wohlstand für alle", „Eigentum für jeden" und andere mehr an dieser Stelle noch einmal interpretieren zu wollen, kann und soll niemand an der Ernsthaftigkeit des Willens der Bundesregierung zweifeln, daß sie auf dem Wege über immer breiter gestreutes privates Eigentum das Selbstbewußtsein zu wecken und den Bürgersinn zu stärken wie auch das soziale Ansehen und die wirtschaftliche Sicherheit zu mehren bestrebt ist.
Es ist nicht nur in nationalökonomischen Lehrbüchern nachzulesen, sondern es ist lebendige, praktische Erfahrung, daß dieses Ziel – soll nicht Schaden für die Gesamtheit daraus erwachsen – nicht auf dem Wege der Umverteilung bestehender Vermögen erreicht werden kann. Jede Bildung von Eigentum setzt Sparen und Konsumverzicht voraus. *(Beifall bei den Regierungsparteien.)*
Der Ansatz für eine erfolgreiche Eigentumspolitik wird jedermann sichtbar, wenn ich darauf verweise, daß das durchschnittliche Brutto-Einkommen aus Lohn und Gehalt je Arbeitnehmer seit 1950 von rund 2900 DM auf nunmehr über 7700 DM angestiegen ist. Damit wird aber auch der unlösbare Zusammenhang zwischen Produktivität und Leistungsgrad einer Volkswirtschaft und der Chance individueller Vermögensbildung aufgezeigt.
Die bisher von der Bundesregierung eingeleiteten Sparförderungsmaßnahmen sind von vielen Erwerbstätigen wahrgenommen worden. Die Eigentumsbildung soll in Zukunft nachdrücklicher zugunsten der einkommensschwachen Bevölkerungskreise gefördert werden. Bei höheren und hohen Einkommen kann und soll auf solche Impulse verzichtet werden – unbeschadet der Aufrechterhaltung des Grundsatzes, daß die private Alterssicherung allgemein steuerliche Begünstigung verdient. Daß im Rahmen dieser Überlegungen fiskalische Grenzen berücksichtigt werden müssen, versteht sich von selbst.
Vergessen wir nicht, daß eine moderne und freiheitliche Gesellschaftspolitik den Menschen in dem Bewußtsein des Wertes und der Würde seiner Persönlichkeit stärken will. Dieses Bild hat unserer Sozialpolitik als Richtschnur zu dienen. Es bedeutet keinen gedanklichen Widerspruch, wenn die Bundesregierung nach wie vor auch die kollektiven Formen der Lebenssicherung bejaht. Immerhin aber kann nicht übersehen werden, daß die Fähigkeit und die Bereitschaft zu eigenverantwortlicher Vorsorge in enger Beziehung und Abhängigkeit von Art und Umfang der kollektiven Sicherheit stehen.

Die Bundesregierung wird ihre Raumordnungspolitik zielstrebig aktivieren. Eine wirksame Raumordnung ist ein notwendiger Bestandteil einer verantwortungsbewußten Gesellschaftspolitik und unerläßliche Voraussetzung für die Erneuerung unserer Städte und Dörfer sowie die Fortführung des Wohnungsbaus. Die Bundesregierung erhofft die baldige Verabschiedung des dem Parlament vorliegenden Bundesraumordnungsgesetzes. Sie sieht in diesem Gesetz ein unerläßliches Mittel für eine wirksame Raumordnungspolitik in Bund und Ländern. Außerdem arbeitet die Bundesregierung an einem Gesetz zur Förderung städtebaulicher Maßnahmen in Stadt und Land. Hier geht es vor allem darum, die Städte und Dörfer entsprechend unseren gesellschaftspolitischen Vorstellungen so zu gestalten, daß sie in Anlage und Gliederung den neuzeitlichen Bedürfnissen der Bevölkerung entsprechen. In der Bundesrepublik ist unverkennbar ein Prozeß im Gange, der die Daten unseres wirtschaftlichen und gesellschaftlichen Lebens grundlegend gewandelt hat. Wir sind nach Überwindung des Klassenkampfes über wachsenden Wohlstand auf dem besten Wege, immer mehr Bürgern zu einem bewußteren Lebensstil und Lebensgefühl zu verhelfen. Immer ausgeprägter kommt der Fortschritt allen Schichten unseres Volkes zugute.

Der Sozialpolitik sind sowohl kurzfristig zu lösende Aufgaben gestellt, wie sie sich auch mit zukunftsweisenden Problemen zu befassen hat. Eine gründliche Durchleuchtung der heutigen Sozialgesetzgebung ist unabdingbar geworden. Darum wird die Bundesregierung unverzüglich die Durchführung einer Sozial-Enquête veranlassen, die die Grundlage dafür bilden soll, die sozialen Leistungen und Maßnahmen in ihrer Ganzheit und in ihren gegenseitigen Beziehungen überschaubar zu machen. *(Zustimmung.)* Sie soll die Voraussetzung für eine Sozialgesetzgebung in einem Guß schaffen. *(Beifall bei den Regierungsparteien.)*

Vordringlich erscheint in der Fortführung unserer Sozialpolitik der Ausbau des Familien-Lastenausgleichs. Der Familie muß der ihr zukommende Platz in Gesellschaft und Staat gesichert werden. Sie hat einen Anspruch darauf, an dem wirtschaftlichen Aufstieg unseres Volkes teilzuhaben. Darum gilt der kinderreichen Familie die besondere Sorge der Bundesregierung. *(Beifall in der Mitte.)* Neben materiellen Hilfen aber sollen auch andere Maßnahmen dem Schutze der Familie dienen. Durch gleiche Bildungsmöglichkeiten auf den verschiedenen Stufen, je nach Neigung und Begabung, unserer Jugend – ohne Rücksicht auf Einkommen und Vermögen der Eltern – gleiche Lebens- und Fortkommens-Chancen einzuräumen, ist wesentlicher Bestandteil einer positiven Familienpolitik. *(Erneuter Beifall.)*

Wache Aufmerksamkeit auch seitens des Staates muß die Erhaltung der Gesundheit unseres Volkes beanspruchen. Dabei ist die körperliche Ertüch-

tigung, um die sich die deutsche Turn- und Sportbewegung große Verdienste erworben hat, von besonderem Wert. Der Schutz der Bevölkerung vor Umweltschäden macht es notwendig, daß die Wirtschaft ihre soziale Verpflichtung bei der Entwicklung der Technik durch Maßnahmen zur Abwehr von Schäden für die Menschen erkennt und verwirklicht.
Dem Deutschen Bundestag sind von der früheren Bundesregierung eine Reihe wichtiger sozialer Gesetze vorgelegt worden. Da auch die von mir gebildete Regierung die Verbesserung sozialer Leistungen für unverzichtbar hält, möchte ich sehr wünschen, daß die Beratungen über diese Gesetze bald zu einem befriedigenden Abschluß gelangen. Die Bundesregierung teilt die einmütige Auffassung des Parlaments, daß der Arbeiter im Krankheitsfalle in gleicher Weise wie der Angestellte wirtschaftlich gesichert werden soll. Wir alle sind uns bewußt, daß die Neuregelung der gesetzlichen Krankenversicherung schwierige Probleme aufwirft. Es ist die Absicht der Bundesregierung, die Sozialversicherten vor einer immer weitergreifenden Kollektivierung zu bewahren. *(Beifall bei den Regierungsparteien.)*
Die Tatsache, daß die in Arbeit Stehenden in weitem Umfang die Verpflichtung übernehmen, für die nicht mehr Erwerbstätigen Sorge zu tragen, und die Rentenversicherung sie auch noch an der steigenden Produktivität der Volkswirtschaft teilhaben läßt, kennzeichnet die Aufgeschlossenheit unserer Sozialpolitik und deren Fundierung auf dem Grundsatz einer die Generationen verbindenden Solidarität. Die Veränderungen im Altersaufbau der Bevölkerung, die längere Ausbildungszeit unserer Jugend, ihr späteres Eintreten in das Erwerbsleben, die Verbesserung des Gesundheitswesens, der Fortschritt der medizinischen Wissenschaft und die dadurch erreichte höhere Lebenserwartung – das alles muß bei der Fortentwicklung unserer Sozialpolitik vorausschauend bedacht werden. *(Abg. Ruf: Sehr richtig!)*
In der kommenden Zeit wird eine stagnierende oder vielleicht sogar absinkende Zahl von Vollerwerbstätigen für eine immer größere Zahl aus dem Arbeitsprozeß Ausgeschiedener die erforderlichen Mittel aufzubringen haben. Der Anteil der über Fünfundsechzigjährigen wird sich in wenigen Jahren gegenüber der Vorkriegszeit verdoppeln. Um nicht mißverstanden zu werden, erkläre ich ausdrücklich, daß es nicht in unserer Absicht liegt, das Pensionsalter der Beamten und die Altersgrenze der Arbeiter und Angestellten nach oben zu rücken. Aber wenn uns die Vor- und Fürsorge für ältere und alte Menschen am Herzen liegt, dann sollten wir ihnen im allgemeinen Interesse die Chance geben, auch später ihr Können und ihr Wissen nicht ungenutzt zu lassen *(Beifall bei den Regierungsparteien)* und aus solcher Arbeit natürlich auch persönlich Nutzen zu ziehen. Soweit alte Menschen nicht in der Geborgenheit der Familie leben können, wird die Errichtung von

Altersheimen gewiß zum Segen vieler Menschen. Aber auf vielen, die aus ihrer Berufstätigkeit ausschieden, lastet doch auch die Bedrückung, die Verbindung zum Leben zu verlieren. Ich habe den sicheren Eindruck, daß hier ein menschliches Problem vorliegt, dessen wir uns anzunehmen haben. *(Beifall bei den Regierungsparteien.)*

Zur Mehrung der Rechtsklarheit und Rechtssicherheit gehört es auch, jene Gesetze zu verabschieden, die – wenn auch unter unterschiedlichen Aspekten – dem Schutze der Person und der Gesellschaft zu dienen haben. Es liegt dem Hohen Hause bereits ein umfassendes Gesetzgebungswerk unserer Notstandsverfassung vor. Es kommt darauf an, dem Staat und seinen Organen eine gesetzliche, von rechtsstaatlichen Vorstellungen geformte Grundlage für das Handeln im Notfalle zu geben. Gerade die Diskussionen der letzten Wochen haben deutlich gemacht, wie dringend erwünscht es ist, in diesem Bereich das alliierte Recht durch deutsche Vorschriften zu ersetzen, um so die Lücken zu schließen, die bis heute durch alliierte Verordnungen provisorisch und auch noch unzulänglich ausgefüllt wurden. Dabei bin ich mir der Schwierigkeiten, die bei der Behandlung der Ihnen vorliegenden Entwürfe zur Ergänzung des Grundgesetzes zu meistern sein werden, voll bewußt.

Von dem gleichen Grundgedanken ausgehend, ist die Bundesregierung entschlossen, dem Parlament den Entwurf eines Gesetzes vorzulegen, das im Einklang mit Art. 10 des Grundgesetzes die für jedermann erkennbaren Ausnahmen festlegt, in denen aus Gründen der Sicherheit des Staates und seiner Bürger wie auch der bei uns stationierten alliierten Truppen gewisse Einschränkungen des Post- und Briefgeheimnisses geboten sind.

Meine Damen und Herren, wenn ich erst spät auf die Wirtschaftspolitik zu sprechen komme, für die ich über fünfzehn Jahre lang die unmittelbare Verantwortung trug – ja sie von ihren Anfängen, vom Frankfurter Wirtschaftsrat her gestaltete –, dann kann ich darauf verzichten, an dieser Stelle neue, grundlegende Erklärungen abzugeben. Das gilt um so mehr, als sich heute offenkundig alle Fraktionen dieses Hohen Hauses zur „Sozialen Marktwirtschaft" bekennen wollen. *(Heiterkeit und Beifall bei den Regierungsparteien.)*

Nach allem aber, was ich in meinem früheren Amt an wirtschaftspolitischen Debatten erlebt habe, kann mir niemand die Genugtuung verargen, die ich heute ob einer so weitgehenden Übereinstimmung empfinde. *(Beifall bei den Regierungsparteien.)* Auch als Bundeskanzler verbürge ich mich dem Hohen Haus und der deutschen Öffentlichkeit gegenüber, die Politik der „Sozialen Marktwirtschaft" konsequent fortzuführen. *(Erneuter Beifall.)* Die wesentlichen Elemente dieser Politik sind Ihnen bekannt.

Das Bemühen um ein stabiles Preisniveau steht an der Spitze der wirtschaft-

lichen Rangordnung. Wir alle sollten uns bei jeder Entscheidung dieser schweren Verantwortung bewußt sein, handelt es sich doch dabei um eine Aufgabe, die keine Regierung zu keinem Zeitpunkt als endgültig gelöst ansehen kann. Wenn ich sage „wir alle", dann möchte ich damit zum Ausdruck bringen, daß die Wahrung der Stabilität nicht nur von Entscheidungen der Regierung abhängt, sondern daß es des Zusammenwirkens aller bedarf, um diesem Grundsatz Geltung zu verschaffen. Gerade eine freiheitliche Gesellschaftsordnung, die der Entfaltung der Persönlichkeit und der privaten Betätigung der Bürger weitesten Spielraum geben will, setzt eine festgefügte staatliche Ordnung und eine stabile Währung voraus.
Zu jenem Ordnungsrahmen gehört das Prinzip des Wettbewerbs. Er ist nicht lediglich als ein ökonomisch-technisches Organisationsprinzip des Marktgeschehens zu begreifen; Wettbewerbspolitik im weitesten Sinne dient der Durchsetzung gerechter Entscheidungen und verhindert die Erstarrung des Lebens in vorgefaßten ideologischen Normen oder gesellschaftlichen Zuständen. Eine so verstandene Politik wird darum auch am besten dem gesellschaftspolitischen Wunsch und Willen gerecht, das Bewußtsein der Selbstverantwortung des Staatsbürgers zu stärken, aus der die Kraft fließt, sich durch Leistung bewähren zu wollen. Das Wettbewerbsprinzip ist die Wurzel des sozialen, wirtschaftlichen und gesellschaftlichen Aufstiegs überhaupt und besitzt darum Gültigkeit nicht etwa nur für die Schicht der Unternehmer, sondern für die Angehörigen aller Berufe.
Die Bedeutung des Mittelstands und die Notwendigkeit seiner Erhaltung und Festigung wird von mir erneut bekräftigt. *(Beifall in der Mitte.)*
Bei dem betonten Willen zur Erhaltung der Stabilität von Währung und Wirtschaft ist auch die Wichtigkeit der Arbeit des Sachverständigenrats, der auf Grund des von Ihnen einstimmig beschlossenen Gesetzes zu bilden ist, deutlich gekennzeichnet.
Eine gesunde wirtschaftliche Entwicklung kann sich nicht allein am Wachstum, sondern muß sich, wie gesagt, nicht minder auch am Ziele der Stabilität der Währung orientieren. Eine so verstandene erfolgreiche Wirtschaftspolitik dient zugleich der Erhaltung der politischen Ordnung. Gerade die Geschichte der Weimarer Republik zeigt die enge Beziehung zwischen Politik und Wirtschaft auf. In diesem Zusammenhang kommt der Fortentwicklung des konjunkturpolitischen Instrumentariums zunehmende Bedeutung zu. Zwischen autonomen nationalen Entscheidungen und der internationalen Kooperation im Rahmen der EWG und der OECD besteht eine enge Wechselwirkung.
Die Bundesregierung ist sich bewußt, daß ihr der hohe Anteil der öffentlichen Ausgaben an der gesamten Nachfrage nicht nur eine Handhabe bietet,

sondern sogar die Verpflichtung auferlegt, durch eine sinnvolle Beeinflussung der öffentlichen Ausgaben vor allem im Investitionsbereich die Wirtschaftstätigkeit anzuregen oder gegebenenfalls auch zurückzudämmen. Dem gleichen Ziel würde ein Einwirken auf die private Nachfrage durch eine beweglichere Steuer- und Abschreibungspolitik dienen. Gewiß ist es leichter, diese Erkenntnis auszusprechen, als sie praktisch zu verwirklichen. Die Schwierigkeiten sollten uns aber nicht hindern, an der Lösung dieses Problems zu arbeiten.

Die Erfahrung lehrt, daß die Praxis der einjährigen Haushaltsansätze modernen konjunkturpolitischen Bedürfnissen nicht mehr gerecht wird. Es erweist sich vielmehr als notwendig, die üblichen Jahreshaushalte in längerfristige, etwa vier Jahre währende Haushaltsüberlegungen einzubetten, um auf solche Weise sichere Maßstäbe für Wert und Rangordnung der einzelnen Ausgaben zu gewinnen. *(Beifall bei den Regierungsparteien.)*

Auch die Umsatzsteuerreform mit der Abkehr vom derzeitigen System und dem Übergang zu der Mehrwertsteuer steht unter dem Leitgedanken der Förderung des Wettbewerbs. Die Behandlung dieser Materie in den kommenden Ausschußberatungen wird Zeit und Gelegenheit zur gedanklichen Vertiefung und Verbesserung bieten. Aber wenn sich das Hohe Haus darin einig ist, daß von der Umsatzsteuer keine konzentrationsfördernden Anreize ausgehen dürfen und die Verzerrungen im Außenhandel beseitigt werden sollen, dann wird die Reform geradezu zu einem zwingenden Gebot. Dabei ist es gewiß nicht Sinn und Absicht der Systemänderung, etwa die freien Berufe zu benachteiligen oder dem Mittelstand höhere Lasten aufzubürden.

Dies mag auch daraus ersichtlich werden, daß die Bundesregierung im Zusammenwirken mit den Ländern noch in dieser Legislaturperiode den geltenden Einkommensteuertarif überprüfen wird, um in einem finanziell vertretbaren Rahmen steuerliche Unausgeglichenheiten im Bereich vor allem der mittleren Einkommen zu bereinigen. *(Beifall bei den Regierungsparteien.)*

Meine Damen und Herren, wir Deutschen bedürfen nach den Brüchen in unserer jüngeren Geschichte neuer Ausdrucksformen in allen Äußerungen unseres gemeinsamen Lebens. Wir sind zu bewußter Solidarität aufgerufen. Gerade die Industriegesellschaft braucht einen starken Staat. Je größer der Druck der Verbände und Gruppen auf den Gang der Politik, je ungehemmter der Egoismus von Teilgewalten sich entfesselt, um so entschiedener ist es allen verantwortlichen Kräften – und in besonderem Maße der Bundesregierung – aufgegeben, für die Respektierung des Gemeinwohls Sorge zu tragen. Wir werden die großen Zukunftsaufgaben der deutschen Politik nur meistern können, wenn die gesellschaftliche Kraft der Verbände nicht ausschließlich den eigenen Interessen nutzbar gemacht wird. Es würde einen gewaltigen Fortschritt in den öffentlichen Dingen unseres Staates bedeuten, wenn die große Macht und der Sachverstand der Interessengruppen und die Fülle der Talente auch für die allgemeinen Aufgaben des Gemeinwesens zur Verfügung stünden. *(Beifall in der Mitte. – Zustimmung des Abg. Dr. Schmid [Frankfurt].)*

Die Zielstrebigkeit unserer Politik und ihre Vitalität bedeuten keine Machtpolitik; sie ist, wie eingangs gesagt, eine Politik der Mitte, die um die Notwendigkeit der Verständigung und des Ausgleichs weiß. In einer Welt, die immer mehr in die Weite strebt, bedarf ein freies Volk eines gesunden nationalen Selbstbewußtseins. Nur wer sicher in sich selbst ruht und um seine Wurzeln weiß, wird diesen Weg gehen können, ohne sich zu verlieren.

Wir haben die Schuld, die während jener tragischen zwölf Jahre der Gewaltherrschaft im Namen Deutschlands allen Deutschen aufgebürdet wurde, schonungslos offenbart. Wir werden diese Schuld vollends abtragen, soweit Menschen dazu in der Lage sind. Darum betrachten wir die Wiedergutmachung als eine bindende Verpflichtung. *(Beifall in der Mitte. – Zustimmung des Abg. Schmid [Frankfurt].)*

Wir wissen es zu würdigen, wenn Menschen aus ihrem eigenen Erleben heraus noch nicht bereit sind, sich mit dem neuen Deutschland zu versöhnen. Aber wir haben keinen Sinn für jene Bestrebungen, die aus vergangener Barbarei für alle Zeit eine deutsche Erbsünde herleiten und als politisches Mittel konservieren möchten. *(Beifall bei den Regierungsparteien und bei Abgeordneten der SPD.)*

Unser Tun dient nicht nur der Stunde, dem Tag oder diesem Jahr. Wir haben die Pflicht, in Generationen zu denken und unseren Kindern und Kindeskindern ein festes Fundament für eine glückliche Zukunft zu bauen.

Ich lege vor jedem Bürger unseres Volkes das Versprechen ab, all meine Kraft, mein Wissen und meine ganze Erfahrung für die Sicherung unserer inneren und äußeren Freiheit, für die Festigung des demokratischen Lebens und für das Wohlergehen des deutschen Volkes einzusetzen. In einer sich bewegenden Welt werden wir nicht erstarren dürfen, aber wir haben die Pflicht, in der Verfolgung der Ziele unserer Politik fest zu bleiben.

> Denn der Mensch, der zur schwankenden Zeit auch schwankend gesinnt ist,
> Der vermehret das Übel und breitet es weiter und weiter;
> Aber wer fest auf dem Sinne beharrt, der bildet die Welt sich.

(Langanhaltender lebhafter Beifall bei den Regierungsparteien.)

24.
„Keine Verjährung für Mord“

Rede des Bundestagsabgeordneten Ernst Benda am 10. März 1965

Im Strafgesetzbuch war bestimmt, daß die Verjährungsfrist für die Strafverfolgung mit lebenslangem Zuchthaus bedrohter Verbrechen zwanzig Jahre beträgt. Damit drohte in den sechziger Jahren auch die Verjährung aller Mordtaten aus der Zeit vor 1945. Während sich die Bundesregierung gegen jede Verlängerung der Verjährungsfrist wandte, begründete der CDU/CSU-Bundestagsabgeordnete Ernst Benda in der 170. Sitzung des Vierten Deutschen Bundestages am 10. März 1965 den Entwurf eines Achten Strafrechtsänderungsgesetzes (Bundestagsdrucksache IV/2965 neu), der vorsah, „daß für die Strafverfolgung der mit lebenslangem Zuchthaus bedrohten Verbrechen eine Verjährung überhaupt nicht mehr eintritt“. Verabschiedet wurde schließlich am 25. März 1965 das Gesetz über die Berechnung strafrechtlicher Verjährungsfristen, durch das bei der Berechnung der Verjährungsfrist der mit lebenslangem Zuchthaus bedrohten Verbrechen die Zeit vom 8. Mai 1945 bis zum 31. Dezember 1949 unberücksichtigt blieb. Die Verjährungsfrist für die Verfolgung von Mord wurde 1969 durch das 1. Gesetz zur Reform des Strafrechts auf dreißig Jahre festgelegt, für die Verfolgung von Völkermord völlig aufgehoben. Ernst Benda begründete den Entwurf des Achten Strafrechtsänderungsgesetzes:

Herr Präsident! Meine sehr geehrten Damen und Herren! Ich möchte den Versuch unternehmen, das, was ich in dieser Frage für die Antragsteller zu sagen habe, in sehr einfacher Form zu sagen. Ich werde weniger das Für und Wider in Reaktion auf die in der Öffentlichkeit von allen möglichen Seiten in dieser Frage auf uns zukommenden Stimmen hier zu diskutieren als vielmehr die Motive darzulegen haben, die die Antragsteller bewegt haben.

Von verschiedenen, sehr achtbaren Seiten sind wir insgesamt aufgefordert worden, über diese Frage ohne Emotion zu diskutieren. Ich schließe mich dem an. Ich bin der Meinung, daß eine Form der Emotion in dieser Frage, sofern sie uns das klare Nachdenken über das, was notwendig ist, vernebeln sollte, schädlich wäre. *(Sehr richtig! bei der SPD.)* Ich sehe mich allerdings

nicht in der Lage – und ich bekenne das offen –, in dieser Sache ohne Leidenschaft zu diskutieren. *(Beifall bei Abgeordneten der CDU/CSU und bei der SPD.)* Ich meine, daß das eben angeführte Wort Leidenschaft in seinem eigentlichen Wortsinn gebraucht werden muß: Wir leiden! Wir leiden unter dieser Frage, meine Damen und Herren, und mit uns leidet das ganze deutsche Volk. *(Zustimmung links und teilweise inder Mitte.)* Wir müssen versuchen, unter Einsatz dieser Leidenschaft zu der richtigen Lösung zu kommen.
Die Antragsteller haben gestern beschlossen, den ursprünglichen Antrag zu ändern. Der ursprüngliche Entwurf eines Achten Strafrechtsänderungsgesetzes hatte vorgesehen, in § 67 des Strafgesetzbuches die Verjährungsfrist für die Strafverfolgung mit lebenslangem Zuchthaus bedrohter Verbrechen von bisher 20 auf 30 Jahre zu verlängern. Nach unserem jetzigen Vorschlag soll der § 67 dahin geändert werden, daß für die Strafverfolgung der mit lebenslangem Zuchthaus bedrohten Verbrechen eine Verjährung überhaupt nicht mehr eintritt. *(Beifall bei Abgeordneten der CDU/CSU und bei der SPD.)* Die Antragsteller haben in dieser Frage unter einem Druck gestanden und stehen heute noch unter einem Druck: keinem Druck des Auslands, sondern dem Druck der eigenen Überzeugung, meine Damen und Herren! *(Beifall bei Abgeordneten der CDU/CSU und bei der SPD.)*
Der Deutsche Bundestag hat bei vielen Gelegenheiten in einer so eindeutigen Weise und im ganzen Haus übereinstimmend seinen Abscheu vor den Verbrechen des Nationalsozialismus und seinen Willen zur Wiedergutmachung und zur Ablehnung jedes Nationalismus oder jedes Neonazismus in unserem Volke bekundet, daß ich meine: Dieses Parlament vertritt ein deutsches Volk – und es vertritt das ganze deutsche Volk, auch jenseits der Zonengrenze –, ein Volk, in dem die Irrlehre des Nationalsozialismus überwunden ist. *(Beifall bei der CDU/CSU.)* Es geht daher in dieser Frage nicht um einen Streit zwischen dem, der etwa Verbrechen bagatellisieren, geschweige denn billigen wollte, und dem, der sie ablehnt, genauso wenig, wie es gehen darf und geht um einen Streit etwa zwischen denen, die für, und denen, die gegen den Rechtsstaat sind. Auch das sind selbstverständliche Grundlagen, von denen wir gemeinsam ausgehen, gleichgültig, welche Meinung wir in dieser Sachfrage hier vertreten.
Nach dem Bericht der Bundesregierung ist die Möglichkeit nicht auszuschließen, daß nach dem 8. Mai 1965 neue Straftaten bekanntwerden, die Anlaß zu weiteren Ermittlungen geben müßten. Der Bericht, den der Berliner Senat dem Berliner Abgeordnetenhaus vor kurzer Zeit gegeben hat, kommt für seinen begrenzten, aber für die Verfolgung von Verbrechen sehr wichtigen Bereich zu dem gleichen oder zu einem ähnlichen Ergebnis. Danach scheint mir die Folgerung, daß eine Verlängerung oder gar Aufhebung der Verjäh-

rung notwendig ist, für jeden zwingend zu sein, der sich nicht damit abfinden will, daß solche schwersten Verbrechen ungesühnt bleiben müssen.
Das ist ja auch die Meinung der Bundesregierung gewesen; denn sie hat mit unserer Zustimmung und in unserem Auftrag den Aufruf an die Weltöffentlichkeit gerichtet, bisher nicht bekannte Verbrechen den zuständigen deutschen Behörden mitzuteilen. Wer angesichts des zunehmenden Zeitablaufs Bedenken wegen der sich daraus ergebenden Beweisschwierigkeiten oder wegen der Problematik der gerechten Würdigung so lange zurückliegender Taten hat, mußte sich eigentlich auch gegen diesen Aufruf wenden; denn dieser versucht doch, ohne eine gesetzliche Änderung oder eventuell sogar grundgesetzliche Änderung, jedenfalls ohne eine Maßnahme dieses Hauses, zu demselben Ergebnis zu kommen und dann zu verfolgen. Er mußte sich auch gegen die im geltenden Strafrecht seit dem Jahre 1871 bestehende Möglichkeit wenden, durch eine richterliche Handlung die Verjährung zu unterbrechen, unter Umständen mehrfach zu unterbrechen, und dadurch eine Strafverfolgung von Mordtaten über 20, 40, 60 oder noch mehr Jahre zu ermöglichen. *(Zustimmung in der Mitte und links.)*
Ich meine daher, daß der Vorschlag auf Verlängerung – wie immer er im einzelnen gedacht ist – nicht nur dem Votum der Großen Strafrechtskommission – soweit es sich um die einfache Verlängerung handelt – folgt, sondern daß er dem System des geltenden Rechts folgt, das ja die Sühne nach 20 Jahren keineswegs ausschließt, sondern mit der – jedenfalls in Mordsachen – normalerweise stets vorhandenen Unterbrechungsmöglichkeit die an den Zeitablauf geknüpften Rechtsfolgen praktisch nie oder doch fast nie eintreten lassen will. *(Zuruf von der FDP: Schlechtes System!)*
Die verfassungsrechtliche Problematik dieser Frage ist mir wohl bewußt. Ich verzichte darauf, meine Auffassung hier im einzelnen darzulegen. Ich habe mich in einer verhältnismäßig breiten Form dazu schriftlich geäußert und habe mir erlaubt, Ihnen das zugänglich zu machen. Ich darf mich einfach darauf beziehen. Überhaupt meine ich, ohne daß ich das Gewicht der verfassungsrechtlichen Problematik bagatellisieren, geschweige denn verkennen wollte, daß der Kern der Problematik woanders liegt.
Im Kern des juristischen Streits steht die Frage nach dem Verständnis des Rechtsstaats heute. Ist das, was insbesondere Herr Minister Bucher, Herr Präsident Dehler, Herr Kollege Arndt und andere Herren sagen, Verständnis des Rechtsstaats? Ist das der Rechtsstaat so, wie wir ihn heute verstehen? Oder ist es ein anderer, ein gewandelter, wie ich meine ein materieller Rechtsstaatsbegriff, der etwas anderes beinhaltet? Der Rechtsstaat heute muß auch die Gerechtigkeit anstreben, wobei er natürlich das wichtige Rechtsgut der Rechtssicherheit weder vergessen noch auch nur vernachlässigen kann. Er

muß, wie es das Bundesverfassungsgericht sagt, diese nicht einfache Abwägung im Einzelfall vornehmen; er muß sich dabei entscheiden, die Gerechtigkeit zu verwirklichen.
Damit sind wir ja auch aus der juristischen Diskussion heraus. Was ist denn das, was wir in diesem Hause, was wir in der Politik tun? Wir in diesem Hause, auf der Ebene der Gemeinde oder wo immer? Es ist doch egal, ob wir hier als Juristen oder als Angehörige anderer Berufe in unserem Privatleben stehen: Wir versuchen doch, die Gerechtigkeit zu unserem Teil und zu unserer Zeit, ich sage nicht: zu verwirklichen – das ist ein fernes Ideal –, sondern anzustreben, der Gerechtigkeit etwas näherzukommen. Das ist zugleich das Kernanliegen des Rechtsstaats, und darin trifft sich die juristische Frage mit der politischen Frage.
Deswegen meine ich, daß die Diskussion darüber, ob es sich hier um eine Frage des Rechts oder eine politische Frage handelt, ein ganz müßiger Streit ist. Es ist doch beides. Die „juristischen Handwerker“ in diesem Haus, zu denen ich mich zähle, versuchen, dies im Wege der „juristischen Feinmechanik“ in die juristische Form zu bringen. An der Gerechtigkeitsfindung sind wir aber alle beteiligt. Das ist doch nicht die Spezialarbeit der Juristen; das ist unser aller Arbeit. *(Beifall bei der CDU/CSU und der SPD.)*
Herr Minister Bucher hat wie andere mit ihm nachdrücklich behauptet, daß eine Verlängerung der Verjährungsfrist gegen Artikel 103 und gegen rechtsstaatliche Prinzipien verstieße. Ich wiederhole, daß ich diese Auffassung respektiere, wiederhole aber auch, daß ich sie für irrig halte. Ich möchte mich doch dagegen verwahren, daß das Vortragen dieser Meinung in einer Form, die beinahe jeden Widerspruch auszuschließen schien, in der Öffentlichkeit den Eindruck hervorrufen wollte und auch hervorgerufen hat, als ob die Befürworter der Verjährung die Verfassung manipulieren wollten. Ich merke die Reaktion sehr deutlich in der bei mir eingehenden Post. Die Juristen, die mir schreiben, sagen nicht, daß das verfassungswidrig sei. Das schreiben die Nichtjuristen; ihre Briefe fangen gewöhnlich mit dem Satz an: „Sie als Jurist müßten doch eigentlich wissen. . .“. *(Heiterkeit.)* Das ist in unserem manchmal noch etwas autoritätsfreudigen Land das Ergebnis. Wenn der Justizminister sagt, das sei so, dann meinen die Leute: „Es wird schon so sein.“ *(Heiterkeit und Beifall bei der CDU/CSU und Abgeordneten der SPD.)*
Herr Minister, damit wir uns da richtig verstehen: Ich kämpfe hier um meine Position, und ich mache Ihnen nicht zum Vorwurf, daß Sie Ihre bestehende taktische Position ausnützen. Aber ich muß einmal klarstellen, wie das in Wirklichkeit ist, und demgegenüber darf man sich dann ja wohl in diesem Hause darauf berufen, daß es nun einen Appell von nicht weniger als 76 Professoren des Straf- und Staatsrechts gibt. Ich habe gar nicht gewußt, daß es

so viele bei uns gibt; *(Heiterkeit)* aber es scheinen tatsächlich soviel zu sein.
Ich habe die Erklärung hier. Sie ist mir heute morgen zugegangen. Da vielleicht nicht alle von uns diese Erklärung schon haben, zitiere ich einmal die entscheidenden Sätze:

> Nach unserer wissenschaftlichen Überzeugung stehen einer allgemeinen Verlängerung der laufenden Verjährung für die Verfolgung von Mordtaten keine verfassungsrechtlichen Bedenken entgegen. Der Gesetzgeber kann die Frist verlängern.

Dann wird zugleich gesagt, daß aus Erwägungen der Gerechtigkeit eine Verlängerung oder Aufhebung der Verjährung unerläßlich sei.
Meine Damen und Herren, das scheint mir die Meinung der deutschen Rechtswissenschaft in dieser Frage eindeutig klarzustellen. *(Beifall bei der SPD.)* Natürlich ist das auch im Kreise der Herren Professoren, vor denen ich allen Respekt habe, keine Frage, die mit Mehrheitsabstimmung entschieden wird. Natürlich können auch die Professoren alle Unrecht haben. Es könnten die sehr achtbaren Stimmen auf der Gegenseite recht haben. Das ist möglich. *(Zuruf rechts: Na also!)* Aber man sollte sich doch wohl wehren – und das sagt Gustav Boehmer gegen den „apodiktischen Doktrinarismus", mit dem behauptet wird, daß eine Verlängerung der Verjährung gegen die Verfassung verstoße. *(Beifall.)*
Nun gibt es eine Reihe von neuen Vorschlägen. Es kommt gar nicht darauf an, ob der Antrag Benda und Genossen oder der Antrag der SPD oder der Antrag Dr. Adenauer oder welcher Antrag auch immer angenommen wird. Es kommt darauf an, nicht etwa im Wege eines Kompromisses zu versuchen, eine Lösung zu finden, die im Grunde alle nicht befriedigt, sondern es kommt im Gegenteil darauf an, eine Lösung zu finden, die Aussicht darauf hat, eine möglichst breite Zustimmung in diesem Hause zu erhalten. *(Beifall bei Teilen der CDU/CSU und der SPD.)* Denn zu der inneren Glaubwürdigkeit dessen, was wir hier vorschlagen, gehört auch, daß eine möglichst große Zahl von Mitgliedern dieses Hauses sich zur Zustimmung entschließen kann.
Es wird in dieser Frage sicherlich keine einstimmige Entscheidung geben können, und das wäre auch nicht gut. Ich mißtraue allen, die in dieser Frage einstimmige Entscheidungen getroffen haben, allen! *(Beifall in der Mitte.)* Ich glaube, in dieser Frage ist es sehr viel achtbarer, wenn man sich uneins ist.
Für die Antragsteller steht über allen Erwägungen juristischer Art ganz einfach die Erwägung, daß das Rechtsgefühl eines Volkes in unerträglicher Weise korrumpiert werden würde, wenn Morde ungesühnt bleiben müßten, obwohl sie gesühnt werden könnten. Ich habe hier unter vielen Briefen, die ich bekommen habe, den Brief eines mir ganz unbekannten Mannes, eines

Sozialinspektors aus Hamburg, der mit Jugendlichen, die gefährdet sind, straffällig zu werden, zusammenarbeitet. Er schreibt, daß ihn die Jungen, die Dummheiten gemacht haben und nun im Jugendgefängnis sitzen – sie streiten ihre Taten nicht ab, sie sagen, daß sie mit Recht im Jugendgefängnis sitzen, weil sie Dummheiten begangen haben –, fragen, wie es mit der Gerechtigkeit sein könne in einem Staat, in dem für Jungenstreiche jemand ins Gefängnis kommt und Leute, die Morde begangen haben, ungestraft herumspazieren. *(Widerspruch rechts und bei Abgeordneten der CDU/CSU.)* Meine Damen und Herren, das ist einfach der Kern des Problems. *(Lebhafter Beifall bei der SPD und Abgeordneten der CDU/CSU. – Unruhe rechts. – Zuruf von der FDP: Bleiben Sie doch bitte sachlich! – Abg. Zoglmann: Ist das die Sachlichkeit?)*
– Es ist hier nur einfach das Gefühl, Herr Kollege Zoglmann, daß jemand, der bestraft werden müßte, — *(Anhaltende Unruhe.)*
Vizepräsident Dr. Dehler: Ich würde es auch begrüßen, wenn wir diese Verhandlungen in möglichster Ruhe und Sachlichkeit führten. Ich weiß nicht, ob Ausführungen in einer solchen Frage des Beifalls oder des Mißfallens würdig sind. Ich glaube, der Herr Kollege Benda hat einen sehr guten Ton angeschlagen. Wollen wir den doch fortsetzen!
Benda (CDU/CSU): Ich wiederhole also, daß es unerträglich sein müßte, wenn der Versuch unterlassen würde, Menschen, die möglicherweise des Mordes schuldig sind, für ihre Taten zur Verantwortung zu ziehen.
Es gibt eine Sonderfrage, die ich hier aber nur anschneiden und nicht diskutieren möchte, weil das sehr lange dauern würde, die Frage, ob man bei einer möglichen Regelung zwischen Haupttätern und Gehilfen unterscheiden soll. Es gibt sehr extreme Positionen in dieser Frage hinsichtlich des Tätertyps. Es gibt auf der einen Seite der Skala den Typ der KZ-Aufseher Sommer und Schubert – um Namen von Verurteilten und nicht von solchen, die vor Gericht stehen, für diesen Typ zu sagen –, die zu lebenslangem Zuchthaus verurteilt worden sind. Diese sind wegen scheußlichster KZ-Verbrechen verurteilt worden, mit denen sich niemand in unserem Volke, wenn er wüßte, was dort geschehen ist, ernsthaft identifizieren könnte und die niemand auch nur in irgendeiner Weise bagatellisieren würde. Es gibt selbstverständlich die Schreibtischtäter, die intellektuellen Urheber, die Hauptverantwortlichen, und es gibt auf der anderen Seite der Skala, sagen wir einmal, das Mädchen, das die Befehle getippt hat, das, juristisch gesehen, einen Tatbeitrag geliefert hat, der natürlich in eine völlig andere Kategorie hineingehört als das andere Extrem, das ich eben genannt habe. Es scheint mir ein wichtiges Anliegen zu sein, daß man versucht, hier irgendwie zu differenzieren, wobei die Grenzziehung ungeheuer schwierig ist. Es wird

nicht ganz einfach sein, das, was ich hier angedeutet habe, zu konkretisieren. Aber man sollte diesen Versuch unternehmen.
Es geht den Antragstellern im Motiv hauptsächlich um die Kennzeichnung der Tat. Es soll klargestellt werden, was hier an Taten, genauer gesagt, an Untaten geschehen ist. Die Bestrafung des Täters mag von seiner Person her natürlich aus dem natürlichen Sühnebedürfnis heraus nicht ihren Sinn verlieren. Hoffnungen auf eine Wandlung sind ja wohl in erschreckender Weise mit einer Reihe von bitteren Erfahrungen bei gegenwärtig laufenden und vergangenen Prozessen widerlegt. Gewandelt hat sich natürlich das Milieu. Glücklicherweise gibt es in unserem Lande keine Konzentrationslager mehr. Das Milieu, in dem Taten dieser Art begangen werden konnten, hat sich geändert.
Es gibt Stimmen, auch von von mir sehr geachteten Kollegen meiner eigenen Fraktion – ich spreche das mit sehr großem Zögern an –, die die Begriffe der Gnade und der Vergebung in die Diskussion einbringen. Dazu sind zunächst einmal nur die Opfer legitimiert, wir, glaube ich, nicht. Im übrigen scheint es mir nicht möglich zu sein, auch vom Standpunkt eines Christen aus ohne Erkennen der Schuld von Gnade zu reden. Ich beschränke mich darauf, in diesem Zusammenhang einfach zu zitieren. Ich könnte es nicht so gut sagen, was Präses Scharf bei früherer Gelegenheit in einem Beitrag gesagt hat, der mit „Volk vor Gott“ überschrieben ist, also nicht etwa mit „Täter und Justiz“, sondern mit „Volk vor Gott“; das ist das eigentliche, das tiefste Problem. Präses Scharf sagt:

> Der einzelne Täter und Gehilfe, auch wenn er inzwischen längst resozialisiert zu sein scheint, hat es um seiner selbst willen, um seiner inneren Heilung willen nötig, daß er seine Verantwortung an dem Geschehenen, seine Mitschuld, seine ganz individuelle Sonderschuld erkennt und anerkennt und daß die Gemeinschaft, zu der er gehört, mit ihm deswegen „verfährt“, daß sie mit ihm dagegen angeht und ihm hilft, mit dieser Schuld zu „verfahren“ ... Bleibt dagegen Schuld verheimlicht, so wirkt sie im Verborgenen weiter... Verheimlichte Schuld verwirkt die Vergebung...

Ich enthalte mich jedes Kommentars. Ich wollte das nur einfach einmal als eine für mich ganz wichtige Meinung in dieser Sache vortragen.
Ich komme zu einem letzten, aber für mich noch wichtigen Punkt. Es gibt eine zunehmende Neigung, im Zusammenhang mit unserem Thema auch nach Verbrechen anderer zu fragen. Meine Damen und Herren, ich weiß es, und wir alle wissen es, daß im Zusammenhang mit der Vertreibung, im Zusammenhang mit den Ereignissen der letzten Kriegsjahre Verbrechen nicht nur von Deutschen, sondern auch an Deutschen geschehen sind. Wer von uns

wüßte das nicht?! Und wir sollten das hier auch aussprechen. Ich wehre mich nicht gegen die verständliche Haltung der Heimatvertriebenen zu dieser Frage, die sagt: Wir wollen doch, daß auch hier Gerechtigkeit vollzogen wird. Ich bin bereit, das mit zu sagen. Ich wehre mich aber gegen ein irgendwo vorhandenes politisches Kalkül, das meinen könnte, daß dort, wo solche Stimmungen sind, vielleicht auch Stimmen zu holen sein könnten. *(Lebhafter Beifall bei der SPD und bei Abgeordneten der CDU/CSU.)* Ich meine, daß derjenige, der solche Überlegungen anstellt, mit bedenken sollte, daß er die Geister, die er ruft, dann vielleicht nicht mehr los wird. *(Erneuter Beifall bei der SPD und bei Abgeordneten der CDU/CSU.)* Es ist leider wahr, daß persönlich unschuldige Menschen in Deutschland für Verbrechen haben büßen müssen, die sie nicht verübt haben. Es ist leider wahr, daß Unrecht geschehen ist in meiner Heimat, in Berlin, in Pommern, in der Tschechoslowakei. Es ist leider wahr, daß die Tschechoslowakei 1946 ein schandbares Amnestiegesetz erlassen hat, und ich bin bereit, mit zu sagen – ich wiederhole es –, daß das Unrecht ist. *(Beifall).* Ich fange gar nicht von der Aufrechnungstheorie an. Meines Erachtens bedarf es darüber in diesem Hause keiner Diskussion; ich hoffe es. Ich setze mich nicht auseinander mit den törichten Sätzen in einem Buch, das wir bekommen haben, in dem bereits auf der Umschlagseite so unsinnige Sätze stehen wie: „Dieses Buch beweist, daß das deutsche Volk sich nicht zu schämen braucht", weil die anderen auch ... Das ist – ich zitiere den verstorbenen Bundespräsidenten Heuss – das „Verfahren der moralisch Anspruchslosen", und er fügt hinzu –, „die es in allen Völkern gibt." *(Beifall im ganzen Hause.)*

Vor allem aber:Wer unter Berufung auf diese Vorgänge den Schlußstrich fordert, der muß ja davon ausgehen, daß dem deutschen Volk, wenn es Mörder bestraft, damit ein Übel zugemutet wird, der muß ja davon ausgehen, daß es an sich für uns besser wäre, wenn wir nicht bestraften, daß es also eine Sache ist, die man machen muß.

Dann kommt natürlich sofort wieder die unsinnige Behauptung des ausländischen Drucks, dann kommen die anonymen Postkarten der aufrechten deutschen Patrioten bei mir an, die in allem Patriotismus dann vergessen, ihre Briefe oder ihre Postkarten zu unterschreiben; dazu reicht's dann nicht mehr. *(Lebhafter Beifall.)*

Meine Damen und Herren! Ich komme zum Schluß mit einem anspruchsvollen Wort, das mir ein Kollege gesagt hat, der in dieser Sache einer völlig anderen Meinung ist als ich. Er hat mir gegenüber gemeint, man müsse um der Ehre der Nation willen mit diesen Prozessen Schluß machen. Meine Damen und Herren, Ehre der Nation – hier ist für mich einer der letzten Gründe, warum ich meine, daß wir hier die Verjährungsfrist verlängern bzw. aufheben müßten. *(Beifall bei der SPD und der CDU/CSU.)*

Ich stimme völlig denen zu, die sagen, daß es natürlich ein Irrtum wäre, wenn wir meinten, wir könnten das, was in unserem Lande und unserem Volke geschehen ist, dadurch erledigen, daß wir stellvertretend, sozusagen symbolisch, einige ins Zuchthaus schicken und dann meinen, nun sind wir fein heraus. Es gibt eine französische Stimme, von einem französischen Schriftsteller, der davon spricht, daß die Deutschen in der Gefahr sind, so ein „Spezialistentum für Gewissen" zu entwickeln, einige also, die sich um Gewissen kümmern – das ist die Justiz, das sind die Journalisten natürlich und die Geistlichen und ich weiß nicht wer noch –, und es gibt andere, die gehen in der Zwischenzeit allen möglichen anderen Dingen nach und meinen, das wird von den Spezialisten erledigt, das geht sie gar nichts an. So nicht! So nicht natürlich! Darüber gibt es keine Meinungsverschiedenheit. Aber ich bestehe darauf – und es gehört für mich zum Begriff der Ehre der Nation –, zu sagen, daß dieses deutsche Volk doch kein Volk von Mördern ist und daß es diesem Volke doch erlaubt sein muß, ja daß es um seiner selbst willen dessen bedarf, daß es mit diesen Mördern nicht identifiziert wird, sondern von diesen Mördern befreit wird, daß es, besser gesagt, sich selber von diesen Mördern befreien kann. *(Beifall bei der SPD und bei der CDU/CSU.)*

Das gehört für mich zur Ehre der Nation, daß der, wie ich weiß, unvollkommen bleibende, aber redliche Versuch unternommen wird, das zu tun, daß man von sich sagen kann: Man hat das, was möglich ist, getan – ich weiß, daß es die Grenzen der Justiz bei diesem schwierigen Thema gibt, daß wir bei weitem nicht alles in dieser Sache heute noch machen können, was vielleicht früher hätte gemacht werden können –, man hat den redlichen Versuch unternommen.

Und es gibt dann schließlich das Wort, das ich an den Schluß setzen möchte, es gibt dieses Wort an dem Mahnmal in Jerusalem für die sechs Millionen ermordeten Juden, das in einer eindrucksvollen Form in einer ganz schlichten Halle den Satz zitiert, der nicht aus diesem Jahrhundert stammt, der von einem jüdischen Mystiker des Anfangs des 18. Jahrhunderts stammt – ich sage ihn gleich in Deutsch, er steht dort in Englisch und Hebräisch –:

> Das Vergessenwollen verlängert das Exil, und das Geheimnis der Erlösung heißt Erinnerung.

(Lebhafter anhaltender Beifall bei der SPD und bei der CDU/CSU.)

25.
„Im Interesse der Nation und des Vaterlandes“ – Die Bildung der Großen Koalition

Erste Regierungserklärung von Bundeskanzler Kurt Georg Kiesinger am 13. Dezember 1966

Über den Entwurf des Bundeshaushaltes 1967, in dem zwischen Einnahmen und Ausgaben eine Lücke von 5 Mrd. DM klaffte, zerbrach im Herbst 1966 endgültig die seit 1961 regierende Koalition von CDU/CSU und FDP unter der Kanzlerschaft von Ludwig Erhard. In der Bundesregierung gelang zwar noch eine Einigung unter den Kabinettsmitgliedern, aber die FDP-Bundestagsfraktion wollte sie nicht mittragen. Daraufhin traten die vier FDP-Bundesminister zurück. Die FDP betrachtete sich nun „als in der Opposition befindlich“. Ludwig Erhard hatte seine parlamentarische Mehrheit verloren und konnte sie nicht zurückgewinnen. Seine gerade noch von der Union getragene Minderheitsregierung konnte nur eine kurze Episode sein. Am 30. November 1966 trat Bundeskanzler Erhard zurück. Die CDU/CSU-Fraktion nominierte als seinen Nachfolger Kurt Georg Kiesinger, den Ministerpräsidenten des Landes Baden-Württemberg, der jedoch keine neue Koalition mit der FDP, sondern eine Große Koalition mit der SPD bildete. Am 1. Dezember 1966 wählte der Bundestag auf Vorschlag von Bundespräsident Heinrich Lübke Kurt Georg Kiesinger zum neuen Bundeskanzler. In der 80. Sitzung des Fünften Deutschen Bundestages am 13. Dezember 1966 gab Bundeskanzler Kurt Georg Kiesinger seine erste Regierungserklärung ab:

Herr Präsident! Meine Damen und Herren! Der Bildung dieser Bundesregierung, in deren Namen ich die Ehre habe zu Ihnen zu sprechen, ist eine lange, schwelende Krise vorausgegangen, deren Ursachen sich auf Jahre zurückverfolgen lassen. Ihr offener Ausbruch erfolgte kaum ein Jahr nach den Wahlen zum 5. Deutschen Bundestag, die einen eindrucksvollen Vertrauensbeweis für meinen Vorgänger, Professor Ludwig Erhard, erbracht und den Parteien der bisherigen Regierungskoalition deren Fortsetzung ermöglicht hatten. In der

Folge belasteten innenpolitische Schwierigkeiten, innerparteiliche Auseinandersetzungen und außenpolitische Sorgen die Arbeit der Regierung, bis schließlich die Uneinigkeit über den Ausgleich des Bundeshaushalts 1967 und über die auf lange Sicht notwendigen finanzpolitischen Maßnahmen zum Auseinanderbrechen der bisherigen Koalition und zu einem Minderheitskabinett führten.

Aus den dadurch notwendig gewordenen Koalitionsverhandlungen ist die neue Regierung der Großen Koalition hervorgegangen. Die Verhandlungen der Parteien haben zu der wohl bisher gründlichsten Bestandsaufnahme der Möglichkeiten und Notwendigkeiten deutscher Politik vor einer Regierungsbildung geführt.

Zum erstenmal haben sich die Christlich-Demokratische und Christlich-Soziale Union und die Sozialdemokratische Partei auf der Ebene des Bundes zur Bildung einer gemeinsamen Regierung entschlossen. Das ist ohne Zweifel ein Markstein in der Geschichte der Bundesrepublik, ein Ereignis, an das sich viele Hoffnungen und Sorgen unseres Volkes knüpfen.

Die Hoffnungen richten sich darauf, daß es der Großen Koalition, die über eine so große, zwei Drittel weit übersteigende Mehrheit im Bundestag verfügt, gelingen werde, die ihr gestellten schweren Aufgaben zu lösen, darunter vor allem die Ordnung der öffentlichen Haushalte, eine ökonomische, sparsame Verwaltung, die Sorge für das Wachstum unserer Wirtschaft und die Stabilität der Währung.

Dies alles sind Voraussetzungen des privaten und öffentlichen Wohles in unserem wie in jedem anderen Lande. Sie verbürgen der Regierung und dem Parlament die nötige Kraft zum Handeln in allen Bereichen der Innen- und der auswärtigen Politik. Die Sorgen vieler gelten den möglichen Gefahren einer Großen Koalition, der nur eine verhältnismäßig kleine Opposition gegenübersteht.

Wir sind entschlossen, soviel an uns liegt, die auf uns gesetzten Hoffnungen zu erfüllen und die befürchteten Gefahren abzuwehren. In dieser Koalition, meine Damen und Herren, werden keine Macht und Pfründen zwischen Partnern geteilt, keine Mißstände vertuscht und die Kräfte des parlamentarischen Lebens nicht durch Absprachen hinter den Kulissen gelähmt werden, wie es ihr mit dem Schlagwort „Proporzdemokratie" unterstellt wird. Die Opposition wird alle parlamentarischen Möglichkeiten haben, ihre Auffassung zur Darstellung und Geltung zu bringen.

Die stärkste Absicherung gegen einen möglichen Mißbrauch der Macht ist der feste Wille der Partner der Großen Koalition, diese nur auf Zeit, also bis zum Ende dieser Legislaturperiode, fortzuführen. *(Beifall bei den Regierungsparteien.)* Während dieser Zusammenarbeit soll nach Auffassung der Bundesregierung ein neues Wahlrecht grundgesetzlich verankert werden, das für künftige Wahlen zum Deutschen Bundestag nach 1969 klare Mehrheiten ermöglicht. *(Erneuter Beifall bei den Regierungsparteien.)* Dadurch wird ein institutioneller Zwang zur Beendigung der Großen Koalition und eine institutionelle Abwehr der Notwendigkeit zur Bildung von Koalitionen überhaupt geschaffen. Die Möglichkeit für ein Übergangswahlrecht für die Bundestagswahl 1969 wird von der Regierung geprüft.

Dieser Entschluß, nur eine zeitlich begrenzte Koalition zu bilden, wird uns aber nicht davon abhalten, in der Zeit unseres Koalitionsbündnisses alle wichtigen Aufgaben mit äußerster Entschlossenheit zu bewältigen.

Unsere nächstliegende Sorge ist, den Haushalt 1967 auszugleichen. Dies muß rasch geschehen. Das Finanzplanungsgesetz, das Steueränderungsgesetz 1966 und das Ergänzungshaushaltsgesetz 1967 reichen nicht aus, um die Deckungslücken des Haushalts voll zu beseitigen. Trotz der drei Gesetze müssen wir 1967 mit einer Deckungslücke von rund 3,3 Milliarden DM rechnen. Die Regierung wird alsbald neue Ausgleichsvorschläge in dieser Höhe vorlegen.

In den kommenden Jahren bietet die Finanzlage des Bundes ein noch düstereres Bild. Im Jahresdurchschnitt drohen Deckungslücken, die etwa so groß sind wie das gesamte Haushaltsvolumen eines der finanzstärksten Länder der Bundesrepublik, und dies trotz der vom Hohen Hause inzwischen verabschiedeten drei Gesetze.

Wie kam es zu dieser Entwicklung?

1. Es fehlte an der mittelfristigen Vorausschau. Hätten wir schon rechtzeitig die schlichten Finanzprognosen, wie wir sie heute aufstellen, erarbeitet, so wäre diese Entwicklung vermieden worden. *(Beifall bei der SPD und vereinzelt in der Mitte.)* Aber die in der Hochkonjunktur anschwellenden Staatseinnahmen, eine überalterte Haushaltspraxis, die verwirrende Vielfalt der öffentlichen Aufgaben, aber auch zu große Nachgiebigkeit gegenüber Interessengruppen *(Beifall bei den Regierungsparteien)* und Überschätzung unserer Möglichkeiten haben dazu verführt, Jahr für Jahr neue fortlaufende Ausgaben und fortwirkende Einnahmeverminderungen zu beschließen, ohne ihre Folgen für die Zukunft genügend zu bedenken.

2. Noch 1965 wurden die Bundeshaushalte durch Einnahmeverzichte und Ausgabeerhöhungen zusätzlich mit insgesamt 7,2 Milliarden DM belastet. Die beiden Steueränderungsgesetze führten für Bund und Länder zu Einnahmeverlusten in Höhe von 3,1 Milliarden DM; zusätzliche Ausgaben in Höhe von 6 Milliarden DM wurden beschlossen. Hinzu kommt, daß sich 1965 erstmals die 1964 beschlossene Übernahme des Kindergeldes auf den Bundeshaushalt mit einem vollen Jahresbetrag von rund 2,8 Milliarden DM auswirkte. *(Hört! Hört! in der Mitte.)* Die Unzulänglichkeit des Art. 113 des

Grundgesetzes und auch die unbegründete Furcht vor der Ungunst der Wähler haben eine Korrektur dieser Entscheidungen vor den Bundestagswahlen verhindert. *(Beifall bei der SPD und vereinzelt bei der CDU/CSU.)* Auch nach den Wahlen gelang es nicht, den eingeschlagenen Weg ins Defizit zu verlassen. Das Haushaltssicherungsgesetz 1966 war eine Krücke, die nur über die Schwierigkeiten eines einzigen Jahres hinweghalf: Von 3,1 Milliarden DM Ausgabekürzungen waren nur rund 400 Millionen DM Dauereinsparungen; die übrigen Ausgaben wurden lediglich um ein bis zwei Jahre verschoben. *(Sehr richtig! bei der SPD.)*

Das ist die Wahrheit, die wir uns eingestehen müssen und die wir unserem Volk nicht vorenthalten dürfen. *(Beifall bei den Regierungsparteien.)* Wäre von vornherein das getan worden, was wir nunmehr tun müssen, wären nicht jene Erwartungen und Gewöhnungen entstanden, die heute enttäuscht werden müssen. *(Zustimmung bei der SPD.)*

Die Gesundung der Bundesfinanzen ist weniger eine Frage des Sachverstandes als des politischen Mutes und der Einsicht aller Mitverantwortlichen. *(Beifall bei den Regierungsparteien.)* Die Regierung weiß das und wird die Entscheidungen vorbereiten, die nötig sind, um die ab 1968 drohenden Deckungslükken auszugleichen, und dafür sorgen, daß vorrangige Aufgaben besser erfüllt werden können. Dies wird nicht allein durch Maßnahmen gelingen, die niemandem wehtun.

Bei der Neuorientierung der Haushaltspolitik und der Auswahl der Maßnahmen zur Ausgabeverminderung oder Einnahmeerhöhung wird die Bundesregierung von folgenden Leitlinien ausgehen:

1. Wir werden uns um eine Normalisierung der Kapitalmarktlage bemühen und Investitionsausgaben, soweit das wirtschaftspolitisch und konjunkturpolitisch vertretbar ist, durch Kredite finanzieren.

2. Wirtschaftswachstum, Erhöhung der Produktivität und Vollbeschäftigung müssen gesichert bleiben. Nur eine vollbeschäftigte und beständig wachsende Wirtschaft kann uns jene Staatseinnahmen erbringen, die für die öffentlichen Aufgaben gebraucht werden. *(Beifall bei den Regierungsparteien.)*

3. Die notwendigen Einschränkungen und Belastungen müssen möglichst gleichmäßig auf alle Gruppen und Schichten des Volkes verteilt werden. *(Beifall bei den Regierungsparteien.)*

4. Die großen Blöcke der Konsumausgaben im Bundeshaushalt müssen ohne Scheu vor Tabus überprüft werden. *(Erneuter Beifall bei den Regierungsparteien.)*

Niemandem, am wenigsten den scheinbar Begünstigten, würde eine wirklichkeitsfremde Politik nützen, der die Finanzgrundlage fehlt oder die nur zu

Lasten anderer für unser Volk lebenswichtiger Zukunftsaufgaben finanziert werden könnte. Die Bundesrepublik wendet von ihrem Bruttosozialprodukt für soziale Leistungen so viel auf wie kein anderes Land. Das ist kein Wohlstandsübermut; wir müssen Milliarden für Kriegsopfer, Vertriebene und Flüchtlinge ausgeben und immer mehr alte Menschen versorgen, – eine Folge der Kriegsverluste und der großen Geburtenausfälle während der beiden Weltkriege und der Wirtschaftskrise um 1932.

Politik ist in allen Bereichen die Kunst des Möglichen. Eine fortschrittliche Gesellschaftspolitik setzt eine gesunde, wachsende Wirtschaft und eine stabile Währung voraus. Sie würde den Boden unter den Füßen verlieren, wenn sie die Leistungen so stark ausdehnen wollte, daß das Wachstum unserer Wirtschaft die Stabilität der Währung gefährdete und die die Zukunft unseres Volkes sichernden Infrastrukturinvestitionen unterbleiben müßten.

In unserem System der Sozialversicherung werden wir am Prinzip der dynamischen Rente festhalten *(Beifall bei den Regierungsparteien.)* Bei den Sozialleistungen, die der Lebenssicherung dienen, soll weder der Besitzstand gemindert noch sollen sie auf die gegenwärtige Höhe festgelegt werden. Wir müssen aber sehr ernsthaft die Bemessung der jährlichen Zuwachsraten der Sozialleistungen und der Bundeszuschüsse prüfen und sie mit den Möglichkeiten und Grundsätzen einer gesunden Finanzpolitik in Einklang bringen. *(Beifall bei den Regierungsparteien.)*

5. Andere Zuwendungen aus dem Bundeshaushalt sollten nicht mehr ohne Rücksicht auf die Wirtschaftslage des Empfängers, sondern nur dann gewährt werden, wenn der Bedarf gesellschaftspolitisch gerechtfertigt ist. *(Beifall bei den Regierungsparteien.)* Wir werden prüfen, wo Einkommensgrenzen eingeführt werden sollen. *(Lebhafter Beifall bei den Regierungsparteien.)* Wir können es uns nicht leisten, öffentliche Mittel unterschiedslos nach dem Gießkannenprinzip zu verteilen. *(Lebhafter Beifall und zustimmende Zurufe bei den Regierungsparteien.)* Unter diese Erwägung fällt die Sparförderung ebenso wie Leistungen, die nicht Fürsorgecharakter haben. Aber wenn die notwendigen Mittel fehlen, kann eben auch hier nur das Mögliche und Dringlichste geschehen.

6. Unsere Außenverpflichtungen müssen ebenfalls mit unseren Leistungsmöglichkeiten in Einklang stehen oder in Einklang gebracht werden. Die Bundesregierung wird alle bisher eingegangenen Verpflichtungen erfüllen. Sie muß jedoch dafür sorgen, daß in Zukunft die Belastungen durch Beiträge an supranationale oder internationale Einrichtungen – allen voran die EWG – nicht in der bisherigen Weise weiterwachsen. *(Beifall bei den Regierungsparteien.)* Auch die unvermeidliche Steigerung der Entwicklungshilfe wird unseren finanziellen Leistungskräften angepaßt werden müssen. *(Zustim-*

mung in der Mitte.) Ebenso wenig dürften künftige Verpflichtungen zum Ausgleich von Devisenaufwendungen für im Bundesgebiet stationierte Truppen ohne Rücksicht auf unsere Finanzlage übernommen werden. *(Beifall bei den Regierungsparteien.)*

7. Auch die Personalausgaben müssen der Finanzlage angepaßt werden. *(Beifall bei den Regierungsparteien.)*

8. Die Gesetzgebung über die Abwicklung von Kriegs- und Nachkriegsfolgen sollte abgeschlossen werden. Die Finanzlage des Bundes beweist, daß wichtige Aufgaben der Zukunftsvorsage sträflich vernachlässigt werden würden, wenn die kommenden Jahre durch neue Zahlungen für die Vergangenheit belastet würden. *(Beifall bei den Regierungsparteien.)* Auch die geltenden Regelungen müssen mit dem Ziel überprüft werden, die Ausgabeverpflichtungen mit der Einnahmeentwicklung des Bundes in Einklang zu bringen.

9. Für Sozialinvestitionen aller Bereiche, besonders für Wissenschaft und Forschung, müssen erheblich größere Geldmittel bereitgestellt werden. *(Beifall bei den Regierungsparteien.)* Dies ist freilich nur möglich durch Einsparungen bei Konsumausgaben, bei Subventionen oder durch Steuererhöhung.

Die Förderung der Forschung in Schlüsselbereichen der technischen Entwicklung – wie der Elektronik, der Atomenergie und der Weltraumforschung – ist für die Zukunft der Gesamtwirtschaft und damit für den Wohlstand unseres Volkes ertragreicher als Subventionen, die nur der Erhaltung von stagnierenden Bereichen dienen. *(Beifall bei den Regierungsparteien.)* Die Regierung muß insbesondere auch durch gemeinsame Anstrengungen mit befreundeten Staaten der Gefahr eines technologischen Rückstandes entgegenwirken.

10. Die Regierung kann nicht von vornherein auf Steuererhöhungen verzichten. Je breiter die gegeneinander abzuwägenden Möglichkeiten zum Haushaltsausgleich angelegt sind, um so eher sind besondere Härten für einzelne Bevölkerungsgruppen vermeidbar. Das Wachstum der Wirtschaft darf jedoch durch steuerliche Maßnahmen nicht beeinträchtigt werden. *(Beifall bei den Regierungsparteien.)*

11. Die Auseinandersetzungen zwischen dem Bund und den Ländern über die Anteile an der Einkommen- und Körperschaftsteuer litten in den vergangenen Jahren daran, daß die Maßstäbe für eine gerechte Verteilung fehlten. Diese Maßstäbe müssen erst durch eine vertikale Rangliste der Aufgaben in Bund, Ländern und Gemeinden erarbeitet werden.

12. Der schwierige Anpassungsprozeß, der sich in den Steinkohlengebieten vollzieht, verlangt dringend wohlgeplante Maßnahmen, die eine dauernde

Heilung versprechen. *(Beifall bei der SPD.)* Es muß dafür gesorgt werden, daß der Steinkohlenabsatz bei der Elektrizität und der Stahlindustrie stabilisiert wird. Die Ansiedlung von Ersatzindustrien und andere Maßnahmen müssen die wirtschaftliche und soziale Zukunft der von unvermeidlichen Zechenstillegungen gefährdeten Menschen gewährleisten. Die betroffenen Länder vermögen dies aus eigenen Kräften allein nicht. Sie und der Bund müssen gemeinsam Mittel zur Bereinigung der schwierigen Lage bereitstellen.

13. Auch die Verteidigungsausgaben müssen sich nach der Finanzlage des Bundes richten. *(Beifall bei Abgeordneten der Regierungsparteien.)* Der Verteidigungshaushalt ist aber keine Reservekasse für die Korrektur der Haushaltssünden vergangener Jahre. *(Beifall bei den Regierungsparteien.)*

In unserer künftigen Haushaltspolitik wird es nicht leicht sein, diese allgemeinen Zielsetzungen zu verwirklichen. Konflikte sind unvermeidlich. Wir können nicht einfach mit der Holzaxt das Gestrüpp der für die Zukunft angelegten öffentlichen Ausgaben planlos zu lichten versuchen. Im Gegenteil, diese Bereinigung soll uns instandsetzen, künftige Haushalte als Instrumente einer klaren, vorausschauenden Gesamtpolitik zu benützen, die Wichtigstes von Wichtigem und Wichtiges von nur Wünschenswertem unterscheidet. Ein Haushalt darf nicht nur ein Flickenteppich von Interessen- und Ressortkompromissen sein, er muß vielmehr das Spiegelbild eines politischen Gesamtprogramms darstellen. *(Beifall bei den Regierungsparteien.)*

Eine sorgfältige, nicht nur eine Addition der Ressortvorstellungen widerspiegelnde mittelfristige Finanzplanung muß uns in den Stand setzen, diesen notwendigen finanziellen Spielraum wiederzugewinnen und damit die Möglichkeiten zu neuen politischen Entscheidungen wieder zu erlangen.

Wir dürfen bei diesen Überlegungen freilich nicht nur die Bundeshaushalte im Auge haben. Wir leben in einem Bundesstaat, in welchem Bund, Länder und Gemeinden ihre eigenen Aufgabenbereiche zu erfüllen haben. Ob die Aufgabenverteilung durch das Grundgesetz heute noch sachgerecht ist oder ob etwa bestimmte Bundeskompetenzen auf die Länder, Länderkompetenzen auf den Bund übertragen werden sollten, wird zu prüfen sein im Zusammenhang mit der Reform der Finanzverfassung, welche diese Regierung als eine der großen innenpolitischen Aufgaben betrachtet und verwirklichen will. *(Beifall bei den Regierungsparteien.)*

Ich erwähnte schon, daß die Auseinandersetzungen zwischen dem Bund und den Ländern über die Anteile an der Einkommen- und Körperschaftsteuer in den vergangenen Jahren darunter litten, daß die Maßstäbe für eine gerechte Verteilung fehlten und daß diese Maßstäbe erst durch eine vertikale Rangliste der Aufgaben in Bund, Ländern und Gemeinden erarbeitet werden müßten. Das wird aber nur gelingen, wenn auch die Länder und die Gemeinden ihre

Haushaltspolitik nach den Grundsätzen gestalten, die ich für die künftige Haushaltspolitik des Bundes dargelegt habe. Das Stabilitätsgesetz wird dafür einen Teil der rechtlichen und politischen Voraussetzungen schaffen. Im übrigen wird es nötig sein, durch einen kooperativen Föderalismus eine gerechte und fruchtbare Ordnung in den Bereichen des Bundes, der Länder und der Gemeinden herbeizuführen.

Meine Damen und Herren, bei unseren politischen Planungen können wir die Rechnung nicht ohne den Wirt machen. Eine gesunde, wachsende Wirtschaft ist die Voraussetzung für das private wie für das öffentliche Wohl. Die Bundesrepublik Deutschland zählt heute zu den großen Industrie- und Handelsnationen der Erde. Es muß das Ziel der Wirtschaftspolitik sein, diesen von unserem ganzen Volk hart erarbeiteten Erfolg zu bewahren. Nur wenn uns dieses gelingt, werden auch wir die erforderlichen Mittel für die Durchführung einer erfolgreichen Politik in allen Bereichen erhalten.

Die Bundesregierung bekennt sich daher ausdrücklich zu den wirtschaftspolitischen Zielsetzungen, die der Deutsche Bundestag im Gesetz über die Bildung des Sachverständigenrates niedergelegt hat: im Rahmen der marktwirtschaftlichen Ordnung gleichzeitig Stabilität des Preisniveaus, hohen Beschäftigungsstand und außenwirtschaftliches Gleichgewicht bei stetigem und angemessenem Wachstum anzustreben.

Diese Aufgabenkombination verlangt von der Wirtschaftspolitik, daß sie sich jeweils auf die Einzelziele konzentriert, die am meisten gefährdet sind. Dies sind nach Auffassung der Bundesregierung zur Zeit das optimale Wirtschaftswachstum und die Sicherung eines hohen Beschäftigungsstandes. Es droht sogar die Gefahr eines gesamtwirtschaftlichen Rückschlages. Meine Damen und Herren, die Vorausschätzungen der wissenschaftlichen Institute und des Sachverständigenrates für 1967 haben den Ernst der Lage deutlich gemacht. Die Talsohle in der Konjunkturentwicklung kann sogar noch vor uns liegen, zumal dann, wenn ein harter Winter einen besonders starken Saisoneinbruch bewirken würde.

Bei dieser Ausgangslage ist daher eine expansive und stabilitätsorientierte Wirtschaftspolitik das Gebot der Stunde. *(Beifall bei den Regierungsparteien.)* Allerdings hat sich der Wachstumsspielraum der deutschen Wirtschaft gegenüber dem vergangenen Jahrzehnt erheblich verringert, so daß die Preisstabilität schneller gefährdet werden kann. Trotz dieser Schwierigkeit ist die Bundesregierung entschlossen, einem wirtschaftlichen Aufschwung ohne spätere Überhitzungserscheinungen den Weg zu bahnen. Die Bundesregierung sieht in dieser Herausforderung keinen Grund, auch nur eines der gesamtwirtschaftlichen Ziele zu vernachlässigen, sondern sie nimmt sie als Ansporn zu besonderer Leistung. Sie fordert diese Leistung von sich selbst, von den Vertretern der gesellschaftlichen Gruppen und vom einzelnen Staatsbürger. *(Beifall bei den Regierungsparteien.)*

Die Bundesregierung wird unverzüglich folgende Maßnahmen unterstützen und einleiten:

Erstens: Die Deutsche Bundesbank hat in letzter Zeit mehrfach zu erkennen gegeben, daß sie aus konjunkturpolitischen Gründen eine weitere Lockerung der Kreditrestriktionen ins Auge fassen werde, wenn hieraus keine Gefahren für die Geldwertstabilität erwüchsen. Die Bundesregierung hält nunmehr eine entscheidende Lockerung der Kreditrestriktionen durch die Deutsche Bundesbank für sachlich geboten. Die Bundesregierung würde eine fühlbare Senkung des Diskontsatzes und entsprechende Erleichterungen für den Geld- und Kapitalmarkt begrüßen. *(Beifall bei den Regierungsparteien.)*

Zweitens bittet die Bundesregierung den Deutschen Bundestag, den Gesetzentwurf zur Abschaffung der Kuponsteuer bald zu beraten. Dabei sollte der enge Zusammenhang mit Zeitpunkt und Ausmaß der erhofften kreditpolitischen Entscheidungen der Deutschen Bundesbank berücksichtigt werden.

Drittens wird die Bundesregierung, wenn es erforderlich ist, durch gezielte Ausgaben die Investitionstätigkeit in unserer Volkswirtschaft beleben. Für den Straßenbau, für die Modernisierung von Bundesbahn und Bundespost sowie für andere vordringliche Investitionen ist für diesen Fall im Rahmen eines Eventualhaushaltes oder nach Verabschiedung des Stabilitätsgesetzes in Anwendung des § 3 des Entwurfs ein zusätzlicher Betrag bis zu 2,5 Milliarden DM vorzusehen.

Viertens erwartet die Bundesregierung von den genannten Maßnahmen Impulse, die weit über ihre unmittelbaren Wirkungen hinausgehen. Ihre wirtschaftspolitische Aktion ist die Aktion einer stabilen und handlungsfähigen Regierung mit breiter parlamentarischer Grundlage. Diese staatliche Autorität gewährt den Unternehmen die notwendige Sicherheit, um ihre betrieblichen Planungen und ihre Investitionsentscheidungen auf eine Wiederbelebung der Konjunktur zu richten. Nachdem die innenpolitische Unsicherheit gewichen ist, können sich die spontanen Kräfte des Marktes wieder entfalten.

Ein stärkeres Wachstum der Realeinkommen darf aber nicht in eine neue Preissteigerung ausarten. *(Unruhe bei der CDU/CSU.)* Stabilität im Wachstum kann jedoch nur dann gesichert werden, wenn ein enges Zusammenwirken mit den autonomen Tarifvertragsparteien zustande kommt. *(Beifall bei den Regierungsparteien.)*

Meine Damen und Herren, der Spielraum der Expansionspolitik hängt entscheidend – ich betone: entscheidend – von dem Erfolg einer freiwilligen und gemeinsamen Aktion der Gewerkschaften und Unternehmerverbände zu

einem stabilitätsgerechten Verhalten im Aufschwung ab. *(Lebhafter Beifall bei den Regierungsparteien.)* Die Bundesregierung wird deshalb durch ihr Beispiel und ihr Vorangehen eine solche konzertierte Aktion unterstützen und hierzu sofort die notwendigen Initiativen ergreifen. Beide Tarifpartner haben in der Vergangenheit mehrfach ihre Bereitschaft zu einer solchen freiwilligen Mitarbeit erklärt. Die Bundesregierung erkennt dies ausdrücklich an. Sie wird alle notwendigen Voraussetzungen für eine solche Aktion schaffen, insbesondere wird sie in Zusammenarbeit mit dem Sachverständigenrat den Tarifpartnern Orientierungsdaten für deren eigene Entscheidungen zur Verfügung stellen und diese mit allen Beteiligten erörtern.
Unter den geschilderten Voraussetzungen einer „kontrollierten Expansion“ strebt die Bundesregierung eine Wachstumsrate des realen Bruttosozialproduktes in der Größenordnung von 4 Prozent an. Wachstumsförderung und Zusammenwirken mit allen verantwortlichen Kräften müssen in eine neue Politik der Globalsteuerung eingeordnet werden. Diese Politik schützt vor der Flucht in den Einzeldirigismus, sichert die marktwirtschaftlich-freiheitliche Ordnung und ist damit allen anderen Systemen weit überlegen. Die Bundesregierung sieht in der Verabschiedung eines umfassenden Gesetzes zur Förderung der Stabilität und des Wachstums der Wirtschaft eine notwendige Voraussetzung für diese Politik.
Die Bundesregierung wird eine Kommission unabhängiger Sachverständiger berufen und sie mit der Auswertung der bisherigen Erfahrungen bei der Mitbestimmung als Grundlage weiterer Überlegungen beauftragen. Die Bundesregierung lehnt Bestrebungen ab, die den bewußten und erkennbaren Zweck einer Aushöhlung der Mitbestimmung verfolgen. *(Beifall bei der SPD.)*
Die Wirtschafts- und Finanzpolitik, meine Damen und Herren, aber auch alle übrigen innenpolitischen Bereiche, insbesondere die Gesellschafts-, Agrar-, Verkehrs-, Wohnungsbau- und Sicherheitspolitik, müssen langfristig angelegt und aufeinander abgestimmt werden. Ein solches Gesamtprogramm setzt aber eine umfassende Bestandsaufnahme über die gesetzlichen, vertraglichen und internationalen Verpflichtungen voraus, ihre Überprüfung nach Schwerpunkten und Prioritäten und vor allem ihre Anpassung an die finanziellen Möglichkeiten.
Die Bundesregierung wird die Arbeiten für dieses Gesamtprogramm sofort beginnen. Unabhängig von dem wiederkonstituierten Kabinettsausschuß für Wirtschaft hat sie für diese Aufgabe einen Kabinettsausschuß für längerfristige Finanzplanung eingesetzt. Die Bundesregierung wird bemüht sein, diesem Gesamtprogramm einen mehrjährigen Finanzplan und mehrjährige Investitionsprogramme für die öffentliche Hand aller Ebenen zugrunde zu legen, der

unter Mitwirkung der Länder aufgestellt und mit den Erfordernissen des gesamtwirtschaftlichen Gleichgewichts in Einklang stehen soll. Ich bitte das Hohe Haus daher um Verständnis, daß ich heute darauf verzichte, einen Katalog von unverbindlichen Zusagen und Absichtserklärungen für die einzelnen Ressortbereiche vorzutragen. *(Beifall bei den Regierungsparteien.)*

Alle unsere Bemühungen um die innere Ordnung, um wirtschaftliches Wachstum und soziale Gerechtigkeit, meine Damen und Herren, haben freilich nur Sinn und Bestand, wenn es gelingt, den Frieden und eine freiheitliche Lebensordnung zu bewahren. Daß der Friede bewahrt werde, ist die Hoffnung aller Völker, und das deutsche Volk wünscht dies nicht weniger als die anderen. *(Beifall bei den Regierungsparteien.)* Darum ist der Wille zum Frieden und zur Verständigung der Völker das erste Wort und das Grundanliegen der Außenpolitik dieser Regierung. *(Beifall bei den Regierungsparteien.)* Zwar dient jede Außenpolitik unmittelbar den Interessen des eigenen Volkes; aber in einer Welt, in welcher die Schicksale der Völker so eng miteinander verknüpft sind, darf sich niemand der Mitverantwortung für diese Welt und für den Frieden in dieser Welt entziehen. *(Beifall bei Abgeordneten der Regierungsparteien.)*

Die deutsche Regierung tritt für eine konsequente und wirksame Friedenspolitik ein, durch die politische Spannungen beseitigt und das Wettrüsten eingedämmt werden. Wir werden an Vorschlägen zur Rüstungskontrolle, Rüstungsminderung und Abrüstung mitarbeiten. Die Bundesrepublik hat gegenüber ihren Bündnispartnern auf die Herstellung von Atomwaffen verzichtet und sich entsprechenden internationalen Kontrollen unterworfen. Wir streben keine nationale Verfügungsgewalt über Atomwaffen und keinen nationalen Besitz an solchen Waffen an. *(Beifall bei den Regierungspareien.).* Wir sind entschlossen, mit allen Völkern Beziehungen zu unterhalten, die auf Verständigung, auf gegenseitiges Vertrauen und auf den Willen der Zusammenarbeit gegründet sind.

Dies gilt auch für unser Verhältnis zur Sowjetunion, obwohl unsere Beziehungen immer noch durch das ungelöste Problem der Wiedervereinigung unseres Volkes belastet sind. Ich gehörte im Jahre 1955 bei unserem Besuch in Moskau – erlauben Sie mir diese persönliche Erinnerung – zu denjenigen, die mit Nachdruck für die Aufnahme diplomatischer Beziehungen zwischen der Bundesrepublik und der Sowjetunion eintraten. Sicherlich hat die Entwicklung dieser Beziehungen die Erwartungen auf beiden Seiten enttäuscht. Das soll für uns kein Anlaß sein, unsere Bemühungen um eine Verständigung Schritt für Schritt und um zunehmendes, gegenseitiges Vertrauen zu verringern. In meiner letzten Rede im Deutschen Bundestag am

1. Oktober 1958 in Berlin habe ich gesagt, das deutsche Volk hege weder Feindschaft noch Haß gegen die Völker der Sowjetunion, es möchte mit ihnen im Gegenteil in guter friedlicher Nachbarschaft leben, und es denke auch nicht daran, sich in die inneren Verhältnisse der Sowjetunion einzumischen. Ich habe hinzugefügt, es möge für die Sowjetunion im Zusammenhang mit der Wiedervereinigung Deutschlands Probleme geben, deren Lösung ihr schwierig scheine. Politische Klugheit und weitblickender Verständigungswille auf allen Seiten würden aber solche Schwierigkeiten überwinden können. Ich bin auch heute noch dieser Überzeugung. Und diese Regierung wird nach dieser Überzeugung handeln. *(Beifall bei den Regierungsparteien.)*
Die letzte Bundesregierung hat in der Friedensnote vom März dieses Jahres auch der Sowjetunion den Austausch von Gewaltverzichtserklärungen angeboten, um erneut klarzustellen, daß sie nicht daran denke, unsere Ziele anders als mit friedlichen Mitteln anzustreben. Die Bundesregierung wiederholt heute dieses auch an die anderen osteuropäischen Staaten gerichtete Angebot. Sie ist bereit, das ungelöste Problem der deutschen Teilung in dieses Angebot einzubeziehen. *(Beifall bei Abgeordneten der SPD.)* Im übrigen hoffen wir, das gegenseitige Verständnis und Vertrauen durch die Entwicklung unserer wirtschaftlichen, geistigen und kulturellen Beziehungen beständig zu fördern und zu vertiefen, um so die Voraussetzungen für künftige erfolgreiche Gespräche und Verhandlungen zu schaffen.
Deutschland war jahrhundertelang die Brücke zwischen West- und Osteuropa. Wir möchten diese Aufgaben auch in unserer Zeit gerne erfüllen. Es liegt uns darum daran, das Verhältnis zu unseren östlichen Nachbarn, die denselben Wunsch haben, auf allen Gebieten des wirtschaftlichen, kulturellen und politischen Lebens zu verbessern und, wo immer dies nach den Umständen möglich ist, auch diplomatische Beziehungen aufzunehmen.
In weiten Schichten des deutschen Volkes besteht der lebhafte Wunsch nach einer Aussöhnung mit Polen, dessen leidvolle Geschichte wir nicht vergessen haben und dessen Verlangen, endlich in einem Staatsgebiet mit gesicherten Grenzen zu leben, wir im Blick auf das gegenwärtige Schicksal unseres eigenen geteilten Volkes besser als in früheren Zeiten begreifen. Aber die Grenzen eines wiedervereinigten Deutschlands können nur in einer frei vereinbarten Regelung mit einer gesamtdeutschen Regierung festgelegt werden, einer Regelung, die die Voraussetzung für ein von beiden Völkern gebilligtes, dauerhaftes und friedliches Verhältnis guter Nachbarschaft schaffen soll. *(Beifall bei den Regierungsparteien.)*
Auch mit der Tschechoslowakei möchte sich das deutsche Volk verständigen. Die Bundesregierung verurteilt die Politik Hitlers, die auf die Zerstörung des tschechoslowakischen Staatsverbandes gerichtet war. Sie stimmt der Auffas-

sung zu, daß das unter Androhung von Gewalt zustandegekommene Münchner Abkommen nicht mehr gültig ist. *(Beifall bei der SPD und bei Abgeordneten der CDU/CSU.)* Gleichwohl bestehen noch Probleme, die einer Lösung bedürfen, wie zum Beispiel das des Staatsangehörigkeitsrechts. Wir sind uns unserer Obhutspflicht gegenüber den sudetendeutschen Landsleuten wie gegenüber allen anderen Vertriebenen und Flüchtlingen bewußt und nehmen sie ernst. Diese Vertriebenen haben, wie das tschechoslowakische Volk zuvor, bitteres Leid und Unrecht erfahren. Der Bundesregierung liegt daran, dieses trübe Kapitel der Geschichte unserer Völker zu beenden und ein Verhältnis vertrauensvoller Nachbarschaft herzustellen. *(Beifall bei den Regierungsparteien.)*

Mit den Vereinigten Staaten von Amerika sind wir durch vielfache freundschaftliche Beziehungen und im Nordatlantischen Pakt eng verbunden, dessen Festigung und zeitgerechte Fortentwicklung uns ein wichtiges Anliegen ist. Diese Regierung wird keine der großen Hilfen vergessen, die uns die Vereinigten Staaten in den vergangenen beiden Jahrzehnten geleistet haben. *(Beifall bei den Regierungsparteien.)* Sie weiß, daß das Bündnis mit den Vereinigten Staaten und den übrigen Partnern des Nordatlantischen Paktes auch heute und in der Zukunft, die wir zu überblicken vermögen, für uns lebenswichtig ist. Jedes Bündnis, meine Damen und Herren, ist nur so viel wert und hat nur so viel Festigkeit wie das Vertrauen der Bündnispartner zueinander, daß ihre vitalen Interessen vom Partner verstanden und berücksichtigt werden. Das gilt auch für die Beziehungen zwischen den Vereinigten Staaten und uns. Vielleicht haben wir in den vergangenen Jahren im Verhältnis zu den Vereinigten Staaten manchmal zu sehr unsere eigenen Sorgen, Nöte und Anliegen betont, was ja bei einem schwächeren und bedrängten Partner naheliegt, und darüber übersehen, daß auch eine große Macht wie die Vereinigten Staaten ihre Sorgen und Probleme hat, für die sie bei ihren Verbündeten Verständnis und, wo dies möglich ist, Unterstützung erwartet. Fast wider ihren Willen ist diese mächtige Nation nach dem letzten Krieg in eine Lage geraten, die sie in allen Kontinenten engagiert. Wir sollten dies nicht vergessen und uns überlegen, wie wir zu unserem Teil an der Bewahrung des Weltfriedens entschiedener als bisher Mitverantwortung übernehmen können. *(Beifall bei Abgeordneten der Regierungsparteien.)*

Freilich muß sich jedes europäische Land, das dazu entschlossen ist, eingestehen, daß seine eigenen Kräfte begrenzt sind und daß die europäischen Völker einen viel stärkeren Beitrag für den Frieden in der Welt und die Wohlfahrt der Völker leisten könnten, wenn sie ihre Kräfte miteinander verbänden. *(Beifall bei den Regierungsparteien.)* Wir sind daher davon überzeugt, daß die wirtschaftliche und politische Einigung Europas ebenso im

Interesse der europäischen Völker wie in dem der Vereinigten Staaten liegt, und ich wage die Hoffnung auszusprechen, daß eines Tages auch die Sowjetunion in einem solchen einigen Europa ein wesentliches Element der Friedensordnung in unserer Welt erblicken wird. Das mag manchem als eine zu kühne Hoffnung erscheinen. Aber die Größe der Aufgabe verlangt von uns, daß wir den Mut haben, über die aktuellen Sorgen und Probleme hinaus eine zukünftige Friedensordnung auf diesem Planeten vorauszudenken. *(Beifall bei den Regierungsparteien.)*

Wir wollen aber den Willen zur Einigung Europas nicht als Vorwand dafür benützen, das, was uns jetzt zu tun möglich ist, zu unterlassen. Daher ist diese Regierung entschlossen, in einer der Kraft und den Möglichkeiten unseres Volks angemessenen Weise ihren Beitrag für einen gerechten und dauerhaften Frieden zu leisten.

Die bestehenden europäischen Gemeinschaften, welche die vorangegangenen Regierungen der Bundesrepublik mit beständiger Energie gefördert haben, haben große Fortschritte erzielt. Wir werden auf den konsequenten Ausbau der europäischen Wirtschaftsgemeinschaft und ihrer Institutionen hinwirken. Die Gemeinschaft der Sechs soll allen europäischen Staaten offenstehen, die sich zu ihren Zielen bekennen. Besonders würden wir eine Teilnahme Großbritanniens und anderer EFTA-Länder an den europäischen Gemeinschaften begrüßen. *(Beifall bei den Regierungsparteien.)* Wir wünschen, unsere Beziehungen zu Großbritannien fortschreitend zu entwickeln und zu vertiefen. Wir werden die enge und vertrauensvolle Zusammenarbeit mit Italien fortsetzen. Dies gilt gleichermaßen für die Niederlande, Belgien und Luxemburg. Diese Regierung wird entschieden darauf drängen, daß gleichzeitig mit der inneren Entwicklung des Gemeinsamen Marktes eine weltoffene Handelspolitik betrieben wird. Sie wird sich daher mit Nachdruck für einen erfolgreichen Abschluß der Kennedy-Runde einsetzen. *(Beifall bei den Regierungsparteien.)*

Meine Damen und Herren, die entscheidende Rolle für die Zukunft Europas fällt der Entwicklung des deutsch-französischen Verhältnisses zu. *(Beifall bei den Regierungsparteien.)*

Die vom Osten und Westen erhoffte europäische Friedensordnung ist ohne ein enges und vertrauensvolles Verhältnis zwischen Deutschland und Frankreich nicht denkbar. Weitblickende Staatsmänner in unseren Nachbarländern, in den Vereinigten Staaten und in der Sowjetunion haben diese elementare Tatsache, wenn auch unter verschiedenen Gesichtspunkten, erkannt.

In ihrer Haltung gegenüber Frankreich läßt sich die Bundesregierung von folgenden Erwägungen leiten:

Erstens. Aus den Fakten der europäischen Geographie und aus der Bilanz der Geschichte unseres Kontinents ergibt sich unter den Bedingungen der Gegenwart ein besonders hohes Maß an Übereinstimmung der Interessen unserer beiden Völker und Länder.
Zweitens. Gemeinsam mit Frankreich, dem ältesten Verbündeten Amerikas in Europa, halten wir ein solides Bündnis zwischen den freien, sich einigenden Nationen Europas und den Vereinigten Staaten von Amerika für unerläßlich, wie immer auch die Struktur dieses Bündnisses angesichts einer gewandelten Welt künftig gestaltet werden wird. Wir weigern uns, uns eine falsche und gefährliche Alternative der Wahl aufreden zu lassen. *(Beifall bei den Regierungsparteien).*
Drittens. Mit Frankreich treten wir ein für die Wiederherstellung der historisch gewachsenen europäischen Völkerfamilie, ein Ziel, das die Beendigung der geschichtswidrigen und unnatürlichen Zerreißung unseres Volkes einschließt.
Viertens. Die deutsch-französische Zusammenarbeit, die wir wünschen, richtet sich gegen kein anderes Volk und Land. Sie ist vielmehr Kristallisationspunkt einer Politik, die sich die Einigung Europas zum Ziel gesetzt hat. Sie ist unerläßlich, wenn Europa ein mitverantwortlicher Partner werden soll. Jenes Europa, das „mit einer Stimme" spricht, wie es amerikanische Staatsmänner forderten, setzt eine ständig wachsende Übereinstimmung der deutschen und der französischen Politik voraus. Europa kann nur mit Frankreich und Deutschland, nicht ohne oder gar gegen eines der beiden Länder, gebaut werden. Worauf es nun ankommt, sind praktische Schritte auf dem Wege zur Einigung, nicht die unnachgiebige Verfolgung von idealen Vorstellungen. *(Beifall bei den Regierungsparteien.)* Das Wünschenswerte, meine Damen und Herren, darf das Mögliche nicht verhindern.
Fünftens. Für die Verbesserung des Verhältnisses zu den osteuropäischen Nachbarn ist eine deutsch-französische Zusammenarbeit auf möglichst vielen Gebieten von größtem Wert.
Sechstens. Aus allen diesen Gründen wünscht die Bundesregierung, die im deutsch-französischen Vertrag vom 22. Januar 1963 enthaltenen Chancen zur Koordinierung der Politik beider Länder so konkret wie möglich zu nützen. Sie wird dafür Vorschläge unterbreiten. *(Beifall bei den Regierungsparteien.)*
Die besonderen Gegebenheiten unserer beiden Nationen werden auch in Zukunft in manchen Fragen Unterschiede von Interessen und Meinungen aufweisen. Die Bundesregierung ist jedoch überzeugt, daß solche Probleme geringer wiegen als die für das Schicksal unserer beiden Völker und Europas gebieterische Notwendigkeit zu einer immer weitere Bereiche umfassenden

wirtschaftlichen, technologischen, kulturellen, militärischen und politischen Zusammenarbeit.

Wir sind unseren Verbündeten dafür dankbar, daß sie unseren Standpunkt in der Frage unseres geteilten Volkes und seines Rechtes auf Selbstbestimmung unterstützen. Die politischen Gegebenheiten haben die Wiedervereinigung unseres Volkes bisher verhindert. Und noch ist nicht abzusehen, wann sie gelingen wird. Auch in dieser für unser Volk so entscheidend wichtigen Frage geht es uns um Frieden und Verständigung. Wir sind keine leichtfertigen Unruhestifter, denn wir wollen ja gerade den Unruheherd der deutschen Teilung, die ja auch eine europäische Teilung ist, durch friedliche Verständigung beseitigen und unserem Volk seinen Frieden mit sich und mit der Welt wiedergeben. Auch diese Bundesregierung betrachtet sich als die einzige deutsche Regierung, die frei, rechtmäßig und demokratisch gewählt und daher berechtigt ist, für das ganze deutsche Volk zu sprechen. *(Beifall bei den Regierungsparteien.)*

Das bedeutet nicht, daß wir unsere Landsleute im anderen Teil Deutschlands, die sich nicht frei entscheiden können, bevormunden wollen. Wir wollen, soviel an uns liegt, verhindern, daß die beiden Teile unseres Volkes sich während der Trennung auseinanderleben. *(Beifall bei den Regierungsparteien.)* Wir wollen entkrampfen und nicht verhärten; Gräben überwinden und nicht vertiefen. Deshalb wollen wir die menschlichen, wirtschaftlichen und geistigen Beziehungen mit unseren Landsleuten im anderen Teil Deutschlands mit allen Kräften fördern. Wo dazu die Aufnahme von Kontakten zwischen Behörden der Bundesrepublik und solchen im anderen Teil Deutschlands notwendig ist, bedeutet dies keine Anerkennung eines zweiten deutschen Staates. Wir werden diese Kontakte von Fall zu Fall so handhaben, daß in der Weltmeinung nicht der Eindruck erweckt werden kann, als rückten wir von unserem Rechtsstandpunkt ab. *(Beifall bei den Regierungsparteien.)*

Die Bundesregierung ist um die Ausweitung des innerdeutschen Handels, der kein Außenhandel ist, bemüht. Sie wird dabei auch eine Erweiterung von Kreditmöglichkeiten anstreben und gewisse organisatorische Maßnahmen zur Verstärkung der innerdeutschen Kontakte ins Auge fassen.

Die Bundesregierung wird alles tun, um die Zugehörigkeit Berlins zur Bundesrepublik zu erhalten, und gemeinsam mit dem Senat und den Schutzmächten prüfen, wie die Wirtschaft Berlins und seine Stellung in unserem Rechtsgefüge gefestigt werden können. *(Beifall bei den Regierungsparteien.)* Wir wollen, was zum Wohl der Menschen im gespaltenen Deutschland möglich ist, tun und, was notwendig ist, möglich machen.

In unserer auswärtigen Politik werden wir alle traditionellen guten Beziehungen, die uns mit vielen Völkern verbinden, bewahren und vertiefen.

Mit zehn arabischen Staaten haben wir zur Zeit bedauerlicherweise keine diplomatischen Beziehungen. Wir vertrauen aber darauf, daß die traditionell gute Zusammenarbeit im beiderseitigen Interesse bald wieder aufgenommen und fortentwickelt werden kann. *(Beifall bei den Regierungsparteien.)*
Unter Mißbrauch des Namens unseres Volkes sind gegen jüdische Menschen grauenhafte Verbrechen begangen worden. Diese gestalteten unser Verhältnis zu Israel problematisch und schwierig. Es wurde durch die Aufnahme diplomatischer Beziehungen verbessert und gefördert. Die Bundesregierung wird auf diesem Wege fortschreiten. *(Beifall bei den Regierungsparteien.)*
Die Regierungserklärung hat darauf verzichtet, in der bisher üblichen Weise die ganze Breite der politischen Aufgaben aufzufächern. Sie wollte Neues sagen, wo jetzt Neues zu sagen und zu wagen ist: in der Finanzpolitik, der Wirtschaftspolitik, der Außenpolitik und der Deutschlandpolitik. Es ist nicht die Erklärung einer Regierung, die aus einem glänzenden Wahlsieg, sondern aus einer von unserem Volk mit tiefer Sorge verfolgten Krise hervorging. Aber gerade diese Tatsache verleiht ihr ihre Kraft: zu entscheiden, was entschieden werden muß, ohne Rücksicht auf ein anderes Interesse als das des gemeinen Wohls oder, ich sage es, der Nation und des Vaterlandes. *(Lebhafter Beifall bei den Regierungsparteien.)*
Dies ist nicht die Geburtsstunde eines neuen Nationalismus in Deutschland, nicht in dieser Regierung, nicht in diesem Hohen Hause, nicht in unserem Volk! Auch bei den letzten Landtagswahlen hat sich die überwältigende Mehrheit der Wähler – in Hessen 92 Prozent, in Bayern 92,6 Prozent – zu den demokratischen Parteien bekannt, die während der beiden letzten Jahrzehnte den Aufbau eines demokratischen Staates und die Eingliederung der Bundesrepublik Deutschland in die europäische, die westliche Völkerfamilie vollzogen haben, deren Ideale und deren politisches Ethos wir teilen. *(Beifall bei den Regierungsparteien.)*
Wenn wir unser Volk von unserem redlichen Willen durch Wort und Tat überzeugen, wenn wir auch den Stil unseres politischen Lebens von dem Verdacht des Interessenschachers oder des ehrgeizigen Ränkespiels befreien, wenn wir ohne Arroganz, aber mit Würde die Sache unseres Volkes vor der Welt vertreten, wenn wir, wie wir es beschworen haben, unsere Kraft dem deutschen Volke widmen, seinen Nutzen mehren, Schaden von ihm wenden, das Grundgesetz und die Gesetze des Bundes wahren und verteidigen, unsere Pflichten gewissenhaft erfüllen und Gerechtigkeit gegenüber jedermann üben werden, dann wird dieses Volk in der Bundesrepublik, vor allem seine Jugend, und einmal das ganze deutsche Volk seinem freien demokratischen Staat vertrauen und zu ihm stehen in Glück und Not. *(Anhaltender lebhafter Beifall bei den Regierungsparteien.)*

26.
„Gefahren der breiten Mehrheit“

Rede des stellvertretenden Oppositionsführers Wolfgang Mischnick in der Debatte über die Regierungserklärung am 15. Dezember 1966

Durch die Bildung der Regierung der Großen Koalition von CDU/CSU und SPD unter Bundeskanzler Kurt Georg Kiesinger im Herbst 1966 geriet die FDP in die Opposition. Auf die Regierungserklärung von Bundeskanzler Kiesinger erwiderte der stellvertretende Oppositionsführer Wolfgang Mischnick in der 82. Sitzung des Fünften Deutschen Bundestages am 15. Dezember 1966:

Meine sehr verehrten Damen und Herren! Eine neue Regierung mit einer neuen Politik – das war die Forderung der Öffentlichkeit, seitdem in den vergangenen Monaten die Parteikrise der CDU/CSU augenfällig geworden ist. Niemand wird bestreiten können, daß die Forderung der Öffentlichkeit berechtigt war. Die offenen Gegensätze in der Partei des alten und des neuen Bundeskanzlers haben die Regierung Erhard dazu geführt, daß sie gelähmt wurde. Sie haben am Ende zu der Krise geführt, die zu einer Neubildung der Bundesregierung zwang. Der Bundeskanzler hat mit Recht in seiner Regierungserklärung auf die Ursachenkette hingewiesen, daß nämlich neben den innen- und außenpolitischen Problemen nicht zuletzt die innerparteilichen Auseinandersetzungen *(Zuruf von der CDU/CSU: In der FDP!)* eine schwere Last für die Arbeit der Regierung Erhard gewesen sind.

Wenn Sie schon alles vergessen haben – ich habe es nicht vergessen und viele draußen im Lande auch nicht. *(Beifall bei der FDP.)* Und wer hätte auch schon vergessen, wie viele versteckte und offene Angriffe auf den damaligen Bundeskanzler und auf einzelne seiner Minister aus den Reihen Ihrer Partei, aus den Reihen der Unionsparteien registriert werden mußten. *(Beifall bei der FDP.)* Wer hätte vergessen, daß die Bündnispolitik des damaligen Außenministers und des heutigen Verteidigungsministers Zielscheibe unablässiger Angriffe aus den Reihen der eigenen Fraktion und aus den Reihen der eigenen Partei gewesen ist. *(Sehr richtig! bei der FDP. – Zurufe von der Mitte.)* Wer wollte vergessen, daß Politiker der Unionsparteien immer wieder die Politik attackiert haben, die der Haushaltsausgleich durch grundlegende wirksame Maßnahmen erreichen wollte, damit auf die gefährlichen und untauglichen Mittel *(Lachen in der Mitte)* der zeitweisen Defizitüberbrückung durch Steuererhöhungen verzichtet werden konnte. Sie haben doch die Steuererhöhung erzwungen, nicht wir! *(Beifall bei der FDP. – Zurufe von der CDU/CSU.)*

Der Versuch, eine realistische Außen- und Verteidigungspolitik durchzusetzen, wurde immer wieder aus Ihren Reihen diffamiert und verketzert.

Auch auf der neuen Regierung liegen diese Schatten, wenn der Streit im Koalitionslager um die Frage geht, ob diese Regierung eine neue Politik will oder ob sie das fortsetzen soll, was Sprecher der CDU/CSU rasch und oft gedankenlos als bewährte Politik der Vergangenheit bezeichnen. *(Abg. Dr. Dittrich: Was Sie jahrelang mitgemacht haben!)* Der Herr Bundeskanzler hat vorgestern harte Worte über die Politik der Vergangenheit gefunden, für eine Politik also, die der Vorsitzende seiner Partei als Bundeskanzler *(Abg. Jahn [Braunschweig]: Und Sie mit!)* und die der Vorgänger dieses Parteivorsitzenden und Bundeskanzlers in eben diesen beiden Ämtern zu verantworten hatten. Wer bestimmte denn die Richtlinien der Politik? Sie legten doch Wert darauf, daß Ihr Bundeskanzler die Richtlinien der Politik bestimmte. Wir haben sie doch nicht bestimmt! Das wissen Sie doch ganz genau. *(Beifall bei der FDP. – Lachen bei der CDU/CSU.)*

Der Herr Bundeskanzler hat in seiner Regierungserklärung mit tadelnden Worten vom Ressortegoismus gesprochen, und er hat auf die notwendige Zusammenarbeit von Regierungstätigkeit und parlamentarischer Arbeit verwiesen. Es wird sich nun zeigen müssen, ob diese Hinweise nützen, ob sie geeignet sind, die Geschäftigkeit und Aktivität derjenigen in die rechten Bahnen zu lenken, deren Tatendrang – oder muß ich sagen: „Untatendrang"? – der vergangenen Regierung die Arbeit erschwert, ja sogar in manchen Bereichen unmöglich gemacht hat. *(Zuruf von der CDU/CSU: Das waren doch Sie!)*

Die Angriffe aus den eigenen Reihen, die der Bundeskanzler und Parteivorsitzende der CDU auszuhalten hatte, hatten ihren ersten entscheidenden Höhepunkt, als der engste Mitarbeiter Bundeskanzler Erhards, Bundesminister Westrick, um seine Entlassung bat. Das geschah zu einem besonders kritischen Zeitpunkt, während hier eine schwere Debatte und eine schwierige Stunde für die damalige Regierung war. Damit war ein Zeichen für die Entwicklung gesetzt, die mindestens ein halbes Dutzend einflußreicher Politiker in der CDU/CSU schon lange herbeigesehnt hatten. Die verschiedenen Gruppierungen in der CDU/CSU formierten sich von diesem

Zeitpunkt an für den Kampf um die Nachfolge im Palais Schaumburg und für den Kampf um den passenden Zeitpunkt für die für sie richtige Koalition.
Das Ergebnis dieser Koalitionsverhandlungen stand von Anbeginn an fest. Der Herr Bundeskanzler selbst hat erklärt, daß er von der Übernahme seines Auftrages an nur diese Koalition und keine andere wollte. Er hat sie nahezu als eine geschichtliche Notwendigkeit hingestellt.
Der stellvertretende SPD-Vorsitzende Herbert Wehner hat erklärt, in dieser Zeit brauche unser Volk diese Koalition. Das ist Ihre Überzeugung, meine Damen und Herren. *(Zuruf von der CDU/CSU: Na und?)* Wir Freien Demokraten wollen sie gar nicht bestreiten. *(Sehr gut! bei der CDU/CSU.)* Sie allein haben sie natürlich auch zu verantworten.
Diese Klarstellung ist gerade an dieser Stelle dringend notwendig, um jene Nebelwand von Legenden aufzureißen, mit der die Entscheidung für die neue Koalition verbrämt wurde. *(Beifall bei der FDP.)* Die Urheber dieser Koalition haben nämlich immer wieder versucht und versuchen es auch heute noch, in der eigenen Partei und vor der Öffentlichkeit die schwarz-rote Koalition als etwas Zwangsläufiges, am Ende sogar von der FDP Verursachtes, keinesfalls aber um Gottes willen selbst Gewolltes erscheinen zu lassen. Wer eine Koalition eingeht, muß auch bereit sein, sie voll zu verantworten. Er soll die Verantwortung nicht auf andere übertragen wollen, noch soll er seine Verantwortung dadurch vermindern wollen, daß er beständig den Eindruck erweckt, als sei hier eine Schar von Heiligen zur Sünde auf Zeit gezwungen worden. *(Beifall bei der FDP.)*
Meine sehr verehrten Damen und Herren, diese Regierungserklärung ist in mehrfacher Hinsicht ein bemerkenswertes Dokument. Sie mischt Argumente, Scheinargumente in bunter Folge.
Ein Argument ist staatspolitisch nach unserer Auffassung besonders gefährlich und muß von jedem Freund der parlamentarischen Demokratie entschieden zurückgewiesen werden. Ich meine die Stelle in der Regierungserklärung, wo es heißt, man wolle aus Angst vor sich selbst, oder wie Sie es formuliert haben, Herr Bundeskanzler: als stärkste Absicherung gegenüber einem möglichen Mißbrauch der Macht ein neues Wahlrecht gesetzlich verankern. *(Unruhe bei der CDU/CSU.)*
– Keine Sorge, es kommt noch mehr dazu. Das bestehende Wahlrecht wird seit knapp 17 Jahren bei uns praktiziert. Es hat in der Bundesrepublik zu einer festen und stabilen Parteienstruktur geführt. Dennoch oder gerade deswegen sollen offensichtlich im Kartelldenken der Macht die Mitbewerber der gegenwärtigen Regierungskoalition ausgeschaltet werden. *(Abg. Dr. Barzel: Lesen Sie dazu mal Naumann nach!)*
Es ist notwendig, in dieser Stunde daran zu erinnern, daß die Freien

Demokraten in der Vergangenheit entscheidenden Anteil an der Gestaltung unseres Staates hatten. *(Lachen bei der CDU/CSU.)* Ich denke nur an den Beschluß – den haben Sie wahrscheinlich nicht mitgemacht; ich weiß es nicht mehr so genau – des Frankfurter Wirtschaftsrates. Wir waren es, die damals die notwendige parlamentarische Unterstützung für den Wirtschaftsdirektor Erhard erbracht haben, weil viele Kollegen aus Ihren Reihen, aus den Reihen der CDU/CSU, gegen die Marktwirtschaft Bedenken hatten. *(Beifall bei der FDP und des Abg. Dr. Erhard. – Abg. Raffert: mit Recht!)*
– „Mit Recht", sagen Sie heute. Sind sie immer noch vor 20 Jahren stehengeblieben? Das tut mir leid.
Im Parlamentarischen Rat sorgten Theodor Heuss, Thomas Dehler, Max Becker und andere liberale Politiker dafür, daß die Grundrechte – – *(Zurufe von der CDU/CSU.)*
– Ja, Sie haben leider zu schnell vergessen, wie das Ringen um die Grundrechte damals war. Deshalb sind Sie offensichtlich bereit, heute leichtfertiger damit umzugehen. *(Beifall bei der FDP. – Abg. Dr. Dittrich: Was Sie so lange mitgemacht haben!)* Wir haben damals mit dafür gesorgt, daß die Grundrechte unseres Grundgesetzes ihr freiheitliches Gepräge bekamen.
Die erste Regierung Adenauer hat unter entscheidender Mitwirkung der Freien Demokraten von 1949 bis 1953 die Grundlagen für die Bundesrepublik Deutschland in einer Weise geschaffen, daß wir heute trotz punktueller Schwierigkeiten nach wie vor die zweitstärkste Industrienation der westlichen Welt sind. *(Abg. Hilbert: Dank der FDP?!]*
– Dank der Mitwirkung der Freien Demokraten. Ob Sie es wahrhaben wollen oder nicht, all das wäre nicht erreicht worden, wenn nicht liberale Politiker, Freie Demokraten, in entscheidenden Funktionen mitgewirkt hätten.
Wollen Sie, meine Damen und Herren, den liberalen Kräften in unserem Volk durch eine Wahlrechtsänderung für die Zukunft die unmittelbare Mitwirkung nehmen? *(Zuruf von der CDU/CSU: Ja!)*
– Sie sagen „ja". Sie bestätigen damit, welche Furcht Sie nach diesem schwarz-roten Kartell vor einer Wahl haben. *(Beifall bei der FDP. – Lachen bei den Regierungsparteien.)*
Wollen Sie die mehr als 3 Millionen Wähler der Freien Demokraten zwingen, sich der Stimme zu enthalten, sie plötzlich entrechten? Wer noch einen Funken freiheitliches Gefühl hat, muß sich dieser Art der Machtkonsolidierung der jetzigen Regierung mit allen Mitteln erwehren. *(Beifall bei der FDP.)*
Das ist nicht nur für uns Freie Demokraten eine entscheidende Frage, das geht das ganze deutsche Volk an. Wie wollen Sie, Herr Bundeskanzler, diese Pläne eigentlich rechtfertigen? Wie wollen Sie politisch und rechtlich die Manipu-

lation mit einem Übergangswahlrecht begründen? Wie wollen Sie all dies mit der Feststellung in Ihrer Regierungserklärung vereinbaren, in der Sie mit Blick auf das Ausland unterstreichen, daß auch bei den letzten Landtagswahlen die überwiegende Mehrheit der Wähler in Bayern und Hessen für die demokratischen Parteien votiert hat, für Parteien also, die während der letzten beiden Jahrzehnte den Aufbau eines demokratischen Staates und die Eingliederung der Bundesrepublik Deutschland in die europäische, die westliche Völkerfamilie vollzogen haben, deren Inhalt und deren politisches Ethos wir teilen?
Herr Bundeskanzler, Ihre Regierungserklärung zeigt deutlicher, als Ihnen vielleicht angenehm sein kann: Der staatspolitische Leitsatz dieser Koalition scheint offensichtlich die Forderung nach einer Änderung des Wahlrechts zu sein. Sie steht an der Spitze. Ihr wird alles unterstellt. Damit wollen Sie die gewachsene Parteienstruktur unter Mißachtung des Grundrechts der Chancengleichheit in das Ebenbild dieser, Ihrer Koalition umpressen.
Wundern Sie sich eigentlich darüber, Herr Bundeskanzler, daß in der Öffentlichkeit die Befürchtung laut geworden ist, diese Koalition könnte am Ende auch zu einer Gefahr für die innere Freiheit unserer Demokratie werden? *(Beifall bei der FDP. – Pfui-Rufe bei der CDU/CSU.)* Sie dürfen sich nicht darüber wundern; denn mit Ihrer Regierungserklärung haben Sie diesen Befürchtungen Nahrung gegeben.
Sie sprachen von der Respektierung der Rechte der oppositionellen Minderheit im Parlament, und gleichzeitig verkünden Sie als Programm Ihrer Regierung die Forderung, dem Volk die liberale Alternative durch eine Wahlrechtsmanipulation nehmen zu wollen. Das ist doch ein Widerspruch in sich. *(Beifall bei der FDP.)* Sie sprechen davon, daß die Einführung dieses neuen Wahlrechts so besonders nützlich sei, weil damit künftig keine Notwendigkeit zur Bildung von Koalitionen bestehe. Sie wollen also dieses Wahlrecht als institutionelle Abwehr von Koalitionsbildungen verstehen, so als ob Koalitionen in der parlamentarischen Demokratie an sich etwas Böses wären. Sie vergessen dabei ganz und gar, daß auf dem europäischen Kontinent die Koalitionsbildung fruchtbar praktiziert wird, wo die Völker das Glück einer freiheitlichen Demokratie haben. *(Sehr richtig! bei der FDP.)*
Wo nehmen Sie eigentlich die Garantie her, daß bei einem sogenannten Mehrheitswahlrecht, das in Wahrheit ein Minderheitenwahlrecht ist, tatsächlich die gewünschten Mehrheiten herkommen? Die Beispiele in Kanada und England beweisen doch, daß es auch anders sein kann.
Muß ich Sie, Herr Bundeskanzler, daran erinnern, daß die parlamentarische Demokratie von der parlamentarischen Auseinandersetzung lebt? Muß ich Sie daran erinnern, daß sich die politischen Kräfte in dieser Auseinandersetzung vor der Geschichte und vor dem Urteil der Wähler zu bewähren haben?

Warum will man eine Gruppe unbedingt mit dem Wahlrecht ausschalten?
Die Wahlrechtsänderung soll offensichtlich genau das schaffen, was die Wähler 1961 und 1965 Ihnen, meine verehrten Kolleginnen und Kollegen von der CDU/CSU, aus gutem Grund verweigert haben, nämlich die absolute Mehrheit. *(Beifall bei der FDP. – Zurufe von der Mitte.)* Wenn jetzt die Vorteile klarer Mehrheiten, wie es so schön heißt, angepriesen werden, dann sollte man sich daran erinnern, daß die dritte Legislaturperiode von 1957 bis 1961 mit der absoluten Mehrheit der CDU/CSU die politisch sterilste Zeit nach 1949 in diesem Bundestag überhaupt war. *(Beifall bei der FDP. – Zurufe von der CDU/CSU.)* Die sozialdemokratische Opposition war damals in der Beurteilung mit den Freien Demokraten völlig einig.
Heute geistert dieses Modewort von den „klaren Mehrheiten" durch die Lande. Wo sind denn diese klaren Mehrheiten bisher bei Ihnen in der CDU/CSU gewesen? Wo wollen Sie denn diese Mehrheit in der CDU/CSU herbekommen? Haben Sie vergessen, daß von 1957 bis 1961, um nur ein Beispiel zu nennen, die Unfallversicherungsreform nicht verabschiedet werden konnte, weil sich die CDU/CSU mit oder vielleicht wegen der absoluten Mehrheit nicht einig werden konnte? Das Märchen von der entscheidungsfreudigen, auf die klare Mehrheit gestützten Regierung glaubt doch nur der, der die damaligen vier Jahre in diesem Bundestag nicht mitgemacht hat. *(Beifall bei der FDP.)*
Die neue Regierung wurde mit viel Vorschußlorbeeren bedacht. Man erwartete von ihr in jeder Beziehung ein neues Beginnen. Der gute Vorsatz, die Zahl der Minister einzuschränken, blieb praktisch schon vor der Tür des Bundeskanzleramtes auf der Strecke. *(Zuruf von der CDU/CSU: Wie bei Ihnen!)* Es sind sogar zusätzlich parlamentarische Staatssekretäre oder Staatsminister – keiner weiß im Augenblick, was es geben wird – zu erwarten.
Wir Freien Demokraten halten die Einrichtung von parlamentarischen Staatssekretären oder Staatsministern für eine durchaus gute Sache; allerdings sind wir davon ausgegangen, daß gleichzeitig die Zahl der Bundesminister erheblich herabgesetzt werden kann. *(Beifall bei der FDP. – Zuruf des Abg. Leicht.)* Offensichtlich hat jedoch bei Ihnen der bei vielen geheiligte Proporz wieder einmal mitgewirkt, nunmehr allerdings im Quadrat. Es ging nicht nur um die Balance innerhalb der CDU/CSU nach Konfessionen und Regionen, sondern nunmehr auch um die Balance mit der SPD. Es ist eben nicht der große Wurf gelungen, der laut Schlagzeilen erfolgen sollte. Dabei will ich jetzt völlig unerörtert lassen, inwieweit der Gedanke einer wirklich neuen Politik mit so vielen bekannten alten Gesichtern und deren Auffassungen tatsächlich betrieben werden kann. *(Beifall bei der FDP.)*

Wir Freien Demokraten, meine sehr verehrten Damen und Herren, werden in der Opposition konstruktiv mitarbeiten. Uns geht es nicht um Verneinung um jeden Preis. Wir werden aber sorgfältig darüber wachen, ob Notwendiges offensichtlich nur deshalb nicht geschieht, weil sich die neue Koalition wegen ihrer inneren Gegensätze zu keiner Handlung aufraffen kann. Qualität konnte noch nie durch Quantität ersetzt werden. *(Beifall bei der FDP und Zurufe von der CDU/CSU und SPD.)*

Sie haben, Herr Bundeskanzler, mit Recht darauf verwiesen, daß die Regierungserklärung keine automatische Zusammenstellung der Ressorts sein soll, daß sie nicht degradiert werden soll zu einem Wunschkatalog der Ressorts. Das entbindet Sie freilich nicht von der Pflicht, ergänzende Ausführungen zu wichtigen Bereichen zu machen, die Sie – aus welchen Gründen auch immer – ausgespart haben.

Angesichts eines Innenministers z.B., der den Erfolg einer Regierung neuerdings offensichtlich nach der Zahl der erreichten Verfassungsänderungen zu messen scheint, stellt sich die Frage: Wie will Ihre Regierung das Verhältnis Bund – Länder gestalten? Was gehört nach Ihrer Auffassung zum Bund, was zu den Ländern? Ist Ihre Regierung bereit, dort zu handeln, wo sich das Signum des Mißtrauens der Siegermächte in der Gliederung unseres Staates zeigt, dort also, wo fremde Handschrift unsachgemäße Korrekturen an dem angebracht hat, was unsere Freunde aus allen Fraktionen im Parlamentarischen Rat wollten?

Werden Sie die Kraft haben, für eine Modernisierung und Stärkung unseres Staates innerhalb Ihrer Koalition auch die Teile der Unionsfraktion zu gewinnen, denen Sie in Ihrem Amt besonders verbunden sein müssen? Eben diese Kräfte waren es, die vor 17 Jahren den Weg zum wirklichen Bundesstaat nicht gehen wollten, sondern den Staatenbund als ein Modell der deutschen Möglichkeiten anpriesen.

Der eigentliche Sinn des Föderalismus liegt in der zusätzlichen Kontrolle der Macht, in der Ausgewogenheit der Machtverhältnisse, was im übrigen auch eine Absage an alle Gleichschaltungsbestrebungen in den Ländern ist. Die falschen Interpreten des Föderalismus verstehen ihn als ein Mittel zur Schwächung des Bundes und damit zur Schwächung der Handlungsfähigkeit des Ganzen; allerdings nur, solange sie im Bund nicht an der Macht sind, wie sich jetzt manchmal schon zeigt. In unserer Zeit ist nach meiner Überzeugung kein Platz für Rheinbund-Vorstellungen napoleonischer Zeit. *(Abg. Dr. Barzel: Wer hat die eigentlich?)*

– Alle diejenigen, die glauben, dem Bund das verwehren zu müssen, was der Bund heute braucht.

Sie, Herr Bundeskanzler, haben es sich mit der Frage des Föderalismus in

Ihrer Regierungserklärung sehr leicht gemacht. Sie sind darüber hinweggehuscht mit dem Begriff des kooperativen Föderalismus. Gleichzeitig verweisen Sie aber auf die Regierungsmehrheit, die eine verfassungsändernde Zweidrittelmehrheit bei weitem übersteigt. Dabei sollte freilich nicht unerwähnt bleiben, daß die verfassungsändernde Zweidrittelmehrheit bei Ihrer Wahl zum Bundeskanzler knapp erreicht wurde. Entscheidend ist, ob Sie, Herr Bundeskanzler, die Kraft haben, die erforderlichen Mehrheiten für die Lösungen in der Aufgabenverteilung von Bund und Ländern im Bund und in den Ländern wirklich zu schaffen.

Bei den Hinweisen auf die Auseinandersetzung zwischen Bund und Ländern über den Anteil an der Einkommen- und Körperschaftsteuer wird davon gesprochen, daß eine vertikale Rangliste der Aufgaben von Bund, Ländern und Gemeinden erarbeitet werden muß. Da von der formierten Gesellschaft in dieser Regierungserklärung nicht mehr die Rede ist, muß man annehmen, daß an ihre Stelle jetzt die vertikale Rangordnung treten soll. *(Zuruf von der FDP: Uniformierte Gesellschaft!)*

In der Regierungserklärung wird dargelegt, daß der finanzielle Handlungsspielraum wiedergewonnen werden müsse, wie es wörtlich heißt, denn sonst wären die zukünftigen Haushalte nur noch Zwangsvollstreckungen früherer Regierungsvorlagen und früherer Parlamentsbeschlüsse. Offensichtlich haben Sie, Herr Bundeskanzler, dabei an die Arbeit des „Kuchenausschusses" Ihrer Partei vor der Bundestagswahl 1957 gedacht, als der Julius-Turm großzügig verteilt wurde, allerdings nicht in Form von einmaligen Ausgaben, sondern von steigend wiederkehrenden Ausgaben, die mit zu dem schweren Erbe der letzten Regierungen gehörten. *(Beifall bei der FDP. – Widerspruch bei der CDU/CSU.)*

Gerade die absolute Mehrheit Ihrer Partei, Herr Bundeskanzler, hat uns durch Ihre Beschlüsse dazu gebracht, daß wir heute aus der Zwangsvollstreckung früherer Regierungsvorlagen und Parlamentsbeschlüsse herausfinden müssen. Sie bestätigen mit dieser Auffassung unsere Meinung, daß für die Zukunft ein erfolgversprechender Weg nur dann beschritten werden kann, wenn wir die Ausgaben kürzen, statt durch Einnahmesteigerungen zu mehr Ausgaben anreizen. *(Beifall bei der FDP.)*

Jetzt wird sich vor allen Dingen zeigen, ob die durch die damalige Koalition auch in den kritischen Tagen des Jahres 1950 zäh verteidigte soziale Marktwirtschaft erhalten bleiben wird. Manche Passagen der Regierungserklärung lassen hier Besorgnis aufkommen. Schon hört man in den Gängen dieses Hauses flüstern, eine einkalkulierte Inflationsrate sei das bequemste Mittel, um aus der schwierigen Haushaltssituation herauszukommen. *(Abg. Dr. h.c. Dr.-Ing. E.h. Möller: Wie können Sie nur so etwas sagen!)*

– Wenn Sie es noch nicht gehört haben, dann sind Ihre Informationen schlechter als unsere, was mich überrascht. *(Abg. Dr. h.c. Dr.-Ing. E.h. Möller: Wer hat denn von der zweiten Währungsreform gesprochen?)*
Wir Freien Demokraten bekennen uns demgegenüber nach wie vor zu dem Grundsatz, daß die Zuwachsrate der Ausgaben von Bund, Ländern und Gemeinden mit der Zuwachsrate des Sozialprodukts in Einklang gebracht werden muß. *(Beifall bei der FDP.)* Ihr Amtsvorgänger, Herr Bundeskanzler, Professor Ludwig Erhard, hat diesen Grundsatz über Jahre gemeinsam mit den Freien Demokraten vertreten. Als er selbst von diesem Grundsatz abwich – offensichtlich auf Druck falscher Ratgeber aus den eigenen Reihen –, war der entscheidende Schritt zum Ende seiner Regierungszeit getan.
Wir bekennen uns nach wie vor zu dem Gesetz zur Förderung der Stabilität, um eine konjunkturgerechte Haushaltsgesetzgebung von Bund, Ländern und Gemeinden zu erreichen und um damit für eine langfristige Stabilitätspolitik zu sorgen. *(Zuruf des Abg. Leicht.)* Wir vermissen in der Regierungserklärung die notwendige klare Rangordnung für die öffentlichen Ausgaben, *(Abg. Leicht: Wo?)* die bei allen haushalts- und finanzpolitischen Entscheidungen beachtet werden muß.
Wir begrüßen den Hinweis, daß die Sozialinvestitionen, die der Zukunftssicherung dienen, Vorrang haben sollen. Es muß aber deutlicher als bisher zum Ausdruck gebracht werden, was dann nachrangig sein soll. In dem Aufstellen von Vorrangigkeiten sind wir uns immer sehr schnell einig gewesen; wenn es um die Nachrangigkeit geht, geht ja meistens der Streit erst los.
Die Passagen der Regierungserklärung, die sich mit der Gesellschaftspolitik im allgemeinen und der Sozialpolitik im besonderen befaßten, sind sehr global und haben zum großen Teil nur einen geringen Aussagewert. Mit besonderem Interesse haben wir allerdings den Hinweis vermerkt, daß, wie es wörtlich heißt „am Prinzip der dynamischen Rente" festgehalten werden soll und daß dazu festgestellt wird – ich zitiere wieder wörtlich –: „Wir müssen aber sehr ernsthaft die Bemessung der jährlichen Zuwachsraten der Sozialleistungen und der Bundeszuschüsse prüfen und sie mit den Möglichkeiten und Grundsätzen einer guten Finanzpolitik in Einklang bringen." Wir werden die Bundesregierung bei diesem Bemühen kräftig unterstützen.
Wer keine soziale Demontage will, und wir Freien Demokraten wollen keine soziale Demontage, muß den Mut haben, die sozialen Leistungen nicht nur unter den heutigen Möglichkeiten, sondern auch unter den künftigen Entwicklungen zu sehen. *(Beifall bei der FDP.)* Wir verstehen die Regierungserklärung dahingehend, daß die neue Bundesregierung offensichtlich die Automatik überprüfen will, die in der Rentengesetzgebung enthalten ist. Uns Freien Demokraten geht es darum, nicht nur dem Rentner von heute, sondern

auch dem Beitragszahler von heute die soziale Sicherung zu geben, die wirtschaftlich möglich ist. *(Beifall bei der FDP.)*

Meine sehr verehrten Damen und Herren, mit Befremden mußten wir allerdings feststellen, daß für den ganzen Bereich der Abwicklung von Kriegs- und Nachkriegsfolgen eine pauschale Feststellung getroffen wird, die zu mancherlei Befürchtung Anlaß gibt. Will die neue Bundesregierung hier einen Schlußstrich ziehen nach dem Motto, wer bis jetzt auf der Strecke geblieben ist, der soll auch in Zukunft auf der Strecke bleiben? Ist es mit der Verwirklichung des sozialen Rechtsstaats in Einklang zu bringen, daß wir weiterhin bei der Gewährung sozialer Leistungen mit zweierlei Maßstab messen? Der Zwang, sparsam zu wirtschaften, darf doch nicht bedeuten, daß die durch den Krieg und die Nachkriegszeit Betroffenen die Hauptleidtragenden, ja zum Teil die allein Leidtragenden bleiben sollen. Ist die gestrige kurze Debatte um die Kriegsopferversorgung schon ein Vorbote dieser neuen Einstellung gewesen? *(Abg. Dr. Schellenberg: Na, die 880 Millionen?)*

– Ich habe nicht von dem Volumen, sondern von der Debatte gesprochen, Herr Kollege Schellenberg, und das scheint mir doch ein großer Unterschied zu sein.

Richtig wird in der Regierungserklärung davon gesprochen, daß wir uns nicht mehr leisten können, öffentliche Mittel unterschiedslos nach dem Gießkannenprinzip zu verteilen. Warum hat dann eigentlich die neue Koalition ihre eigene Regierung bei der Entscheidung über das sogenannte Pennälergehalt in der vorigen Woche bereits im Stich gelassen und das noch immer vorhandene Gießkannenprinzip in diesem speziellen Bereich nicht völlig beseitigt, *(Beifall bei der FDP)* um damit den Weg für gezielte Maßnahmen der Ausbildungsförderung freizumachen?

Meine sehr verehrten Damen und Herren, lassen Sie mich nun ein paar kurze grundsätzliche Bemerkungen zur Deutschland- und zur Außenpolitik machen. Wir Freien Demokraten begrüßen es, daß der Weg der Friedensnote der Bundesregierung vom März dieses Jahres mit dem Angebot der Gewaltverzichtserklärungen fortgesetzt werden soll. Wir halten es für richtig, daß die Bundesregierung betont, sie sei bereit, das ungelöste Problem der deutschen Teilung in dieses Angebot einzubeziehen.

Wir sind mit der Bundesregierung der Meinung, daß wir uns nicht eine falsche und gefährliche Alternative der Wahl zwischen Frankreich und den Vereinigten Staaten aufreden lassen sollen. Wir hätten es allerdings für besser gehalten, Herr Bundeskanzler, wenn die historischen Reminiszenzen unterblieben wären. Es ist nicht unsere Sache, die Partnerschaft anderer Staaten untereinander zu werten. Wir hoffen, daß die neue Bundesregierung alle Möglichkeiten nutzt, um die Teilnahme Großbritanniens und anderer EFTA-Länder an der Europäischen Wirtschaftsgemeinschaft zu verwirklichen.

Die Deutschlandpolitik der neuen Bundesregierung wird ein entscheidender Prüfstein dafür sein, ob sich angeblich Bewährtes oder ob sich Neues durchgesetzt hat. Niemand bestreitet, daß es richtig ist, bewährte politische Grundsätze der Vergangenheit auch für die Zukunft anzuwenden. Nur scheint die Meinung darüber, was sich bewährt und was sich nicht bewährt hat, unter den neuen Koalitionspartnern sehr unterschiedlich zu sein. *(Beifall bei der FDP.)*

Meine Freunde und ich, Herr Bundeskanzler, hoffen auf einen neuen, besseren Weg. Ich erwarte nicht, daß die Möglichkeiten der künftigen Deutschlandpolitik hier und heute bis ins einzelne dargelegt werden. Manches, dessen sind wir uns bewußt, wird man im vertraulichen Gespräch – wie wir hoffen, nicht nur innerhalb der Regierung, sondern auch mit der Opposition – behandeln müssen. Wichtig ist für uns, zu wissen, ob neue Wege nur proklamiert werden oder ob der Wille und die Mehrheit dahinterstehen, diese neuen Wege auch gehen zu wollen. Wir können mit dafür sorgen, wenn es not tut, wenn Sie uns brauchen, Herr Bundesminister Wehner, die Mehrheiten dafür zu finden. *(Beifall bei der FDP.)*

Zu unserem Bedauern ist in der Regierungserklärung auch kein Wort zum künftigen Notstandsrecht enthalten. Wir haben volles Verständnis dafür, daß nicht alle Ressortfragen dargelegt worden sind. Die Gestaltung des Notstandsrechts gehört aber zu den Grundproblemen, die in dieser Legislaturperiode gelöst werden müssen. Oft genug ist ja die Notwendigkeit einer Zweidrittelmehrheit dafür betont worden, und zum Teil wurde gerade die Notstandsgesetzgebung als Begründung angeführt, weshalb man eine Koalition mit so breiter Mehrheit brauche.

Es läßt mißtrauisch werden, daß gerade über diese, die Öffentlichkeit stark bewegende Frage nichts gesagt wird. Bedeutet das, daß die Notstandsgesetzgebung für den einen Teil der neuen Regierung weniger dringlich geworden ist? Soll sie damit vertagt werden? Oder bedeutet es für den anderen Teil der Regierung, daß man öffentlich besser nicht darüber spricht, weil man nicht weiß, wie man es seinen eigenen Freunden sagen soll, wie man es ihnen begreiflich machen soll? Wir hoffen, daß unsere Befürchtungen unbegründet sind. Ein klärendes Wort hierzu durch Sie, Herr Bundeskanzler, ist vonnöten.

Was vor einigen Jahren und erst wieder im Januar 1966 als Lieblingskind des früheren Bundeskanzlers Dr. Adenauer erschien, ist nunmehr Wirklichkeit geworden. Es gab schon immer Stimmen in der CDU/CSU, die nach der schwarz-roten Koalition riefen, um entweder den Freien Demokraten zu drohen oder weil sie aus innerster Überzeugung diese bequemste Regierungsmöglichkeit als der Weisheit letzten Schluß ansahen.

Manche meinen sogar, daß CDU/CSU und SPD bei eine gemeinsamen Regierung gezwungen seien, sich in allen Lebensfragen des deutschen Volkes zu verständigen, womit unnötiger Leerlauf und unnützes Gezänk vermieden würden. *(Zurufe von der SPD.)* Das ist eine Verkennung der Aufgaben in der parlamentarischen Demokratie.

Worin liegen die größten Gefahren dieser breiten Mehrheit? Bei den notwendigen Grundgesetzänderungen für die Notstandsgesetzgebung sowie für die Finanzreform sollten jeweils die sinnvollsten und für die gesamte Bevölkerung besten Lösungen erarbeitet werden, nicht aber etwa unter Abtausch von Zugeständnissen die am besten bei der eigenen Anhängerschaft verkaufbaren Kompromisse gefunden werden. Es sei daran erinnert, daß anläßlich der Verabschiedung einiger Landesverfassungen 1946 und 1947 Konfessionsschulen auf der einen und Sozialisierungsartikel auf der anderen Seite beliebte Tauschobjekte gewesen sind. *(Beifall bei der FDP.)*

Jetzt ist die Stunde der Bewährung für alle die gekommen, die von sich behaupten, sie seien liberal, und die in anderen Parteien wirken. Auf sie wird es entscheidend mit ankommen, ob in Zukunft eine Abstimmungswalze alles platt drückt, oder ob das Parlament in seiner Funktion gegenüber der Regierung nicht nur in der Regierungserklärung angesprochen wird, sondern in der täglichen Arbeit auch wirksam werden kann. *(Beifall bei der FDP.)*

Wir werden die Politik Ihrer Regierung, Herr Bundeskanzler, kritisch verfolgen und ihr immer dann entgegentreten, wenn wir es aus unserer grundsätzlichen freiheitlichen Auffassung für notwendig halten. *(Zurufe von der Mitte.)* Sie können und werden keine Vertrauenserklärung von uns für Ihre Regierung erwarten. Ich wünsche Ihnen trotz aller Meinungsverschiedenheiten und grundsätzlicher Bedenken im Interesse unseres Volkes eine glückliche Hand; Sie werden sie notwendig brauchen. *(Lebhafter Beifall bei der FDP.)*

27.
„Weg aus der Talsohle“

Rede des Bundeswirtschaftsministers Professor Dr. Karl Schiller in der Debatte über die Regierungserklärung am 15. Dezember 1966

Bundeswirtschaftsminister der Regierung der Großen Koalition wurde der damalige wirtschaftspolitische Sprecher der SPD-Bundestagsfraktion, Professor Dr. Karl Schiller, der – während der neue Bundesfinanzminister Franz Josef Strauß die Staatsfinanzen wieder in Ordnung brachte – in den folgenden Jahren die wirtschaftliche Rezession erfolgreich überwand. In der Debatte über die Regierungserklärung von Bundeskanzler Kiesinger in der 82. Sitzung des Fünften Deutschen Bundestages am 15. Dezember 1966 erklärte der neue Bundeswirtschaftsminister:

Wir haben in der Vergangenheit festgestellt, daß von den vorherigen Regierungen Wirtschaftspolitik, Finanzpolitik und Geldpolitik nicht immer völlig aufeinander abgestimmt waren. Auf jeden Fall waren Fiskalpolitik und Geldpolitik der Jahre 1965 und 1966 sicherlich anders orientiert. Wir haben erst einmal versucht, im Kabinett eine fugenlose Zusammenarbeit zwischen Finanz- und Wirtschaftspolitik herbeizuführen. Die heutige Aktion war ein weiterer Schritt in der Richtung, nun als Dritten im Bunde die monetäre Politik in diese fugenlose Zusammenarbeit einzuführen. So sind auch dieser Versuch und die Verhandlung von der Bundesbank aufgefaßt worden, nachdem in der Verhandlung von mir ausdrücklich festgestellt worden war, daß die Bundesbank selber in den letzten Jahren den größten Teil der Bürde alleine habe tragen müssen und ihre Politik nicht im Zusammenklang mit dem gestanden habe, was von seiten der öffentlichen Hand auf allen Ebenen geschehen ist.

Meine Damen und Herren, ich darf, damit Sie Absicht, Sinn und Atmosphäre dieser sehr eingehenden Verhandlungen erkennen, hinzufügen: Es ist sehr deutlich dargelegt worden, daß wir uns konjunkturell und strukturell jetzt und in den kommenden Monaten in einer Situation befinden, die wir seit dem Jahre 1949 noch nicht gehabt haben. Es gab bisher die Situation nicht, daß die Investitionsplanungen der industriellen Unternehmen etwa für das kommen-

de Jahr einen Rückgang der Investitionstätigkeit unter den bestehenden Voraussetzungen von 12 Prozent anzeigen. Es gab die Situation nicht, daß der Produktionsindex, der seit September negative Zuwachsraten aufweist, sich wahrscheinlich, wenn nichts geschieht, in dieser Weise fortsetzt. Es gab vor allen Dingen nicht die Situation, daß die Unternehmererwartungen nach wie vor so negativ gestimmt sind wie heute, wie jetzt zu diesem Zeitpunkt.
Wenn Sie die Statistik nehmen, die die Unternehmererwartung am besten widerspiegelt, nämlich den Konjunkturtest des Ifo-Instituts, dann werden Sie für dieses Jahresende 1966 Einschätzungen von 5000 Unternehmern, die ständig befragt werden, vorfinden: Geschäftslage minus 23, Auftragseingang minus 38. Das sind jeweils die Prozentzahlen der negativen Einschätzungen. Wenn Sie diese Zahlen mit den Zahlen des letzten schlechten Jahres der Konjunktur, nämlich 1962, vergleichen, dann finden Sie plus 18, minus 9, jetzt minus 38. Auftragsbestandsentwicklung damals minus 16, heute minus 41. Auftragsbeurteilung damals minus 9, heute minus 46. Und so geht es herunter.
Diese extraordinäre Situation hat in der Erklärung der Bundesregierung dazu geführt, daß wir gesagt haben: Es kann durchaus sein, daß die Talsohle der Konjunkturentwicklung, zumal wenn aus winterlichen Gründen ein harter Saisoneinbruch kommt, noch vor uns liegt. Wenn diese Kombination eintritt, werden wir sicherlich mit Maßnahmen, die heute und morgen oder in absehbarer Zeit von der monetären Seite getroffen werden, diese Talsohle nicht vermeiden. Das ist auch der Bundesbank gesagt worden, und ich glaube auch, dem wird jeder zustimmen. Was entscheidend ist, ist, daß bald und deutlich ein paar wichtige Zeichen gesetzt werden und Maßnahmen eingeleitet werden, die den Unternehmern, den Arbeitnehmern und der gesamten Bevölkerung deutlich machen, daß es mit Sicherheit im Februar oder März einen Weg aus der Talsohle heraus gibt. Das ist das Wesentliche, und nur darum handelt es sich.
Meine Damen und Herren, zu diesem Punkte möchte ich noch hinzufügen: Es kann dabei passieren – ich sage das ganz deutlich; das ist heute alles sehr freundschaftlich und sehr frei ausgesprochen worden –, wenn mit monetären Maßnahmen sehr lange gewartet würde, daß eine solche Politik dann zwar bei den Unternehmern zu einer Konsolidierung ihrer Bilanz führt, d. h., daß sie ihre Schuldensituation in Ordnung bringen, aber daß sie nicht investieren. Das ist der berühmte Fall, der eintreten kann, daß nämlich reine monetäre Erleichterungen in einer bestimmten Situation nicht zu einer Zunahme der realen Investitionen führen oder, wie Keynes/Beveridge einmal gesagt haben, es kann die Situation eintreten: Wenn monetäre Maßnahmen nicht im richtigen Zeitpunkt, sondern zu spät getroffen sind, dann sind die Pferde zwar

ins Wasser gegangen, aber sie saufen nicht. Ich bitte um Entschuldigung wegen des Vergleichs; mit den Pferden sind die Unternehmer gemeint, die das dann nicht aufnehmen und nicht in eine Mehrinvestition hineingehen. Wir haben von der Bundesregierung – das ist auch erklärt worden, und ich habe das Gefühl gehabt, wir haben sehr viel Verständnis dafür gefunden – deswegen für jenen schwierigsten Fall den Eventualhaushalt mit zusätzlichen Investitionsausgaben vorgesehen, der dann einspringen würde, um die Unternehmungen durch Mehraufträge für Investitionen der öffentlichen Hand in weitestem Sinne auch ihrerseits zu Mehrinvestitionen zu veranlassen.

Meine Damen und Herren, das ist alles gar kein Pessimismus, sondern es soll darlegen, daß wir uns über die Talsohle Gedanken gemacht haben, daß wir für das Durchschreiten der Talsohle Instrumente zurechtgelegt haben bzw. uns in diesem Fall um die Kooperation mit der autonomen Bundesbank bemühen, damit wir alle gemeinsam aus dieser Talsohle wieder herauskommen.

Sie wissen, daß diese Talsohle – das ist auch von unserer Seite gesagt worden, es ist ganz unbestritten, und es ist sicherlich in diesen Tagen auch in diesem Hohen Hause gesagt worden – deswegen von uns allen einfach einkalkuliert werden muß, weil mehrerlei zusammenkommt, und zwar zum erstenmal zusammenkommt: das Minus in den Unternehmererwartungen, d.h., wenn Sie so wollen, das Auslaufen einer zweijährigen Politik der monetären Restriktion, zweitens schwere Strukturwandlungen im Ruhrgebiet, im Kohlenbergbau, und einige Schwierigkeiten im Stahlsektor, die noch nicht behoben sind, und auch Erscheinungen des strukturellen Wandels bei langlebigen Konsumgütern. Hier sind gewisse Dinge eingetreten, die in diesen Tagen von einem Werk verkündet wurden, das schließlich auch ein Symbol ist für das, was in den letzten 18 Jahren hier geleistet worden ist. Es ist keine einfache Sache, wenn dieses berühmte Werk, eben das Volkswagenwerk, die Kurzarbeit einführt. So etwas alles kann also zusammenkommen. Es ist die Pflicht einer Bundesregierung, in diesem Falle alle Maßnahmen rechtzeitig vorzubereiten, um diesen Gefahren entgegenzutreten, Maßnahmen der Investitionsbelebung, und auch Maßnahmen zur monetären Erleichterung zu erbitten, damit Wirtschafswachstum und Stabilität in gleicher Weise wieder erreicht werden. Ich komme darauf noch.

In diesem Zusammenhang – ich habe das Vergnügen gehabt, Herrn Kollegen Gewandt noch zu hören – ist das Wort „Globalsteuerung" aus der Regierungserklärung moniert worden. Ich kann nur daran erinnern, Herr Kollege Gewandt, daß der ursprüngliche Entwurf des Stabilitätsgesetzes von der alten Bundesregierung kam, und in diesem Gesetzentwurf war schon ein großer Haufen von Maßnahmen der Globalsteuerung enthalten. *(Sehr gut! bei*

der SPD.) Darüber besteht doch gar kein Zweifel, daß etwa die Instrumente der Plafondierung der Kredite und der Begrenzung der Kredite für die öffentliche Hand, wie immer man sie jetzt beurteilen mag, sehr harte Instrumente der globalen Steuerung sind. Wenn das in der Regierungserklärung erwähnt wird, heißt das keineswegs, daß wir damit der Marktwirtschaft zu Leibe rücken wollen, im Gegenteil. Richtige und wohldosierte und rechtzeitige Maßnahmen der Globalsteuerung verhüten es, daß wir in einen Einzeldirigismus, in eine Politik der sektoralen Regulierung abrutschen.
Nun gibt es drei große Komplexe, die alle hier angesprochen sind und die auch heute eine große Rolle gespielt haben in der Frage, um die es eigentlich heute mittag ging – das will ich ganz offen sagen –: das Timing, wie man sich im Areopag der Geldpolitiker ausdrückt. Es gibt drei Komplexe, einmal die Konzertierte Aktion, zweitens das neu in Erscheinung getretene Defizit für 1967 von 3,3 Milliarden DM und drittens das Stabilisierungsgesetz.
Alle drei Maßnahmen brauchen ihre Zeit. Die Konzertierte Aktion – das ist hier dargelegt worden – ist keine Sache eines einmaligen Entscheides, sondern eine Angelegenheit langer und systematischer Bemühungen der Regierung mit den freiwillig zusammengetretenen Tarifvertragsparteien und mit dem Sachverständigenrat.
Das Zweite ist der Ausgleich des neu in Erscheinung tretenden Defizits. Da muß ich für den Kollegen von den Finanzen reden. In diesen Tagen von einer Regierung, die bei Abgabe der Regierungserklärung, glaube ich, 15 Tage im Amt war, zu verlangen, das über den Tisch weg zu machen, ist einfach eine Unmöglichkeit. Das wird auch seine Zeit brauchen. Das wird parlamentarisch in den Februar hineingehen oder sich vielleicht noch anders hinstrecken, wie eben der Ablauf der Dinge ist, wenn es darum geht, bei einer so schmerzhaften und schwierigen Operation auf beiden Seiten, auf der Ausgabenseite und auf der Einnahmenseite, konjunkturgerecht zu handeln.
Das Dritte ist – das ist auch gesagt worden – das Stabilisierungsgesetz. Da muß ich nun sagen, meine Herren von der FDP, es tut mir in der Seele leid, daß Sie dazu erklären, das müsse fertig sein, und ähnliches. Ich darf Sie daran erinnern, daß der Gesetzentwurf nach unserer Meinung nicht vollkommen ist. Wir haben an diesem Entwurf sehr lange intensiv gearbeitet. Wir waren der Meinung, wir seien in jenen Wochen der fleißigste Ausschuß gewesen. Dann ist zweierlei passiert. An beidem ist doch schließlich die FDP nicht ganz unbeteiligt gewesen. Einmal ist die Regierung auseinandergefallen, und zum zweiten stellte sich heraus, daß wir in der größten Haushaltsklemme sind, die wir in den letzten Jahren gehabt haben. Beides kam auf uns zu, auf uns alle in diesem Hause. Das Problem des Haushalts 1966 und 1967 kam auf uns alle ganz plötzlich in dieser Dimension zu, ebenso die Regierungskrise. Dann

haben noch einige weiter an dem Gesetz zur Förderung der Stabilität und des Wachstums der Wirtschaft gearbeitet; aber es war ganz unmöglich, in jener Zeit etwa das Gesetz fertig zu machen. Ich kann Ihnen nur sagen, was ich auch heute nachmittag gesagt habe, daß das dafür zuständige Wirtschaftsministerium im Januar von sich aus die parlamentarische Bearbeitung dieses Gesetzentwurfes so weit fördern kann, wie das überhaupt ein Ministerium fördern kann. Das wird also auch geschehen. *(Zustimmung.)*

Aber bei allen drei Maßnahmen, deren Verwirklichung sich noch über Wochen und Monate hinziehen wird, darf ich gar keinen Zweifel lassen, daß ein Abwarten mit den monetären Maßnahmen allerdings für die Entwicklung der deutschen Volkswirtschaft gefährlich wäre. *(Beifall bei den Regierungsparteien.)* Wenn wir alle drei Dinge erst als Vorleistung erbringen müßten, damit also erst Ende Februar zu einer Änderung der Geldpolitik kämen, dann, meine Damen und Herren, könnte etwas eintreten, was wir alle in diesem Hause, als Abgeordnete oder als Mitglieder der Exekutive, auszuhalten hätten, mehr auszuhalten als andere Herren. Ich sage das mit aller Ruhe und aller Deutlichkeit, weil es heute nachmittag auch so ausgesprochen worden ist. Wenn man so lange warten würde, käme man zu etwas, was etwa so formuliert werden kann: Wir werden auf jeden Fall eine weitere Liquidisierung der Wirtschaft bekommen – das ist ganz selbstverständlich und gar kein Wunder – und eine weitere Liquidisierung des Bankensystems. Warum? – Weil in einem Prozeß der Schrumpfung, der Minderinvestition, selbstverständlich laufend die Liquidisierung im Bankensystem zunimmt. Dann ergibt sich irgendwann von dieser Liquidisierungswelle als Begleiterscheinung einer Rezession ein Druck auf die Zinsfüße. Das ist ganz modellgerecht. Bloß dann wäre die Bundesbank – das darf ich wohl mit allem Verlaub sagen, weil ich es auch heute nachmittag gesagt habe, ganz sachlich – in eine ganz neue Lage gekommen. Sie betriebe dann nicht mehr eine führende Geldpolitik, sondern nur noch eine konstatierende Geldpolitik; und in diese Lage sollte sie eigentlich nicht gebracht werden. Darum geht es bei dem Timing. *(Beifall bei den Regierungsparteien.)*

Meine Damen und Herren, hier sind ein paar Worte gefallen, die, soweit ich das schon mithören konnte, etwa dahin liefen: Kredithahn aufdrehen oder Ankurbelung oder so. Aber, meine Damen und Herren, das ist doch eine völlig falsche Ansicht von der ganzen Angelegenheit. Es gehört zu den normalen Mitteln der modernen Notenbankpolitik, daß sie, wenn es notwendig ist, restriktiv arbeitet und daß sie wiederum, wenn es notwendig ist, diese Restriktionspolitik beendet und in eine andere Politik übergeht. Nur darum geht es.

Ich halte es für völlig falsch, wenn man das auf den so einfachen und gefährlichen Nenner bringt, daß die Auflockerung der Restriktion, die Senkung des Diskontsatzes – damit meine ich natürlich nicht die Notenbank, die genau weiß, daß das zu ihrem Geschäft gehört, sondern die Auffassung in der Öffentlichkeit – etwas zu tun hätte mit Kreditschöpfung, Geldentwertung, Unstabilität oder ähnlichem. Nein, es gehört zum modernen Instrumentarium, auch die Restriktionen, wenn man die Talsohle sieht, rechtzeitig abzubauen. Darum geht es heute, und um nichts anderes. Ich möchte deswegen davor warnen, daß von außenstehender Seite oder von politischer Seite dieser Vorgang des Kurswechsels in der monetären Politik in ungebührlicher Weise dramatisiert wird, als wenn diese ganze Regierung, die neue Regierung, nun nichts anderes im Sinne hätte, als den Geldwert zu beeinträchtigen. Davon kann gar keine Rede sein, im Gegenteil. Es ist heute über die Preise gesprochen worden, und Sie haben durch den neuesten Lebenshaltungskostenindex vernommen, daß da wieder ein Sprung nach oben erfolgt ist. Auch das ist ganz klar. Wir haben natürlich, als die Restriktionen fühlbarer wurden, einen negativen Effekt auf die Produktivität der Unternehmungen gehabt – das war die erste Phase –, weil die Unternehmungen – wie man so häßlich sagt – Arbeitskräfte horteten. Das bedeutete, daß bei schärferer Restriktion das Produktionsquantum je geleistete Arbeitsstunde statistisch zurückging.

Dann kam die zweite Phase – diese Phase ist jetzt da –, daß Arbeitskräfte freigesetzt werden. Das ist – wie wir alle wissen – nicht ganz ungefährlich, wenn auch bis zu einem gewissen Grade natürlich, weil dadurch die Mobilität der Arbeitskräfte von stagnierenden zu strukturell aussichtsreichen Wirtschaftszweigen gefördert wird. Aber es kann auch zu weit gehen.

Aber wir sind nun dabei, gleichzeitig in eine dritte Phase hineinzugehen, nämlich durch die Fortsetzung eines schärferen Restriktionskurses eine so große Minderauslastung der Kapazitäten und der Produktionsaggregate zu erhalten, daß damit die Produktivität absinkt. Und das ist die Phase, die uns jetzt droht. Das ist die Phase, die bedeutet, daß bei sehr scharfer Restriktionspolitik der Kosteneffekt nicht eintritt, nicht etwa, weil zu viele Arbeitskräfte in den Betrieben da sind oder weil etwa gar zu hohe Löhne gezahlt werden, sondern weil das vorhandene Sachkapital zu gering ausgenutzt wird. Das ist genau die gefährliche Geschichte, daß wir das Schlechteste von beiden Welten haben, nämlich steigende Minderauslastung der Kapazitäten, sinkende Produktivität und damit steigende Preise.

Meine Damen und Herren, ich erwähne das alles nur, um Ihnen zu sagen, wie sachlich und freimütig heute argumentiert worden ist, und daß es letztlich um die Frage des Zeitpunktes ging. Ich darf vielleicht hinzufügen, daß es mir darauf ankam, diesem Hohen Hause nach meiner Rückkehr von den

erfreulichen und freundschaftlichen Diskussionen mit den Herren vom Areopag der Geldpolitik hier einen Bericht vorzulegen.
Ich glaube, wir sind uns alle darüber einig, daß der Konjunkturablauf in den kommenden Monaten nicht nur eine Sache der Mechanik ist, der Veränderung dieser oder jener Sätze, sondern auch eine Sache des Vertrauens und der Psychologie. Wir wollen das Vertrauen der deutschen Unternehmer und der deutschen Arbeitnehmer wiederherstellen. Es ist erschütternd zu sehen, daß in einer Situation, bei der die Arbeitslosigkeit ansteigt und bei der wir vielleicht im Jahre 1967 irgendwann zwei bis drei Prozent erreichen werden, heute schon allenthalben in der Wirtschaft und bei den Arbeitnehmern Unsicherheit über den Arbeitsplatz eingetreten ist. Das müssen wir einfach zur Kenntnis nehmen. Wir müssen auch zur Kenntnis nehmen, daß diese westdeutsche Volkswirtschaft, die sich seit zehn Jahren in der Vollbeschäftigung befindet, daran nicht gewöhnt ist, *(Abg. Blumenfeld: Das ist es nämlich!)* daß ein Einbruch entstehen kann, der bis zu drei Prozent gehen mag. Herr Blumenfeld, das ist auch heute gesagt worden. Wir alle haben eine schärfere Rezession bisher nicht durchgemacht und in diesen zehn Jahren noch nicht versucht, sie mit monetären und fiskalischen Mitteln schnell wieder zu beseitigen. Das wäre das erste Mal. Deswegen müssen wir rechtzeitig Vorsorge treffen. Das haben auch die Herren zugegeben. *(Abg. Blumenfeld: Also Psychologie!)*
– Die Psychologie braucht in erster Linie Stabilität der Regierung, Stabilität im Sinne des Kurses der Regierung und der Regierungspolitik und – wie ich sage – Signale, die deutlich angeben: Wir sehen die Talsohle, aber wir sehen auch die Wege, die Möglichkeiten und die Sicherheiten, soweit sie abschätzbar sind, für den Wiederaufstieg. Ich glaube, daß heute in den Beratungen in der Bundesbank sehr deutlich wurde, daß solche Signale in Bälde vor der Talsohle gesetzt werden müssen.
Das ist das eine. Das andere, das ich hinzufügen darf, meine Damen und Herren, ohne irgendwie die Vertraulichkeit zu brechen, sondern im Gegenteil, um es abzuschließen und zu summieren: Heute ist in den sieben Stunden meiner Anwesenheit im Zentralbankrat in der Analyse eine weitgehende Verständigung erreicht worden. Bundesbank und Bundesregierung selbst sind jetzt in der Lage, die gegenseitigen Signale zu erkennen.
Ich möchte es so sagen. Die Schiffe, die also eine Zeitlang sehr weit voneinander entfernt waren, die sich zwei Jahre lang eigentlich nicht mehr verständigen konnten, diese Schiffe, um es noch einmal so zu sagen, haben jetzt durch diese vielen Besprechungen Flaggen gesetzt und Signale verabredet. Sie können sich wieder über die Lage der deutschen Wirtschaft und über den möglichen weiteren Kurs verständigen. So möchte ich bei allem, was in

jenem Gremium noch offen ist, sagen, daß diese Verständigung über das gegenseitige Flaggensetzen, über das Hand-in-Hand-Arbeiten uns hoffen läßt. Aber ich füge hinzu, nachdem ich aus dieser Versammlung herausgegangen bin, habe ich nicht nur das Gefühl gehabt, daß uns das hoffen lassen kann, sondern auch deutlich zum Ausdruck gebracht, daß wir nicht mehr viel Zeit haben. *(Beifall bei den Regierungsparteien.)*

28.
„Abstimmung von Finanz- und Wirtschaftspolitik"

Rede des Bundesfinanzministers Franz Josef Strauß in der Debatte über die Regierungserklärung am 15. Dezember 1966

Bundesfinanzminister der Regierung der Großen Koalition wurde der CSU-Vorsitzende Franz Josef Strauß. In der Debatte über die Regierungserklärung von Bundeskanzler Kiesinger in der 82. Sitzung des Fünften Deutschen Bundestages am 15. Dezember 1966 erklärte der neue Bundesfinanzminister:

Herr Präsident! Meine sehr verehrten Damen und Herren! Ich bin bei Übernahme des Amtes um ein Wort an die Wirtschaft gebeten worden. Die wesentlichen Sätze daraus sind:

> Stabilität und Wachstum sind die wichtigsten Richtpunkte der Finanzpolitik.

Ich habe mit der Wahl dieser Reihenfolge Stabilität und Wachstum die Leitsterne ausdrücken wollen, die die Finanzpolitik auch in Zukunft bewegen müssen. Es heißt dort weiter:

> Die Haushaltspolitik muß so gestaltet werden, daß sie wirtschaftliche Schwankungen ausgleicht, d.h. antizyklisch wirkt.

Ich bekenne mich damit zur Auffassung, daß es eine völlig neutrale Finanzpolitik, die das Wirtschaftsgeschehen in keiner Weise beeinflußt, sondern sich selbst überläßt, heute nicht mehr gibt. *(Beifall bei der CDU/CSU. – Abg. Haase [Kassel]: Unmöglich, gibt's nicht mehr!)* Ich bin ein überzeugter Anhänger der sozialen Marktwirtschaft, und zwar durch die Einwirkung des damaligen Direktors der Verwaltung für Wirtschaft, Professor Ludwig Erhard. Ich unterstelle hier niemandem, daß er ein Anhänger einer – lassen Sie mich sagen – Manchester-kapitalistischen Marktwirtschaft ist. Wir haben dieses Konzept – das darf ich gerade an die Adresse der Freien Demokraten sagen – im Jahre 1948 gemeinsam durchgesetzt und über viele Jahre gemeinsam getragen. *(Sehr gut! bei der CDU/CSU.)*

Ich bin auch der Meinung, daß es absolut richtig war, in den ersten Jahren, in der ersten Phase der deutschen Nachkriegspolitik das deutsche Wirtschaftsgeschehen weder durch Einzeldirigismus noch durch Globalsteuerung allzusehr zu beeinflussen. In der ersten Phase war eine weitgehende Laissez-faire-laissez-aller-Politik durchaus richtig. Aber zum Begriff und zur Praxis der sozialen Marktwirtschaft gehört für mich auch eine gewisse Steuerung, wenn die Umstände und die Wandlungen der Zeit es erfordern, nicht auf dem Wege der Plan- oder Verwaltungswirtschaft, sondern auf dem Wege der Einsetzung eines gewissen Instrumentariums, wie bereits von Ihnen, Herr Professor Erhard, geschehen. *(Beifall bei der CDU/CSU und bei Abgeordneten der SPD.)*
Man kann natürlich die Frage stellen: Wie geht es unserer Wirtschaft? Ich spreche hier sozusagen nur stellvertretend, ohne bisher in der Geschäftsordnung des Bundeskabinetts damit beauftragt zu sein; aber Kollege Schiller fehlt heute, muß heute fehlen, weil er im Zentralbankrat in Frankfurt trotz allem noch dringender benötigt wurde als hier. Ich weigere mich aber, die Frage: geht es unserer Wirtschaft gut oder schlecht, zu beantworten. Es gibt eben Fragen, die man nicht einfach so oder so beantworten kann. Die moderne wissenschaftlich-technische Entwicklung hat in ihren industriellen Auswirkungen so verschiedenartige Konsequenzen, Wachstumsmöglichkeiten und Bewegungsmöglichkeiten geschaffen, daß es in gewissen Branchen unserer Wirtschaft heute noch ohne Zweifel gut steht, daß aber in anderen Branchen unserer Wirtschaft die Verhältnisse ganz anders liegen. Ich brauche nur Kohle, Stahl, stahlverarbeitende Industrie, andere metallverarbeitende Industrien, Werftindustrie, Textilindustrie, Steine- und Erden-Industrie zu nennen, um anzudeuten, daß hier der finanzielle Bewegungsspielraum unserer Wirtschaft, ihre Fähigkeit, zu investieren, heute nicht mehr einfach mit gut oder schlecht oder mittelschlecht bezeichnet werden kann. Die Dinge sind sehr differenziert. Darum kommt ja heute den Tarifpartnern eine noch höhere Verantwortung zu, als ihnen bisher schon zugekommen ist.
Ich kann nicht einfach einer Finanzpolitik das Wort reden, die auf eine völlige Restriktion schaltet, wenn die Folgen der Restriktion dann einen verhängnisvollen automatischen Kausaleffekt heraufbeschwören, nämlich zu einer weiteren Verknappung der finanziellen Mittel des Staates führen würden. *(Beifall bei den Regierungsparteien.)*
Es zeichnet sich heute bereits ab, daß ich die neulich genannten Zahlen für die Bundeseinnahmen nicht mehr aufrechterhalten kann. Mir ist gestern ein letzter Bericht auf den Tisch gelegt worden, daß sich infolge der stark rückläufigen Entwicklung des Ertrags der Umsatzsteuer das Defizit für 1966 durch Mindereinnahmen auf 1,25 Milliarden DM belaufen werde.

Die Finanzpolitik muß sich heute auf das sorgfältigste mit der Wirtschaftspolitik abstimmen, *(Beifall bei den Regierungsparteien)* damit in einer Aufgabe, die beinahe der Stabilisierung des Flugzeugs in der Luft gleichkommt – Antriebskräfte, bremsende Kräfte, trimmende Kräfte, Seitenruder, Höhenruder, Querruder, was immer man braucht –, beide zusammen zu einer Stabilität mit Vorwärtsentwicklung führen können. Aus diesem Grund bemühe ich mich – nicht nur aus Gründen der Koalitionstreue, sondern auch aus innerer Überzeugung –, mit dem Kollegen Schiller so zusammenzuarbeiten, daß eine wieder expansive Wirtschaft der Finanzpolitik die Möglichkeit bietet, die dringenden, nach vernünftigen Prioritäten geordneten Staatsaufgaben zu erfüllen. *(Beifall bei den Regierungsparteien.)*
Wenn aber heute immer wieder die Frage der Steuererhöhung gestellt wird, kann ich nur sagen, daß es für die nächsten Wochen und Monate in erster Linie darum gehen wird, die Ausgaben und ihre automatischen Zuwachsraten zu beschneiden. *(Beifall bei den Regierungsparteien.)* Das ist eine schwere politische Aufgabe.
Zweitens geht es darum, die Einnahmeseite zu verbessern, und zwar in erster Linie durch Beseitung von Steuerprivilegien und Steuervorteilen, die entweder nicht mehr gerechtfertigt sind oder der Natur der Sache nach heute gar nicht mehr notwendig sind. Daß die Betroffenen sich darüber beklagen werden, darüber besteht gar kein Zweifel.
Erst in dritter Linie kommen dann Steuererhöhungen. Kollege Schiller und ich vertreten gemeinsam die Auffassung, daß heute eine Erhöhung der Ertragsteuer überhaupt nicht in Betracht kommt, weil eine Ertragsteuererhöhung den negativen prozyklischen Effekt verstärken würde.
Ich muß sagen, daß unsere Kollegen von der Sozialdemokratie, wenn ich an ihre früheren Vorstellungen vom Steuerplafond denke, einen weiten Weg zurückgelegt haben bis zu einem marktwirtschaftkonformen Denken, wenn sie heute auch gegenüber ihren Wählern und Anhängern sagen: Wir können die Ertragsteuer nicht erhöhen, wir können auch die Reichen nicht höher besteuern, und zwar deshalb nicht, weil eine solche Besteuerung wirtschaftspolitische Effekte auslösen würde, die zum Schluß den Arbeitsplatz gefährden würden. *(Beifall in der Mitte.)* Das ist meine Deutung Ihrer Haltung. Sie mögen mich ruhig korrigieren, aber so habe ich Professor Schiller verstanden. Es gab ja auf Ihrer und auch auf unserer Seite einmal andere Vorstellungen.
In den 50er Jahren, Anfang der 60er Jahre waren wir an große Wachstumsraten gewöhnt. Wir können sogar feststellen, daß damals trotz großer Wachstumsraten der Unterschied zwischen dem Zuwachs des realen und nominalen Bruttosozialprodukts kleiner war als die Differenz bei wesentlich

geringeren Wachstumsraten. Warum? In den 50er Jahren, Anfang der 60er Jahre hatten wir noch beträchtliche Reserven. Wir hatten Reserven an Arbeitskräften – Heimatvertriebene, Flüchtlinge, Zuzug aus der Zone –, wir hatte noch die Möglichkeit, im Rahmen des vorhandenen Kapitals einen großen technischen Rückstand aufzuholen und damit die Produktivität zu verbessern. Wir haben das Mögliche erreicht und können nunmehr langsam weitere Fortschritte erzielen. Wir hatten auch noch die Reserve des ständigen Zuzugs von Arbeitskräften aus der Zone. Diese Arbeitskräfte sind bis zum letzten Mann in Arbeit und Brot gebracht worden. Heute haben wir keine Reserven mehr.

Zur gleichen Zeit haben wir eine Arbeitszeitverkürzung von 48 auf 42, zum Teil auf 40 Stunden gehabt. Das ist menschlich verständlich und entspricht einem großen sozialpolitischen Anliegen unserer Zeit. Ich bin nicht der Meinung, daß der Mensch nur lebt, um zu arbeiten, sondern ich meine, daß er manchmal auch arbeiten will, um besser leben zu können. Wir sollten hier also gar keine moralische Betrachtungsweise anwenden. Aber wenn alle Reserven ausgeschöpft sind, wenn die Arbeitszeit verkürzt worden ist und wenn die Kostenbelastung der Wirtschaft erheblich über das normale Maß hinaus gestiegen ist, dann müssen wir uns eben daran gewöhnen, daß wir uns von den Möglichkeiten eines schnelleren Wirtschaftswachstums auf die unvermeidbaren Konsequenzen eines langsameren Wirtschaftswachstums umzustellen haben, sowohl was den Anstieg der individuellen Einkommen als auch was das Ansteigen der finanzpolitischen Möglichkeiten, der Ausgabemöglichkeiten des Staates anlangt. Da befinden wir uns zur Zeit mitten in der Umschaltung, und diese Umschaltung erfordert Abstriche, die uns allen nicht sehr leicht fallen werden.

Ich habe schon mehrmals vor einer Entwicklung gewarnt, daß durch gesetzliche Verpflichtungen oder andere rechtliche Zwangsläufigkeiten ein immer größerer Prozentsatz des Bundeshaushalts festgelegt wird. Ich erinnere mich der Zeit, wo 75 Prozent festgelegt waren und für 25 Prozent noch eine Dispositionsfreiheit im Sinne einer gestaltenden Politik bestand; wir sind heute soweit, daß durch gesetzliche und rechtliche Verpflichtungen anderer Art etwa 92 Prozent des Bundeshaushalts festgelegt sind und daß die durch politische Gewohnheiten gewissermaßen auch zu einer Art Verpflichtung gewordenen weiteren Ausgaben zusammen mit den rechtlich zwingenden Ausgaben die Hundertprozentgrenze für die nächsten Jahre bereits überschritten haben.

Ich vertrete die Auffassung – ob es der Bundesregierung gelingt, das kann man heute noch nicht sagen; wir streben das Ziel an und werden es mit größter Konzentration und Energie verfolgen –, daß der finanzielle Bewegungsspielraum des Bundeshaushalts wieder so zu verbessern ist, daß für Aufgaben der gestaltenden Politik ein größerer Spielraum übrigbleibt. Unter den Mehrausgaben, Herr Kollege Starke, die Sie für die Zukunft nennen, steht ganz groß und auch unter meinem Einfluß der Titel „Wissenschaft und Forschung". *(Zuruf des Abg. Dr. Starke [Franken].)* Bis jetzt sind die Mittel dafür noch nicht gesetzlich gebunden, aber daß wir für Wissenschaft und Forschung, angefangen vom Hochschulbau bis zur Großtechnologie, in Zukunft noch mehr werden tun müssen, als wir in der Vergangenheit tun konnten, steht doch außer jedem Zweifel. Wenn das in eine mittelfristige Finanzvorausschau eingeplant wird, dann entspricht das doch auch der von allen Seiten geforderten Notwendigkeit, Prioritäten zu setzen, die nicht nur dem Gegenwartskonsum, sondern die den Sozialinvestitionen und der Wettbewerbsfähigkeit der Zukunft dienen sollen. *(Beifall in der Mitte. – Zuruf des Abg. Dr. Starke [Franken].)*

Ertl (FDP): Herr Minister Strauß, habe ich Sie richtig verstanden, daß Sie auch deshalb für Steuererhöhungen sind, weil Sie mehr politischen Spielraum für neue Maßnahmen haben wollen, und daß sie deshalb nicht so sehr die Ausgaben – – *(Lebhafter Widerspruch bei der CDU/CSU und bei Abgeordneten der SPD.)*

Dr. h.c. Strauß: Sie wissen doch ganz genau, daß allein die Abdeckung des Haushalts 1967 die Wahl aller drei Mittel: Ausgabenverminderung, Einnahmenverbesserung durch Beseitigung von Steuervorteilen und eine maßvolle Anhebung von Verbrauchsteuern, leider erforderlich gemacht hat. Ich habe schon das letztemal bei der Verabschiedung des Steueränderungsgesetzes die Frage gestellt: Glauben Sie denn wirklich noch, daß es angesichts der nunmehr auf dem Tisch liegenden Finanzlage ohne Steuererhöhungen möglich gewesen wäre, den Haushalt 1967 abzugleichen? Ich darf doch weiter gehen: Selbst wenn das möglich gewesen wäre, würde man ja eine Flut von Ausgaben mit stärkster Belastung des Geld- und Kapitalmarktes vor sich herschieben, so daß die Verhältnisse 1968/69 für jede Regierung unerträglich würden. *(Beifall bei den Regierungsparteien.)*

Darum sollten wir uns alle, ob Regierung oder Opposition, gemeinsam zum Ziel setzen, im Jahre 1967 die erforderlichen Korrekturen vorzunehmen, damit wir in den Jahren 1968/69 mit Wettbewerbsgleichheit und mit einer klaren, sauberen Bilanz vor die Öffentlichkeit treten können. *(Beifall in der Mitte und bei Abgeordneten der SPD.)*

29.
Außerparlamentarische Opposition

Aktuelle Stunde im Bundestag am 9. Februar 1968

Die Demonstrationen gegen den Besuch des Schahs von Persien 1967 in Berlin und der Tod des Studenten Benno Ohnesorg waren die Geburtsstunde der Außerparlamentarischen Opposition, die in den folgenden Jahren an den Universitäten und auf den Straßen unseres Landes vieles in Frage stellte, ja radikal ablehnte, was Teil unserer staatlichen und gesellschaftlichen Ordnung ist. In seiner 154. Sitzung beschäftigte sich der Fünfte Deutsche Bundestag am 9. Februar 1968 in einer Aktuellen Stunde mit der Situation. Hier ein Auszug:

Bundeskanzler Dr. h.c. Kiesinger:
Herr Präsident! Meine Damen und Herren! Ich bin in den vergangenen Wochen von vielen Bürgern unseres Landes aufgefordert worden, ein Wort zu den Unruhen an einigen unserer Hochschulen zu sagen. Diese Aktuelle Stunde des Bundestages gibt mir dazu die Gelegenheit.
Unruhen dieser Art beschränken sich, wie Sie wissen, nicht auf unser Land. Ich kann und will heute nicht den Versuch unternehmen, die Ursachen und Motive dieser Unruhen darzustellen. Ich will auch nicht untersuchen, wieweit diese Vorkommnisse spontan oder gelenkt und von welchen Kräften gelenkt sind. Ich versage es mir auch, aufzuhellen, wo sich dabei durchaus berechtigte studentische Anliegen und Forderungen mit dem Willen kleiner militanter Gruppen vermischen, die sich gegen unsere gesellschaftliche und staatliche Ordnung richten. Diese letzteren haben eine eigene Taktik entwickelt oder vielmehr importiert, bei der Gewaltsamkeiten aller Art angewendet werden.
Meine Damen und Herren, diese rechtswidrigen Gewaltsamkeiten allein sind der Anlaß meiner heutigen Intervention. *(Abg. Dr. Barzel: Sehr gut!)* Wir leben in einem freien Lande, in dem niemandem die Meinungsfreiheit verwehrt oder beschränkt wird. Wir leben aber auch in einem Rechtsstaat, *(allgemeiner Beifall)* in dem niemandem erlaubt ist, seine Meinung durch Gewalttätigkeit unter Verletzung von Gesetz und Recht auszudrücken. *(Lebhafter Beifall bei den Regierungsparteien und bei Abgeordneten der FDP.)* Auf beidem, der Freiheit der Meinung und der Achtung vor dem Recht,

beruht unsere gesellschaftliche und staatliche Ordnung, für die wir alle Verantwortung tragen. Sie muß entschlossen gegen alle geschützt werden, die sie mit Gewalt stören.

Ich habe gestern mit den Regierungschefs der deutschen Länder gesprochen, deren Organe für die Wahrung der öffentlichen Ordnung und für die Bestrafung von kriminellen Rechtsbrüchen zuständig sind. Diese Organe haben bislang große Geduld und Zurückhaltung geübt, *(Zurufe von der CDU/CSU: Sehr wahr! Leider!)* um die Situation nicht zu verschärfen. Diese Geduld wird von der militanten Minderheit nicht respektiert. Eine weitere Zurückhaltung würde von der Bevölkerung mit Recht den staatlichen Autoritäten als unverzeihliche Schwäche vorgeworfen werden. *(Lebhafter Beifall bei den Regierungsparteien.)*

Die Ministerpräsidenten teilen meine Meinung und sind entschlossen, dafür zu sorgen, daß rechtswidrige Gewalttätigkeiten mit den gesetzlichen Mitteln verhindert und kriminelle Ausschreitungen ohne Verzögerung bestraft werden. *(Beifall bei den Regierungsparteien.)*

Meine Damen und Herren, es liegt mir fern, die Ereignisse unnötig zu dramatisieren. *(Hört! Hört! bei der SPD.)*

Die überwältigende Mehrheit unserer Studenten nimmt an diesen Ausschreitungen keinen Anteil und lehnt sie entschieden ab. *(Beifall bei den Regierungsparteien.)* Ich vertraue darauf, daß mehr als alles andere ihre Haltung und ihr Einfluß dazu beitragen wird, Recht und Ordnung an unseren Hochschulen und das Ansehen unserer Studentenschaft in der Bevölkerung zu bewahren. *(Beifall bei der CDU/CSU.)*

Diese große Mehrheit unserer Studenten darf versichert sein, daß wir ihre Sorgen um die Reform unseres Bildungswesens, um die Sicherung der Zukunft unseres Volkes, um den Frieden, die Freiheit und die Gerechtigkeit in unserer Welt ernst nehmen und teilen. *(Beifall bei der CDU/CSU.)* Wir sind bereit, die große Aufgabe gemeinsam mit ihnen zu lösen und uns gemeinsam mit ihnen für diese höchsten Güter einzusetzen. *(Beifall bei den Regierungsparteien.)*

Schmidt (Hamburg, SPD):

Herr Präsident! Meine Damen und Herren! In fünf Minuten kann man sich wohl nur auf zwei oder drei Gedanken beschränken.

Zunächst einen an einen bestimmten Teil der jugendlichen Opposition. Sie muß wissen, daß Leute, welche die repräsentative Demokratie, die freiheitliche Gesellschaftsordnung zum Gegenstand des Hohnes und der Aggression machen, sich auf den gefährlichen Weg mancher begeben, die im Namen des Proletariats eine Diktatur über das Proletariat errichten, oder solcher, die im

Namen des Gemeinnutzes den Genuß der eigenen Macht über alles andere stellen. *(Beifall bei den Regierungsparteien.)*
Dieses Haus weiß, daß unsere Wirtschaftsordnung, daß unsere Gesellschaft, daß unser Staat tausend Fehler haben, die Kritik verdienen. Aber die geschichtliche Erfahrung dieser Nation in beiden Teilen lehrte uns unter schrecklichen Opfern, daß alle anderen Ordnungen weit größere Risiken bedeuten. *(Beifall bei den Regierungsparteien und Abgeordneten der FDP.)*
Wenn wir Deutschen aus den Diktaturen über unser eigenes Volk eines gelernt haben, dann doch jedenfalls dies, daß Toleranz gegenüber dem Andersdenkenden und dem Anderswollenden zu den höchsten Maximen einer anständigen und freien Gesellschaft gehört. *(Beifall bei allen Fraktionen.)* Wer aber statt dessen Provokation und physische Gewaltanwendung zum Prinzip der Auseinandersetzungen machen will, der wird in jedem Sinne des Wortes Reaktion ernten. *(Beifall bei den Regierungsparteien.)*
In der Demokratie setzt der Bürger seine Meinung durch, indem er diskutiert, indem er eigene Vorschläge macht, indem er für seine eigenen Vorstellungen wirbt – letztlich durch den Stimmzettel. Gewalt aber darf in unserem Staat ein Bürger nur anwenden im Falle der Notwehr. Von Notwehr, von Gefahr für Leib oder Leben, kann aber bei den so verschleppten Problemen der Universitätsreform überhaupt keine Rede sein. *(Beifall bei den Regierungsparteien.)*
Ein zweites Wort an jedermann im Lande. Viele von uns vergessen, daß radikale Kritiker bisweilen auch recht haben, selbst wenn sie übertreiben. Die Forderung nach Universitäts- und Studienreform besteht zu Recht, und das seit mehr als 20 Jahren. Ich gebe Herrn Stoltenberg recht, der vorhin diesen Vorwurf zu einem Teil auch an andere, zuständige Adressen verteilt hat als die Bank hier zu meiner Rechten. Die Kritik an gewissen Straßenbahnpreiserhöhungen muß z.B. wohl richtig gewesen sein, wenn diese Erhöhungen nachher teilweise zurückgenommen wurden. *(Heiterkeit und Beifall bei allen Fraktionen.)*
Vielerlei Kritik ist zutreffend, ob sie sich richtet gegen bestimmte Erscheinungen in der Justiz, im Pressewesen, in unserem Parlament, in der Armee oder wo immer in unserer Gesellschaft und in unserem Staat. Und wer auf zutreffende Kritik nicht hört und darauf nicht antwortet, ist möglicherweise eine Schlafmütze oder ein Reaktionär. Außerdem aber – und noch wichtiger –: Wir alle und unsere Bürger müssen wissen, daß andere Bürger das Recht auch zu völlig unzutreffender und übertriebener Kritik haben. Das muß man aushalten können. *(Beifall bei der SPD und bei Abgeordneten der CDU/CSU.)*
Es ist in unserem Staat kein Vergehen, den Deutschen Bundestag oder den

Bundeskanzler oder die Parteien oder eine Landes- oder eine Stadtregierung oder einen Universitätssenat unzutreffend und ungerechtfertigterweise zu kritisieren. Das Toleranzgebot gilt für uns alle, und wir alle müssen wissen, daß geistige und politische Unruhe erlaubt ist, soweit sie die Rechte anderer nicht gefährdet, und ich füge für meine Person hinzu: im Grunde wünschenswert ist, wenn es in Deutschland vorangehen soll. *(Beifall bei der SPD und bei Abgeordneten der CDU/CSU.)*

Lassen Sie mich hinzufügen: Das gilt auch für alle Bürger im Lande. Wir, alle Bürger, müssen die Zivilcourage aufbringen, den Feinden der Demokratie auch persönlich entgegenzutreten, *(lebhafter Beifall im ganzen Hause)* um mit denen, mit denen man reden kann, zu reden, ob es sich um die Anarchokommunisten handelt, die sich hier oder da an Universitäten breitmachen, oder um diejenigen, die am Kiosk die „Deutsche Nationalzeitung und Soldatenzeitung" kaufen. *(Sehr gut! bei der SPD.)*

Ein letztes Wort an diejenigen, die im Lande oder in den Städten oder an den Universitäten amtliche Verantwortung tragen. Sie haben die Gesetze und das Recht zu wahren und dafür zu sorgen, daß, wer sich gegen das Recht vergeht, vor seinen Richter kommt und daß, wer die Rechte anderer buchstäblich mit Füßen tritt und buchstäblich mit Steinen bewirft, daran gehindert wird, dies zu tun. *(Beifall bei den Regierungsparteien und bei Abgeordneten der FDP.)*

Dazu brauchen aber die, die amtliche Verantwortung tragen, nicht etwa den Vorsatz zur „Härte" oder zum „Durchgreifen". Für jede Behörde und für jeden Beamten gilt zu jeder Zeit der Grundsatz: Die Mittel, die der Staat einsetzt, haben im angemessenen Verhältnis zu Anlaß und Zweck zu stehen. *(Beifall bei der SPD.)*

Wer als staatliche Autorität die Polizei einsetzt, muß diesem Grundsatz der Verhältnismäßigkeit der Mittel gehorchen. Polizeibeamte haben einen sehr schweren Beruf, *(Zustimmung in der Mitte – Zuruf von der FDP.: Fünf Minuten!)* einen häufig sehr undankbaren Beruf. Polizeibeamte haben ein Recht darauf, von ihren politischen Vorgesetzten klare Anweisungen und klare Führung zu erhalten. *(Beifall bei der SPD und Abgeordneten der CDU/CSU sowie der FDP.)* In meinen Augen haben politische Vorgesetzte wenig Respekt verdient, wenn sie am Ort und zum Zeitpunkt des Einsatzes der Polizei die Polizei sich selbst überlassen und nachher kluge Worte machen. *(Lebhafter Beifall bei den Regierungsparteien und bei Abgeordneten der FDP.)*

Ein letzter Satz, Herr Präsident. Über Autorität redet man nicht – schon gar nicht nachträglich –, sondern man übt sie am Orte, wenn es noch Zeit ist, aus. Das gilt für uns alle. *(Beifall bei den Regierungsparteien und bei Abgeordneten der FDP.)*

Dr. Barzel (CDU/CSU):
Herr Präsident! Meine Damen und Herren! Wir haben diese Aktuelle Stunde herbeigeführt, weil wir in aller Ruhe, aber auch mit aller Deutlichkeit zu sagen wünschen: Wehret den Anfängen! Wir wünschen in unserem Lande niemanden darüber im unklaren zu lassen, daß wir diesen mühsam aus Krieg und Diktatur und Trümmern aufgebauten freiheitlichen sozialen Rechtsstaat mit aller Kraft verteidigen werden. *(Beifall bei den Regierungsparteien.)* Die Feinde der Freiheit und die Feinde der Demokratie sind so stark, wie die Demokraten schlapp sind. Die Frage, die wir hier diskutieren, betrifft nicht – und auch wir wollen dies sagen – die Jugend. Gräfin Dönhoff hat heute, wie ich glaube, trefflich davon gesprochen, es handle sich um eine „Mini-Minorität". Dies, glaube ich, ist eine gute Aussage. Diese Mini-Minorität freilich ist lautstark. Sie will eine andere Ordnung und schreckt auch vor Gewalt nicht zurück. Was hierzu zu sagen ist, haben der Bundeskanzler und seine Minister vorher ausgeführt. Wir stimmen dem zu.
Auch wir wünschen festzuhalten, daß Demokratie geistige Auseinandersetzung ist. Wir glauben, daß wir alle der Kritik bedürfen, wir alle hier, weil es sonst nicht gut weitergeht. Wir glauben, daß Meinungskampf dazugehört, daß der Wille dazugehört, Mehrheiten zu ändern, Verhältnisse zu wandeln, eine bessere Ordnung zu erreichen. Das alles gehört dazu. Nur muß jedermann wissen, daß der Weg dorthin nicht der der Gewalt und des Terrors sein kann. *(Beifall bei der CDU/CSU und bei Abgeordneten der SPD.)* Nicht der Steinwurf, sondern das Gespräch ist das Kennzeichen der Demokratie. *(Beifall bei der CDU/CSU.)*
Art. 18 des Grundgesetzes ist zitiert worden. Wir legen Wert darauf, auch den Art. 2 in Erinnerung zu rufen. Er gehört in diese Debatte. Er lautet: „Jeder hat das Recht auf die freie Entfaltung seiner Persönlichkeit, soweit er nicht die Rechte anderer verletzt ..." An dieses Prinzip muß man erinnern, auch deshalb, weil hier eine Grenze zu ziehen ist.
Wir wissen, was ein studentischer Ulk ist, und wir haben viel Verständnis dafür, wenn auch mal einer über das Ziel hinausschießt. Aber ein studentischer Ulk ist es nicht mehr, wenn bewußt zerstört wird oder wenn Anleitungen zur Herstellung von Sprengsätzen à la Molotow-Cocktails gegeben werden. Das ist Terror. Dies darf nicht sein. Dies werden wir nicht zulassen, meine Damen und Herren. *(Beifall bei der CDU/CSU und bei Abgeordneten der SPD.)*
Wir sollten alle großzügig sein, wenn irgendwo, wenn insbesondere junge Menschen über das Ziel hinausschießen. Wir sollten aber ebenso hart und unerbittlich sein, wo vorsätzlich, geplant und präzis eine konzentrierte Terroraktion abläuft. Dies ist etwas anderes! *(Beifall bei der CDU/CSU und*

bei Abgeordneten der SPD. – Zuruf von der SPD: Dieses Wort mußte wohl hierher!)
Von dieser Stunde soll, so wünschen wir, die Gewißheit ausgehen – ins Volk wie an alle Stellen, die für Ordnung zuständig sind –, daß wir diesen freiheitlichen Rechtsstaat zu verteidigen wünschen. Von dieser Stelle soll aber ebenso die Gewißheit ausgehen, daß wir das Gespräch suchen, gerade mit den jungen Menschen, daß wir zu Reformen bereit sind und daß wir hier keineswegs glauben – dazu haben wir einen viel zu tiefen Einblick in die Schwierigkeit der Probleme, die wir hier lösen müssen –, die beste aller denkbaren Welten schon geschaffen zu haben. *(Beifall bei den Regierungsparteien.)* Aber wir glauben, eine geschaffen zu haben, in der es sich leben läßt und die offen ist für eine Entwicklung zu Besserem. Das wird nur dann gehen, wenn diese Jugend – jetzt meine ich die ganze Jugend – unsere Gesprächsbereitschaft wirklich annimmt, wenn wir alle miteinander sie nie mit Rechthaberei abspeisen *(Sehr gut! bei der FDP)* und wenn wir diese Jugend ganz ernst nehmen.
Es wäre für die Atmosphäre dieses Gesprächs vorteilhaft, wenn auch junge Menschen ihren Respekt für die Wiederaufbauleistung der älteren Generation in den letzten 20 Jahren bekunden könnten. *(Beifall bei der CDU/CSU.)*
Noch ein Wort – es gehört hier mit herein –: Antiamerikanismus, der hier und dort in Mode zu kommen scheint, ist dümmlich und verrät mangelnde Einsicht in die wirkliche Lage unseres Volkes und unserer Hauptstadt. *(Beifall bei den Regierungsparteien.)*
Wenn manche heute kritisch davon sprechen, daß autoritäre Strukturen vorhanden seien – nun, ich will das heute nicht untersuchen; dazu reicht die Zeit nicht. Ich darf aber als ein Mann der Kriegsgeneration daran erinnern, daß wir nicht nur autoritäre Strukturen aufspüren mußten, um sie theoretisch zu begreifen, sondern daß wir etwas anderes, nämlich Diktatur, in der Wirklichkeit hatten. Weil wir das erfahren haben, werden wir das an Freiheit und Recht, was hier ist, verteidigen. Es ist zu mühsam Wirklichkeit geworden. *(Beifall bei den Regierungsparteien.)*

Scheel (FDP):
Herr Präsident! Meine sehr verehrten Damen! Meine Herren! Der Herr Bundeskanzler hat gesprochen, die Regierungsbank ist zum erstenmal seit langer Zeit gefüllt, der Bundesrat ist da, das Haus ist voll *(Lachen und Widerspruch.)*
– Nach dem Sprachgebrauch gefüllt. – Im Sprachgebrauch der unruhigen Jugend würde man sagen: Das Establishment ist vollzählig vertreten.
Wie lange hat es gebraucht, damit wir uns über diese Frage hier unterhalten?

Mußte es erst zu einer Überschrift in einer Wochenzeitung wie heute: „Ist der Vietkong unter uns?" kommen? Und ist es nicht falsch, daß wir diese Diskussion mit einem Gespräch mit fünf Minuten pro Redner beginnen?
Es ist gut, daß Große Anfragen eingebracht worden sind. Es ist gut, daß wir bald auch anläßlich der Rede des Herrn Bundeskanzlers zur Lage der Nation das gleiche Thema behandeln. *(Abg. Schmitt-Vockenhausen: Auch Ihrer Initiative wären keine Grenzen gesetzt gewesen, Herr Kollege!)* Wir sollten es uns hier nicht leicht machen, meine Kollegen. Ich glaube, es wäre falsch und gefährlich, wenn wir die Ereignisse, über die wir sprechen, mit der Formulierung „Terror", „Aufruhr", „Rabaukentum", „Krawalle" und dergleichen etikettierten. Wenn wir es möglicherweise zu einer antistudentischen Hysterie kommen ließen, das würde der Sache nicht gerecht werden. *(Beifall bei der FDP. – Abg. Schmitt-Vockenhausen: Haben Sie denn den Herrn Stoltenberg nicht gehört?)* Das führt dann zu den vergröbernden Formulierungen „Härte", „Unnachgiebigkeit", „Demonstration staatlicher Autorität" und „Reinschlagen" und dergleichen mehr.
Wir müssen hier nach den Ursachen suchen. Ich bin froh, daß in der Diskussion bis heute erkennbar war, daß wir das gemeinsam tun wollen. Denn, meine Damen und Herren, Dutschkes hat es zu allen Zeiten gegeben. Das Beunruhigende ist doch, daß es heute Leute gibt, die ihnen zuhören. Wir müssen fragen, warum ihnen die Jungen zuhören. *(Beifall bei der FDP und bei Abgeordneten der SPD.)*
Eine Erklärung lasse ich aus eigener Erfahrung nicht gelten. Das ist die Erklärung, daß hier Ferngesteuerte am Werke seien, von Moskau oder der SED Gesteuerte. Weiß Gott, das ist nicht der Fall. Ich habe selbst – – *(Lebhafter Widerspruch bei der CDU/CSU.)*
– So viel und so wenig wie in der übrigen Gesellschaft ist das hier der Fall. – Ich habe selbst Abend für Abend mit Studenten diskutiert. Das war sehr unbequem, – – *Zuruf von der CDU/CSU: Siehe Porst!)*
– Ach, wissen Sie, das hat es in allen Fraktionen gegeben, mein verehrter Freund. Bei Ihnen war es Schmidt-Wittmack, bei jenen war es der Frenzel. *(Beifall bei der FDP.)* So billig wollen wir es uns nun erst recht nicht machen, wie Sie Ihre Zwischenrufe anlegen.
Meine Damen und Herren, ich habe Abend für Abend erlebt, daß es in der Studentenschaft, bei der Jugend überhaupt eine große Mehrzahl gibt, die nicht antidemokratisch ist, sondern die die Demokratie mit mehr Leben erfüllen will. Es gibt eine Minorität antidemokratischer Jugendlicher. Wir können den Gutwilligen, die die Demokratie schützen und fördern wollen, keine Schlagworte entgegensetzen. Wir müssen – ich bin froh, daß Herr Dr. Barzel das gesagt hat – ihnen beweisen, daß wir eine offene Gesellschaft sind.

Aber sind wir das? Ist das, was wir formierte Gesellschaft nennen und wollen, eine offene Gesellschaft? Weichen wir nicht auch hier den Konflikten allzusehr aus, die nun einmal eine offene Gesellschaft kennzeichnen? Ist die Funktionsfähigkeit des Parlaments noch voll erhalten? Wenn der Innenminister in einer Broschüre sagt, daß die hier Versammelten eigentlich nur auf der Basis eines Wahlgesetzes hierher geschickt worden sind, das man höchstens als Meinungsmessung bezeichnen kann, *(Hört! Hört! bei der FDP)* und daß es eines anderen Wahlgesetzes bedürfe, wenn man ein funktionsfähiges Parlament haben wolle, ja wundern Sie sich dann noch über Zweifel bei der Jugend? *(Beifall bei der FDP.)*
Ist es nicht so, daß in diesem Parlament wichtige politische Fragen nicht diskutiert werden? Ist es nicht merkwürdig, meine Damen und Herren, daß die Titelseiten aller Zeitungen in Deutschland seit Jahren über den Krieg in Vietnam berichten und hier nicht darüber gesprochen wird? Ist das nicht merkwürdig? *(Beifall bei der FDP und bei Abgeordneten der SPD.)*

Ist es nicht merkwürdig, daß der Herr Bundeskanzler die DDR ein Phänomen nennt und sich schwertut, den Ministerpräsidenten der DDR mit seiner Amtsbezeichnung zu nennen? ist es nicht merkwürdig, daß in der Öffentlichkeit immer noch eine lebhafte Diskussion über die politische Vergangenheit prominenter Repräsentanten unseres Staates geführt wird? Dabei kommt es gar nicht so sehr darauf an, ob das zu Recht oder zu Unrecht so ist, sondern es kommt darauf an, daß man sich zu dem, was gewesen ist, bekennt, daß endlich Klarheit wird. *(Beifall bei der FDP.)*
Ist an der Entwicklung nicht auch der Herbst des Jahres 1966 schuld, in den doch so manche junge Menschen eine Hoffnung gesetzt haben und wo sich eine Partei ihres Führungsanspruchs, den sie hätte erheben können, praktisch begeben hat? *(Beifall bei der FDP. – Zurufe von den Regierungsparteien.)* Auch das, meine Damen und Herren, ist Ursache für das, was wir heute erleben. Da reicht es nicht aus, Herr Kollege Schmidt, wenn Sie heute im „Echo der Zeit“ Kritik an dieser Regierung üben und sagen: Diese Regierung muß mutiger werden. Das reicht nicht aus. Diese Regierung sind nämlich Sie!

Natürlich, meine Damen und Herren, ist die Hochschulpolitik ein bedeutender Hintergrund dessen, was wir erleben. Aber haben wir es nicht versäumt, hat es nicht auch diese Regierung versäumt, Reformen anzufassen, obgleich alle Ministerpräsidenten den Parteien angehören, die diese Regierung tragen? *(Zuruf von der SPD: Sie sind unbeteiligt?!)*
Meine Damen und Herren, ich bin ein überzeugter Anhänger der parlamentarischen Demokratie. Wir fassen unsere Oppositionsrolle so auf, die parlamentarische Demokratie lebendig zu erhalten und lebendig zu gestalten.

Wir diskutieren mit unserer Jugend. Dafür empfangen wir von Ihnen manchmal hämische Kritik. Ich wollte, Sie würden es genauso tun wie wir. *(Beifall bei der FDP. – Zurufe von den Regierungsparteien.)*

30. „Es gibt schwierige Vaterländer. Eines davon ist Deutschland.“

Ansprache des neugewählten Bundespräsidenten Dr. Dr. Gustav Heinemann bei seinem Amtsantritt am 1. Juli 1969

Am 5. März wählte die Bundesversammlung in Berlin den damaligen Bundesjustizminister und SPD-Politiker Dr. Dr. Gustav Heinemann im dritten Wahlgang mit 512 Stimmen zum dritten Präsidenten der Bundesrepublik Deutschland. 506 Stimmen wurden für den Bundesverteidigungsminister und CDU-Politiker Dr. Gerhard Schröder abgegeben. In der Ansprache bei seinem Amtsantritt in der 245. Sitzung des Fünften Deutschen Bundestages am 1. Juli 1969 erklärte der neugewählte Bundespräsident:

Meine Herren Präsidenten! Exzellenzen! Meine Damen und Herren! Mit dem hier geleisteten Eid trete ich in die Verantwortung des Amtes ein, für das mich die Bundesversammlung am 5. März gewählt hat.

Ich danke allen, die mich gewählt haben, für das Vertrauen, das sie mir schenken. Ich respektiere, daß etliche eine andere Wahlentscheidung getroffen haben, in vollen Maße. Ich hoffe, daß es auch mit ihnen zu einer gedeihlichen Zusammenarbeit über die Gemeinsamkeit der uns gestellten Aufgaben kommt.

Als Bundespräsident habe ich keine Regierungserklärung abzugeben. Ich bin aus der Bundesregierung und aus dem Deutschen Bundestag ausgeschieden; ich habe alle Funktionen in der Sozialdemokratischen Partei Deutschlands niedergelegt. Nach dem Willen des Grundgesetzes stehe ich fortan denen zur Seite, die die politischen Entscheidungen zu vollziehen und zu verantworten haben. Wohl aber steht dem Bundespräsidenten gerade in dieser Stunde ein persönliches Wort zu.

Meine Damen und Herren, ich trete das Amt in einer Zeit an, in der die Welt in höchsten Widersprüchlichkeiten lebt. Der Mensch ist im Begriff, den Mond zu betreten, und hat doch immer noch diese Erde aus Krieg und Hunger und Unrecht nicht herausgeführt. Der Mensch will mündiger sein als je zuvor und weiß doch auf eine Fülle von Fragen keine Antwort. Unsicherheit und

Resignation mischen sich mit der Hoffnung auf bessere Ordnungen. Wird solche Hoffnung endlich erfüllt werden? Das ist eine Frage an uns alle, zumal an uns hier, die wir kraft der uns erteilten Mandate Verantwortung für unsere Mitbürger tragen.

Ich sehe als erstes die Verpflichtung, dem Frieden zu dienen. Nicht der Krieg ist der Ernstfall, in dem der Mann sich zu bewähren habe, wie meine Generation in der kaiserlichen Zeit auf den Schulbänken lernte, sondern der Frieden ist der Ernstfall, in dem wir alle uns zu bewähren haben. Hinter dem Frieden gibt es keine Existenz mehr.

24 Jahre nach dem Zweiten Weltkrieg stehen wir immer noch vor der Aufgabe, uns auch mit den östlichen Nachbarn zu verständigen. Das allseitige Gespräch über einen gesicherten Frieden in ganz Europa ist fällig und muß kommen. Mit dem deutschen Volk, dem Deutschen Bundestag und der Bundesregierung weiß ich mich einig in dem Willen zum Frieden. Ich appelliere an die Verantwortung in den Blöcken und an die Mächte, ihre Zuversicht auf Sicherheit nicht im Wettlauf der Rüstungen, sondern in der Begegnung zu gemeinsamer Abrüstung und Rüstungsbegrenzung zu suchen. *(Beifall.)* Abrüstung erfordert Vertrauen. Vertrauen kann nicht befohlen werden; und doch ist auch richtig, daß Vertrauen nur der erwirbt, der Vertrauen zu schenken bereit ist.

Es gehört zu den vornehmsten Aufgaben unserer Politik, Vertrauen aufzuschließen. Dieser Aufgabe sind alle Machtmittel unterzuordnen – die zivilen und die militärischen.

Auch die Bundeswehr ist nicht Selbstzweck. Wir wissen, daß sie keine politischen Lösungen zu erzwingen vermöchte. Ihr Auftrag ist, zu verhindern, daß uns Gewaltlösungen von fremder Seite aufgezwungen werden. Darum setzen wir unsere Verteidigungsanstrengung fort. Darum gilt unsere Achtung allen denen, die sich dieser Aufgabe unterziehen. *(Beifall.)*

Ich möchte alles, was ich tun kann, in den Dienst der Bemühungen um eine Friedensregelung stellen, die unser ganzes Volk einschließt. Auf dem weiten Weg bis zu diesem Ziel gilt es, die Lebensverbundenheit der Menschen unseres Volkes zu stärken und zu verbessern.

Hilfreich wäre es, wenn auch wir der Friedensforschung, das heißt einer wissenschaftlichen Ermittlung nicht nur der militärischen Zusammenhänge zwischen Rüstung, Abrüstung und Friedenssicherung, sondern zwischen allen Faktoren, also z.B. auch den sozialen, wirtschaftlichen und psychologischen, die gebührende Aufmerksamkeit zuwenden würden.

Bei alledem geht es nicht nur um den Ost-West-Konflikt, sondern in steigendem Maße auch um den Nord-Süd-Konflikt. Hunger und Elend in der Welt rufen nach Hilfe. Die Industrienationen in allen Lagern dürfen sich dieser Hilfe nicht entziehen. Ich bin meinem Amtsvorgänger Herrn Dr. Lübke, dem wir alle und auch ich für vieles Dank schulden, besonders dankbar dafür, daß er uns diese Verpflichtung immer wieder – auch heute – ins Bewußtsein gerückt hat. *(Beifall.)*

Unser Volk kann aus seiner Geschichte vieles aufweisen, was uns mit Freude und Selbstbewußtsein zu erfüllen vermag. Es ist nicht wenig, was wir zur Bereicherung der Menschheit beigetragen haben. Aber unter Mißbrauch des Namens unseres Volkes ist auch das Unheil des Zweiten Weltkrieges entfesselt worden. Nur wenn wir uns selber nicht aus der Frage entlassen, wie es zu dem schreckensvollen Kapitel des Nationalsozialismus kommen konnte, werden andere Völker dieses Kapitel nicht länger gegen uns hervorkehren können.

Diese Vergangenheit darf auch um derer willen nicht wiederkehren, die neben den Millionen Juden und den weiteren Millionen Kriegstoten in aller Welt aus unserem eigenen Volk zu den Opfern des nationalsozialistischen Terrors, des Krieges und schließlich der Vertreibung von Haus und Hof gehören. Als 1945 der Krieg endlich zu Ende war, als sich nach einem Wort von Theodor Heuss damals die Paradoxie ereignete, daß wir gleichzeitig erlöst und vernichtet waren, sollte das Geschehene zum Anlaß einer Erneuerung werden. Auch nach allem materiellen Wiederaufbau und über allem fortschreitenden Generationenwechsel hinweg bleibt die Aufhellung unserer eigenen Geschichte um unserer Zukunft willen geboten.

Meine Damen und Herren, wir stehen erst im Anfang der ersten wirklich freiheitlichen Periode unserer Geschichte. Freiheitliche Demokratie muß endlich das Lebenselement unserer Gesellschaft werden. Nur wenn das gelingt, begegnen wir der Widersprüchlichkeit unserer Zeit, die ich darin sehe, daß der Bereich dessen, was der einzelne gestalten kann, enger wird, zugleich aber die Selbstbestimmung des einzelnen Raum gewinnt. Was ich meine, ist dieses: In einem zuvor nie erlebten Tempo macht sich die Menschheit die Schöpfung bis in den Weltraum hinein untertan. Der einzelne aber wird immer ohnmächtiger. Die Konzentration der Wirtschaft schreitet fort. Die ohnehin großen Bürokratien wachsen weiter. Was wird – so frage ich – aus dem freien Existenzraum der einzelnen? Ihr Anteil am Getriebe von Erzeugung und Verbrauch wird immer spurenloser, immer unpersönlicher, immer fremdbestimmter.

Ist es aber zugleich nicht auch so, daß wir eine neue Welle von Umbruch einer jahrhundertelangen Fremdbestimmung des Menschen in eine verantwortliche Eigenbestimmung erleben? Solcher Umbruch hat sich seit dem Ausgang des Mittelalters in verschiedenen Bereichen längst angebahnt. Er kommt aber jetzt in besonderer Breite und Intensität zu neuem Austrag.

Überall müssen Autorität und Tradition sich die Frage nach ihrer Rechtfertigung gefallen lassen. Weder die christlichen Kirchen mit ihren Glaubensaussagen und ihren Ordnungen noch der Staat mit seinen verfassungsmäßigen Organen wie etwa den Parlamenten, noch Sitte und Moral als solche oder in ihrem Verhältnis etwa zum Strafrecht oder zum Familienrecht, noch die Sozialordnungen – zumal in den Bereichen von Ehe und Familie, des Eigentums oder der Arbeit – sind heute von bohrenden kritischen Fragen ausgenommen.

Generell wird man sagen müssen, daß ein Drang nach Freiheit von alten Bindungen und nach Mitbestimmung in allen Gemeinschaftsverhältnissen unsere Zeit erfüllt. Es geht um den Dialog, es geht um die Durchsichtigkeit der Geschehnisse und der Entscheidungen. Sind wir – so frage ich – bereit, dem Rechnung zu tragen? Ich meine, wir sind in der Lage, die große Wandlung aus obrigkeitlicher Fürsorge in Selbstbestimmung und Selbstverantwortung zu bestehen, ohne daß unser Zusammenleben aus den Fugen gerät.

Es kommt ja hinzu, daß der Mensch sich nicht nur in seiner Arbeit und in seinem Verbrauch einer Fremdbestimmung ausgeliefert sieht, sondern daß er auch als Staatsbürger einen realen Anteil an demokratischer Mitbestimmung fordert. In den Massengesellschaften der Industriestaaten kann es aber nur repräsentative Demokratie geben. Diese Bundesrepublik Deutschland ist daher bewußt als repräsentative Demokratie gestaltet. Ich halte ihre auf Menschenwürde und Menschenrecht begründete Ordnung als Grundlage und Rahmen für die beste in unserer bisherigen Geschichte. *(Lebhafter Beifall.)* Diese Ordnung ist aber nicht fertig.

Alle ihre Orientierungsmerkmale, als da sind: freiheitliche Demokratie, soziale Gerechtigkeit und Rechtsstaatlichkeit, bedürfen im Staat und in der Gesellschaft der fortwährenden Bemühung um täglich bessere Verwirklichung durch den mündig mitbestimmenden Bürger.

Meine Damen und Herren, ich weiß, daß manche das nicht hören wollen. Einige hängen immer noch am Obrigkeitsstaat. Er war lange genug unser Unglück und hat uns zuletzt in das Verhängnis des Dritten Reiches geführt. Andere halten unsere heutige Ordnung für eine besonders raffinierte Ablenkung und Unterdrückung, der mit der „großen Weigerung" begegnet werden müsse. Sie verhalten sich so, als ob sich das Reich Gottes auf Erden verwirklichen oder das verlorene Paradies wiederherstellen ließe.

Wir bleiben in diesem unserem Leben an die relative Utopie einer verbesserten Welt gewiesen, die vernünftigerweise allein das Leitbild unseres Handelns sein kann. *(Beifall.)* Das Geheimnis auch der großen und umwälzenden Aktionen besteht darin, den kleinen Schritt herauszufinden, der zugleich ein strategischer Schritt ist, indem er weitere Schritte in Richtung einer besseren Wirklichkeit nach sich zieht. Darum hilft es nicht, das Unvollkommene heutiger Wirklichkeit zu höhnen oder das Absolute als Tagesprogramm zu predigen. Laßt uns statt dessen durch Kritik und Mitarbeit die Verhältnisse Schritt für Schritt ändern!

Ich verstehe den Unwillen über die Trägheit in der menschlichen Geselllschaft bis in die Kirchen hinein. Zeitlebens bin ich selber ein ungeduldiger Mensch gewesen. Ich bin es immer noch. Das mag übrigens der Grund dafür sein, daß ich zur Unpünktlichkeit neige und zu Verabredungen gerne zu früh komme. *(Heiterkeit.)* In dieser meiner eigenen Ungeduld verstehe ich sogar die radikalen Gruppen der unruhigen Jugend. Aber gerade sie kann ich aus meiner eigenen Ungeduld nur zur Verstärkung derer rufen, die den langen Marsch der Reformen bereits vor ihnen angetreten haben und fortzusetzen entschlossen sind. *(Beifall.)*

Als ein besonderes Mittel des Umsturzes haben sich z.B. einige Gruppen der Jugend die Verunsicherung der Bundeswehr durch Dienstverweigerungen ausgedacht. Jedermann weiß, daß ich mich in den vergangenen Jahren bis in meine Zeit als Bundesjustizminister im kirchlichen Bereich sowohl als auch hier im Bundestag für eine faire praktische Ausgestaltung des Grundrechtes der Kriegsdienstverweigerung aus religiösen oder ethischen Gewissensgründen eingesetzt habe. Deshalb beklage ich es sehr, wenn dieses Recht mißbraucht wird. *(Beifall.)* Jeden leichtfertigen Umgang mit den elementaren Freiheiten unserer Ordnung sollten sich gerade die oppositionellen Gruppen versagen, die ja selber des Schutzes dieser Freiheiten teilhaftig sein wollen und sein sollen. *(Beifall.)*

In unserer Gesellschaft verfolgen vielerlei Gruppen unterschiedliche Ziele und Auffassungen, von denen jede Gruppe wünscht, daß alle Bürger sie sich zu eigen machen sollten. Diese Vielfalt kann beschwerlich sein. Im Rahmen der Wertordnung unseres Grundgesetzes darf sie gleichwohl nicht erstickt werden. Sie ist eine Bereicherung menschlicher Existenz.

Unsere freiheitliche Ordnung eines weltanschaulich neutralen Staates ist ein großes Angebot. Sie regelt das Abstimmbare der praktischen Gemeinschaftsfragen durch Mehrheitsentscheidungen. Demokratischer Umgang miteinander erfordert dabei die Bereitschaft zum Kompromiß. Die Fragen des Guten, des Schönen, der Wahrheit, des Glaubens aber verweist unsere Ordnung als nicht abstimmbar auf den Weg des Dialogs und in die Obhut der Toleranz. *(Beifall.)*

Ich habe kürzlich an ein Wort von Emerson erinnert:

> Gott bietet jedem die Wahl zwischen Wahrheit und Schlaf. Nimm, was Du möchtest. Beides kannst Du nicht haben.

Meine Damen und Herren, anläßlich meiner Wahl sind mir aus allen Schichten und Berufen, zumal aus der jungen Generation, in großer Fülle Briefe zugegangen, die mit meinem Amtsantritt hohe, viel zu hohe Erwartungen verbinden. Ich nehme die Erwartungen ernst. Soweit sie sich auf persönliche Anliegen beziehen, sind es Hilferufe aus vielfältigen Bedrängnissen des täglichen Lebens, aus Not und Krankheit, Wohnungssorge, Strafhaft, aus Einsamkeit und Unrechtserleben. Solche Nöte sind offensichtlich größer, als unsere Wohlstandsgesellschaft gemeinhin annimmt. Aus vielen Zuschriften spricht aber auch eine Angst vor der Zukunft, Sorge um den Arbeitsplatz, die Furcht vor dem Altwerden.

In den letzten 24 Jahren ist vieles erreicht und geleistet worden; doch die Leistungen von gestern werden morgen schon nicht mehr zählen. Sie haben auch gestern nicht allem Genüge getan und werden es morgen vollends nicht tun, wenn wir sie nicht steigern. Der soziale Wandel schreitet fort. Deshalb sind wir alle gerufen, die Forderungen des Grundgesetzes nach dem Ausbau der sozialen Demokratie in steigender Bemühung zu verwirklichen. Wir werden erkennen müssen, daß die Freiheit des einzelnen nicht nur vor der Gewalt des Staates, sondern ebensosehr vor ökonomischer und gesellschaftlicher Macht geschützt werden muß. Der Einfluß der Verbände und ihrer Lobbyisten steht oft genug im Gegensatz zu unserer Ordnung, in der Privilegien von Rechts wegen abgeschafft sind, aber in der sozialen Wirklichkeit noch weiter bestehen.

Wir müssen uns in einer Leistungs-, Aufstiegs- und Bildungsgesellschaft entwickeln, in der die Vision der Freiheit für alle dadurch verwirklicht wird, daß jeder seine konkrete und persönliche Chance erhält. Nicht weniger, sondern mehr Demokratie – das ist die Forderung, das ist das große Ziel, dem wir uns alle und zumal die Jugend zu verschreiben haben.

Es gibt schwierige Vaterländer. Eines davon ist Deutschland. Aber es ist u n s e r Vaterland. Hier leben und arbeiten wir. Darum wollen wir unseren Beitrag für die eine Menschheit mit diesem und durch dieses unser Land leisten. In solchem Sinne grüße ich auch von dieser Stelle alle deutschen Bürger. *(Lebhafter Beifall.)*

31.
„Wir wollen mehr Demokratie wagen" – Die Bildung der Sozialliberalen Koalition

Erste Regierungserklärung von Bundeskanzler Willy Brandt am 28. Oktober 1969

Bei der Bundestagswahl 1969 sank der Stimmenanteil der CDU/CSU von 47,6 auf 46,1 Prozent der Stimmen. Der Stimmenanteil der SPD stieg von 39,3 auf 42,7 Prozent. Die FDP ging von 9,5 auf 6,8 Prozent zurück. Während in der Wahlnacht die Union noch über die verschiedenen Möglichkeiten der Koalitionsbildung philosophierte, machten der SPD-Kanzlerkandidat Willy Brandt und der FDP-Vorsitzende Walter Scheel, deren Parteien schon die Wahl von Dr. Dr. Gustav Heinemann zum Bundespräsidenten getragen hatten, gegen beträchtlichen Widerstand in den eigenen Reihen die Sozialliberale Koalition perfekt. Am 21. Oktober 1969 wählte der Bundestag auf Vorschlag von Bundespräsident Dr. Dr. Gustav Heinemann mit 251 von 495 abgegebenen Stimmen Willy Brandt zum Kanzler der Bundesrepublik Deutschland. Damit hatte Willy Brandt zwei Stimmen mehr bekommen, als die absolute Mehrheit der Stimmen des Bundestages betrug. In der fünften Sitzung des Sechsten Deutschen Bundestages am 28. Oktober 1969 gab Bundeskanzler Willy Brandt seine erste Regierungserklärung ab:

Herr Präsident! Meine Damen und Herren! Wir sind entschlossen, die Sicherheit der Bundesrepublik Deutschland und den Zusammenhalt der deutschen Nation zu wahren, den Frieden zu erhalten und an einer europäischen Friedensordnung mitzuarbeiten, die Freiheitsrechte und den Wohlstand unseres Volkes zu erweitern und unser Land so zu entwickeln, daß sein Rang in der Welt von morgen anerkannt und gesichert sein wird. Die Politik dieser Regierung wird also im Zeichen der Kontinuität und im Zeichen der Erneuerung stehen.

Unser Respekt gebührt dem, was in den vergangenen Jahren geleistet worden ist – im Bund, in den Ländern und in den Gemeinden, von allen Schichten unseres Volkes. Ich nenne die Namen Konrad Adenauer, Theodor Heuss und Kurt Schumacher stellvertretend für viele andere, mit denen die Bundesrepublik Deutschland einen Weg zurückgelegt hat, auf den sie stolz sein kann.

Niemand wird die Leistungen der letzten zwei Jahrzehnte leugnen, bezweifeln oder geringschätzen. Sie sind Geschichte geworden.
Die Beständigkeit unserer freiheitlichen Grundordnung ist am 28. September erneut bestätigt worden. Ich danke den Wählern für die eindeutige Ablehnung des Extremismus, den es weiterhin zu bekämpfen gilt. *(Beifall bei den Regierungsparteien sowie bei der CDU/CSU.)*
Unsere parlamentarische Demokratie hat 20 Jahre nach ihrer Gründung ihre Fähigkeit zum Wandel bewiesen und damit ihre Probe bestanden. Dies ist auch außerhalb unserer Grenzen vermerkt worden und hat unserem Staat zu neuem Vertrauen in der Welt verholfen.
Die strikte Beachtung der Formen parlamentarischer Demokratie ist selbstverständlich für politische Gemeinschaften, die seit gut 100 Jahren für die deutsche Demokratie gekämpft, sie unter schweren Opfern verteidigt und unter großen Mühen wieder aufgebaut haben. Im sachlichen Gegeneinander und im nationalen Miteinander von Regierung und Opposition ist es unsere gemeinsame Verantwortung und Aufgabe, dieser Bundesrepublik eine gute Zukunft zu sichern. Die Bundesregierung weiß, daß sie dazu der loyalen Zusammenarbeit mit den gesetzgebenden Körperschaften bedarf. Dafür bietet sie dem Deutschen Bundestag und natürlich auch dem Bundesrat ihren guten Willen an.
Unser Volk braucht wie jedes andere seine innere Ordnung. In den 70er Jahren werden wir aber in diesem Lande nur so viel Ordnung haben, wie wir an Mitverantwortung ermutigen. Solche demokratische Ordnung braucht außerordentliche Geduld im Zuhören und außerordentliche Anstrengung, sich gegenseitig zu verstehen.
Wir wollen mehr Demokratie wagen. Wir werden unsere Arbeitsweise öffnen und dem kritischen Bedürfnis nach Information Genüge tun. Wir werden darauf hinwirken, daß nicht nur durch Anhörungen im Bundestag, *(Abg. Dr. Barzel: Anhörungen?)* sondern auch durch ständige Fühlungnahme mit den repräsentativen Gruppen unseres Volkes und durch eine umfassende Unterrichtung über die Regierungspolitik jeder Bürger die Möglichkeit erhält, an der Reform von Staat und Gesellschaft mitzuwirken. *(Abg. Dr. Barzel: Die Regierung will uns gnädigst anhören?! – Abg. Wehner: Beruhigen Sie sich! Das heißt neudeutsch „Hearing", nichts anderes! – Abg. Dr. Barzel: Dann soll er es doch richtig sagen!)*
Wir wenden uns an die im Frieden nachgewachsenen Generationen, die nicht mit den Hypotheken der Älteren belastet sind und belastet werden dürfen; jene jungen Menschen, die uns beim Wort nehmen wollen – und sollen. Diese jungen Menschen müssen aber verstehen, daß auch sie gegenüber Staat und Gesellschaft Verpflichtungen haben.

Wir werden dem Hohen Hause ein Gesetz unterbreiten, wodurch das aktive Wahlalter von 21 auf 18, das passive von 25 auf 21 Jahre herabgesetzt wird. *(Beifall bei den Regierungsparteien.)* Wir werden auch die Volljährigkeitsgrenze überprüfen.
Mitbestimmung, Mitverantwortung in den verschiedenen Bereichen unserer Gesellschaft wird eine bewegende Kraft der kommenden Jahre sein. Wir können nicht die perfekte Demokratie schaffen. Wir wollen eine Gesellschaft, die mehr Freiheit bietet und mehr Mitverantwortung fordert. Diese Regierung sucht das Gespräch, sie sucht kritische Partnerschaft mit allen, die Verantwortung tragen, sei es in den Kirchen, der Kunst, der Wissenschaft und der Wirtschaft oder in anderen Bereichen der Gesellschaft. Dies gilt nicht zuletzt für die Gewerkschaften, um deren vertrauensvolle Zusammenarbeit wir uns bemühen. Wir brauchen ihnen ihre überragende Bedeutung für diesen Staat, für seinen weiteren Ausbau zum sozialen Rechtsstaat nicht zu bescheinigen.
Wenn wir leisten wollen, was geleistet werden muß, brauchen wir alle aktiven Kräfte unserer Gesellschaft. Eine Gesellschaft, die allen weltanschaulichen und religiösen Überzeugungen offen sein will, ist auf ethische Impulse angewiesen, die sich im solidarischen Dienst am Nächsten beweisen. Es kann nicht darum gehen, lediglich hinzunehmen, was durch die Kirchen für die Familie, in der Jugendarbeit oder auf dem Sektor der Bildung geleistet wird. Wir sehen die gemeinsamen Aufgaben, besonders, wo Alte, Kranke, körperlich oder geistig Behinderte in ihrer Not nicht nur materielle Unterstützung, sondern auch menschliche Solidarität brauchen. Im Dienst am Menschen – nicht nur im eigenen Land, sondern auch in den Entwicklungsländern – begegnet sich das Wirken kirchlicher und gesellschaftlicher Gruppen mit dem politischen Handeln. Wir werden uns ständig darum bemühen, daß sich die begründeten Wünsche der gesellschaftlichen Kräfte und der politische Wille der Regierung vereinen lassen.
Meine Damen und Herren! Diese Regierung geht davon aus, daß die Fragen, die sich für das deutsche Volk aus dem zweiten Weltkrieg und aus dem nationalen Verrat durch das Hitlerregime ergeben haben, abschließend nur in einer europäischen Friedensordnung beantwortet werden können. Niemand kann uns jedoch ausreden, daß die Deutschen ein Recht auf Selbstbestimmung haben, wie alle anderen Völker auch. *(Beifall bei den Regierungsparteien und Abgeordneten der CDU/CSU.)*
Aufgabe der praktischen Politik in den jetzt vor uns liegenden Jahren ist es, die Einheit der Nation dadurch zu wahren, daß das Verhältnis zwischen den Teilen Deutschlands aus der gegenwärtigen Verkrampfung gelöst wird. Die Deutschen sind nicht nur durch ihre Sprache und ihre Geschichte – mit ihrem

Glanz und Elend – verbunden; wir sind alle in Deutschland zu Haus. Wir haben auch noch gemeinsame Aufgaben und gemeinsame Verantwortung: für den Frieden unter uns und in Europa. 20 Jahre nach Gründung der Bundesrepublik Deutschland und der DDR müssen wir ein weiteres Auseinanderleben der deutschen Nation verhindern, also versuchen, über ein geregeltes Nebeneinander zu einem Miteinander zu kommen. Dies ist nicht nur ein deutsches Interesse, denn es hat seine Bedeutung auch für den Frieden in Europa und für das Ost-West-Verhältnis. Unsere und unserer Freunde Einstellung zu den internationalen Beziehungen der DDR hängt nicht zuletzt von der Haltung Ost-Berlins selbst ab. Im übrigen wollen wir unseren Landsleuten die Vorteile des internationalen Handels und Kulturaustausches nicht schmälern.
Die Bundesregierung setzt die im Dezember 1966 durch Bundeskanzler Kiesinger und seine Regierung eingeleitete Politik fort und bietet dem Ministerrat der DDR erneut Verhandlungen beiderseits ohne Diskriminierung auf der Ebene der Regierungen an, die zu vertraglich vereinbarter Zusammenarbeit führen sollen. Eine völkerrechtliche Anerkennung der DDR durch die Bundesregierung kann nicht in Betracht kommen. Auch wenn zwei Staaten in Deutschland existieren, sind sie doch füreinander nicht Ausland; ihre Beziehungen zueinander können nur von besonderer Art sein. *(Beifall bei den Regierungsparteien. – Unruhe bei der CDU/CSU.)* Anknüpfend an die Politik ihrer Vorgängerin erklärt die Bundesregierung, daß die Bereitschaft zu verbindlichen Abkommen über den gegenseitigen Verzicht auf Anwendung oder Androhung von Gewalt auch gegenüber der DDR gilt.
Die Bundesregierung wird den USA, Großbritannien und Frankreich raten, die eingeleiteten Besprechungen mit der Sowjetunion über die Erleichterung und Verbesserung der Lage Berlins mit Nachdruck fortzusetzen. Der Status der unter der besonderen Verantwortung der Vier Mächte stehenden Stadt Berlin muß unangetastet bleiben. Dies darf nicht daran hindern, Erleichterungen für den Verkehr in und nach Berlin zu suchen. Die Lebensfähigkeit Berlins werden wir weiterhin sichern. West-Berlin muß die Möglichkeit bekommen, zur Verbesserung der politischen, wirtschaftlichen und kulturellen Beziehungen der beiden Teile Deutschlands beizutragen.
Wir begrüßen es, daß der innerdeutsche Handel wieder zunimmt. Hierzu haben auch die Erleichterungen beigetragen, die durch die Vereinbarung am 6. Dezember 1968 eingetreten sind. Die Bundesregierung hält einen weiteren Ausbau der nachbarlichen Handelsbeziehungen für wünschenswert.
Wir haben das bisherige Ministerium für gesamtdeutsche Fragen entsprechend seinen Aufgaben in Ministerium für innerdeutsche Beziehungen umbenannt. Die Deutschlandpolitik insgesamt kann nicht Sache eines

Ressorts sein. Sie ist eine ständige Aufgabe der ganzen Regierung und umfaßt Aspekte der auswärtigen Politik, der Sicherheits- und Europapolitik, ebenso wie die Bemühungen um den Zusammenhalt unseres Volkes und um die Beziehungen im geteilten Deutschland.

Meine Damen und Herren, in unserer Bundesrepublik stehen wir vor der Notwendigkeit umfassender Reformen. Die Durchführung der notwendigen Reformen und ein weiteres Steigen des Wohlstandes sind nur möglich bei wachsender Wirtschaft und gesunden Finanzen. Doch diese Bundesregierung hat ein schwieriges wirtschaftspolitisches Erbe übernommen, das zu raschem Handeln zwang: *(Beifall bei den Regierungsparteien. – Lachen und Widerspruch bei der CDU/CSU.)* Seit gestern ist die Parität der Deutschen Mark um 8,5 Prozent verbessert. Die außenwirtschaftliche Absicherung auf steuerlichem Wege wurde endgültig aufgehoben.

Wir werden die Forderungen des Gesetzes zur Förderung der Stabilität und des Wachstums erfüllen. Dieses Gesetz, eine der großen Reformleistungen des 5. Deutschen Bundestages, verpflichtet zum Handeln, wenn das gesamtwirtschaftliche Gleichgewicht gefährdet ist. Diese Pflicht war seit dem Frühjahr 1969 vernachlässigt worden. *(Lebhafter Beifall bei den Regierungsparteien.)* Der Beschluß der Bundesregierung vom letzten Freitag, vom 24. Oktober, beendet eine Phase der Unsicherheit und beseitigt das fundamentale Ungleichgewicht in unserer Zahlungsbilanz. *(Zuruf von der CDU/CSU: Abwarten!)* Außenwirtschaftlich haben wir damit einen entscheidenden Beitrag geleistet, um den Welthandel weiter zu liberalisieren und das Weltwährungssystem zu stabilisieren.

Binnenwirtschaftlich wird die Aufwertung die Preisentwicklung des Jahres 1970 dämpfen. *(Abg. Dr. Müller-Hermann: Abwarten!)* Allerdings wäre mehr zu erreichen gewesen, wenn die vorige Bundesregierung rechtzeitig gehandelt hätte. *(Beifall bei den Regierungsparteien. – Zurufe von der CDU/CSU.)* Der Höhepunkt der Preisentwicklung kann wegen dieses Versäumnisses sogar noch vor uns liegen. *(Lachen und Zurufe von der CDU/CSU.)* Ohne Aufwertung wäre eine weitere Zuspitzung der Konjunkturlage mit der Gefahr einer nachfolgenden Rezession kaum vermeidbar gewesen. *(Beifall bei den Regierungsparteien.)*

Unser Ziel lautet: Stabilisierung ohne Stagnation. Diesem Ziel dient unser wirtschafts- und finanzpolitisches Sofortprogramm. Es enthält:

1. Eine Finanzpolitik, die eine graduelle Umorientierung des Güterangebots auf den Binnenmarkt hin fördert. *(Zuruf von der CDU/CSU: Sehr bedenklich!)*
2. Weitere Konsultationen mit der Bundesbank über eine der neuen Lage nach der DM-Aufwertung angemessene Linie der Geld- und Kreditpolitik.

3. Die Fortsetzung und Intensivierung der bewährten Zusammenarbeit mit den Gewerkschaften und Unternehmerverbänden im Rahmen der Konzertierten Aktion, an der in Zukunft auch Vertreter der Landwirtschaft teilnehmen werden. *(Beifall bei den Regierungsparteien.)*

4. Die Intensivierung der Zusammenarbeit zwischen Bund, Ländern und Gemeinden im Konjunkturrat der öffentlichen Hand.

5. Die aktive Mitarbeit der Bundesregierung an einer stärkeren Koordinierung der Wirtschafts- und Finanzpolitik in den Mitgliedsstaaten der Europäischen Gemeinschaft und an der notwendigen Weiterentwicklung des Weltwährungssystems.

Die Aufwertung der D-Mark verlangt von uns einen Einkommensausgleich für die Landwirtschaft. Unsere Verpflichtung gegenüber den deutschen Bauern müssen wir jedoch mit den Römischen Verträgen über den Gemeinsamen Markt in Einklang bringen.

Es bleibt das Ziel der Bundesregierung, die nationale Verantwortung für die landwirtschaftliche Strukturpolitik zu erhalten. Bei der notwendigen Strukturverbesserung der Landwirtschaft muß vermieden werden, daß eine Politik des Preisdrucks betrieben wird.

Die vorzeitige Verwirklichung des gemeinsamen Agrarmarkts hat ohne Zweifel die internen Anpassungsprobleme der deutschen Landwirtschaft wesentlich verschärft. Wir halten es deshalb für unausweichlich, der Landwirtschaft bei der Überwindung ihrer Schwierigkeiten zu helfen. Sie soll sich zu einem gleichrangigen Teil unserer modernen Volkswirtschaft entwikkeln, der an der allgemeinen Einkommens- und Wohlstandsentwicklung in vollem Umfang teilnimmt. *(Beifall bei den Regierungsparteien.)*

Unser Sofortprogramm, wie ich es in fünf Punkten skizziert habe, ist ein klares Angebot der Bundesregierung an alle, die unsere Wirtschaft tragen. Eine stetige Wirtschaftsentwicklung ist die beste Grundlage des gesellschaftlichen Fortschritts. Sie schafft das Klima, in dem sich private Initiative, Risikobereitschaft und Leistungsfähigkeit entfalten können. Sie sichert die Arbeitsplätze, schützt die steigenden Einkommen und wachsenden Ersparnisse vor der Auszehrung durch Preissteigerungen.

Auf Dauer können Stabilität und Wachstum nur in einer funktionsfähigen marktwirtschaftlichen Ordnung erreicht werden. Ein wirksamer Wettbewerb nach innen und nach außen ist und bleibt die sicherste Gewähr für die Leistungskraft einer Volkswirtschaft. Allen protektionistischen Neigungen im In- und Ausland erteilen wir eine klare Absage. *(Beifall bei den Regierungsparteien.)*

Das Gesetz gegen Wettbewerbsbeschränkungen wird modernisiert werden. Unternehmenskonzentration ist zwar in vielen Bereichen notwendig. Sie darf aber nicht zur Ausschaltung des wirksamen Wettbewerbs führen. Deshalb ist eine vorbeugende Fusionskontrolle notwendig. Diese soll sich auf alle Bereiche der Wirtschaft erstrecken. Die Einrichtung einer unabhängigen Monopolkommission kann dazu ein wichtiges Instrument sein. Die Mißbrauchskontrolle marktbeherrschender und marktstarker Positionen muß ausgebaut werden. Dagegen soll die leistungssteigernde Kooperation zwischen Mittel- und Kleinunternehmen, auch im Handwerk und Handel, erleichtert werden. Sie darf nicht an dem Verbot von Bagatellkartellen scheitern. Die Klein- und Mittelbetriebe haben ein Recht auf gleiche Startchancen im Wettbewerb und auf einen wirksamen Schutz vor diskriminierenden Praktiken.

Die Fusionskontrolle soll auch für die Presse gelten. Diese Regierung beabsichtigt, ein Presserechts-Rahmengesetz vorzulegen. Im Fernsehen sollen neue technische Möglichkeiten zum besten Nutzen der Gesellschaft, vor allem auch für Bildungsaufgaben, verwendet werden; in jedem Falle sind dabei die Interessen der Öffentlichkeit vorrangig zu sichern. *(Beifall bei den Regierungsparteien. – Abg. Rasner: Das sagt nichts!)*

Ein verbessertes Kartellgesetz muß zum Instrument einer wirksamen und fortschrittlichen Mittelstandspolitik werden. Auf dieser Grundlage können dann weitere Maßnahmen zur Verbesserung der Finanzierungsmöglichkeiten, zum Ausbau des Beratungswesens und zu einer vom Betrieb unabhängigen Alterssicherung für die Selbständigen aufbauen.

Zu den Schwerpunkten der Wirtschafts- und Gesellschaftspolitik dieser Bundesregierung gehört das Bemühen um eine gezielte Vermögenspolitik. Die Vermögensbildung in breiten Schichten – vor allem in Arbeitnehmerhand – ist völlig unzureichend; sie muß kräftig verstärkt werden. *(Beifall bei den Regierungsparteien.)* Die Bundesregierung wird einen Entwurf zum Ausbau des Vermögensbildungsgesetzes vorlegen. Darin soll als nächster Schritt der Begünstigungsrahmen für vermögenswirksame Leistungen von 312 auf 624 DM erhöht werden. Die Bundesregierung erwartet, daß Gewerkschaften und Arbeitgeber diese Offerte annehmen.

Darüber hinaus soll die Vermögensbildung so gestaltet werden, daß gleichzeitig die Kapitalbildung in der Wirtschaft und die Anlage in Beteiligungswerten erleichtert werden. Ein gesetzliches Zwangssparen entspricht jedoch nicht unserer freiheitlichen Gesellschaftsordnung. *(Beifall bei den Regierungsparteien.)*

Nach der Absicht der Regierung sollen das Sparen im eigenen Betrieb in die allgemeine Sparförderung einbezogen und die Möglichkeiten des Bausparens erweitert werden. Weitere Vorschläge zur Vermögenspolitik, vor allem auch im Zusammenhang mit der notwendigen Reform der Sparförderung, werden

geprüft. Die Verbesserung des Sparerschutzes und die Reform des Börsenwesens sind dabei wichtige flankierende Maßnahmen.
Dauerhafte Sicherheit kann es in einer entwickelten Gesellschaft nur durch Veränderung geben. Das wird sich in den 70er Jahren noch deutlicher zeigen. Der permanente wirtschaftliche und soziale Wandel ist eine Herausforderung an uns alle. Er kann ohne die Initiative des einzelnen nicht gemeistert werden. Die Eigeninitiative braucht jedoch die Unterstützung der Politik. Wir dürfen keine Gesellschaft der verkümmerten Talente werden. Jeder muß seine Fähigkeiten entwickeln können. Die betroffenen Menschen dürfen nicht einfach ihrem Schicksal überlassen werden. Im Bewußtsein der Verantwortung für die wirtschaftliche Zukunft unseres Landes in den 70er Jahren werden wir uns besonders intensiv der Ausbildung und Fortbildung sowie der Forschung und der Innovation annehmen. Dabei gilt es insbesondere, das immer noch bestehende Bildungsgefälle zwischen Stadt und Land abzubauen. Ich bin sicher, daß wir auf diese Weise beträchtliche Leistungsreserven unserer Gesellschaft mobilisieren und die Chancen jedes einzelnen verbessern können. *(Beifall bei den Regierungsparteien.)*
Meine Damen und Herren, Solidität wird die Richtschnur unserer Finanzpolitik sein. *(Abg. Dr. Barzel: Na! Bei diesem Staat?)* Wir dürfen allerdings nicht verschweigen, daß die Situation weniger günstig ist, als sie von bestimmter Seite dargestellt wurde. *(Abg. Barzel: Und deshalb Ihre ganzen Vorhaben!)* Die Bundesregierung steht zunächst vor der Aufgabe, einen mittelfristigen Finanzplan für die Jahre 1969 bis 1973 und – so bald wie möglich – einen Entwurf für den Bundeshaushaltsplan 1970 dem Hohen Hause vorzulegen. *(Abg. Dr. Barzel: Aber vorweg erst einmal die Steuern senken! Das ist dann „solide"!)*
Die neue mittelfristige Finanzplanung wird unsere politischen Absichten in Zahlen ausdrücken. Dabei ist all das zu berücksichtigen, was bei der Aufstellung des letzten mittelfristigen Finanzplanes des Bundes noch nicht gewollt oder noch nicht absehbar gewesen ist:
1. In dem letzten Finanzplan, der die Jahre 1968 bis 1972 umfaßt, ist eine Vielzahl von Maßnahmen nicht enthalten, die durch die vorige Bundesregierung im letzten Jahr getroffen wurde.
2. Diese Regierung hat die finanziellen Möglichkeiten für die Erfüllung einer Reihe von politischen Forderungen des 5. Deutschen Bundestages zu prüfen.
3. Für die nationale Agrarpolitik stehen im Haushalt 1969 3,4 Milliarden DM, nach den Ansätzen der Finanzplanung im nächsten Jahre nur noch 2,7 Milliarden DM zur Verfügung. Dies dürfte nach den Unterlagen, die der Landwirtschaftsminister vorgefunden hat, keineswegs ausreichen. Die in

Zukunft getrennt auszuweisenden Ausgaben für die EWG-Marktordnungen werden im Jahre 1970 um 1,4 Milliarden DM höher sein als bisher veranschlagt.

4. Durch die Verzögerung der Aufwertung der Deutschen Mark sind im Bundeshaushalt besondere Belastungen entstanden: zusätzliche Leistungen im öffentlichen Dienst *(Lachen und Zurufe von der Mitte: Ah ja!)* – ich wiederhole: zusätzliche Leistungen im öffentlichen Dienst als Folge der Situation auf dem Arbeitsmarkt durch die Nichtaufwertung *(Beifall bei den Regierungsparteien – Anhaltendes Lachen bei der CDU/CSU)* und jetzt höher als im Frühjahr zu veranschlagende Ausgleichsmaßnahmen für die Landwirtschaft. *(Abg. Rasner: Durch die Aufwertung! – Weitere Zurufe von der CDU/CSU.)*

Meine Damen und Herren, die in der vorigen Legislaturperiode angekündigte Steuerreform wird die Bundesregierung verwirklichen. Wir erfüllen damit auch das Verfassungsgebot zur Schaffung des sozialen Rechtsstaates. Wir haben nicht die Absicht, bestehende Vermögen durch konfiskatorisch wirkende Steuern anzutasten. Wir wollen auch in der Steuerpolitik die Voraussetzungen für eine breitere Vermögensbildung schaffen.

Zunächst werden wir den Bericht der Steuerreformkommission abzuwarten haben. Unser Ziel ist es, ein gerechtes, einfaches und überschaubares Steuersystem zu schaffen. Die Vorlage einer reformierten Abgabenordnung muß beschleunigt erfolgen.

Bei einer rationellen Bewirtschaftung und bei Verwendung moderner, kostensparender Methoden können die öffentlichen Haushalte die in den nächsten Jahren entstehenden Finanzierungsaufgaben erfüllen, ohne daß die Steuerlastquote des Jahre 1969 erhöht wird. *(Abg. Dr. Barzel: Nennen Sie doch mal die Zahlen!)*

Ohne der Arbeit der Steuerreformkommission vorzugreifen, halten wir es für notwendig, zwei Änderungen vorwegzunehmen: *(Abg. Dr. Barzel: Erst mal einen ausgeben!)*

1. Der Arbeitnehmerfreibetrag, der seit 1964 unverändert 240 DM jährlich beträgt, soll vom 1. Januar 1970 an verdoppelt werden. *(Beifall bei den Regierungsparteien. – Zurufe von der Mittel.)* Das ist ein notwendiger Akt der sozialen Symmetrie zugunsten der Arbeitnehmer. *(Erneuter Beifall bei den Regierungsparteien. – Abg. Dr. Barzel: Kommt auch noch in die „soziale Symmetrie"!)*

2. Vom 1. Januar 1970 an soll auch die Einkommensgrenze, von der ab die Ergänzungsabgabe bislang erhoben wird, zugunsten der mittleren Einkommen verdoppelt werden. *(Abg. Köppler: Das ist die andere Symmetrie! – Zuruf des Abg. Dr. Barzel.)*

– Ach, wissen Sie, Sie müssen sich noch angewöhnen, auch einmal einer Regierungserklärung zuzuhören. Alles will gelernt sein. *(Lebhafter Beifall bei den Regierungsparteien. – Zurufe von der Mitte. – Abg. Dr. Barzel: Herr Kollege Brandt, und Sie werden sich daran gewöhnen müssen, daß hier nicht nur „angehört" wird!)*

Ab 31. Dezember 1970 soll die Ergänzungsabgabe ganz fortfallen; sie war zur Sanierung des Bundeshaushalts nach der finanzwirtschaftlichen Krise im Jahre 1966 eingeführt worden. *(Zurufe von der CDU/CSU: Soziale Symmetrie!)*

Die Bundesregierung wird die Finanzreform vollenden und wird sie in praktische Finanzpolitik umsetzen. Besonders hervorzuheben ist das Zusammenwirken im Finanzplanungsrat. Dieser Rat ist die institutionelle Hilfe, um den Ausgleich zwischen den Interessen von Bund, Ländern und Gemeinden zu vollziehen. Wir sind sicher, daß es auch auf diesen Gebieten zu einer fruchtbaren Zusammenarbeit mit dem Bundesrat kommen wird.

Die Regierung muß bei sich selbst anfangen, wenn von Reformen die Rede ist. *(Zurufe von der CDU/CSU: Allerdings!)* Die Zahl der Ministerien wurde vermindert, *(Lachen bei der CDU/CSU)* eine erste Flurbereinigung der Ressortzuständigkeiten vorgenommen. Wir werden diese Bemühungen fortsetzen, um Verantwortlichkeiten klarer festzulegen und Doppelarbeit zu vermeiden. *(Beifall bei den Regierungsparteien.)*

Das Bundeskanzleramt und die Ministerien werden in ihren Strukturen und damit auch in ihrer Arbeit modernisiert. Dem Bundestag wird eine Übersicht vorgelegt werden, aus der sich die jetzt geltenden Zuständigkeiten ebenso ergeben wie die Zusammensetzung und Arbeitsgebiete der neu gebildeten Kabinettsausschüsse.

Für das Bundespostministerium und das Bundesverkehrsministerium, die künftig gemeinsam von einem Bundesminister geleitet werden, bot es sich schon lange an, zergliederte Zuständigkeitsbereiche zusammenzufassen. Das Post- und Fernmeldewesen kann seine Aufgaben für unsere Gesellschaft besser erfüllen, wenn die ministerielle Aufsicht sich auf das politisch Notwendige beschränkt. Dadurch wird die Eigenständigkeit der Bundespost gestärkt und eine wirtschaftliche Unternehmensführung erleichtert. *(Zuruf des Abg. Stücklen.)* Die Bundesregierung beabsichtigt daher, der Bundespost eine neue Rechtsform zu geben. Diese Veränderungen, zu deren Vorbereitung eine Kommission eingesetzt wird, werden den Rechten der Postbediensteten ebenso wie den Interessen der Postkunden gerecht werden.

Das Vertriebenenministerium wird in das Innenministerium eingegliedert. *(Zuruf rechts.)* Ich begrüße es, daß der Staatssekretär a.D. Dr. Nahm sich bereit erklärt hat, dort seinen früheren Arbeitsbereich zu betreuen. *(Beifall bei der SPD. – Zuruf von der CDU/CSU.)* Die Bundesregierung bleibt sich ihrer Verantwortung für die Vertriebenen, Flüchtlinge und Kriegsgeschädigten bewußt. Sie wird die notwendigen Maßnahmen zur Eingliederung vollenden. Sie wird den Lastenausgleich und die Kriegsfolgegesetzgebung, auch im Interesse der Flüchtlinge aus der DDR, zu einem gerechten Abschluß bringen. Sie wird weiter alle vernünftigen Bestrebungen fördern, die der Erhaltung und Entfaltung der kulturellen Leistungen und Werte Ostdeutschlands dienen.

Die Bundesregierung wird in dieser Legislaturperiode ein Gremium schaffen, *(Abg. Dr. Barzel: Noch eines!?)* dem Politiker aus Bund, Ländern und Gemeinden, Verwaltungsbeamte und Wissenschaftler angehören. Es soll Vorschläge zur Fortentwicklung der bundesstaatlichen Struktur ausarbeiten.

Für die Länderneugliederung werden wir von dem nach Art. 29 unseres Grundgesetzes gestellten Auftrag ausgehen. Für die Verwaltungsreform und die Reform des öffentlichen Dienstrechts werden wir Vorschläge unterbreiten.

Verwaltungsreform und Reform des öffentlichen Dienstes sind miteinander zu verbinden. Die Laufbahnreform muß das Leistungsprinzip stärker in den Vordergrund stellen, *(Beifall bei den Regierungsparten und bei Abgeordneten der CDU/CSU)* die Personalführung flexibler gestalten und die Personalentscheidungen transparenter machen. Die Bundesregierung ist der Überzeugung, daß die Angehörigen des öffentlichen Dienstes Anspruch haben auf Teilnahme an dem allgemeinen wirtschaftlichen Fortschritt.

Um die Sicherheit in unserem Lande zu gewährleisten, wird die Bundesregierung die Modernisierung und Intensivierung der Verbrechensbekämpfung energisch vorantreiben. Sie wird unverzüglich die Arbeit an einem Sofortprogramm aufnehmen und dieses dem Deutschen Bundestag im Jahre 1970 zuleiten.

Die Bundesregierung wird die vom Herrn Bundespräsidenten als früherem Bundesminister der Justiz begonnenen Reformen unseres Rechts fortführen. *(Zurufe von der CDU/CSU.)* Sie hofft, hierfür eine ebenso große Mehrheit über alle Parteien hinweg zu erhalten, wie sie die vom letzten Bundestag verabschiedeten Reformgesetze gefunden haben. Es geht um mehr als um die erforderliche Anpassung von Rechtsvorschriften an die sich rapide verändernden wirtschaftlichen, technischen und sozialen Verhältnisse. Die Menschen in unserer Industrie- und Dienstleistungsgesellschaft erwarten eine soziale und humane Rechts- und Lebensordnung, die allen Bürgern gleiche Chancen und Schutz auch vor dem wirtschaftlich Stärkeren gewährt.

Zunächst wollen wir unsere zersplitterte Rechtspflege für den rechtsuchenden

Bürger durchschaubarer machen. Die Zuständigkeiten für die Verwaltungs- und Finanzgerichtsbarkeit werden auf den Bundesminister der Justiz übertragen. Die ordentliche Gerichtsbarkeit soll dreistufig gegliedert werden. Dem Bürger soll außerdem nicht nur ein gutes, sondern auch ein schnelleres Gerichtsverfahren zur Verfügung gestellt werden. *(Abg. Dr. Barzel: Bravo!)*
Entscheidend ist, daß unsere Richter den ihnen gestellten Aufgaben gewachsen sind. Dazu müssen wir ihre Aus- und Fortbildung überdenken, ihre Verantwortungsfreude – etwa durch die Heraushebung des Einzelrichters – stärken, *(Zustimmung des Abg. Dr. Barzel)* ihre Mitwirkung in eigenen Angelegenheiten verbessern, ihnen eine ihrer verfassungsrechtlichen Stellung gemäße Besoldung geben und für die Gerichte die Möglichkeiten erschließen, die die moderne Technik bietet. Dem Verfassungsrichter jedenfalls muß das Recht eingeräumt werden, sein von der Mehrheitsmeinung abweichendes Votum zu veröffentlichen. *(Zustimmung bei der SPD.)*
Im Zivilrecht ist die Reform des Eherechts dringend. Die Bundesregierung wird auf der Grundlage der Empfehlungen der eingesetzten Kommission im kommenden Jahr eine Reformnovelle vorlegen. Weltanschauliche Meinungsverschiedenheiten dürfen uns nicht daran hindern, eine Lösung zu finden, um die Not der in heillos zerrütteten Ehen lebenden Menschen zu beseitigen. Dabei muß verhindert werden, daß im Falle der Scheidung Frau und Kinder die sozial Leidtragenden sind. *(Beifall bei SPD und FDP.)*
Wir meinen, daß in dieser Legislaturperiode die Strafrechtsreform vollendet werden muß, der sich die Fortsetzung der Reform des Strafvollzugs anschließen wird. Mit der Verabschiedung der beiden Strafrechtsreformgesetze ist ein guter Anfang gemacht worden. Die Bundesregierung wird weitere Novellen zum Strafgesetzbuch so rechtzeitig vorlegen, daß sie zusammen mit dem bereits verabschiedeten Gesetz am 1. Oktober 1973 in Kraft treten können.
Die Bundesregierung weiß, daß unsere Soldaten in vielen Einheiten und in vielen Funktionen bis an die Grenzen der Leistungsfähigkeit gefordert werden. Die zur Ausführung nötige Zahl der Berufs- und Zeitsoldaten sowie der Stand der Ausbildung und Ausrüstung entsprechen nicht überall den Aufträgen. Wir wissen, daß darüber hinaus der Wandel unserer Gesellschaft und der Fortschritt der Technik, daß vor allem aber die praktische Erfahrung unserer Soldaten heute eine umfassende kritische Bestandsaufnahme der Bundeswehr nötig gemacht haben. Diese Bestandsaufnahme wird unverzüglich eingeleitet. Soldaten, Wissenschaft und Bundesregierung werden dabei zusammenwirken. Im Verteidigungs-Weißbuch 1970 werden dem Parlament die vorläufigen Ergebnisse dieser generellen Inventur und sogleich die beabsichtigten Veränderungen vorgelegt werden.

Wir müssen die Bundeswehr als integrierten Teil unserer Gesellschaft verstehen. Schon heute will ich in fünf Punkten die Absichten der Bundesregierung klar herausstellen:

1. Wir wollen ein Maximum an Gerechtigkeit durch Gleichbehandlung der wehrpflichtigen jungen Männer schaffen; Wehrdienstausnahmen und -befreiungen werden abgebaut. Ob sich daraus Konsequenzen für die Dauer des Grundwehrdienstes ergeben, werden wir prüfen.

2. Innerhalb des Verteidigungsministeriums sollen die Führungsstäbe die international übliche militärische Arbeitsweise anwenden; sie werden dazu von bürokratischem Ballast befreit. *(Beifall bei der SPD.)* Technik und Beschaffung werden nach Methoden modernen industriellen Managements rationalisiert.

3. Wir werden die bisherigen Bemühungen um geeignete Ausbilder, Truppenführer und technische Fachleute fortsetzen und ausbauen. Auch aus diesem Grunde wird die Sorge für die Truppe im Zentrum unserer Bemühungen stehen.

4. Wir vertrauen auch auf die fruchtbare Arbeit des Wehrbeauftragten des Deutschen Bundestages. An den Grundsätzen der Inneren Führung, zu deren Innehaltung Inspekteure, Kommandeure und Soldaten aller Rangstufen sich verpflichtet wissen, werden wir festhalten. *(Beifall bei den Regierungsparteien.)* Wir wissen, daß auf dem Boden der feststehenden rechtlichen und sittlichen Maßstäbe Anpassungen einzelner Regelungen an Entwicklung und Erfahrungen nötig sein können.

5. Wir halten am Recht der Kriegsdienstverweigerung aus Gewissensgründen fest. Für sie gilt das Prinzip gerechter Gleichbehandlung. Das Verfahren soll entbürokratisiert werden. *(Beifall bei den Regierungsparteien.)* Die Leistungen der Soldaten und Zivilisten in der Bundeswehr, meine Damen und Herren, werden nur dann voll wirksam, wenn sie von der Anerkennung durch die öffentliche Meinung getragen werden. *(Beifall bei den Regierungsparteien und bei Abgeordneten der CDU/CSU.)*

Meine Damen und Herren, Bildung und Ausbildung, Wissenschaft und Forschung stehen an der Spitze der Reformen, die es bei uns vorzunehmen gilt. Wir haben die Verantwortung, soweit sie von der Bundesregierung zu tragen ist, im Bundesministerium für Bildung und Wissenschaft zusammengefaßt.

Mit diesem Hohen Haus sind wir uns wohl darin einig, daß die Aufgaben von Bildung und Wissenschaft nur gemeinsam von Bund, Ländern und Gemeinden gelöst werden können. Der 5. Deutsche Bundestag hat für die Zusammenarbeit von Bund und Ländern eine Reihe neuer Möglichkeiten geschaffen, die diese Bundesregierung voll ausschöpfen will; sie will den Ländern – ohne deren Zuständigkeiten anzutasten – helfen.

Schwere Störungen des gesamten Bildungssystems ergeben sich daraus, daß es bisher nicht gelungen ist, die vier Hauptbereiche unseres Bildungswesens – Schule, Hochschule, Berufsausbildung und Erwachsenenbildung – nach einer durchsichtigen und rationalen Konzeption zu koordinieren. Solange aber ein Gesamtplan fehlt, ist es nicht möglich, Menschen und Mittel so einzusetzen, daß ein optimaler Effekt erzielt wird.

Die Bundesregierung hat auf Grund des Art. 91 b des Grundgesetzes eine klare verfassungsrechtliche Grundlage für eine Bildungsplanung gemeinsam mit den Ländern erhalten. Besonders dringlich ist ein langfristiger Bildungsplan für die Bundesrepublik für die nächsten 15 bis 20 Jahre. Dieser dem Bundestag und den Länderparlamenten vorzulegende Plan soll gleichzeitig erklären, wie er verwirklicht werden kann. Gleichzeitig muß ein nationales Bildungsbudget für einen Zeitraum von 5 bis 15 Jahren aufgestellt werden. *(Beifall bei den Regierungsparteien.)*

Die Bundesregierung wird in den Grenzen ihrer Möglichkeiten zu einem Gesamtbildungsplan beitragen. Das Ziel ist die Erziehung eines kritischen, urteilsfähigen Bürgers, der imstande ist, durch einen permanenten Lernprozeß die Bedingungen seiner sozialen Existenz zu erkennen und sich ihnen entsprechend zu verhalten. Die Schule der Nation ist die Schule. *(Lebhafter Beifall bei der SPD und Beifall bei der FDP. – Lachen bei der CDU/CSU.)*

Wir brauchen das 10. Schuljahr, und wir brauchen einen möglichst hohen Anteil von Menschen in unserer Gesellschaft, der eine differenzierte Schulausbildung bis zum 18. Lebensjahr erhält. Die finanziellen Mittel für die Bildungspolitik müssen in den nächsten Jahren entsprechend gesteigert werden. *(Zuruf von der CDU/CSU: Wie?)*

Die Bundesregierung wird sich von der Erkenntnis leiten lassen, daß der zentrale Auftrag des Grundgesetzes, allen Bürgern gleiche Chancen zu geben, noch nicht annähernd erfüllt wurde. Die Bildungsplanung muß entscheidend dazu beitragen, die soziale Demokratie zu verwirklichen. *(Beifall bei den Regierungsparteien.)*

Zu den neuen Aufgaben der Bundesregierung gehört es, ein Hochschulrahmengesetz vorzulegen. Ein solches Gesetz wird auch die Lage der bisherigen Fachhochschulen im Rahmen eines Gesamthochschulsystems zu berücksichtigen haben. Fragen der Personalstruktur stehen zunächst im Mittelpunkt. Für Hochschulen und staatliche Forschungseinrichtungen müssen wirksame Vorschläge für die Überwindung überalterter hierarchischer Formen vorge-

legt werden. Soweit der Bund vorwiegend betroffen ist, werden entsprechende Maßnahmen beschleunigt getroffen.
Der Ausbau der Hochschulen muß verstärkt vorangetrieben werden. Um eine kurzfristige Erweiterung der Kapazitäten der Hochschulen zu erreichen, soll ein möglichst großer Teil der Mittel für den Hochschulbau sofort für solche Bauten bereitgestellt werden, die durch eine Rationalisierung des Bauverfahrens innerhalb von 12 bis 15 Monaten schlüsselfertig zur Verfügung stehen können. Die Bundesregierung wird prüfen, wie den Ländern bei der Überwindung des Numerus clausus in wesentlichen Fachbereichen am besten geholfen werden kann. Vordringlich werden auch die modernen Unterrichts-Technologien und das Fernstudium anzuwenden sein.
Die Hochschulreform ist aber nur ein Teil der vor uns liegenden Reformen unseres allgemeinen Bildungswesens. Die Bildungspolitik kann und darf nicht mehr nach Ausbildungsstufen isoliert betrachtet werden. Bildung, Ausbildung und Forschung müssen als ein Gesamtsystem begriffen werden, das gleichzeitig das Bürgerrecht auf Bildung sowie den Bedarf der Gesellschaft an möglichst hochqualifizierten Fachkräften und an Forschungsergebnissen berücksichtigt. Grundlegende Reformen in Bildung und Forschung sind zugleich Bedingung für die zukünftige wirtschaftliche Wettbewerbsfähigkeit unseres Landes.
Meine Damen und Herren, neuerdings wird viel über die technologische Lücke, über das, was einige den Mut zur Lücke nennen, und über rationale Kriterien für die Festsetzung von Prioritäten in und zwischen den verschiedenen Kategorien der Forschung diskutiert. Wir meinen, ein Land von der Größe der Bundesrepublik kann und muß auch heute noch die Grundlagenforschung in ihrer ganzen Breite fördern. Dies steht nicht in Widerspruch zur Auswahl von Schwerpunkten für die staatliche Förderung von Forschung und Entwicklung, die wegen der begrenzten Mittel unerläßlich ist. Ein wichtiges Ziel der Bundesregierung ist, Methoden des politischen Entscheidungsprozesses über Forschungsprioritäten zu entwickeln, die heute kaum in den Anfängen vorhanden sind.
Die Bundesregierung beabsichtigt, verstärkt Haushaltsmittel für die Förderung der Informatik und der Entwicklung von Computer-Sprachen einzusetzen. Diese Seite der Datenverarbeitung ist besonders umfangreich und erfordert mehr Mittel als die Entwicklung der eigentlichen Rechenmaschinen. Man übertreibt nicht, wenn man der Computertechnik eine katalytische Wirkung nicht allein für die gesamte wissenschaftlich-technische Entwicklung zuspricht, sondern weit darüber hinaus auch für die industrielle Produktion, die Verwaltung und andere Bereiche.
Wir sind uns bewußt, daß moderne Forschungsvorhaben weltweit miteinan-

der verflochten sind. Wir werden jede internationale, vor allem europäische Arbeitsteilung auf diesem Gebiet fördern. Meine Damen und Herren, in Europa gibt es eine Gemeinschaft der Wissenschaftler, die in ihrer Leistungsfähigkeit hinter der amerikanischen und sowjetrussischen dann nicht zurückzustehen braucht, wenn sie es lernt, ihre Kräfte zu vereinigen. *(Beifall bei den Regierungsparteien.)*
Meine Damen und Herren, die Bundesregierung wird stärker als bisher eine wachstumsorientierte Strukturpolitik betreiben. Durch die Auflösung des Bundesschatzministeriums und die Übernahme des ERP-Vermögens in das Bundeswirtschaftsministerium können die strukturpolitischen Maßnahmen in der Regional-, Sektoral- und Unternehmensgrößenpolitik besser koordiniert und intensiviert werden. Eine „Strukturpolitik aus einem Guß" wird möglich.
Unter Erhaltung der Priorität Berlins und des Zonenrandgebiets bleibt die Stärkung der Leistungskraft ländlicher Gebiete ein strukturpolitischer Schwerpunkt. Die Konzentration der Mittel auf entwicklungsfähige Standorte sichert die höchste Effizienz. Die Gemeinschaftsaufgabe der Verbesserung der regionalen Wirtschaftsstruktur verlangt dabei neue Formen der Zusammenarbeit von Bund und Ländern. Ich sage noch einmal: Eine große strukturpolitische Aufgabe ist die Modernisierung unserer Landwirtschaft.
Die Industriewirtschaft ist auf ein stetiges und billiges Angebot von Energie und Rohstoffen angewiesen. Wir werden die Politik der Gesundung des Steinkohlenbergbaus, der Sicherung der Mineralölerzeugung, der Öffnung der Märkte für neue Energieträger und der Verbesserung des Wettbewerbs in der Elektrizitätswirtschaft ausbauen. Die Vorsorge für Krisensituationen erfordert auch einen ausreichenden Vorrat an lebenswichtigen Importwaren.
Umwelt und Lebensverhältnisse werden sich in den 70er Jahren immer rascher verändern. Besonders auf den Gebieten der Raumordnung, des Städtebaus und des Wohnungsbaus werden daher systematische Vorausschau und Planung immer wichtiger. Als erster Schritt muß ein Städtebauförderungsgesetz zügig verabschiedet werden. *(Beifall bei den Regierungsparteien. – Abg. Dr. Barzel: Sie sind ja nicht einig in der Koalition!)* Dieses Gesetz soll eine Reform des Bodenrechts einleiten, die den Gemeinden eine sachgerechte Durchführung ihrer Planungen ermöglicht und die Bodenspekulation verhindert. *(Beifall bei den Regierungsparteien.)* Dabei dürfen und wollen wir nicht aus dem Auge verlieren, daß es die breite Streuung privaten Eigentums zu fördern und den bäuerlichen Bodenbesitz zu wahren gilt. *(Zurufe von der CDU/CSU.)*

Wir werden ein langfristiges Programm des sozialen Wohnungsbaus aufstellen und mit den Ländern abstimmen. Es wird sich am Bedarf orientieren. Neben diesen Aufgabens steht gleichberechtigt die Verbesserung des Wohngeldgesetzes.
Die Zielvorstellungen für die räumliche Entwicklung der Bundesrepublik sollen in einem Bundesraumordnungsprogramm entwickelt werden. Maßnahmen der Strukturpolitik, der regionalen Wirtschaftsförderung und des Städte- und Wohnungsbaus werden sich hier sinnvoll einfügen. Die Bundesregierung bietet Ländern und Gemeinden an, Vorstellungen für einen langfristig angelegten Städtebau zu entwickeln. Sie wird diese in einem zweiten Städtebaubericht konkretisieren.
Meine Damen und Herren, die Bundesregierung ist mit vielen draußen im Lande und sicher auch mit vielen in diesem Hause der Überzeugung, daß dem Schutz der Natur, von Erholungsgebieten, auch dem Schutz der Tiere, mehr Aufmerksamkeit geschenkt werden muß. *(Beifall bei den Regierungsparteien und bei Abgeordneten der CDU/CSU. – Zurufe von der CDU/CSU.)*
Die Verbesserung der Struktur unserer Wirtschaft erfordert ein leistungsfähiges Verkehrswesen. *(Anhaltende Unruhe bei der CDU/CSU.)* Mit Nachdruck wird die Bundesregierung die in der letzten Legislaturperiode eingeleiteten Reformen fortsetzen. Moderne Verkehrspolitik bedarf einer umfassenden Planung, zu der die Verkehrswissenschaft noch mehr als bisher heranzuziehen ist. Die Bundesregierung wird als Voraussetzung für eine von ihr angestrebte liberale Verkehrswirtschaft ihre Bemühungen verstärken, gleiche Wettbewerbsbedingungen für die Verkehrsträger zu schaffen.
Die Deutsche Bundesbahn hat in den letzten Jahren in erfreulicher Weise begonnen, sich auf die Verkehrsbedürfnisse der Zukunft auszurichten. Weitere Reformen in Organisation und Verwaltung sind notwendig, damit sie – einem Wirtschaftsunternehmen vergleichbar – nach modernen kaufmännischen Grundsätzen handeln kann. Es ist auch an der Zeit, daß der Bund als Eigentümer der Bundesbahn die durch den Wiederaufbau nach dem Krieg bei ihr entstandene Schuldenlast abnimmt. Die Zusammenarbeit zwischen den Verkehrsträgern im kombinierten Verkehr wird die Bundesregierung weiter fördern.
Das Autobahn- und Bundesstraßennetz wird in einem Fünfjahresplan als Teil eines Plans für die Jahre 1971 bis 1985 verstärkt ausgebaut werden. Ein Schwerpunkt wird die Chancenverbesserung strukturell schwacher Gebiete sein. Im Jahre 1970 wird außerdem der Entwurf der neuen Straßenverkehrsordnung vorgelegt.
Die Bundesregierung wird die Vorarbeiten für ein Schnellverkehrssystem mit einer Reisegeschwindigkeit von über 200 km in der Stunde, *(Abg. Dr. Barzel:*

Donnerwetter! – Weitere Zurufe von der CDU/CSU) das in ein mitteleuropäisches Schnellverkehrssystem einzubetten ist, vorantreiben. *(Beifall bei den Regierungsparteien – Abg. Rasner: 210! – Unruhe bei der CDU/CSU.)*
Meine Damen und Herren, die Bundesregierung ist dem sozialen Rechtsstaat verpflichtet. Sie wird zur Verwirklichung dieses Verfassungsauftrags das unübersichtlich gewordene Arbeitsrecht in einem Arbeitsgesetzbuch zusammenfassen. *(Beifall bei der SPD.)* Sie wird auch mit den Arbeiten für ein den Anforderungen der Zeit entsprechendes Sozialgesetzbuch beginnen. Zur besseren Überschaubarkeit der Sozialleistungen wird die Bundesregierung das Sozialbudget zu einer Grundlage sozial- und wirtschaftspolitischer Entscheidungen ausbauen.
Auf der Grundlage der in der letzten Legislaturperiode eingebrachten Gesetzentwürfe wird eine Reform des Betriebsverfassungsgesetzes und des Personalvertretungsgesetzes durchgeführt. Im Rahmen der Reform des Personalvertretungsgesetzes wird eine materielle und formelle Ausweitung der Mitwirkung der Personalvertretung vorgeschlagen. Unabhängig davon wird die Bundesregierung in ihrem eigenen Bereich schon jetzt Wert darauf legen, daß die Personalräte auch in solchen Sachfragen gehört werden, die nach geltendem Recht noch nicht zu deren Zuständigkeitsbereich gehören. *(Beifall bei der SPD.)*
Der in der vergangenen Legislaturperiode angeforderte Bericht der Mitbestimmungskommission wird geprüft und erörtert werden. *(Zurufe von der CDU/CSU: Aha!)* Wir wollen die demokratische Gesellschaft, zu der alle mit ihren Gedanken zu einer erweiterten Mitverantwortung und Mitbestimmung beitragen sollen.
Meine Damen und Herren, dem Schutz der Menschen vor den Risiken für die Gesundheit, die durch die technisierte und automatisierte Umwelt entstehen, dienen umfassende, aufeinander abgestimmte Maßnahmen in Wissenschaft und Forschung, in der Gesundheitsgesetzgebung, in der Gesundheitsvorsorge und in der gesundheitlichen Aufklärung. Die Bundesregierung wird ein Institut für Sozialmedizin einrichten, das ausreichende Grundlagen für breit angelegte, gezielte Vorsorgeuntersuchungen und für die Frühdiagnose der großen Krankheiten unserer Zeit schafft. Dem weiteren Ausbau der Krebsforschung und Krebsvorsorge messen wir besondere Bedeutung bei. Zum ausreichenden Schutz vor Luft- und Wasserverunreinigung und vor Lärmbelästigung werden entsprechende Gesetze vorgelegt. *(Beifall bei der SPD. – Zuruf von der CDU/CSU: Blauer Himmel! – Weitere Zurufe von der CDU/CSU.)*
– Wenn ich jetzt doch einmal eine Zwischenbemerkung machen darf: Hier kommt wieder einer mit dem „blauen Himmel“ und hat noch immer nicht

gemerkt, wie sehr er sich mit den törichten Bemerkungen von 1961 blamiert hat; *(Beifall bei der SPD)* denn damals wurde von dem gesprochen, was längst notwendig war und heute notwendig ist. *(Zurufe von der CDU/CSU. – Abg. Dr. Barzel: Gegen wen reden Sie jetzt?)* – Nicht gegen Sie, Herr Kollege Barzel!

Um kranken Menschen die besten Chancen zur Wiederherstellung ihrer Gesundheit und Leistungsfähigkeit zu geben, wird die Bundesregierung einmal 1970 ein Gesetz zur wirtschaftlichen Sicherung eines bedarfsgerecht gegliederten Systems leistungsfähiger Krankenhäuser vorlegen, zum anderen die ärztliche Ausbildung reformieren und modernisieren. Die entsprechende Verordnung soll noch im Frühjahr 1970 verabschiedet werden.

Die Bundesregierung bekennt sich zum Grundsatz der freien Arztwahl und der freien Berufsausübung der Heilberufe. *(Abg. Barzel: Jubel bei der SPD!)* Abgestimmt auf die europäische Entwicklung wird sie dafür sorgen, daß im Arzneimittelwesen Staat und Hersteller verantwortlich zusammenwirken, um ein Maximum an Sicherheit zu gewährleisten.

Im Zuge der Lebensmittelrechtsreform wird 1970 dem Deutschen Bundestag ein umfassender Gesetzentwurf zugeleitet. Hier geht es um den bestmöglichen Verbraucherschutz, um Klarheit und Wahrheit in Werbung und Deklaration. *(Beifall bei der SPD.)*

Meine Damen und Herren, Kindergeld, Steuerbegünstigungen und andere materielle Hilfen für die Familien müssen aufeinander abgestimmt und zugleich mit dem weiteren Ausbau der Ausbildungsförderung verbunden werden. Die weithin unzureichenden personalen Hilfen vor allem für berufstätige Mütter sind zu verbessern. Über die Erhöhung des Kindergeldes soll im Jahre 1970 entschieden werden.

Für die gesellschaftspolitischen Reformen und die moderne Gestaltung unseres demokratischen Industriestaates will und braucht jede Bundesregierung eine starke Mitwirkung der Frauen. *(Beifall bei der SPD.)* Die Frauenenquete wird beschleunigt fortgeführt. Die notwendigen Konsequenzen werden gezogen werden, um den Frauen mehr als bisher zu helfen, ihre gleichberechtigte Rolle in Familie, Beruf, Politik und Gesellschaft zu erfüllen.

Die Bundesregierung wird darauf achten, daß Rationalisierung und Automatisierung nicht zu Lasten der Erwerbstätigen gehen, sondern den sozialen Fortschritt fördern. Wirtschafts-, Arbeitsmarkt- und Bildungspolitik werden auch bei notwendigen Umstrukturierungen sichere Arbeitsplätze gewährleisten. Wir wollen alle entsprechenden Bestrebungen der Tarifparteien unterstützen.

Technischer Fortschritt und wirtschaftliche Entwicklung stellen ständig neue

Anforderungen an die Mobilität aller Erwerbstätigen. Darum halten wir die Einführung eines Bildungsurlaubs für eine wichtige Aufgabe. *(Beifall bei den Regierungsparteien.)*

Zur Humanisierung des Arbeitslebens haben Gesetzgeber und Tarifparteien den Schutz der Arbeitnehmer am Arbeitsplatz zu garantieren. Die Arbeitssicherheit und die gesundheitliche Betreuung am Arbeitsplatz werden ausgebaut.

Die Bundesregierung bekennt sich zur Bewahrung und Stärkung der Tarifautonomie. *(Beifall des Abg. Dr. Barzel.)*

Wir werden Errungenes sichern und besonders für die Mitbürger sorgen, die trotz Hochkonjunktur und Vollbeschäftigung im Schatten leben müssen, die durch Alter, durch Krankheit oder durch strukturelle Veränderungen gefährdet sind. Die Bundesregierung wird um verstärkte Maßnahmen bemüht sein, die den Benachteiligten und Behinderten in Beruf und Gesellschaft, wo immer dies möglich ist, Chancen eröffnen.

Vom 1. Januar 1970 an werden die Kriegsopferrenten erhöht. Sie werden jährlich an die wirtschaftliche Entwicklung angepaßt. *(Lebhafter Beifall bei den Regierungsparteien und bei Abgeordneten der CDU/CSU.)* Auch strukturelle Verbesserungen sind vorgesehen.

Damit jeder Bürger klar erkennen kann, auf welche Sozialleistungen er Anspruch hat, wird eine Rentenberechnung nach Punkten eingeführt werden, *(Beifall bei der SPD)* um Übersicht und Anschaulichkeit der Sozialleistungen zu erhöhen. Die Bundesregierung wird im Laufe der Legislaturperiode den schrittweisen Abbau der festen Altersgrenze prüfen und sich bemühen, sie durch ein Gesetz über die flexible Altersgrenze zu ersetzen. *(Beifall bei den Regierungsparteien.)* Die gesetzliche Alterssicherung soll für weitere Gesellschaftsgruppen geöffnet werden.

Zur Weiterentwicklung der Krankenversicherung wird die Bundesregierung ein Sachverständigengremium einsetzen. Dieses soll eine gründliche Bestandsaufnahme und Vorschläge für eine moderne Gesetzgebung erarbeiten. Die Krankenversicherungspflichtgrenze für Angestellte wird überprüft und dynamisiert. Oberhalb der Versicherungspflichtgrenze wird auch für alle Angestellten der Arbeitgeberbeitrag eingeführt werden. *(Beifall bei den Regierungsparteien.)* Die Auswirkungen der vom 1. Januar 1970 an in Kraft tretenden Beitragsrückgewähr werden einer ständigen Überprüfung unterzogen.

Zur Vorbereitung der Reformen der Jugendgesetzgebung und des Bundesjugendplanes werden wir die Jugend selbst einschalten. *(Abg. Dr. Barzel: Warum machen Sie denn hier keinen Jugendausschuß?)* Die Bundesregierung wünscht, ein europäisches Jugendwerk zu schaffen. *(Beifall bei der SPD.)*

Nach unseren Vorstellungen soll sich die Jugend osteuropäischer Länder daran beteiligen können. *(Beifall bei den Regierungsparteien.)*
Der Förderung des Sports werden wir unsere besondere Aufmerksamkeit widmen, ohne von dem Grundsatz abzulassen, daß der Sport von staatlicher Bevormundung freibleiben muß. Der Höhepunkt der sportlich bedeutsamen Ereignisse in unserem Land werden die XX. Olympischen Sommerspiele in München und Kiel sein. Wir haben damit die Chance, der Weltöffentlichkeit das moderne Deutschland vorzustellen. *(Beifall bei den Regierungsparteien. – Zuruf von der CDU/CSU: Dann haben wir es also schon!)* Die Bundesregierung befürwortet, so wie es mit den Vertretern der drei Fraktionen schon im vorigen Bundestag besprochen worden war, die Bildung einer Deutschen Sport-Konferenz. Sie würde aus Vertretern des Deutschen Sportbundes, des Bundes, der Länder und der Gemeinden zusammengesetzt sein und die Koordinierung aller Sportmaßnahmen ermöglichen.
Meine Damen und Herren, die Bundesregierung wird im kommenden Jahr, dem ersten des neuen Jahrzehnts, in Ergänzung dieser Erklärung ihre Pläne und Vorhaben auf dem Gebiet der inneren Reform unseres Landes dem Parlament und der Öffentlichkeit in Einzelberichten unterbreiten. Damit werden das Parlament und die Öffentlichkeit im ersten der 70er Jahre ein umfassendes Bild der Reformpolitik dieser Regierung gewinnen können. *(Beifall bei den Regierungsparteien. – Abg. Dr. Barzel: Und wann kommt der Haushalt? Vielleicht darf dieses Haus bei der Termingestaltung auch noch mitreden!)*
Bei alledem dürfen wir nicht vergessen: Nur der Friede macht unsere Welt sicher; nur auf der Grundlage der Sicherheit kann der Friede sich ausbreiten. Diese Erkenntnis teilen wir mit den meisten Völkern dieser Erde. Die Bundesregierung ist entschlossen, dazu den deutschen Anteil zu leisten im Bewußtsein ihrer besonderen Verantwortung in Europa und nach besten Kräften, die wir aber nicht überschätzen.
Wir werden die Initiative des Herrn Bundespräsidenten aufgreifen und die Friedensforschung – im Wissen um die begrenzte Zahl der dafür gegenwärtig zur Verfügung stehenden Kräfte – koordinieren, ohne die Unabhängigkeit dieser Arbeit zu beeinträchtigen. Wir wollen auch damit einen deutschen Beitrag für die Befriedung der von Krisen und Kriegen zerrissenen Welt leisten. Es liegt im nationalen Interesse, die internationale Zusammenarbeit zu verstärken, damit die Völker ihre Umwelt besser verstehen. Professor Carl Friedrich von Weizsäcker hat sich bereit erklärt, der Bundesregierung auf diesem Gebiet beratend zur Seite zu stehen. *(Beifall bei den Regierungsparteien.)*
Zur notwendigen internationalen Zusammenarbeit gehört der Austausch

geistiger Leistungen. Die Darstellung der deutschen Kultur im Ausland wird sich künftig stärker darauf richten, anderen Völkern neben den unvergänglichen Leistungen der Vergangenheit ein Bild dessen zu vermitteln, was in dieser Zeit des Überganges auch in Deutschland an geistiger Auseinandersetzung und fruchtbarer Unruhe tägliche Wirklichkeit ist.

Die Bundesrepublik Deutschland wird ihre Zusammenarbeit mit den Ländern Afrikas, Lateinamerikas und Asiens im Geiste der Partnerschaft ausbauen. Am Vorabend der zweiten Entwicklungsdekade erklärt sie: Wir werden zu einer gemeinsamen Strategie der Entwicklung beitragen und Anregungen aus dem Bericht der Pearson-Kommission in Betracht ziehen. Die Bundesregierung wird sich bemühen, das dort vorgesehene Ziel für die öffentlichen Leistungen an der Entwicklungshilfe durch eine Steigerungsrate von durchschnittlich 11 % im Jahr zu erreichen. Wir werden Wege suchen, um Rückflüsse aus Mitteln der öffentlichen Kapitalhilfe wieder voll für Zwecke der Entwicklungshilfe zu verwenden. Die Zahl der deutschen Entwicklungsexperten und Entwicklungshelfer wird erhöht mit dem Ziel, sie bis zur Mitte der 70er Jahre zu verdoppeln. Die Bundesregierung wird fortfahren, die Qualität der deutschen Hilfe zu verbessern. Dazu wird sie Planung und Durchführung der Entwicklungshilfe vereinfachen und straffen. Partnerschaft mit den Ländern der Dritten Welt ist nicht allein Sache des Staates. Daher wird die Bundesregierung auch alle nichtstaatlichen Initiativen fördern, die den Entwicklungsprozeß in diesen Ländern beschleunigen können.

Die Welt kann von einem wirtschaftlich starken Lande wie dem unsrigen eine liberale, den Handel aller Länder fördernde Außenwirtschaftspolitik erwarten. Dazu tragen wir durch unsere eigenen Bemühungen und durch unsere Beteiligung in allen mit dem Welthandel befaßten Organisationen bei. Ebenso wollen wir den Handel der Entwicklungsländer fördern; ich nenne hier nur die universellen Präferenzen für Waren aus den Entwicklungsländern.

Meine Damen und Herren, die Außenpolitik dieser Bundesregierung knüpft an die Friedensnote vom März 1966 und die Regierungserklärung vom Dezember 1966 an. Die in diesen Dokumenten niedergelegte Politik hat damals die Zustimmung aller Fraktionen dieses Hauses erhalten. Der Wille zu Kontinuität und konsequenter Weiterentwicklung gestattet es, auf manche Wiederholung zu verzichten. Die Bundesregierung beabsichtigt, in den Vereinten Nationen, in ihren Sonderorganisationen und in anderen internationalen Organisationen verstärkt mitzuarbeiten. Dies gilt auch für weltweite Abkommen der Abrüstung und Rüstungsbegrenzung, die zunehmend Bedeutung gewinnen. Die Bundesregierung wird dabei die Politik fortsetzen, die ich als Außenminister am 3. September 1968 auf der Konferenz der Nichtnuklearmächte in Genf entwickelt habe.

Wir unterstreichen die grundsätzliche Bereitschaft, mit allen Staaten der Welt, die unseren Wunsch nach friedlicher Zusammenarbeit teilen, diplomatische Beziehungen zu unterhalten und die bestehenden Handelsbeziehungen zu verstärken. Die Bundesregierung lehnt jede Form von Diskriminierung, Unterdrückung und fremder Beherrschung ab, die das friedliche Zusammenleben der Völker auch in unseren Tagen immer von neuem gefährdet. *(Beifall bei den Regierungsparteien.)*

Meine Damen und Herren, das nordatlantische Bündnis, das sich in den 20 Jahren seiner Existenz bewährt hat, gewährleistet auch in Zukunft unsere Sicherheit. Sein fester Zusammenhalt ist die Voraussetzung für das solidarische Bemühen, zu einer Entspannung in Europa zu kommen. Welche der beiden Seiten der Sicherheitspolitik wir auch betrachten, ob es sich um unseren ernsten und nachhaltigen Versuch zur gleichzeitigen und gleichwertigen Rüstungsbegrenzung und Rüstungskontrolle handelt oder um die Gewährleistung ausreichender Verteidigung der Bundesrepublik Deutschland: Unter beiden Aspekten begreift die Bundesregierung ihre Sicherheitspolitik als Politik des Gleichgewichts und der Friedenssicherung. Und ebenso versteht sie unter beiden Aspekten die äußere Sicherheit unseres Staates als eine Funktion des Bündnisses, dem wir angehören und als dessen Teil wir zum Gleichgewicht der Kräfte zwischen West und Ost beitragen.

Wir brauchen zu unserer Sicherheit Freunde und Verbündete, so wie sie zu ihrer Sicherheit uns und unseren Beitrag brauchen. Ohne gegenseitiges Vertrauen in die politische Stabilität dieser Einsicht sind weder Bündnis noch Sicherheit aufrechtzuerhalten. Wir werden deshalb in und gegenüber dem Bündnis die bisherige Politik fortsetzen und erwarten dies auch von unseren Bündnispartnern und von ihren Beiträgen zur gemeinsamen Sicherheitspolitik und zu den vereinbarten gemeinsamen Sicherheitsanstrengungen.

So wie das westliche Bündnis defensiv ist, so ist auch unser eigener Beitrag dazu defensiv. Die Bundeswehr ist weder nach ihrer Erziehung und Struktur noch nach ihrer Bewaffnung und Ausrüstung für eine offensive Strategie geeignet. Die Bundesregierung wird an dem ihrer Verteidigungspolitik zugrunde liegenden Defensivprinzip keinen Zweifel lassen.

Meine Damen und Herren, die engen Bindungen zwischen uns und den Vereinigten Staaten von Amerika schließen für die Bundesregierung jeden Zweifel an der Verbindlichkeit der Verpflichtungen aus, die von den USA nach Vertrag und Überzeugung für Europa, für die Bundesrepublik und für Berlin übernommen worden sind. Unsere gemeinsamen Interessen bedürfen weder zusätzlicher Versicherungen noch sich wiederholender Erklärungen. *(Beifall bei den Regierungsparteien und bei Abgeordneten der CDU/CSU.)*

Sie sind tragfähig für eine selbständigere deutsche Politik in einer aktiveren Partnerschaft. *(Erneuter Beifall.)*
Die Bundesregierung wird sich gemeinsam mit ihren Verbündeten konsequent für den Abbau der militärischen Konfrontation in Europa einsetzen. Sie wird zusammen mit ihnen auf gleichzeitige und ausgewogene Rüstungsbeschränkung und Truppenreduzierung in Ost und West hinwirken.

Zur Thematik einer Konferenz, die der europäischen Sicherheit dienen soll, bekräftigt die Bundesregierung die Haltung, die in dem am 12. September dieses Jahres in Helsinki übergebenen Memorandum eingenommen worden ist. Eine derartige Konferenz kann nach sorgfältiger Vorbereitung eine wichtige Etappe auf dem Wege zu größerer Sicherheit bei geringerer Rüstung und zu Fortschritten zwischen den Partnern Ost- und Westeuropas werden.

Unter den gegenwärtigen Spannungsherden ist der Konflikt im Nahen Osten besonders besorgniserregend. Die Bundesregierung meint, daß es im Interesse der betroffenen Völker läge, eine Lösung zu finden, wie sie in der Entschließung des Sicherheitsrates der Vereinten Nationen vom 22. November 1967 angeboten wurde. Wir wünschen gute Beziehungen zu allen Staaten dieser Region und bestätigen zugleich die Entschlossenheit, keine Waffen in Spannungsgebiete zu liefern. *(Beifall bei den Regierungsparteien und bei Abgeordneten der CDU/CSU.)*

Wir vereinigen uns mit allen Staaten und nicht zuletzt mit den gequälten, betroffenen Menschen in dem Wunsch, daß der Krieg in Vietnam endlich beendet wird durch eine politische Lösung, die von allen Beteiligten gebilligt werden kann. Wir bekräftigen unsere Bereitschaft, dann, wenn es soweit ist, am Wiederaufbau beider zerstörter Landesteile mitzuwirken. *(Beifall bei den Regierungsparteien und bei Abgeordneten der CDU/CSU.)*

Meine Damen und Herren, die Erweiterung der Europäischen Gemeinschaft muß kommen. Sie, die Gemeinschaft, braucht Großbritannien ebenso wie die anderen beitrittswilligen Länder. Im Zusammenklang der europäischen Stimmen darf die britische keineswegs fehlen, wenn Europa sich nicht selbst schaden will. *(Beifall bei den Regierungsparteien und bei Abgeordneten der CDU/CSU.)* Wir haben mit Befriedigung verfolgt, daß für die ausschlaggebenden Kräfte der britischen Politik weiterhin die Überzeugung gilt, Großbritannien brauche seinerseits Europa. Es ist an der Zeit, so meinen wir, den sicher schwierigen und vermutlich auch zeitraubenden Prozeß einzuleiten, an dessen Ende die Gemeinschaft auf einer breiteren Grundlage stehen wird. Im Zusammenhang damit wird die Bundesregierung darauf hinwirken, daß die Gemeinschaft neue Formen wirtschaftlicher Zusammenarbeit mit den Staaten Europas entwickelt, die ihr nicht beitreten können oder wollen.

Die Bundesregierung wird die Entwicklung einer engeren politischen Zusammenarbeit in Europa mit dem Ziel fördern, eine gemeinsame Haltung dieser Staaten in weltpolitischen Fragen Schritt um Schritt aufzubauen. Wir wissen uns darin auch besonders einig mit Italien und den Benelux-Staaten.

Unser nationales Interesse erlaubt es nicht, zwischen dem Westen und dem Osten zu stehen. Unser Land braucht die Zusammenarbeit und Abstimmung mit dem Westen und die Verständigung mit dem Osten.

Aber auf diesem Hintergrund sage ich mit starker Betonung, daß das deutsche Volk Frieden braucht – den Frieden im vollen Sinne dieses Wortes – auch mit den Völkern der Sowjetunion und allen Völkern des europäischen Ostens. *(Beifall bei allen Fraktionen.)* Zu einem ehrlichen Versuch der Verständigung sind wir bereit, damit die Folgen des Unheils überwunden werden können, das eine verbrecherische Clique über Europa gebracht hat.

Dabei geben wir uns keinen trügerischen Hoffnungen hin: Interessen, Machtverhältnisse und gesellschaftliche Unterschiede sind weder dialektisch aufzulösen, noch dürfen sie vernebelt werden. Aber unsere Gesprächspartner müssen auch dies wissen: Das Recht auf Selbstbestimmung, wie es in der Charta der Vereinten Nationen niedergelegt ist, gilt auch für das deutsche Volk. *(Beifall bei allen Fraktionen.)* Dieses Recht und der Wille, es zu behaupten, können kein Verhandlungsgegenstand sein. *(Allgemeiner Beifall.)* Wir sind frei von der Illusion, zu glauben, das Werk der Versöhnung sei leicht oder schnell zu vollenden. Es handelt sich um einen Prozeß; aber es ist an der Zeit, diesen Prozeß voranzubringen.

In Fortsetzung der Politik ihrer Vorgängerin erstrebt die Bundesregierung gleichmäßig verbindliche Abkommen über den gegenseitigen Verzicht auf Anwendung von oder Drohung mit Gewalt. Die Bereitschaft dazu gilt – ich darf es wiederholen – auch gegenüber der DDR. Ebenso unmißverständlich will ich sagen, daß wir gegenüber der uns unmittelbar benachbarten Tschechoslowakei zu den Abmachungen bereit sind, die über die Vergangenheit hinausführen. *(Beifall bei Abgeordneten der SPD.)* Die Politik des Gewaltverzichts, die die territoriale Integrität des jeweiligen Partners berücksichtigt, ist nach der festen Überzeugung der Bundesregierung ein entscheidender Beitrag zu einer Entspannung in Europa. Gewaltverzichte würden eine Atmosphäre schaffen, die weitere Schritte möglich macht. Diesem Zweck dienen auch gemeinsame Bemühungen, um den Handel, die technische Kooperation und den kulturellen Austausch zu fördern.

Die Bundesregierung verzichtet heute bewußt darauf, über den in dieser Erklärung gesetzten Rahmen hinaus Festlegungen vorzunehmen *(Abg. Dr. Barzel: Hört! Hört!)* oder Formeln vorzutragen, welche die von ihr erstrebten

Verhandlungen erschweren könnten. *(Beifall bei den Regierungsparteien.)* Sie ist sich bewußt, daß es Fortschritte nur geben kann, wenn es neben unserer Bereitschaft auch eine kooperative Haltung in den Hauptstädten der Staaten des Warschauer Vertrages gibt.

Meine Damen und Herren, kurzfristig wird die Bundesregierung eine Reihe von Entscheidungen treffen, die ihren Willen zur kontinuierlichen und konsequenten Weiterführung der bisherigen Politik beispielhaft deutlich machen:

Erstens. Die Bundesregierung wird auf der Konferenz in Den Haag darauf hinwirken, daß wirksame Maßnahmen zur Vertiefung und Erweiterung der Gemeinschaft und zur verstärkten politischen Zusammenarbeit eingeleitet werden.

Zweitens. Sie wird das Angebot der Vereinigten Staaten von Amerika aufgreifen, die deutsche industrielle Leistungskraft auf begrenzten Gebieten der Weltraumforschung zu beteiligen.

Drittens. Sie wird sich aktiv an den Arbeiten des vom Rat der Nordatlantikpaktorganisation eingesetzten Ausschusses für die Probleme der modernen Gesellschaft beteiligen.

Viertens. Sie wird demnächst das sowjetische Aide-mémoire zum Thema Gewaltverzicht beantworten und einen Termin für die von der Sowjetunion angeregten Verhandlungen in Moskau vorschlagen.

Fünftens. Sie wird der Regierung der Volksrepublik Polen einen Vorschlag zur Aufnahme von Gesprächen zugehen lassen, mit dem sie die Ausführungen Wladislaw Gomulkas vom 17. Mai dieses Jahres beantwortet. *(Abg. Dr. Barzel: Dazu hätte das Parlament gern etwas gehört!)*

Sechstens. Sie wird den Vertrag über die Nichtverbreitung von Atomwaffen unterzeichnen, sobald – entsprechend den Beschlüssen der letzten Bundesregierung – die noch ausstehenden Klärungen herbeigeführt sind. *(Beifall bei den Regierungsparteien. – Lachen bei der CDU/CSU.)*

– Meine Damen und Herren, wenn nicht gerade heute darüber in Washington gesprochen würde, würde ich auf die höhnischen Zurufe von soeben antworten. Ich verzichte darauf, zu antworten, weil mir am Erfolg der Verhandlungen liegt und nicht an der Polemik in diesem Augenblick. Das können wir auch morgen noch machen. *(Beifall bei den Regierungsparteien.)* Polemisieren dazu können wir auch noch morgen oder übermorgen. *(Zuruf von der CDU/CSU: Schulmeister! – Abg. Dr. Barzel: Herr Kollege Brandt, bringen Sie bitte eins nicht durcheinander: Wir legen Wert darauf, zu wissen, welches Angebot Sie Polen machen werden! – Weitere Zurufe von der CDU/CSU.)*

– Es ging jetzt nicht um Polen, es ging um den NV-Vertrag. *(Abg. Dr. Barzel:*

Unsere Unruhe begann bei Polen, wo wir etwas mehr wissen wollen!)
– Ich habe Ihnen das dazu gesagt, was heute im Rahmen der Regierungserklärung zu sagen ist. *(Beifall bei den Regierungsparteien. – Abg. Dr. Barzel: Aber zu wenig!)*

Meine Damen und Herren! Diese Regierung redet niemandem nach dem Mund. *(Lachen bei der CDU/CSU.)* Sie fordert viel, nicht nur von anderen, sondern auch von sich selbst. *(Beifall bei den Regierungsparteien.)* Sie setzt konkrete Ziele. Diese Ziele sind nur zu erreichen, wenn sich manches im Verhältnis des Bürgers zu seinem Staat und seiner Regierung ändert.

Die Regierung kann in der Demokratie nur erfolgreich wirken, wenn sie getragen wird vom demokratischen Engagement der Bürger. Wir haben so wenig Bedarf an blinder Zustimmung, wie unser Volk Bedarf hat angespreizter Würde und hoheitsvoller Distanz. *(Lebhafter Beifall bei den Regierungsparteien.)* Wir suchen keine Bewunderer; wir brauchen Menschen, die kritisch mitdenken, mitentscheiden und mitverantworten. *(Beifall bei den Regierungsparteien.)*

Das Selbstbewußtsein dieser Regierung wird sich als Toleranz zu erkennen geben. *(Lachen bei der CDU/CSU.)* Sie wird daher auch jene Solidarität zu schätzen wissen, die sich in Kritik äußert. Wir sind keine Erwählten; wir sind Gewählte. *(Lebhafter Beifall bei den Regierungsparteien.)* Deshalb suchen wir das Gespräch mit allen, die sich um diese Demokratie mühen.

Meine Damen und Herren, in den letzten Jahren haben manche in diesem Land befürchtet, die zweite deutsche Demokratie werde den Weg der ersten gehen. Ich habe dies nie geglaubt. Ich glaube dies heute weniger denn je. Nein: Wir stehen nicht am Ende unserer Demokratie, wir fangen erst richtig an. *(Abg. Dr. Barzel: Aber Herr Brandt! – Weitere Zurufe von der CDU/CSU.)*

Wir wollen ein Volk der guten Nachbarn sein und werden im Inneren und nach außen. *(Anhaltender lebhafter Beifall bei den Regierungsparteien. – Abg. Dr. Barzel: Das ist ein starkes Stück, Herr Bundeskanzler! Ein starkes Stück! Unglaublich! Unerhört!)*

32.
„Das Vaterland über die Parteipolitik stellen“

Rede des Oppositionsführers Dr. Rainer Barzel in der Debatte über die Regierungserklärung am 29. Oktober 1969

Durch die Bildung der Regierung der Sozialliberalen Koalition von SPD und FDP unter Bundeskanzler Willy Brandt im Herbst 1969 geriet die CDU/CSU erstmalig in der Geschichte der Bundesrepublik Deutschland in die Opposition. Auf die Regierungserklärung von Bundeskanzler Brandt erwiderte Oppositionsführer Dr. Rainer Barzel in der sechsten Sitzung des Sechsten Deutschen Bundestages am 29. Oktober 1969:

Herr Präsident! Meine Damen und Herren! Wieder in Bonn – nicht in Berlin – beginnt auch der 6. Deutsche Bundestag seine Arbeit. So wird deutlich: Das deutsche Volk hat sein unveräußerliches Selbstbestimmungsrecht immer noch nicht verwirklichen können. So wird auch deutlich: Wir haben noch viel zu tun – Koalition wie Opposition. Wir bleiben dem deutschen Volk, dem unser erstes Wort gilt, vor Geschichte und Gewissen verantwortlich, die Menschenrechte und deren Anerkennung für alle Deutschen zu erringen. *(Beifall bei der CDU/CSU.)* Das ist die Anerkennung, für die wir arbeiten.

Durch diese Aussagen bestätigen wir nicht nur unser politisches Ziel, sondern zugleich den zentralen Maßstab, nach dem die stärkste Fraktion dieses Bundestages politische Fragen beantwortet: Für uns ist Fortschritt, wo Menschenrechte und ihre gesellschaftliche Basis mehr zur Alltagswirklichkeit werden. Für uns ist Rückschritt, wo Menschenrechte nicht gelten, wo Strukturen sich etablieren, welche sie unterdrücken oder ihre wirksame Entfaltung hemmen.

Unser zweites Wort gilt Ihnen, Herr Bundeskanzler, und den Mitgliedern Ihrer Regierung, die, wie wir zuversichtlich hoffen, schließlich doch noch vollzählig zu der ersten Einlassung der Opposition anwesend sein werden. *(Beifall bei der CDU/CSU.)* Im Interesse unseres ganzen Volkes wünschen wir Ihnen Erfolg und eine glückliche Hand.

Erlauben Sie mir ein persönliches Wort. Sie haben zwar, Herr Kollege Brandt, zum Bundeskanzler der Bundesrepublik Deutschland gewählt, nun mehr

Sorgen als andere. Zugleich beginnen Sie zu einer Zeit besonderer Möglichkeiten und in einer Lage, die Ihnen den Kopf völlig frei läßt für diese neuen Möglichkeiten. Der Schutt der Nachkriegsjahre ist weggeräumt. Die Hektik des Wiederaufbaus ist vorbei. Sie treten Ihr Amt an bei Vollbeschäftigung, stabilem Geld und wohlgeordneten Finanzen. *(Beifall bei der CDU/CSU. – Lachen bei der SPD.)* Sie finden auf den Gebieten der Bildungspolitik, der Finanz- und der Wirtschaftspolitik bessere Kompetenzen und ein gerade geschaffenes modernes Instrumentarium vor. Dazu treten die neuen Möglichkeiten des Arbeitsförderungs- und des Berufsausbildungsgesetzes sowie die anderen Reformwerke der Großen Koalition.
Außenpolitisch bleibt festzuhalten: Frankreich setzt seine Akzente der Europa-Politik näher zu den unseren. Polen zeigt Gesprächsbereitschaft. Die Sowjetunion denkt, so scheint es, neu nach über Mitteleuropa. Die Verantwortlichen in Ost-Berlin beginnen sich von starren Formeln zu lösen. Das weltpolitische Gespräch der beiden Großmächte wendet sich den Raketen-Problemen zu und nimmt damit zugleich – endlich – auch politische Spannungsursachen als Thema auf. Seit Bestehen der Bundesrepublik Deutschland stand kein Bundeskanzler bei seinem Amtsantritt in einer vergleichbaren Situation. *(Beifall bei der CDU/CSU.)* Wir werden sehen, Herr Bundeskanzler, wie Sie von diesem soliden Fundament aus „den Nutzen des deutschen Volkes mehren". Wir sind bereit, Ihnen dabei zu helfen.
Aber auch unsere Politik umgreift die Pflicht, „Schaden vom deutschen Volk zu wenden". *(Beifall bei der CDU/CSU.)* Wir werden als Opposition nicht nur dafür sorgen, daß die Koalition hier immer wieder für ihre Pflicht einstehen und ihre Mehrheit beweisen muß; wir bieten auch in aller Form die Möglichkeit an, in den Lebensfragen der Nation zur Kooperation aller zu kommen. *(Beifall bei der CDU/CSU.)* Ob das zum Nutzen aller Deutschen erreicht wird, liegt ganz wesentlich an Ihnen, Herr Bundeskanzler, nämlich an dem Ausmaß, der Stetigkeit und der Offenheit, mit der Sie uns unterrichten, mit uns sprechen und unsere Meinungen in Ihre Entscheidungen einbeziehen.
Sie haben es mit einer Opposition zu tun, die aus 20 Jahren Regierungsverantwortung weiß, was möglich und was unmöglich ist. *(Lachen bei der SPD.)* Diese Erfahrungen werden wir als Opposition nicht vergessen.
Sie haben es mit einer Opposition zu tun, welche zum sechsten Male von den Wählern, denen wir danken, zur stärksten Fraktion dieses Hauses gemacht wurde und in deren Reihen der Mann sitzt, der nach dem Willen von 46,1 % der Wähler wieder Bundeskanzler sein sollte: Kurt Georg Kiesinger. *(Lebhafter Beifall bei der CDU/CSU.)*
Ihre Koalition, Herr Bundeskanzler, hat eine schmale Basis, und Sie selbst

werden das Unbehagen spüren, das viele in unserem Volke erfüllt. Wir fühlen uns nicht als eine abgelöste Wache, die nun schlafen gehen und die Augen zumachen darf; und wir denken weder daran, Reden zum Fenster hinaus oder die leichtere Hand beim Geldausgeben für große Stunden der Opposition zu halten. *(Beifall bei der CDU/CSU.)* Ja, für uns ist nicht einmal unvorstellbar, zu sagen: Die Regierung hat recht.

Wir sind als Opposition nicht aus der Verantwortung für unseren Staat entlassen. Wir werden diesen Teil der Verantwortung ebenso ernst nehmen und ebenso gewissenhaft erfüllen wie den anderen Teil, den wir bisher innehatten. Wir halten es für unsere Pflicht, unbequem und kritisch zu sein, Kontroversen und Konflikte sichtbar auszutragen, – auch um politische Entscheidungen für jedermann durchsichtig und verständlich zu machen. Wir halten es für unsere Pflicht, nicht einfach nein zu sagen, sondern Besseres vorzuschlagen. Wir werden der Politik der Koalition gegenüberstellen: a) unsere Auffassung von den objektiven Notwendigkeiten der deutschen Politik, b) die Wahlversprechen der Koalitionspareien und c) die Regierungserklärung der Koalition. *(Beifall bei der CDU/CSU.)* Damit ist klar, wie wir unsere Aufgabe sehen und Ihrer Politik begegnen werden, und jedermann kann sich darauf einrichten.

Ich sprach davon, daß wir als die stärkste Fraktion von dem ausgehen, was wir für die objektiven Notwendigkeiten der deutschen Politik halten. Welches sind diese objektiven Notwendigkeiten?

1. Eine nüchterne, nicht an Wünschen, sondern an den gegenwärtigen Tatsachen ausgerichtete Analyse der Lage zwingt, unsere Verteidigungsanstrengungen im Bündnis ungeschmälert fortzusetzen und – auch dadurch – die bleibende Anwesenheit der USA in Mitteleuropa sicherzustellen. Die Bundeswehr selbst bedarf der Reform; sie ist eingeleitet. Von der Basis der gesicherten Freiheit aus muß unsere Friedenspolitik stetig und geduldig fortgeführt werden. Auswärtige Kulturpolitik, Entwicklungshilfe und internationale Gesellschaftspolitik gehören wesentlich dazu.

2. Durch solide Reformen muß unser freiheitlicher, sozialer Rechtsstaat ausgebaut werden. Wir betrachten ohne Selbstgerechtigkeit das Erreichte als gute Basis für weiteren Fortschritt. *(Beifall bei der CDU/CSU.)*

Aus unserer Sicht ist vordringlich: In der Bildungspolitik müssen zügig die neuen Bundeskompetenzen ausgeschöpft werden, also ein Rahmengesetz über die allgemeinen Grundsätze des Hochschulwesens, das Zusammenwirken mit den Ländern in der Bildungsplanung, das Wahrnehmen der Gemeinschaftsaufgaben.

Wir halten für dringlich eine zweite Stufe des Ausbildungsförderungsgesetzes. Die Ausdehnung der Bundeskompetenz auf die Fachhochschulen muß diskutiert, die Zulassungsbeschränkungen an den Hochschulen müssen rasch abgebaut werden, und der Zugang zur Universität für solche Mitbürger, die ihrer Wehrpflicht genügt haben, sollte unverzüglich erleichtert werden. *(Beifall bei der CDU/CSU.)*

Die erfolgreichen Bemühungen der letzten Bundesregierung auf dem Gebiete des technologischen Fortschritts müssen fortgesetzt und ausgebaut werden. Die Eigentumspolitik bedarf neuer Akzente, zumal die Tarifpartner die Möglichkeiten, welche der Gesetzgeber geschaffen hat, bisher kaum genutzt haben. *(Zustimmung bei der CDU/CSU.)*

Ein verbessertes Betriebsverfassungsgesetz, die Errichtung von Arbeitnehmerkammern, die Neuordnung des Familienlastenausgleichs – ein Wort, das in der Regierungserklärung fehlt –, *(Sehr richtig! in der Mitte)* eine bessere Kriegsopferversorgung und bessere Leistungen für Vertriebene und Flüchtlinge, die Lage der Hausfrau, die Altersversorgung der Selbständigen, die Reform der Krankenversicherung, die Verbesserung der Lage der Krankenhäuser sowie ein vernünftiges Städtebauförderungsgesetz – *(ironischer Beifall bei der SPD)* alles das sind gesellschaftspolitische Notwendigkeiten.

Dies Bundestag sollte die Strafrechtsreform abschließen und die Justizreform weiterführen. Die Steuerreform muß nun auf die vollzogenen Reformen der Finanzverfassung und des Haushaltsrechtes folgen.

Die sektorale und die regionale Strukturpolitik, die eingeleitet sind, müssen fortgesetzt werden. Hierzu gehören auch die Fragen der Förderung des selbständigen und des unselbständigen Mittelstandes, der Landwirtschaft und der freien Berufe. Natürlich gebührt wie bisher der Verkehrspolitik der Vorrang. Aber wichtig ist – und darauf komme ich nachher zurück, Herr Bundeskanzler –, daß die mittelfristige Finanzplanung fortgeschrieben wird. Wichtig ist, daß dabei sichtbar wird, daß der investive Teil der öffentlichen Ausgaben anwächst. Es muß alles geschehen, um unsere Wirtschaftskraft zu stärken, – zumal andere Nationen uns die Spitzenstellung in Welthandel und Industrieproduktion streitig machen. Dies alles erfordert Anstrengungen und eine feste Führung, gestützt auf eine verläßliche Parlamentsmehrheit.

Das Dritte, meine Damen und Herren. Mit dem Wahlkampf und der Regierungsbildung darf das Gespräch mit der kritischen Jugend nicht zu Ende sein. Wir müssen unseren parlamentarischen Arbeitsplan so einrichten, daß genügend Zeit auch für dieses Gespräch bleibt. Denn der Wahlkampf hat doch gezeigt, daß dieses Gespräch und diese Diskussion zwar strapaziös, aber schließlich für die Demokratie doch lohnend ist. *(Beifall bei der CDU/CSU.)*

Demokratie braucht beides: den Kompromiß, ohne den praktisches Zusammenleben ebensowenig möglich ist wie die schrittweise Verwirklichung großer Konzeptionen, und die Herausforderung durch Positionen des moralischen Rigorismus, – und dies letzte schon deshalb, damit die Kompromisse, unsere eigenen eingeschlossen, nicht immer „fauler" werden. Demokratie braucht feste Prinzipien, aber auch Kompromisse. Sie lebt von der Rücksicht auf den anderen und dessen Meinung, von der Achtung vor dem Gesetz und von der Toleranz aller. Wir wissen, daß viele junge Menschen auf die neue Opposition schauen. Auch ihrer kritischen Vernunft zu entsprechen, wird unser Bemühen sein. *(Beifall bei der CDU/CSU.)*

Nun folgt auf die Zeit der „Großen Koalition" eine Zeit der „Großen Kontroverse". Den verschlossenen Türen des „Kreßbronner Kreises" folgt das öffentliche Ringen um den besten Weg hier im Parlament.

Viertens. Die Vereinigung des freien Europas ist die Lebens- und Friedensbasis für alle Menschen dieses Kontinents. Der in den Römischen Verträgen konzipierte Weg muß zu Ende gegangen werden. Also darf die deutsche Politik sich nicht in eine Alternative zwischen Ausbau oder Erweiterung der Gemeinschaften zwingen lassen; wir brauchen beides.

Das bevorstehende Treffen der Regierungschefs, Herr Bundeskanzler, sollte nicht nur die anstehenden Fragen des Ausbaus der Gemeinschaft betreffen und auch nicht nur grünes Licht für die Beitrittsverhandlungen geben und Formen der Zusammenarbeit für die Neutralen finden; diese Konferenz sollte endlich die politische Zusammenarbeit nach festen Regeln beschließen.

Bundeskanzler Kiesinger hat am 22. August mit uns ein Konzept für diese Konferenz erörtert. Wir haben dem zugestimmt und es, soweit es ging, veröffentlicht. Wir halten daran fest. Es muß – so heißt es darin –

> ein Anfang gemacht werden auf dem Wege zu einer europäischen politischen Gemeinschaft ... Nur dann wird Europa dem gerecht werden, was die Welt von ihm erwartet: ein Faktor der Stabilität und des Friedens zu sein und den Völkern in Asien, Afrika und Lateinamerika mit seinen wirtschaftlichen Leistungen, seinem Wissen und seinen Erfahrungen auf dem Wege ihrer Entwicklung zu helfen.

Dies bleibt unsere Politik, meine Damen und Herren! *(Beifall bei der CDU/CSU.)* Dieses Europa muß offen sein für alle und die Zusammenarbeit wie den Ausgleich mit den Europäern in der Mitte und im Osten unseres Kontinents suchen. Für diese Politik, die Deutschland-Politik eingeschlossen, gelten für uns unverändert diese Festlegungen unserer Haltung fort, und ich will sie hier bezeichnen, damit wir am Schluß dieser Debatte auch wissen, wo Kontinuität gesagt und wo sie noch eingehalten wird. *(Beifall bei der CDU/CSU.)*

Meine Damen und Herren, unsere Haltung liegt in folgenden Dokumenten fest: a) der an Polen gerichtete Aufruf zur Aussöhnung Konrad Adenauers vom 1. September 1959, b) die Friedensnote der Regierung Erhard vom 25. März 1966, c) die Regierungserklärung des Bundeskanzlers Kiesinger vom 13. Dezember 1966, d) der Beschluß der NATO-Konferenz von Reykjavik vom 25. Juni 1968, e) der Bundestagsbeschluß vom 25. September 1968.

In allen diesen Fragen stimmen wir Henry Kissinger zu, der in seinem jüngsten Buch sagt – ich empfehle, die Stelle genauer nachzulesen; ich kann hier nur einen Satz verlesen –:

> Die Neigung vieler Leute im Westen, mit Änderungen im Ton der Sowjets zufrieden zu sein und Atmosphäre mit Substanz zu verwechseln, war sicherlich den Dingen nicht besonders dienlich.

(Lebhafter Beifall bei der CDU/CSU.)

Bei allem Verzicht auf Pathos und auf Sonntagsreden zur deutschen Frage – diesen Verzicht begrüßen wir – bleibt nüchtern festzustellen: Auf der Grundlage der andauernden Diskriminierung Deutschlands und der Deutschen wird es mit unserer Zustimmung weder eine europäische noch eine innerdeutsche Lösung oder auch nur Befriedigung geben! Auf der Basis der Menschenrechte – auch für alle Deutschen – hingegen, um deren Anerkennung wir kämpfen, läßt sich über alles reden. *(Lebhafter Beifall bei der CDU/CSU.)*

Im Interesse der Menschen sollten auch diese Themen behandelt werden: bessere Telefonverbindungen, leichtere Abfertigung im Paket- und Päckchenversand, Reiseerleichterungen, private Geldüberweisungen, mehr wissenschaftlicher, sportlicher und kultureller Austausch, Absprachen über direkte Hörfunk- und Fernsehübertragungen, Rückführung von Kulturgütern an den Ort der ursprünglichen Aufbewahrung und die gemeinsame Abwehr von Seuchen und Katastrophen.

Auch in den innterdeutschen Fragen ist für uns nur ein Maßstab gültig, nämlich die Menschenrechte. Sie Stück für Stück zu erreichen, bleibt die Hauptaufgabe der Deutschlandpolitik.

Nun zur Kritik der Regierungserklärung: Das Programm der Koalition, so meinen wir, bleibt hinter diesen objektiven Notwendigkeiten der deutschen Politik zurück. *(Beifall bei der CDU/CSU.)* Die neue Regierung beginnt mit einer Politik der leichten Hand. Ohne eine veränderte Finanzplanung vorzulegen, beschlossen die Koalitionspartner zuerst einmal eine Steuersenkung durch Verdoppelung des Arbeitnehmerfreibetrages. Ohne den sozialen Bezug der Einführung der Ergänzungsabgabe – z.B. den Rentnerkrankenversicherungsbeitrag – wenigstens zu erwähnen, *(lebhafter Beifall bei der CDU/CSU)* beschloß die Koalition, diese Steuer in zwei Etappen abzubauen. *(Anhaltender Beifall bei der CDU/CSU – Zurufe von der SPD.)*

Ohne mittelfristige Gewißheit *(Zurufe von der SPD)* über die Stärke und die Kosten der andauernden militärischen Anwesenheit der USA sowie ohne eine größere Zahl tatsächlich vorhandener Berufs- und Zeitsoldaten in der Bundeswehr wird erst einmal ein kürzerer Wehrdienst als künftige Möglichkeit an die Wand gemalt. Ohnen den Beweis für etwa verminderte Bedrohung und ohne Rücksicht auf die militärische Integration der Verbündeten werden die Trägerwaffen in Frage gestellt. Das fehlt freilich in Ihrer Regierungserklärung, aber die Ihnen nahestehende Presse brachte es vorher, die FDP behauptete es vorher. Wer hat nun recht? Was ist mit den Trägerwaffen? *(Beifall bei der CDU/CSU.)*

Ohne ein Programm, das den gestiegenen Finanzbedarf für investive Zwecke, für Bildung, Verkehr, Strukturpolitik, Technologie zusammenordnet, ohne den Blick auf die anwachsende Wirtschaftskraft anderer Nationen, welche unsere Stellung im Welthandel in Frage stellt, wurden Haushaltsbelastungen und wurde eine Aufwertung beschlossen, welche nicht nur den Export und damit die Vollbeschäftigung morgen trifft, sondern die Bundesbank und den Bundeshaushalt sofort erheblich belasten. Kaum hatten Sie die Führung, banden Sie sich und damit leider uns allen erhebliche Klötze ans Bein, und das Ausmaß der Klötze ist, wie wir aus Brüssel hören, zur Stunde nicht einmal fixierbar und berechenbar. *(Beifall bei der CDU/CSU.)*

So stütze ich mich nur auf die öffentlichen Aussagen der Regierung: 4 Milliarden DM Aufwertungsverlust, 1,7 Milliarden DM jährlich zusätzliche Agrarsubventionen, 1,4 Milliarden DM jährlich Mindereinnahmen durch die Sofortvorhaben der Koalition. Was kosten die anderen Ankündigungen, wie die Abnahme der Schuldenlast der Deutschen Bundesbank, wie die Flexibilität der Altersgrenze und all die anderen Dinge? Bisher ist Antwort darauf nur Schweigen. *(Beifall bei der CDU/CSU. – Zurufe von der SPD.)*

Die Steuermehreinnahmen werden auf 3,8 Milliarden DM geschätzt. Aber mehr als das wird gebraucht, und mehr wird verbraucht werden, und das angesichts dieser Konjunktur und angesichts der Priorität, ein modernes Land zu bleiben. *(Beifall bei der CDU/CSU. – Zurufe von der SPD.)*

Wir fragen Sie, Herr Bundeskanzler, nach Ihren Argumenten für diese Politik. Es hätte Ihnen und uns allen besser angestanden, nicht einen fröhlichen Einstand zu geben, *(Heiterkeit bei der CDU/CSU)* sondern die Anstrengungen zu fordern, die unser Land machen muß, wenn es modern bleiben will. *(Lebhafter Beifall bei der CDU/CSU.)* Wir fragen Sie, auf welche Lagebeurteilung, auf welche Finanzplanung, auf welche Konjunkturverläufe Sie, Herr Bundeskanzler, diese Politik, erst einmal einen auszugeben, gründen wollen. *(Beifall und Heiterkeit bei der CDU/CSU.)* Ich fürchte, diese Politik, die sich zu Beginn so billig macht, wird uns am Schluß allen zu teuer kommen. *(Sehr richtig! bei der CDU/CSU.)*

Hätten Sie es, Herr Bundeskanzler, mit einer leichtfertigen Opposition zu tun, so hätten Sie doch bereits – und Herr Kollege Möller müßte schon darüber rechnen – all die Gesetzentwürfe auf dem Tisch, die in der Luft hängen, die scheinbar populär und zum großen Teil auch notwendig sind: so z.B. die Steigerung aller Kriegsopferrenten, einschließlich einer Abschlagszahlung, eine wesentliche Verbesserung des Kindergeldes, Gesetzentwürfe über bessere Beamtenbesoldung, über die Erhöhung der Kilometergeldpauschale, über die Hausfrauenrente, über die Herabsetzung des Rentenalters, über die Verdoppelung des Betrages von 312 DM in der Eigentumspolitik, über die Aufstockung der landwirtschaftlichen Altershilfe und ähnliche Sachen. Nichts davon ist geschehen. Es blieb der Koalition vorbehalten, die ersten ausgabewirksamen Anträge hier ohne mittelfristige Finanzplanung vorzulegen. *(Beifall bei der CDU/CSU.)*

Wenn Sie sich erinnern, wie Sie selbst – nicht alle von Ihnen, aber die, die 1965 schon hier waren – ziemlich kaltherzig das Haushaltssicherungsgesetz 1965 gegen bessere Einsicht abgelehnt haben, dann werden Sie, glaube ich, zu würdigen wissen, welche verantwortliche Haltung die Opposition hier einnimmt. –

Bevor ich mich außenpolitischen Fragen zuwende, möchte ich gern einige Merkwürdigkeiten der Regierungserklärung und der Regierungspolitik festhalten, sozusagen eine kurze Folge von Hört-Hört-Zurufen.

Herr Bundeskanzler, Sie wollen mehr Demokratie wagen. Das ist gut. Mehr Demokratie wagen heißt aber zunächst, dem Parlament mehr und Konkretes sagen. *(Beifall bei der CDU/CSU.)*

Angeblich hat die Bundesregierung – ich zitiere – „ein schwieriges wirtschaftspolitisches Erbe übernommen". *(Lachen bei der CDU/CSU.)* Wir hoffen für Sie, Herr Bundeskanzler, und für uns alle, daß es nie schwieriger für uns alle und auch für Sie werden wird. *(Beifall bei der CDU/CSU.)*

Es gab ein Problem, aber kein schwieriges Erbe. Und wenn das, was die letzte Regierung hierzu gemacht hat, gar so schlimm gewesen wäre, dann hätten Sie ihr doch nicht bis zum Schluß angehört. Sie haben ihr angehört, also kann es nicht gar so schlimm gewesen sein. *(Beifall bei der CDU/CSU.)*

Das Wort „Familienlastenausgleich" fehlt. Während für die so notwendige Kriegsopferversorgung ein Datum genannt wird – 1. Januar 1970 –, wird in Sachen Kindergeld eine ungewisse Terminierung bestimmt. Wir wollen, Herr Bundeskanzler, beides, wie wir das früher hier im Hause zusammen beschlossen hatten, beides zum 1. Januar. *(Beifall bei der CDU/CSU.)*

Das Wort „Wiedervereinigung" kommt in der Regierungserklärung nicht vor. Trotzdem gilt das Urteil des Bundesverfassungsgerichts vom 17. August 1956 mit dem Wiedervereinigungsgebot und mit diesen Sätzen, ich zitiere:

> Nach der negativen Seite hin bedeutet das Wiedervereinigungsgebot, daß die staatlichen Organe alle Maßnahmen zu unterlassen haben, die die Wiedervereinigung rechtlich hindern oder faktisch unmöglich machen. Das führt aber zu der Folgerung, daß die Maßnahmen der politischen Organe verfassungsrechtlich auch darauf geprüft werden können, ob sie mit dem Wiedervereinigungsgebot vereinbar sind. *(Beifall bei der CDU/CSU.)*

Nun zu einigen Punkten des Koalitionsprogramms, die nicht auf dem ökonomischen Gebiet liegen: Erstens. Die Regierungserklärung gibt der Bildungspolitik Vorrang. Wir stimmen dem zu und haben vorher gesagt, was wir selbst konkret vorschlagen. Ihnen, Herr Wissenschaftsminister, geben wir gerne eine gute Chance. Ihr Erfolg liegt in ganz besonderer Weise in unser aller Interesse. *(Beifall bei der CDU/CSU.)*

Zweitens. Das Wort „Reform" kommt in der Regierungserklärung oft vor. Jede wichtige Frage wird so bezeichnet. Das kann nicht darüber hinwegtäuschen, Herr Bundeskanzler, daß Ihr Gesamtprogramm – was jetzt kommt, schließt an den Schluß Ihrer gestrigen Rede an – in seinem reformerischen Ansatz weit hinter dem zurückbleibt, was in unserer Regierungszeit an Reformen verwirklicht wurde. *(Beifall bei der CDU/CSU. – Widerspruch bei der SPD.)*

– Ich nenne, schon um zu sagen, was wir besonders verteidigen werden, Herr von Dohnanyi: soziale Marktwirtschaft, soziale Partnerschaft, dynamische Rente, *(Zurufe von der SPD)* sozialen Wohnungsbau, Familienausgleich *(Unruhe bei der SPD)* – jawohl! – und viele andere Dinge. Ja, wollen Sie denn bestreiten, daß wir das gegen Ihre Stimmen angefangen haben? *(Lebhafter Beifall bei der CDU/CSU.)*

Ich füge hinzu – auch das alles nur wegen dieses Schlußabsatzes; sonst hätte es diese Passage gar nicht gegeben –: die europäische Orientierung der deutschen Friedenspolitik, die Aussöhnung mit Frankreich, die Überwindung des Klassendenkens und des Konfessionshaders in unserem Lande. Dies ist ein modernes demokratisches Land, meine Damen und Herren. *(Beifall bei der CDU/CSU.)*

Herr Bundeskanzler! Es waren Männer und Frauen des Widerstandes, welche die CDU/CSU gründeten; es war die CDU/CSU, welche die längste Periode der demokratischen Geschichte unseres Landes als führende Kraft gestaltet hat. Vieles von der Basis, auf der Sie heute stehen, entstand gegen das Nein Ihrer Partei. Diese Erklärung haben Sie provoziert.

Drittens. Meine Damen und Herren, ich komme zu dem außenpolitischen

Teil der Regierungserklärung, in dem wohl die entscheidende Formulierung auf Seite 40 steht, nämlich von den wenigen „Festlegungen". Der außenpolitische Teil der Regierungserklärung ist mehr durch Weglassen und durch die Kunst der Wortwahl als durch Präzision gekennzeichnet. Die Welt und Ihre Opposition hier im Hause, Herr Bundeskanzler, werden Ihnen nicht erlauben, aus jedem Entweder-Oder ein konfliktfreies Sowohl-als-auch zu machen. *(Beifall bei der CDU/CSU.)*

Wir haben hier Fragen zu stellen; denn wir wollen wissen, wohin die Reise geht. Das Parlament hat Anspruch darauf. Es will ja nicht nur „angehört" werden.

a) Sie sagen: Kontinuität. Und ich sage das Folgende jetzt alles, Herr Bundeskanzler, in dem Blick auf unser Angebot zur Kooperation. Sie sagen: Kontinuität. Wie wollen Sie Ihre Erklärung von den „zwei Staaten in Deutschland" in Einklang bringen mit der Präambel des Grundgesetzes? *(Beifall bei der CDU/CSU.)* Wie mit Ihrer Forderung nach Selbstbestimmung aller Deutschen?

Wir haben damals gemeinsam beschlossen – ich zitiere nur einen Satz: „Die Anerkennung des anderen Teiles Deutschlands als Ausland oder als zweiter souveräner Staat deutscher Nation kommt nicht in Betracht." *(Hört! Hört! bei der CDU/CSU.)* So erklärten am 25. September 1968 einvernehmlich alle Abgeordneten der CDU, der CSU und der SPD; nicht, an dieser Stelle, die FDP.

b) Aus welchen Gründen, Herr Bundeskanzler, haben Sie Tatsachen geschaffen, welche andere mißdeuten können? Ich nenne die Umbenennung des Ministeriums für gesamtdeutsche Fragen, die Residenz des Berlin-Bevollmächtigten in Bonn und die bisherige – ich bin sehr vorsichtig – Weigerung der Koalitionsfraktionen, unserer Anregung, wie bisher im Januar mit den Fraktionen und Ausschüssen des Deutschen Bundestages nach Berlin zu gehen, zu folgen. *(Hört! Hört! bei der CDU/CSU.)*

c) Sie wollen, Herr Bundeskanzler, wie Sie sagen „über ein geregeltes Nebeneinander zu einem Miteinander" in Deutschland kommen. Ist damit gemeint, was Sie präziser nicht hier im Hause, sondern vorher in einem Interview mit einer niederländischen Fernsehgesellschaft erklärten, wo Sie sagten, Sie könnten sich „ein Rechtssystem vorstellen, das bis zur endgültigen Lösung der deutschen Frage zu zwei deutschen Staaten innerhalb einer deutschen Nation führe"? *(Lachen bei der CDU/CSU.)*

Rivalität – das ist unsere Meinung – läßt sich nicht konföderieren, und Freiheit kann man mit Diktatur nicht mischen, meine Damen und Herren! *(Beifall bei der CDU/CSU.)*

d) Herr Bundeskanzler, am 30. Mai 1969 hat die Bundesregierung Kiesinger mit Ihrer Stimme beschlossen:

> Die nationale Einheit wird von der Ostberliner Regierung mißachtet, infolgedessen kann eine Unterstützung dieser Regierung nur als eine Handlung gewertet werden, die dem Recht des deutschen Volkes auf Selbstbestimmung zuwiderläuft. Die Bundesregierung muß daher die Anerkennung der DDR als unfreundlichen Akt betrachten. Sie wird in einem solchen Fall ihre Haltung und ihre Maßnahmen gemäß den Interessen des ganzen deutschen Volkes von den gegebenen Umständen abhängig machen.

Soweit das Zitat des Kabinettsbeschlusses, dem wir damals hier zugestimmt haben. Ich frage: Gilt das noch?

e) Wir begrüßen, daß die Bundesregierung auf die Gesprächsbereitschaft Polens eingehen will. Leider haben Sie hier nichts Konkretes über Ihre Vorhaben gesagt. Herr Bundeskanzler, ohne Kooperation mit der Opposition werden Sie in dieser Frage kaum zu einem Erfolg kommen können.

Wir meinen: Deutsche und Polen wollen, wie dies Bundeskanzler Kiesinger immer wieder gesagt hat, in gesicherten Grenzen leben, die frei vereinbart werden und die Zustimmung beider Völker finden müssen. Gespräche hierüber sind auch vor einem Friedensvertrag sinnvoll. Verbindliche Regelungen bedürfen der Zustimmung des deutschen Volkes. Wir meinen aber, Herr Bundeskanzler: Wer Grenzfragen lösen oder auch nur entschärfen will, muß – außer dem Verzicht auf Gewalt, das ist eine gemeinsame Politik – der Grenze, um die es geht, zunächst etwas von ihrer Totalität nehmen. In der Zeit der Raumfahrt gilt es, anstatt in Formelbüchern des 19. Jahrhunderts zu suchen, Grenzen zu überwinden, sie durchlässig und den Menschen erträglicher zu machen. *(Beifall bei der CDU/CSU und Abgeordneten der SPD.)*

Bei Freizügigkeit, bei europäischem Volksgruppenrecht — *(Abg. Behrend: Darüber müssen wir noch verhandeln!)*, bei Abbau aller Diskriminierungen nach Herkunft, Stand, Religion und Meinung überall in Europa erschienen Grenzfragen in einem anderen Licht.

Nachdem diese Gesprächsbereitschaft Polens vorliegt, wäre die Bundesregierung gut beraten, nicht nur auf gesamteuropäische Initiativen anderer zu reagieren, sondern ihrerseits initiativ zu werden und allen Ländern Europas den Entwurf einer solchen Charta der Freizügigkeit, des Volksgruppenrechts und der Nichtdiskriminierung vorzulegen. *(Beifall bei der CDU/CSU.)*

Eine europäische Sicherheitskonferenz, welche – und nur so ist sie doch für uns sinnvoll – einen Beitrag zur europäischen Friedensordnung leisten will, sollte nicht den staatlichen Status quo, sondern die Sicherheit menschenwürdigen Lebens in den Mittelpunkt stellen. *(Beifall bei der CDU/CSU.)* Ein europäisches Sicherheitssystem und mehr noch eine europäische Friedensordnung brauchen gemeinsame Normen zur inneren Festigung der europäischen Lage.

In dem Gespräch mit Polen muß also, wie wir meinen, auch die Lage der einen Million Deutschen, die im Verantwortungsbereich der polnischen Regierung leben, behandelt werden. An diesem Punkt wird – ebenso wie bei den innerdeutschen Problemen – deutlich, daß sich selbst eine neue politische Grenze aufbaut, wer Grenzfragen lösen will, ohne zuerst – oder zumindest zugleich – die Fragen der Menschen gelöst zu haben. *(Beifall bei der CDU/CSU.)*

Wir begrüßen, daß der Bundeskanzler dem innenpolitischen Feld breiten Raum eingeräumt hat. Freilich muß die Debatte auf dem auswärtigen Gebiet noch die notwendigen Klarstellungen bringen. Die richtige Gesellschaftspolitik nämlich entscheidet über die Zukunft der Demokratie. Auf diesem Gefechtsfeld wird der friedliche Kampf zwischen rechter oder linker Diktatur und Freiheit gewonnen oder verloren:

Ob die politischen Vorgänge für den Bürger durchsichtig und verständlich sind oder ihm fremd und unheimlich erscheinen, ob staatliche, wirtschaftliche oder gesellschaftliche Machtapparate Angst einflößen oder ihrer Tätigkeit und inneren Ordnung wegen als berechtigt angesehen werden, ob eine politische Landschaft der Zufriedenheit und des Respekts gegenüber der gesellschaftlichen Wirklichkeit oder die Geneigtheit zu sozialer Explosion entscheiden. Somit ist dies die Basis der Freiheit, die Basis der Außenpolitik und auch des auswärtigen Friedens.

Meine Damen und Herren, ich füge hinzu: Moderne Politik und die, die sie verantworten, brauchen heute nicht nur ein geschichtliches Bewußtsein, außenpolitische Vorausschau und das rechtzeitige Einrechnen wirtschaftlicher Fakten; ebenso sehr ist es nötig, daß die Verantwortlichen soziale Gesinnung, gesellschaftspolitische Voraussicht und Wissenschaftsverständnis haben. Meine Damen und Herren, wir werden als Opposition so arbeiten, wie es diesem Satz Konrad Adenauers entspricht:

> Eine große Partei, sie mag heißen, wie sie will, und sie mag an der Macht sein oder nicht, hat in der Lage des deutschen Volkes nur eine Politik zu befolgen: das Vaterland über die Parteipolitik zu stellen.

(Beifall bei der CDU/CSU und der FDP. – Lachen und Beifall bei SPD.)

Das Vaterland über die Parteipolitik zu stellen, dem wissen wir uns verpflichtet. Darauf kann uns jeder ansprechen, jeder im Volk, jeder hier im Hause und auch die neue Bundesregierung! *(Lebhafter anhaltender Beifall bei der CDU/CSU.)*

33.
„Die erste Begegnung der Regierungschefs der beiden deutschen Staaten" – Bundeskanzler Willy Brandt und DDR-Ministerpräsident Willi Stoph am 19. März 1970 in Erfurt

Regierungserklärung von Bundeskanzler Willy Brandt am 20. März 1970

Am 19. März 1970 trafen erstmalig die Regierungschefs der beiden deutschen Staaten, Bundeskanzler Willy Brandt und DDR-Ministerpräsident Willi Stoph, in Erfurt zusammen. Dieser Begegnung folgte am 21. Mai 1970 die Zusammenkunft in Kassel. In der 41. Sitzung des Sechsten Deutschen Bundestages am 20. März 1970 gab Bundeskanzler Brandt über das Treffen in Erfurt folgende Regierungserklärung ab:

Herr Präsident! Meine Damen und Herren! Meine kurze Reise nach Erfurt war, von allem anderen abgesehen, gewiß ein starkes menschliches Erlebnis. Dies gilt besonders für die Begegnung mit den Landsleuten, die in der DDR leben. Es hat sich gezeigt – und Sie werden verstehen, wenn ich nicht mehr darüber sage –, daß es sich nicht um eine Fiktion, sondern um eine Realität handelt, wenn ich gestern in Erfurt erneut von der fortdauernden und lebendigen Wirklichkeit einer deutschen Nation gesprochen habe. *(Beifall bei den Regierungsparteien und bei Abgeordneten der CDU/CSU.)* Auch dies ist eine Realität, die man erkennen muß.

Ich möchte hinzufügen, daß mir meine erste Begegnung mit Herrn Stoph, dem Vorsitzenden des Ministerrats der DDR, auch politisch starke Eindrücke vermittelt hat. Die Erfahrung zeigt immer wieder, daß das direkte Gespräch es möglich macht, einen Partner und seine Auffassungen besser begreifen, besser verstehen zu lernen, als es durch Briefe, durch diplomatische Noten oder öffentliche Reden möglich ist.

Wir machen es uns im übrigen nicht immer genügend klar, daß, von den ganz umstrittenen politischen Sachverhalten abgesehen, auch diejenigen, die im anderen Teil Deutschlands politische Verantwortung tragen, auf vielen Gebieten in ihrer täglichen Arbeit mit denselben oder ähnlichen Problemen zu ringen haben wie wir selbst. Auch dies ist, wenn man so will, ein Stück Gemeinsamkeit.

Sie alle, meine Damen und Herren, werden, so denke ich, Verständnis dafür haben, daß ich jetzt wirklich nur eine erste Unterrichtung geben kann. Es wird zumindest einige Tage brauchen, die Erfahrungen und Erkenntnisse, die ich in Erfurt gesammelt habe, auszuwerten. Aber eines möchte ich doch im vorhinein feststellen: Die Reise nach Erfurt war richtig, sie war notwendig, und sie war nützlich. Daß sie nützlich war, haben übrigens Herr Stoph und ich, unbeschadet unserer starken Meinungsverschiedenheiten, übereinstimmend festgestellt.

Es war von vornherein klar, daß es sich in Erfurt nur um einen beginnenden Gedankenaustausch handeln konnte, bei dem die tiefgreifenden Differenzen zwischen den beiden Seiten offen zutage treten mußten. Niemand konnte erwarten, daß über generelle Feststellungen zur Sicherung des Friedens und über die Erörterung einiger praktischer Fragen hinaus eine Annäherung der Standpunkte erreicht werden könnte, und niemand hat dies erwartet. Es wird zahlreicher solcher Gespräche, auf welchen Ebenen auch immer, bedürfen, wenn wir vorwärtskommen und eine Verbesserung der Beziehungen zwischen den beiden Staaten in Deutschland erreichen wollen.

Erfurt konnte nur ein Anfang sein. Es war ein Anfang. Ich hatte mir von vornherein kein kühneres Ziel gesetzt, als zu erreichen, daß dieser ersten Begegnung eine zweite folgen wird. Dies ist in vollem Einvernehmen mit Herrn Stoph gelungen.

Beide Seiten werden sich in den nun folgenden acht Wochen bis zum 21. Mai überlegen, welche Schlußfolgerungen sie aus dem Erfurter Treffen ziehen können und auf welche Weise praktische Ergebnisse für das Treffen in Kassel anzustreben sind. Daß derartige praktische Ergebnisse möglich sein können, daß eine schrittweise Milderung der Folgen, die sich aus der Spaltung Deutschlands ergeben, denkbar ist – denkbar! wenn auch alles andere als sicher –, das halte ich heute bei aller gebotenen Skepsis eher für möglich, meine Damen und Herren, obwohl nicht zu sehen ist, wie eine Annäherung in prinzipiellen Fragen erreicht werden kann.

Die Regierung der DDR konzentriert sich ganz und gar auf die Anerkennung, wie sie sie auffaßt, ohne zu erkennen zu geben, welche positiven Veränderungen sie für das Zusammenleben der Deutschen und die Zusammenarbeit der beiden Staaten in Deutschland ins Auge faßt.

Die Regierung der DDR hat auch eine Reihe von Forderungen angemeldet,

die unerfüllbar sind, weil sie entweder keine rechtliche oder keine moralische Grundlage haben.
Meine Damen und Herren, unsere Politik ist nicht einfach, aber sie ist einheitlich, und sie ist konsequent. In meiner Regierungserklärung vom 28. Oktober vergangenen Jahres habe ich dem Ministerrat der DDR Verhandlungen angeboten, die zu einer vertraglich vereinbarten Zusammenarbeit auf der Grundlage der Gleichberechtigung und der Nichtdiskriminierung führen sollen. Hieran halten wir fest. Nach unserem Willen sollen derartige Vereinbarungen die gleiche rechtliche Bedeutung haben wie Verträge mit anderen Staaten. Allerdings halte ich auch daran fest, daß die beiden Staaten in Deutschland füreinander nicht einfach Ausland sein können und daß ihre Beziehungen zueinander der besonderen Lage entsprechen müssen, in der Hoffnung, daß aus den negativen Besonderheiten einmal etwas werden kann, was im Interesse des Friedens und der Menschen positiv zu bewerten ist.
Herr Stoph hat in Erfurt die Frage an mich gerichtet, was denn die eigentliche Zielsetzung der Politik der Bundesregierung gegenüber der DDR sei. Ich habe ihm zu erklären versucht, daß wir selbstverständlich keine aggressiven Absichten hätten, sondern eine nachbarliche Zusammenarbeit anstrebten, daß wir eine friedliche Koexistenz zwischen den beiden Staaten in Deutschland wünschten, aber zugleich und gemeinsam alles vermeiden müßten, was endgültig die Möglichkeit verbauen würde, daß das deutsche Volk sich eines – wenn auch vermutlich ferneren – Tages im Rahmen einer europäischen Friedensordnung in freier Selbstbestimmung über die politische Art seines Zusammenlebens entscheiden könnte.
Ich habe also in Erfurt, wie es meine Pflicht war, die von der Bundesregierung bezogenen Positionen vertreten: Verträge zwischen den beiden Staaten in Deutschland und die Regelung ihrer Außenverhältnisse können nicht abstrahiert werden von der Wirklichkeit, in der wir leben. Zu dieser Wirklichkeit gehören – neben anderem, aber nicht zuletzt – die Viermächteabkommen über Deutschland, gehören auch die Abkommen, welche die Bundesrepublik Deutschland mit den drei Mächten abgeschlossen hat.
Auch der Status von Berlin hat in meinen Gesprächen in Erfurt eine Rolle gespielt. Ich habe betont, daß die Bundesregierung den gegebenen Status nicht ändern wolle, wohl aber eine Verbesserung der Lage in und um Berlin begrüßen würde. Ich habe ganz deutlich gemacht, daß die andere Seite, wenn sie von der Anerkennung der Realitäten spricht, ihrerseits die Realität West-Berlin und dessen vielfältige Bindungen zur Bundesrepublik zur Kenntnis nehmen müsse. Dies ist für uns ebenfalls eine unverzichtbare Position.
Darüber hinaus habe ich dem Vorsitzenden des Ministerrats der DDR

klarzumachen versucht, daß es in erster Linie nicht um die Form – so wichtig sie sein mag – der vertraglichen Beziehungen zwischen den beiden Seiten gehen könnte, sondern um ihren tatsächlichen Inhalt. Wir sind zu solchen vertraglichen Vereinbarungen bereit – ja, ich habe meinen Wunsch wiederholt, daß es zu einem Gewaltverzichtsvertrag auch zwischen der DDR und der Bundesrepublik Deutschland kommen möge. Aber derartige Verträge müssen, wenn sie einen Sinn haben sollen, zu einer Verbesserung der Beziehungen und der Lage führen.

Ich habe schon gesagt, meine Damen und Herren, es ist viel zu früh, eine gründliche Bewertung der ersten Begegnung der, wenn man so will, Regierungschefs der beiden Staaten in Deutschland seit dem Ende des zweiten Weltkriegs zu geben. Aber ich bin davon überzeugt, daß wir jede nur denkbare Chance nutzen müssen, um über ein geregeltes Nebeneinander zu einem friedlichen Miteinander zu kommen. Viel mehr läßt sich, dessen bin ich sicher, in absehbarer Zeit nicht erreichen.

In diesem Sinne läßt sich meine Reise nach Erfurt auch in den allgemeinen Rahmen unserer Außenpolitik einordnen. Wir stehen zu dem atlantischen Bündnis, welches uns Sicherheit und Schutz gewährt. Auf der Grundlage dieses Bündnisses und der Freundschaft mit unseren Verbündeten bemühen wir uns um bessere Beziehungen mit allen Staaten Osteuropas, insbesondere mit der Sowjetunion. Aber alle diese unsere Bemühungen geschehen natürlich auch im Hinblick auf unsere Beziehungen zum anderen Teil Deutschlands, der DDR.

Nicht nur die Deutschen untereinander, sondern auch die Welt – die östliche Welt und die westliche Welt – sollten von der Tatsache ausgehen, daß die Bundesrepublik Deutschland und die DDR nicht einfach nur zwei Staaten wie andere sind, sondern daß sie Staaten sind, die nicht nur sehr unterschiedlich voneinander sind, sondern auch Staaten, in denen Deutsche leben und arbeiten, die viel miteinander verbindet, auch wenn sie durch beklagenswerte Fehlentwicklungen voneinander getrennt wurden.

Niemand kann nach dem gestrigen Tage wissen – ich weiß es jedenfalls nicht –, ob langsam eine Verbesserung der Beziehungen zwischen den getrennten Teilen möglich sein wird. Aber jedermann sollte wissen, daß wir ehrlich bemüht sind und ehrlich bemüht sein werden, zu einer solchen Verbesserung der Lage zu kommen. Große Worte sind hier und in diesem Zusammenhang nicht am Platze. Dennoch glaube ich, daß die Begegnung von Erfurt ein Ereignis war, welches, wie auch immer seine praktischen Resultate aussehen werden, fortwirken wird, zumindest als ein Beispiel des guten Willens, und in diesem Geiste werde ich die Begegnung von Kassel vorbereiten. *(Lang anhaltender lebhafter Beifall bei den Regierungsparteien.)*

34.
„Herr Bundeskanzler, Sie geben das Deutschlandkonzept des Westens auf!"

Rede des Bundestagsabgeordneten Theodor Freiherr von und zu Guttenberg am 27. Mai 1970

In der 53. Sitzung des Sechsten Deutschen Bundestages am 27. Mai 1970 wandte sich der CDU/CSU-Bundestagsabgeordnete Theodor Freiherr von und zu Guttenberg in einer leidenschaftlichen Rede gegen die Deutschlandpolitik von Bundeskanzler Willy Brandt:

Meine Damen und Herren, die Opposition hatte nur einen einzigen Grund für ihre Große Anfrage, über die wir heute hier debattieren, nämlich die tiefe Sorge, wohin die Reise führen soll, die die Bundesregierung nach Osten angetreten hat. *(Beifall bei der CDU/CSU.)* Man hat uns andere, nämlich billige parteipolitische oder personale Motive unterstellt. So hat heute Herr Apel hier gesagt, es sei nicht die Sache, es seien Personalprobleme, die die CDU zu dieser Großen Anfrage veranlaßt hätten. *(Abg. Rasner: Dummes Zeug!)* Herr Apel, ich sage hier für mich: Dies ist eine Kränkung der führenden Männer der CDU/CSU. *(Beifall bei der CDU/CSU.)* Für uns sind die Dinge unserer Nation keine Parteipolitik, sondern Sache des Gewissens. Das nehmen Sie bitte zur Kenntnis! *(Lebhafter Beifall bei der CDU/CSU. – Zurufe von der SPD.)*

Meine Damen und Herren! Ein Minister der SPD sagte mir vor kurzem etwa wörtlich: „Ihr – CDU/CSU – macht das falsch, wenn ihr Wähler gewinnen wollt, dann dürft ihr euch nicht auf die Außenpolitik stürzen, dann müßt ihr Finanz- und Wirtschaftspolitik machen." *(Zuruf von der SPD: Können!)* Dieser Mann merkte noch nicht einmal, meine Damen und Herren, daß er uns damit unfreiwillig selber bestätigt hat, daß es uns also um diese Sache geht, wenn wir nicht nachlassen, die Regierung auf diesem Felde zu bedrängen. *(Beifall bei der CDU/CSU.)* Auch wir kennen die Meinungsumfragen, Herr Außenminister. Dennoch sagen wir hier unsere Meinung. Ist dies nicht der beste Beweis dafür, daß wir die Dinge, die Sache, meinen und nichts anderes? *(Erneuter Beifall bei der CDU/CSU.)*

Ich will die Sache, die hier auf dem Spiel steht, um deretwillen wir schwerste, sage ich, Sorge haben, gleich bei ihrem Namen nennen. Diese Sache ist nicht mehr und nicht weniger als das Recht der Deutschen – aller Deutschen –, frei zu sein und selbst über sich zu bestimmen. *(Beifall bei der CDU/CSU.)* Dies war, dies ist und dies wird bleiben der feste, unveränderliche Kern und Auftrag aller k o n k r e t e n deutschen Politik, wo und solange sie von Demokraten geführt wird und solange diese Demokraten sich selbst erkennen. *(Beifall bei der CDU/CSU.)* Ich sage: aller konkreten deutschen Politik, denn meine Freunde und ich sind nicht willens, dieses unveräußerliche Freiheitsrecht zu einer – und diejenigen, die es angeht, mögen dies in ihren Ohren klingen lassen – salvatorischen Klausel, zu einer abstrakten Maxime werden zu lassen, *(Beifall bei der CDU/CSU,)* die allen Bezug auf das aktuelle, auf das tägliche politische Handeln verloren hat, ja gegen welche zu handeln heute sogar erlaubt sei, da doch – und ich zitiere wieder einen amtierenden Minister der SPD – dies – nämlich die Selbstbestimmung der Deutschen – „bestenfalls eine Sache des Jahres 2030 sei". *(Abg. Dr. Stoltenberg: So sind die Herren! – Abg. Rasner: So sind sie!)*

Ich sage noch einmal, meine Damen und Herren: aller k o n k r e t e n deutschen Politik, weil ein Handeln gegen das Freiheitsrecht aller Deutschen zugleich ein Handeln gegen den Frieden in Europa ist. *(Beifall bei der CDU/CSU.)* Denn, um es einfach und wiederum konkret zu sagen, wer Unterdrückung legitimierte, der ermunterte die Unterdrücker *(Abg. Lücke [Bensberg]: Sehr richtig!)* und damit die Friedensstörer. *(Sehr gut! bei der CDU/CSU.)* Wer hingegen für seine und seiner Nachbarn Freiheitsrechte einsteht, der stärkt jene Kräfte, die in Wahrheit den Frieden tragen. *(Beifall bei der CDU/CSU.)*

Ist nicht eben dies die wahre Lehre aus jener schrecklichen Zeit, als Adolf Hitler durch brutale Gewalt, *(Abg. Dr. Barzel: Sehr wahr!)* wenn auch zunächst ohne Blut, Grenzen in Europa zu seinen Gunsten verrückte, um dann die europäischen Demokratien einzuladen, feierlich und durch Vertrag diese Unrechtsgrenzen zu achten? *(Zustimmung bei der CDU/CSU.)* Wo, meine Damen und Herren, ist der qualitative Unterschied, wo, frage ich, ist dieser Unterschied, *(Sehr wahr! bei der CDU/CSU,)* wenn heute Moskau von uns fordert, jene Unrechtsgrenzen, die Moskau auf deutschem und auf anderem Boden für sein und innerhalb seines Imperiums erzwungen hat, zu respektieren und als unabänderlich zu erklären? *(Beifall bei der CDU/CSU.)*

Ich sage hier für meine Freunde und für mich mit allem Nachdruck, mit allem Ernst und leider auch mit der heute nötigen Sorge: Wir, die CDU/CSU, sind nicht bereit, sogenannte Realitäten zu achten, zu respektieren oder gar anzuerkennen, die den Namen „Unrecht" tragen. *(Lebhafter Beifall bei der*

CDU/CSU.) Wer immer dieser Debatte hier oder im Lande oder draußen in der Welt zuhört, muß wissen, daß dies das letzte, das entscheidende und das nicht aufhebbare Motiv für die Deutschlandpolitik der Christlich-Demokratischen und der Christlich-Sozialen Union ist. *(Beifall bei der CDU/CSU.)*
Ich setze die Frage hinzu: Ist hier einer, der ernsthaft vorbringen wollte, daß Unrecht dadurch Recht würde, daß es Jahre, ja Jahrzehnte dauert? Ich bitte jeden in diesem Haus, sich zu prüfen. Meine Damen und Herren von der SPD, dies gilt besonders für Sie, weil Sie als Partei die Ehre für sich in Anspruch nehmen dürfen, unter Hitler Tausende von Märtyrern gestellt zu haben. Meine Frage heißt: Ist einer hier bereit, wäre einer hier bereit, seinen Frieden mit Adolf Hitler zu machen, wenn es diesem Mann gelungen wäre, 37 Jahre durchzuhalten? Ich sage nein, ich sage dreimal nein. *(Beifall bei der CDU/CSU. – Zurufe von der SPD.)* Aus dem gleichen Grunde kann es keine Anerkennung für neues Unrecht auf deutschem Boden, für Herrn Ulbricht geben. *(Lebhafter Beifall bei der CDU/CSU.)*
Vielleicht fragen Sie mich jetzt, warum ich dies sage, und ich werde Ihnen offen und ohne Rückhalt antworten. Aber lassen Sie mich zuvor erklären, daß ich bei dem, was ich jetzt sagen werde, mit keinem Gedanken an polemische Anklage oder gar an Verketzerung denke; anders als Sie, Herr Kollege Apel, der Sie uns vorgeworfen haben, daß wir hier wider besseres Wissen Unterstellungen betrieben. Dieser Satz allein, Herr Kollege Apel, disqualifiziert Ihre Rede. *(Beifall bei der CDU/CSU.)*
Ich bin nicht der Meinung, daß wir uns hier gegenseitig die guten und honorigen Motive absprechen dürfen oder können. Aber ich bin der Auffassung, daß wir ehrlich und frei unsere Meinung sagen sollen, wohin die Politik des anderen führt, die wir für falsch halten. Ich will mir daher heute den Mut und die Freiheit nehmen, an unser aller – aller in diesem Hause – Gewissen zu appellieren, und ich will gleichzeitig ins Bewußtsein rufen, daß auch der, der besten Willens dem Frieden zu dienen meinen mag, gefährlich irren kann. *(Zustimmung bei der CDU/CSU.)* Er irrte dort am gefährlichsten, wo er sich verleiten ließe, *(Zurufe von der SPD)* einer militanten totalitären Ideologie mit jenem wertfreien bloßen Pragmatismus begegnen zu können, der für das tägliche Geschäft unter Demokraten selbstverständlich durchaus angemessen ist. *(Abg. Dr. h.c. Kiesinger: Sehr gut!)*
Dies vorausgeschickt, sage ich jetzt, Herr Bundeskanzler, offen und deutlich: Ich bin davon überzeugt, daß Ihre Regierung auf Anerkennungskurs liegt. Dieser Kurs wird dazu führen, daß eines Tages der Schutz der NATO zerbröckeln *(Sehr richtig! bei der CDU/CSU)* und die Sowjetunion ihre Vorherrschaft über ganz Europa gewinnen kann. *(Beifall bei der CDU/CSU. – Abg. Dr. Apel: Unterstellungen! – Gegenruf des Abg. Dr. h.c. Kiesinger.)*

Herr Bundeskanzler, um dies über allen Zweifel deutlich noch einmal zu sagen: gewiß nicht, weil Sie das so wollen – – *(Abg. Dr. Barzel: Hier spricht ein Mann mit letzter Kraft, und der Bundeskanzler lacht darüber! – Weitere Zurufe und Unruhe bei der CDU/CSU.)* Lassen Sie mich noch einmal sagen, Herr Bundeskanzler: gewiß nicht, weil Sie das so wollen, aber weil es nach unserer gewissenhaften Prüfung Ihrer Politik in der Logik dieser Politik liegt.

Herr Bundeskanzler, ich habe in diesem Hause einmal vor langen Jahren gesagt, daß ein damals von Ihren Freunden vorgetragener Kurs zur Einheit Deutschlands führen möge, daß ich aber fürchtete, daß dann die Trümmer unserer Freiheit am Wege liegen würden. Ich habe auch damals nicht gesagt, daß Sie das wollten, um Himmels willen, nein. Aber ich glaube, daß das gegen Ihren Willen geschähe, wenn Sie nicht rechtzeitig haltmachen.

Sie, Herr Bundeskanzler, sind dabei, das Deutschlandkonzept des Westens aufzugeben und in jenes der Sowjetunion einzutreten. *(Beifall bei der CDU/CSU. – Abg. Dr. Stoltenberg: Sehr wahr! – Lebhafte Pfui-Rufe von der SPD. – Abg. Dr. Apel: Ein unanständiger Mensch! – Unruhe.)*

– Meine Damen und Herren, da sagt jemand „pfui", da sagt jemand, dies sei „unanständig". Ich sage hier, daß ich bereit wäre, in dieses sowjetische Deutschlandkonzept einzutreten, wenn ich davon überzeugt wäre, daß man mit dem Status quo den Frieden gewönne. Ich, Herr Apel, werde niemandem den guten Willen abstreiten, wenn er diese Meinung hat. Ich habe sie nicht, und deshalb widersetze ich mich dieser Meinung. *(Beifall bei der CDU/CSU.)*

Herr Bundeskanzler, nicht anders als so, wie ich es gesagt habe, ist es zu werten, daß Ihr Unterhändler in Moskau, wie es nach allem, was wir hören, scheint, weitgehend – wir werden es bald erfahren; wir reden ja nicht in den Wind – jene altbekannten sowjetischen Teilungs- und Anerkennungsformeln akzeptiert hat. Nicht anders ist es zu werten, daß Sie selbst in Kassel die Möglichkeit völkerrechtlicher Anerkennung angedeutet haben und daß Ihre Regierung in Warschau dabei ist, eine Anerkennungsformel für die Oder-Neiße-Grenze zu suchen.

Was aber wäre denn die unausweichliche Konsequenz eines solchen, ich sage es so, Herr Außenminister, Scheinfriedens auf der Basis einer sanktionierten Teilung Deutschlands und Europas? Die erste Konsequenz wäre die, daß viele, allzu viele dann in Amerika sagen würden, nun sei das entscheidende Problem in Europa gelöst; wozu also noch amerikanische Truppen in Europa? *(Abg. Dr. Barzel: Sehr wahr! – Zurufe von der SPD.)*

Die zweite Konsequenz wäre die, daß die Sowjetunion in der wichtigsten und zentralen Auseinandersetzung in Europa über den Westen einen entscheiden-

den politischen Sieg errungen hätte und daß sich der Wind dann in Europa zugunsten der Sowjetunion drehen würde.
Die dritte Konsequenz wäre die, daß das Ergebnis dieses politischen Sieges der Sowjetunion eben nicht die von vielen, die guten Willens sind, erhoffte – ich sage dies noch einmal nach den Pfui-Rufen von dieser Seite – Festigung des Friedens, sondern die Ermutigung und Bestärkung jener notorischen Friedensstörer wäre, deren – vorerst? – letztes Opfer die CSSR im Jahre 1968 gewesen ist. *(Beifall bei der CDU/CSU.)*
Gewiß, Herr Bundeskanzler, werden Sie mein Wort bestreiten, daß Ihre Regierung auf Anerkennungskurs liege. Sie werden darauf hinweisen, daß Sie die alliierten Vorbehalte und damit den Friedensvertragsvorbehalt respektieren. Sie werden sagen, daß Sie am Selbstbestimmungsrecht festhielten und daß Sie vorhätten, den Sowjets wenigstens einseitig zu erklären, Ihr Ziel sei nach wie vor die Wiedervereinigung Deutschlands durch Selbstbestimmung. Aber, Herr Bundeskanzler, all das ist – erlauben Sie mir, ein Wort von Ihnen aufzugreifen – nun wirklich Formelkram. Denn diesen theoretisch-abstrakten Rechten und Zielsetzungen steht Ihre konkrete Politik gegenüber, die diesen theoretischen Maximen diametral entgegensteht. Denn wie kann man glaubhaft vom Selbstbestimmungsrecht aller Deutschen reden, wenn man die staatsrechtliche Anerkennung Ost-Berlins bereits zugestanden und sich in Kassel nun auch der völkerrechtlichen Anerkennung genähert hat? Oder wie kann man glaubhaft davon sprechen, daß erst ein Friedensvertrag die Ostgrenze Deutschlands festlegen könne, wenn man gleichzeitig bereit ist, die Anerkennung von Oder und Neiße als polnische Westgrenze zwischen Bonn und Warschau festzulegen? Und dient es, Herr Bundeskanzler, dieser Glaubhaftigkeit Ihrer Selbstbestimmungspolitik, wenn wir mehr und mehr und öfter und öfter hören, daß der Deutschlandvertrag und sein Art. 7 eine Einengung – ein bedauerliches Faktum also –, eine Einengung der Handlungsfreiheit der Bundesregierung sei, *(Sehr richtig! bei der CDU/CSU,)* jener Art. 7 des Deutschlandvertrags, der eine der größten und geschichtlich wirksamsten Errungenschaften Adenauers war, weil mit diesem Art. 7 die Westmächte die Verpflichtung auf sich genommen haben, für die Freiheitsrechte der Deutschen einzutreten? *(Lebhafter Beifall bei der CDU/CSU.)*
Spüren Sie nicht selbst, Herr Bundeskanzler, daß diese und andere Widersprüche Ihnen selbst und Ihrer Regierung in ständig steigendem Maße eine Sprache aufzwingen, die viele – und ich zähle mich dazu – schlechterdings erschrecken läßt? Dort nämlich, wo Ihre Regierung offenbar versucht, einen Vertrag mit der Sowjetunion durch Formeln zustande zu bringen, die von beiden Seiten mit verschiedenen Inhalten gefüllt werden. *(Abg. Dr. Barzel: Sehr wahr!)*

Denn was bedeutet in der sowjetischen Terminologie z.B. – ich zitiere – „die Achtung der territorialen Integrität der DDR“? Doch nichts anderes als den endgültigen und ausnahmslosen Verzicht, der uns auferlegt werden soll, auf jede Forderung nach freiheitlichen Veränderungen im anderen Teil Deutschlands. Dies, Herr Bundeskanzler, kann doch nicht Ihre Interpretation sein und ist es auch nicht. Was also, wenn diese Formel dennoch im Vertrag erschiene, angesichts dessen, Herr Außenminister, was Sie begrüßenswerterweise in Ihrer Antwort auf unsere Anfrage gesagt haben, daß – ich zitiere – über den „Inhalt dieser Begriffe volle Klarheit bestehen müsse“ *(Abg. Dr. Barzel: Hört! Hört!)* und daß ein „offener oder versteckter Dissens in einem Vertrag mit Moskau das Verhältnis weiter belasten müßte?“

Oder ein anderer Begriff, den wir täglich hören, jener von der „Normalisierung“. Ich habe schon davon gesprochen. Meine Damen und Herren, wann wird es denn in Deutschland wieder normal sein – es sei denn, man setzt die Sprache außer Kraft –? Doch erst dann, wenn es keine Mauer mehr gibt und keine Schüsse mehr in der Nacht, sondern Menschenrechte für alle Deutschen. *(Lebhafter Beifall bei der CDU/CSU.)* Ist dies mit dem Worte von der Normalisierung gemeint oder etwa ein Vertrag, in dem uns sage und schreibe, wenn Worte noch einen Sinn haben, zugemutet wird, zu respektieren, was die Männer, die drüben Verantwortung haben, in ihrem Hoheitsbereich geregelt haben? So steht es in Punkt 5 der Vorschläge des Bundeskanzlers in Kassel. *(Abg. Dr. Barzel: Sehr wahr!)*

Ein drittes Beispiel für diese neue, diese erschreckende Sprache. Diese Bundesregierung sagt, sie spreche nur für die Bundesrepublik. Ich widerspreche, Herr Bundeskanzler. Nicht, weil ich alte Formulierungen wie etwa jene des Alleinvertretungsrechts für bessere Juristerei hielte als Ihre neuen Formeln; auch nicht deshalb, weil ich etwa einem Völkerrechtsgelehrten mehr glaubte als einem anderen. Nein, Herr Bundeskanzler, ich brauchte noch nicht einmal eine Verfassung, ich brauche nur mein Gewissen, das mir sagt, daß ich als Abgeordneter in diesem Hause Verantwortung für mein ganzes Volk trage *(lebhafter Beifall bei der CDU/CSU)* und damit also auch und vor allem für jene, die zum Schweigen verurteilt sind. Deswegen wehre ich mich gegen jenen Trick – Trick sage ich –, nach welchem die Bundesregierung die Oder-Neiße als polnische Westgrenze deshalb anerkennen könne, da sie ja nur für die Bundesrepublik und eben nicht und in keiner Weise für alle Deutschen sprechen könne; denn niemand kann uns, die frei gewählten Abgeordneten des deutschen Volkes, aus der Pflicht entlassen, uns um das Schicksal unseres ganzen Volkes zu kümmern. Wir sollten auch keinen Augenblick vergessen, daß unter dieser Chiffre der Oder-Neiße mehr und

anderes verstanden werden muß als eine bloße Grenzfrage, nämlich vor allem verletztes Menschenrecht. *(Beifall bei Abgeordneten der CDU/CSU.)*
Deshalb sollte man endlich überall begreifen, daß unsere strikte Weigerung, einer friedensvertraglichen Regelung heute vorzugreifen, nichts, aber auch gar nichts mit Nationalismus zu tun hat. Das Gegenteil ist der Fall. Jene, die heute glauben, dieses ganze komplexe große Problem der Gebiete jenseits der Oder-Neiße und der Menschen, die von dort stammen, und jener, die dort heute ihre Heimat haben, mit dem einfachen Rezept des Festnagelns von Grenzpfählen bewältigen und lösen zu können, die so denken, meine Damen und Herren, denken in alten nationalstaatlichen überholten Schemata. *(Lebhafter Beifall bei der CDU/CSU.)*
Noch auf einem weiteren Gebiet wird heute von unserer Regierung eine neue, eine andere und eine nach meiner Überzeugung falsche und gefährliche Sprache gesprochen; dort nämlich, wo man glaubt, die Wirklichkeit, die volle Wirklichkeit jedenfalls, verschweigen oder beschönigen zu müssen, weil man fürchtet, die ganze Wahrheit auszusprechen könne der erwünschten Zusammenarbeit und Verständigung mit den Machthabern drüben im Wege stehen. Aber, Herr Bundeskanzler, bei allem Verständnis für Ihr politisches Argument, es gibt ein Argument, das weit, weit mehr wiegt, das Argument nämlich, daß die Demokratie davon lebt, daß die Demokraten die Wahrheit sagen, und zwar die ganze Wahrheit. *(Beifall bei der CDU/CSU. – Zurufe von der SPD.)*
Glauben Sie mir, Herr Bundeskanzler, glauben Sie mir, Demokraten können nicht straflos ständig von der Gleichberechtigung zwischen diesem freien Deutschland hier und einem kommunistischen Zwangsregime drüben auf deutschem Boden reden. *(Zustimmung bei der CDU/CSU.)* Und glauben Sie mir auch, es kann nur wie ein schleichendes Gift im Körper unserer Demokratie wirken, wenn einerseits führende Männer – Sie selbst, Herr Bundeskanzler, haben das leider mehrfach getan; ich erspare mir die Zitate – sich immer wieder der verbalen Verwischung der fundamentalen Unterschiede zwischen drüben und hier schuldig machen und wenn andererseits jene, die das aussprechen, was ist, die also Terror und Mord an der Mauer Mord an der Mauer nennen, als unbelehrbare kalte Krieger verschrieen werden.
Die deutsche Demokratie ist schon einmal zugrunde gegangen, jawohl, Herr Dorn, deshalb, weil damals unter Deutschen eine geistig-moralische Verwirrung angestiftet und die Grenze zwischen demokratischer Rechtsstaatlichkeit und totalitärem Verbrecherregime verwischt wurde. *(Beifall bei der CDU/CSU. – Zurufe von der SPD.)* Es gibt leider Grund, davor zu warnen, daß diese Grenze erneut vernebelt werden könnte, und diesmal durch Demokraten.

Sagen Sie mir nun nicht, meine Damen und Herren von der Koalition, ich hätte hier nur Kritik geübt, aber nicht gesagt, was wir eigentlich wollten. Sie haben diese Torheit immer und immer wieder vorgebracht, auch heute wieder. Denn, meine Damen und Herren von der SPD: Haben wir nicht zusammen eine Politik gehabt: Die kennen Sie doch. War es nicht eine große und nützliche Sache, daß es gelungen war, in der Großen Koalition diese Gemeinsamkeit zu konkretisieren? Dies ist unsere Politik; denn wir haben diese Politik für richtig, nützlich und für erfolgreich gehalten. *(Beifall bei der CDU/CSU.)* Sie, meine Damen und Herren von der SPD, haben diese gemeinsame Politik ohne Not, ohne überzeugende Begründung verlassen. Sie gehen heute einen anderen, einen gefährlichen Weg. Wir, die Union, wir bleiben bei dieser Politik, die wir gemeinsam mit Ihnen geführt haben. Ich bin sicher, daß Sie von mir keine Nachilfestunde wünschen, was diese Politik war. Sie kennen sie.

Wir bleiben bei der Politik des Angebots der Verständigung mit dem Osten unter strikter Wahrung der Freiheitsrechte unserer Nation. *(Beifall bei der CDU/CSU.)* Wir bleiben bei der Politik der Beharrlichkeit, des langen Atems und der zähen Geduld. Wir wenden uns gegen jene Geschichtsklitterung, die es dauernd gibt, auch heute wieder hier gegeben hat, nämlich daß die CDU/CSU lange Jahre auf falschem Wege gewesen sei und die Lage verhärtet habe und daß nun erst die neue Alternative komme. Die Wahrheit ist doch die, daß Sie, meine Damen und Herren von der SPD und von der FDP, mit uns zusammen zwei Jahrzehnte lang die Grundpositionen dieser Politik getragen und geteilt haben. *(Beifall bei der CDU/CSU.)* Sie haben Ihren neuen Weg angetreten mit dem Vorwurf an uns, unsere Politik – jene, deren Grundlagen durch 20 Jahre auch die Ihren waren – habe nichts bewegt. Sie haben den Eindruck zu erwecken versucht, als verfügten Sie über die Alternative, die die Dinge in Bewegung bringen könne.

Lassen Sie mich ganz nüchtern sagen: Ist es nicht so, daß Sie in Kassel gelernt haben sollten, daß es eben nicht stimmt, was Sie behauptet haben, nämlich daß es die starre Politik der CDU gewesen sei, die allen Fortschritt bisher unmöglich gemacht habe? Den Fortschritt verweigert hat bisher nichts anderes als die Intransigenz der SED.

Heute reden Sie selbst von der notwendigen Geduld und von den langen Jahren, die Sie benötigen. Damit nehmen Sie für sich in Anspruch, was Sie uns verwehrten; mit einem Unterschied allerdings: Sie haben, um diese bittere Erfahrung zu machen, Preise aus unserem gemeinsamen nationalen Schatz bezahlt, und ich fürchte, Sie sind bereit, noch weiter diesen Schatz zu leeren. *(Beifall bei der CDU/CSU.)* Denn leider haben wir nicht den Eindruck, daß Sie aus Kassel auch jene andere Lehre gezogen haben, die da heißt, daß sich –

ich weiß, Sie mögen das Wort nicht, aber gewöhnen Sie sich bitte daran, daß wir es aussprechen, weil es den Tatsachen entspricht – Vorleistungen und Vorauszahlungen gegenüber totalitären Regimen nie bezahlt machen. *(Zustimmung bei der CDU/CSU.)* Lassen Sie mich nun am Ende mit allem mir zur Verfügung stehenden Ernst ausdrücken – – *(Beifall und Zurufe von der SPD.)* – Ich verstehe, daß Sie dort gerufen haben: „Gott sei Dank!" Ich hätte mir an Ihrer Stelle meine Rede auch ungern angehört, und deshalb habe ich sie gehalten. *(Beifall bei der CDU/CSU. – Abg. Dr. Apel: Nur keine Selbstüberschätzung!)*

Lassen Sie mich also sagen, wo ich den eigentlichen Unterschied sehe zwischen dem, was Sie heute versuchen, und der Haltung der CDU und CSU. Einer Ihrer Minister, Herr Bundeskanzler, der von mir sehr geschätzte Kollege Helmut Schmidt, hat mir vor einigen Tagen in einer Fernsehdiskussion sinngemäß geantwortet, daß der Friedensvertragsvorbehalt für ganz Deutschland und für seine östlichen Grenzen zwar rechtlich nötig sei; er – dieser Friedensvertragsvorbehalt – aber habe viele bei uns verleitet, Lebenslügen aufrechtzuerhalten, die 26 Jahre nach dem Krieg nun als solche erkannt werden müssen. Meine Damen und Herren, ich habe lange über diesen Satz von Herrn Schmidt nachgedacht. Ich komme zu dem Schluß, daß dieser Satz, so, wie er ihn da gesagt hat, nichts anderes bedeuten kann als die Aufforderung, wir sollten vor Macht und Gewalt resignieren. *(Widerspruch bei der SPD.)* Wir, die Union, resignieren nicht. *(Lebhafter Beifall bei der CDU/CSU.)* Wir hoffen darauf, und wir wirken dahin und dafür, daß unser Volk, daß unser ganzes Volk – allen modischen Strömungen zum Trotz – jene moralische Widerstandskraft aufbringt, die notwendig ist, um, wenn es sein muß, durch eine ganze Generation und, wenn es nötig ist, noch länger für Recht, Freiheit und Menschenwürde aller Deutschen einzustehen. *(Lebhafter Beifall bei der CDU/CSU.)*

Auch wir wissen und brauchen darüber keine Belehrung, daß Rechtstitel allein noch keine Politik sind; wohl aber, daß Rechtstitel unverzichtbare Instrumente einer Freiheitspolitik sind; denn das Recht war immer die Waffe der Schwachen und der Friedfertigen. *(Lebhafter Beifall bei der CDU/CSU.)*

Wir weisen auch jene zurück, die uns einreden wollen, die Deutschen drüben hätten bereits ihren inneren Frieden mit Fremdherrschaft und Unterdrückung gemacht. *(Sehr gut! bei der CDU/CSU.)* Wer in diesem Hause wagte dies zu sagen, solange eine fremde Macht den Menschen drüben verwehrt, ihren politischen Willen zweifelsfrei zu sagen!

Und weiter: Ist einer hier – einer! –, der mir widerspräche, wenn ich sage, daß keiner ein Recht hat, die Freiheitsliebe der Deutschen in der Zone geringer einzuschätzen als jene der Tschechen und der Slowaken, die im Frühjahr 1968 das Gewissen der Welt erschüttert haben! *(Lebhafter Beifall bei der CDU/CSU.)*

Auch wir, die CDU und CSU, wissen nicht, wann die Stunde der Freiheit jenseits von Mauer und Stacheldraht wieder schlagen wird. Wir wissen aber dies: daß sie dann nie wieder schlagen würde, wenn wir, die freien Deutschen, bereit wären, vor schierer Macht und bloßer Gewalt in die Knie zu gehen. *(Zustimmung bei der CDU/CSU.)* Und wir wissen, daß unsere Unterwerfung unter den Willen der Sowjetmacht dieser den Weg öffnen würde hinein ins freie Europa. – Ich danke Ihnen. *(Anhaltender stürmischer Beifall bei der CDU/CSU. – Ein Teil der Abgeordneten der CDU/CSU erhebt sich.)*

35.
Um die Ostpolitik der Sozialliberalen Koalition

Reden des Bundesaußenministers Walter Scheel und des Bundestagsabgeordneten Dr. Gerhard Schröder zur ersten Beratung der Ostverträge am 23. Februar 1972

Die Ratifikationsgesetze zum Deutsch-Sowjetischen Vertrag vom 12. August 1970 und zum Deutsch-Polnischen Vertrag vom 7. Dezember 1970 standen in der 171. Sitzung des Sechsten Deutschen Bundestages am 23. Februar 1972 zur ersten Beratung an. Das leidenschaftliche Für und Wider um die Ostverträge und die Ostpolitik der Sozialliberalen Bundesregierung wird in den Reden deutlich, die der damalige Bundesaußenminister Walter Scheel und der ehemalige Bundesaußenminister Dr. Gerhard Schröder an jenem Tage im Bundestag gehalten haben:

Scheel, Bundesminister des Auswärtigen:
Herr Präsident! Meine Damen und Herren! Einen ersten Test haben die Verträge erfolgreich bestanden. Ohne sie würde es eine Berlin-Regelung nicht geben. *(Beifall bei den Regierungsparteien.)* Das Viermächteabkommen über Berlin aber war der Prüfstein – nicht nur für uns –, ob die Sowjetunion bereit sein würde, über Entspannung nicht nur zu reden, sondern sie auf der Grundlage eines vertretbaren Kompromisses auch konkret zu vereinbaren. Daher sagte der amerikanische Präsident, daß diese Regelung ein Meilenstein gewesen ist, daß es dieses Berlin-Abkommen ihm ermöglicht habe, den Weg nach Moskau zu gehen. An die erwiesene Bereitschaft zum Kompromiß knüpfen sich die Erwartungen, auch auf anderen Gebieten zu Regelungen zu kommen. Das ist die Bedeutung dieser Abmachung.
Meine Damen und Herren, der Kern unserer Ost-West-Politik, das Verhältnis zwischen den beiden Staaten in Deutschland, wird von diesen Verträgen natürlich beeinflußt. Sie haben ein Recht darauf, zu erfahren, ob die Perspektive der Einheit Deutschlands mit den Verträgen verbessert oder ob die Spaltung Deutschlands vertieft wird. Diese Debatte gibt Gelegenheit, darüber zu diskutieren. Nicht nur dieses Parlament, sondern das ganze deutsche Volk hat ein Recht auf diese Antwort; denn die deutsche Frage bleibt

für uns – und ich meine, für uns alle – im Mittelpunkt unserer Entspannungs- und Friedenspolitik.

Diese Bundesregierung würde jedoch ihre Pflicht in bedenklicher Weise verletzen, wenn sie es unterlassen würde, auf die möglichen Folgen einer Ablehnung der Verträge hinzuweisen. Die Bundesregierung muß mit dem gebotenen Ernst die Frage nach der Alternative stellen – das ist eine Frage, die zu beantworten die Opposition uns schuldet. *(Beifall bei den Regierungsparteien. – Zuruf des Abg. Stücklen.)* Denn welches wäre der Wert eines ablehnenden Votums, wenn es nicht abgesichert wäre durch eine tragfähige und erfolgversprechende Alternative? *(Beifall bei den Regierungsparteien.)*

Lassen Sie mich zum Inhalt der Verträge Stellung nehmen. Erstens. Die Verträge enthalten einen umfassenden Gewaltverzicht. Danach ist nicht nur die Anwendung von Gewalt, sondern auch die Drohung mit Gewalt ausgeschlossen. Dieser Ausschluß gilt für alle Aspekte der gegenseitigen Beziehungen zwischen den Vertragspartnern. Er bedeutet, daß alle Streitfragen ausschließlich mit friedlichen Mitteln zu lösen sind. Worin liegt die politische Bedeutung dieses Gewaltverzichts? Die Sowjetunion kann sich jetzt nicht mehr wie noch 1969 auf ein angebliches Interventionsrecht aus den Artikeln 53 und 107 der Satzung der Vereinten Nationen berufen. Das wurde ausdrücklich durch den sowjetischen Außenminister bestätigt. *(Abg. Stücklen: Wo steht es im Vertrag?)*

– Nun, das steht im Vertrag in Art. 2, man braucht ihn nur einmal durchzulesen. *(Abg. Dr. Marx [Kaiserslautern]: Wir können ihn doch auch lesen!)*

Zweitens. Diese Verträge enthalten eine Aussage über die Grenzen. Sie schaffen keine Rechtsgrundlagen für bestehende Grenzen und enthalten keine Stellungnahme zur Entstehung dieser Grenzen. Sie enthalten aber Verpflichtungen. Im deutsch-sowjetischen Vertrag verpflichten sich die Partner, die Grenzen als unverletzlich zu achten. Das bedeutet, sie können nicht mit Gewalt geändert werden. Eine friedliche und einvernehmliche Änderung der Grenzen ist damit natürlich nicht ausgeschlossen. Das hat der sowjetische Außenminister ebenalls ausdrücklich bestätigt. Ferner haben in dem deutsch-sowjetischen Vertrag beide Seiten erklärt, daß sie keine Gebietsansprüche haben. Das entspricht unserer bisherigen Politik. Die Bundesrepublik hat auch in der Vergangenheit keine Gebietsansprüche geltend gemacht, weder auf die Gebiete jenseits von Oder und Neiße noch auf das Gebiet der DDR. Die Einheit Deutschlands wird nur dadurch erreicht, daß die Bundesrepublik das Selbstbestimmungsrecht des deutschen Volkes zur Grundlage einer solchen Entwicklung macht. *(Abg. Stücklen: Wo steht das im Vertrag?)* Daß eine Politik, die darauf abzielt, auf einen Zustand des Friedens in Europa hinzuwirken, in dem das deutsche Volk in freier Selbstbestimmung seine Einheit wiedererlangt, nicht gegen diese Bestimmungen des Vertrages verstößt, ergibt sich – um das zu beantworten – aus dem Brief zur deutschen Einheit, den ich anläßlich der Unterzeichnung des Moskauer Vertrages an den sowjetischen Außenminister richtete. Dieser Brief wurde von der sowjetischen Seite ohne Widerspruch entgegengenommen. *(Zurufe von der CDU/CSU.)*

Im deutsch-polnischen Vertrag ist die Aussage zur Grenze konkretisiert. Diese Aussage stellt klar, daß die Bundesrepublik die Oder-Neiße-Linie als Westgrenze Polens nicht mehr in Frage stellt. Dies bedeutet, daß die Gebiete jenseits dieser Grenze von der Bundesrepublik Deutschland für die Dauer ihrer Existenz als polnisches Staatsgebiet zu betrachten und zu respektieren sind, wenngleich eine friedensvertragliche Regelung für Deutschland noch nicht zustande gekommen ist und die Rechte und Verantwortlichkeiten der Vier Mächte in bezug auf Deutschland als Ganzes fortbestehen.

Diese Grenzregelung hat nichts mit den Individualrechten der Deutschen, die in den Gebieten jenseits von Oder und Neiße leben, zu tun. Diese Rechte waren nicht Gegenstand der Verträge. Ich habe, um das klarzustellen, in den Verhandlungen förmlich erklärt, daß niemand durch den Vertrag Rechte verliert, die ihm nach den Gesetzen der Bundesrepublik Deutschland zustehen.

Der deutsch-polnische Vertrag schafft allerdings kein Optionsrecht für die Deutschen jenseits von Oder und Neiße. Im Zuge der Verbesserung unserer Beziehungen zu Polen eröffnet er uns jedoch die Möglichkeit, uns für diese Deutschen zu verwenden.

Drittens. Beide Verträge enthalten eine Bestimmung, in der klargestellt wird, daß früher geschlossene Verträge der Vertragspartner nicht berührt werden. Das gilt auch, wie unseren Vertragspartnern bekannt ist, für den Deutschland-Vertrag, den wir mit unseren drei westlichen Verbündeten abgeschlossen haben. Dort heißt es, daß sich die Unterzeichnerstaaten darüber einig sind, daß ein wesentliches Ziel ihrer gemeinsamen Politik eine frei vereinbarte friedensvertragliche Regelung für ganz Deutschland ist, und daß sie sich weiterhin darüber einig sind, daß die endgültige Festlegung der Grenzen Deutschlands bis zu dieser Regelung aufgeschoben werden muß. Damit ist klargestellt, daß die Bundesrepublik nur für sich, nicht für einen gesamtdeutschen Souverän sprechen kann. Ferner ist gesichert, daß die Rechte der Vier Mächte hinsichtlich Deutschland als Ganzes unberührt bleiben.

Viertens. Beide Verträge enthalten schließlich als Ziel der Vertragspartner die Normalisierung der Beziehungen. Diese Normalisierung soll sich auf alle

Bereiche in den gegenseitigen Beziehungen erstrecken. Sie ist das eigentliche politische Ziel der Verträge, das in die Zukunft weist.
Die Rechte und Verpflichtungen aus den Verträgen sind eindeutig formuliert. Sie geben keinen Anlaß zu einem Dissens zwischen den Vertragspartnern. Völkerrechtliche Verträge sind grundsätzlich von ihrem Wortlaut her auszulegen; ihre Auslegung kann nicht über das hinausgehen, worüber zwischen den Vertragspartnern Einigung erzielt worden ist. Auch die Verpflichtungen hinsichtlich der Respektierung der Grenzen sind eindeutig.
Entspannung und Normalisierung, meine Damen und Herren, sind die Grundpfeiler des politischen Prozesses in Europa, der von beiden Seiten in Europa getragen wird und dessen Ziel die Erhöhung der Sicherheit in Europa ist. Davon werden natürlich spezifische politische Zielvorstellungen, die die jeweiligen Vertragspartner haben mögen und die sie vielleicht auch mit den Verträgen verbinden, nicht berührt. Diese Zielvorstellungen sind ebensowenig in den beiden Verträgen wie in anderen völkerrechtlichen Verträgen Gegenstand der Regelung. Sie konnten es auch gar nicht sein.
Entspannung entsteht nicht dadurch, daß man von Entspannung redet und sich vielleicht auch einer gemäßigten Sprache bedient. Entspannung ist nur dort möglich, wo ein Minimum an Vertrauen entsteht, wo die Vernunft langsam die Oberhand über Vorurteile und Mißtrauen gewinnt.
Aber da gibt es – so wird man einwenden – die ungelösten Probleme, die uns der zweite Weltkrieg beschert hat. Wie wollen wir zu Entspannung kommen, wenn sich die Probleme als unlösbar erweisen, wie die Erfahrung von mehr als 25 Nachkriegsjahren gezeigt hat? Meine Antwort ist einfach: Gerade weil wir es in unserem Verhältnis zu Osteuropa mit Fragen zu tun haben, die heute – heute – unlösbar sind, brauchen wir Entspannung und Zusammenarbeit. In der gefährlichen Welt, in der wir leben, können wir nicht immer sicher sein, daß sich die Entspannung einstellt, wenn wir sie gerade brauchen. *(Beifall bei den Regierungsparteien.)* Auch angesichts der heute unlösbaren Fragen, die man das Deutschlandproblem nennt, ist die Entspannung und Zusammenarbeit zwischen Ost und West in Europa möglich, und zwar durch den gegenseitigen, vertraglich vereinbarten Gewaltverzicht auf der Grundlage des Status quo. Ohne einen solchen Gewaltverzicht, ohne eine klare und rückhaltlose Äußerung zum Status quo gibt es weder Entspannung noch Zusammenarbeit mit den osteuropäischen Ländern. Hiervon müssen wir ausgehen, meine Damen und Herren, und hiervon muß auch jeder ausgehen, der zu einem besseren Verhältnis zu den Völkern Osteuropas kommen will. *(Beifall bei den Regierungsparteien.)*
Nun, meine Damen und Herren, die vorliegenden Verträge schaffen die

Voraussetzung dafür, daß trotz der ungelösten Probleme eine genügend tragfähige Grundlage für den politischen Dialog mit dem Osten und eine für beide Seiten vorteilhafte wirtschaftliche, technologische, wissenschaftliche und kulturelle Zusammenarbeit zustande kommt. Auch hier gilt, daß man wirtschaftliche Zusammenarbeit nicht erst dann herstellen kann, wenn sie am dringendsten gebraucht wird. Regieren heißt ja voraussehen, meine Damen und Herren. *(Lachen bei Abgeordneten der CDU/CSU. – Zuruf von der CDU/CSU: Das ist gut!)*

Ich habe vorhin schon erwähnt, daß es ohne Gewaltverzicht und ohne Beachtung der Realitäten dieses Berlin-Abkommen nicht gegeben hätte. Und selbst der grimmigste Kritiker dieser Regierung wird ihr zugestehen müssen, daß während der Verhandlungen in Moskau die Sorge um die Lebensfähigkeit Berlins ihr Handeln und ihre Schritte täglich bestimmt hat. *(Beifall bei den Regierungsparteien.)* Kein Mitglied der damaligen Verhandlungsdelegation, meine Damen und Herren, wird vergessen, wie in der letzten Nacht der Verhandlungen vor der Paraphierung alle Beteiligten innerlich auf das äußerste angespannt waren, als ich meinem sowjetischen Kollegen immer noch einmal wiederholte, daß es ohne eine befriedigende Berlin-Regelung keinen Vertragsabschluß geben könne.

Nie zuvor in der Geschichte der modernen Diplomatie hat es eine so enge Abstimmung, ein so enges Zusammenwirken verbündeter Staaten gegeben, wie dies in diesen Verhandlungen zwischen den drei Westmächten und uns der Fall war. Für die Solidarität, die sie uns gegenüber bewiesen haben, und für die mit den Verhandlungen verbundenen ungewöhnlichen Anstrengungen schulden wir den drei westlichen Verbündeten Dank, auch den Dank dieses Hohen Hauses. *(Lebhafter Beifall bei den Regierungsparteien.)*

Die Gerechtigkeit gebietet es, auch die Bereitschaft der Sowjetunion anzuerkennen, trotz aller Schwierigkeiten, trotz Zähigkeit zu einem positiven Abschluß beizutragen. *(Erneuter Beifall bei den Regierungsparteien.)* Und schließlich sollten wir nicht vergessen, daß auch die Mitwirkung der DDR notwendig war, um zu dem vorliegenden Ergebnis zu kommen.

Die Opposition war zunächst ganz konsequent, wenn sie erklärte, die Berlin-Regelung werde der Prüfstein für die Qualität der Verträge sein; sie würde auch ein Test für die Bereitschaft der Sowjetunion, zur Entspannung beizutragen, sein. Jetzt, nachdem eine befriedigende Berlin-Regelung darauf wartet, in Kraft gesetzt zu werden, *(Abg. Dr. Marx [Kaiserslautern]: Das sagen doch Sie nur? – Weitere Zurufe von der CDU/CSU)* ist bei Ihnen, meine Damen und Herren, davon allerdings weniger die Rede. *(Lebhafter Beifall bei den Regierungsparteien.)*

Die Berlin-Regelung – und ich nehme an, daß Sie mir da zustimmen werden –

öffnet und sichert die Wege von und nach Berlin und von Berlin zu uns, sie öffnet den Berlinern eine Pforte zu Besuchen in der DDR, *(Abg. Stücklen: Durch die Mauer!)* sie bringt die Anerkennung der Bindungen West-Berlins an den Bund, *(Unruhe bei der CDU/CSU)* sie festigt die internationale Position Berlins und seine Vertretung durch die Bundesrepublik und bestätigt die Viermächteverantwortlichkeit für Berlin. Damit, meine Damen und Herren, ist ein hochempflindliches krisenträchtiges Problem vertraglich unter Kontrolle gebracht worden. *(Beifall bei den Regierungsparteien.)*
Es ist uns gelungen, darüber hinaus erhebliche praktische Verbesserungen zu erreichen. Die Visagebühren sind pauschaliert worden, die Fernmelde- und Fernschreibverkehrsverbindungen zwischen Berlin und der DDR sind ausgeweitet worden. Das klingt bescheiden, meine Damen und Herren, *(Zuruf des Abg. Stücklen)* das klingt für Sie vielleicht bescheiden; für einen Berliner, der seit zehn Jahren nur noch unter großen Schwierigkeiten mit seinen Verwandten und Bekannten in Ost-Berlin und der DDR telefonieren konnte, sieht sich die Sache anders an. *(Beifall bei den Regierungsparteien. – Abg. Stücklen: Das sind doch die normalsten Dinge dieser Welt!)* Niemand konnte erwarten, daß eine Berlin-Regelung die Mauer zum Verschwinden bringen würde. Aber mit dem Abkommen ist sicher eine Forderung auch der Opposition erfüllt worden: Die Mauer ist mit dem Abkommen durchlässiger geworden. *(Abg. Dr. h.c. Kiesinger: Einseitig! – Zurufe von CDU/CSU: Wo?)*
Die Bundesregierung bringt die beiden Verträge jedenfalls mit dem guten Gefühl ein, für die Lebensfähigkeit Berlins und für das Los seiner Bürger mehr erreicht zu haben, als viele von uns, wenn sie aufrichtig sind, vor einigen Jahren zu hoffen wagten. *(Lebhafter Beifall bei den Regierungsparteien.)*
Das Ergebnis dieser Verhandlungen war der Brief zur deutschen Einheit. Er gehört zusammen mit den anderen begleitenden Dokumenten zu den Ratifizierungsunterlagen. Ich möchte seinen Inhalt, der von der sowjetischen Seite unwidersprochen entgegengenommen worden ist, hier noch einmal zitieren:

> Sehr geehrter Herr Minister,
> im Zusammenhang mit der heutigen Unterzeichnung des Vertrages zwischen der Bundesrepublik Deutschland und der Union der Sozialistischen Sowjetrepubliken beehrt sich die Regierung der Bundesrepublik Deutschland festzustellen, daß dieser Vertrag nicht im Widerspruch zu dem politischen Ziel der Bundesrepublik Deutschland steht, auf einen Zustand des Friedens in Europa hinzuwirken, in dem das deutsche Volk in freier Selbstbestimmung seine Einheit wiedererlangt.
> Genehmigen Sie, Herr Minister, die Versicherung meiner ausgezeichnetsten Hochachtung. – Es folgt die Unterschrift.

Meine Damen und Herren, die Bundesregierung ist weder so illusionistisch, zu glauben, noch so unaufrichtig, andere glauben zu machen, als sei uns mit diesem Brief eine politische Waffe in die Hand gegeben, mit der wir die Wirklichkeit, die traurige Wirklichkeit der deutschen Teilung, aus den Angeln heben könnten. Dieser Brief zur deutschen Einheit hält zusammen mit anderen Teilen des Vertragswerkes die deutsche Frage offen. Meine Damen und Herren, das ist schon etwas, und das war gar nicht so selbstverständlich, wie sich das heute vielleicht für manchen ansehen mag. Hätte die Opposition im Sommer 1970, der Einladung der Bundesregierung folgend, einen Vertreter *(Abg. Stücklen: Als Statisten!)* zu den Verhandlungen entsandt, dann hätte sie sich an Ort und Stelle ein Bild von der Härte der Verhandlungen, insbesondere in dieser Frage, machen können *(Beifall bei den Regierungsparteien.)*
Nein, meine Damen und Herren, die Wirklichkeit der Teilung kann man nicht mit juristischen Vorbehalten wegzaubern. Sie ist die unmittelbare Folge des von Hitler angezettelten und von uns allen verlorenen Krieges. *(Beifall bei der SPD.)* Und jeder, der diese Teilung kennt, wie wir sie in Erfurt und Kassel erlebt haben, der weiß, daß die Teilung kaum noch vertieft werden kann, es sei denn durch eine Politik, die sich auf Deklamationen beschränken würde. *(Beifall bei den Regierungsparteien.)*
Nein, wenn es einen Weg zur Einheit der Nation gibt, dann nur über eine allgemeine Entspannung in Europa, die tragfähig genug ist, das Trennende zwischen uns und der DDR in den Hintergrund treten zu lassen. Nicht die friedliche Konkurrenz der beiden deutschen Staaten um den besten Beitrag zum Frieden und zur Zusammenarbeit vertieft die Spaltung weiter. Wenn etwas die beiden Teile noch weiter und endgültig voneinander entfernen kann, dann ist es die Indifferenz, die sich hinter unerfüllbaren Forderungen verbirgt. *(Beifall bei den Regierungsparteien.)*
Meine Damen und Herren, wenn auf der Grundlage dieser Verträge Entspannung und Zusammenarbeit zwischen Ost und West in Europa in Gang kommen, dann wird auch das Verhältnis der beiden deutschen Staaten zueinander eingebettet sein in ein Klima, in dem es leichter sein wird, mehr Austausch, mehr Kommunikation und mehr Freizügigkeit zu erreichen.
Die Verträge sind ein Kernstück der friedlichen Koexistenz zwischen West und Ost und der Sicherheit in Europa. Die Bundesrepublik Deutschland will mit ihnen nicht nur ihre eigene Lage verbessern, auch nicht nur die Lage Berlins verbessern. Wir sehen in den Verträgen einen wichtigen Beitrag zur Stabilität unseres Kontinents. Die Verträge fördern das, was die Europäer erhoffen: die Milderung der Spaltung des alten Weltteils durch friedlichen Austausch und Zusammenarbeit.

Die Politik, die zu den Verträgen geführt hat, hat wesentlich zum Zusammenhalt des sich gestaltenden Westeuropas beigetragen. Es war kein leeres Wort, als wir vor den Verhandlungen sagten, unsere gesamte Osteuropapolitik baue auf der fortschreitenden Integration Westeuropas auf. In anderen Fragen mag es Nuancen und Meinungsverschiedenheiten unter Europäern geben; was unsere Osteuropapolitik angeht, bestehen keine.

Blicken wir doch einmal auf das, was seit Beginn unserer Regierungszeit in Westeuropa geschehen ist. Wir haben den inneren Ausbau der Gemeinschaften, wie er in den Römischen Verträgen vorgesehen ist, vollendet. Mit der Wirtschafts- und Währungsunion haben wir den ersten Schritt zu einem geschlossenen Binnenmarkt mit freiem Verkehr von Menschen, Gütern und Kapital getan. Die Erweiterung der Gemeinschaften ist gelungen. Damit ist der Stein aus dem Wege geräumt, der die Fortentwicklung Europas seit den sechziger Jahren blockierte. Die politischen Konsultationen erst der Sechs, dann der Zehn, sind in Gang gekommen. Was mit dem Fouchet-Plan 1962 endgültig gescheitert schien, konnte damit wieder auf den Weg gebracht werden. Unsere Ostpolitik, die europäische Ostpolitik, hat die Stagnation überwunden. Die Europäer haben sich zu einer gemeinsamen Standortbestimmung in dieser Politik aufgerafft. Sie haben daraus identische Konsequenzen gezogen. Hieraus sind die ersten Ansätze einer gemeinsamen Politik für die Zukunft erwachsen.

Niemand auf der Welt verkennt dies, auch die Sowjetunion nicht. Das ist doch das Entscheidende. Es kommt doch nicht auf die förmliche Anerkennung der Europäischen Gemeinschaften an, von der uns die Juristen der Kommission in Brüssel noch letzte Woche sagten, so etwas gebe es überhaupt nicht. Es kommt doch darauf an, daß der dynamische Prozeß der europäischen Einigung, wirtschaftlich und politisch, von jedem als unabänderlich betrachtet wird und daß daraus die richtigen Folgerungen für Entspannung und für Zusammenarbeit gezogen werden. *(Beifall bei den Regierungsparteien.)*

Meine Damen und Herren, ich habe auch nie einen Zweifel daran gelassen, daß diese Verträge nur auf der Grundlage des bestehenden militärischen Gleichgewichts in Europa möglich sind.

In den letzten Monaten hat die Opposition eine stets wachsende und auch stets wechselnde Argumentation gegen die Verträge ins Feld geführt. Dafür war vom Inhalt der Verträge immer weniger die Rede. Es handelt sich um Argumente von unterschiedlichem Gewicht. Allen ist gemeinsam, daß sie nicht auf dem Wortlaut der Verträge aufbauen, sondern daß sie das Produkt manchmal ganz unbegrenzter politischer Spekulationen darstellen. Aber, meine Damen und Herren, die Geschichte ist kein Produkt von Spekulationen. Sie setzt sich zusammen aus schwierigen Entwicklungen und mutigen Entscheidungen.

Argumente lassen sich immer finden und ins Feld führen, wenn es sich darum handelt, die bereits getroffene Entscheidung, nein zu den Verträgen zu sagen, zu begründen. Argumente entstehen und Argumente verschwinden wieder. Aber noch so viele Argumente gegen eine Politik machen noch keine Alternative. *(Beifall bei den Regierungsparteien.)* Und hier, meine Damen und Herren, liegt in der Tat die größte Schwäche der Opposition. Wie würde die Politik aussehen, die Sie an die Stelle derjenigen setzen wollen, die die Bundesregierung verfolgt? Wie soll eine Entspannungspolitik aussehen, wenn sie ohne die Grundlage des Status quo freischwebend in der Luft hängt? Verhandeln heißt doch nicht eigene Wunschzettel ausfüllen! *(Beifall bei den Regierungsparteien.)*

Oder glauben Sie gar, es seien die Zeit und die Gelegenheit gekommen, sich politisch einzugraben, wenn unsere Freunde und Verbündeten längst die Bewegung gewählt haben? Sollten wir die halbverfallenen Unterstände des kalten Krieges wieder beziehen, wenn sich unsere mächtigsten Verbündeten zur Entspannung und Zusammenarbeit entschieden haben? Macht es überhaupt keinen Eindruck auf die Opposition, wenn alle unsere Verbündeten geschlossen für diese Politik, die wir gemeinsam treiben, eintreten? Die Argumente der Opposition sind deswegen so wenig einleuchtend, weil keine brauchbare und keine machbare Alternative hinter ihnen steht. *(Beifall bei den Regierungsparteien. – Zurufe von der CDU/CSU.)*

Meine Damen und Herren, es gibt allerdings die möglichen Folgen einer Ablehnung der Verträge. Das ist aber etwas anderes als eine Alternative. *(Beifall bei den Regierungsparteien. – Zurufe von der CDU/CSU.)*

So sehr sind die Verträge heute schon Teil auch der Außenpolitik unserer Verbündeten, daß die Folgen einer Ablehnung in ihrer politischen Wirkung einfach unübersehbar sein würden. *(Beifall bei den Regierungsparteien.)* Die Entspannungsmöglichkeiten im Osten wären auf unabsehbare Zeit verschüttet. Die Verbündeten im Westen empfänden die Ablehnung als ein Torpedo gegen ihre eigene Entspannungspolitik. Wir Deutschen hätten in Europa die Vorhänge heruntergelassen, gerade als das erste Licht heraufzudämmern begann.

Die Bundesregierung und die hinter ihr stehende Mehrheit, meine verehrten Kollegen, werden dafür sorgen, daß diese bedrückende Vorstellung, wir könnten in eine totale Isolierung geraten, nicht verwirklicht wird. Wir wollen der Opposition keine falsche Verantwortung aufbürden. Die Mehrheit bringen wir selbst auf, meine Damen und Herren. *(Beifall bei den Regierungsparteien.)* Aber wir tun es in der festen staatspolitischen Hoffnung, daß auch die Opposition nach der Ratifizierung das als Grundlage ihres Handelns nimmt, daß Verträge, die abgeschlossen sind, zu halten sind.

Meine Damen und Herren, es gibt in der Kette der Gegenargumente allerdings eines, das von grundsätzlicher Bedeutung ist. Ich meine das Argument, mit kommunistischen Staaten könne man keine Verträge schließen, die Machtstrukturen und der Verhaltenskodex in Ost und West seien zu verschieden, der Westen zahle bei solchen Verträgen unweigerlich drauf. *(Abg. Dr. Müller-Hermann: Ein Popanz!)* Wenn dem so ist, meine Damen und Herren, dann lassen wir alle Hoffnung fahren, daß der Frieden und das physische Überleben dieser Welt durch Rüstungskontrolle und Rüstungsbegrenzung zwischen Ost und West gesichert werden können. *(Beifall bei den Regierungsparteien.)* Dann sind alle internationalen Abkommen vom Teststoppvertrag 1963 über den Weltraumvertrag 1967, den Nichtverbreitungsvertrag 1968, den Meeresbodenvertrag 1971 bis zum Vertrag zwischen den Vereinigten Staaten und Rußland zur Verminderung des Risikos des Ausbruchs eines Nuklearkrieges *(Abg. Stücklen: und der Warschauer Pakt?!)* nur eine zynische Staffage für die heraufziehende und unvermeidliche nukleare Konfrontation. Dann, meine Damen und Herren, sind die Amerikaner, die sich seit Jahren um ein Abkommen mit der Sowjetunion über die Begrenzung strategischer Nuklearwaffen bemühen, ebenso naiv wie wir, die wir glauben, daß es möglich und notwendig ist, die Risiken des nuklearen Zeitalters Schritt für Schritt durch eine vertragliche Kodifizierung des Verhaltens der beiden Staaten einzuengen.

Diese Verträge mögen und werden die Voraussetzung und die Grundlage für Entspannung, Zusammenarbeit und Frieden in Europa bilden. Aber ebenso bedeutend sind sie in ihrer Wirkung nach innen. Über 25 Jahre nach dem Krieg machen diese Verträge deutlich, was unserem Vaterland durch Verblendung und Verbrechen angetan wurde. Wir können diese Wirklichkeit nicht wegwischen. *(Beifall bei den Regierungsparteien.)* Sie werden aber auch deutlich machen, daß wir die Möglichkeit haben, aber auch die Verantwortung, von der Ausgangsposition eines freiheitlichen deutschen Staates aus die Lehren der Geschichte zu beherzigen.

Wenn uns dies gelingt, so hat meine Generation, die man im Blick auf ihre vielen Toten im letzten Krieg die „geopferte" genannt hat, das Höchste erreicht, was sie erreichen konnte: den Frieden für sich und die Generation ihrer Kinder. *(Langanhaltender lebhafter Beifall bei den Regierungsparteien.)*

Dr. Schröder (Düsseldorf) (CDU/CSU):
Herr Präsident! Meine Damen und Herren! Die Frage, um die es hier geht, ist doch die: Wie wird sich die staatliche Aufwertung, die internationale Etablierung der DDR auf die Teilung Deutschlands auswirken? *(Sehr wahr! bei der CDU/CSU.)* Welche Folgen wird es haben, wenn beide Teile Deutschlands Mitglieder der Vereinten Nationen werden? Welche Konsequenzen werden sich ergeben, wenn die DDR weltweit völkerrechtlich anerkannt sein wird? Was wird sein, wenn unsere Partner beim Deutschlandvertrag, wenn Frankreich, Großbritannien und die Vereinigten Staaten von Amerika in Ost-Berlin Botschaften errichten werden? Welchen politischen Wert werden dann die feingesponnenen rechtlichen Vorbehalte der Bundesregierung noch haben, einer Bundesregierung übrigens, die den Wert anderer, von uns aufrechterhaltener und wesentlich kräftigerer Rechtspositionen ja sehr gering veranschlagt hat? Auf diese Fragen kommt es an. Die Regierung, so fürchte ich, geht bei ihrer Beantwortung einen Weg, der mit Illusionen gepflastert ist. *(Lebhafter Beifall bei der CDU/CSU.)*
Meine Damen und Herren, die harte und langwierige Auseinandersetzung um die deutsche Ostpolitik und um die Ostverträge ist ein Vorgang, der für ein demokratisches System normal ist.
Wir haben häufiger gesagt – und möchten es wiederholen –, daß der Versuch der Lösung so schwieriger Probleme besser auf eine gemeinsame Grundlage gestellt worden wäre. Es mag sein, daß die Regierung ursprünglich einmal etwas Derartiges geplant hat. Der Herr Bundeskanzler hat in der Aussprache über die Regierungserklärung 1969 gesagt:

> Diese Regierung wird in allen Lebensfragen der Nation die Meinung der Opposition nicht nur hören, sondern sie auch in ihre Politik einbeziehen.

Nun, meine Damen und Herren, was ist aus solchen Ankündigungen geworden?! *(Beifall bei der CDU/CSU.)* Leider – ich sage: leider – gab es keine ausreichenden Bemühungen der Bundesregierung um Gemeinsamkeit. Offenbar war die Bundesregierung entschlossen, ihren eigenen Weg zu gehen. Im Grunde hatte sie diesen eigenen Weg bereits in der Regierungserklärung von 1969 mit der Formulierung von den „zwei Staaten in Deutschland" beschritten. Die entscheidende Veränderung der deutschen Politik in der jüngeren Zeit liegt also bereits vor der oder in der Regierungserklärung selbst.
Wir wollen heute hier mit Klarheit und Nachdruck aussprechen, daß die bis 1969 gemeinsam verfolgte Linie der Ost- und Deutschlandpolitik von der Regierung ohne eine Fühlungnahme und ohne Übereinstimmung mit der Opposition verlassen worden ist. *(Beifall bei der CDU/CSU.)*

Wir haben also als erstes festzustellen, daß die Bundesregierung eine neue Ost- und Deutschlandpolitik eingeschlagen hat. Sie selbst verfährt dabei in ihrer Argumentation allerdings nicht einheitlich. Je nach Bedarf hebt sie hervor, daß die frühere Politik in eine Sackgasse geführt habe oder – so sagt sie noch gröber – 20 Jahre lang nichts geschehen sei; erst jetzt werde aktive deutsche Politik nach Osten betrieben. Oder aber sie nimmt für sich in Anspruch, ihre Politik stehe in der Kontinuität und sei die Fortsetzung der früher unter unserer Führung verfolgten Linie.

Nun, meine Damen und Herren, von Kontinuität kann sicherlich nicht gesprochen werden. *(Beifall bei der CDU/CSU.)* Die Politik dieser Bundesregierung hat wesentliche Teile und wesentliche Positionen der früheren Politik aufgegeben oder hat sie auf Formalien reduziert. *(Sehr richtig! bei der CDU/CSU.)*

Es gibt trotzdem eine Übereinstimmung, die im Interesse unseres Landes sowohl nach draußen wie nach drinnen betrachtet nachdrücklich unterstrichen werden muß. Diese Gemeinsamkeit besteht und muß bestehen bleiben trotz aller Fehler, die gemacht worden sein mögen. Es besteht eine Gemeinsamkeit im Ziel der Ost- und Deutschlandpolitik, wenn man darunter dreierlei verstehen will: das Festhalten am Selbstbestimmungsrecht aller Deutschen, friedliche Beziehungen, Verständigung, Zusammenarbeit auch mit den Staaten Osteuropas einschließlich der Sowjetunion und schließlich – das ist der dritte Punkt – den Verzicht auf Androhung und Anwendung von Gewalt. Dies alles sind Elemente einer Politik, die wir über viele Jahre verfolgt haben. Als Außenminister der Jahre 1961 bis 1966 möchte ich hier mit allem Nachdruck feststellen, daß die genannten drei Ziele, von denen ich hoffe, daß wir nach wie vor in ihnen einig sind, in den Jahren unserer Regierungsführung gegolten haben. Ich möchte gleichzeitig sagen, daß sie nach unserer Meinung weiter gelten und gelten müssen und daß wir im deutschen Interesse alles Erdenkliche tun müssen, diese Überzeugung als eine gemeinsame Überzeugung von Opposition mit Regierung nach drinnen und draußen festzuhalten. *(Beifall bei der CDU/CSU.)*

Aber lassen Sie mich zu einem etwas heiteren Bild übergehen: Der Herr Bundesaußenminister hat im Bundesrat lange über das Verhalten des Weines gesprochen. Mit dem Zeitfaktor, so meinte er, bei diplomatischen Verhandlungen sei es wie mit dem Wein: Auch da sei die Zeit ein wichtiger Faktor.

Nach seiner Behauptung hat die Bundesregierung in den Verhandlungen mit der Sowjetunion und mit Polen genau den Zeitpunkt gewählt, *(Bundesminister Scheel: So ist es!)* der der geeignetste gewesen sei, um ein Ergebnis zu erreichen, das für beide Seiten akzeptabel sei und auch von beiden Seiten getragen werde. *(Zuruf des Abg. Mattick.)*

Das ist in der Tat ein wichtiger Gedanke, der dort ausgesprochen worden ist, Herr Bundesminister. Dieser Gedanke leitet zum Kern der Divergenz hin. War dies der richtige Zeitpunkt, so weitgehende Verträge zu schließen? Wir sagen klipp und klar, daß, wenn wir solche Verträge hätten schließen wollen, das schon Jahre vorher möglich gewesen wäre. *(Lebhafter Beifall bei der CDU/CSU.)*

Meine Damen und Herren, wir sprechen aus unserer Beurteilung der künftigen weltpolitischen Entwicklung unsere Überzeugung aus, daß auch zu einem späteren Zeitpunkt ein Vertragsabschluß nicht nur dieser Art, sondern besserer Art möglich geworden wäre. *(Beifall bei der CDU/CSU.)*

Ich habe die Einigkeit im Ziel unterstrichen, aber dieser Einigkeit im Ziel entspricht weder eine Einigkeit über den Weg noch über die Gangart auf diesem Weg. Wie war die Gangart, und durch was war sie charakterisiert? Die Antwort lautet: Sie war charakterisiert durch unangemessene Eile, durch den Eindruck von Hektik und durch die Erzeugung von Erfolgszwang. Der Weg ist gekennzeichnet durch die beiden Verträge, und ich stelle nun die Frage: Wie sind die Verträge zu bewerten?

Die Regierung erklärt ihre Motive an verschiedenen Stellen in folgender Weise. Erstens: Es habe eine Bereitschaft der Sowjetunion zum Arrangement mit uns und zu mehr Zusammenarbeit mit dem Westen überhaupt gegeben, aus Gründen teils innenpolitischer Natur, teils außenpolitischer Art. Die Gründe innenpolitischer Natur werden zurückgeführt auf die Entwicklung der sowjetischen Industriegesellschaft und ihr natürliches Bedürfnis, einen höheren Lebensstandard zu erzielen und sich dafür der möglichen Hilfsquellen des Westens zu bedienen. Unter den Gründen außenpolitischer Art wird häufig das Stichwort China genannt. Übrigens nicht so sehr von uns – daran denke ich jetzt weniger – als von Regierungsseite. Die Regierung sagt weiter – das ist der zweite Punkt –, daß die Bundesrepublik Deutschland ihren Beitrag zu den weltweiten, insbesondere auch von der NATO verfolgten Entspannungsbemühungen leisten müsse.

Zu diesen beiden Argumenten möchte ich sagen: Beide sind als Bewertung wahrscheinlich zutreffend. Als Kommentar muß aber folgendes dazu festgestellt und der Regierung entgegengehalten werden. Erstens: Die Bereitschaft der Sowjetunion zu Abmachungen mit uns war vor, sagen wir, fünf oder sechs Jahren sicherlich geringer als jetzt, ihre Sorgen waren nämlich damals geringer. Wenn also eine gewachsene Bereitschaft der Sowjetunion ihrer veränderten Interessenlage entspricht oder entsprach, so konnte auf unserer Seite mit mehr Geduld, mit mehr Festigkeit und mehr Ausdauer verhandelt werden, statt hastig zuzugreifen, obwohl noch sehr wenig auf dem Tisch lag. *(Lebhafter Beifall bei der CDU/CSU.)*

Meine Damen und Herren, es ist nicht strittig, daß auch die Bundesrepublik Deutschland einen Beitrag zur Entspannung leisten soll. Daraus ergibt sich aber keineswegs, daß dieser Beitrag so auszusehen hat, wie dies bei den Ostverträgen der Fall ist. *(Erneuter Beifall bei der CDU/CSU.)* Es ist also nicht angängig, daß die Bundesregierung versucht, den Eindruck zu erwekken, als habe sie mit dem Abschluß des Moskauer Vertrages eine einmalige, sozusagen nicht wiederkehrende Gelegenheit genutzt, als seien Verträge des Inhalts, wie sie jetzt vorliegen, der einzig mögliche Entspannungsbeitrag der Bundesrepublik Deutschland.

Nach Auffassung der Bundesregierung hat die Sowjetunion, hat aber auch Polen uns gegenüber wichtige Konzessionen gemacht. Sie bestehen oder sollen bestehen in dem Verzicht auf eine formelle völkerrechtliche Anerkennung der DDR, sie sollen bestehen im Verzicht auf eine Anerkennung West-Berlins als selbständiger politischer Einheit, sie sollen bestehen – nach Meinung der Regierung ist das eine Konzession – im Verzicht auf Anwendung der sogenannten Interventionsartikel der UN-Charta gegenüber der Bundesrepublik Deutschland, worüber heute schon ein paarmal gesprochen wurde. Als wichtige Konzession werden angeführt die Anerkennung des Fortbestehens der Viermächte-Verantwortung für Deutschland als Ganzes und schließlich der Verzicht auf die völkerrechtliche Anerkennung der Oder-Neiße-Linie als endgültiger Westgrenze Polens.

Nun, meine Damen und Herren, hier muß klar gesagt oder klargemacht werden, daß die Erfüllung fast aller dieser sowjetischen bzw. polnischen Forderungen der Bundesregierung aus rechtlichen Gründen, d.h. nach der grundgesetzlichen Lage, gar nicht möglich war und ist. Die Bundesregierung hat also nicht etwa der Gegenseite durch geschickte Verhandlungsführung etwas nicht gegeben oder nicht gewährt, was sie hätte leisten können; sie wäre in all diesen Fragen, die ich gerade aufgeführt habe, mit Sicherheit auf die Schranken des Grundgesetzes gestoßen. Dem mußte sie zu entgehen versuchen. *(Beifall bei der CDU/CSU.)*

Als Vorteile, die weiterhin mit den Verträgen verbunden seien, stellt die Bundesregierung dar: die Grundlage für den weiteren Ausbau der Beziehungen in politischer, wirtschaftlicher und kultureller Hinsicht, die Aussöhnung mit dem Osten, die Entkrampfung der Beziehungen; sie werde im Laufe der Zeit zur Verwirklichung der Grundrechte in ganz Europa, also auch in ganz Deutschland, führen, z.B. zur Wiederherstellung der Freizügigkeit; aus einem geregelten Nebeneinander werde es zu einem Miteinander der beiden Teile

Deutschlands kommen; es seien keine endgültigen Grenzregelungen erfolgt, da die Bundesrepublik Deutschland nur sich, nicht aber einen zukünftigen gesamtdeutschen Souverän binden könne; für den weiteren, insbesondere politischen Zusammenschluß Europas sei Voraussetzung, daß die Bundesrepublik Deutschland keine Grenzprobleme im Osten mehr habe. Die Widersprüchlichkeit der beiden letztgenannten Argumente liegt doch wohl klar zutage. *(Beifall bei der CDU/CSU.)* Das ändert aber nichts daran, daß sie geläufig wiederholt werden.

Bei Würdigung dieser Argumentation der Bundesregierung möchte ich auf einige Punkte hinweisen, die ich für besonders wichtig halte.

Die sowjetischen Konzessionen oder die Abwehr sowjetischer Forderungen waren kein Erfolg der Verhandlungsführung, sondern ergaben sich zwingend aus der Rechtslage.

Meine Damen und Herren, zu den Interventionsartikeln der UN-Charta ist zu sagen, und zwar schon seit langem: Die Sicherheit unseres Landes beruht nicht auf dem guten Willen der Sowjetunion, sondern auf der Kraft des nordatlantischen Verteidigungsbündnisses, *(Beifall bei der CDU/CSU)* dem wir angehören dank der Politik, die wir seit vielen Jahren, so darf ich doch wohl sagen, gemeinsam hier betrieben haben. *(Abg. Strauß: Allein angefangen haben!)*

– Ja, ich weiß, Herr Strauß, aber gemeinsam – das andere stimmt schon – für viele Jahre.

Die Bundesregierung arbeitet ganz überwiegend mit Hoffnungen und Erwartungen auf die Zukunft. Wir wissen alle, meine Damen und Herren, daß ohne diese Elemente Politik sicherlich nicht möglich ist, da der Politik ihrem Wesen nach etwas Spekulatives innewohnt im Gegensatz zu den exakten Naturwissenschaften, bei denen es sich um berechenbare, meßbare Größen handelt oder handeln soll; lassen wir das offen.

Aber Verträge, die einen wirklichen Interessenausgleich bringen sollen, müssen aus ihrem Text heraus klar und eindeutig für beide Seiten in ausgewogener Weise Vorteile bringen. *(Beifall bei der CDU/CSU.)*

Es bleibt also die Feststellung, daß es schwere Bedenken erwecken muß, wenn die Vorteile von Verträgen weniger auf den Vertragstext als auf Hoffnungen und Erwartungen gegründet werden. *(Beifall bei der CDU/CSU.)* Dies, meine Damen und Herren, ist um so bedenklicher, als offenbar – und dies hat die Bundesregierung durch ihre eher lapidar klingenden als überzeugenden Erklärungen in keiner Weise widerlegen können – zwischen ihrer Interpretation der Verträge und der Interpretation und Anwendung durch ihre Vertragspartner nicht nur Unterschiede, sondern Gegensätze bestehen. *(Abg. Dr. Marx [Kaiserslautern]: Sehr wahr!)*

Wo liegen die Gegensätze nun wirklich? Die Bundesregierung sagt wieder und wieder, die Verträge sollten zu einem Modus vivendi – oder sagen wir besser: zu einem erträglichen Modus vivendi – führen, sie seien eine Beschreibung der bestehenden Realitäten, eine Beschreibung des Status quo.
Das Echo im Osten, teilweise auch im Westen und teilweise auch in der Dritten Welt aber lautet: In Wirklichkeit handelt es sich um eine Anerkennung des Status quo und damit auch der Teilung Deutschlands; es sei eine endgültige Fixierung des Status quo, der sogenannten Ergebnisse des Zweiten Weltkrieges.
Nun, meine Damen und Herren, damit kein Mißverständnis aufkommt: Ich will hier gleich einfügen, daß ich absolut den Standpunkt vertrete, daß wir Deutschen keine Auslegung der Verträge zu unseren Ungunsten vornehmen sollten, *(Beifall bei der CDU/CSU)* uns also nicht einer Argumentationslinie der Gegenseite bedienen dürfen. Das ändert aber doch gar nichts daran, daß wir diese Argumentationslinie Tag für Tag vorgesetzt bekommen, ohne daß das auf den energischen Widerstand der Bundesregierung stieße. *(Lebhafter Beifall bei der CDU/CSU.)*
Die Bundesregierung verweist darauf, daß das Wort Anerkennung in den Verträgen nicht vorkommt. Sie kann aber nicht bestreiten, daß die dort verwendeten Formulierungen von der östlichen Seite als Ersatzvokabeln gewertet werden. *(Abg. Dr. Barzel: Hört! Hört!)*
Die Vorbehalte der Regierung sind also zwar formal richtig, aber die politische Wirkung der Abmachungen ist, wie ich das gezeigt habe, dem weithin entgegengesetzt. Es besteht hier ganz offensichtlich die Gefahr – jetzt spreche ich einmal nur von der Gefahr –, daß die formalen Vorbehalte der Regierung als verbale Pflichtübung entwertet werden. *(Beifall bei der CDU/CSU.)*
Unsere Kritik an den Verträgen beruht daher auf der Befürchtung, daß die Teilung Deutschlands vertieft, die Verwirklichung des Selbstbestimmungsrechts für alle Deutschen erschwert wird; daß das im Deutschland-Vertrag niedergelegte Engagement unserer drei großen westlichen Verbündeten, zu einer freiheitlichen Lösung der deutschen Frage beizutragen, mit Sicherheit durch diese Verträge nicht gestärkt, sondern vermindert wird. *(Beifall bei der CDU/CSU.)* Dafür ist heute hier schon das eine oder andere Mal die Redewendung gebraucht worden, niemand könne erwarten, daß unsere westlichen Verbündeten etwa deutscher sein würden als die Deutschen selbst und – das ist noch wichtiger – daß sie etwa noch Interessen wahrnehmen würden, die von der Bundesregierung selbst kleiner geschrieben werden. *(Beifall bei der CDU/CSU.)*

Wie gespenstisch das ist, sehen Sie, wenn Sie sich eine etwas zurückliegende Äußerung der drei Westmächte anhören. Die Deutschland-Erklärung der drei Westmächte vom 26. Juni 1964 war zum Abschluß des Vertrages zwischen der Sowjetunion und der DDR verfaßt worden. Dort heißt es:

> Die drei Regierungen erkennen weder das ostdeutsche Regime noch die Existenz eines Staates in Ostdeutschland an. Was die Bestimmungen über die Grenzen dieses sogenannten Staates betrifft, wiederholen die drei Regierungen, daß es innerhalb Deutschlands und Berlins keine Staatsgrenzen, vielmehr nur eine „Demarkationslinie" und die „Sektorengrenzen" gibt und daß auf Grund eben der Abkommen, auf welche in dem Vertrag vom 12. Juni Bezug genommen wird, die endgültige Festlegung der Staatsgrenzen Deutschlands einer Friedensregelung für Gesamtdeutschland vorbehalten bleibt. *(Beifall bei Abgeordneten der CDU/CSU.)*

Wir befürchten, daß die Ostpolitik langfristig den Zusammenhalt des Westens, das empfindliche Machtgleichgewicht in Europa und damit unsere Sicherheit gefährdet. Wir haben insbesondere die ernste Sorge, daß die Bindungen zwischen Europa und den Vereinigten Staaten eben nicht intensiviert, sondern daß sie gelockert werden und daß damit die Funktionsfähigkeit der NATO beeinträchtigt wird. Wir befürchten, daß es auf die Dauer gesehen zu einer Machtverschiebung in Europa zugunsten der Sowjetunion kommt. Wir befürchten, daß sie aus dieser veränderten Situation heraus dem ihr äußerst unbequemen westeuropäischen Zusammenschluß nach Kräften Steine in den Weg legen wird.

Von Regierungsseite wird nun gesagt, wir arbeiteten mit Befürchtungen, während wir ihr gleichzeitig vorwürfen, sie stütze sich auf Hoffnungen und Erwartungen. Dann bezögen sich doch beide auf die Zukunft. Meine Damen und Herren, das mag im ersten Augenblick ganz gut klingen; es ist aber durchaus nicht überzeugend. Die Ausgangspositionen von Regierung und Opposition sind sehr verschieden.

Die Regierung hat, wenn wir den Moskauer Vertrag als das Hauptinstrument ansehen, einen Vertrag geschlossen, dessen Vorteile sich für beide Seiten, wie ich vorhin sagte, normalerweise aus dem Vertragstext ergeben sollten. Das heißt also, Leistungen und Gegenleistungen sollten erkennbar in einem ausgewogenen Verhältnis zueinander stehen. In Wirklichkeit hat die Regierung sowjetischen Forderungen, die jahrelang erhoben worden sind, entsprochen. *(Beifall bei der CDU/CSU.)* Die Vertretung der deutschen Interessen ist dadurch nicht leichter geworden. Die Vertretung der deutschen Interessen wird in Zukunft sehr viel mehr Festigkeit, sehr viel mehr Mut und Entschlossenheit erfordern, als die Bundesregierung beim Zustandekommen dieses Vertrages bewiesen hat. *(Lebhafter Beifall bei der CDU/CSU.)*

Da sich nun aus dem Vertragstext sicher keine Vorteile, nach seiner östlichen Interpretation sogar schwerwiegende Nachteile für die deutschen Interessen ergeben, versucht die Regierung, den Vertragsabschluß mit Verweisungen auf künftig zu erwartende Entwicklungen zu rechtfertigen. Es tut mir leid, meine Damen und Herren, aber in unseren Augen ist das keine solide Außenpolitik. *(Anhaltender, lebhafter Beifall bei der CDU/CSU.)*

Meine Damen und Herren, es ist die Pflicht der Opposition, auf die Mängel, auf die Unausgewogenheit der Verträge und auf die Gefahren, die sich daraus ergeben können, hinzuweisen. Bei Würdigung aller Argumente erscheinen die Risiken, die mit der Ostpolitik der Bundesregierung und mit den Verträgen von Moskau und Warschau verbunden sind, bei weitem größer als die Chancen, die sie bieten können.

Zum Schluß nur noch ein Wort zu einer Frage, die viel Unruhe verursacht hat und noch verursacht und auf die wir eine ganz nüchterne Antwort dringend geben müssen. Von Regierungsseite wie auch von östlicher Seite wird immer wieder mehr oder weniger deutlich auf die angeblich schwerwiegenden Folgen hingewiesen, die mit einem Scheitern dieser Verträge für die Bundesrepublik Deutschland verbunden sein würden. Es sind Ausdrücke wie „Desaster" und „totale Isolierung", die uns dann angeblich drohten, verwendet worden. Der Bundesregierung muß deutlich gesagt werden, daß sie allein es ist, welche die Verantwortung für eine Politik trägt, die sie allein betrieben hat und betreibt. *(Lebhafter Beifall bei der CDU/CSU.)*

Die Bundesregierung nimmt die Chance des Erfolgs für sich in Anspruch. Sie muß auch das Risiko des Scheiterns tragen. *(Erneuter Beifall bei der CDU/CSU.)* Wir jedenfalls werden uns von Pressionen nicht beeindrucken lassen. *(Wiederholter Beifall bei der CDU/CSU.)* Ein Scheitern der Verträge ist ein Desaster nur für die Bundesregierung, die sie abgeschlossen hat. *(Lebhafter Beifall bei der CDU/CSU.)* Ich bin der Überzeugung, daß die Interessen Deutschlands ohne diese Verträge besser wahrgenommen werden können. *(Lebhafter, langanhaltender Beifall bei der CDU/CSU.)*

36.
Konstruktives Mißtrauensvotum gegen Bundeskanzler Willy Brandt 1972 – Die Entscheidung der FDP

Rede des Bundesparteivorsitzenden Walter Scheel am 27. April 1972

In der 183. Sitzung des Sechsten Deutschen Bundestages am 27. April 1972 stand der Antrag der CDU/CSU-Fraktion zur Debatte und Abstimmung, Bundeskanzler Willy Brandt das Mißtrauen auszusprechen und als seinen Nachfolger Oppositionsführer Dr. Rainer Barzel zum Kanzler der Bundesrepublik Deutschland zu wählen. Anstelle der erforderlichen 249 Stimmen – der absoluten Mehrheit der stimmberechtigten Abgeordneten – bekam dieser Antrag jedoch nur 247 Stimmen und war damit abgelehnt. Von Bedeutung für den Ausgang dieser Abstimmung war das Verhalten der FDP. Am 27. April begründete der FDP-Bundesparteivorsitzende Walter Scheel das „Nein" seiner Partei zum Mißtrauensantrag gegen Bundeskanzler Brandt:

Herr Präsident! Meine sehr verehrten Damen und Herren! Jeder einzelne Abgeordnete muß heute eine Entscheidung von großer politischer Tragweite fällen. Es geht um den Versuch, eine Veränderung politischer Mehrheitsverhältnisse ohne Wählerentscheid herbeizuführen. Das trifft unabhängig von der formalen Legitimität den Nerv dieser Demokratie. *(Beifall bei den Regierungsparteien.)* Wenn es zur Regel werden sollte, daß Mehrheitsverhältnisse in den Parlamenten durch Parteienwechsel, also ohne Wählervotum, verändert werden, dann stirbt die Glaubwürdigkeit der parlamentarischen Demokratie. *(Beifall bei den Regierungsparteien. – Abg. Katzer: Wie war das denn 1956 in Düsseldorf, Herr Scheel? – Weitere Zurufe von der CDU/CSU.)*

Wir achten die freie Gewissensentscheidung jedes Abgeordneten. *(Lachen bei der CDU/CSU. – Abg. Dr. Müller-Hermann: Widerspruch!)* Höchster Maßstab der Gewissensprüfung müssen aber die Achtung vor dem Votum der Wähler, *(Abg. Katzer: Na also!)* die Funktionsfähigkeit des demokratischen Systems und das Ansehen der politischen Parteien sein. *(Beifall bei den*

Regierungsparteien.) Wer hat denn jemals einen Volksvertreter daran gehindert, seinem Gewissen zu folgen und sein Mandat in die Hände der Wähler seiner Partei zurückzulegen? *(Beifall bei den Regierungsparteien. – Zuruf von der CDU/CSU: Wir sicher nicht!)* Hüten wir uns davor, große Worte zu strapazieren, wenn es um ganz handfeste Dinge geht. *(Lebhafter Beifall bei den Regierungsparteien.)* Die Sicherung der persönlichen politischen Zukunft ist keine Gewissensfrage. *(Beifall bei den Regierungsparteien.)* Man sollte die Wähler in einer solchen Situation nicht verhöhnen und mit unser aller Ruf als Volksvertreter nicht Schindluder treiben; das wäre gewissenlos. *(Beifall bei den Regierungsparteien.)*

Sie wollen an die Regierung, ohne eine Bundestagswahl gewonnen zu haben. Wenn Ihnen die Wähler dieses Landes eine Mehrheit verschaffen, dann könnten wir darüber zwar nicht froh sein, würden uns aber selbstverständlich vor dem Urteil der Wähler verneigen und Ihnen noch die Siegespalme reichen. Doch das, was hier gespielt werden soll, ist ein schäbiges Spiel. *(Beifall bei den Regierungsparteien.)* Sie hoffen auf Mitglieder dieses Hauses, deren Nervenkraft und Charakterstärke nicht ausreichen, in einer schweren Stunde zu ihrer Partei zu stehen oder ihr Mandat zurückzugeben. *(Lebhafter Beifall bei den Regierungsparteien – Zurufe von der CDU/CSU.)* Wer Regierungsmacht auf dieser moralischen Grundlage aufbauen will, der baut auf Sand. *(Beifall bei den Regierungsparteien.)* Ein Bundeskanzler, der auf diese Weise ins Amt kommt, wäre nur eine Stunde lang glücklich.

Diese Regierung soll kurz vor dem Ziel gestürzt werden. *(Lachen bei der CDU/CSU.)* In der Außenpolitik sind wir wenige Meter vor der Marke, hinter der die Gefahr der außenpolitischen Isolierung gebannt ist und eine gesicherte Entspannung der Lage in Mitteleuropa beginnt. *(Beifall bei den Regierungsparteien.)* Die Lage der Wirtschaft entwickelt sich allen Unkenrufen zum Trotz besser als erwartet. *(Beifall bei den Regierungsparteien.)* In diesem Land herrschen, von wenigen Ausnahmen abgesehen und im Gegensatz zu der Zeit der Regierung Kiesinger und zur Lage in einigen Nachbarländern, Ruhe und Frieden. *(Beifall bei den Regierungsparteien.)* Notwendige Reformgesetze, die jahrelang auf die lange Bank geschoben worden waren, wurden verabschiedet oder auf den parlamentarischen Weg gebracht. Sie fürchten unter diesen Umständen die Wahlen von 1973; darum wollen Sie ihnen zuvorkommen. *(Beifall bei den Regierungsparteien.)*

Wir Freien Demokraten haben es in den letzten Jahren nicht leicht gehabt. Was auf uns als kleinste der Bundesparteien eingestürmt ist, hat die Grenzen der Belastbarkeit oft erreicht. Diese kleine liberale Partei sollte immer wieder zerschlagen, gespalten, hinauskatapultiert werden. Der Kapitaleinsatz allein gegen die FDP jetzt bei der baden-württembergischen Landtagswahl betrug mehr als das Zehnfache der Mittel, die uns zur Verfügung standen. *(Abg. Wehner: Hört! Hört!)* Um die Liberalen in ihrem Stammland politisch zu ermorden, handelte man nach dem verhängnisvollen Satz: Der Zweck heiligt die Mittel. *(Beifall bei den Regierungsparteien.)*

Die beabsichtigte Leichenfledderei am politischen Liberalismus – natürlich christlich motiviert – *(Beifall bei den Regierungsparteien)* konnte dann doch nicht stattfinden, weil die Liberalen nicht nur höchst lebendig, sondern unerwartet vital aus der Schlacht hervorgingen. Uns haben in diesen schweren Wochen so manche im Stich gelassen, die sich übrigens wundern würden, wenn wir sie, ihre Anliegen und Interessen auch einmal im Stich lassen würden. Aber sehr viele haben uns geholfen, freiwillig, uneigennützig, haben ihren guten Namen für uns verpfändet. Ihnen sind wir verpflichtet. *(Beifall bei den Regierungsparteien.)*

Wir Liberalen leben bewußt mit dem Risiko. Wir sind so viele Krisen und Rückschläge gewohnt, daß wir die Existenzangst überwunden haben. Wir haben 1969 das getan, was für unser Volk richtig und notwendig war, obwohl wir wußten, daß wir damit in die schwerste Belastungsprobe unserer Parteigeschichte gehen würden. Ich hätte heute nicht den Mut, vor unsere vielen Mitglieder, die draußen im Lande Zeit, Kraft, Nerven, Geld und oft ihre gesellschaftliche Stellung für diese Partei eingesetzt haben, vor unsere Helfer und Wähler zu treten, wenn wir das politisch Falsche getan hätten, nur um auf jeden Fall unsere Haut zu retten.

Diese kleine und mutige, gescholtene und geschlagene, häufig für tot erklärte und immer wieder aufgestandene Freie Demokratische Partei hat mehr für das Wohl dieser Republik bewirkt, als ihrer zahlenmäßigen Stärke zuzutrauen war. *(Beifall bei den Regierungsparteien.)* Ich leugne nicht, daß wir mit Ihnen von der CDU/CSU zusammen bedeutende Erfolge für die Bundesrepublik errungen haben, auch wenn Sie uns als Dank für die gemeinsame Arbeit schon 1956 mit dem Grabenwahlrecht existentiell vernichten wollten. Ich stehe zu unserem Entschluß, 1949 gegen Ihr, der CDU, Ahlener Programm die Marktwirtschaft durchgepaukt und als ersten Schritt der außenpolitischen Handlungsfähigkeit die Westverträge abgeschlossen zu haben. Beides wäre ohne die FDP nicht möglich gewesen. Doch geben wir auch das zu: Das Kabinett Erhard war am Ende nicht mehr handlungsfähig, das Kabinett Kiesinger mit seiner großen Mehrheit so bewegungsarm, daß es die Kernprobleme unserer nationalen Existenz und unserer gesellschaftlichen Zukunft nicht einmal anpacken konnte.

Der Regierungswechsel war nach zwei Jahrzehnten überfällig. Hätten wir ihn nicht bewirkt, so hätten wir im demokratischen Sinne in entscheidender Stunde versagt. Wie sah es denn 1969 in diesem Lande aus, außenpolitisch, währungspolitisch, wirtschaftspolitisch, auf unseren Straßen und Plätzen? Diese Regierung hat keine Wunder bewirkt. Sie hat dieses Land aber vor einer gefährlichen außenpolitischen Isolierung bewahrt, *(Beifall bei den Regierungsparteien)* sie hat die ihr überlassene überhitzte Konjunktur ohne Umschlag in eine Rezession gezähmt, zahlreiche Reformwerke durchgebracht oder auf den parlamentarischen Weg gegeben und dieses Land befriedet. Das alles wollen Sie aufs Spiel setzen, nur weil Sie es nicht vier Jahre lang auf den Bänken der Opposition aushalten können, um den Wähler dann in Ruhe das Urteil sprechen zu lassen. *(Beifall bei den Regierungsparteien.)*

Ich sage ganz offen: Vielleicht haben wir hier und dort zu viele Erwartungen geweckt. *(Sehr wahr! bei der CDU/CSU.)* Wir haben in zweieinhalb Jahren aber auch viel geleistet. Wir können uns neben jeder Regierung sehen lassen. Wir haben uns bis an die Grenze unserer Kräfte für dieses Volk eingesetzt. Da haben wir ein ganz gutes Gewissen. *(Beifall bei den Regierungsparteien.)*

Diese Regierung hat ihre Spur tief in die Nachkriegsgeschichte unseres Volkes eingekerbt, komme, was das wolle. *(Beifall bei den Regierungsparteien.)* Diese Regierung hat sich geschichtlich allein schon dadurch gerechtfertigt, daß sie mit ihrer knappen Mehrheit das geschaffen hat, was andere mit ihren großen Mehrheiten nicht erreichen wollten oder konnten: *(Beifall bei den Regierungsparteien)* unser Volk über seine Tabuschwellen hinwegzuführen, es von Illusionen wegzubringen, *(Beifall bei den Regierungsparteien)* ihm auch harte Wahrheiten über seine Lage zu sagen und auf diese Weise die ihm nach zwei verlorenen Weltkriegen verbliebene nationale Restsubstanz dauerhaft zu sichern. *(Beifall bei den Regierungsparteien.)*

Wir haben den Schutt weggeräumt, und wir haben uns die Finger dabei blutig gemacht. *(Oh-Rufe bei der CDU/CSU.)* –Sie haben uns bei dieser politischen Knochenarbeit nicht geholfen, meine Damen und Herren. *(Beifall bei den Regierungsparteien.)* Sie haben uns verspottet und verteufelt, aber nun wollen Sie die Früchte unserer Mühe genießen. *(Beifall bei den Regierungsparteien. – Lachen bei der CDU/CSU.)* Selbst wenn Ihnen das gelingen sollte, könnte das den Stolz auf unsere unter schwierigsten Umständen erbrachte politische Leistung nicht mindern.

Ich will nicht mehr als an die schwere Verantwortung jedes einzelnen Abgeordneten appellieren. Lassen Sie diesem Volk noch ein Jahr lang seinen inneren Frieden, stellen wir uns dann gemeinsam dem Urteil der Wähler! Machen Sie unser Land und sich selber nicht unglücklich, indem Sie zur falschen Zeit mit den falschen Methoden eine Regierung etablieren wollen, deren Fundament sich auf politische Überläufer stützen müßte und deren Geburtsstunde vom Makel des Wortbruchs gekennzeichnet wäre! *(Lebhafter*

Beifall bei den Regierungsparteien.) Eine Regierung gegen Treu und Glauben hat unser Volk nicht verdient. Das haben auch Sie nicht verdient, Herr Dr. Barzel.

Unsere Regierung mag ihre Schwächen haben. Ein unter solchen Umständen geborenes Kabinett wäre das schwächste aller Zeiten. *(Beifall bei den Regierungsparteien.)* Sie sind wieder einmal zu früh gestartet, Herr Kollege Barzel. Das kann nur ein Fehlschlag werden, so oder so. Wir sollten Sie und uns vor den Folgen bewahren. *(Anhaltender lebhafter Beifall bei den Regierungsparteien.)*

37.
Deutsche Energiepolitik

Regierungserklärung von Bundeswirtschaftsminister Dr. Hans Friderichs am 17. Januar 1974

Im Winter 1973/74 geriet auch die Bundesrepublik Deutschland in den Strudel der internationalen Ölkrise, die sich in starken Preissteigerungen und mengenmäßigen Verknappungen ausdrückte. Bundeswirtschaftsminister Dr. Hans Friderichs nahm in der 73. Sitzung des Siebten Deutschen Bundestages am 17. Januar 1974 in einer Regierungserklärung zur deutschen Energiepolitik Stellung:

Frau Präsidentin! Sehr verehrte Damen! Meine Herren! Seit dem Ausbruch des Nahostkonflikts im Oktober vergangenen Jahres befinden sich die Volkswirtschaften insbesondere der westlichen Welt in einem energiepolitischen Spannungsfeld. Form und Ausmaß dieser Belastungsprobe sind seit 1948 ohne Parallele. Den Grundlagen unserer Wirtschaft drohte Gefahr von außen. Sachliche und nüchterne Analyse, folgerichtige Konsequenzen und Angemessenheit der Mittel waren die Grundsätze unseres Handelns.

Sich kurzfristig verändernden Situationen konnte nur mit hoher Flexibilität begegnet weden. Zwangswirtschaftliche Eingriffe waren weder erforderlich noch gewollt. Die marktkonformen Mittel haben sich auch in dieser Lage als richtig erwiesen.

Mit Beginn des Jahres 1974 hat sich die mengenmäßige Versorgung der Bundesrepublik Deutschland entspannt. Dennoch ist übertriebener Optimismus ebenso falsch wie übertriebener Pessimismus. *(Sehr richtig! bei der CDU/CSU.)* Die Unsicherheit über die künftige Versorgung besteht fort. Erhebliche Preissteigerungen für Mineralöl treten hinzu.

Der rasche Wandel der Versorgungsaussichten war für weite Teile der Bevölkerung schwer verständlich. Zweifel an der Richtigkeit der angewandten energiepolitischen Maßnahmen konnten daher nicht ausbleiben. Dennoch: Die heutige Zwischenbilanz bestätigt den eingeschlagenen Weg. Ein Blick über die Grenzen sollte die letzten Zweifel beseitigen.

Zur Lage in der Bundesrepublik: Die für Januar und Februar zur Verfügung stehenden Benzinmengen entsprechen etwa denen des Vorjahres. Der bisher

üblichen Verbrauchssteigerung steht aber kein zusätzliches Angebot gegenüber. Daher kann auch jetzt auf Einsparungsmaßnahmen nicht ganz verzichtet werden. Bei der Alternative Wochendfahrverbot oder Geschwindigkeitsbegrenzung hat sich die Bundesregierung für das kleinere Übel entschieden. Die Versorgung mit Dieselkraftstoff ist vorerst gesichert.
Die Mindermengen bei leichtem Heizöl – zirka 12 Prozent gegenüber dem Vorjahr – bereiten uns in diesem Winter keine großen Sorgen. Nach allen Erfahrungen wird sparsamer geheizt, die privaten Vorräte sind hoch. Die zwischen 10 und 14 Prozent geringeren Auslieferungen von schwerem Heizöl sollten durch Substitution und gezielte Einsparung in der Industrie ausgeglichen werden können.
Die gesetzlichen Pflichtvorräte wurden nicht angetastet. Dies war von Anfang an unser Ziel. Die Vorräte reichen bei Benzin für 63 Tage, bei leichtem Heizöl für 75 Tage und bei schwerem Heizöl für 71 Tage; Datum: 1. Januar 1974. Sie entsprechen damit nahezu exakt den Vorräten am Beginn des Jahres 1973. Zu dieser vergleichsweise günstigen Entwicklung haben nicht zuletzt die Menschen in unserem Lande durch ihr einsichtiges und besonnenes Verhalten beigetragen. Sie sind in einer schwierigen Lage dem Gebot der Vernunft gefolgt.
Die Preise für Mineralölprodukte in der Bundesrepublik, aber auch in anderen Ländern, sind seit November vergangenen Jahres in bisher kaum gekanntem Ausmaß gestiegen. Dies konnte angesichts der drastischen Erhöhung der Rohölpreise durch die Förderländer und der Marktanspannung im Inland nicht überraschen. Die Einführung eines Höchstpreissystems hätte unsere Lage dennoch nicht verbessert. Bei einem derartigen Eingriff wäre zu befürchten gewesen, daß der mengenmäßige Zufluß des Rohöls abnehmen würde.
Die Bundesregierung hat sich jedoch Informationen über die Preis- und Kostensituation verschafft, um auch auf diese Weise einer mißbräuchlichen Ausnutzung einer Mangellage entgegenzuwirken. Die Überprüfung der diesbezüglichen Meldungen der Mineralölwirtschaft an Bundesregierung und Bundeskartellamt haben ergeben: Der Verdacht, daß die Mineralölversorgung – zumindest was die Preise anbelangt – durch eine gezielte Angebotsstrategie von Mineralölgesellschaften verschärft worden ist, wurde nicht bestätigt. Dieser Verdacht wurde aber bisher auch nicht ausgeräumt. Das ist unbefriedigend.
Nationale Mittel reichen bei multinationalen Gesellschaften zu abschließender Urteilsfindung nicht aus. Deshalb hat sich auf Initiative der Bundesregierung die Europäische Kommission in ihrer Eigenschaft als europäische Kartellbehörde in die Prüfung etwaiger Mißbräuche eingeschaltet.

An den Preiserhöhungen der vergangenen Monate sind alle am Markt beteiligten Gruppen, wenn auch in unterschiedlichem Ausmaß, beteiligt gewesen. Zu bemerken ist allerdings, daß die internationalen Gesellschaften in der Bundesrepublik die niedrigsten Preise, die freien Importeure die höchsten Preise verlangen. Dabei sind die unterschiedlichen Beschaffungskosten zu berücksichtigen. Die Preise für importierte Produkte haben sich weitgehend an den extrem hohen Notierungen in Rotterdam ausgerichtet. Ein großer Teil unserer Produkte dürfte aus europäischen Raffinerien stammen. Auch hier ist mit nationalen Mitteln nicht feststellbar, wer die angefallenen Gewinne gemacht hat.

Die Bundesregierung weist auf die deutliche Gefahr der gegenwärtigen Marktlage mit gespaltenen Preisen hin. Es besteht die Gefahr der Verdrängung wettbewerbsfördernder Strukturen auf dem deutschen Markt durch die Ausschaltung unabhängiger Marktteilnehmer. Dies entspricht nicht unserer wettbewerbspolitischen Zielsetzung.

Was am Ölmarkt geschieht, beeinflußt aber unsere gesamtwirtschaftliche Entwicklung. Wir werden das Jahr 1974 nicht nur in einem geringeren Wirtschaftswachstum, sondern auch in größeren Risiken für die Beschäftigung und in einer zusätzlichen mineralölbedingten Preissteigerung von mindestens 2 Prozent zu sprüren bekommen.

Für diese verringerten Wachstumsmöglichkeiten sind vor allem folgende Faktoren verantwortlich: erstens die als Folge der drastischen Energiepreiserhöhung sich ergebende abrupte Verschiebung der Preisrelationen und damit der Nachfragestrukturen, zweitens die Tatsache, daß sich dieser Strukturwandel im Zeichen einer zunehmenden konjunkturellen Abschwächung vollziehen muß, drittens die Verlangsamung der Weltkonjunktur, die angesichts der Energiesituation voraussichtlich schneller und stärker vonstatten geht, als bisher angenommen.

Die Konsequenzen aus dieser neuen Lage liegen auf der Hand. Die Wirtschaftspolitik muß auf diese differenzierte Situation, die nicht durch eine globale Nachfragelücke gekennzeichnet ist und deswegen auch keine generelle Lockerung erlaubt, differenziert reagieren. Die Bundesregierung und die Bundesbank haben dies mit ihren Beschlüssen vom 19. Dezember 1973 und vom vergangenen Freitag getan. Jetzt ist eine Doppelstrategie notwendig: einerseits gezieltes Entgegenwirken gegen Beschäftigungseinbrüche, ohne dabei den notwendigen Strukturwandel zu verhindern, andererseits vorläufiges Beibehalten der generellen Restriktionen, um die Spielräume für Kosten- und Preiserhöhungen zu begrenzen.

Ein anderer Aspekt der jüngsten Entwicklung darf nicht unerwähnt bleiben. Er birgt nicht nur Probleme, sondern auch Chancen für die Zukunft. Ich meine die Versorgung mit Rohstoffen. Auch bei einigen anderen Rohstoffen, insbesondere bei NE-Metallen, sind wir in hohem Maße importabhängig, und auch dort sind die Preise in jüngster Zeit außergewöhnlich gestiegen. Allerdings möchte ich vor einer undifferenzierten Übertragung der Mineralöl-Problematik auf alle anderen Rohstoffe warnen. Zwar dürften die Vorgänge im Mineralölbereich auch Auswirkungen auf das Verhalten anderer Rohstoffländer auslösen, doch liegen hier andere Voraussetzungen als bei Öl vor. Weder Angebotsstruktur noch Substitutionsmöglichkeiten dieser Rohstoffe, noch die Finanzkraft der Exportländer sind mit den Gegebenheiten der Mineralölländer vergleichbar. Generell müssen wir unsere Politik der Rohstoffsicherung überprüfen. Die Bundesregierung hat für diese Fragen inzwischen einen besonderen Staatssekretärausschuß eingesetzt.

Bei der Rohstoffpolitik beschränkt sich die Bundesregierung nicht auf defensive Strategien; sie nimmt die neue Situation zum Anlaß, die internationale Zusammenarbeit zwischen Industrie-, Rohstoff- und Entwicklungsländern zu verbessern und auf eine neue Grundlage zu stellen. Niemand in diesem Lande kann die Augen vor der Tatsache verschließen, daß an den Beziehungen zwischen den entwickelten und den weniger entwickelten Ländern, die ja in der Regel auch Rohstoffländer sind, manches nicht in Ordnung war und nicht in Ordnung ist.

Zu einem Umdenken in den weltwirtschaftlichen Beziehungen werden wir noch von einer anderen Seite her, nämlich dem Währungsbereich, gezwungen. Es ist offenkundig, daß die Mineralölpreissteigerungen für das internationale Währungssystem und seine Reform neue Daten gesetzt haben und den Ausgleich der Zahlungsbilanzen vieler Länder zusätzlich gefährden. Wegen der Folgen der Ölpreissteigerungen für die deutsche Zahlungsbilanz sind vorerst erfreulicherweise besondere Befürchtungen nicht angebracht.

In der Öffentlichkeit ist mehrfach darauf hingewiesen worden, daß die deutsche Handelsbilanz allein auf Grund der Verteuerung des Erdöls um rund 20 bis 25 Milliarden DM belastet werden könnte. Ich möchte hier nicht dazu Stellung nehmen, ob diese Annahme für die Verteuerung der deutschen Mineralölimporte realistisch ist oder nicht. Sicher ist aber, daß eine isolierte Betrachtung der Importverteuerung zu einem falschen Ergebnis führt. Der Verteuerung der Erdöleinfuhr steht nämlich in der Handelsbilanz eine Reihe kompensierender Faktoren gegenüber.

Dazu, weil das Thema in der Öffentlichkeit heiß diskutiert wird, einige Hinweise: Durch die Verteuerung des Erdöls und den dadurch bedingten Anstieg der Produktionskosten der deutschen Wirtschaft werden sich nicht nur die inländischen Erzeugerpreise, sondern tendenziell auch die Ausfuhrpreise erhöhen. Insoweit wird die Verteuerung zumindest teilweise weitergegeben, und insoweit ist die Belastung des Handelsbilanzsaldos geringer. Dennoch dürfte wegen der Ölverteuerung der Handelsbilanzüberschuß 1974 sicherlich niedriger ausfallen als 1973. Eine gewisse Reduzierung des extrem hohen Außenhandelsüberschusses ist aber gesamtwirtschaftlich durchaus nicht problematisch. Damit verringert sich zwar der Zuwachs der Forderungen der deutschen Wirtschaft gegenüber dem Ausland, aber soweit dies durch die Verteuerung der Erdöleinfuhren verursacht ist, wird der reale Warenaustausch mit dem Ausland davon zunächst einmal nicht berührt, denn die dem Export entsprechenden Güter standen ja auch schon bisher real der deutschen Volkswirtschaft nicht zur Verfügung. Der Unterschied zur bisherigen Überschußentwicklung besteht allerdings darin, daß die entsprechenden nominalen Forderungen jetzt auf die Ölländer übergehen und nicht mehr in die Währungsreserven der Deutschen Bundesbank fließen.

Ich sage dies alles nicht, um die Problematik zu verniedlichen. Mir geht es vielmehr darum, eine unnötige Dramatisierung an der falschen Stelle zu verhindern. Natürlich wäre mir eine andere Art des Abbaus des extremen Handelsüberschusses lieber, z.B. ein Abbau durch größere reale Importe oder durch stärkere Produktion für das Inland, denn dann hätte ein solcher Abbau tatsächlich mehr Wohlstand für unser eigenes Land bedeutet. Worauf es mir aber letztlich ankam, ist, deutlich zu machen: Die Preiswirkungen der Ölpreissteigerungen sind für uns gewichtiger als die Handelsbilanzeffekte. Wir unterscheiden uns dabei sicher von manchen unserer Nachbarländer, die auch und gerade im Hinblick auf ihre Außenbilanz teilweise große Sorgen haben.

Die Schwierigkeiten der vergangenen Monate haben für jedermann deutlich gemacht, welche Priorität die Energieversorgung für unsere Volkswirtschaft besitzt, und sie haben weiterhin gezeigt, daß die Energieversorgung nicht nur ein wirtschaftspolitisches Problem ist, sondern auch unsere politische Handlungsfreiheit nach innen und außen bestimmt.

Niemand kann heute ernsthaft behaupten, er wisse, was am Welterdölmarkt in den nächsten Monaten geschieht, was die Ölländer wirklich tun und wie die Reaktionen hierauf sein werden. In dieser Situation der hohen Unsicherheit ist es natürlich sehr schwer, alle längerfristigen Konsequenzen schon jetzt zu ziehen. Daher ist heute und hier nicht der Zeitpunkt, um die umfassende Fortschreibung unseres Energieprogramms vom September 1973 vorzunehmen. Die Bundesregierung ist vielmehr der Ansicht, daß die Grundausrichtungen der Energiepolitik nicht revidiert zu werden brauchen. Wir hatten die im Mineralölbereich vorhandenen Gefahrenmomente, die jetzt Realität geworden sind, bereits gesehen. Nicht die allgemeine Problemlage unserer

Energieversorgung, sondern vielmehr die Dimension hat sich nachhaltig gewandelt.

Andererseits wäre es unverantwortlich, nicht jene Schritte zu tun, die heute möglich und sinnvoll sind. Das bedeutet erstens: Die Bundesregierung wird weitere Maßnahmen ergreifen, um den Ölanteil an unserer Energieversorgung zu reduzieren und andere Energieträger – Erdgas, Kernenergie, Kohle – stärker zu entwickeln. Das Energieprogramm wies bereits deutlich in diese Richtung; jedoch ist der erzielte Effekt unter den heutigen Bedingungen zu gering. Wir müssen ihn deshalb verstärken.

Zweitens. Wir sind uns darüber im klaren, daß jeder einzelne Unternehmer bei der gesamtwirtschaftlich dringend erforderlichen Substitution von Öl vor einer risikoreichen Entscheidung stehen kann. Die Preisverhältnisse, mit denen in den kommenden Jahren gerechnet werden muß, sind noch unklar. Außerdem müssen im In- und Ausland zur Erhöhung des Energieangebots Investitionen vorgenommen werden, auch wenn sie höhere Kosten erfordern als bisher üblich. Die Rentabilität all dieser Investitionen hängt von dem politisch bestimmten Preis für Rohöl ab. Hier können Risiken entstehen, die mit ökonomischen Bedingungen nichts mehr zu tun haben. Die Bundesregierung prüft daher sehr sorgfältig, welche Instrumente geeignet sind, um diesen Gefahren zu begegnen oder sie auszugleichen.

Drittens. Die Bundesregierung wird die Möglichkeiten zur Kooperation mit den Rohölförderländern ausschöpfen und forcieren. Es ist kein Zufall, daß der Wirtschaftsminister dieser Regierung vor Ausbruch des Nahost-Konflikts diese Politik im Energieprogramm der Bundesregierung konzipiert und mit eben dieser Konzeption verhandelte.

Die Bundesregierung hat durch den Erwerb des Gelsenberg-Pakets die Zusammenfassung deutscher Mineralölinteressen, vor allem zum Zwecke der Erleichterung der Kooperation mit Erdölförderländern, eingeleitet.

Wir werden außer der Schaffung eines potenten Mineralölpartners auf deutscher Seite Anreize für Unternehmen aus anderen Bereichen unserer Wirtschaft zur industriellen Kooperation im Nichtölbereich schaffen. Ich bin mir bewußt, daß dies im Rahmen unserer Wirtschaftsordnung ein nicht einfaches Problem ist. Ich glaube aber, daß gerade unsere Wirtschaft über ein sehr hohes Potential und auch die entsprechende Initiative für eine sinnvolle Kooperation verfügt.

Für die Versorgung mit Energie und möglicherweise mit knappen Rohstoffen werden wir darüber hinaus die finanzielle Seite sehr großer Projekte überdenken müssen. Dabei geht es nicht nur um Kooperation und um Erdöl in den klassischen Förderländern, sondern auch um Erdöl aus anderen Bereichen, um Erdgas und auch um andere Energieträger. Für diese

Kooperation werden Bundesregierung und Parlament die notwendigen erheblichen Finanzmittel bereitstellen müssen, damit ein wirksames Handeln in diesem Bereich möglich wird.
Wir werden darüber hinaus unser vorhandenes Förderinstrumentarium so ausbauen, daß es elastisch auf die besonderen Verhältnisse des konkreten Einzelfalles einsetzbar ist. Die Bundesregierung wird die Bedingungen für die Übernahme von Gewährleistungen erleichtern, wenn wegen des überwiegenden Interesses an der Energieversorgung privatwirtschaftlich unzumutbare Risiken übernommen werden müssen. Außerdem werden die im Bundeshaushalt für die verschiedenen Bürgschafts- und Garantieinstrumente vorgesehenen Plafonds entsprechend erhöht werden müssen.
Viertens. Die Bundesregierung wird finanzielle Mittel für Anschlußmaßnahmen an das bisherige Deminex-Programm bereitstellen. Die Deminex muß gestrafft werden.
Fünftens. Im Energieprogramm hat die Bundesregierung ein Erdgas-Tiefbohrprogramm für die Bundesrepublik angekündigt. Sie wird dieses Programm beschleunigt verwirklichen und stellt die erforderlichen Mittel bereit.
Sechstens. Die Bundesregierung begrüßt alle Initiativen zu internationalen Verhandlungen zwischen Verbraucher- und Förderländern, um eine Verstetigung der Energieversorgung zu erreichen. Dabei muß von Anfang an klar sein, daß es nicht darum gehen kann, Frontstellungen aufzubauen, sondern genau umgekehrt etwa vorhandene Gegensätzlichkeiten aufzulösen und auszugleichen.
Andere wichtige Themen, die im Rahmen der vorgesehenen Zusammentreffen mit den Erdölproduzentenländern zu erörtern sein werden, sind nach unserer Meinung die Intensivierung der industriellen Kooperation, die Erörterung der Auswirkungen der Energielage auf die Weltwirtschaft und das Problem der Anlagemöglichkeiten der Erdöleinnahmen. Bei der Zusammenarbeit mit den anderen Verbraucherländern sollten nach unserer Meinung Forschung und Entwicklung neuer Energieträger im Vordergrund stehen.
Siebtens. Die Bundesregierung wird die Zeit ihrer Präsidentschaft in Brüssel dazu nutzen, um eine größere Gemeinsamkeit in der Europäischen Gemeinschaft im Energiebereich voranzutreiben. Schwerpunkte des Arbeitsprogramms der nächsten Monate auf dem Gebiet der gemeinsamen Energiepolitik werden die Entwicklung von verbesserten Instrumenten für ein europäisches Krisenmanagement sowie die Erarbeitung einer längerfristigen Politik im Erdölbereich sein.
Achtens. Die Existenz der deutschen Steinkohle hat die Auswirkungen der Ölsituation auf unser Land erheblich gemildert. Im Gegensatz zu anderen

Das Abgeordnetenhochhaus „Langer Eugen", benannt nach dem damaligen Bundestagspräsidenten Eugen Gerstenmaier, ist seit 1969 ein markanter Punkt im Bonner Regierungsviertel.

Gratulation für die wiedergewählte Bundestagsvizepräsidentin Frau Liselotte Funcke von ihren FDP-Fraktionskollegen am 14. Dezember 1976.

Die SPD-Fraktion sitzt auf der linken Seite des Plenarsaals. Das Foto aus dem Jahr 1976 zeigt von rechts: Alex Möller, Adolf Schmidt, Herbert Wehner, Willy Brandt, Friedrich Schäfer und Herbert Ehrenberg.

Erste Kabinettssitzung im neuen Kanzleramt am 7. Juli 1976. Bundeskanzler Helmut Schmidt und Vizekanzler Hans Dietrich Genscher sitzen am Kabinettstisch. Gegenüber die Bundesminister Rainer Offergeld, Hans Friderichs und Egon Franke (von links).

In der Bundestagssitzung vom 20. Oktober 1977 ehrte das Plenum den von Terroristen ermordeten Präsidenten des Bundesverbandes der Deutschen Industrie und der Bundesvereinigung der Deutschen Arbeitgeberverbände, Dr. Hanns Martin Schleyer.

Aus Anlaß des Wechsels im Amt des Bundespräsidenten gab Karl Carstens am 1. Juli 1979 im Schloß Augustusburg in Brühl einen Empfang. Im Bild von links: Bundespräsident Karl Carstens, Frau Mildred Scheel, Frau Veronica Carstens und Amtsvorgänger Walter Scheel.

Professor Karl Carstens wurde am 23. Mai 1979 in der Bonner Beethovenhalle von der Bundesversammlung zum 5. Präsidenten der Bundesrepublik Deutschland gewählt.

Ländern sind wir beispielsweise bei der Elektrizitätserzeugung in relativ geringem Umfange, nämlich nur zu etwa 15 Prozent, auf Öl angewiesen. Ohne den einheimischen Steinkohlebergbau wäre eine kurzfristige Substitution von Öl durch Kohle nicht möglich gewesen. Die Bundesregierung ist überzeugt, daß sich nicht nur finanziell, sondern auch psychologisch im deutschen Steinkohlebergbau durch die Ölkrise eine Veränderung zum Positiven vollzieht.
Neuntens. Die Bundesregierung hat im Energieprogramm die Neuregelung der Verstromung beschlossen und angekündigt, den hierfür erforderlichen Gesetzentwurf unverzüglich vorzulegen. Auch angesichts der jüngsten energiepolitischen Entwicklung hält sie an der Auffassung fest, daß das Energieprogramm auch in diesem Punkt verwirklicht werden soll. Selbstverständlich ist in diesem Gesetz Vorsorge getroffen, daß die Mehrkosten des Einsatzes der Steinkohle gegenüber dem Heizöl nur gewährt werden, wenn sie wirklich entstanden sind.
Die Bundesregierung zieht mit diesem Gesetz auch die Konsequenz aus ihrer Aussage im Energieprogramm, daß der Einsatz des schweren Heizöls zur Stromerzeugung in Grenzen bleiben muß. Der Einsatz von Heizöl und Erdgas in Kraftwerken unterliegt einer Genehmigungspflicht, um diese umweltfreundliche Energie vor allem anderen Verbrauchsbereichen zuzuführen. Das Gesetz wird zusätzlich ein Bauverbot für reine Ölkraftwerke enthalten. Die Bundesregierung hält solche Eingriffe für notwendig, unter anderem deshalb, weil bei der Mineralölverarbeitung, wenn auch mit gewisser zeitlicher Verzögerung, angesichts der Anspannungen auf die Ausbringung leichterer Produkte übergegangen werden muß.
Zehntens. Die Bundesregierung wird zum gegebenen Zeitpunkt entscheiden, ob und welche Möglichkeiten bestehen, Importkohle als Ersatz für Öl nutzbar zu machen. Ich möchte dies ausdrücklich unterstreichen. Die Position der deutschen Steinkohle darf durch Importkohle aber nicht zusätzlich belastet werden.
Elftens. Die Bundesregierung wird den Entwurf eines Nachfolgegesetzes zum Energiesicherungsgesetz den gesetzgebenden Körperschaften zuleiten, um ein dauerhaftes Instrument für Krisenzeiten zu erhalten. Dabei werden die Erfahrungen der vergangenen Monate mit verwertet.
Zwölftens. Wir werden die Maßnahmen gegen zeitweilige Versorgungskrisen vervollkommnen. Notwendig erscheinen vor allem verbesserte Bevorratungsbestimmungen auch für industrielle Verbraucher von schwerem Heizöl. Lassen Sie mich hier einfügen, daß die Situation in den letzten Monaten einem manche Frage aufgegeben hat, ob es bei Großverbrauchern vertretbar sein kann, nur für zwei, drei oder vier Tage selbst bevorratet zu sein. *(Sehr richtig!*

bei der FDP.) Dabei muß die Wettbewerbsfähigkeit unserer Industrie beachtet werden. Die Bundesregierung wird außerdem untersuchen, wie die kurzfristigen Substitutionsmöglichkeiten zwischen den Energieträgern verbessert werden können.

Dreizehntens. Zur Sicherung unserer Energieversorgung ist die bedarfsgerechte Errichtung von Raffinerien, Kraftwerken und Leitungen unerläßlich. Auf die hier bestehenden Schwierigkeiten wurde im Energieprogramm hingewiesen. Ich habe den Eindruck, daß nunmehr allenthalben die Bereitschaft gewachsen ist, die Bemühungen um schnellere Genehmigungsverfahren und verbesserte Standortvorsorge voranzutreiben. Die zuständigen Ressorts arbeiten gegenwärtig ein Programm aus, um die Aktivitäten von Bund, Ländern und Gemeinden zu koordinieren und zu beschleunigen.

Vierzehntens. Die Bundesregierung hat beschlossen, die Forschung im Energiebereich zu intensivieren. Das vierte Atomprogramm ist inzwischen verabschiedet. Es sieht für die kommenden Jahre bis 1976 jeweils rund 1,5 Milliarden DM an öffentlichen Mitteln vor. Es wird die Kernenergie weiterentwickeln und dadurch zur langfristigen Sicherung unserer Energieversorgung beitragen.

Die Forschungsförderung wird mit einem neuen Schwerpunkt auf den nichtnuklearen Energiebereich ausgedehnt. Die Bundesregierung hat deshalb am 9. Januar auf der Grundlage des Energieprogramms ein Rahmenprogramm zur nichtnuklearen Energieforschung verabschiedet. Es sieht von 1974 bis 1977 Gesamtaufwendungen von etwa 1,5 Milliarden DM vor. Diese Mittel sollen durch Bund, Länder und private Wirtschaft aufgebracht werden; dabei beträgt der Bundesanteil etwa 800 Millionen DM.

Im Zentrum des Programms steht die Kohle. Als eine der zukunftsträchtigen Möglichkeiten für die Verwendung und Veredelung von Kohle ist die Vergasung zu betrachten. Das Programm fördert verschiedene Techniken der Vergasung, von der Kohledruckvergasung bis hin zur Herstellung von Synthesegas mit Hilfe von Hochtemperaturkernreaktoren. Gleichzeitig werden die Voraussetzungen für verbesserte Verfahren zur Gewinnung von Öl aus Kohle gefördert.

Ein anderer Schwerpunkt ist der Bereich der Bergbautechnik und Aufbereitung. Gerade unter den Gesichtspunkten einer möglichst rationellen Kohlegewinnung sind Maßnahmen im Hinblick auf die verstärkte Einführung von vollmechanisierten Vortriebssystemen im Steinkohlebergbau zur Entwicklung von neuen Verbundausrüstungen für den Abbau der Kohle notwendig.

Darüber hinaus werden die Entwicklung und Erprobung verbesserter Prospektionsmethoden bei Erdöl und Erdgas, von Bohrsystemen für extreme

Tiefen gefördert und neue Technologien der Energieumwandlung – zum Beispiel Brennstoffzellen – und des Energietransports – zum Beispiel Supraleitungskabel – sowie der Energiespeicherung entwickelt.

Fünfzehntens. Von besonderer Bedeutung ist außerdem die Entwicklung neuer oder die Verbesserung vorhandener Technologien mit dem Ziel der rationellen Nutzung von Energie. Bereits im Dezember hat das Bundeskabinett beschlossen, auch kurzfristig eine Reihe von Möglichkeiten zur Erhöhung des rationellen Energieeinsatzes zu prüfen. Diese Arbeiten sind im Gange. Hierzu gehören die Erarbeitung energiesparender Normen vor allem im Baubereich, die Fragen der Einrichtung von Heizungssystemen, Kesselanlagen für den Wechselbetrieb und anderes mehr.

Die Bundesregierung hat ihr Augenmerk nicht nur auf die kurzfristigen Aspekte gelegt und die hier notwendigen Maßnahmen getroffen; sie hat daneben auf der Grundlage ihres Energieprogramms vom September 1973 erste Konsequenzen für eine Beschleunigung und Intensivierung der mittelfristig wirksamen Maßnahmen eingeleitet. Sie ist überzeugt, daß mit diesen Maßnahmen und durch weiterhin entschlossenes Handeln im Energiebereich nachhaltiger Schaden von unserer Volkswirtschaft und damit von uns allen abgewendet werden kann.

Aber wir müssen auch erkennen: Nicht alles muß vom Staat gemacht werden, nicht alles kann vom Staat gemacht werden. Die Bundesregierung ist daher der Überzeugung, daß die Herausforderung der letzten Monate von allen Kräften in diesem Lande – von Arbeitnehmern, von Unternehmern, von Wissenschaftlern, letztlich von jedem einzelnen – angenommen und bewältigt wird.
(Beifall bei den Regierungsparteien.)

38.
„Wir setzen das Sozialliberale Bündnis fort“

Erste Regierungserklärung von Bundeskanzler Helmut Schmidt am 17. Mai 1974

Am 6. Mai 1974 trat Bundeskanzler Willy Brandt von seinem Amt zurück. Formal kam er über die Affäre Guillaume zu Fall – jenen Spion, den der Staatssicherheitsdienst der DDR in der unmittelbaren Umgebung des Kanzlers plaziert hatte. Auf Vorschlag von Bundespräsident Dr. Dr. Gustav Heinemann wählte der Bundestag am 16. Mai 1974 Bundesfinanzminister Helmut Schmidt zum neuen Bundeskanzler. Schmidt setzte die Koalition der SPD mit der FDP fort. In der 100. Sitzung des Siebten Deutschen Bundestages am 17. Mai 1974 gab Bundeskanzler Schmidt seine erste Regierungserklärung ab:

Frau Präsidentin! Meine Damen und Herren! Die neue Regierung der Bundesrepublik setzt das sozialliberale Bündnis fort, das seinen politischen Willen in der Regierungserklärung vom 18. Januar 1973 zum Ausdruck gebracht hat. Jene Erklärung gilt für die ganze Legislaturperiode. Heute ziehen wir eine Zwischenbilanz.

Der Wechsel im Amt ändert nichts an der fortgeltenden Richtigkeit und Notwendigkeit sozialliberaler Politik in unserem Lande. *(Beifall bei den Regierungsparteien.)* Diese Leitlinie werden wir konsequent weiterhin verfolgen. In einer Zeit weltweit wachsender Probleme konzentrieren wir uns in Realismus und Nüchternheit auf das Wesentliche, auf das, was jetzt notwendig ist, und lassen anderes beiseite. Kontinuität und Konzentration – das sind die Leitworte dieser Bundesregierung.

Die Bundesregierung will heute nicht über ihre Absichten sprechen, ohne zuvor ein Wort an den bisherigen Bundeskanzler zu richten. Wir sind uns der Leistung bewußt, die Willy Brandt für unser Land erbracht hat. *(Anhaltender lebhafter Beifall bei den Regierungsparteien.)* Was Brandt getan hat, um der Bundesrepublik eine geachtete und zugleich eine beachtete Stellung zu verschaffen, war ein hervorragender Dienst an unserem Volk, auf den sich die deutsche Politik fürderhin stützen kann. *(Beifall bei den Regierungsparteien.)* Wir danken ihm für die schöpferische Kraft, mit der er unser Land auf einen

neuen Kurs innerer Reform gebracht hat. *(Beifall bei den Regierungsparteien, – Lachen bei der CDU/CSU.)*
Die Reformpolitik seiner Regierung hat in einem knappen halben Jahrzehnt mehr an gesellschaftlichem Fortschritt gebracht als je vorher eine andere Regierung in einem gleichen Zeitraum. *(Beifall bei den Regierungsparteien. – Lachen und Zurufe von der CDU/CSU.)*
Die Ostpolitik und die Deutschlandpolitik seiner Regierung war mutig, und sie war erfolgreich. *(Zurufe von der CDU/CSU.)* Wir sind Willy Brandt dankbar. Wir wissen, daß wir weiterhin seinen Rat brauchen und daß wir auf seinen Rat zählen können. *(Beifall bei den Regierungsparteien. – Abg. Dr. Marx: Hoffentlich!)*
Dank schulden wir Walter Scheel, dem kommenden Bundespräsidenten. *(Beifall bei den Regierungsparteien.)* Er hat an der Seite Brandts die Friedenspolitik getragen, und er hat durch seinen liberalen Geist und seine warmherzige Menschlichkeit die Zahl unserer Freunde in der Welt gemehrt. *(Beifall bei den Regierungsparteien.)* Walter Scheel wird in seinem neuen Amte in der Reihe Theodor Heuss, Heinrich Lübke und Gustav Heinemann stehen. Wir sind gewiß, daß die Bundesversammlung eine gute Wahl getroffen hat. Walter Scheel wird unser Land nach außen und nach innen überzeugend vertreten. *(Beifall bei den Regierungsparteien.)*
Und wir schließen in unseren Dank ein die aus der Bundesregierung ausgeschiedenen Minister. *(Beifall bei den Regierungsparteien.)*
Meine Damen und Herren, die sozialliberale Koalition ist seit 1969 der Motor des Fortschritts in der Bundesrepublik. *(Beifall bei den Regierungsparteien. – Lachen bei der CDU/CSU.)* Sie war das auch in den vergangenen 18 Monaten. Der Tätigkeitsbericht der Bundesregierung vom Dezember 1973 ist dafür ein eindrucksvoller Beleg.
Wenn wir uns international mit anderen vergleichen, so stellen wir fest, daß wir einen wertvollen Besitzstand zu bewahren und auszubauen haben: Unsere Arbeitsplätze sind sicher, unsere Löhne können sich sehen lassen, und bei uns ist der Arbeitsfriede gewahrt. *(Beifall bei den Regierungsparteien.)*
Dabei gehen die Leistungen der Arbeitnehmer und der Angestellten und die Leistungen der Gewerkschaften weit über das Materielle hinaus. Wenn die Demokratie in diesem Lande gefestigt ist, so verdanken wir dies ganz wesentlich der Tatsache, daß die Arbeitnehmer zu dieser zweiten deutschen Republik stehen. *(Beifall bei den Regierungsparteien.)* Nur solange dies so bleibt, bleibt die Demokratie stabil. *(Beifall bei den Regierungsparteien.)*
Wirtschaftliche Not und Massenarbeitslosigkeit haben einst das Feuer entfacht, in dem die erste deutsche Republik verbrannt ist. *(Unruhe bei der CDU/CSU.)* Dieser Lehre haben alle Regierungen zu folgen. Ihre Pflicht ist

es, jene soziale Sicherheit und jene Gerechtigkeit fortschreitend zu verwirklichen, aus der allein die Identifikation der Arbeitnehmer mit ihrem Staat kommen kann. *(Beifall bei den Regierungsparteien.)*
Andererseits müssen wir auch die Grenzen sehen; denn angemessene Erträge sind Voraussetzung für die notwendigen Investitionen in der Wirtschaft. Mit sinkenden Investitionen wäre weder der Volkswirtschaft insgesamt noch dem einzelnen Arbeitnehmer gedient. *(Beifall bei den Regierungsparteien.)* Nur die fortwährende Modernisierung unserer Volkswirtschaft – und das ist das, was mit Investitionen erreicht wird – sichert und verbessert unseren Lebensstandard und die Leistungsfähigkeit auch des Staates für seine Bürger. Dazu bedarf es ausreichender Investitionen, nicht nur privater, sondern auch öffentlicher Investitionen: in den Gemeinden, in den Ländern und zu einem kleinen Teil auch beim Bund. Ohne Investitionen kein Wachstum; *(Zuruf von der CDU/CSU: Nicht neu!)* ohne Investitionen keine Arbeitsplatzsicherheit, keine höheren Löhne und auch kein sozialer Fortschritt. *(Beifall bei der FDP.)*
Wir werden den Kurs unserer Wirtschafts- und Finanzpolitik fortsetzen, um bei Sicherung eines hohen Beschäftigungsstandes schrittweise auch mehr Geldwertstabilität zurückzugewinnen. Das bedeutet: Unsere Währungspolitik wird, auf der Grundlage flexibler Wechselkurse, in Gemeinschaft mit unseren Partnerländern in der sogenannten Schlange auf ein Höchstmaß an außenwirtschaftlicher Absicherung ausgerichtet bleiben. Wir können dabei Umstellungen in einzelnen Branchen unserer Wirtschaft nicht ausschließen. Man kann unsere harte D-Mark nicht mit weichen Maßnahmen verteidigen. *(Beifall bei den Regierungsparteien. – Abg. Wehner: Sehr wahr!)* Auf der Basis dieser währungspolitischen Absicherung wird die Geld- und Kreditpolitik ihre Rolle spielen können. Sie wird eine angemessene, aber knappe Geldversorgung sichern. Die enge Kooperation mit der Deutschen Bundesbank wird fortgesetzt werden.
Die Haushaltspolitik der Bundesregierung wird im Rahmen des diesem Hause vorliegenden Haushaltsentwurfs 1974 etwaigen übermäßigen Beschäftigungsrisiken in bestimmten Regionen und in bestimmten Branchen entgegenwirken. Nun müssen wir die unausweichlichen Belastungen durch die Stabilitätspolitik so gering wie möglich halten. Deshalb haben wir z.B. unser Förderungsprogramm für die gewerblichen Mittelschichten wieder aufgenommen und ausgebaut. Deshalb haben wir, zusammen mit Ländern und Gemeinden, ein Sonderprogramm mit zusätzlichen Infrastrukturinvestitionen und öffentlichen Beschaffungen im Umfang von rund 900 Millionen DM in Gebieten mit speziellen Strukturproblemen in Gang gesetzt.
Die Bundesregierung wird bei ihren zukünftigen Bemühungen um mehr

Stabilität die gesellschaftlichen Gruppen nicht aus deren Verantwortung entlassen. Das gilt für die Unternehmer und die Gewerkschaften in gleicher Weise. Verantwortung für das Ganze ist eine entscheidende Voraussetzung für die Tarifautonomie, die wir verteidigen. *(Beifall bei den Regierungsparteien.)* Dabei stehen wir einer Opposition im Bundestag und im Bundesrat gegenüber, die gleichzeitig Forderungen nach Steuersenkungen und nach Haushaltsmehrausgaben erhebt. *(Erneuter Beifall bei den Regierungsparteien.)* Mit solchen Forderungen wird den Interessengruppen suggeriert, sie könnten Ansprüche stellen, von denen doch die Opposition weiß, daß sie nicht erfüllt werden können. *(Beifall bei den Regierungsparteien. – Abg. Wehner: Sehr wahr!)* Dadurch wird die Leistungsfähigkeit des Staates überhaupt in Frage gestellt, und dies ist nicht zu verantworten. *(Beifall bei den Regierungsparteien.)*

Es wird die finanzpolitische Hauptaufgabe für die zweite Hälfte dieser Legislaturperiode sein, die dringenden öffentlichen Aufgaben zu erfüllen und zugleich die Stabilitätspolitik konsequent zu unterstützen. Ich will es klar sagen: Der Bundeskanzler wird bei der Erfüllung dieser Aufgabe an der Seite des Bundesministers der Finanzen stehen. *(Beifall bei den Regierungsparteien.)*

Damit komme ich zur Betrachtung der finanzwirtschaftlichen Grenzen, die wir zu beachten haben. So gut unsere Wirtschaftslage im internationalen Vergleich ist, so wenig dürfen wir daran vorbeisehen, daß die Vorgänge draußen in der Weltwirtschaft von uns eine Besinnung auf das Mögliche verlangen. Die öffentlichen Aufgaben haben sich erweitert. Damit stellt sich schärfer als zuvor die Notwendigkeit, der an den Staat gerichteten Leistungserwartung auch das notwendige Verantwortungsbewußtsein für die Leistungsfähigkeit des Staates wieder an die Seite zu stellen. *(Beifall bei den Regierungsparteien.)*

Deswegen müssen wir bei der Ausgestaltung der öffentlichen Haushalte – ich rede nicht nur vom Bund! – für 1975 alle übertriebenen Forderungen abwehren. Das gilt für alle Bereiche, das gilt auch für den öffentlichen Dienst. Das nämlich sind wir den Steuerzahlern schuldig, die doch einen Vorteil haben sollen aus der Steuer- und Kindergeldreform. *(Beifall bei den Regierungsparteien.)*

Ein scharfer Maßstab muß auch für zusätzliche Ansprüche gelten, die die Parlamente – ich rede in der Mehrzahl! – an die Finanzminister – ich rede wieder in der Mehrzahl – richten. Das gilt nämlich wiederum auch für elf Landesparlamente und für das Bundesparlament. Die Bundesregierung wird alle verfassungsmäßigen und alle politischen Möglichkeiten voll nutzen, um Bund, Länder und Gemeinden auf eine sparsame Ausgabenpolitik ab 1975 zu verpflichten. Wenn 1975 die Steuer- und Kindergeldreform mit ihren Milliardenbeträgen an Entlastungen in Kraft getreten ist, können wir uns auf allen drei Ebenen – jedenfalls aus heutiger Sicht – die bisherigen hohen Zuwachsraten bei den öffentlichen Ausgaben nicht mehr leisten. *(Beifall bei den Regierungsparteien.)*

Deshalb erfordert die Entlastung der Steuerzahler durch die Steuer- und Kindergeldreform zugleich ein solidarisches Verhalten aller Gebietskörperschaften unseres Bundesstaats, um die Belastungen für die öffentlichen Haushalte entsprechend der von den Regierungschefs von Bund und Ländern vereinbarten Revisionsklausel zum Finanzausgleich gemeinsam aufzufangen. Bundestag und Bundesrat haben es in der Hand, durch Verzicht auf ausgabenwirksame Gesetze *(Abg. Leicht: Und die Bundesregierung!)* und Verzicht auf Initiativen zu vermeiden, daß der Mehrwertsteuersatz erhöht werden müßte; denn das wäre möglicherweise zum Schluß die einzige Deckungsmöglichkeit für Einnahmelücken dieses Umfangs. Die Bundesregierung hat nicht die Absicht, die Mehrwertsteuer zu erhöhen. *(Beifall bei den Regierungsparteien.)*

Wir schließen bei dieser Sparsamkeit, die notwendig wird, die Beschränkung von Leistungsansprüchen aus, die den Bürgern gesetzlich zugesichert sind. Die Bundesregierung wird aber überall konsequent sein, wo Ausgabenbegrenzungen notwendig und vertretbar sind.

Im Bundesausbildungsförderungsgesetz z.B. werden allein die Bundesausgaben von 1972 bis 1975 um fast eine Milliarde auf das Doppelte ansteigen. Wir halten es deshalb für angemessen, die Förderung der Studenten teilweise auf Darlehen umzustellen. *(Beifall bei den Regierungsparteien.)* Ich begrüße es, daß am 10. Mai 1974 alle Länder im Bundesrat der Darlehenskonzeption zugestimmt haben und sich damit wohltuend unterschieden haben von zwar sehr populären, vordergründig populären, aber wenig verantwortungsvollen Anträgen der Opposition im Bundestag, *(Beifall bei den Regierungsparteien)* die über die von der Bundesregierung vorgesehenen Erhöhungen hinaus Leistungen fordert, die jährlich abermals eine halbe Milliarde Mark kosten würden, wenn wir solchen Anträgen folgen wollten. *(Abg. Wehner: Hört! Hört!)*

Mit der von der Bundesregierung eingebrachten 28. Novelle zum Lastenausgleichsgesetz, die zur Zeit beraten wird, und eventuellen geringfügigen Korrekturen, die mit der Geschichte der Deutschen notwendigerweise zusammenhängen, betrachtet die Bundesregierung den Komplex dieser Kriegsfolgelast, d.h. also insbesondere Kriegsgefangenenentschädigung, Lastenausgleich, Wiedergutmachung und Gesetz zu Artikel 131, als abgeschlossen. *(Hört! Hört! bei der CDU/CSU.)* Die Bundesrepublik Deutschland, d.h. die Steuerzahler der Bundesrepublik, haben in den vergangenen Jahren 220 Milliarden DM aufgebracht, und sie werden nach dem geltenden Recht in der Zukunft noch einmal 174 Milliarden DM für diese Kriegsfolgelast aufbringen müssen. Darüber hinaus sieht die Bundesregierung keine Möglichkeit mehr, noch weitere Belastungen auf die Steuerzahler zu wälzen. *(Beifall bei den Regierungsparteien.)*

Die Bundesregierung weiß dabei, daß eine voll befriedigende Regelung all der vielen Entschädigungen, die man sich wünschen möchte, nicht zu erreichen ist. Dazu reicht eben die steuerliche Leistungsfähigkeit dieses Volkes nicht aus. Jetzt müssen die in der Zukunft liegenden Aufgaben den Vorrang bekommen. Auch deren Erfüllung dient den Geschädigten. *(Beifall bei den Regierungsparteien.)*

Meine Damen und Herren, ich komme zu einigen Bemerkungen über die Modernisierung unserer Volkswirtschaft, die sich aus der veränderten Lage der letzten zwölf Monate ergibt. Durch Energiekrise, Rohstoffverknappung und durch die veränderten Preisrelationen sind wir vor neue Aufgaben gestellt worden, die wir anpacken müssen. Hier müssen Industrie, Wissenschaft und Staat, Parlament und Regierung gemeinsam die Probleme meistern.

Das gilt insbesondere für die Energiepolitik. Die Bundesregierung sieht hier einen ganz wichtigen Schwerpunkt ihrer zukünftigen Aktivitäten. Sie hat mit dem Energieprogramm vom Sommer 1973 erstmalig ein Konzept zur langfristigen Sicherung unserer Energieversorgung geschaffen. Diese Vorsorge hat sich dann schon bei der Energiekrise an der Jahreswende als äußerst nützlich erwiesen.

Ein Kernstück dieses Programms ist die Zusammenfassung deutscher Mineralölgesellschaften zu einer im internationalen Maßstab handlungsfähigen Unternehmenseinheit. Auf diesem Wege sind wir ein gutes Stück weitergekommen: Der Bund hat 1973 die Aktienmehrheit an Gelsenberg übernommen und wird den Zusammenschluß von VEBA und Gelsenberg im Rahmen des VEBA-Konzerns noch in dieser Legislaturperiode verwirklichen. Die Widerstände dagegen – übrigens nicht von der Mineralölwirtschaft, sondern aus der Ruhrindustrie – werden wir überwinden. *(Beifall bei der SPD und bei Abgeordneten der FDP.)*

Die Bundesregierung wird weitere Maßnahmen ergreifen, um langfristig den Ölanteil an unserer Gesamt-Energieversorgung zu reduzieren und andere Energieträger, nämlich Erdgas, Kernenergie, Steinkohle, Braunkohle, stärker zu entwickeln. Der heimische Steinkohlenbergbau erlangt in der jüngsten Perspektive eine neue Bedeutung. Seine Stellung hat sich gefestigt. Dies wird auch bei der Fortschreibung des Energieprogramms, die in diesem Jahr

erfolgen soll, zum Ausdruck kommen. Es ist ganz klar, daß der Bund die Finanzierung einer auszuweitenden Energiepolitik nicht allein leisten kann. Beim Bau neuer Kraftwerke müssen die berechtigten Forderungen des Umweltschutzes berücksichtigt werden, ohne daß es zu Verzögerungen kommt, die sachlich nicht geboten und nicht erlaubt sind. *(Beifall bei den Regierungsparteien.)* Längerfristig ist die Energieforschung einer der unentbehrlichen Schlüssel zur Verbesserung und Stärkung der Versorgung unseres Landes mit Energie. Die Bundesregierung hat im Januar 1974 zusätzlich ein Programm für die nichtnukleare Energieforschung beschlossen. Sie hat natürlich auch die Kernenergie intensiv gefördert. Das 4. Atomprogramm wurde im Dezember 1973 vom Kabinett verabschiedet.
Diese für die weitere Entwicklung im Energiebereich wichtigen Entscheidungen dürfen allerdings nicht darüber hinwegtäuschen, daß die Energieversorgung auch in der unmittelbar vor uns liegenden Zeit von Störungen bedroht werden kann. Wir möchten diesen Risiken durch gezielte staatliche und private Vorsorge begegnen. Wir können diese Risiken nicht ganz ausschließen.
Auch die Selbständigen in Handel und Handwerk, in Gewerbe und freien Berufen, auch die kleinen und mittleren Betriebe bleiben ein unverzichtbarer Bestandteil einer am Leistungswettbewerb orientierten Wirtschaft. *(Beifall bei den Regierungsparteien.)* Auf die Dauer ist Wettbewerb ohne leistungsfähige kleine und mittlere Betriebe nicht möglich. Deshalb unterstützen wir diese kleinen und mittleren Unternehmen in ihrem Selbstbehauptungswillen. *(Erneuter Beifall bei den Regierungsparteien.)*
Und noch eine Bemerkung zum Wettbewerb als dem steuernden Prinzip unserer Marktwirtschaft: Wettbewerb fordert den Leistungswillen heraus. Wettbewerb hat in unserem Lande Grundlagen für den wirtschaftlichen Fortschritt geschaffen. Eingebunden in die vom Staat gesetzten Rahmenbedingungen löst die Marktwirtschaft die ökonomischen Aufgaben besser als andere vergleichbare Wirtschaftssysteme. *(Beifall bei den Regierungsparteien und Zustimmung des Abg. von Hassel.)*
Allerdings ist Marktwirtschaft zweifellos zu keinem Zeitpunkt vollkommen. Sie muß vielmehr ständig fortentwickelt werden. In dem Zusammenhang wird die Bundesregierung auch in Zukunft die Kräfte des Wettbewerbs stärken und fördern. Deshalb lehnen wir Preis- und Lohnstopps ab. Wir halten auch Indexierung nicht für ein geeignetes stabilitätspolitisches Instrument; denn in allen Staaten, in denen das versucht worden ist, sind die Preissteigerungen höher gewesen als in unserem Wettbewerbssystem. *(Beifall bei den Regierungsparteien.)*
Meine Damen und Herren, Sie und wir stehen für das Grundgesetz der

Bundesrepublik Deutschland ein, das in diesen Tagen 25 Jahre alt sein wird. Wir sind uns in diesem frei gewählten deutschen Parlament alle einig, daß sich diese Verfassung hervorragend bewährt hat. Die Bundesregierung tritt deshalb dafür ein, an diesem bewährten verfassungsrechtlichen Rahmen unverbrüchlich festzuhalten, *(Beifall bei den Regierungsparteien)* den in ihm liegenden Auftrag zu erfüllen und unseren freiheitlichen Rechsstaat zu einem ebenso freiheitlichen Sozialstaat auszubauen. *(Erneuter Beifall bei den Regierungsparteien.)*

Unser demokratischer Staat lebt vom Engagement des Bürgers, der verantwortlich mitdenkt, der mitbestimmt und mitentscheidet. Den Bürger gibt es nicht nur am Wahltag. Nur dann, wenn er sich für den Staat, den Wahrer und Hüter der Freiheiten und Rechte aller, selber mit einsetzt, hat der Staat die Kraft, die Freiheiten und die Rechte des Bürgers zum Wohle aller gegen einseitige Gruppeninteressen abzuschirmen oder durchzusetzen.

Die Bundesregierung erwartet auch, daß der zur Erhaltung unserer freiheitlichen Rechtsordnung gezogene gesetzliche Rahmen von allen gesellschaftlichen und politischen Gruppierungen eingehalten wird. Wir sind entschlossen, die Freiheit und die sie schützende gesetzliche Ordnung zu wahren und zu verteidigen. *(Beifall bei den Regierungsparteien.)* Justiz, Polizei und die anderen Organe der inneren Sicherheit können bei der rechtsstaatlichen Erfüllung ihrer Aufgaben der festen Unterstützung der Bundesregierung gewiß sein. *(Beifall bei den Regierungsparteien.)*

Der Bundeskanzler und die Bundesminister haben mit ihrem Amtseid gestern und heute morgen bekräftigt, daß sie das Grundgesetz und die Gesetze des Bundes wahren und verteidigen werden. Der Grundgedanke dieses Eides gilt für alle Demokraten. *(Beifall bei den Regierungsparteien.)*

Gegner der freiheitlich-demokratischen Grundordnung gehören nicht in den öffentlichen Dienst. *(Beifall auf allen Seiten.)* Dabei muß die Freiheit auch gegenüber ihren Feinden rechtsstaatlich verteidigt werden. *(Erneuter Beifall auf allen Seiten.)* Deshalb wird die Bundesregierung um der Rechtseinheit in der Bundesrepublik willen im Zusammenwirken mit den Ländern eine baldige Verabschiedung der von ihr vorgeschlagenen gesetzlichen Regelungen betreiben.

Ein wesentliches Element unserer staatlichen Ordnung ist und bleibt der im Grundgesetz verankerte föderative Aufbau. Föderalismus lebt aber nur durch enge Kooperation. *(Beifall bei den Regierungsparteien.)* Dazu ist die Bundesregierung bereit. Auch der Bundesrat darf sich seiner Mitverantwortung nicht entziehen. Der Bundesrat ist Verfassungsorgan des Bundes. *(Beifall auf allen Seiten.)* Er trägt zusammen mit Bundestag und Bundesregierung für den Bund unmittelbar Verantwortung. *(Zurufe von der CDU/CSU: Sehr gut!)*

Wir stehen ein für eine offene Gesellschaftsordnung, in der Platz ist für die Vielfalt der Meinungen und auch für die Vielfalt der Gruppen. Der Staat kann nicht alles allein leisten. Der Staat braucht auch die freien Kräfte in der Gesellschaft. Der Staat kann nicht auf die tätige Selbsthilfe seiner Bürger verzichten. Der Staat kennt und anerkennt die großen Dienste, die in den karitativen Organisationen und die in der freien Wohlfahrtspflege geleistet werden. *(Beifall bei den Regierungsparteien und bei Abgeordneten der CDU/CSU.)*

Meine Damen und Herren, ich habe in dieser Regierungserklärung eine Zwischenbilanz gezogen, auf der wir in unserer weiteren Arbeit aufbauen. Sie ist zugleich eine Leistungsbilanz, die sich sehen lassen kann. Denn unsere wirtschaftliche Lage ist gut. *(Beifall bei den Regierungsparteien.)* Unser Volk lebt in sozialer Sicherheit, und unser Volk lebt in Frieden. *(Erneuter Beifall bei den Regierungsparteien.)* Der innere Frieden ist gefestigt, und der äußere Friede ist gefestigt. Dieses Land hat Ansehen und hat Freunde in der Welt. Deshalb steht auch diese Regierung auf festem Boden. Diese Regierungskoalition ist angelegt auf Kontinuität der sozialliberalen Politik. *(Beifall bei den Regierungsparteien.)*

Die Bildung eines Kabinetts ist immer ein neuer Anfang, jedoch keineswegs notwendigerweise ein Einschnitt im Leben des Volkes. Die sozialliberale Koalition begann 1969; sie wird fortgesetzt. *(Beifall bei den Regierungsparteien.)* Keine Regierung beginnt bei Null. Jede Regierung baut auf der Arbeit der vorhergehenden Regierungen auf, *(Zustimmung bei den Regierungsparteien,)* und keine Regierung kann Wunder vollbringen. Das Mögliche aber muß sie mit aller Kraft verwirklichen. Dazu machen wir heute einen neuen Ansatz, indem wir unsere Kräfte auf das heute Wesentliche, auf das heute Mögliche konzentrieren. *(Beifall bei den Regierungsparteien.)*

Theodor Heuss hat gesagt: Demokratie ist Herrschaft auf Frist. Binnen zweieinhalb Jahren wird sich das sozialliberale Bündnis der Entscheidung der Bürger stellen. Bis dahin ist vieles zu tun. *(Langanhaltender lebhafter Beifall bei den Regierungsparteien – Zurufe von der CDU/CSU.)*

39.
„Nur die persönliche Freiheit ...“

Ansprache des neugewählten Bundespräsidenten Walter Scheel bei seinem Amtsantritt am 1. Juli 1974

Am 15. März 1974 wählte die Bundesversammlung in Bonn den damaligen Bundesaußenminister und FDP-Vorsitzenden Walter Scheel im ersten Wahlgang mit 530 Stimmen zum vierten Präsidenten der Bundesrepublik Deutschland. 498 Stimmen wurden für den CDU-Politiker Richard von Weizsäcker abgegeben. In der Ansprache bei seinem Amtsantritt in der 112. Sitzung des Siebten Deutschen Bundestages erklärte der neugewählte Bundespräsident:

Frau Präsident! Herr Bundesratspräsident! Meine sehr verehrten Damen und Herren! Der Eid, den ich soeben abgelegt habe, ist mir ernste Verpflichtung. Mit Ehrfurcht vor der Aufgabe und mit Liebe zu unserem Land will ich das Amt des Bundespräsidenten der Bundesrepublik Deutschland ausfüllen.

Ich wäre nicht aufrichtig, wollte ich in dieser Stunde verschweigen, daß mir der Abschied aus diesem Hause schwerfällt. 21 Jahre hatte ich die Ehre, mitten unter Ihnen die Interessen meiner Wähler, die Interessen unseres Volkes zu vertreten. Hier habe ich mein politisches Rüstzeug erhalten. Der Bundespräsident der nächsten fünf Jahre ist ein Parlamentarier mit Leib und Seele.

Aber diese Jahrzehnte der Zusammenarbeit mit Ihnen haben auch viele menschliche Bindungen über die Parteigrenzen hinweg wachsen lassen. Die verehrten Kollegen mögen mir verzeihen, wenn ich hier nur einen Namen nenne. Ich meine den Mann, dessen Stellvertreter im Amt des Bundeskanzlers ich in den letzten viereinhalb Jahren gewesen bin; ich meine Willy Brandt.

Fünf Jahre Regierungszusammenarbeit mit der CDU/CSU, viereinhalb Jahre in Koalition mit der SPD und – nicht zu vergessen – fünfeinhalb Jahre Vorsitzender der FDP: Das wird die parteipolitische Neutralität des Bundespräsidenten zu dem werden lassen, was sie sein soll: eine Bindung, die nicht Ferne, sondern Nähe zu allen schafft.

Sie, verehrter Herr Heinemann, haben uns in den vergangenen fünf Jahren immer wieder aufgefordert, ein natürliches, entspanntes Verhältnis zum Staat und zu seinen Institutionen zu finden. Noch vor wenigen Tagen, am 25.

Jahrestag des Grundgesetzes, haben Sie uns bleibende Wertungen und Mahnungen auf den Weg gegeben. Wir alle sind Ihnen dankbar dafür. Der Dank für Ihr Werk schließt die bedeutende Leistung Ihrer Gattin mit ein. Auf dem, was Sie, Herr Heinemann, und die ersten beiden Bundespräsidenten, Theodor Heuss und Heinrich Lübke, an ausgewogenem Staatsbewußtsein in diesem Lande geschaffen und gefördert haben, kann ich weiterbauen.

Nichts charakterisiert die Entwicklung der letzten Jahre augenfälliger als das Verhalten der jungen Menschen diesem Staat gegenüber. Am Ende der sechziger Jahre demonstrierten viele – und nicht nur Studenten – gegen den Staat. Heute gehen viele auf die Straße, um den 25. Jahrestag des Grundgesetzes zu feiern.

Wir alle brauchen diesen Staat. Groß sind die Leistungen der letzten 25 Jahre; noch größer sind die Probleme, die vor uns liegen. Eine neue Generation ist herangewachsen. Sie geht in ihren Erwartungen von dem aus, was heute ihre Lebenswirklichkeit ist. Sie hat nicht in die Abgründe der deutschen Geschichte geschaut, und vielen sagen ihre Höhepunkte nichts.

Wir leben in einem Gemeinwesen, das selbst in vielerlei Hinsicht ein solcher Höhepunkt ist. Sozialer Ausgleich und sozialer Friede sind Wirklichkeit. Wissenschaft und Kunst können sich mit den Leistungen anderer Völker messen. Die großen Freiheiten der Meinungsäußerung, der politischen Betätigung, der individuellen Entfaltung sind unbestritten. Die Einsicht in den Zusammenhang von Freiheit, innerem Frieden und wirtschaftlichem Wohlstand ist weit verbreitet. Millionen Deutsche kennen heute Lebenschancen, von denen ihre Eltern nur träumen konnten.

Und dennoch: Wenn wir uns bei uns und in der Welt umsehen, entdecken wir Probleme von neuen, nie gekannten Dimensionen. Die technisch-wirtschaftliche Entwicklung hat uns an die Grenzen des Möglichen geführt und die Grenze des Vernünftigen an manchen Stellen bereits überschritten. Immer schwerwiegender wird die Gefährdung des Ganzen durch einseitige Expansion einzelner Zweige. Wirtschaftlicher Wohlstand kann in Raubbau umschlagen, der die Lebensgrundlage kommender Generationen gefährdet. Wir dürfen an einer solchen Entwicklung nicht mitschuldig werden.

Die weltwirtschaftliche Lage hat sich im letzten Jahr in erdbebenartigen Schockwellen nachhaltig verändert. Die abrupten Verschiebungen in den ohnedies gestörten Zahlungsbilanzen und die daraus resultierenden Gefahren für die internationale Handels- und Währungsordnung sind dabei nur die eine Seite der Medaille; die andere Seite ist die mit dieser globalen Umverteilung von Einkommen veränderte weltpolitische Konstellation. Wir sehen, daß es jetzt innerhalb der Entwicklungsländer eine neue Gruppe der plötzlich reichen Erdöl- und Rohstoffländer gibt, und wir müssen erkennen, daß immer mehr Länder – reich geworden oder arm geblieben – einen grundlegenden Wandel der weltwirtschaftlichen und weltpolitischen Ordnung anstreben. Weltwirtschaft und Weltpolitik bleiben nicht ohne Folge für Europa und für die Bundesrepublik in Europa. Einem Land, das der Leistung seiner Bürger, aber auch der Gunst mancher Umstände, eine vergleichsweise starke und widerstandsfähige Volkswirtschaft verdankt, kommt in der neuen Lage in der Welt eine besondere Verantwortung zu.

Wenn es uns bei den wirtschaftlichen Problemen von morgen mit all ihren weltweiten Abhängigkeiten nicht gelingt, die wirtschaftspolitische Diskussion über die Anwendung der geeigneten Mittel in diesem Lande zu versachlichen, werden wir die schweren Zeiten, denen wir entgegengehen, sicherlich nicht bewältigen.

Im Zentrum der wirtschaftlichen und politischen Auseinandersetzungen in unserem Lande steht der Ruf nach Stabilität. Das ist gut und richtig so. Innerer Friede und sozialer Fortschritt können auf Dauer nur auf der Grundlage einer stabilen Währung gedeihen. Stabilität ist aber mehr als Preisstabilität. Eine Volkswirtschaft kann auch bei geringen Preissteigerungen unausgeglichen sein. Wir müssen die Ausgewogenheit aller wirtschaftlichen Daten im Auge behalten – nicht zuletzt unser Verhältnis zu unseren Partnern auf den Weltmärkten. Maßgebend für die innere und äußere Stärke eines Staates ist letztlich seine wirtschaftliche und politische Stabilität. Beide sind untrennbar miteinander verbunden.

Es gibt neue Aufgaben. Die Menschen suchen ein neues Gleichgewicht. Dabei blicken sie auf den Staat. Er soll all das garantieren, was wir heute besitzen; er soll all das von uns fernhalten, was unser Wohlbefinden beeinträchtigen könnte. Den Staat, der dies zu leisten vermöchte, gibt es nicht. Aber wir haben schon einmal, gleich nach dem Kriege, vor Bergen von Schwierigkeiten gestanden. Auch wenn die neuen Fragen in mancher Hinsicht anders sind, ist es nützlich, sich darauf zu besinnen, wie wir damals damit fertig geworden sind. Den geistigen und moralischen Kräften, die unser Volk aus dem Chaos geführt haben, dürfen wir auch heute vertrauen.

Ich denke vor allem an zwei Dinge: Als der deutsche Arbeiter, statt am schwarzen Markt zu handeln, für wertloses Geld seinen Betrieb wiederaufgebaut hat, als der deutsche Unternehmer jede verdiente Mark in seinen Betrieb steckte und sich selbst mit einem bescheidenen Lebensstandard begnügte, sind sozialer Friede und soziale Partnerschaft bei uns begründet worden. Auch von daher rührt der moralische Anspruch der Arbeitnehmer auf ein Mitwirkungs- und Mitbestimmungsrecht. Ein Recht, wie es alle im Bundestag vertretenen Parteien in der einen oder anderen Form gesetzlich verankern wollen.

Diese aus der Erfahrung gewachsene Bereitschaft der Sozialpartner zur Zusammenarbeit ist unser wichtigstes Kapital, um die Zukunft zu meistern. Ich setze mein volles Vertrauen in die Zukunft der deutschen Arbeiter und Unternehmer und in die Bereitschaft aller Menschen unseres Landes, den neuen Problemen unserer Zeit mit derselben Solidarität zu begegnen, die uns geholfen hat, bei aller Gegensätzlichkeit Gemeinsames zu schaffen.

Es gibt aber noch eine zweite Kraft und Erfahrung. In der Bundesrepublik hat die parlamentarische Demokratie zum erstenmal in der deutschen Geschichte die Probe bestanden. Ich glaube an die Weisheit und Wirksamkeit der freiheitlichen Institutionen und demokratischen Spielregeln. Man muß sie nur beachten. Durch sie werden wir auch in Zukunft den richtigen Weg finden. Das setzt allerdings voraus, daß wir in der Ordnung unserer sozialen und wirtschaftlichen Dinge den Grundsatz beherzigen, der zusammen mit der Solidarität der Menschen uns vorwärts gebracht hat: Wir wollen den einzelnen Menschen ermutigen, seine Möglichkeiten selbst zu suchen, seine Möglichkeiten selbst zu entfalten und sie einzubringen in das Ganze des Gemeinsamen. Nur die persönliche Freiheit vermag die schöpferischen Kräfte freizusetzen, die wir in den vor uns liegenden Jahren so sehr benötigen. Es kommt auf den einzelnen an, auf seine Initiative, seine Mitwirkung, seine Entfaltung.

Unsere demokratische Ordnung ist kein totes Organisationsprinzip mechanischer Kräfte. Sie regelt einen lebendigen Organismus, in dem Spannungen und Konflikte entstehen und ausgetragen werden. Der Grad der Menschlichkeit in solchen Auseinandersetzungen wird durch die Toleranz bestimmt, mit der wir dem anderen und dem anders Denkenden begegnen.

Die Kirchen haben sich beim Aufbau unserer Gesellschaft nach dem Kriege als wirkende Kraft bewährt. Sie haben durch ihr Verhältnis zueinander das Bewußtsein für den Wert der Toleranz gestärkt. Einer solchen Ordnung der Toleranz, des Verständnisses und des Ausgleichs haben die Väter des Grundgesetzes den staatlichen Rahmen gegeben. Nur eine solche Ordnung ermöglicht Gerechtigkeit und auch Freiheit unter den Menschen. Denn Freiheit muß auch für den Schwachen gewährleistet sein. Wer eine freiheitliche Demokratie will, muß d e n Staat wollen, in dem sie sich allein verwirklicht.

Wir verstehen uns zu Recht als ein pluralistisches Staatswesen. Parteien, Gewerkschaften, Verbände, Organisationen und Gruppen bringen dem Staat gegenüber ihre Interessen zur Geltung. Das ist gut so. Darin darf sich der Pluralismus aber nicht erschöpfen. Die Würdigung der allgemeinen Zusammenhänge und die Suche nach übergeordneten Lösungen, die dem Gesamtinteresse dienen, müssen die Vertretung der Partikularinteressen bestimmen.

Wer diesen Grundsatz mißachtet, richtet den freiheitlichen Staat mit seiner inneren Vielfalt zugrunde. Verzichten wir also in der Wirtschaft wie in der Politik auf demagogische Bekundungen! Gehen wir mit Solidarität und in Freiheit an die Lösung der Probleme!

Aus dem allen ergibt sich für uns die große Lehre: miteinander, nicht gegeneinander! Und: Der freie Wille des einzelnen ist entscheidend. Also: Solidarität und Freiheit. Ich vertraue auf die Einsicht der Verantwortlichen in diesem Lande. Was ich als Bundespräsident dazu beitragen kann, durch Gespräch und Begegnung mehr staatsbürgerliche Gemeinsamkeit wachsen zu lassen und die Entfaltung des einzelnen zu fördern, das soll geschehen.

Es war immer die Verbindung von Bürgerfleiß und schöpferischer Leistung, die unser Land ausgezeichnet hat. Auch heute leistet die Bundesrepublik Deutschland einen stolzen Beitrag zur kultureilen Entwicklung Europas und der Welt. Die Vertreter der Wissenschaften und der Künste haben einen Anspruch auf Mitsprache. Lassen wir es nicht zu, daß manche deutsche Leistung im Ausland besser bekannt ist als bei uns!

Die Partnerschaft von Kapital und Arbeit und der Pluralismus im geistigen Leben sind zwei Säulen unserer ausgeglichenen Gesellschaft. Das Zusammenwirken von Bund und Ländern ist die dritte.

Kurzfristige Interessen sollten uns nicht den Blick verbauen für die historische Leistung des föderalistischen Gedankens in Deutschland. 1945 haben wir in den Gemeinden nicht gewartet und nicht warten können, bis eine Zentralregierung das Zeichen zum Wiederaufbau gab. Lebensmut und Lebensfähigkeit der kleineren Gebietseinheiten waren unzerstört. So haben wir uns da, wo wir standen, an die Arbeit gemacht. Das war angewandter Föderalismus, und nur als Bundesstaat konnte unser Vaterland sich neu erheben.

Aber auch heute, da die angestammte und festgewurzelte Eigenständigkeit der lokalen menschlichen Gemeinschaften immer mehr von den ausgreifenden Organisationsformen und den globalen Interessen vonWirtschaft und Technik verdrängt wird, bleiben Gemeinden, Kreise und Länder unersetzliche Entscheidungszentren und Zwischenglieder, die das Ganze erst lebendig werden lassen. Der demokratische Wille zur Selbstbehauptung in alten, gewachsenen Ordnungen darf im Bestreben nach durchaus erwünschter Rationalisierung nicht durch unnötige Übertreibungen untergraben werden.

Ich bekenne mich zum ausgewogenen Föderalismus. Er läßt sich nicht für eigensüchtige Zwecke mißbrauchen. Eigenständiges und aktives Glied zu sein für das große Ganze, das ist der tiefste Sinne des Föderalismus. Mehr denn je

gilt für das Verhältnis von Bund und Ländern: miteinander, nicht gegeneinander!
Wir Deutschen hatten es immer ein wenig schwer, zur äußeren Umwelt das rechte Verhältnis zu finden. Weltbürgertum und Verbrüderung sind immer wieder von Mißtrauen und Abkapselung abgelöst worden.
Ein ausgewogenes Verhältnis zur Umwelt wird noch schwieriger, wenn staatliche Macht und wirtschaftliche Leistungsfähigkeit auseinanderklaffen. Während wir handelspolitisch in weltweiten Maßstäben denken, gibt es in unserer Politik die Gefahr provinzieller Genügsamkeit. Wenn wir nur noch das für wichtig halten, was bei uns geschieht, werden wir bald für niemanden mehr wichtig sein.
Der Patriot dieses Jahrhunderts, in dem Millionen auf der Suche nach neuen Vaterländern zu Weltbürgern wurden, ist nicht der Gegenpart des Weltbürgers. Im Gegenteil, Patriotismus, der aus der Toleranz wächst, und Weltbürgertum schließen einander nicht aus – sie bedingen sich.
Es gilt, unsere Aufmerksamkeit und unser Gewissen zu schärfen für das, was in der Welt geschieht. Hunger, Krankheit und Armut sind weiter verbreitet denn je. Ich meine, das gesunde Eigeninteresse müßte uns vor dem Versuch bewahren, eine Insel von Privilegierten zu sein in einem Meer von Armut. Solidarität endet nicht an Staatsgrenzen.
Die Teilung Deutschlands hat dies alles nicht einfacher gemacht. Der Bundespräsident ist ein Staatsoberhaupt in Deutschland. Über das „Provisorium" ist viel Falsches gedacht und gesagt worden. Ein Vierteljahrhundert hat manches geklärt.
Aber eines ist nicht provisorisch: Die politischen Kräfte in diesem Lande werden auch in Zukunft nicht darauf verzichten, einen Zustand des Friedens in Europa anzustreben, in dem das deutsche Volk seine Einheit wiedererlangt.
Wenn wir dieses Ziel erreichen wollen, brauchen wir die Bundesrepublik Deutschland als Staat im vollen Sinne des Wortes. Wenn auch die Verwirklichung des Selbstbestimmungsrechtes in historischen Dimensionen gedacht werden muß, so brauchen wir dafür doch ein auf Dauer angelegtes Instrument. Dies ist unser Staat, die Bundesrepublik Deutschland.
In wenigen Tagen werde ich Berlin besuchen. Ich tue dies nicht im Geiste einer Demonstration. Ich weiß, daß das Viermächte-Berlin-Abkommen eine Lage geschaffen hat, die uns einerseits praktische Erleichterungen bringt, andererseits aber den Zustand der Teilung noch deutlicher macht. Wenn der Bundespräsident Berlin besucht, so tut er es, um jene Bindungen zu entwickeln, von denen das Abkommen spricht.

Alle diese Gedanken und Ziele würden im Winde verwehen, wenn es nicht gelänge, unsere Jugend dafür zu gewinnen. Es bleibt eine Schicksalsfrage, ob sich die Jugend die Erfahrung der Älteren zunutze macht. Wenn die Aufbauarbeit eines Vierteljahrhunderts, wenn die Politik dieses Landes einen bleibenden Sinn haben soll, dann kann es nur der sein, unseren Kindern die Irrtümer und Fehler, die wir Älteren gemacht, erlebt und erlitten haben, zu ersparen.

So laßt uns denn gemeinsam diese entscheidende Aufgabe anpacken. Laßt uns immer und immer wieder fragen, ob wir bei all dem, was wir tun, an die Zukunft unserer Jugend denken. Laßt uns die Mauer des Mißverständnisses und der Vorurteile niederreißen. Wenn es uns nicht gelingt, die Verantwortung rechtzeitig auf die junge Generation zu übertragen, dann war alle Arbeit umsonst.

Aber auch die Jugend hat ihren eigenen und besonderen Beitrag zur Lösung der gemeinsamen Aufgaben zu leisten. Ich sehe diesen vor allem darin, daß die jungen Menschen ihren Sinn für die moralische Qualität des politischen Handelns zum Maßstab des Urteils machen. In der Tat besteht ja ein Staatswesen nicht um seiner selbst oder um einer abstrakten Leistungsfähigkeit willen, sondern um den Menschen ein reicheres, befriedigendes Leben zu ermöglichen. Das kann der Staat nur tun, wenn seine Träger an sich und ihr Handeln die höchsten Maßstäbe anlegen. Wohl dem Gemeinwesen, dem es gelingt, die Erfahrungen der Älteren zu verbinden mit dem Sinn der Jüngeren für Recht und Unrecht.

Die Vereidigung eines neuen Bundespräsidenten ist nur ein Pulsschlag im Leben unseres Volkes. Wir wissen nicht, was die Zukunft für uns bereithält. Aber wir wissen, was uns Kraft gibt: die Lehren aus unserer Geschichte, das Bild unserer Zukunft und die ungebrochene Schaffenskraft unseres Volkes. Unser Weg führt uns zu einem Deutschland, das seinen Platz in der Welt als Teil Europas einnimmt. Ein vereintes Europa wird der Welt ein Beispiel geben: ein Beispiel des friedlichen Zusammenwirkens der Völker, ein Beispiel der Solidarität und Gerechtigkeit, ein Beispiel der Freiheit, ja auch ein Beispiel der Macht ohne Anmaßung.

So verstehe ich auch die Worte des Amtseides, den ich vor Ihnen geleistet habe. Das Wohl des deutschen Volkes, seinen Nutzen zu mehren, Schaden von ihm abzuwenden – das ist nicht wenig! Meine Kraft ist gering, wenn nicht die Hilfe der Bürger hinzukommt. Das Grundgesetz und die Gesetze des Bundes werden uns den rechten Weg weisen. Laßt uns alle unsere Pflichten erfüllen und gegen jedermann Gerechtigkeit üben. Damit unser Volk ohne Furcht in die Zukunft blicken kann, möge uns allen Gott helfen. *(Anhaltender lebhafter Beifall.)*

40.
„Der Bundestag ist Repräsentant des souveränen Volkes“

Ansprache der Bundestagspräsidentin Frau Annemarie Renger aus Anlaß der 25jährigen Wiederkehr der ersten Sitzung des Deutschen Bundestages am 18. September 1974

Keine Frau hat in der Bundesrepublik Deutschland je einen höheren Rang bekleidet als die SPD-Politikerin Frau Annemarie Renger, die von 1972 bis 1976 – als die SPD aufgrund der Bundestagswahl 1972 die stärkste Fraktion des Deutschen Bundestages bildete – das Amt des Bundestagspräsidenten bekleidete. In der 115. Sitzung des Siebten Deutschen Bundestages am 18. September 1974 sprach Frau Renger aus Anlaß der 25jährigen Wiederkehr der ersten Sitzung des Deutschen Bundestages:

Meine sehr verehrten Damen und Herren! Erlauben Sie mir, aus Anlaß der 25jährigen Wiederkehr der ersten Sitzung des Deutschen Bundestages einige Worte an Sie zu richten.

Vor 25 Jahren, am 7. September 1949, trat der Deutsche Bundestag unter Vorsitz des unvergessenen Reichstagspräsidenten Paul Löbe zu seiner ersten konstituierenden Sitzung zusammen. Der Neubeginn vor 25 Jahren war ein Wagnis, aber auch eine einmalige Chance. Die damals vor dem Bundestag liegenden Aufgaben schienen in ihrer Vielzahl und Schwierigkeit nach menschlichem Ermessen kaum zu bewältigen. Die seinerzeit herrschende Not und vor allem die schweren politischen Belastungen und Ungewißheiten waren eine nicht gerade günstige Voraussetzung für den Aufbau einer neuen parlamentarischen Demokratie und deren feste Verankerung in unserem Volke. Daß dies dennoch geschah, meine Damen und Herren, ist in einem hohen Maße den Männern und Frauen der ersten Stunde zu danken, die bereit und entschlossen waren, unter allen Umständen die parlamentarische Demokratie in unserem Lande zu verwirklichen. Tatkräftig und entscheidungsfreudig schuf der Bundestag die gesetzlichen Voraussetzungen für die Überwindung der materiellen Not, die Beseitigung der Kriegsfolgen, die

Eingliederung der Heimatvertriebenen, die Wiedergutmachung nationalsozialistischen Unrechts, die Wiedererrichtung eines Rechtsstaates und den allmählichen Aufbau einer Ordnung des sozialen Ausgleichs und der sozialen Sicherheit.

Bei den Kanzlerwahlen wie bei der Bildung und Erhaltung stabiler Regierungsmehrheiten hat der Bundestag seine Funktionsfähigkeit bewiesen. Von Anbeginn bis in die jüngste Zeit hat unser Parlament durch seine großen innen- und außenpolitischen Debatten zur politischen Orientierung des Bürgers beigetragen.

Unter den wesentlichen Faktoren für den Erfolg und die Festigung unserer parlamentarischen Demokratie ist hier aber auch die Entwicklung der Parteien und des Parteiensystems in der Bundesrepublik zu nennen. Von der Fähigkeit der Parteien zu politischer Führung und von ihrer Integrationskraft hängt es weitgehend ab, wie sich in der modernen parlamentarischen Demokratie das Verhältnis zwischen Bürger und Staat gestaltet.

Auch in Zukunft wird es für das Ansehen des Parlaments, seine Stabilität und Funktionsfähigkeit, auf das Verhalten der Parteien, ihre innere Verfassung, nicht zuletzt aber auf das Verhältnis der Parteien unter- und zueinander ankommen.

Kampf um die Wählergunst, scharfe sachliche Auseinandersetzung und positionsklärende Diskussion sind in einer parlamentarischen Demokratie selbstverständlich. Zugleich aber bedarf es – ungeachtet aller politischen Gegnerschaft – eines Grundvertrauens der Demokraten untereinander. Das erwartet auch der Bürger von uns.

Als das einzige vom Volke direkt gewählte Organ ist der Bundestag das Kernstück unserer Verfassung, die zentrale politische Institution, die von niemandem und in keiner Situation aus ihrer Verantwortung entlassen werden kann. Der Deutsche Bundestag ist mit Energie und politischer Vitalität seinem Auftrag gerecht geworden und hat ein gutes parlamentarisches Fundament für die Erfüllung seiner Aufgaben geschaffen. Er widerlegt durch seine Leistungen die ihm gegenüber in der letzten Zeit häufig aufgestellte These vom vermeintlichen Funktionsverlust oder gar Niedergang des Parlaments. Das scheint mir eine Behauptung zu sein, von der ein guter Kenner des Parlamentarismus und des Bundestages einmal sagen konnte, sie werde „als eine Art Dogma verkündet, das weder bestätigt noch zurückgewiesen oder sorgfältig überprüft zu werden braucht".

Selbstverständlich muß der Bundestag für Kritik von außen wie aus seinen eigenen Reihen offenbleiben. Er hat Mängel und Unzulänglichkeiten wie jede Institution. Daran würde sich meiner Meinung nach ganz gewiß auch nichts ändern, wenn man etwa durch ein Berufsverbot für Abgeordnete den

Bundestag zu einem Parlament von reinen Berufspolitikern machen würde. Nur wenn der Bundestag bereit ist, sich selbst immer erneut zu prüfen und daraus die richtigen Konsequenzen zu ziehen, wird er auch künftigen Anforderungen genügen können.

Meine Damen und Herren, hier eröffnet sich das weite Feld der ständigen Anpassung und Verbesserung unseres Arbeitsmechanismus, also der Parlamentsreform, der wir in der Hektik des parlamentarischen Alltags vielleicht nicht immer die ihr gebührende Aufmerksamkeit widmen können. So ist es – um nur einige Beispiele zu nennen – an der Zeit, das parlamentarische Untersuchungs- und Enqueterecht sachgerechter und wirksamer zu gestalten, durch kürzere Redezeiten für eine lebendigere Debatte zu sorgen und die Voraussetzungen für eine rationellere Arbeit der Bundestagsgremien wie des einzelnen Abgeordneten zu verbessern. Vorschläge liegen vor; sie sollten intensiver als bisher in den Fraktionen diskutiert werden.

So wichtig bessere Regelungen im einzelnen sein mögen, meine Damen und Herren, wesentlich ist es für das Parlament, sich nicht allzusehr in Detailfragen zu verlieren. Wir sollten noch deutlicher machen, daß wir die politische Entscheidungsinstanz sind. Parlamentarische Kontrolle bedeutet nicht, der Regierung die Verantwortung für ihr Handeln und ihre Entscheidungen zu nehmen; sie bedeutet vielmehr, über die Regierung zu wachen und die Regierung zur Verantwortung zu ziehen, wenn sie gegen den Willen des Parlaments handelt und entscheidet. Der Deutsche Bundestag ist sich seiner Verpflichtung und seines Auftrags als Repräsentant des souveränen Volkes bewußt geworden. Er wird alles daransetzen, erworbenes Ansehen und Vertrauen zu bewahren und neues zu gewinnen. *(Beifall.)*

41.
„Kampf dem Terrorismus“ – Zur Ermordung von Dr. Hanns Martin Schleyer

Regierungserklärung von Bundeskanzler Helmut Schmidt am 20. Oktober 1977

In den siebziger Jahren stellte der Terrorismus die Bundesrepublik Deutschland auf eine harte Bewährungsprobe, die 1977 in der Ermordung des Generalbundesanwaltes Siegfried Buback, des Chefs der Dresdner Bank Jürgen Ponto sowie des Arbeitgeberpräsidenten Dr. Hanns Martin Schleyer und ihrer Begleiter gipfelte. In der 50. Sitzung des Achten Deutschen Bundestages am 20. Oktober 1977 gab Bundeskanzler Helmut Schmidt zur Ermordung von Dr. Hanns Martin Schleyer und von Jürgen Schumann, Flugkapitän der gekaperten Lufthansamaschine, sowie zur Geiselbefreiung auf dem Flugplatz von Mogadischu folgende Regierungserklärung ab:

Herr Präsident! Meine Damen und Herren! Das Bundesverfassungsgericht hat in den frühen Morgenstunden des 16. Oktober im Namen unseres Volkes für Recht erkannt: Die Art. 1 und 2 unseres Grundgesetzes verpflichten

> den Staat, jedes menschliche Leben zu schützen. Diese Schutzpflicht ist umfassend. Sie gebietet dem Staat, sich schützend und fördernd vor dieses Leben zu stellen; das heißt vor allem, es auch vor rechtswidrigen Angriffen von seiten anderer zu bewahren. An diesem Gebot haben sich alle staatlichen Organe, je nach ihren besonderen Aufgaben, auszurichten.

– Alle staatlichen Organe! – Das Verfassungsgericht hat hinzugefügt:

> Das Grundgesetz begründet eine Schutzpflicht nicht nur gegenüber dem einzelnen, sondern auch gegenüber der Gesamtheit aller Bürger.

Die Wahrnehmung dieser doppelten Pflicht setze voraus, daß die staatlichen Organe ihre Maßnahmen der Vielfalt der jeweiligen konkreten Situation ohne Festlegung auf ein bestimmtes Verhalten anpassen können.

Am gleichen 16. Oktober, nachdem dieses Urteil ergangen war, haben die Bundesregierung, die Partei- und Fraktionsvorsitzenden des Deutschen Bundestages und die Ministerpräsidenten der vier betroffenen Bundesländer öffentlich bekanntgemacht, daß sie schon bisher nach diesen Grundsätzen beraten und gehandelt hatten und daß sie in Befolgung dieser Grundsätze auch weiterhin alles tun würden, um ihrer schweren Verantwortung gerecht zu werden

Viele Wochen früher, nämlich unmittelbar nach der Entführung Dr. Schleyers, habe ich in dem soeben erwähnten Beratungskreise mit Zustimmung aller Beteiligten damals die Orientierungspunkte, die unser Handeln bestimmen sollten, folgendermaßen umrissen, erstens Dr. Schleyer lebend zu befreien – es war zu einem späteren Zeitpunkt selbstverständlich, daß dies ebenso für die als Geiseln genommenen 82 Passagiere und 5 Besatzungsmitglieder in dem entführten Lufthansaflugzeug galt –; zweitens die Täter zu ergreifen und vor Gericht zu stellen; drittens die Fähigkeit des Staates zu sichern, seine Bürger gegen Gefahren zu schützen, das Vertrauen der Bürger, aber auch das Vertrauen der Menschen außerhalb der Bundesrepublik Deutschland in diese Schutzfunktion unseres Staates zu wahren – und dies hieß, die Terroristen nicht freizulassen.

Gewiß war das damals eine sehr einfache Sprache. Gleichwohl legen wir diese von uns vor sechs Wochen erarbeiteten Orientierungspunkte heute öffentlich vor. Jedermann kann erkennen, daß es kaum vorstellbar erscheinen konnte und kaum vorstellbar erscheinen kann, alle diese Orientierungspunkte oder Maximen zugleich durch eigenes Handeln oder durch eigenes Unterlassen voll in die Wirklichkeit zu übertragen. Vielmehr war von Anfang an klar – das galt für unsere Bemühungen um das Leben und die Freiheit Dr. Schleyers, für die Rettung der 87 Geiseln im Flugzeug, und es gilt für zukünftig denkbare Fälle –, daß die Erfüllung jedes einzelnen dieser drei Orientierungspunkte nach menschlicher Voraussicht die Erfüllung der übrigen Maximen einschränken oder gar gefährden mußte.

In dieser unausweichlichen Gewißheit hatten wir unsere Entscheidungen zu treffen. Unausweichlich befanden wir uns damit im Bereich von Schuld und Versäumnis. Es ist uns gelungen, die Passagiere und die vier der fünf Besatzungsmitglieder der entführten Lufthansa-Maschine aus der Gewalt von vernichtungswilligen Verbrechern zu befreien und ihr Leben zu retten. Es ist uns nicht gelungen, die Morde in Karlsruhe, in Oberursel, in Köln, den Mord an Bord des Lufthansa-Flugzeuges und den in Mülhausen im Elsaß offenbar gewordenen Mord zu verhindern.

Ich füge hier ein, nachdem der Bundestagspräsident und der Bundestag soeben des in Mülhausen in Frankreich aufgefundenen toten Dr. Schleyer gedacht und seiner Familie das Beileid ausgesprochen haben, daß nach dem Urteil der Bundesregierung die deutsche Wirtschaft in ihm eine ihrer hervorragenden Unternehmerpersönlichkeiten verloren hat, einen Mann von hohen Führungseigenschaften, dessen Engagement, dessen Wissen, auch sein Gespür für sozialen Ausgleich ihn befähigt haben, sein Amt als Sprecher der

Industrie und der Arbeitgeber auf eine Weise auszuüben, die ihm Anerkennung eingebracht hat. Für die Bundesregierung war er kein einfacher Gesprächspartner. Aber wir respektierten ihn als einen Mann, dessen klares Denken und offenes Sprechen und dessen ehrlicher Wille das Gespräch mit ihm wertvoll gemacht haben. Ich habe das bei zahlreichen Gelegenheiten auch persönlich immer so empfunden. Die Bundesregierung teilt ebenso wie der Bundestag die Trauer seiner Familie, an deren Seite wir uns stellen.

Die elf Gefangenen, die in erster Instanz wegen Mordes verurteilt wurden oder nach Richterspruch des Mordes dringend verdächtigt sind und zu deren Freilassung die zuständigen Landesregierungen erpreßt werden sollten, haben wir nicht ausgeliefert. Ihnen liegen die Tötung von 13 Menschen und weitere 43 Mordversuche zur Last. Die Tötung von 13 Menschen und 43 weitere Mordversuche! Drei von ihnen haben gestern Selbstmord begangen. Wir mußten und müssen fürchten, daß die elf gefangenen Terroristen nach ihrer eventuellen Freilassung weitere schwere Verbrechen begehen würden, genauso, wie es diejenigen getan haben, die durch die Entführung von Peter Lorenz freigepreßt worden sind, nachdem sie damals freigelassen wurden. Diesen letzteren werden inzwischen die Tötung von neun Personen und weitere vier Mordversuche zur Last gelegt. Das heißt: Die Freilassung der elf hätte nach dieser Erfahrung eine neue Gefahr für das Leben vieler anderer Menschen heraufbeschworen.

Es ist mir am heutigen Tag wie schon in all den letzten Wochen eine große Hilfe, daß der Rat der Evangelischen Kirche Deutschlands im vorigen Monat öffentlich versichert hat, unsere Entscheidungen mit Vertrauen aufnehmen zu wollen, und eine große Hilfe, von der Bereitschaft der Kirche zu wissen, auch die Folgen gemeinsam tragen zu wollen.

Der Terrorismus ist keineswegs tot, weder in Deutschland noch irgendwo auf der Welt. Die Bundesregierung und alle Parteien und Fraktionen des Deutschen Bundestages werden – dessen bin ich gewiß – angesichts der gegenwärtigen schweren Belastung alles tun, um die Fähigkeit des Staates zu wahren, daß er seine Bürger schützen kann. Wir werden dabei, wie gestern und heute, so auch morgen den Befehlen des Grundgesetzes gehorchen. Das Urteil, auf das ich mich eingangs bezog, bestärkt uns darin, auch in Situationen größter Belastung die vom Gesetz gesetzten Grenzen zu achten und zu wahren, und das heißt: rechtsstaatlich zu handeln.

Ich möchte der Erklärung der Fuldaer Bischofskonferenz der römisch-katholischen Kirche zustimmen, die im vorigen Monat den Bundestag aufgefordert hat, „alle in der Verfassung, alle im Grundgesetz und im Rechtsstaat gegebenen Möglichkeiten auszuschöpfen und konsequent zu verwirklichen, ehe überhaupt Verfassungsänderungen in Betracht gezogen werden". Die Bereitschaft der Kirche, „jedem ein guter Partner zu sein, der sich um Überwindung des Terrors müht", stärkt uns in unserer Zuversicht. Daß der Papst, das Oberhaupt der katholischen Kirche, im ehrwürdigen Alter von 80 Jahren davon spricht, er würde sich selbst als Ersatzgeisel anbieten, falls dies von Nutzen wäre, kennzeichnet das Ausmaß des Schreckens und der Betroffenheit über die Leiden der von den Verbrechen getroffenen Menschen. In der Nacht von Montag auf Dienstag und am ganzen gestrigen Tage haben Millionen Deutsche und Abermillionen von Menschen in aller Welt aufgeatmet, als in Mogadischu im ostafrikanischen Somalia nach einem Irrflug von 9000 km die Befreiung von 86 Menschen aus unmittelbarer Lebensgefahr gelungen war. Auch wenn wir unsere Toten tief beklagen und mit ihren Familien und ihren Freunden deren Trauer teilen, so dürfen wir doch auch mit Genugtuung auf die Leistung der Beamten der Grenzschutzgruppe 9 und all derer schauen, die wir nach Mogadischu entsandt hatten. *(Beifall bei allen Fraktionen).*

Es wurden hier ein Beispiel und ein Vorbild für die Jungen in unserem Lande gesetzt, ein Beispiel dessen, wofür wir alle einzutreten haben, nämlich für die Erhaltung der Würde des Menschen, für die Erhaltung der unverletzlichen und unveräußerlichen Menschenrechte, für das Recht auf Leben, für die Freiheit der Person. Ich weiß, daß viele junge Menschen die Überbetonung materiellen Lebensgenusses mißbilligen, die angesichts unseres hohen Lebensstandards bei manchen eingetreten ist, der sich manche allzu bereitwillig hingeben und die bei manch einem die Frage nach dem Sinn seines Lebens in den Hintergrund treten läßt. Ich weiß, daß viele junge Menschen – nicht nur in unserem Staate – die Frage nach dem Sinn ihres Lebens stellen.

Jeder Mensch wird seine eigene Antwort suchen müssen. Sie kann nur in der Orientierung auf oberste Werte gefunden werden. Weil wir als einzelne nicht leben können, sondern vielmehr auf Gemeinschaft, auf Gesellschaft mit vielen anderen angewiesen sind, kann die Antwort nur im Bewußtsein jener Werte gegeben werden, auf denen Gemeinschaft beruht und auf die unser Staat gegründet ist.

Die befreiende Tat in Somalia entspringt den bewußt erlebten Grundwerten der Freiheit und der Solidarität. Es wurde hier ein Beispiel für die Bedeutung unserer Grundwerte gegeben. Es wurde Orientierung gegeben. Es ist falsch, nur danach zu trachten, was ein einzelner oder eine Gruppe von der Gemeinschaft, von der Gesellschaft oder vom Staat empfangen oder sich verschaffen könnte. Es ist vielmehr notwendig, daß wir alle uns selbst fragen, was wir der Gemeinschaft zu geben haben und wie wir ihr dienen können. In Mogadischu wurde zugleich ein Zeichen für die Zusammenarbeit unter den

Völkern und Staaten der Welt und für die gemeinsame Überwindung der Geißel des internationalen, lebensverachtenden, gemeinschaftszerstörenden Terrorismus gesetzt.
Wir haben in den schweren Stunden, in denen wir die drückende Last der Entscheidungen trugen, nicht allein gestanden. Tief eingeprägt hat sich uns die Bereitschaft von Regierungen im Nahen Osten und auf dem afrikanischen Kontinent, sich gemeinsam mit uns um die Befreiung der Menschen aus ihrem Leiden zu bemühen. Der besondere Dank der Bundesregierung, unseres ganzen Volks und – ich bin sicher – aller Menschen auf der Welt, welche den Terrorismus ablehnen, gilt dem Staatspräsidenten von Somalia, Siad Barre, und seiner Regierung. *(Anhaltender lebhafter Beifall bei allen Fraktionen.).*
Wir grüßen aber auch die Menschen, die in der entführten Maschine hundertzwanzig Stunden der Gewalt der Terroristen, hundertzwanzig Stunden schwerster physischer und psychischer Belastung in bewundernswerter Weise ertragen haben. *(Beifall bei allen Fraktionen.).*
Besonderes Gedenken schulden wir dem ermordeten Flugkapitän Jürgen Schumann. Der Bundestag, der Bundestagspräsident haben vorhin seiner gedacht. Wir teilen die Trauer seiner Familie. Die Bundesregierung möchte hinzufügen: Schumann hat unter tödlicher Bedrohung Mut und Umsicht bewiesen.
Mit großer Betroffenheit und Bestürzung hat die Bundesregierung von den jüngsten Ereignissen in dem Gefängnis Stuttgart-Stammheim erfahren. Uns ist es unvorstellbar, wieso es trotz des Kontaktsperregesetzes, das bei vielen Abgeordneten des Deutschen Bundestages die Überwindung erheblicher Zweifel erfordert hat, möglich war, daß dort Gefangene in den Besitz von Schußwaffen kommen konnten.
Nun sind nach unserer grundgesetzlichen Ordnung der Vollzug von Strafen und das Gefängniswesen ausschließlich Sache der Bundesländer und keineswegs der Bundesregierung. Gleichwohl muß die Bundesregierung aus Gründen der Schutzfunktion des Gesamtstaates, aus Gründen der Rechtssicherheit, aus innenpolitischen Gründen und aus außenpolitischen Gründen – wegen des Ansehens Deutschlands in aller Welt – dringend erwarten, daß jene Vorgänge in einer über jeden Zweifel erhabenen Form untersucht, vollständig aufgeklärt und daß die Ergebnisse öffentlich vorgelegt werden.
Die der Bundesregierung bisher durch die badenwürttembergische Landesregierung mitgeteilten Umstände – der Obduktionsbefund vor allem – lassen darauf schließen, daß in Stammheim Gefangene zur Verschärfung ihres terroristischen Kampfes gegen unseren Staat, gegen unsere freiheitliche Grundordnung, nach ihren früheren Hunger- und Durststreiks nunmehr auch die gewaltsame Zerstörung ihres eigenen Lebens als Kampfmittel

eingesetzt haben. Offenbar wollten sie ihren Tod nicht als ein Zeichen später Einsicht, sondern vielmehr als ein Fanal für die noch in Freiheit befindlichen ihnen Gleichgesinnten. Drohungen, die schon vorher ausgestoßen worden waren, erhärten dies.

Meine Damen und Herren, die unbegreiflichen Vorgänge in Stuttgart-Stammheim dürfen und werden unseren klaren Blick in die Zukunft nicht vernebeln. Als erstes gilt es, die Erfahrungen praktischer Solidarität im Handeln der Verantwortlichen für kommende Bewährungsproben lebendig zu halten.

Mitte vorigen Monats habe ich hier die Hoffnung ausgedrückt, daß die Zusammenarbeit der Bundesregierung mit den Partei- und Fraktionsvorsitzenden Brandt, Kohl, Mischnick, Strauß und Wehner sowie den vier betroffenen Landesregierungen bis zum Ende der schlimmen Zwangslage, in die uns das terroristische Verbrechen gebracht hat, andauern möge. Daß ich den Vorsitzenden der FDP in diesem Zusammenhang nicht namentlich nenne, ergibt sich aus der Tatsache seiner Zugehörigkeit zur Bundesregierung.

Ich kann heute sagen, daß wir in den schweren Entscheidungen der letzten Wochen bis zum heutigen Tage tatsächlich alle so zusammengestanden haben. Wir haben jeden Schritt gemeinsam beraten und einmütig gebilligt. Wir haben viele Pläne gefaßt; viele haben wir verworfen; einige wurden zuschanden. Wir haben gemeinsam Wagnisse auf uns genommen. Und natürlich, meine Damen und Herren, liegt bei all dem die Verantwortung bei der Bundesregierung. Ohne diese Gemeinsamkeit aber wäre die Befreiung der Geiseln der Flugzeugentführung nicht gelungen. Ohne sie wäre aber auch ein Fehlschlag, der ebenso möglich war, nur schwer zu tragen gewesen.

Ich gehe davon aus, daß diese Solidarität am heutigen Tage, wo wir uns gemeinsam den Folgen der Ermordung Schleyers zu stellen haben, weiterlebt und auch bewahrt werden wird. *(Beifall bei der SPD, bei der FDP und bei Abgeordneten der CDU/CSU.)* Bundestag, Parteien und Fraktionen müssen den Maßstäben gerecht werden, die in den letzten Wochen gemeinsam gesetzt wurden, und der Besinnung auf das Wesentliche, die unser Volk von uns erwartet. Jeder prüfe sein eigenes Verhalten, und jeder trage, wo immer das nötig sein sollte, zur Entgiftung der politischen Auseinandersetzung bei.

Natürlich kann die vollständige Übereinstimmung zwischen Regierung und Opposition im Handeln und in der Verantwortung für ein demokratisches Gemeinwesen nicht die Regel sein. Sie ist vielmehr die Ausnahme, in der sich politische Vielfalt in Situationen der Not als Einheit bewährt. Ansonsten aber muß der fruchtbare Gegensatz, muß die Kontroverse fortbestehen. Die Kontroverse ist ein Wesenskern parlamentarischer Demokratie.

Wir haben also – ich sage dies, um jedes Mißverständnis auszuschließen – nicht die Absicht, für die Zukunft auf allen Gebieten große Gesetzgebungskoalitionen zu verabreden. Im Gegenteil, Verantwortungen dürfen nicht verwischt werden, und ohne parlamentarische Auseinandersetzung würden wir oft zu sachlich vernünftigen Lösungen nicht kommen. Die Bürger unseres Landes haben verschiedene politische Auffassungen, und es bleibt die Führungsaufgabe des Parlaments, diese Unterschiedlichkeit der politischen Grundströmungen vorzutragen und auszutragen.
Allerdings würde ich es begrüßen, wenn der schon eingeleitete Versuch, einzelne Vorschläge zur besseren Bekämpfung des Terrorismus nach sorgfältiger Prüfung in einer gemeinsamen Gesetzesinitiative der drei Fraktionen zusammenzufassen, fortgesetzt und zu einem konstruktiven Ende geführt würde.
Die Artikulierung der unterschiedlichen politischen Strömungen ist auch Aufgabe der Medien: der Presse, des Rundfunks, des Fernsehens. Dazu benötigen die Medien die ungehinderte Information. Um so mehr gilt vielen Zeitungen und anderen Medien des In- und Auslands unser Dank dafür, daß sie durch ihre Selbstbeschränkung bei der Befreiung der Geiseln und der Aufklärung der Verbrechen außerordentlich geholfen haben. *(Beifall bei allen Fraktionen.)*
Die Wochen, die alle Betroffenen und unser ganzes Volk zum Teil in ohnmächtiger Wut, zum Teil in Schmerz und Leid, in der Hoffnung, in Glück und Enttäuschung, in dem Erfahren von Tapferkeit und in dem Erfahren von Mitmenschlichkeit durchlebt haben, werden ihre Spuren hinterlassen – nicht nur in Deutschland, auch international. Die Menschen in der Bundesrepublick, das spüren wir, sind näher zueinander gerückt. Opfermut, der Einsatz des eigenen Lebens für die Gesamtheit der Bürger, für die Demokratie gelten – manche hatten es vielleicht schon vergessen – mehr als das Streben nach Materiellem. Und ein Rückzug in die Innerlichkeit allein reicht für Gemeinschaft nicht aus. Was unser Volk in diesen Tagen an Haltung gezeigt hat, wird von der zivilisierten Welt in Ost und West, in Nord und Süd mit Respekt und Mitgefühl betrachtet.
Die ganze Welt erfährt in diesen Jahren in vielen Ländern das Wiederaufleben zerstörerischer Gewalt, von der die Menschheit glaubte, daß sie durch geschichtliche Erfahrung und durch menschliche Moral überwunden sei. Es gibt kein politisches Prinzip, mit dem der Rückfall von der Menschlichkeit in die Barbarei sittlich gerechtfertigt werden könnte. *(Beifall bei allen Fraktionen.)*
Ich sage vor allem den jungen Menschen, daß Demokratie nicht allein aus dem Prinzip der Bildung von Mehrheiten besteht. Ihre, letztlich existentielle,

Begründung findet Demokratie in der Humanisierung der Politik, das heißt in der Humanisierung des unvermeidlichen Umgangs mit der Macht. Indem die demokratische Verfassung von der Würde des Menschen ausgeht und nicht nur dem Staat, sondern auch dem einzelnen verbietet, mit der Existenz und der Würde des Menschen nach Belieben und Willkür zu verfahren, schreibt sie uns allen die Grenzen unseres Handelns vor. Diese Verpflichtung dem Ganzen gegenüber umfaßt auch, den Schwachen zu helfen, Minderheiten nicht auszuschließen und gegenüber Andersdenkenden Respekt zu bewahren. Wer aber aus dieser humanen Geschichte heraustritt, wer an die Stelle des demokratischen Rechts das Faustrecht der Gewalt setzt, der erlebt eine Ausweglosigkeit, in der vermeintliche Macht bis in Selbstzerstörung umschlagen kann.

Ich weiß, wie schwer es Älteren oft ist, Erfahrungen weiterzugeben, und wie reserviert junge Menschen häufig sind, wenn sie das Gefühl haben, belehrt werden zu sollen. Ich sage aber in großem Ernst, daß es unheilvolle Erfahrungen gibt, vor denen man sich schützen muß, die man selber nicht machen wollen darf, wo eigene Einsicht und Verantwortung gebieten, zuzuhören und zu bedenken und zu lernen.

Zum Schluß, meine Damen und Herren: Wer weiß, daß er so oder so, trotz allen Bemühens, mit Versäumnis und Schuld belastet sein wird, wie immer er handelt, der wird von sich selbst nicht sagen wollen, er habe alles getan und alles sei richtig gewesen. Er wird nicht versuchen, Schuld und Versäumnis den anderen zuzuschieben; denn er weiß: Die anderen stehen vor der gleichen unausweichlichen Verstrickung. Wohl aber wird er sagen dürfen: Dieses und dieses haben wir entschieden, jenes und jenes haben wir aus diesen oder jenen Gründen unterlassen. Alles dies haben wir zu verantworten.

Die Bundesregierung wird noch Gelegenheit nehmen, alle ihre Entscheidungen, ihre Gründe – auch ihre Zweifel – öffentlich darzulegen. Zu dieser Verantwortung stehen wir auch in Zukunft. Gott helfe uns! *(Anhaltender lebhafter Beifall bei allen Fraktionen.)*

42.
„Engagement für Freiheit und Menschenrechte“

Ansprache des neugewählten Bundespräsidenten Professor Dr. Karl Carstens bei seinem Amtsantritt am 1. Juli 1979

Am 23. Mai 1979 wählte die Bundesversammlung in Bonn den Bundestagspräsidenten und CDU-Politiker Professor Dr. Karl Carstens im ersten Wahlgang mit 528 Stimmen zum fünften Präsidenten der Bundesrepublik Deutschland. 431 Stimmen wurden für die Bundestagsvizepräsidentin und SPD-Politikerin Frau Annemarie Renger abgegeben. In der Ansprache bei seinem Amtsantritt in der 165. Sitzung des Achten Deutschen Bundestages am 1. Juli 1979 erklärte der neugewählte Bundespräsident:

Herr Präsident des Deutschen Bundestages! Herr Präsident des Bundesrates! Herr Bundespräsident Scheel! Verehrte Frau Dr. Scheel! Herr Bundeskanzler! Herr Präsident des Bundesverfassungsgerichts! Meine Damen und Herren! Ich möchte mich zunächst bei Ihnen, Herr Präsident des Deutschen Bundestages, und bei Ihnen, Herr Bundespräsident Scheel, sehr herzlich für die Glückwünsche und die guten Wünsche bedanken, die Sie mir heute bei Antritt meines neuen Amtes ausgesprochen haben.

Die Vereidigung des Bundespräsidenten findet, so will es das Grundgesetz, bei einer gemeinsamen Sitzung des Bundestages und des Bundesrates statt. Darin kommt die große Bedeutung zum Ausdruck, die unser Grundgesetz dem föderativen Aufbau unseres Staates beimißt. In der Tat erkennen wir immer deutlicher, daß diese bundesstaatliche Gliederung ungeachtet mancher Schwierigkeiten, die sie gewiß auch mit sich bringt, letzten Endes ein Vorzug unseres Gemeinwesens ist. Sie schafft ein Gegengewicht gegen eine ihrer Natur nach zu mehr Kompetenzen tendierende Zentralgewalt, und sie ist zugleich die Quelle einer kulturellen, wirtschaftlichen, landsmannschaftlichen und politischen Vielfalt und damit die Quelle eines geistigen Reichtums, um den uns viele unserer europäischen Nachbarstaaten beneiden.

Bevor ich meinen Blick auf die Gegenwart und die Zukunft lenke, drängt es mich, einige Worte des Dankes an die vier Bundespräsidenten zu richten, die mir im Amte vorausgegangen sind.

Theodor Heuss hat in seiner zehnjährigen Amtszeit während der Gründungsjahre unser Verständnis von unserem Staat entscheidend mitgeformt. Zu den Schrecken der Vernichtungslager, zum Verhältnis zwischen Deutschen und Juden, über die Rolle der Bundeswehr, über die Freiheit der Bürger hat Heuss grundlegende, bis heute weiter wirkende Aussagen getan. Er knüpfte durch seine Auslandsreisen viele internationale Beziehungen nach dem Kriege wieder an, er hatte einen wichtigen Anteil an der erfolgreichen Entwicklung, die unser Staatswesen genommen hat.
Heinrich Lübke war der treue und redliche Sachwalter der Nation in den folgenden zehn Jahren. Er hat in vorbildlicher Weise unser Bewußtsein für die Not der Menschen in der Dritten Welt geschärft. Seine Reisen in zahlreiche Länder Afrikas, Asiens und Lateinamerikas sind dort unvergessen. Zugleich hat er durch die häufigen Besuche, die er Berlin abstattete, einen wichtigen Beitrag zur Festigung der Bindungen zwischen Berlin und dem Bund geleistet.
Gustav Heinemann, an Lebensjahren der älteste aller bisherigen Bundespräsidenten, war von der Notwendigkeit der Reform unseres staatlichen und gesellschaftlichen Lebens durchdrungen und hat dazu zahlreiche, wichtige Anstöße gegeben. Als ein aufrechter, integrer Demokrat, als ein unerbittlicher Mahner, den Freiheitsraum zu nutzen, den unser Grundgesetz garantiert, steht er uns bleibend vor Augen.
Sie, Herr Bundespräsident Scheel, haben durch Form und Inhalt Ihrer Amtsführung eine ständig wachsende Zustimmung der Bürger unseres Landes gefunden. Weltoffen und den Menschen liebenswürdig zugewandt, waren Sie ein vorbildlicher Repräsentant unseres Staates. In zahlreichen Reden haben Sie über Grundfragen unseres Zusammenlebens gesprochen, besonders über die Notwendigkeit der Bewahrung der Freiheit in einer immer mehr technisierten Welt. Sie sind auch heute noch einmal auf diese Frage eingegangen. In den Tagen, als die Nation, erschüttert über die Untaten einer kleinen Gruppe fanatischer Terroristen, den Atem anhielt, haben Sie tiefbewegende Wort der Trauer, des Trostes und der Zuversicht gefunden. Ich sehe es als meine gern übernommene Pflicht an, als meine erste Amtshandlung, Ihnen, Herr Scheel, den aufrichtigen und herzlichen Dank für all das auszusprechen, was Sie im Dienste unseres Landes geleistet haben. *(Lebhafter Beifall.)*
Der Dank schließt Ihre verehrte Gattin ein, die anknüpfend – das darf ich wohl sagen – an die soziale und karitative Tätigkeit ihrer drei Vorgängerinnen, Frau Elly Heuss-Knapp, Frau Wilhelmine Lübke, Frau Hilda Heinemann, mit der Deutschen Krebshilfe eine höchst bedeutende Aktion zum besseren Erkennen und zur Verhütung dieser die Menschen bedrohenden Krankheit

ins Leben gerufen hat. Herzlichen Dank dafür, Frau Dr. Mildred Scheel, und zugleich herzlichen Dank für die Erfüllung der vielen anderen Aufgaben, denen Sie sich an der Seite Ihres Gatten zum Wohle unseres Landes unterzogen haben! *(Beifall.)*
Wir feiern in diesem Jahr den 30. Geburtstag unserer Bundesrepublik Deutschland. In diesen 30 Jahren haben die in diesem Staat lebenden Deutschen ein Maß an Frieden, Freiheit, Sicherheit und Wohlstand genossen wie niemals zuvor in einer gleich langen Epoche der jüngeren deutschen Geschichte. Wenn wir das sagen, verkennen wir nicht, daß auch in unserer Gesellschaft Not herrscht, daß es vom Schicksal benachteiligte Gruppen gibt, die unserer Fürsorge bedürfen. Der Appell an die Bereitschaft, denen zu helfen, die in Not sind, darf daher auch bei den Feiern der 30. Wiederkehr des Jahrestages der Gründung unseres Staates nicht fehlen. *(Beifall.)*
Die wichtigste Folgerung, die wir aus dem historischen Rückblick ziehen sollten, ist unsere Entschlossenheit und Bereitschaft, die freiheitliche Ordnung, auf der diese Entwicklung beruht hat, zu erhalten. Dazu zählt das verfassungsgemäße Funktionieren der obersten Organe ebenso wie die Verwirklichung der Prinzipien der Menschenrechte und der Menschenwürde, wie sie in unserem Grundgesetz garantiert werden. Auch das Ordnungsprinzip der Sozialen Marktwirtschaft, das Ende der 40er und Anfang der 50er Jahre bei uns eingeführt wurde, hat sich trotz sicherlich auch ihm anhaftender Mängel als ein Instrument zur Verwirklichung von Freiheit, Wohlstand und sozialer Sicherheit bewährt. *(Beifall.)* Die Mitbestimmung der Arbeitnehmer ist inzwischen gesicherter Bestandteil dieser Wirtschaftsordnung geworden.Wenn wir diese positive Bilanz ziehen, dürfen und wollen wir doch unsere Augen nicht vor den Problemen verschließen, mit denen wir konfrontiert sind. Ich nenne drei.
Einmal müssen wir uns mit Zweifeln und Einwendungen befassen, die gegenüber der auf jährliche Zuwachsraten gerichteten Wirtschafts- und Gesellschaftspolitik erhoben werden. Viele unserer Mitbürger sehen mit Sorge einen Konflikt zwischen dem ökonomischen Ziel des Wachstums einerseits und dem Bedürfnis nach Erhaltung einer gesunden Umwelt und nach einer sparsamen Verwendung der Rohstoffreserven andererseits. Die aktuelle weltweite Verknappung des Erdöls verschärft diese Problematik.
In besonderer Weise entzündet sich die Auseinandersetzung an der Frage des Baus von Kernkraftwerken und Autobahnen. Es kann nicht die Aufgabe des Bundespräsidenten sein, diese Fragen entscheiden zu wollen, aber ich meine, daß alle Beteiligten in der Diskussion stärker als bisher auf die Argumente der jeweils anderen Seite hören sollten, wie ich es denn überhaupt als ein entscheidendes Merkmal unserer Demokratie ansehe, daß wir einerseits in

einer, wie man zu sagen pflegt, pluralistischen Gesellschaft unsere jeweiligen Standpunkte und Interessen nach Kräften zu vertreten suchen, wobei die politischen Parteien in ihrem Wettbewerb miteinander bestrebt sind, die Konturen ihrer Unterschiede so klar wie möglich herauszuarbeiten, aber andererseits für das Funktionieren eines freiheitlichen und demokratischen Gemeinwesens auch die Bereitschaft zum Gespräch – und das heißt: zum Anhören der Argumente des anderen – sowie schließlich die Bereitschaft zur Zusammenarbeit in den Lebensfragen der Nation unverzichtbar gehören. *(Beifall.)*

Ich meine aber, daß wir trotz aller Sorge um die Erhaltung der Umwelt und die Bewahrung der natürlichen Lebensbedingungen doch nicht übersehen sollten, welche Fülle landschaftlicher und kultureller Schönheiten diese Bundesrepublik Deutschland uns immer noch bietet. Wie ich mit Freude feststelle, nimmt die Wanderbewegung bei uns wieder zu. Mehr und mehr Bürger, auch junge Bürger, entschließen sich, die Schönheiten der deutschen Landschaft ebenso wie die Schönheiten der großen Zeugnisse deutscher Kunst und Architektur sich als Wanderer zu erschließen. Ich möchte diese Bewegung auf das wärmste unterstützen. Meine Frau und ich haben uns vorgenommen, wenn unsere Kräfte dazu reichen, Deutschland vom Norden bis zum Süden, von der Ostsee bis an den Alpenrand zu Fuß zu durchwandern. *(Heiterkeit und lebhafter Beifall.)* – In Etappen, versteht sich! *(Erneute Heiterkeit.)*

Das zweite Problem, das uns in dieser Zeit beschäftigt und über das wir miteinander diskutieren, betrifft wichtige Fragen der Schul- und der Bildungspolitik. Es beginnt mit dem Streit um die Frage „Gesamtschule oder herkömmliches, in Hauptschule, Realschule, Oberschule gegliedertes Schulsystem?“, setzt sich in der Diskussion über den an den Schulen zu vermittelnden Lehrstoff fort und endet bei der Frage, ob die Schule die jungen Bürger erziehen soll und, wenn ja, welches die Ziele dieser Erziehung sein sollen. Ich möchte dazu nur ganz wenige Anmerkungen machen.

Meines Erachtens sollte stärker als bisher an den Schulen die deutsche Kultur und namentlich die deutsche Geschichte behandelt werden, *(Lebhafter Beifall)* die deutsche Geschichte mit ihren Höhen und Tiefen und mit dem Ziel, zu zeigen, wie die deutsche Geschichte seit 30 Jahren mehr und mehr in eine gemeinsame europäische Geschichte einzumünden beginnt.

Ich plädiere dafür, daß an den Schulen unsere Verfassung, das Grundgesetz, eingehender behandelt wird und die Chancen aufgezeigt werden, die es den jungen Menschen für ihre Selbstentfaltung in Freiheit gibt. Zugleich sollten die freiheitlichen Ursprünge unseres Grundgesetzes: die Weimarer Verfassung und die Frankfurter Verfassung von 1849, aufgezeigt werden. Die

großen Namen der wichtigsten Mitgestalter dieser Verfassungen sollten der jungen Generation vorgestellt werden, ebenso wie jedem jungen Amerikaner die Gründungsväter seines Landes bekannnt gemacht werden. *(Beifall.)*
Ziel der Erziehung sollte die Heranbildung von Staatsbürgern sein, die in eigener Verantwortung demnächst die Geschicke dieses Landes bestimmen werden. Dazu gehört auch die Vermittlung bestimmter Wertüberzeugungen wie Achtung vor der Menschenwürde, Toleranz, Hilfsbereitschaft, Gerechtigkeit und Frieden, ohne die kein freies Gemeinwesen gedeihen kann. Und dazu gehört, so meine ich, unabweisbar die Vermittlung der Einsicht, daß Freiheit ihr Gegenstück in der Verantwortung finden muß, in der Verantwortung jedes einzelnen für sich selbst und die Gestaltung seines eigenen Lebens, in der Verantwortung für die nächsten Mitmenschen in Familie, Nachbarschaft und Beruf, in der Verantwortung jedes Bürgers für das Ganze, für den Staat, die Nation, das Gemeinwesen und für die notleidenden Menschen in aller Welt.
Unser Grundgesetz spricht darüber hinaus von unserer Verantwortung vor Gott. Sie ist für viele unserer Mitbürger die höchste und letztlich entscheidende. Theodor Heuss hat in seiner Ansprache nach seiner Vereidigung vor 30 Jahren von dieser Stelle aus darauf verwiesen und seine Rede mit Worten geschlossen, die ich wiederholen möchte und die ich mir zu eigen mache. Er sagte:

> Im Bewußtsein meiner Verantwortung vor Gott trete ich dieses Amt an. Indem ich es übernehme, stelle ich dieses Amt und unsere gemeinsame Arbeit unter das Wort des Psalmisten: „Gerechtigkeit erhöhet ein Volk."

Das dritte Problem, auf das ich eingehen möchte und das mit dem zweiten in engem Zusammenhang steht, betrifft die Entwicklung der Familie, die uns Sorge bereitet. Wir müssen feststellen, daß vor allem Familien mit mehreren Kindern große wirtschaftliche und finanzielle Lasten auf sich nehmen müssen. Immer wieder wird gesagt, daß die Umwelt in der Bundesrepublik Deutschland nicht kinderfreundlich, ja daß sie kinderfeindlich sei. Es kann sein, daß dies eine der Ursachen für das starke Zurückgehen der Geburtenrate ist, die derzeit die niedrigste auf der Welt ist und die nicht ausreicht, um die Bevölkerungszahl unseres Landes auf die Dauer zu erhalten. Das Bewußtsein für die Notwendigkeit einer Lösung dieses Problems ist in den letzten Jahren zweifellos gewachsen. Immer mehr politisch verantwortliche Kräfte unternehmen ernsthafte Anstrengungen, um die Familie materiell und ideell zu stärken.
Lassen Sie uns noch einen Blick über die Grenzen der Bundesrepublik hinaus tun. Es ist klar, daß dieser Blick sich zunächst unseren deutschen Landsleuten

zuwendet. Ich grüße die Deutschen in aller Welt, auch und besonders die Deutschen im anderen Teil Deutschlands. *(Anhaltender lebhafter Beifall.)*
Dieser Gruß ist der Ausdruck brüderlicher Verbundenheit, die viele Millionen Menschen in den getrennten Teilen unseres Landes und ungeachtet der schmerzhaften Trennung füreinander empfinden und gewiß auch weiterhin füreinander empfinden werden.
Uns hier in der Bundesrepublik verpflichtet unser Grundgesetz, das uns Mögliche zu tun, um in Frieden die Einheit und Freiheit Deutschlands zu vollenden. Darauf habe ich soeben den Eid geleistet. Wir sind uns einig, daß dieses Ziel untrennbar mit einer Friedenslösung für Europa verbunden ist – und jeder weiß, daß es bis dahin noch ein weiter Weg sein wird. In der Zwischenzeit gilt es, die Folgen der Teilung, soweit wir können, zu erleichtern.
Der Vorsitzende des Staatsrates der Deutschen Demokratischen Republik war unter den ersten, die mir ihre Glückwünsche zu meiner Wahl zum Bundespräsidenten ausgesprochen haben. Ich habe ihm meinen besten Dank dafür gesagt. Möge darin, trotz aller noch bestehenden Schwierigkeiten, ein ermutigendes Zeichen für die weitere Entwicklung der Beziehungen im Interesse des Friedens und zum Wohle der Menschen liegen. *(Beifall.)*
Die letzten zehn Jahre haben nicht nur eine Veränderung in den Beziehungen zwischen den beiden deutschen Staaten mit sich gebracht, sondern haben im Zuge der Entspannungspolitik auch ein vielfältiges Netz bilateraler und multilateraler Vereinbarungen zwischen der Bundesrepublik Deutschland und den osteuropäischen Staaten entstehen lassen. Auch diese Entwicklung ist zu begrüßen. Sie hat ihre Wurzeln in der Zeit vor 1969, aber sie ist seitdem bedeutend verstärkt worden. Die Besuche und Kontakte, die dadurch mit den Regierungen, mit den Parlamenten, mit einzelnen Menschen in der Sowjetunion, in Polen, in Ungarn, in Bulgarien, in Rumänien und in der Tschechoslowakei möglich geworden sind, ebenso wie der Ausbau der wirtschaftlichen Beziehungen, stellen einen begrüßenswerten Fortschritt dar.
Diese Feststellung mindert allerdings nicht unsere Sorge um die Spannungen, die besonders als Folge der Rüstungsentwicklung fortbestehen, eine Sorge, die durch die Unterzeichnung des SALT-II-Abkommens in Wien hoffentlich gemindert, aber sicher nicht beseitigt wird.
Die freiheitliche Entwicklung und die ökonomische Stabilität in unserem Lande beruhen zu einem wesentlichen Teil auf den festen Bindungen, die wir mit unseren Partnern innerhalb der Europäischen Gemeinschaft eingegangen sind, mit Frankreich, Großbritannien, Italien, mit Belgien, den Niederlanden und Luxemburg, mit Dänemark und Irland. Trotz erheblicher Schwierigkei-

ten, die sich der Lösung einzelner Fragen entgegenstellen, wachsen diese Staaten mehr und mehr zusammen. Ihre Politik ist schon jetzt in wichtigen Bereichen gleichgerichtet.
Mir liegt daran, an dieser Stelle ein besonders herzliches Wort des Grußes an unsere große westliche Nachbarnation, an Frankreich, zu richten, mit der wir vor 29 Jahren den Prozeß der europäischen Einigung begonnen haben und zu der heute vielfältige enge wirtschaftliche, politische und persönliche Verbindungen bestehen. *(Beifall.)*
Unsere militärische Sicherheit beruht nach wie vor auf dem Atlantischen Bündnis, das die europäischen Staaten mit den USA und Kanada verbindet. Die enge Zusammenarbeit mit den Vereinigten Staaten von Amerika war von Anfang an ein wesentliches Merkmal der Politik unseres Landes. Die Vereinigten Staaten tragen auch heute noch die schwerste Bürde bei der Abwehr von Gefahren für Frieden und Sicherheit. Ich möchte ihnen dafür auch ein herzliches Wort des Dankes sagen. *(Beifall.)*
Ihnen, den Vereinigten Staaten, Frankreich und Großbritannien, danke ich zugleich für ihr beständiges Eintreten für Berlin. *(Beifall.)*
Wenn wir den Blick über die Grenzen unseres Landes in die Welt richten, so erschrecken wir über das Ausmaß an Leid, das in vielen Ländern herrscht. Nicht nur leiden Hunderte Millionen von Menschen Hunger und bitterste Not, viele werden verfolgt, gepeinigt und ihrer Menschenwürde und ihrer Menschenrechte beraubt. Massenvertreibungen ganzer Bevölkerungsgruppen – wir erleben das gerade wieder in diesen Tagen – sind ebenso an der Tagesordnung wie das willkürliche Töten von Menschen. Wir lesen von summarischen Gerichtsverfahren und Exekutionen, ohne daß die Mindesterfordernisse des Rechts beachtet werden. Diskriminierung aus rassischen Gründen wird weiter praktiziert. In vielen Staaten werden Selbstbestimmungsrecht und Meinungsfreiheit unterdrückt. Die Menschheit ist von der Verwirklichung der hohen Ziele, die sie sich selbst in der UNO-Charta und in den Menschenrechtskonventionen gesetzt hat, weit entfernt.
Wir dürfen gegenüber diesem Unrecht und Leid nicht resignieren. Wo wir helfen können, müssen wir es nach besten Kräften tun; wo wir dazu keine Möglichkeit haben, sollten wir unsere Stimme erheben, die Leidenden unseres Mitgefühls versichern und die Verantwortlichen an ihre feierlich in internationalen Pakten übernommenen Verpflichtungen erinnern. *(Beifall.)*
Unser Engagement für Freiheit und Menschenrechte sollte universell sein und um so stärker, je schwerer die Beeinträchtigung ist.
Mir sind in den letzten Wochen viele Tausende von Briefen zugegangen, einige kritische, die ich ebenfalls sorgfältig gelesen habe, aber in ihrer großen Mehrheit ermutigende Briefe, für die ich herzlich danke. Auch diese Briefe

haben mir gezeigt, wieviel menschliche und materielle Not noch immer bei uns herrscht. Zugleich aber habe ich einen starken Eindruck von der Intensität des moralischen und staatsbürgerlichen Engagements vieler unserer Mitbürger gewonnen. Sicher gibt es hemmungsloses Streben nach materiellem Genuß, gibt es Alkohol- und Drogenmißbrauch, gibt es Gewalttätigkeit, Haß und Ablehnung, die wir oft in den Medien sehen, auch in der Wirklichkeit. Die Frage ist, ob diese Szenen repräsentativ sind. Ich bezweifle das. Ich bin überzeugt, daß in unserem Volk starke Kräfte der Zuversicht, der positiven Hinwendung zum Leben, der Hilfsbereitschaft, auch der redlichen Bereitschaft – wenn es nötig ist –, Opfer zu bringen, vorhanden sind.

Auch die Jugend unseres Landes hat ebenso Ideale und ist ebenso bereit, Schwierigkeiten auf sich zu nehmen, Nachteile zu tragen, Opfer zu bringen, um anderen Menschen zu helfen, wie die Jugend früherer Generationen. Man könnte denken, daß ihre Lage heute leichter sei. Die meisten von ihnen leiden keine materielle Not, anders als die Jugend vor 35 Jahren, die nach Krieg und Zusammenbruch mit nichts anfing. Aber für die heutige Jugend stellen sich neue Probleme. Mehr noch als die Erwachsenen fragt sich die junge Generation, wie es weitergehen soll. Sie sucht nach einem Ausweg aus der Zwangslage, die sich als Folge einer weltweiten rapiden Bevölkerungszunahme, eines schnellen und weithin unkontrollierten technischen Fortschritts, abnehmender Ressourcen und politischer Spannungen zu entwickeln scheint.

Mit diesen Fragen müssen wir uns alle auseinandersetzen. Die Älteren möchte ich bitten, auf die Jüngeren zuzugehen. Den Jungen möchte ich sagen: Haltet an euren Idealen fest! Mit Klugheit, Verantwortungsgefühl, Mut, Solidarität und Geduld wird es möglich sein, gemeinsam die Lage zu meistern. *(Beifall.)*

Zum Schluß grüße ich Berlin, diese tapfere und lebendige Stadt, für die unser Herz schlägt. *(Lebhafter Beifall.)* Ich werde alles tun, um die Bindungen zwischen Berlin und dem Bund im Rahmen der geltenden Vereinbarungen zu stärken und der Stadt jede nur mögliche Unterstützung zu geben.

In diesem Sinne bitte ich Sie, mir zu helfen, die Aufgaben, die mir für die nächsten fünf Jahre übertragen worden sind, so gut wie möglich zu erfüllen. Im Maße meiner Kräfte will ich allen Bürgern dienen: zum Wohle unseres Landes, unseres – trotz der schweren Bürden, die es trägt – geliebten Vaterlandes. *(Anhaltender lebhafter Beifall – die Anwesenden erheben sich.)*

43.
Konstruktives Mißtrauensvotum gegen Bundeskanzler Helmut Schmidt 1982 – Die Entscheidung der FDP

Rede des Fraktionsvorsitzenden Wolfgang Mischnick am 1. Oktober 1982

War der Mißtrauensantrag der CDU/CSU-Fraktion am 27. April 1972 gegen Bundeskanzler Willy Brandt nicht zuletzt am Votum der FDP gescheitert, so brachte zehn Jahre später die FDP-Fraktion gemeinsam mit der CDU/CSU-Fraktion den Antrag ein, Bundeskanzler Helmut Schmidt das Mißtrauen auszusprechen und als seinen Nachfolger den Oppositionsführer Dr. Helmut Kohl zum Kanzler der Bundesrepublik Deutschland zu wählen. Mit 256 Stimmen bekam dieser Antrag die erforderliche absolute Mehrheit der stimmberechtigten Mitglieder des Deutschen Bundestages und war somit angenommen. In der 118. Sitzung des Neunten Deutschen Bundestages begründete der FDP-Fraktionsvorsitzende Wolfgang Mischnick das „Ja" seiner Partei zum Mißtrauensantrag gegen Bundeskanzler Schmidt:

Herr Präsident! Meine sehr verehrten Damen und Herren! Dies ist eine schwere Stunde – nach meiner Überzeugung eine schwere Stunde für den Staat deshalb, weil wir wissen, ganz gleich, wo wir stehen, daß die Stabilität der Bundesrepublik Deutschland, die über 35 Jahre selbstverständlich war, heute nicht mehr die gleiche Selbstverständlichkeit hat. Landtagswahlen haben dies bewiesen. Dies ist eine schwere Stunde für dieses Parlament, weil ich weiß – es geht mir selbst so –, daß viele Abgeordnete quer durch die Fraktionen hin- und hergerissen sind zwischen dem, was in dem Wahlkampf 1980 als Grundlage der Entscheidung gesehen wurde, und dem, was die Verfassung dem Abgeordneten, wenn er gewählt ist, aufträgt zu handeln.

Es ist eine schwere Stunde für meine Partei, weil sich in ihr am meisten diese Diskrepanz, diese Spannung, das Spannungsverhältnis, was daraus entsteht, widerspiegelt. Und ich gestehe offen, es ist eine schwere Stunde für mich. Ich habe diese Koalition vor 13 Jahren bewußt mit herbeigeführt. Ich habe zu ihr gestanden bis zur letzten Minute. *(Beifall bei Abgeordneten der FDP und bei der SPD.)* Manche sagen: zu lange. Auch diese Kritiker mögen recht haben.

Herr Bundeskanzler, Sie haben am 17. September in einem Gespräch, bevor Sie hier Ihre Rede hielten, deutlich gemacht, daß diese Koalition zu Ende geht. Ich habe Sie gefragt, ob das in Ihrer Rede steht. Sie haben mir geantwortet: Ja. Ich habe Sie gefragt, ob Sie erwarten, daß die Minister der Freien Demokraten zurücktreten. Sie haben das bestätigt. Ich habe Ihnen gesagt: Wenn das nicht geschieht, werden sie dann entlassen? Sie haben mir das bestätigt. Das ist von Ihrem Standpunkt her die Konsequenz Ihrer Rede: Es war nicht mehr zumutbar, zusammenzuarbeiten. Herr Bundeskanzler, ich möchte allerdings auch hinzufügen: Wenn Sie dann zulassen, daß das als Verrat gekennzeichnet wird, enttäuscht mich das tief. *(Beifall bei Abgeordneten der FDP und lebhafter Beifall bei der CDU/CSU – Zurufe von der SPD.)*

– Sie brauchen keine Sorge zu haben, daß ich auch nur einen Grund verschweige, den zu nennen ich für notwendig halte. Ich weiß, daß diese Entwicklung, von der Sie meinten, daß sie unaufhaltsam sei, mit dadurch beeinträchtigt worden ist, daß unterschiedliche Meinungen aus meiner Fraktion, aus meiner Partei sichtbar waren. Aber es war doch nicht nur so, daß dies aus der FDP kam, sondern sie kamen ja auch aus der SPD. Die Frage wurde gestellt, ob es noch einen Sinn habe. Wenn man das Postulat – für mich ist es nicht nur ein Postulat, sondern es ist eine innere Einstellung – „Würde" so stark herausstellt, dann, Herr Bundeskanzler und meine Kollegen von der SPD, bitte auch in einem Augenblick, wo man erkennt, daß es eben nicht mehr möglich ist, die gemeinsame Arbeit fortzusetzen, mit Würde festzustellen, daß es sachlich keine Gemeinsamkeit in vielen Fragen mehr gibt. Dies scheint mir notwendig zu sein. *(Beifall bei Abgeordneten der FDP und der CDU/CSU.)*

Ich füge auch hier hinzu, daß das unterschiedlich beurteilt wird, daß es Bereiche gibt, bei denen ich fest überzeugt bin, daß man auch morgen noch gemeinsam arbeiten könnte. Aber jetzt steht im Vordergrund das Problem der Wirtschafts-, der Gesellschafts-, der Finanz- und Steuerpolitik.

Ich füge hinzu, es steht vor uns die Frage auch von einer anderen Seite, als sie hier zum Teil angesprochen worden ist, nämlich, ob hier dieses Parlament in einer so schwierigen Lage bereit ist, zu handeln, und in Kauf nimmt, den Vorwurf zu bekommen, nicht sofort zum Wähler zu gehen. Ich kann das um so leichter sagen, als ich ja schon am 9. September, Herr Bundeskanzler, als Sie zum erstenmal von Neuwahlen sprachen, als einziger hier eine andere Meinung vertreten habe. Wir waren uns beide in einem Gespräch darüber klar, daß das Grundgesetz unterschiedliche Möglichkeiten zuläßt. Aber ich wiederhole, was ich Ihnen sagte: Ich bin zutiefst überzeugt davon – das ist meine ganz persönliche Meinung –, daß das Grundgesetz in erster Linie das Parlament aufruft zu handeln, und nur dann, wenn es nicht handeln kann, die Neuwahl als letzte Möglichkeit vorgesehen ist. *(Beifall bei Abgeordneten der FDP und der CDU/CSU.)* Dieses Verfassungsverständnis mag heute stärker als früher im Widerspruch zum allgemeinen Empfinden stehen; dies bestreite ich nicht. Es wird eine gemeinsame Aufgabe sein, das – wozu es harter Diskussionen bedarf – sichtbar und deutlich zu machen.

Ich füge, um hier keinen Irrtum aufkommen zu lassen, sofort hinzu: Es ist zwischen CDU, CSU und FDP eine Vereinbarung getroffen worden, und ich habe gelernt, Mehrheiten zu respektieren. Ich erwarte von meinen Freunden, daß sie Mehrheiten respektieren, und ich respektiere auch Mehrheiten, wenn in einer Koalitionsvereinbarung für die Zukunft etwas festgelegt wird. Ich bitte deshalb darum, in meinen grundsätzlichen Auffassungen, die ich nach wie vor habe, nicht etwa den Versuch des Herausgleitens aus einer Vereinbarung zu sehen. Aber ich halte es für meine Pflicht, die grundsätzliche Meinung auch in diesem Augenblick mit der gleichen Deutlichkeit darzulegen, wie ich es vor wenigen Tagen getan habe, weil auch das zur Glaubwürdigkeit gehört, die hier mehrfach beschworen worden ist. *(Beifall bei der FDP und bei einzelnen Abgeordneten der CDU/CSU.)*

Meine Damen und Herren, diese Pflicht zum Handeln steht ja auch nicht im Widerspruch zu Auffassungen, die in diesem Hause schon geäußert worden sind. Herr Bundeskanzler, Sie haben als Vorsitzender der SPD-Fraktion in einer Antwort auf meine Rede, die ich im Dezember 1966 zur Regierungserklärung der Großen Koalition hier zu halten hatte, wörtlich gesagt:

> Es war das Parlament, das aus sich heraus die neue Regierung geschaffen hat. Ein Beweis für die Funktionstüchtigkeit des Deutschen Bundestags!

(Heiterkeit und Beifall bei der FDP und der CDU/CSU.)

Ich stimme Ihnen voll zu. Heute gibt es nicht die gleichen Umstände, aber ähnliche Umstände. *(Zurufe von der SPD.)*

Helmut Schmidt hat damals weiter gesagt: Eine Regierung muß nach den Möglichkeiten einer arbeitsfähigen Mehrheit gebildet werden.

(Sehr gut! bei der CDU/CSU.) Dies soll geschehen. – Helmut Schmidt hat seinerzeit auch den damaligen Bundeskanzler Kiesinger zustimmend zitiert und wörtlich gesagt,

> die gegenwärtige Regierung sei nicht aus einem glänzenden Wahlsieg hervorgegangen, sondern aus einer von unserem Volk mit tiefer Sorge verfolgten Krise.

Sehen Sie, meine Damen und Herren, wenn man von Glaubwürdigkeit spricht, bitte ich auch darum, die Glaubwürdigkeit, die diese damalige Äußerung hatte, nicht dann, wenn das in einer anderen Konstellation genauso zutrifft, in Zweifel zu ziehen. *(Beifall bei der FDP und der CDU/CSU – Zuruf von der SPD: Sie haben damals Neuwahlen gefordert! – Weitere Zurufe von der SPD.)*

Ich wiederhole, daß sich die Interessenlage in solchen Situationen verändern kann. Ich werfe niemandem vor, daß er aus seiner Interessenlage zu anderen Entscheidungen kommt. *(Weitere Zurufe von der SPD.) Da aber, wo ich das Gefühl bekomme, daß die eigene Interessenlage plötzlich mit dem Vorwurf verbrämt werden soll, die Interessenlage der anderen oder deren Entscheidungsbereitschaft sei gegen Recht und Sitte, muß ich darauf verweisen, daß Recht und Sitte im Grundgesetz den hier vorgesehenen Weg absolut legitimieren. Wer dies bezweifelt, muß den Mut haben, zu sagen, daß er das Grundgesetz in diesem Punkte für falsch hält und ändern will. (Beifall bei der FDP und der CDU/CSU.)*

Ich stehe auch in dieser Stunde nicht an, die 13jährige Regierungsverantwortung, die ja sehr viel Kritik erfahren hat, so zu beurteilen, wie ich es immer getan habe. Es waren entscheidende Schritte, neue Schritte in der Außen- und Ostpolitik, es waren entscheidende Schritte in der Innenpolitik, in der Gesellschaftspolitik, deren Grundlagen ich heute genauso positiv beurteile wie gestern. *(Beifall bei der FDP – Sehr gut! bei der SPD.)*

Ich bestreite nicht, daß dabei Fehler gemacht worden sind. Wo Menschen tätig sind, werden Fehler gemacht. Das war in der Regierungskoalition CDU/CSU/FDP so, das war in der Großen Koalition so, das war in der jetzigen Koalition so, und das wird in einer künftigen Koalition genauso sein. Aber worauf es ankommt: ob dann, wenn man erkannt hat, daß da und dort ein Fehler gemacht worden ist, man den Mut hat, aus diesem Fehler zu lernen. Wenn man dann nicht ideologiebefrachtet, sondern aus der Vernunft heraus entscheidet, ist dies leichter. Wir bemühen uns, aus der Vernunft heraus zu entscheiden. *(Beifall bei Abgeordneten der FDP.)*

Nun ist hier mehrfach davon gesprochen worden – und ich bin sicher, es wird auch von den Kollegen, die aus meiner Fraktion eine abweichende Meinung darlegen werden, dazu Stellung genommen werden –, daß doch manches, was jetzt vorgesehen ist, auch in der alten Koalition hätte gemacht werden können, *(Zurufe von der SPD)* manches nicht. Ich stelle fest, daß natürlich auch hier – das ist kein Vorwurf, einfach eine Feststellung – zwischen der ersten Reaktion, dies sei in der alten Koalition möglich gewesen, und der zweiten Reaktion, so etwas könne man nie mit der SPD machen, genau das deutlich wird, was das Problem des letzten halben Jahres in dieser Koalition war: daß nämlich innerhalb der SPD eine unterschiedliche Auffassung in Fragen der Wirtschafts- und Sozialpolitik besteht und deshalb die Voraussetzungen für

eine weitere gemeinsame Arbeit immer mehr verlorengegangen sind. *(Beifall bei Abgeordneten der FDP und der CDU/CSU – Zurufe von der SPD.)*
Sie haben sich gewundert, meine verehrten Kolleginnen und Kollegen von der SPD, weshalb in meiner Partei der Münchener Parteitag so oft erwähnt wurde. Ich füge hinzu: Ich habe manche Reaktion aus den Reihen meiner Partei, meiner Fraktion unmittelbar nach dem Münchener Parteitag für überzogen gehalten. Ich muß allerdings heute feststellen, daß die Wirkung dieses Parteitages in ihre Handlungsfähigkeit hinein größer war, als ich am Anfang befürchtet hatte. *(Beifall bei Abgeordneten der FDP – Zurufe von der SPD.)*
– Da mögen Sie widersprechen. Die Fakten haben mir in den Beratungen immer mehr recht gegeben. *(Zurufe von der SPD.)*
Die Kluft, die zwischen dem entstand – das habe ich doch nun in unendlich vielen Gesprächen miterlebt –, was an Übereinstimmung auch des Bundeskanzlers und vieler Kabinettskollegen in vielen Punkten mit uns, mit vielen Kollegen der Fraktionsführung vorhanden war, und dem, was dann an äußerer Auseinandersetzung kam, zeigte doch, daß hier einfach offensichtlich um der eigenen Identität willen – das schätze ich doch nicht schlecht ein – *(Dr. Ehmke [SPD]: Genscher vergißt er!)* für die Sozialdemokraten eine Grenze erreicht war, wo dann die Möglichkeit der Zusammenarbeit nicht mehr gegeben ist. *(Zurufe von der SPD.)* Dies ist ein durchaus anerkennenswerter Gesichtspunkt. Meine Bitte ist nur: Wenn dies eine Rolle spielt, dann dies offen zugeben und nicht so tun, als seien dunkle Machenschaften dahinter, wenn es zu dieser Entscheidung jetzt kommt. *(Beifall bei der FDP und der (CDU/CSU.)*
Natürlich frage ich auch mich: Hat man immer alles getan, hat man alle Möglichkeiten ausgeschöpft? Ich glaube es versucht zu haben.
Wir haben in der Vergangenheit – und wir werden dies für die Zukunft in unserer Politik deutlich machen – darum gerungen, mehr Freiräume zu schaffen. Wir haben das in vielen Bereichen erreicht. Und ich weiß, wie schwer die Aufgabe im rechts- und innenpolitischen Bereich ist, die bei einer neuen Koalition auf uns zukommen wird. *(Dr.Ehmke* [SPD]: *Neben Zimmermann!)* Dessen bin ich mir bewußt.
Wir haben in der Außenpolitik und in der Deutschlandpolitik manches bewegen können, was vor zehn, fünfzehn Jahren als nicht beweglich galt. Dies werden wir bewahren, weil wir zu dieser Politik auch in Zukunft stehen werden. Denn es gibt keinen anderen Weg als diesen. *(Beifall bei FDP.)*
Wir wissen aber auch, daß jetzt mehr Eigenverantwortung, mehr Eigenbereitschaft zur Lösung der ganzen Probleme notwendiger ist als der Ruf nach mehr Staat. Es ist doch nicht so, daß das, was jetzt kulminiert hat, in den

letzten Wochen auf den Markt gekommen wäre. Mein Kollege Hoppe hat hier jahrelang immer stärker Warnungen und Mahnungen ausgesprochen, was oft mit sehr viel Kritik bedacht wurde. Aber in Wahrheit hat es sich doch gezeigt, wie berechtigt die Warnung war. Sosehr die einen sagen: zu lange, so sehr müssen die anderen anerkennen, daß das ein Beweis ist, wie man versucht hat, bis zur letzten Minute den gemeinsamen Weg zu gehen, der aus dieser Situation herausführen kann, dann aber festgestellt werden mußte, daß der Mut zu unpopulären Entscheidungen zuletzt im umgekehrten Verhältnis zu den Notwendigkeiten gestanden hat. Das ist das, was ich feststellen muß.
Ich kann nur hoffen, daß für die zukünftige Arbeit, für das, was man sich vornimmt, der Mut bleibt, auch dann, wenn der Widerstand groß wird. Es ist heute notwendig, daß ein Ausstieg aus der Anspruchsmentalität erfolgt, aber nicht ein Ausstieg aus der Gesellschaft oder ein Ausstieg aus der Verantwortung. Die Verantwortung müssen wir wahrnehmen. *(Lebhafter Beifall bei der CDU/CSU und Beifall bei Abgeordneten der FDP.)*
Die Freien Demokraten sind in einer Situation, da eine Koalition beendet und eine neue noch nicht gebildet ist, immer von beiden Seiten unter schwerem Druck. Die hessische Wahl hat es bewiesen.
Meine Damen und Herren, die Verkrampfung, die in den letzten Wochen und Monaten über unserem Land war, muß endlich gelöst werden. Die Agonie über Wochen und Monate, die beklagt wurde, muß ein Ende haben. Wir werden diesen Versuch unternehmen, und ich füge hinzu: Es ist ein Versuch! Ich behaupte nicht, daß, wenn heute eine Entscheidung gefallen ist, alle Probleme gelöst sind. Aber es ist notwendig, diesen Versuch zu beginnen, ihn zu wagen und damit den Beweis zu liefern, daß – entsprechend der Rede von Helmut Schmidt, die er damals vor dem Bundestag gehalten hat – Mehrheiten in der Lage sind, zu handeln.
Ich habe schon darauf hingewiesen – dies wird sich dann hier in Beiträgen niederschlagen –, daß ich im Augenblick mit der Bereitschaft, diesen neuen Weg zu gehen, nur für einen – den größeren – Teil meiner Fraktion spreche. Natürlich wäre ich froh gewesen, wenn es volle Geschlossenheit gegeben hätte. Ich füge hinzu: Ich hätte mich gewundert, weil mir natürlich das harte Ringen um diese Punkte in den eigenen Reihen klar war. *(Frau Traupe [SPD]: Es konnten doch nicht alle so skrupellos sein!)*
Ich habe Verständnis dafür, wenn Kollegen die Notwendigkeit, die vor uns steht, heute noch nicht als gegeben sehen. Ich habe in diesem Parlament schon bei verschiedenen Gelegenheiten mit allem Nachdruck das Recht jedes einzelnen unterstützt, seine andere Meinung zu vertreten. Was für die Kollegen anderer Fraktionen gilt, gilt selbstverständlich genauso für Kollegen meiner Fraktion. Ich sage das weniger zu den Abgeordneten dieses Hauses als

vielmehr nach außen, weil oft die Frage gestellt wurde „Ist denn das richtig?“: In diesem Parlament hat jeder das Recht, seine abweichende Meinung zu sagen. Dieses Recht soll er in Anspruch nehmen, wenn er es für notwendig hält. Ich werde dieses Recht verteidigen. Ich gehe aber auch davon aus, daß die Erkenntnis wächst, daß man aus der Augenblickssituation heraus nicht immer Endgültiges für morgen und übermorgen sagen kann. *(Sehr richtig! bei der SPD.)* Ich werde darum ringen, daß die FDP-Fraktion die Geschlossenheit wiederfindet, die sie über lange Jahre ausgezeichnet hat.

Lassen Sie mich noch folgendes sagen: Wir haben viele notwendige Sachentscheidungen zu treffen. Ich will jetzt nicht auf all das eingehen, was als Regierungserklärung, wenn eine Kanzlerwahl stattgefunden hat, dann zur Debatte steht. Ich möchte nur auf eines hinweisen – Kollege Barzel und auch Kollege Geißler haben schon einige Punkte erwähnt –: Man kann natürlich nicht erwarten, daß in der kurzen Zeit, die wir uns vorgenommen haben, nun alle Bereiche mit der Gründlichkeit behandelt werden, wie ich es gern sähe. Aber Sie können sicher sein, wir werden uns bemühen, das auch umzusetzen, was wir uns vorgenommen haben.

Wir müssen die notwendigen Sachentscheidungen treffen. Deshalb ist es falsch zu sagen, jetzt müsse der Bundestag aufgelöst werden. Das würde ich als eine Flucht vor den notwendigen Entscheidungen betrachten.

Gestatten Sie mir zum Abschluß noch zwei persönliche Worte. Herr Bundeskanzler, wir haben über lange Jahre sehr eng zusammengearbeitet. Ich schätze diese Arbeit. Ich respektiere Ihre Leistung. Ich stehe zu dieser Zusammenarbeit. Ich bin dankbar dafür. Daß wir jetzt getrennte Wege gehen müssen, gehört zur Demokratie. Um eines möchte ich Sie bitten: nicht zu vergessen, daß Sie und ich und alle in diesem Haus diesem Staat, diesem Volk dienen wollen und daß deshalb Handlungen, die so oder so vorgenommen werden, unter diesem Gesichtspunkt und nicht unter anderen Gesichtspunkten zu sehen sind. Herzlichen Dank für diese Zusammenarbeit. *(Beifall bei der FDP und bei Abgeordneten der CDU/CSU.)*

Herr Kollege Wehner, wir haben über 13 Jahre sehr schwere Entscheidungen treffen müssen. Wir haben manchmal allein vor Entscheidungen gestanden, ausgehend von völlig divergierenden Standpunkten, wenn ich an die Mitbestimmung denke. Und es ging um die Verträge, wo wir gemeinsame Grundlagen hatten. Es war immer ein persönlich faires Verhalten. Ich danke Ihnen dafür. Wir haben bei den schwersten Interessengegensätzen Lösungen gefunden und sie gemeinsam durchgesetzt. Die Kompromisse haben später auch ihre Tragfähigkeit bewiesen. Ich habe Sie kennengelernt als einen fairen Partner, als einen Menschen, der in der Öffentlichkeit oft falsch dargestellt wird. Es tut mir weh, daß wir so auseinandergehen müssen. Herr Kollege Wehner, meine Hochachtung bleibt. *(Beifall bei der FDP und der SPD.)* Herr Kollege Kohl, wenn die Wahl so ausgeht, wie wir es wollen – ich bin überzeugt, sie geht so aus –, werden Sie einen fairen Partner haben, weil ich faire Partnerschaft als einen entscheidenden Teil der Glaubwürdigkeit dieser Demokratie ansehe. *(Anhaltender lebhafter Beifall bei der FDP – die Abgeordneten der FDP erheben sich – Beifall bei der CDU/CSU.)*

44.
„Programm der Erneuerung" – Die „Wende" in Bonn

Regierungserklärung von Bundeskanzler Dr. Helmut Kohl am 4. Mai 1983

Am 1. Oktober 1982 wurde Oppositionsführer Dr. Helmut Kohl durch das erfolgreiche Mißtrauensvotum gegen Bundeskanzler Helmut Schmidt zum neuen Kanzler der Bundesrepublik Deutschland gewählt und bildete eine Koalitionsregierung aus CDU/CSU und FDP, die sogenannte Koalition der Mitte. Bundeskanzler Dr. Helmut Kohl kündigte sofort an, daß er sich um die Legitimation dieses Aktes durch ein Votum der Wähler bemühen würde. Dieses Votum bekam er durch die Wahl zum Zehnten Deutschen Bundestag am 6. März 1983. Am 29. März wurde Dr. Helmut Kohl auf Vorschlag von Bundespräsident Professor Dr. Karl Carstens erneut zum Bundeskanzler gewählt. In der vierten Sitzung des Zehnten Deutschen Bundestages am 4. Mai 1983 gab Bundeskanzler Kohl seine Regierungserklärung ab:

Herr Präsident! Meine sehr verehrten Damen und Herren! Die Koalition von CDU, CSU und FDP begann ihre Arbeit vor einigen Monaten in einer schweren wirtschaftlichen und politischen Krise. Das Vertrauen in die Handlungsfähigkeit des Staates war bei vielen erschüttert. Die Bundesrepublik Deutschland war bündnispolitisch ins Zwielicht geraten. *(Zuruf von der SPD: Unsinn!)* Die Regierung der Mitte hat einen Anfang gemacht, den Staatshaushalt in Ordnung zu bringen, die Systeme sozialer Sicherheit zu festigen, der Wirtschaft wieder Mut und den Menschen wieder Vertrauen zu geben. *(Beifall bei der CDU/CSU und der FDP.)*

Meine Damen und Herren, es ist unübersehbar: Der Aufschwung hat begonnen. *(Beifall bei der CDU/CSU und der FDP – Lachen bei der SPD und den GRÜNEN.)*

Mit unserer Außen- und Bündnispolitik stehen wir dort, wo wir stehen müssen: *(Erneutes Lachen bei der SPD und bei den GRÜNEN)* auf der Seite der Freiheit, an der Seite unserer Freunde. *(Beifall bei der Koalition.)*

Die Regierungsparteien – CDU, CSU und FDP – haben vor der Wahl getan, was getan werden mußte, und gesagt, was nach der Wahl zu tun ist. Und die

Wähler haben unserem Programm der Erneuerung zugestimmt. *(Erneuter Beifall bei der CDU/CSU und der FDP.)* Mein Dank gilt den Mitbürgern, die uns mit überzeugender Mehrheit und mit großem Vertrauen gewählt haben.

Meine Achtung gilt auch denen, die in der Minderheit geblieben sind. Der demokratische Staat braucht beide: Regierung und Opposition. Alle Abgeordneten sind Repräsentanten der Bürger und für das Gemeinwohl verantwortlich. Ich hoffe, meine Damen und Herren, daß diese gemeinsame Verantwortung unsere parlamentarische Arbeit prägt. Ich wünsche uns allen einen fairen Stil des Umgangs miteinander. Das dient der Sache, und das dient unserer politischen Kultur. *(Beifall bei der CDU/CSU und der FDP.)*

Herr Präsident! Meine Damen und Herren! Vieles von dem, was sich bei Gründung der Bundesrepublik Deutschland von selbst verstand, müssen wir heute erklären. Was für die Gründergeneration der Republik Frucht ihrer oft bitteren Erfahrung war, müssen Kinder und Enkel neu erwerben. Gespräch und Verständnis zwischen den Generationen sind schwieriger geworden. Aber alle sind gefordert, mit Maß und Mut miteinander zu sprechen.

So schwer die Aufgaben unserer Zeit auch sein mögen: Es gibt keinen Grund zur Resignation. Wir glauben an die Kraft, das Wissen und den Willen unseres Volkes. Die Herausforderung zum Ende dieses Jahrhunderts können und werden wir bestehen. *(Beifall bei der CDU/CSU und der FDP.)*

Sieben Leitgedanken vor allem bestimmen unsere Arbeit:

Erstens. Persönliche Freiheit und sinnerfüllte Arbeit, Wohlstand für alle und soziale Sicherheit sind mit Geist und Leistungskraft der Sozialen Marktwirtschaft zu erreichen. Nur mit dieser Ordnung sind die technologischen und ökologischen Aufgaben unserer Zeit in wahrhaft freiheitlichem Sinne zu lösen. *(Beifall bei der CDU/CSU und der FDP.)*

Zweitens. Wir wollen die Gesellschaft mit menschlichem Gesicht. Mitmenschlichkeit ist praktizierter Bürgersinn. Das gehört zu der geistigen Erneuerung, die wir wollen. *(Zuruf von der SPD.)* Deshalb ermutigen wir die Bürger, nicht nur zu fragen „Wer hilft mir?", sondern auch „Wem helfe ich?". *(Beifall bei der CDU/CSU und der FDP.)* Eine Gesellschaft, unsere Gesellschaft, beweist ihre Humanität, wenn viele ihren Dienst am Nächsten leisten, wenn viele für andere da sind, – nicht nur jeder für sich selbst.

Drittens. Wir wollen die moderne Gesellschaft. Wir können den sozialen und technologischen Wandel unserer Zeit nur als leistungsfähiges Industrieland bewältigen. Der technische Fortschritt birgt nicht nur Gefahren. Er nimmt auch Lasten von den Menschen und eröffnet ihrer Schöpferkraft neuen Raum.

Wir wünschen uns wieder ein Verständnis der Arbeit, das der Tradition europäischer Geistesgeschichte entspricht: Arbeit ist nicht nur Broterwerb.

Viertens. Wir führen den Staat auf den Kern seiner Aufgaben zurück, damit er sie wirklich zuverlässig erfüllen kann. Ansprüche können nicht stärker wachsen als Leistungsfähigkeit und Leistungsbereitschaft der Bürger. Wer Rechte hat, der hat auch Pflichten. *(Beifall bei der CDU/CSU und der FDP.)*

Fünftens. Wir gehören dem Westen. Das Bündnis für Freiheit und Frieden ist fester Bestandteil deutscher Politik. Hier verbinden sich unsere Grundwerte, unsere Lebensform und unsere Sicherheit. Der Frieden braucht die Freundschaft mit dem Westen und die Verständigung mit dem Osten. *(Beifall bei der CDU/CSU und der FDP.)*

Sechstens. Die politische Union Europas bleibt unser großes Ziel. Die Einigung Europas war ursprünglich weit mehr als ein Angebot materieller Vorteile, und so muß es wieder werden. Unsere politische Kultur braucht vor allem den europäischen Horizont.

Siebtens. Die deutsche Nation besteht fort. Wir sind für das Selbstbestimmungsrecht aller Völker und für das Ende der Teilung Europas. Wir werden alles tun, um in Frieden und Freiheit die deutsche Einheit zu erstreben und zu vollenden. *(Beifall bei der CDU/CSU, bei der FDP und vereinzelt bei der SPD.)* Dies sind die Leitsätze meiner Regierung. Wir werden uns an ihnen orientieren.

Aber Politik, meine Damen und Herren, muß auch die Grenzen ihrer Möglichkeiten erkennen: Der Frieden ist nur so sicher wie das Gleichgewicht der Kräfte in der Welt; die Freiheit reicht nur so weit, wie sie sich nicht selbst zerstört; die Ansprüche an den Sozialstaat können nicht stärker befriedigt werden, als die Leistungskraft der Wirtschaft zuläßt; *(Beifall bei der CDU/CSU und der FDP)* das Gemeinwesen ist nur überlebensfähig, wenn es die Fähigkeit zum Wandel und zur Reform beweist.

In diesen Spannungsfeldern müssen wir uns behaupten. Jetzt ist nicht die Zeit für große Versprechungen. Es ist höchste Zeit für die Politik der Erneuerung. *(Beifall bei der CDU/CSU und der FDP.)*

Diese Politik muß sich zuerst beweisen in der Erneuerung der Sozialen Marktwirtschaft. Alle geschichtlichen Erfahrungen dieses Jahrhunderts lehren: Eine Wirtschaftsordnung ist um so erfolgreicher, je mehr sich der Staat zurückhält und dem einzelnen seine Freiheit läßt. Die Soziale Marktwirtschaft ist wie keine andere Ordnung geeignet, Gleichheit der Chancen, Eigentum, Wohlstand und sozialen Fortschritt zu verwirklichen. Wir wollen nicht mehr Staat, sondern weniger; wir wollen nicht weniger, sondern mehr persönliche Freiheit. *(Beifall bei der CDU/CSU und der FDP.)*

Die Soziale Marktwirtschaft ist nicht nur die erfolgreichste Wirtschaftsform, sie ist auch dem Menschen gemäß: Sie fordert den Bürger, aber sie verfügt nicht über ihn. Wir machen Schluß damit, die Belastbarkeit der Wirtschaft zu erproben. *(Beifall bei der CDU/CSU und der FDP.)*
Das Ergebnis dieser falschen Politik waren: Massenarbeitslosigkeit – ein Ende des Anstiegs war nicht in Sicht –, *(Zuruf von der SPD)* Investitionsschwäche – der Anteil der Bruttoinvestitionen am Sozialprodukt hat 1970 über 27 Prozent betragen, 1982 weniger als 21 Prozent – und Firmenzusammenbrüche – in den 60er Jahren ergab sich ein jährlicher Durchschnitt von 4000 Konkursen, 1982 waren es fast 16000 –.
Seit der Amtsübernahme der Koalition von CDU/CSU und FDP im Oktober haben wir verhindert, daß aus der Talfahrt unserer Wirtschaft ein Absturz wurde. Der Aufschwung wurde möglich. *(Beifall bei der CDU/CSU und der FDP.)* Die Teuerungsrate, die Anfang 1982 noch über 6 Prozent betrug, ist inzwischen auf 3,5 Prozent gesunken. Die Deutsche Bundesbank hat alle Möglichkeiten genutzt, die Zinsen zu senken. Das Ergebnis ist spürbar. So lag z.B. der Hypothekenzins vor zwei Jahren noch bei 12 Prozent; heute liegt er bei 7,5 bis 8 Prozent. Die private Nachfrage hat sich belebt, und die Produktion nimmt in vielen Bereichen wieder zu. Durch das Dringlichkeitsprogramm hat die Bundesregierung ein zusätzliches Bauvolumen von 100 000 Wohnungen ausgelöst, d. h., hier werden bis zu 200 000 Arbeitsplätze in der Bauwirtschaft gesichert.
In den ökonomischen Beziehungen mit dem Ausland hat die Bundesrepublik das Gleichgewicht wieder erreicht. Nach hohen Leistungsbilanzdefiziten wurde 1982 wieder ein Überschuß von 7 Milliarden DM erzielt. Meine Damen und Herren, die Deutsche Mark ist international wieder mehr wert. *(Beifall bei der CDU/CSU und der FDP – Zurufe von der SPD.)*
Das alles zu erreichen war wichtig genug. Noch wichtiger ist es, unsere Wirtschaft wieder zu einer robusteren Konstitution zu verhelfen. Aufgabe Nummer eins ist die Beseitigung der Massenarbeitslosigkeit. Hier geht es für uns nicht nur um ein wirtschaftliches Problem, sondern vor allem um ein Gebot der Mitmenschlichkeit.
Die Jahre der Krise haben gelehrt, daß administrative Gängelung nicht weiterhilft. Die Regierungen haben ihr Versprechen, Vollbeschäftigung zu garantieren, nicht halten können. Sogenannte Beschäftigungsprogramme haben Milliarden verschlungen, ohne die Lage am Arbeitsmarkt stabilisieren zu können. Wir werden nicht neue Versprechungen machen, sondern die Ursachen der Fehlentwicklungen bekämpfen. *(Beifall bei der CDU/CSU und der FDP.)*
Ich habe bei meiner Amtsübernahme im Oktober 1982 gesagt – das war die

Kernthese des Wahlkampfes und Grundlage des Wahlsieges der Koalition –, und ich wiederhole das heute vor dem Deutschen Bundestag mit dem gebotenen Ernst: Wir haben einen langen Weg vor uns. Keine Politik ist in der Lage, die Hypotheken der Vergangenheit kurzfristig zu tilgen und die Probleme schnell zu lösen.
Vier Schwerpunkte werden in dieser Legislaturperiode die Arbeit der Bundesregierung zur Überwindung der wirtschaftlichen Krise bestimmen. Abbau der Arbeitslosigkeit, Wiedergewinnung eines angemessenen Wachstums, weitere Sanierung der öffentlichen Finanzen und Sicherung der Renten.
Wir wollen kein konjunkturelles Strohfeuer entzünden, sondern eine dauerhafte Belebung unserer Wirtschaft erreichen. Unsere Wirtschaftspolitik muß und wird berechenbar sein. Wir werden die Investitionskraft stärken und den notwendigen Strukturwandel erleichtern, indem wir für stabiles Geld sorgen, den öffentlichen Kapitalbedarf vermindern, die Bildung von Eigenkapital fördern und die Beteiligung der Arbeitnehmer am Produktivvermögen erleichtern.
Die 80er Jahre sind ein Jahrzehnt des notwendigen Umbaus der deutschen Wirtschaft. Wir müssen bei der wissenschaftlichen und technologischen Entwicklung Anschluß halten und ihn zurückgewinnen, wo wir ihn verloren haben. Wir müssen zur Spitze vorstoßen. Deshalb bekennen wir uns zu einer verantwortungsbewußten Leistungselite: Jede Gemeinschaft kann auf Dauer nur so leistungsfähig sein wie die Menschen, aus denen sie besteht. *(Beifall bei der CDU/CSU und der FDP.)*
Ökonomische Vernunft und soziale Verantwortung zeigen den Weg zum Erfolg: den Investitionswillen und die Investitionsfähigkeit zu stärken. Nur über wachsende Investitionen, durch eine wachsende Wirtschaft wird es ein wachsendes Angebot an Arbeitsplätzen geben. Dabei ist Kapitalbildung die Voraussetzung für die notwendige Modernisierung unserer Wirtschaft. Voraussetzung für die Kapitalbildung ist eine Stärkung der Ertragskraft unserer Unternehmen. Nur wenn wir sicherstellen, daß es sich wieder lohnt, unternehmerisches Risiko einzugehen, wird das dazu erforderliche Kapital in ausreichendem Maße zur Verfügung stehen. *(Beifall bei der CDU/CSU und der FDP.)*
Sparen ist immer eine Tugend der Deutschen, und die Mehrheit der Sparer sind Arbeitnehmer. Für die Beteiligung der Arbeitnehmer am Produktivvermögen der Wirtschaft werden wir sehr bald die notwendigen Gesetzentwürfe vorlegen. Die Kapitalbeteiligung der Arbeitnehmer stärkt die Eigenkapitalbildung der Unternehmer. Arbeitnehmer und Arbeitgeber sind Partner im Unternehmen. *(Zurufe der SPD.)*

Arbeiter und Angestellte, Meister und Gesellen, die Selbständigen und die Angehörigen der freien Berufe, besonders auch die kleinen und mittleren Unternehmen in Handel, Handwerk und Industrie – sie alle sorgen für Beweglichkeit und Dynamik unserer Wirtschaft. *(Sehr richtig! bei der CDU/CSU.)*

13 Millionen Menschen, die Mehrheit der Arbeitnehmer in der Bundesrepublik, sind in der mittelständischen Wirtschaft tätig. Sie sollen ohne bürokratische Hemmnisse arbeiten können. Wir werden alles tun, um den Mittelstand von überflüssiger Reglementierung zu entlasten. *(Beifall bei der CDU/CSU und der FDP.)* Für alle Bürger muß wieder gelten: Wer mehr wagt, und wer sich mehr plagt, der hat auch Anspruch auf Erfolg und Gewinn. *(Beifall bei der CDU/CSU und der FDP.)*

Wirtschaft und Gesellschaft brauchen dynamische Unternehmer. Ihr Wagemut und ihre Entscheidungskraft sind gerade in den vor uns liegenden schwierigen Zeiten verlangt. Diese Tugenden waren gemeinsam mit Tüchtigkeit und Fleiß der Arbeitnehmer Voraussetzung für unseren Wiederaufstieg nach dem Krieg.

Die Bundesregierung würdigt die Leistungen und die Verantwortungsbereitschaft der deutschen Arbeitnehmer und ihrer Gewerkschaften. Die Leistungen der Wirtschaft, der Wiederaufbau, aber auch die Leistungen der Gegenwart wären ohne sie nicht denkbar. Die Tarifabschlüsse in diesem Jahr haben erneut bewiesen, daß unsere Gewerkschaften gewillt sind, gesamtwirtschaftliche Verantwortung zu tragen. Ich vertraue auch weiterhin auf das Verantwortungsbewußtsein der Gewerkschaften und werde jede Gelegenheit zu den notwendigen Gesprächen wahrnehmen.

Herr Präsident, meine Damen und Herren, die Bundesregierung bejaht eine flexiblere Gestaltung des Arbeitslebens. Eine Verkürzung der Lebensarbeitszeit darf jedoch nicht zu einer zusätzlichen Gesamtbelastung der Wirtschaft und der öffentlichen Finanzen führen. Zusätzliche Teilzeitarbeitsplätze erleichtern die berufliche Eingliederung der steigenden Zahl von Arbeitnehmern. Außerdem kann damit den Arbeitszeitwünschen vieler Arbeitnehmer besser entsprochen werden. Die Bundesregierung appelliert an alle Arbeitgeber, mehr qualifizierte Teilzeitarbeitsplätze anzubieten. *(Beifall bei der CDU/CSU und der FDP.)*

Fast ein Drittel des Sozialprodukts der Bundesrepublik Deutschland verdanken wir unserer Exportwirtschaft. Wir müssen ihre Wettbewerbsfähigkeit im Preiskampf und im technologischen Wettstreit sichern. Wir sind für den freien Welthandel. Nur freier Austausch, nicht Protektionismus, sichert Beschäftigung und Wohlstand. *(Beifall bei der CDU/CSU und der FDP.)* Diese Überzeugung werde ich auch bei den bevorstehenden Treffen der

westlichen Industriestaaten in Williamsburg entschieden vertreten. Ich erwarte und hoffe, daß sich dort – und danach natürlich in der Praxis – auch unsere Partner zum freien Welthandel bekennen.
Wir Deutsche haben in den vergangenen Wochen bei der Neufestsetzung der Wechselkurse im Europäischen Währungssystem bewiesen, daß wir faire Partner sind. Nur im Geist gemeinsamer Verantwortung für eine freie Weltwirtschaft werden wir die schwelende internationale Finanzkrise überwinden können. Die Zusammenarbeit zwischen Gläubiger- und Schuldnerländern, zwischen Notenbanken, Weltbank und Internationalem Währungsfonds sowie den Geschäftsbanken ist unerläßlich, um unkontrollierbare Zuspitzung zu vermeiden.
Meine Damen und Herren, für den Strukturwandel der deutschen Wirtschaft ist die sichere und wirtschaftliche Energieversorgung unentbehrlich. Wir wollen Energie sparsamer nutzen, den Verbrauch von Öl weiter verringern und die Energieversorgung unseres Landes zu international wettbewerbsfähigen Bedingungen sichern. Dabei ist die Schonung der Umwelt und der natürlichen Ressourcen selbstverständlich. *(Hört! Hört! bei den GRÜNEN.)*
Bei der friedlichen Nutzung von Kernenergie haben wir einen hohen Sicherheitsstandard erreicht. *(Zuruf des Abg. Fischer [Frankfurt] [GRÜNE].)* Wir können und werden auf diese umweltfreundliche Energiequelle nicht verzichten. *(Beifall bei der CDU/CSU und der FDP.)* Wir werden auch die zukunftsweisenden Reaktortechnologien zum Erfolg führen. *(Fischer [Frankfurt] [GRÜNE]: Da müssen Sie kräftig bezahlen!)* Die Entsorgung muß und wird zügig verwirklicht werden. Die Technologie neuer, auch regenerierbarer Energien wird fortentwickelt. *(Lachen und Zurufe von den GRÜNEN.)*
Meine Damen und Herren, das Ruhrgebiet war immer ein Zentrum wirtschaftlicher Leistungskraft und industriellen Fortschritts. Das verdanken wir den Menschen im Revier, ihrem Arbeitswillen und Unternehmungsgeist. Wir wollen als Bundesregierung dazu beitragen, die Leistungskraft des Reviers wiederherzustellen. *(Beifall bei der CDU/CSU und der FDP.)* Wir wollen deutlich aussprechen, daß Kohle auch in Zukunft gebraucht wird. Der Bergbau hat Zukunft im Wärmemarkt, in der Industrie und bei der Veredelung. Forschung und Entwicklung auf diesem Feld werden wir gezielt fördern. Der Jahrhundertvertrag mit der Elektrizitätswirtschaft sichert den Vorrang der heimischen Kohle. Unsere Unterstützung für die deutsche Stahlindustrie nützt auch der heimischen Kohle.
In der Stahlindustrie wird die Bundesregierung mit äußerster Entschiedenheit den internationalen Subventionswettlauf bekämpfen. Wir verlangen von den deutschen Unternehmen ein überzeugendes Konzept zur Neuordnung und

Kapazitätenanpassung, das wir dann im Rahmen angemessener Fristen finanziell unterstützen werden. Hier, meine Damen und Herren, steht aber auch die Mitbestimmung vor einer neuen Bewährungsprobe: Im Aufsichtsrat sind Kapitaleigner wie Gewerkschaften vertreten. Beide sind in dieser Verantwortung gefordert *(Beifall bei der CDU/CSU.)*

Anpassungsprobleme gibt es auch anderswo, so bei den Werften, so bei der Deutschen Bundesbahn. Ich sage offen: Wir können die bestehenden Strukturen nicht um jeden Preis erhalten. Neue Überlegungen sind nötig. Die Verantwortung dafür liegt in erster Linie bei den Unternehmen. Aber es ist unsere Pflicht, Lösungen zu unterstützen, die Erfolg versprechen.

Ermunternde Beispiele kleiner und mittlerer Werften zeigen: Mut zu mehr Markt ist auch hier der richtige Weg. Um den Werften die Anpassung an den Markt zu erleichtern, wird die Bundesregierung die Hilfen für Schiffbauindustrie und Reeder befristet fortsetzen. *(Zuruf von den GRÜNEN.)*

Die Wirtschaftslage der Deutschen Bundesbahn belastet den Verkehrshaushalt immer stärker. Die Bahn muß ein Unternehmenskonzept erarbeiten, das zu Kostensenkungen und Ertragssteigerungen führt. Dabei muß selbstverständlich der öffentliche Personennahverkehr berücksichtigt werden. Die Deutsche Bundesbahn ist für uns unverzichtbar. Aber, meine Damen und Herren, ich hoffe, Sie alle sind mit mir einer Meinung: Wir müssen dafür sorgen, daß sie nicht unbezahlbar wird. *(Beifall bei der CDU/CSU und der FDP – Zuruf von den GRÜNEN.)*

Wir brauchen ein modernes, alle Regionen verbindendes Verkehrsnetz. Im Straßenbau werden wir Lücken schließen und Verkehrswege verbessern. Den Bau des Rhein-Main-Donau-Kanals wollen wir vollenden und den Ausbau der Saar fortsetzen. *(Beifall bei der CDU/CSU – Zuruf von den GRÜNEN.)*

Sinnvolle Arbeitsteilung zwischen öffentlichen und privaten Verkehrsträgern ist die Voraussetzung für eine bedarfsgerechte Investitionspolitik.

Im Wohnungs-und Städtebau werden wir unsere erfolgreiche Politik fortführen. Wir wollen, daß viele Bürger Wohnungseigentum erwerben können. Steuerliche Verzerrungen werden wir beseitigen und familienfreundliche Lösungen anstreben. Sozialer Wohnungsbau wie Wohngeld gehören zur Idee der Sozialen Marktwirtschaft. *(Beifall bei der CDU/CSU.)* Unsere Städte und Dörfer sollen schöner, der Wohnwert soll verbessert werden. Wir müssen die Baulandprobleme lösen. *(Unruhe bei der SPD.)*

– Ja, meine Damen und Herren, Sie haben uns ein gewaltiges Feld nach 13 Jahren überlassen. *(Beifall bei der CDU/CSU.)* Wir werden prüfen, wie das Angebot von Bauland erweitert werden kann. *(Zuruf von den GRÜNEN.)* Für ein einheitliches Baurecht wird die Bundesregierung Leitlinien vorlegen.

Die Raumordnung soll mit der Struktur- und Umweltpolitik besser koordiniert werden.

Agrarpolitik ist für uns immer auch Gesellschaftspolitik für den ländlichen Raum. Unsere Bauern und Landwirte sichern die Ernährung unserer Bevölkerung. *(Beifall bei der CDU/CSU und der FDP.)* Sie haben ein Recht auf Lebensverhältnisse, die denen der übrigen Erwerbstätigen gleichwertig sind. *(Beifall bei der CDU/CSU und der FDP.)* Die eigenständige soziale Sicherung der Landwirte hat sich bewährt und muß erhalten bleiben.

Agrarpolitik ist zugleich ein wichtiger Teil des europäischen Einigungswerks. Deshalb unterliegt sie Regelungen, die stark vom Interessenausgleich in der Europäischen Gemeinschaft geprägt sind. Wir werden uns auch dort beharrlich für unsere Bauern und für die Verbraucher einsetzen. *(Dr. Ehmke [SPD]: Für die einen hohe Preise, für die anderen niedrige Preise!)* – Das ist der Verfassungsauftrag. *(Erneuter Zuruf des Abg. Dr. Ehmke [SPD].)* – Dies ist eine Koalition, Herr Ehmke, die eben nicht Klassen vertritt, sondern das Ganze. *(Beifall bei der CDU/CSU und der FDP.)*

Wir wollen ein breitgestreutes Bodeneigentum und das Miteinander von Landwirtschaft, Handwerk, Industrie und Handel; wir wollen vor allem auch den bäuerlichen Familienbetrieb erhalten. *(Beifall bei der CDU/CSU und der FDP.)*

Meine Damen und Herren, wir wissen, daß der Staat und die Politik allein alle diese Probleme nicht lösen können. Der Staat soll dies auch gar nicht behaupten. Die Regierung, wir alle brauchen die Mitverantwortung aller Bürger.

Zu viele sind zu lange dem Trugschluß erlegen, daß mehr verteilt werden kann, als erarbeitet worden ist. Die Erneuerung der Sozialen Marktwirtschaft verlangt auch die Rückkehr zu solider Haushaltsführung. Eine gesunde Wirtschaft setzt geordnete Finanzen voraus. Die Ausgabendynamik muß gebremst, die jährliche Neuverschuldung zurückgeführt werden. Das Wachstum der Bundesausgaben soll in den nächsten Jahren deutlich unter dem Zuwachs des Bruttosozialprodukts liegen. Die Struktur der öffentlichen Ausgaben und Einnahmen muß stärker auf Wachstum und Beschäftigung ausgerichtet werden. Die Reduzierung der Staatsquote belebt die Kräfte der Wirtschaft.

Die Sanierung der öffentlichen Finanzen wird Einschränkungen mit sich bringen. Sie sind unausweichlich, wenn wir die Wirtschaft ankurbeln, Arbeitsplätze schaffen und die soziale Sicherheit gewährleisten wollen, ohne kommende Generationen unzumutbar zu belasten. Die Bundesregierung setzt die im Herbst 1982 eingeleitete finanzpolitische Wende fort. Wir wissen: Unsere Ziele sind nur schrittweise zu erreichen. Für 1984 heißt das:

Erstens. Der Bundeshaushalt soll gegenüber 1983 um nicht mehr als 2 Prozent wachsen. Das setzt voraus, daß die Bundesausgaben – im wesentlichen im konsumtiven Bereich – noch einmal um 6 bis 7 Milliarden DM gekürzt werden. *(Zustimmung bei der CDU/CSU.)*
Zweitens. Die Neuverschuldung des Bundes soll auf der Grundlage der erwarteten wirtschaftlichen Entwicklung unter 40 Milliarden DM liegen. Dieser Betrag ist noch zu hoch, wie wir genau wissen. Wir werden ihn in den kommenden Jahren weiter zurückführen.
Drittens. Durch Umschichtung im Haushalt wollen wir für Investitionen sowie zur Förderung von Wirtschaftsbelebung und Beschäftigung zusätzlich 1 bis 1,5 Milliarden DM zur Verfügung stellen. Die Deutsche Bundespost hat ihr Investitionsvolumen auf 14,9 Milliarden erhöht.
Viertens. Wir wollen den Etat konsolidieren, ohne die Steuern zu erhöhen. Wir werden die Konsolidierung des Bundeshaushalts nicht zu Lasten von Ländern und Gemeinden vornehmen, denn auch sie sind Hauptträger öffentlicher Investitionen. *(Beifall bei der CDU/CSU und der FDP.)* Die Mischfinanzierung von Bund und Ländern wollen wir einschränken, um zu einer klaren Aufgabentrennung zu kommen. Wir werden bei der Krankenhausfinanzierung damit beginnen.
Meine Damen und Herren, unsere Steuerpolitik wird verläßliche und überschaubare Bedingungen für die Wirtschaft und für alle Bürger schaffen. Wir wollen mehr Stetigkeit in der Steuerpolitik. Wir werden das Steuersystem Schritt für Schritt umgestalten: Wir wollen private Initiative fördern. Leistung darf nicht länger bestraft werden. *(Beifall bei der CDU/CSU und der FDP.)*
Für 1983 sind Steuerrechtsänderungen bereits beschlossen. Darüber hinaus werden wir Steuerentlastungen einleiten. Sie sollen die Leistungsbereitschaft erhöhen, Investitionen und Innovationen anregen und die Wettbewerbsfähigkeit der Wirtschaft stärken. Mit dem Mehraufkommen aus der zweiten Hälfte der Umsatzsteuererhöhung sollen die Vermögensbildung gefördert und steuerliche Erleichterungen zugunsten der gewerblichen, insbesondere der mittelständischen Wirtschaft geschaffen werden. *(Zustimmung bei der CDU/CSU.)* Die Einzelheiten werden wir schon bald hier miteinander diskutieren können im Zusammenhang mit dem Haushalt 1984, der in den nächsten Wochen erstellt wird.
Wir wollen eine gerechtere Besteuerung. Deshalb werden wir z.B. die Möglichkeiten für Steuerersparnisse einschränken, die sich für Bezieher höherer Einkommen aus der Beteiligung an sogenannten Verlustzuweisungsgesellschaften ergeben. *(Beifall bei der CDU/CSU und der FDP.)*
Die Progression der Lohn- und Einkommensteuer belastet unsere Bürger um

so stärker, je mehr sie leisten. Der Aufschub der Tarifanpassung kommt hinzu. Der Lohn-und Einkommen-Steuertarif muß also neu gestaltet werden. Aber – um das deutlich zu sagen – Umfang und Zeitpunkt hängen davon ab, daß die öffentlichen Finanzen gesunden und sich die gesamtwirtschaftliche Lage günstig entwickelt.

Herr Präsident, meine Damen und Herren, eine dauerhafte Gesundung der Wirtschaft verlangt auch, daß wir die Subventionen überprüfen, die Wirtschaft von Auflagen und Pflichten entlasten, die mehr kosten, als sie bringen, und die staatlichen Leistungen effektiver einsetzen. *(Beifall der CDU/CSU und der FDP.)* Zu den Erfahrungen der letzten Jahre gehört: Jede Überforderung der ökonomischen und finanziellen Grundlagen gefährdet die soziale Sicherheit.

Wer ein Leben lang gearbeitet hat, hat Anspruch auf eine sichere Rente. *(Zustimmung bei der CDU/CSU.)* Die Bundesregierung wird an diesem Prinzip der Altersversicherung festhalten. Die Rentner können sich auf uns verlassen, daß die Renten sicher sind und sicher bleiben. *(Beifall bei der CDU/CSU und der FDP.)*

Wir haben bereits wichtige Maßnahmen zur aktuellen Sicherung der Leistungsfähigkeit der Rentenversicherungsträger und zur Anpassung der Rentenversicherung ergriffen. Jetzt kommt es darauf an, diese ersten Erfolge zu festigen und die Renten auch langfristig auf eine tragfähige Grundlage zu stellen. Wir beginnen mit folgenden Maßnahmen:

Erstens. Wir werden die bisher ungenügend erfaßten Sonderzahlungen zum Arbeitsentgelt in die Sozialversicherung einbeziehen.

Zweitens. Die Renten werden dem Anstieg der Arbeitnehmereinkommen zeitnäher angeglichen.

Drittens. Die Voraussetzungen für Erwerbs-und Berufsunfähigkeitsrenten werden enger gefaßt. Die Kinderzuschüsse bei Neurenten werden durch das Kindergeld ersetzt.

Viertens. Vom Krankengeld werden ab 1. Januar 1984 Beiträge zur Rentenversicherung geleistet.

Fünftens. Damit eine sonst notwendige Verschiebung des Rentenanpassungstermins im Jahre 1984 vermieden werden kann, hat die Bundesregierung dem Bundesarbeitsminister den Auftrag erteilt, bis zur Beratung der Begleitgesetze zum Bundeshaushalt einen finanziell gleichwertigen, den sozial- und finanzpolitischen Grundsätzen der Bundesregierung entsprechenden Einsparvorschlag vorzulegen.

Zusammen mit diesen fünf Maßnahmen werden wir eine umfassende Strukturreform der Rentenversicherung einleiten. Dies ist notwendig wegen unserer katastrophalen demographischen Entwicklung. Die Zahl der

Erwerbstätigen nimmt ab, und die Zahl der Rentner nimmt zu. In den nächsten zwei Jahrzehnten, d.h. für den Rest dieses Jahrhunderts, wird die Zahl der über 60jährigen um etwa eine Million zunehmen. Gleichzeitig wird die Zahl derer, die in das Erwerbsleben eintreten, um über 4 Millionen abnehmen. So werden immer weniger Erwerbstätige für immer mehr Rentner aufkommen müssen.

Ich kann Sie alle nur herzlich einladen, sich an der großen Aufgabe der Strukturreform der Renten zu beteiligen. Im Interesse der Rentner, meine Damen und Herren, wollen wir uns um eine einvernehmliche Lösung bemühen. Wir werden eine Lösung herbeiführen. Aber ich bitte zu überlegen, ob dies nicht ein Thema wäre, bei dem alle demokratischen Parteien für die Zukunft Sinn und Erfolg sehen könnten, wenn es zu einem gemeinsamen Werk aller käme. *(Beifall bei der CDU/CSU und der FDP.)* Wir gehen dabei von folgenden Prinzipien aus: Die Rente muß beitragsbezogen bleiben. Die Renten sollen sich wie die verfügbaren Einkommen der Arbeitnehmer entwickeln. Und der Bundeszuschuß muß auf eine verläßliche Grundlage gestellt werden. Die Bundesregierung wird die Hinterbliebenenversorgung in der Rentenversicherung entsprechend der Entscheidung des Bundesverfassungsgerichts aus dem Jahre 1975 neu ordnen. Aus finanziellen Gründen kommt zunächst leider nur eine begrenzte Neuregelung in Betracht. Sie soll die Gleichbehandlung von Frauen und Männern gewährleisten. Bei der endgültigen Regelung muß der Frau eine eigenständige soziale Sicherung gegeben werden, die dem Leitbild der Partnerschaft zwischen Frau und Mann entspricht.

Meine Damen und Herren, wir haben eine besondere Verantwortung gegenüber den Opfern des Krieges. Die Arbeit der Kriegsopferverbände verdient unsere besondere Anerkennung. *(Beifall bei der CDU/CSU und der FDP.)* Der hervorgehobene Rang der Kriegsopferversorgung in der sozialen Sicherung bleibt unangetastet. Von speziellen Sparmaßnahmen bleiben die Kriegsopfer ausgenommen. *(Beifall bei der CDU/CSU und der FDP.)*

Mit der Erneuerung der Sozialen Marktwirtschaft geht es uns nicht nur um wirtschaftliche Effizienz. Wir sind uns bewußt, wie sehr diese Wirtschaftsordnung Konflikte entspannen und Freiräume schaffen kann. Das Wort von Alfred Müller-Armack gilt noch heute: Die Soziale Marktwirtschaft ist ein Beitrag zum Frieden nach innen und außen. *(Beifall bei der CDU/CSU und der FDP.)*

Herr Präsident, meine sehr verehrten Damen und Herren, die Menschen suchen nicht nur soziale Sicherheit und materiellen Wohlstand. Sie wollen auch eine Gesellschaft mit menschlichem Gesicht. Was der einzelne für sich entscheiden kann, darf der Staat nicht an sich ziehen. Menschen in Not brauchen nicht nur staatliche Hilfe. Sie brauchen vor allem Menschen, die ihnen helfen, nicht nur Sach-Bearbeiter, die Fälle verwalten. Freiwillige soziale Dienste und ehrenamtliche Tätigkeit werden wir fördern, wo immer wir können. *(Beifall bei der CDU/CSU und der FDP.)*

Die Gleichberechtigung von Mann und Frau muß selbstverständlich werden. *(Zuruf von den GRÜNEN: Nur eine Frau im Kabinett!)* Die Benachteiligungen in der Arbeitswelt müssen durch gleichen Lohn für gleiche Arbeit und eine gerechte Arbeitsplatzbewertung abgebaut werden. Ich finde, es ist ein Ärgernis, wenn Frauen durch Einordnung in Leichtlohngruppen benachteiligt werden. *(Beifall bei der CDU/CSU und der FDP-Zurufe von den GRÜNEN.)* Hier sind in erster Linie die Tarifpartner gefordert. *(Erhard [CDU/CSU]: So ist es!)*

Wir werden aber durch neue arbeitsrechtliche Bestimmungen dazu beitragen, die Chancen von Frauen auf dem Arbeitsmarkt zu verbessern. Arbeitsplatzteilung und Teilzeitarbeit werden wir nach Kräften begünstigen. Die Bundesregierung strebt eine rechtliche Regelung an, die Benachteiligungen der Teilzeitarbeit ausschließt. Teilzeitarbeit kann auch für Männer attraktiv werden. Das Gesetz kann hier nicht alles regeln. Deshalb suchen wir das Gespräch mit den Tarifpartnern. Wir müssen gemeinsam neue Formen des Arbeitslebens und der Arbeitszeit verwirklichen. *(Beifall bei der CDU/CSU und der FDP.)*

Beruf ist für uns nicht nur außerhäusliche Erwerbstätigkeit. Tätigkeit im Haus und für Kinder ist gleichwertig; sie muß wieder mehr Anerkennung finden. *(Beifall bei der CDU/CSU und der FDP.)* Vorrangig sind für uns Erziehungsgeld bzw. Kindergeldzuschlag in den ersten Jahren der Kindererziehung für alle Mütter oder Väter und die Anerkennung von Erziehungsjahren in der Rentenversicherung. Sobald die Finanzlage dies zuläßt, werden wir sie einführen. *(Beifall bei der CDU/CSU und bei Abgeordneten der FDP.)*

Meine Damen und Herren, wir müssen wieder ein kinderfreundliches Land werden. Deshalb werden wir für einen Familienlastenausgleich sorgen. Mit Kindergeld und steuerlichen Erleichterungen werden wir die Familie weiterhin fördern. Durch ein Familiensplitting werden wir das Steuerrecht in dieser Legislaturperiode familienfreundlicher ausgestalten. *(Beifall bei der CDU/CSU und bei Abgeordneten der FDP.)* Für jeden – auch für Alleinerziehende – gilt: Wer Kinder hat, soll weniger Steuern zahlen als derjenige, der keine Kinder hat. *(Beifall bei der CDU/CSU und bei Abgeordneten der FDP.)* Das Fundament für eine Gesellschaft der Mitmenschlichkeit ist die Familie. Hier lernen die Menschen Verhaltensweisen, die unsere Gesellschaft prägen: Liebe und Vertrauen, Toleranz und Rücksichtnahme, Opferbereitschaft und Mitverantwortung.

Meine Damen und Herren, wir hatten hier im Zusammenhang mit der Diskussion um die Neuordnung des Paragraphen 218 vor knapp einem Jahrzehnt von großer Leidenschaft und großem Ernst geprägte Debatten. Ich finde, wir müssen die Zusagen ernst nehmen, die damals von allen Seiten gegeben wurden. Wir müssen uns um die alleinstehenden Mütter kümmern, ihre Diskriminierung in der Gesellschaft abbauen und ihre soziale Sicherung festigen. Wir müssen mehr tun für den Schutz des ungeborenen Lebens. *(Beifall bei der CDU/CSU.)*

Unser Beitrag soll sein: der Familienlastenausgleich, eine Erleichterung des Adoptionsrechts und gemeinsam mit den Ländern eine erweiterte Beratung und Hilfe für schwangere Frauen. Es ist umstritten, Schwangerschaftsabbrüche wegen einer Notlagenindikation mit Steuergeldern und Krankenkassenbeiträgen zu finanzieren. Das Bundesverfassungsgericht befaßt sich zur Zeit mit diesem Thema. Wir haben das Urteil abzuwarten, und wir werden dann die gebotenen Konsequenzen ziehen. *(Beifall des Abg. Dr. Friedmann [CDU/CSU].)*

Im Scheidungsfolgenrecht brauchen wir mehr Gerechtigkeit im Einzelfall. Wir werden das Recht des Versorgungsausgleichs weiter verbessern und dabei Ursachen für die Zerrüttung der Ehe mitberücksichtigen. *(Beifall bei der CDU/CSU.)* Bei Vereinbarung über die Scheidungsfolgen sollten die Partner mehr Freiheit erhalten.

Meine Damen und Herren, unsere Gesundheitspolitik wird die Eigenverantwortung des Menschen für seine Gesundheit betonen. Wir müssen der Selbsthilfe wieder mehr Raum geben und die Selbstverwaltung stärken. Die medizinische Versorgung in der Bundesrepublik Deutschland steht auf hohem Niveau. Das allerdings hat einen Preis, der zunehmend die Einkommen der Bürger belastet. Vor allem die Kostenexplosion im Krankenhausbereich muß eingedämmt werden. Die Leistungsfähigkeit der medizinischen Technik ist unbestritten. Der Patient braucht und will jedoch nicht nur Technik, sondern insbesondere auch menschliche Zuwendung. *(Beifall bei der CDU/CSU und der FDP.)*

Der Mißbrauch von Alkohol, Medikamenten und Drogen erfüllt uns alle mit großer Sorge. Wir müssen gemeinsam mit den freien Trägern und den Ländern alles tun, um Schäden zu heilen und vor allem die Ursachen dieses Übels zu bekämpfen.

Körperliche und seelische Belastungen in der Industriegesellschaft, Verkehrs- und Arbeitsunfälle setzen jeden der Gefahr einer Behinderung aus. Der soziale Rechtsstaat hat die Pflicht, allen Behinderten zu helfen, damit sie sich in Beruf und Gesellschaft entfalten können. Behinderte wollen jedoch nicht Mitleid, sondern aktive Solidarität. Gerade in wirtschaftlich und finanziell

schwierigen Zeiten ist es unsere Pflicht, für die Eingliederung unserer behinderten Mitbürger in Beruf und Gesellschaft zu sorgen.
Weil uns Schutz und Hilfe für die Schwerbehinderten so wichtig sind, müssen wir Fehlentwicklungen abwenden. 4,5 Millionen Bürger der Bundesrepublik haben einen Schwerbehindertenausweis. Ihnen stehen Vergünstigungen zu, ohne daß dies in jedem Fall den persönlichen Lebensumständen gerecht wird. In Zukunft muß die Hilfe des Staates denjenigen zukommen, die sie wirklich benötigen. *(Beifall bei der CDU/CSU und der FDP.)*
Unsere Gesellschaft braucht den technischen Fortschritt. In den Informations- und Kommunikationstechnologien, in neuen Fertigungstechniken, in der Biotechnologie und bei der Entwicklung neuer Materialien gibt es weltweit eine stürmische Entwicklung. Sie bietet Chancen, aber birgt auch Gefahren. Wir wissen, daß nicht alles den Menschen Mögliche dem Menschen gemäß ist. Dieser Herausforderung müssen wir uns stellen. Wir müssen versuchen, Herr der Technik zu bleiben.
Die neuen Informations-und Kommunikationstechniken versprechen neue Wachstumsmöglichkeiten. Für ihre Anwendung schafft die Deutsche Bundespost wichtige Voraussetzungen. Diese Technologien erschließen Industrie und Handwerk sowie der Bundespost zukunftsweisende Arbeitsfelder. Wir müssen gerade in diesem Bereich alles tun, um unsere internationale Wettbewerbsfähigkeit wiederherzustellen.
Die Meinungsvielfalt erhält durch die neuen Kommunikationstechniken neuen Auftrieb. Deshalb begrüßt die Bundesregierung die Initiativen einzelner Bundesländer, neue Organisations- und Beteiligungsformen für Hörfunk und Fernsehen zu schaffen. *(Beifall bei der CDU/CSU und der FDP.)* Die Chancen der neuen Techniken müssen ausgeschöpft, die Risiken möglichst gering gehalten werden. Wir werden sehr bald mit den Ländern den Dialog über die Medienordnung der Zukunft suchen. Im Ausland sind die neuen Techniken schon weit vorangekommen. Wenn wir nicht schwere Nachteile erleiden wollen, müssen wir wieder den Anschluß finden. Die Bundesregierung wird deshalb auf Entscheidungen drängen, damit die neuen Techniken freiheitlich genutzt werden können. Die Bundesregierung wird eine umfassende Konzeption für die Förderung der Entwicklung der Mikroelektronik, der Informations- und Kommunikationstechniken vorlegen.
Meine Damen und Herren, wir werden bestehende Stiftungen fördern und prüfen, wie neue gemeinnützige Stiftungen ermutigt werden können. Dabei soll die Frage nach der Notwendigkeit der Novellierung des geltenden Stiftungsrechts in diese Prüfung einbezogen werden. *(Beifall bei der CDU/CSU und bei Abgeordneten der FDP.)*
Die beste Technik nützt nichts, wenn die Menschen sie nicht beherrschen.

Bund und Länder, Arbeitgeber und Gewerkschaften, wir alle müssen in einer großen gemeinsamen Anstrengung genügend berufliche Bildungsmöglichkeiten schaffen, aber auch sinnvolle Alternativen zum Studium. Wir halten am bewährten dualen System fest, das Schule und praktische Ausbildung verbindet. *(Beifall bei der CDU/CSU und der FDP.)*
Die Bundesregierung begrüßt es, daß die Länder begabte Schüler verstärkt fördern wollen. Sie wird dem Deutschen Bundestag einen Bericht über ihre Politik zur Sicherung der Zukunftschancen der Jugend in Ausbildung und Beruf vorlegen. Niemand darf wegen seiner sozialen Herkunft benachteiligt werden. *(Zurufe von der SPD.)* Wer sich durch gute Leistungen auszeichnet und aus einer einkommenschwachen Familie stammt, dem muß auch künftig geholfen werden *(Beifall bei der CDU/CSU und der FDP.)*
Gemeinsam mit den Ländern werden wir die Forschung an den Hochschulen stärken. Zwischen den Hochschulen muß mehr Wettbewerb um wissenschaftliche Leistung stattfinden. *(Beifall bei der CDU/CSU und der FDP.)* Wir wollen junge Wissenschaftler, die sich besonders qualifiziert haben, fördern. Unsere Grundlagenforschung muß sich im internationalen Vergleich behaupten können. Das kann nur dann gelingen, wenn wissenschaftliche Spitzenleistung wieder die verdiente Anerkennung findet. *(Dr. Dregger [CDU/CSU]: Sehr gut!)* Das Hochschulrahmengesetz muß auch daran gemessen werden, wieweit es der wissenschaftlichen Forschung und Lehre nützt.
Meine Damen und Herren, auf Leistungseliten können und dürfen wir nicht verzichten. *(Beifall bei der CDU/CSU und der FDP.)* Es müssen offene Eliten sein, bei denen die individuelle Leistung zählt. Die Zeiten sind nicht so, daß unsere Gesellschaft es sich erlauben dürfte, Talente unentdeckt und ungefördert zu lassen. *(Beifall bei der CDU/CSU und der FDP.)*
Viele junge Akademiker erhalten derzeit nach Abschluß ihres Studiums nicht die Chance, ihren Ideenreichtum und ihre Leistungsfähigkeit in einem angemessenen Beruf zu beweisen. Das ist ein Verlust für die Gesellschaft und ein Unglück für die Betroffenen. Wir dürfen das nicht als ein unabwendbares Schicksal hinnehmen, sondern müssen es als Herausforderung ansehen, den jungen Hochschulabsolventen – und sei es etwa auch durch Umschulungen – die Chance für entwicklungsfähige Berufe zu öffnen. Unser Staat braucht die zupackende Mitarbeit der jungen Generation. *(Hört! Hört! bei den GRÜNEN.)*
In diesem Jahr werden alle Jugendlichen, die ausbildungswillig und ausbildungsfähig sind, eine Lehrstelle erhalten können. *(Beifall bei der CDU/CSU – Zuruf von der SPD: An den Kanzler schreiben!)* Allerdings wird nicht jeder – das sage ich schon seit Monaten – seinen Wunschberuf erlernen und nicht

jeder dort in die Lehre gehen können, wo er möchte, wo er wohnt. Ein hochentwickeltes Industrieland wie die Bundesrepublik Deutschland muß es möglich machen, diese schwierige Aufgabe zu lösen. Ich möchte mich beim Handwerk, beim Handel, bei den freien Berufen, bei den Verantwortlichen der Industrie und bei den Gewerkschaften, vor allem auch bei den ausbildenden Betrieben ausdrücklich für ihre Bereitschaft bedanken, den jungen Leuten zu helfen. *(Beifall bei der CDU/CSU und der FDP.)* Daß dies ohne gesetzlichen Zwang möglich ist, beweist die Stärke unserer freiheitlichen Gesellschaft. *(Beifall bei der CDU/CSU und der FDP.)*

Auch in den Jahren 1984 und 1985 stehen wir nochmals – zum letztenmal wegen der geburtenstarken Jahrgänge – vor dem Problem, daß viele junge Leute auf den Arbeitsmarkt drängen. Ihre erste Erfahrung in der Welt der Erwachsenen darf nicht darin bestehen, nicht gebraucht zu werden. Ich werde deshalb auch in den kommenden Jahren auf eine besondere Initiative für die Ausbildung drängen. Wer an dieser Initiative herumgenörgelt hat, soll lieber künftig mit anpacken, wenn ihm das Schicksal junger Leute am Herzen liegt. *(Beifall bei der CDU/CSU und der FDP.)* Wir müssen der jungen Generation Hoffnung geben. Mancher aus ihr ist enttäuscht, daß Erwartungen und Versprechungen in der Vergangenheit nicht erfüllt wurden. *(Zurufe von den GRÜNEN.)*

Aber das Bild von einer abseits stehenden jungen Generation ist falsch. Die große Mehrheit stellt sich ihrer Verantwortung in der Gegenwart und den Herausforderungen der Zukunft. In Gruppen und Vereinen mit sozialen, politischen, kulturellen, kirchlichen und sportlichen Aufgaben nutzen Hunderttausende junger Menschen die Möglichkeit, der eigenen Tätigkeit Sinn zu geben. Wir unterstützen dieses Engagement. *(Beifall bei der CDU/CSU und der FDP.)* Ich denke dabei auch an die erfolgreichen Jugend- und Bundeswettbewerbe „Jugend musiziert“ und „Jugend forscht“, an denen jährlich mehr als zehntausend Jugendliche teilnehmen. Der von mir angekündigte „Wettbewerb sozialer Initiativen“ wird in diesem Jahr beginnen.

Herr Präsident, meine Damen und Herren, wir alle sind verpflichtet, die uns anvertraute Umwelt auch den nachfolgenden Generationen zu erhalten. *(Zuruf von den GRÜNEN: Rhein-Main-Donau-Kanal!)* Wir haben nicht das Recht, die Natur rücksichtslos auszubeuten. *(Beifall bei der CDU/CSU – Zuruf von den GRÜNEN: Aber zu betonieren!)* Der technische Fortschritt muß Rücksicht auf die Umwelt nehmen. *(Zuruf von den GRÜNEN: Bravo! – Weitere Zurufe von den GRÜNEN.)*

Ich habe eine geringe Chance, auch von diesen Damen einen Beifall zu erreichen. *(Heiterkeit und Beifall bei der CDU/CSU.)*

Die von der modernen Technik verursachten Schäden können nur durch den

Einsatz modernster Mittel der Technik wieder abgebaut und beseitigt werden. Die Schäden an unseren Wäldern sind alarmierend, die zunehmende Verschmutzung von Nord- und Ostsee ist erschreckend. Die Bürger erwarten zu Recht wirksame Gegenmaßnahmen. Wir haben sofort nach der Regierungsübernahme gehandelt. *(Beifall bei der CDU/CSU und der FDP.)* Unser Wald hat eine unschätzbare Bedeutung für Wasserhaushalt, für Klima, für Gesundheit und Erholung und für die Unverwechselbarkeit der deutschen Kulturlandschaft. Gelingt es uns nicht, die Wälder zu retten, wäre die Welt, in der wir leben, nicht wiederzuerkennen.

Das Eigeninteresse der Wirtschaft am Umweltschutz muß gestärkt werden. Umweltfeindliche Produktionsverfahren dürfen sich nicht lohnen. Umweltfreundliches Verhalten muß sich auch wirtschaftlich auszahlen. *(Beifall bei der CDU/CSU und der FDP.)* In der Umweltpolitik der Bundesregierung behält die Luftreinhaltung Vorrang. Die Luftverschmutzung, die wesentlich zum Waldsterben beiträgt, werden wir mit einem breit angelegten Programm deutlich reduzieren.

Wir werden uns weiterhin um den Schutz des Grundwassers und der Binnengewässer bemühen. Ebenso vordringlich ist eine lückenlose Kontrolle von Abfalltransporten auch über die Grenzen hinweg. *(Beifall bei der CDU/CSU und der FDP – Zurufe von den GRÜNEN.)* Die Bestimmungen über die Beförderung gefährlicher Abfälle werden wir verschärfen. Umweltkriminalität ist ein Anschlag auf Leben und Gesundheit der Menschen und muß geahndet werden. *(Beifall bei der CDU/CSU und der FDP.)*

Auch die Lärmgrenzwerte für Kraftfahrzeuge werden wir herabsetzen. Hier wie in allen anderen wesentlichen Fragen des Umweltschutzes geben wir einer einheitlichen europäischen Lösung den Vorzug. Wir haben erste Schritte unternommen, um die Verminderung der Kraftfahrzeugabgase zu erreichen.

Umweltverschmutzung – das weiß jeder – macht vor Grenzen nicht halt. Umweltschutz erfordert daher das Zusammenwirken benachbarter Staaten und in zunehmendem Maße auch weltweite Anstrengung. Wir setzen uns für internationale Übereinkommen und für die notwendigen Vereinbarungen mit der DDR ein. Wir haben im Umweltschutz viel geleistet. Aber es bleibt noch viel zu tun. Ich rufe jeden Bürger auf, mehr Rücksicht auf die Natur unseres Landes zu nehmen. *(Beifall bei der CDU/CSU und der FDP.)*

Bei den Veränderungen, die wir im Zeitalter der technologischen Herausforderung erleben, sind die Erfahrungen unserer älteren Mitbürger von besonderem Wert. Auf die Leistungen älterer Menschen, ihre Urteilsfähigkeit und ihre Lebenserfahrung dürfen und können wir nicht verzichten. *(Beifall bei der CDU/CSU und der FDP.)* Wir wollen Politik nicht für sie, sondern mit ihnen machen. Der vierte Familienbericht, den die Bundesregierung in dieser Legislaturperiode vorlegen wird, soll zeigen, wie alte Menschen so lange wie möglich in ihrer vertrauten Umgebung bleiben und wie auch mehrere Generationen, wenn sie wollen, unter einem Dach leben können. Unsere Wohnungsbauförderung muß und wird dieser Idee Rechnung tragen. *(Beifall bei der CDU/CSU und der FDP.)*

Wir wollen die häusliche Pflege unterstützen und ihre Förderung ausweiten. Denn es ist oft menschlicher und vernünftiger – auch ökonomischer in vielen Fällen –, soziale Dienste zu den Menschen zu bringen, als Menschen in sozialen Einrichtungen unterzubringen. *(Beifall bei der CDU/CSU und der FDP.)* Nachbarschaftshilfe: Damit ist nicht nur mitmenschliche Fürsorge gemeint. Jede Selbsthilfe von jung und alt weckt das Selbstbewußtsein und damit den Elan des einzelnen und der Gemeinschaft.

Geradezu beispielhaft ist die Turn- und Sportbewegung unseres Landes. Millionen Sportler sind die größte Bürgerinitiative Deutschlands. *(Beifall bei der CDU/CSU und der FDP – Lachen und Beifall bei den GRÜNEN.)* Mehr als die Hälfte der Bevölkerung beteiligt sich heute an dem Breiten- und Freizeitsport. Der Deutsche Sportbund sowie seine Mitgliedsorganisationen und -vereine demonstrieren, was Selbsthilfe vermag. *(Beifall bei der CDU/CSU und der FDP.)*

Seit den ersten Tagen der Bundesrepublik tragen Leistungssportler unseren Namen in die Welt. *(Zurufe von den GRÜNEN.)* Doch uns geht es nicht um Medaillen und Rekorde, nicht allein um sportliche Ehre für unser Land. Wir wollen keinen Sport im Dienste des Staates, sondern Sport im Dienste des Menschen. *(Beifall bei der CDU/CSU und der FDP.)*

Wirksamkeit und Überzeugungskraft staatlichen Handelns wachsen, wenn der Staat darauf verzichtet, zu viele Bereiche des Lebens zu regeln. *(Zuruf von den GRÜNEN: Volkszählung! – Lachen bei den GRÜNEN und bei der SPD.)* In der Vergangenheit hat der Staat im Übermaß Aufgaben an sich gezogen. Umkehr ist dringend geboten. In enger Zusammenarbeit mit den Ländern werden wir Bürgern und Wirtschaft wieder mehr Freiräume zu eigenverantwortlichem Handeln verschaffen und auf bürgernahe Entscheidungen der Verwaltung hinwirken.

Gutes Recht muß auch schnelles Recht sein. Gerichtlicher Schutz muß rasch gewährt werden. Eine überlange Verfahrensdauer untergräbt das Vertrauen des Bürgers in die Rechtspflege. Wir wollen deshalb gerichtliche Verfahren vereinfachen und straffen. *(Beifall bei der CDU/CSU und der FDP.)* Dabei darf der Rechtsschutz des Bürgers selbstverständlich nicht geschmälert werden. Wir wollen keinen kurzen Prozeß, sondern kürzere Verfahren.

(Zustimmung bei der CDU/CSU – Fischer [Frankfurt] [GRÜNE]: Was ist da der Unterschied?)

Es muß uns gelingen, das Recht zu vereinfachen und Überreglementierung zu beseitigen. Ich denke hier vor allem an das Baurecht, das Bauplanungsrecht und die Genehmigungsverfahren für Großanlagen. *(Beifall bei der CDU/CSU und der FDP.)* Die Oberverwaltungsgerichte und Verwaltungsgerichtshöfe sollen für Verfahren, die Großanlagen betreffen, die erstinstanzliche Zuständigkeit erhalten. Der oft jahrelange Schwebezustand für die Betroffenen soll auf diese Weise verkürzt, die wirtschaftliche Unsicherheit für die Antragsteller verringert werden. Dabei darf die Sicherheit für Bevölkerung und Umwelt natürlich keine Einbußen erleiden. *(Zurufe von den GRÜNEN.)*

Meine Damen und Herren, das Gebot der straffen, vereinfachten Verfahren muß für sämtliche Gerichtszweige gelten. Zur weiteren Entlastung der Gerichte sollen die Möglichkeiten für eine vorgerichtliche Schlichtung mehr genutzt werden. Angesichts der wachsenden Zahl von Verfassungsstreitigkeiten müssen wir auch gemeinsam mit dem Bundesverfassungsgericht prüfen, wie dieses Gericht entlastet werden kann.

Für die Erhaltung und den weiteren Ausbau des freiheitlichen Rechtsstaates brauchen wir gute Juristen. Die Bundesregierung wird die Juristenausbildung weiterentwickeln und wieder vereinheitlichen. Sie wird sich um Lösungen bemühen, die möglichst von allen Bundesländern mitgetragen werden.

Das Berufsbeamtentum hat Verfassungsrang und darf nicht angetastet werden. Gemeinsam mit den Verbänden und Gewerkschaften werden wir dafür sorgen, daß auch in Zeiten notwendiger Einsparungen der öffentliche Dienst seine Verantwortung wahrnehmen kann. Bei Einsparungen sind die Angehörigen der verschiedenen Gruppen des öffentlichen Dienstes nach Möglichkeit gleichzubehandeln. Beamte haben kein Streikrecht. Das darf ihnen nicht zum Nachteil gereichen. *(Beifall bei der CDU/CSU und der FDP.)*

Meine Damen und Herren, immer mehr Deutsche leben für längere Zeit im Ausland und können damit ihr Wahlrecht nicht ausüben. Wir werden durch die notwendige Gesetzgebung bald die Voraussetzungen dafür schaffen, daß auch sie wählen können. *(Beifall bei der CDU/CSU und der FDP.)*

Wir werden das Datenschutzgesetz novellieren. Dabei soll der Datenschutz vor allem im Gesundheitswesen verbessert und auch verstärkt werden. Die Erhebung von Daten dient dem Bürger und seinen Bedürfnissen. Datenschutz und öffentliche Sicherheit haben gleiches Gewicht. *(Zurufe von den GRÜNEN.)*

Die innere Sicherheit ist eine Voraussetzung für unsere freiheitliche Ordnung.

(Zustimmung bei der CDU/CSU.) Unsere Polizei, der Grenzschutz und die Verfassungsschutzbeamten tragen eine hohe Verantwortung; sie verdienen das Vertrauen und den Dank unserer Bürger. *(Beifall bei der CDU/CSU, der FDP und bei Abgeordneten der SPD.)*

Die Zunahme der Gewalt ist auch in der Bundesrepublik besorgniserregend. Wir werden Gewalt, unter welchem Namen und mit welcher Begründung sie auch auftreten mag, in unserem Rechtsstaat nicht dulden. *(Zuruf von den GRÜNEN:Todesschuß!)* Die Bundesregierung wird zur Sicherung des inneren Friedens und des Demonstrationsrechts den strafrechtlichen Schutz gegen Landfriedensbruch verstärken und prüfen, ob weitere Maßnahmen, z.B. gegen Vermummung und passive Bewaffnung, erforderlich sind. Extremisten, ob sie von rechts oder von links kommen, haben in unserer Bundesrepublik Deutschland keine Chance. *(Beifall bei der CDU/CSU und der FDP.)* Das Kontaktsperregesetz werden wir weiterentwickeln, ohne den Schutz vor terroristischen Aktivitäten zu beeinträchtigen.

Meine Damen und Herren, unsere Rechtspolitik wird die Rechte des einzelnen wahren, die Rechtsordnung durchsetzen und unsere Institutionen schützen. Zur Sicherung des inneren Friedens müssen Bund und Länder eng zusammenwirken.

Wir sind solz auf unseren Föderalismus, um den uns viele Länder beneiden. Die von unserer Verfassung besonders geschützte Eigenständigkeit der Länder bewahrt uns vor einem bürgerfernen Zentralstaat. Die Kompetenzen des Bundes dürfen nicht länger extensiv zu Lasten der Länder ausgelegt und in Anspruch genommen werden.

Zur föderativen Ordnung gehört nach unserem Verständnis auch die kommunale Selbstverwaltung. Sie hat hohen Verfassungsrang. Die Bürgernähe der Gemeinden ist für unsere Demokratie von fundamentaler Bedeutung. Die Gemeinden brauchen Handlungsspielraum. Ihnen und den Ländern darf der Bund nicht seine Lasten zuschieben. Wir werden das Gespräch mit den Ländern regelmäßig auch über diese Frage zu führen haben.

Unsere freiheitliche Gesellschaft bezieht ihre Lebenskraft aus gemeinsamen Grundwerten. Meine Anerkennung und mein Dank gelten der großartigen Leistung der Kirchen und Religionsgemeinschaften, die unser Wertbewußtsein mit prägen. Ohne christliche Ethik und Nächstenliebe wäre unser Volk ärmer. Ich würdige die vermittelnde Rolle der Kirchen und habe großen Respekt und hohe Achtung vor der Friedensarbeit der Kirchen in beiden Teilen Deutschlands. *(Beifall bei der CDU/CSU und der FDP.)* Ich danke auch den Angehörigen der jüdischen Religionsgemeinschaft in Deutschland, die für den Ausbau unseres freiheitlichen Staats immer wieder unverzichtbare

Beiträge geleistet haben. *(Beifall bei der CDU/CSU und der FDP und bei Abgeordneten der SPD.)*
Herr Präsident! Meine sehr verehrten Damen und Herren! Für unsere Ausländerpolitik gelten die Grundsätze, die ich vor einigen Monaten, am 13. Oktober 1982, in meiner Regierungserklärung dargelegt habe: die Integration der seit langem bei uns lebenden ausländischen Arbeitnehmer und ihrer Familien, die Begrenzung des weiteren Zuzugs und die Förderung der Rückkehrbereitschaft. Die von mir angekündigte Kommission hat ihre Arbeitsergebnisse vorgelegt. Notwendige Entscheidungen werden nach eingehender Diskussion mit allen interessierten Kreisen getroffen. Die Bundesregierung wird dann den Entwurf eines neuen Ausländergesetzes vorlegen.
In der Bundesrepublik Deutschland leben jetzt über 4,6 Millionen Ausländer. Wir wissen, daß wir ihnen viel zu verdanken haben. Aber man muß dann auch sagen, daß wir nicht bereit sind hinzunehmen, daß Ausländer ihre politischen Auseinandersetzungen mit kriminellen Mitteln auf dem Boden der Bundesrepublik Deutschland austragen. *(Beifall bei der CDU/CSU und der FDP.)* Wir werden sorgfältig untersuchen, ob politischer Extremismus und Kriminalität von Ausländern dadurch wirksamer bekämpft werden können, daß die Ausweisungsmöglichkeiten erweitert werden. *(Beifall bei der CDU/CSU.)*
Um Verfolgten und Flüchtlingen aus aller Welt gemäß der freiheitlichen Tradition unseres Grundgesetzes Schutz bieten zu können, *(Zuruf von der SPD:Auch aus der Türkei?)* wird die Bundesregierung alles tun, um den Mißbrauch des Asylrechts zu verhindern. *(Beifall bei der CDU/CSU und der FDP – Zuruf des Abg. Fischer [Frankfurt] [GRÜNE].)*
Meine Damen und Herren, ich weiß, und Sie wissen dies auch: Das Zusammenleben mit so vielen ausländischen Mitbürgern ist nicht ohne Probleme. Ich appelliere an uns alle, an die Deutschen und an die Ausländer, sich um noch mehr gegenseitiges Verständnis und noch mehr Toleranz zu bemühen. *(Beifall bei der CDU/CSU und der FDP.)*
Deutsche Außenpolitik, meine Damen und Herren, heißt vor allem: Bewahrung der Freiheit und Festigung des Friedens in Europa und in der Welt. Für uns ist aktive Friedenspolitik eine politische Notwendigkeit und eine sittliche Pflicht. Wir sind ein weltoffenes Land, und wir wollen es bleiben. *(Zuruf des Abg. Fischer [Frankfurt] [GRÜNE].)* Wir wollen gute Nachbarn in Europa sein. Wir brauchen Partner und Freunde in der Welt. Wir haben sie. Wir wollen die Freundschaft erhalten. Wir können dies, weil unsere Politik zuverlässig, vertragstreu und berechenbar ist. Unsere Freunde können sich auf uns verlassen. *(Beifall bei der CDU/CSU und der FDP.)*
Die Menschenrechtserklärung der Vereinten Nationen und die Europäischen

Menschenrechtskonvention bestimmen unsere Politik. Als freier Teil eines geteilten Volkes bleiben wir verpflichtet, für die Menschenrechte aller Deutschen einzutreten. *(Beifall bei der CDU/CSU und der FDP.)*
Die Schlußakte von Helsinki verpflichtet alle, die sie unterschrieben haben. Gewaltverzicht ist und bleibt Kernstück unserer Friedenspolitik. Das Gewaltverbot in der Charta der Vereinten Nationen gilt für alle und überall.
Wir leben an der Trennungslinie zwischen Ost und West. Das legt uns besondere Lasten für unsere Sicherheit auf, zwingt uns in besonderem Maße zur geistig-politischen Auseinandersetzung mit kommunistischen Gesellschaftssystemen, verpflichtet uns aber auch zur Verständigung. In unserer Lage ist es wichtig, daß das Bild von unserem Land, von unserem Volk, von unserer Geschichte, und zwar das zutreffende Bild, auch im Ausland lebendig ist. *(Beifall bei der CDU/CSU.)* Wir brauchen die Sympathie und das Wohlwollen anderer Völker. Unsere auswärtige Kulturpolitik muß die Verständigung und die Friedensgesinnung fördern. Wir müssen die deutschen Schulen im Ausland stärker als bisher fördern. Wir werden neue Anstrengungen unternehmen, um die deutsche Sprache im Ausland wieder mehr zu verbreiten. *(Beifall bei der CDU/CSU und der FDP.)*
Fundamente unserer Außenpolitik bleiben das Atlantische Bündnis und die Europäische Gemeinschaft. Die Entscheidung für das Atlantische Bündnis, für die Partnerschaft mit den USA und Kanada wird uns auch in Zukunft Frieden und Freiheit sichern. Ich stehe dafür, daß der Weg, den CDU/CSU und FDP unter Konrad Adenauer eingeschlagen haben, nicht verlassen wird. *(Beifall bei der CDU/CSU und der FDP.)* Wir sind keine Wanderer zwischen Ost und West. Wer von ganzem Herzen für den Frieden eintritt, wer Freiheit und Menschenwürde als höchstes Gut betrachtet, wer unsere nationalen Interessen auf Dauer gesichert sehen will, der muß das westliche Bündnis stark und gesund erhalten. *(Beifall bei der CDU/CSU und der FDP.)* Die Atlantische Allianz sichert den Frieden in Europa, und sie ist ein wesentlicher Faktor der Stabilität für die ganze Welt.
Kernstück der Allianz bleibt die fest verwurzelte Freundschaft mit den Vereinigten Staaten von Amerika. *(Beifall bei der CDU/CSU und der FDP.)* Diese Bindung mit den USA reicht 300 Jahre zurück. Millionen deutscher Auswanderer haben in vielen Generationen das Werden der amerikanischen Nation mitgeformt. Für den Anfang nach dem Zweiten Weltkrieg steht für uns die historische Rede des amerikanischen Außenministers James Byrnes 1946 in Stuttgart. Er sagte damals: „Das amerikanische Volk möchte dem deutschen Volk helfen, seinen Weg zurückzufinden zu einem ehrenvollen Platz unter den freien und friedliebenden Völkern der Welt." Die Grundlagen

dieser Freundschaft sind seit Oktober 1982 für jedermann sichtbar gefestigt. Das Vertrauen ist erneuert. *(Beifall bei der CDU/CSU und der FDP.)*

In den Konsultationen mit unseren Verbündeten bringen wir unsere Sicherheits-und Verteidigungsinteressen voll zur Geltung. Wir werden die politische und militärische Zusammenarbeit im Bündnis weiter stärken, aktiv mitgestalten und mitverantworten. *(Fischer [Frankfurt] [GRÜNE]:Die Raketen aufstellen!)* Jeder weiß, daß unsere vitalen Interessen über den NATO-Vertragsbereich hinausreichen. Krisenhafte Entwicklungen in anderen Teilen der Welt wirken sich auch auf uns aus. Deshalb brauchen und üben wir Solidarität und enge Abstimmung mit den Verbündeten, die weltweit Verantwortung übernommen haben. *(Zurufe von den GRÜNEN.)*

Unser Gewicht im Bündnis wird maßgeblich von unserem Beitrag zur gemeinsamen Verteidigung bestimmt. Daher wird die Bundesregierung der Bundeswehr die notwendige Unterstützung und die erforderlichen Mittel geben, damit sie ihren Auftrag der Friedenssicherung erfüllen kann. *(Beifall bei der CDU/CSU und der FDP.)* Die Bundesregierung wird den Verteidigungswillen – dazu gehört auch die zivile Verteidigung – in unserem Volk wachhalten und die Bürger vom Sinn unserer Anstrengungen überzeugen.

Für die nächste Zeit stellen sich vor allem drei Aufgaben im Bereich der Verteidigungspolitik:

Erstens. Wir werden die personellen Probleme der Bundeswehr lösen, damit sie trotz schwächer werdender Jahrgänge ungeschmälert einsatzfähig bleibt. Es ist mein fester Wille, mehr Wehrgerechtigkeit zu schaffen. *(Beifall bei der CDU/CSU und der FDP.)* Es geht nicht an, daß mehr als ein Drittel unserer jungen Männer im wehrfähigen Alter weder Wehr- noch Zivildienst leistet. *(Beifall bei der CDU/CSU und der FDP.)*

Zweitens: Alle reden vom Frieden, unsere Soldaten sichern ihn. Ihr Dienst ist Friedensdienst. *(Beifall bei der CDU/CSU und der FDP.)* Wir wollen das auch in unseren Schulen sagen. Wir wollen keine Wehrerziehung, aber wir brauchen eine realistische Darstellung der Notwendigkeit unserer Sicherheitspolitik und unserer Verteidigungsbereitschaft auch in unseren Schulen. *(Beifall bei der CDU/CSU und der FDP – Zuruf des Abg. Fischer [Frankfurt] [GRÜNE].)*

Drittens. Nur eine umfassende Abrüstung könnte militärische Mittel zur Friedenssicherung entbehrlich machen. *(Fischer [Frankfurt] [GRÜNE]: Dann fangen Sie an!)* Solange dies nicht geschieht, bleibt die Bündniskonzeption von Abschreckung und Verteidigung auf der Grundlage des Gleichgewichts unverzichtbar. Wir können die Nuklearwaffen nicht über Nacht aus der Welt schaffen. Ein einseitiger Verzicht würde die auf uns gerichtete

nukleare Bedrohung nicht mindern, sondern die Gefahr eines Krieges erhöhen. *(Beifall bei der CDU/CSU und der FDP.)*
Es gibt in Wahrheit nur einen Weg aus diesem Dilemma: Wir müssen die nuklearen Waffen auf beiden Seiten drastisch reduzieren, diejenigen, die unsere Existenz bedrohen, und diejenigen, die wir heute für unsere Sicherheit bereithalten müssen. Der Weg zu mehr Sicherheit führt weg von Waffen. Wir wollen immer danach handeln: Frieden schaffen mit immer weniger Waffen. *(Beifall bei der CDU/CSU und der FDP – Lachen und Zurufe von den GRÜNEN.)*
Den Frieden in Freiheit zu sichern ist auch Aufgabe unserer Europapolitik. Es ist unsere historische Aufgabe, auf dem Weg der Einigung Europas energisch voranzugehen. Nur ein geeintes Europa kann seinen Aufgaben in der Welt gerecht werden. Nur ein geeintes Europa kann auf Dauer unsere freiheitliche und demokratische Ordnung gewährleisten. Die Bundesregierung setzt sich mit aller Kraft für die Europäische Union ein. *(Beifall bei der CDU/CSU und der FDP.)* Für die vor uns liegenden Aufgaben gilt all das, was ich in meiner Regierungserklärung am 13. Oktober 1982 von dieser Stelle aus gesagt habe. Wir wollen darauf hinwirken, daß wir beim nächsten Treffen des Europäischen Rats Anfang Juni in Stuttgart trotz aller Schwierigkeiten durch konkrete Beschlüsse vorankommen.
Ein zwingendes Gebot sind mehr Geschlossenheit und bessere Zusammenarbeit in der Außen- und Sicherheitspolitik der Mitglieder der Europäischen Gemeinschaft. Die sicherheitspolitische Solidarität muß gestärkt und die Zusammenarbeit ausgebaut werden.
Die Bundesregierung tritt trotz aller Schwierigkeiten und Probleme dafür ein, die Wirtschaftspolitik der Mitgliedstaaten der Europäischen Gemeinschaft einander anzunähern. Koordinierung ist notwendiger denn je. Der Kampf gegen Wirtschaftkrise und Arbeitslosigkeit erfordert den freien Binnenmarkt. Aber auch nach außen muß die Gemeinschaft offen bleiben. Um als demokratisches Kontrollorgan wirken zu können, braucht das Europäische Parlament ausreichende Befugnisse. Wir sollten in allen Ländern Europas die Chance wahrnehmen, noch vor den Direktwahlen 1984 zur 2. Legislaturperiode einen Schritt voran zu gehen. Die Direktwahlen 1984 müssen ein überzeugendes Bekenntnis unserer Bürger zu einem starken und einem einigen Europa werden.
Die deutsch-französische Freundschaft ist tragender Pfeiler eines enger zusammenwachsenden Europas. Sie ist in beiden Ländern fest verankert. Der Elysee-Vertrag hat sie besiegelt. Auf dieser Grundlage wollen wir die vertrauensvolle Zusammenarbeit weiter ausbauen. Wir leisten damit einen wesentlichen Beitrag zur politischen Einigung Europas.

Wir werden die zweiseitigen Beziehungen zu anderen Partnern in Europa auch über die Europäische Gemeinschaft hinaus intensiv pflegen. Die regelmäßigen Konsultationen mit Großbritannien und Italien haben sich bewährt. Wir werden daran festhalten. Ich haben gestern mit dem spanischen Ministerpräsidenten vereinbart, daß wir künftig in ähnlicher Weise zu regelmäßigen Konsultationen mit unseren spanischen Freunden kommen. Das ist ein weiterer Schritt auf dem Wege nach Europa. *(Beifall bei der CDU/CSU, der FDP und der SPD.)* Dies alles, meine Damen und Herren, und ich will das auch offen aussprechen, schließt nicht aus, daß wir selbstverständlich mit allen unseren europäischen Freunden, auch mit jenen in kleineren Ländern, besonders enge Beziehungen pflegen.

Die Bundesregierung tritt für den Beitritt Portugals und Spaniens in die Gemeinschaft ein. Beide Länder müssen den ihnen gebührenden Platz in Europa einnehmen können. Hierbei wird sich die traditionelle Freundschaft erneut beweisen. Ihr Beitritt zu Europa stärkt die Stabilität Europas. Das gleiche, meine Damen und Herren, gilt für das Assoziierungsabkommen mit der Türkei. *(Zuruf von den GRÜNEN.)*

Unsere Erwartung an die europäische Einigung bemißt sich nicht nach Monaten und Jahren. Ich sage das in jene Stimmung der Resignation hinein, die in vielen europäischen Ländern, auch bei uns, anzutreffen ist. Sie bemißt sich nicht nach Monaten und Jahren und nicht allein nach Konferenzen und Beschlüssen. Wir müssen bei diesem zentralen Punkt deutscher Zukunft in historischen Zeiträumen denken. Erinnern wir uns an das Wort Konrad Adenauers: „Europa“, so sagte er, „das ist wie ein Baum, der wächst, *(Zuruf des Abg. Fischer [Frankfurt] [GRÜNE])* aber nicht konstruiert werden kann.“ Meine Damen und Herren, auf Grund unserer Lage und unserer Geschichte sind wir Deutschen verpflichtet, nach West und Ost gute Beziehungen zu pflegen. Für uns Deutsche gibt es zahlreiche historische Bindungen mit dem Osten. Wir haben ein tiefes Verständnis von der kulturellen Einheit Europas in all seiner Vielfalt und Verschiedenartigkeit. Wir betrachten unsere Nachbarvölker in Mittel- und Osteuropa nicht nur in diesem kulturellen Sinne als Teile Europas. *(Beifall bei der CDU/CSU und der FDP.)*

Wir haben Verständnis für das Sicherheitsbedürfnis aller Staaten. Wir wissen um das historisch bedingte Sicherheitsbedürfnis der Sowjetunion. Nichts rechtfertigt aber die Überrüstung der Sowjetunion, die die Sicherheit der Nachbarn bedroht und politischer Erpressung dient. *(Beifall bei der CDU/CSU und der FDP.)* Und nichts rechtfertigt die expansive Politik Moskaus, die zur Invasion in Afghanistan geführt hat *(Fischer [Frankfurt] [GRÜNE]: Und El Salvador?)* und die auch dem polnischen Volk seine

Entscheidungsfreiheit beschränkt. *(Beifall bei der CDU/CSU - Fischer [Frankfurt] [GRÜNE]: Sie müssen alles aufführen!)*
Die befriedigende Regelung humanitärer Fragen hat – dies muß auch die sowjetische Führung wissen – entscheidende Bedeutung für die Entwicklung des deutsch-sowjetischen Verhältnisses. Wir werden darauf drängen, daß wieder mehr Deutsche aus der Sowjetunion ausreisen können. *(Beifall bei der CDU/CSU und der FDP.)*
Herr Präsident, meine sehr verehrten Damen und Herren, uns liegt daran, eine neue und bessere Qualität der Beziehungen zur Sowjetunion und zu den Staaten des Warschauer Pakts zu erreichen. Wir streben an, die Gespräche mit den osteuropäischen Staaten, insbesondere mit der Sowjetunion, auf allen Ebenen zu führen und, wenn möglich, zu vertiefen. Dies darf jedoch keine einseitige Politik sein. Wir messen den Willen der Verantwortlichen in der Sowjetunion zur Zusammenarbeit an ihrer Bereitschaft, zum Abbau und zur Beseitigung aller Belastungen konkret beizutragen. *(Beifall bei der CDU/CSU und der FDP.)* Zu diesen Belastungen gehört auch, daß die Sowjetunion Außenpolitik auf zwei Ebenen betreibt – Ebenen, die sich gegenseitig ausschließen: Wenn die sowjetische Führung gleichzeitig den weltrevolutionären Klassenkampf gegen die freie Welt führen will, sind stabile zwischenstaatliche Beziehungen auf Dauer nicht möglich.
Die Bundesrepublik Deutschland wird im Rahmen ihrer Friedenspolitik ihren Kurs der Verständigung, der Vertrauensbildung und der Zusammenarbeit auch mit den Staaten des Warschauer Pakts beharrlich und ohne jede Illusion über die bestehenden Gegensätze weiterverfolgen. Die Grundlage sind die geschlossenen Verträge, nach deren Buchstaben und Geist wir unsere Politik mit dem Osten gestalten wollen. Unser Ziel bleibt eine gesamteuropäische Friedensordnung. Diese mit unseren Verbündeten eng abgestimmte Politik ist ein Angebot zum Dialog, zum Ausgleich und zur Zusammenarbeit. Sie entspricht den Prinzipien, die im Harmel-Bericht der Allianz schon 1967 festgeschrieben wurden, die wir alle immer akzeptiert haben und die für uns und unsere Freunde nach wie vor Grundlage tragfähiger Beziehungen zum Osten sind: Festigkeit und Verständigungsbereitschaft.
Auf Einladung von Generalsekretär Andropow werde ich am 4. Juli in die Sowjetunion reisen. Für mich ist es wichtig, die neue Führung der Sowjetunion persönlich kennenzulernen und mit ihr über unsere Probleme und Interessen sprechen zu können. Ich beabsichtige, wenn wir uns darüber verständigen können, diesen Dialog künftig mit einer gewissen Regelmäßigkeit fortzusetzen. Bei gutem Willen bietet sich ein weites Feld der Zusammenarbeit auf politischem, wirtschaftlichem und wissenschaftlich-kulturellem Gebiet. In diesen Zusammenhang gehört auch die gemeinsame

Bewältigung von Umweltproblemen und die Verpflichtung der Sowjetunion, sich ihrer entwicklungspolitischen Verantwortung endlich zu stellen. *(Beifall bei der CDU/CSU und der FDP.)*
Das Angebot der Bundesregierung zur Zusammenarbeit mit der Sowjetunion und den übrigen osteuropäischen Staaten schließt gegenseitig vorteilhafte und ausgewogene Wirtschaftsbeziehungen ein. Wir sind uns mit allen unseren Bündnispartnern einig, daß solche Beziehungen ein wichtiger Faktor des Ost-West-Dialogs sind. Entscheidende Voraussetzung bleibt aber – meine Damen und Herren, ich will dies deutlich sagen –, daß unser Handeln in vollem Einklang mit unseren Sicherheitsinteressen steht.
Die Bundesregierung sieht in der Konferenz für Sicherheit und Zusammenarbeit in Europa, die in Madrid fortgeführt wird, eine Chance für die Gestaltung unserer Beziehungen mit den Staaten Osteuropas. Für uns – dies muß wieder einmal betont werden – sind dabei alle drei Körbe der Schlußakte von Helsinki von gleichem Gewicht: die Erklärung über die Prinzipien, die die Achtung der Menschenrechte, der Grundfreiheiten und das Selbstbestimmungsrecht der Völker einschließt; das Dokument über vertrauensbildende Maßnahmen und die Zusammenarbeit in den Bereichen der Wirtschaft, der Technik und der Umwelt. Wir hoffen, daß es in Madrid möglich sein wird, auf der Grundlage der vorgelegten Vorschläge mit entsprechenden Verbesserungen, insbesondere im Blick auf die Menschenrechte, noch in diesem Jahr ein substantielles und ausgewogenes Schlußdokument verabschieden zu können. Es würde ein präzises Mandat für eine europäische Abrüstungskonferenz enthalten und kann den Menschen in ganz Europa nützen.
Meine Damen und Herren, das Schicksal des polnischen Volkes läßt uns nicht gleichgültig. Gerade in diesen Stunden und Tagen empfinden wir dies in besonderer Weise. Wir wünschen, daß es dem polnischen Volk gelingt, zu einer nationalen Übereinstimmung zu finden und die gegenwärtige Krise zu überwinden. Ablauf und Folgen des Besuchs von Papst Johannes Paul II. werden dabei Maßstab des inneren Friedens sein. Wir wollen Aussöhnung und Verständigung mit Polen, wie sie in beispielhafter Form von beiden Kirchen eröffnet wurden. Geschlossene Verträge gelten. Wir wollen sie nutzen zum Ausbau unserer Beziehungen. *(Beifall bei der CDU/CSU und der FDP.)*
Herr Präsident, meine sehr verehrten Damen und Herren, die Hoffnung auf weniger Spannungen in der Welt und auf bahnbrechende Erfolge bei der Abrüstung haben sich bis zur Stunde leider nicht erfüllt. Viele unserer Mitbürger sind in Sorge und Zweifel, ob weitere Aufrüstung wirklich verhindert werden kann. Sie fragen sich auch, wann und wie die Aufrüstung der Dritten Welt im Angesicht von Hunger und Not ein Ende findet. *(Zuruf*

von den GRÜNEN.) Die Mehrheit unserer Mitbürger erkennt, daß wir nur durch geduldiges und überlegtes Bemühen um Rüstungskontrolle und nicht durch Friedenssehnsucht allein die Waffenarsenale dieser Welt abbauen können. *(Beifall bei der CDU/CSU und der FDP – Zuruf von den GRÜNEN.)* Niemand, der in politischer Verantwortung steht, kann guten Gewissens einseitige Abrüstungsmaßnahmen wollen, wenn dadurch die eigene Sicherheit in Gefahr gerät. *(Beifall bei der CDU/CSU und der FDP.)* Der Entwaffnete verliert die Fähigkeit zur Selbstverteidigung, er wird erpreßbar. *(Zuruf von der CDU/CSU: So ist es!)* Die Sicherheit unseres Landes bleibt ein unverzichtbares Gut. Wer wehrlos ist, meine Damen und Herren, mit dem verhandelt niemand. *(Beifall bei der CDU/CSU und der FDP.)* Deshalb können wir nur von sicherem Boden aus darum ringen, die Rüstungen in Europa und in der Welt abzubauen.

Der Westen ist der Sowjetunion vielfach entgegengekommen. Jetzt muß die Sowjetunion einen entscheidenden Schritt tun, damit am Ende des Weges Verträge stehen, die beiden Seiten Sicherheit garantieren. *(Zuruf von den GRÜNEN: Null-Lösung!)* Abrüstung und Rüstungskontrolle sind notwendige Bestandteile der Sicherheitspolitik der Atlantischen Allianz. Wir wollen konkrete und nachprüfbare Vereinbarungen über Abrüstung, die die Sicherheit beider Seiten nicht vermindern, sondern stärken. Wir arbeiten für den Erfolg der Genfer Verhandlungen. Wir wollen den Abbau nuklearer Mittelstreckenwaffen. Wir halten den amerikanischen Vorschlag für ein Zwischenergebnis für fair und konstruktiv. Dieser Vorschlag wurde aufs engste mit den Partnern im Bündnis abgestimmt. Und auch wir haben dazu unseren Beitrag geleistet.

Ich wende mich an alle, die, aus welchen Gründen auch immer, die Ernsthaftigkeit des amerikanischen Verhandlungswillens bezweifeln: Ich weiß, daß der amerikanische Präsident mit allen seinen Kräften den Erfolg der Genfer Verhandlungen will. *(Beifall bei der CDU/CSU und der FDP – Zuruf von den GRÜNEN: Das glauben Sie selber nicht!)* Und ich hoffe, daß die sowjetische Führung den gleichen Erfolgswillen hat. Wenn dies so ist, werden wir noch in diesem Jahr zu einem Abkommen über eine Zwischenlösung kommen können. Noch reicht die Zeit dafür aus.

Ich appelliere an die sowjetische Führung, zu begreifen, daß ein solches Abkommen auch im Interesse der UdSSR liegt. Die gestrigen Äußerungen von Generalsekretär Andropow bestätigen unsere Auffassung, daß die sowjetische Führung ihr letztes Wort zum amerikanischen Vorschlag für ein Zwischenergebnis noch nicht gesprochen hat. Es kommt jetzt darauf an, meine Damen und Herren, mit Beginn der nächsten Genfer Verhandlungsrunde am 17. Mai alle Möglichkeiten auszuloten, um zu einem substantiellen

Abbau der sowjetischen nuklearen Mittelstreckenraketen in Europa zu kommen.
Unser endgültiges Ziel bleibt – gemeinsam mit all unseren Partnern in der Allianz – die Null-Lösung. Das heißt: Die Sowjetunion wie die USA verzichten auf die Stationierung landgestützter atomarer Mittelstreckenraketen. Jeder weiß, daß dies ein Ziel ist, ein Ziel, das noch fern liegen mag. Deswegen ist es ganz selbstverständlich, daß wir auf dem Weg zu diesem erstrebenswerten Ziel jede vernünftige Zwischenlösung unterstützen. Aber, meine Damen und Herren, ich will keinen Zweifel an der Meinung der Bundesregierung aufkommen lassen: Wenn die Sowjetunion nicht bereit ist, Sicherheit in Europa durch Abrüstung herzustellen, dann müssen wir uns Sicherheit durch die Stationierung amerikanischer Mittelstreckenwaffen verschaffen. *(Beifall bei der CDU/CSU und der FDP.)*
Wir nehmen – im Sinne deutscher Politik – den NATO-Doppelbeschluß in seinen beiden Teilen sehr ernst. Ich habe hier zum ersten Teil nachdrücklich und nachdenklich referiert. Ich sage allen Partnern und Freunden ebenso deutlich: Auf die Bundesrepublik Deutschland ist auch Verlaß, was den zweiten Teil des NATO-Doppelbeschlusses betrifft. *(Beifall bei der CDU/CSU und der FDP.)*
Die Bundesregierung unterstützt die amerikanischen Bemühungen, auch die strategischen Nuklearwaffen beider Seiten drastisch zu verringern. Wenn sich die Sowjetunion zum Abbau des konventionellen Übergewichts des Warschauer Pakts bereitfindet, werden sich neue Perspektiven für die Rüstungsverminderung in Europa ergeben. Wir werden in den Wiener Verhandlungen über beiderseitige und ausgewogene Truppenverminderungen einen Beitrag zum Abbau der konventionellen Rüstung in Mitteleuropa leisten.
Auch an den weltweit geführten Abrüstungs-und Rüstungskontrollverhandlungen der Vereinten Nationen beteiligen wir uns. Im Genfer Abrüstungsausschuß geht es uns vor allem um ein weltweites, umfassendes und verläßlich überprüfbares Verbot aller chemischen Waffen.
Meine Damen und Herren, der Friedenssicherung dient auch unsere außen- und entwicklungspolitische Zusammenarbeit mit der Dritten Welt – eine Zusammenarbeit auf der Grundlage der Partnerschaft und des gegenseitigen Respekts. Die Bundesregierung Deutschland unterstützt echte Blockfreiheit --*(Abg. Frau Kelly [GRÜNE] und Abg. Frau Gottwald [GRÜNE] entrollen neben dem Rednerpult ein Transparent – Beifall bei den GRÜNEN.)*
Präsident Dr. Barzel: Ich bitte, dieses Transparent einzurollen und zu entfernen. – Das Wort hat der Herr Bundeskanzler. *(Das Transparent wird von einem Beamten des Saaldienstes entfernt – Beifall bei der CDU/CSU und der FDP.)*

Bundeskanzler Dr. Kohl: Meine Damen und Herren, die Probleme, die wir jetzt zu bewältigen haben, sind leider nicht mit Transparenten und Feldgeschrei zu lösen. *(Lebhafter Beifall bei der CDU/CSU und der FDP.)* Deswegen schlage ich vor, daß wir uns wieder unseren Fragen zuwenden.

Die Bundesrepublik Deutschland unterstützt echte Blockfreiheit ebenso wie regionale Zusammenarbeit als wichtige Elemente internationaler Stabilität. Die Bundesregierung wird sich am Nord-Süd-Dialog in allen seinen Formen beteiligen. Wir messen hierbei dem Dialog der Weltreligionen eine hohe Bedeutung bei. Wir erleben in unserer Zeit den Aufbruch der sich zum Islam bekennenden Völker. Mit ihrer Kultur- und Geisteswelt hat sich Europa in Jahrhunderten fruchtbar auseinandergesetzt.

Meine Damen und Herren, viele Entwicklungsländer sind auf unsere Mithilfe angewiesen. Auch für uns sind Entwicklungsländer längst unentbehrliche Partner. Viele haben sich in schwierigen Zeiten als unsere Freunde erwiesen. Sie können damit rechnen, daß auch wir sie als unsere Freunde unterstützen. *(Beifall bei der CDU/CSU und der FDP.)* Wir werden den Ländern der Dritten Welt helfen, ihre Erfindungskraft und Dynamik zu entfalten. Zunächst geht es für sie um die Deckung der elementaren Bedürfnisse, um den Aufbau einer eigenen Ernährungsgrundlage, um die Förderung der Energieversorgung, um Ausbildung und um die Erhaltung der natürlichen Umwelt. Wenn wir den Ländern der Dritten Welt helfen, helfen wir auch uns, denn wir sichern damit auch Arbeitsplätze in unserem eigenen Land. *(Zurufe von den GRÜNEN.)*

Die Bürger unseres Landes – und hier möchte ich insbesondere die junge Generation hervorheben – beweisen seit Jahren durch ihr Verständnis und ihre Mitwirkung, wie wichtig ihnen Entwicklungshilfe ist. Wir wissen, was wir den Kirchen, den Stiftungen, den freien Trägern und vielen Einzelinitiativen zu danken haben. Ich begrüße es ganz besonders, daß sich in zunehmender Weise auch die Bundesländer in diesem Bereich betätigen. *(Fischer [Frankfurt] [GRÜNE]:Afrika und ähnliches?!)* Die Bundesregierung wird die guten Beziehungen zu den Staaten Afrikas, des Nahen und Mittleren Ostens, Asiens, Lateinamerikas und des südpazifischen Raumes ausbauen.

Grundlage unserer Nahostpolitik ist der Respekt vor den berechtigten Interessen aller, zum Teil in Widerstreit miteinander lebenden Völker und Staaten in jener Region. Darüber hinaus gilt unsere Verbundenheit in besonderem Maße Israel und unsere Fürsprache seinen Lebens-, Freiheits- und Sicherheitsrechten. *(Beifall bei der CDU/CSU und der FDP.)* Wir werden die freundschaftlichen Beziehungen zu Israel vertiefen, und wir werden unsere traditionelle Freundschaft mit der arabischen Welt weiter ausbauen. Gemeinsam mit den Vereinigten Staaten und gemeinsam mit unseren europäischen Partnern werden wir bei der Lösung des Nahost-Konflikts zu helfen versuchen. Unsere Nahostpolitik orientiert sich am Existenzrecht Israels, am Selbstbestimmungsrecht des palästinensischen Volkes und am beiderseitigen Gewaltverzicht.

Im südlichen Afrika unterstützt die Bundesregierung einen gerechten Interessenausgleich. Sie tritt für die Überwindung der Apartheid und das friedliche Zusammenleben aller Südafrikaner ein. Sie wirkt mit ihren westlichen Partnern auf eine baldige Unabhängigkeit Namibias hin. *(Beifall bei den Abgeordneten der CDU/CSU.)*

Aus Afghanistan müssen sich die sowjetischen, aus Kambodscha die vietnamesischen Truppen zurückziehen. Für beide Länder bedarf es einer gerechten Lösung, die vom Willen der Bevölkerung getragen wird. *(Beifall bei der CDU/CSU und der FDP.)*

Im Interesse von Frieden und Stabilität Südasiens begrüßen wir die Schritte Indiens und Pakistans, historische Belastungen im Verhältnis zueinander abzubauen. Die Bundesregierung bietet den asiatischen Staaten unsere partnerschaftliche Zusammenarbeit an, wie sie sich zwischen EG- und ASEAN-Staaten bereits bewährt hat.

Mit Staaten in anderen Weltregionen verbinden uns gemeinsame Überzeugungen und ähnliche Wirtschaftsstrukturen. Ich nenne Japan, Australien und Neuseeland. Meine Damen und Herren, im Bewußtsein gemeinsamer Interessen und traditioneller kultureller Bindungen wollen wir die Beziehungen zur Volksrepublik China weiter entwickeln. China ist ein wichtiger Faktor der Weltpolitik. Wir werden das zu berücksichtigen haben. *(Beifall bei Abgeordneten der CDU/CSU – Zurufe von der SPD und den GRÜNEN.)*

Unsere geschichtlich engen Verbindungen mit Lateinamerika werden wir besonders pflegen. Die Bundesregierung setzt sich für die Überwindung von Krisenursachen in Zentralamerika durch wirtschaftliche und soziale Reformen auf der Grundlage eines wirklichen demokratischen Pluralismus ein. *(Beifall bei der CDU/CSU und der FDP.)*

Für weltweite Verständigung und Verhandlungen bleiben die Vereinten Nationen das zentrale Forum. Dem wird unsere Mitarbeit in dieser Weltorganisation Rechnung tragen. Wir werden uns für eine Stärkung ihrer Friedensinstrumente, für die weltweite Verwirklichung der Menschenrechte und des Selbstbestimmungsrechts einsetzen. Dabei ist selbstverständlich, daß wir uns vor allem auch für die deutschen Interessen einsetzen, die sich aus der Teilung unseres Volkes ergeben.

Meine Damen und Herren, eine gefährliche Grenze verläuft quer durch Deutschland – dort, wo noch immer die Mitte Europas liegt. Diese Grenze trennt die Deutschen, sie trennt die Europäer, sie trennt Ost und West. Vernunft und Menschlichkeit können sich nicht damit abfinden, daß an dieser Linie das Selbstbestimmungsrecht aufhören soll. *(Beifall bei der CDU/CSU und der FDP.)* Die geschichtliche Erfahrung zeigt: Der gegenwärtige Zustand ist nicht unabänderlich. Realpolitik: ja, Resignation: nein! *(Beifall bei der CDU/CSU und der FDP.)*

Es sind jetzt 30 Jahre, seitdem der Volkaufstand des 17. Juni 1953 im sowjetischen Machtbereich aller Welt den Freiheitswillen der Deutschen demonstrierte. Mauer, Stacheldraht, Schießbefehl und Schikanen sind auch heute noch ein Anschlag auf die Menschlichkeit. Wo sie existieren, gibt es keine Normalität. *(Beifall bei der CDU/CSU und der FDP.)* Wir schweigen nicht, wenn Menschenrechte verletzt werden. *(Fischer [Frankfurt] [GRÜNE]:Hört! Hört!)*

Zu diesen Menschenrechten gehört das Recht auf Meinungs- und Informationsfreiheit und auf Freizügigkeit. Wir wissen: Aus eigener Kraft allein können wir Deutschen den Zustand der Teilung nicht ändern. Wir können und müssen ihn aber, wenn möglich, erträglicher und weniger gefährlich machen. Ändern kann er sich in Wahrheit auf Dauer nur im Rahmen einer dauerhaften Friedensordnung in Europa. Für die Überwindung der deutschen Teilung haben wir den Rückhalt im Bündnis und in der Europäischen Gemeinschaft nötig. Sie garantieren uns Sicherheit und Freiheit, sie stützen die Hoffnung auf Einheit – nicht nur Deutschlands, sondern auch Europas. Das Bündnis und das geeinte Europa – wir brauchen sie mehr als andere. *(Zuruf von den GRÜNEN: Die zementieren die Teilung!)*

Die Deutschlandpolitik der Bundesregierung bleibt bestimmt durch das Grundgesetz der Bundesrepublik Deutschland, den Deutschlandvertrag, die Ostverträge, die Briefe zur „Deutschen Einheit" sowie die Entschließung des Deutschen Bundestages vom 17. Mai 1972, der alle Fraktionen – CDU/CSU, SPD und FDP – zugestimmt haben, den Grundlagenvertrag und die Entscheidungen des Bundesverfassungsgerichts vom Juli 1973 und vom Juli 1975.

Das Bewußtsein der Einheit Deutschlands und der gemeinsamen deutschen Kultur und Geschichte wachzuhalten, ist für uns Aufgabe und Verpflichtung. Sie sollen nicht allein denen überlassen bleiben, die durch die Teilung unseres Vaterlandes besonders betroffen sind. Auch die Zonenrandförderung bleibt Ausdruck unseres Willens, uns mit den Folgen der deutschen Teilung nicht abzufinden. *(Beifall bei der CDU/CSU und der FDP.)*

Viele Bürger unseres Landes verloren durch Vertreibung, Flucht und Aussiedlung ihre Heimat. Sie haben einen wichtigen Beitrag zum Aufbau der Bundesrepublik Deutschland geleistet, und sie haben sich unermüdlich für das

Selbstbestimmungsrecht der Deutschen und für die Einigung Europas eingesetzt. Es ist nicht zuletzt ihre großartige Leistung, die Leistung der Vertriebenen, daß der Revanchismus in Deutschland keinen Boden fand. *(Beifall bei der CDU/CSU und der FDP.)* Bereits in ihrer Charta von Stuttgart im Jahre 1950 haben die Vertriebenen feierlich den Gewaltverzicht mit den Worten erklärt:

> Wir verzichten auf Rache und Vergeltung. Wir werden jedes Beginnen unterstützen, das auf die Schaffung eines geeinten Europas gerichtet ist.

Meine Damen und Herren, wir stehen in der langen Reihe deutscher Patrioten, die die deutsche Einheit in einer größeren europäischen Heimat suchten. Europäische Friedenspolitik ist Teil unserer Geschichte und liegt im nationalen Interesse. Die Menschen in den beiden Staaten in Deutschland halten an der Zugehörigkeit zu Deutschland und an ihrem Selbstverständnis als Deutsche fest. Für uns gibt es nur eine deutsche Staatsangehörigkeit. Wir bürgern niemand aus. *(Beifall bei der CDU/CSU und der FDP.)*

Die bestehenden Verträge mit der DDR wollen wir nutzen und ausfüllen. Grundlage für praktische Regelungen ist die Ausgewogenheit von Leistung und Gegenleistung. Im innerdeutschen Handel liegen Chancen für beide Seiten. Er ist ein wichtiges Element der Beziehungen. Wir streben weitere praktische Fortschritte an. Wir sind bereit zu langfristigen Abmachungen über wissenschaftlichen, technischen und kulturellen Austausch, vor allem auch im Bereich des Umweltschutzes. Dazu können Gespräche auf allen Ebenen nützlich sein. Das gilt auch für den im vorigen Jahr vereinbarten Jugendaustausch, den wir gerne erweitern wollen.

Meine Damen und Herren, wer gutnachbarliche Beziehungen will, wie dies der Grundlagenvertrag formuliert, muß mit uns dafür eintreten, daß Verträge nach Geist und Buchstaben eingehalten werden. Deshalb bestehen wir weiterhin entschieden auf der Senkung der Mindestumtauschsätze. *(Beifall bei der CDU/CSU, der FDP und bei Abgeordneten der SPD.)* Wir streben Erleichterungen für Reisen in beide Richtungen an. Einheit der Nation heißt auch, daß Menschen einander begegnen, daß sie sich auch in der gemeinsamen Geschichte wiederfinden. In diesem Sinne, so glaube ich, sagen zu dürfen, gehen auch heute von der Bundesrepublik Deutschland viele Gedanken hinüber nach Eisenach, wo auf der Wartburg die kirchlichen Luther-Feiern beginnen. *(Beifall bei der CDU/CSU und der FDP.)*

Wir, die Deutschen, haben aus unserer Geschichte gelernt. Wir wollen in Frieden und wir wollen in Freiheit miteinander leben. Wir wollen zueinander kommen, weil wir zueinander gehören.

Berlin, meine Damen und Herren, bleibt Prüfstein der Beziehungen zwischen Ost und West. Berlin ist keine Stadt wie jede andere. Die geteilte Stadt ist

Symbol der deutschen Frage. Berlin ist eine nationale Aufgabe. Deshalb wollen wir die Lebenskraft der Stadt stärken und ihre Anziehungskraft fördern. Der kulturelle Reichtum Berlins gehört zu der besonderen Ausstrahlung der Stadt. Theater, Musikleben und Museumslandschaft Berlins wirken weit über die Grenzen unseres Landes hinaus. Die Bundesregierung wird alles tun, um zu helfen, damit Berlin diese Ausstrahlung behält.

1987 blickt Berlin auf 750 Jahre seiner Geschichte zurück. In der alten Reichshauptstadt soll ein Deutsches Historisches Museum errichtet werden. Wir, die Bundesregierung, wollen bei der Verwirklichung helfen, und wir wünschen, daß das neue Museum im Jubiläumsjahr seine Tore öffnen kann. *(Beifall bei der CDU/CSU und der FDP.)*

Es gilt, die wirtschaftliche Lage Berlins zu verbessern. In der Wirtschaftskonferenz, die ich gemeinsam mit dem Regierenden Bürgermeister einberufen habe, konnten wir Repräsentanten der deutschen Wirtschaft für folgende Aufgaben in Berlin gewinnen: verstärkt zu investieren und zukunftsorientierte Arbeitsplätze zu schaffen. Das ist auch die Chance für Berlin, Zentrum für Grundlagenforschung und moderne Technologie zu bleiben. *(Zuruf von den GRÜNEN.)*

Wir treten weiterhin ein für Konsolidierung und Entwicklung der Bindungen Berlins an den Bund sowie für die Wahrung der Außenvertretung Berlins durch den Bund. Die strikte Einhaltung und volle Anwendung des Vier-Mächte-Abkommens über Berlin muß gewährleistet bleiben. Die Bundesregierung mißt dem reibungslosen Reiseverkehr von und nach Berlin hohe Bedeutung bei. *(Beifall bei der CDU/CSU und der FDP.)*

Die Bundesregierung hat am 13. Oktober 1982 ihre Absicht angekündigt, in der Bundeshauptstadt Bonn eine Sammlung zur Deutschen Geschichte seit 1945 zu gründen, die der Geschichte unseres Staates und der geteilten Nation gewidmet ist. Wir wollen auch dieses Vorhaben bald auf den Weg bringen, wie wir überhaupt alles tun wollen, um der Stadt Bonn zu helfen, damit sie ihrer Funktion als Bundeshauptstadt gerecht werden kann.

Herr Präsident! Meine sehr verehrten Damen und Herren! Wir, die Deutschen, müssen uns unserer Geschichte stellen, mit ihrer Größe und ihrem Elend, nichts wegnehmen, nichts hinzufügen. Wir müssen unsere Geschichte nehmen, wie sie war und ist: ein Kernstück europäischer Existenz in der Mitte des Kontinents. Der jungen Generation muß die deutsche Geschichte in ihren europäischen Bezügen und Bedingungen wieder geistige Heimat werden.

Heute steht die Bundesrepublik Deutschland an einem Wendepunkt ihrer Geschichte. Der Mensch kann den Strom der Zeit nicht schaffen, *(Lachen bei der SPD)* er kann nur auf ihm fahren und steuern. So hat Otto von Bismarck als Summe seiner Erfahrungen Aufgaben und Grenzen der Politik bestimmt. Die Regierung hat den Auftrag, zu steuern. Sie zählt dabei auf den Sinn der Bürger für Realität und Richtung. *(Lebhafter Beifall bei der CDU/CSU und der FDP.)*

Die Koalition der Mitte von CDU, CSU und FDP steht für Freiheit, Verantwortung und Mitmenschlichkeit. Wir wollen wahrmachen, was uns das Grundgesetz als das Erbe von Christentum und europäischer Aufklärung aufgetragen hat: die freie Entfaltung der Persönlichkeit in ihrer Verantwortung für den Nächsten. *(Zuruf von der SPD.)* Dies bestimmt unsere Vision. Es ist die Vision von einem Volk, von unserem Volk, das sich im Miteinander bewährt und daraus die Fähigkeit gewinnt, anderen zu helfen. *(Beifall bei der CDU/CSU und der FDP.)*

Meine Damen und Herren, wir haben allen Grund zur Zuversicht. Uns ist ein großes kulturelles Erbe übertragen: der Philosophie, der Dichtung, der Literatur, der Musik und der bildenden Künste. Aber wir waren und sind auch immer ein Volk der Erfinder und der Unternehmer, der Sozialreformer und der Wissenschaftler gewesen, das Volk von Albert Einstein und Max Planck, das Volk von Siemens und Daimler, der Zeiss und Röntgen, das Volk eines Ketteler und eines Bodelschwingh. *(Lachen und Zurufe von den GRÜNEN und der SPD.)* Unser Volk wird die Herausforderung der industriellen Welt, die es so entscheidend mitgeformt hat, bestehen. Es gibt keine Alternative zur Industriegesellschaft, *(Zurufe von den GRÜNEN:Doch, doch!)* aber es gibt Alternativen in der Industriegesellschaft. *(Beifall bei der CDU/CSU und der FDP.)*

Wir haben die Kraft und das Leitbild, Ethik und Ökonomie, Freiheit und Gerechtigkeit zu verbinden. Beides zusammen hat den Aufstieg der Deutschen aus der moralischen Katastrophe und aus dem Elend vor mehr als 30 Jahren ermöglicht. Dies zeigt die Energie und die Stärke unseres Volkes. Warum sollte das heute anders sein? *(Beifall bei der CDU/CSU und der FDP.)*

Das Tor zur Zukunft steht offen. Die Koalition der Mitte wird den richtigen Weg gehen – in der Verantwortung für die Freiheit und die Mitmenschlichkeit in unserem Vaterland. *(Langanhaltender lebhafter Beifall bei der CDU/CSU und der FDP.)*

45.
„Für die solidarische Gesellschaft"

Rede des Oppositionsführers Dr. Hans-Jochen Vogel in der Debatte über die Regierungserklärung am 4. Mai 1983

Durch die Wahl von Dr. Helmut Kohl zum Bundeskanzler und die Bildung einer CDU/CSU-FDP-Bundesregierung wurde die SPD wieder in die Rolle der Opposition verwiesen. Oppositionsführer wurde der ehemalige Bundesjustizminister und Regierende Bürgermeister von Berlin, Dr. Hans-Jochen Vogel. Er erwiderte in der vierten Sitzung des Zehnten Deutschen Bundestages am 4. Mai 1983 auf die Regierungserklärung von Bundeskanzler Dr. Helmut Kohl:

Herr Präsident! Meine sehr verehrten Damen und Herren! Es war eine lange Regierungserklärung, die wir heute morgen gehört haben; eine große Regierungserklärung war es nicht. (*Beifall bei der SPD und bei den GRÜNEN.*) Es war eine Erklärung guten Willens, eine Erklärung, die den großen Herausforderungen unserer Zeit kaum mit konkreten Aussagen, sondern statt dessen mit Erinnerungen an eine besonnte und verklärte Vergangenheit begegnen will; eine Erklärung, die für die Probleme der 80er Jahre die Lösungen der 50er und der frühen 60er Jahre empfiehlt. (*Beifall bei der SPD.*) Es ist eine Erklärung, die an die Regierungserklärung Ludwig Erhards im Jahre 1965 erinnert. Sie sprechen gern, Herr Bundeskanzler, von Ihren politischen Abstammungsverhältnissen. Lassen Sie mich unter dem Eindruck der heutigen Regierungserklärung sagen: Da sprach nicht der Enkel Adenauers, da sprach der Sohn Ludwig Erhards, und zwar des Ludwig Erhard der 60er Jahre! *(Beifall bei der SPD.)*
Sie reden von einer Koalition der Mitte und erliegen doch schon jetzt immer wieder dem ständigen Druck von rechts. Sie proklamieren die Gesellschaft mit menschlichem Gesicht und verdecken, daß Sie die Strukturen dieser Gesellschaft auch da unangetastet lassen wollen, wo sie unmenschliche Ergebnisse – etwa Massenarbeitslosigkeit – bewirken. (*Beifall bei der SPD – Hauser [Krefeld] [CDU/CSU]: Wer hat sie denn ausgelöst?*) Es geht um die Gesamtkonstitution unserer Gesellschaft, nicht nur um das Gesicht dieser Gesellschaft.

Sie verbreiten sich lange über die deutsch-deutschen Beziehungen und schweigen dazu, daß Herr Strauß soeben eine der wichtigsten Gesprächsebenen, nämlich die zwischen Ihnen und dem ersten Mann der DDR, blockiert hat. (*Beifall bei der SPD – Dr.-Ing. Kansy [CDU/CSU]: Das ist eine Verwechslung von Ursache und Wirkung!*)

Sie reden von Abrüstung an einer Stelle nur im Konjunktiv. „Nur eine umfassende Abrüstung könnte militärische Mittel zur Friedenssicherung entbehrlich machen", sagen Sie. Das ist ein Sorge erregender Konjunktiv. Er erweckt Zweifel, ob Sie sich an dieser Stelle überhaupt das ganze Ausmaß der Gefahr vor Augen geführt haben, das der Menschheit aus dem atomaren Rüstungswettlauf erwächst. (*Beifall bei der SPD.*) Ich setze gegen Ihr Könnte ein Muß und sage: Abrüstung muß zuallererst atomare Waffen als Mittel zur Friedenssicherung entbehrlich machen, wenn die Menschheit überleben will. (*Beifall bei der SPD und bei Abgeordneten der GRÜNEN.*)

Nein, Herr Bundeskanzler, das war keine überzeugende Erklärung. Das ist keine ausreichende und schon gar keine konkrete Grundlage für die deutsche Politik in den nächsten vier Jahren. Dennoch: Wir werden uns stets bewußt bleiben, daß die deutschen Wähler am 6. März 1983 eine eindeutige und klare Entscheidung getroffen haben, die Ihnen die Regierungsverantwortung und uns die Opposition überträgt. (*Demonstrativer Beifall bei der CDU/CSU.*)

Wir haben diese Aufgabe der Opposition noch in der Wahlnacht ohne Wenn und Aber akzeptiert. Wir werden uns stets bewußt bleiben, daß uns am 6. März 1983 immerhin knapp 15 Millionen Wählerinnen und Wähler ihr Vertrauen geschenkt haben. Dieses Vertrauen werden wir nicht enttäuschen.

Und verlassen Sie sich darauf: Bei allem, was wir in unseren eigenen Reihen zu diskutieren und zu klären haben, bei aller Bereitschaft, auch Fehler zu erkennen und zu korrigieren – wir werden unsere Politik nicht auf Proteste verengen, auf das Erklären, Kritisieren und Beklagen von Verhältnissen. Wir verstehen Politik unverändert als Möglichkeit und als Auftrag zur Gestaltung, zur Veränderung der Verhältnisse und deshalb auch als Auftrag zur Wiedererringung der Regierungsmacht. (*Beifall bei der SPD.*)

Wir werden Opposition treiben, nicht Obstruktion. Wir werden nein sagen, wo uns Ihre Politik falsch oder gar gefährlich erscheint. Wir werden Fehler, Unzulänglichkeiten und Unterlassungen der Bundesregierung aufdecken und kritisieren, und wir werden zustimmen, wenn es nach unserem Urteil gerechtfertigt erscheint. Wo wir nein sagen, werden wir eigene Alternativen vorlegen und Sie zum Wettbewerb um die besseren Ideen und die besseren Lösungen herausfordern. In diesem Rahmen sind wir auch zur Zusammenarbeit bereit, aber nicht als eine Art parlamentarische Verfügungstruppe und Reservearmee. (*Beifall bei der SPD.*)

Herr Präsident! Meine sehr verehrten Damen und Herren! In den Äußerungen des Bundeskanzlers ist viel von der geistig-politischen Krise die Rede, in der wir uns befinden, und häufig wird die geistige Erneuerung gefordert. Auch in Ihrer heutigen Regierungserklärung sprechen Sie davon. Allerdings bleibt vieles verschwommen, im unklaren und auch wolkig. Auch an sehr allgemeinen Wendungen ist kein Mangel.

Wir sagen: Die Politik soll nicht nur Macht verwalten und die jeweils aktuellen Tagesfragen entscheiden, sondern den Menschen auch Orientierung und Hoffnung geben, nicht im Sinn der Bevormundung oder gar der Indoktrination, aber in dem Sinn, daß den Menschen deutlich wird, welche Ziele die Politik auf welchen Wegen und aus welchen Motiven verfolgt, und daß deutlich wird, welches Menschenbild und welches Staats- und Gesellschaftsverständnis der Politik zugrunde liegen, die da getrieben wird. (*Beifall bei der SPD.*)

Da gibt es – ich stimme Ihnen zu, Herr Bundeskanzler – Unsicherheit und Ratlosigkeit. Und – ob wir es aussprechen oder verdrängen – es gibt auch Angst; übrigens nicht nur in unserem Volk. Und es gibt selbstverständlich Flucht in Nostalgien und auch in Utopien. Es gibt aber auch wachsenden Widerstand dagegen, die Entscheidungsabläufe der Wirtschaft und der Politik als unveränderlich, ja als schicksalhaft hinzunehmen. Der Widerstand gegen die Volkszählung, der viele von uns in seiner Massivität überrascht hat, ist ein Beispiel dafür. Herr Benda, der Präsident des Bundesverfassungsgerichts, hat dazu sehr Bedenkenwertes gesagt. Aber warum ist das so? Darauf bleiben Sie die Antwort schuldig.

Wer Orientierung geben will, der muß zunächst einmal die Fakten erkennen, die in unserer Generation die Wirklichkeit, aber auch das Bewußtsein und das Lebensgefühl der Menschen eben nicht nur an der Oberfläche, sondern in der Tiefe verändert haben. (*Beifall bei der SPD.*) Drei Fakten sind das vor allem.

Erstens. Die Menschheit ist erstmals in ihrer Geschichte in der Lage, sich selbst zu vernichten. Es wäre ein Aberwitz, wenn eine solche Veränderung nicht das Lebensgefühl der Menschen und ihr Bewußtsein in der Tiefe beeinflussen würde.

Zweitens. Nicht allein der Schutz des Menschen vor der Naturgewalt – ein Problem, das seit Anbeginn der Menschheit jeden einzelnen bewegt –, sondern mehr und mehr auch der Schutz der Natur vor der Menschengewalt wirft Probleme von bisher nicht gekannter Tragweite auf; und dies erstmals in unserer Generation in diesem Maße.

Drittens. Die Verflechtung aller Lebensbeziehungen, nicht nur der wirtschaftlichen, ist heute über den gesamten Planeten, über den gesamten Globus hinweg in einem noch vor kurzem unvorstellbaren Maße fortgeschritten.
In einem Satz zusammengefaßt, meine Damen und Herren: Die Macht der Menschen, etwas zu tun und in Raum und Zeit in weite Zukünfte hinein zu bewirken, ist in gewaltiger, ja erschreckender Weise über ihre Fähigkeit und Bereitschaft hinausgewachsen, Entwicklungen vorherzusehen, die möglichen Folgen ihrer Handlungen im voraus zu bewerten und die immer rascher wechselnden Zusammenhänge zu beurteilen. Hier liegen die Wurzeln der großen Ängste, (*Beifall bei der SPD*) die Wurzeln auch weltweiter Sorgen und Proteste, Proteste, die sich oft nicht klar genug artikulieren, denen ein Hauch von Sprachlosigkeit selbst dort anhaftet, wo sie laut ihren Protest äußern, Proteste, die auch mitunter den Boden der Realität unter den Füßen verlieren.
Aber man kann denen doch nicht widersprechen, wenn sie immer lauter und immer einhelliger dazu auffordern, das Tempo der Entwicklung nicht immer weiter zu beschleunigen, die Macht und Gewalt über Menschen und Materie nicht immer unkontrollierbarer zu steigern. (*Beifall bei der SPD.*)
Das gilt für den Rüstungswettlauf, das gilt für unser Verhältnis zur Natur. Das gilt für die Auswirkungen der technologischen Entwicklung auf den Bedarf an menschlicher Arbeitskraft im Produktionsprozeß, aber auch für unsere Beziehungen zur Dritten Welt und den sozialen Sprengstoff, der sich dort nicht zuletzt durch die Bevölkerungsexplosion auftürmt. Immer wieder stoßen wir auf das Problem, daß die ethisch-moralische Kraft des Menschen mit dem Anwachsen seiner Zerstörungs- und Vernichtungskraft nicht Schritt gehalten hat und daß seine Kraft, auch die schädlichen Folgen seines Tuns vorherzusehen, die er nicht beabsichtigt, nicht mehr mit dem gigantischen Ausmaß dieser möglichen Schäden in Einklang steht. (*Beifall bei der SPD.*)
Sicher brauchen wir zur Bewältigung dieser Herausforderungen Bürgersinn und Mitmenschlichkeit; aber das genügt nicht. Da kommen neue Kategorien ins Spiel. Da ist mehr Sensibilität und mehr Lernbereitschaft gefordert. Die marxistische Ideologie – nicht die wissenschaftliche Analyse, von der große Teile fast zur Selbstverständlichkeit geworden sind – ist auch an ihrer Starrheit gescheitert und daran, daß sie für sakrosankt erklärt wurde. Aber sind Sie nicht ebenso in Gefahr, Ihnen vertraute Annahmen, etwa die Sachzwänge der Wachstumsphilosophie, die These von der Wertfreiheit des technischen Fortschritts und der Forschung, überhaupt die überkommenen Strukturen, als sakrosankt anzusehen und dadurch die Schwierigkeiten zu steigern? (*Beifall bei der SPD.*)
Hier müssen wir – ich sage bewußt „wir" – einsetzen. Hier müssen wir mit den Folgerungen aus den Grundwerten Ernst machen, zu denen wir uns doch

in unseren Programmen alle übereinstimmend bekennen. Hier sind Bindungen, Selbstbeschränkungen notwendig, die der vom Streben nach Macht und zu materiellem Mehr getragenen Dynamik Grenzen setzen, dieser Dynamik, von der nicht wenige bei Ihnen noch immer, wie im 19. Jahrhundert und zu Beginn dieses Jahrhunderts, das Heil und die Lösung der Probleme erwarten. (*Beifall bei der SPD.*) Darum geht es, nicht um vordergründige Schuldzuweisungen und Polemik.

Und der Umbruch hat doch schon begonnen. Es ist doch kein Zufall, daß sich die christlichen Kirchen immer stärker gerade diesen Herausforderungen zuwenden: die gesellschaftskritischen Enzykliken, die Friedensdenkschrift der Evangelischen Kirche, die Umwelterklärung der deutschen Bischöfe vom Herbst 1980 oder das in der letzten Woche verabschiedete Wort zum Frieden, um nur einige Beispiele zu nennen. Und auch die Kirchentage sind doch unübersehbare Zeichen dafür, daß Menschen auch aus ihrem Glauben heraus nach Antworten auf die neuen Herausforderungen suchen, Menschen, die nicht aussteigen oder flüchten, sondern die sich stellen, die einsteigen wollen, um in der Gefahr Wege zu finden, die uns vor Katastrophen bewahren können. (*Beifall bei der SPD.*)

Notwendig ist, die Kräfte, die hier sichtbar werden, für die reale Politik zu gewinnen. Dazu gehört sicher auch der Widerspruch gegen Unvernünftiges, was diese Kräfte sagen; dazu gehört aber ebenso die Bereitschaft, zuzuhören und erkannte Fehlentwicklungen zu korrigieren. Dies ist auch der Sinn eines Entwicklungsprozesses in einer Demokratie. (*Beifall bei der SPD.*) Niemand soll behaupten, er habe schon die fertigen Antworten auf all diese Fragen. Auch wir Sozialdemokraten haben sie nicht. (*Zuruf von der CDU/CSU: Sehr richtig!*)

Aber Sie, meine Damen und Herren, weichen diesen Fragen aus. Wir hingegen setzen uns mit ihnen selbst um den Preis innerer Spannungen und innerer Kontroversen auseinander, auch um den Preis, daß wir Ihren einfachen Parolen eine kompliziertere Argumentation entgegensetzen müssen. (*Beifall bei der SPD – Zurufe von der CDU/CSU.*)

Es ist sicher einfacher, zu sagen, mehr Rüstung bringe mehr Sicherheit, als zu sagen, die Gefahren weiterer Rüstung seien kaum geringer als die Gefahren weiteren Verhandelns. (*Dr. Dregger [CDU/CSU]: Das ist genauso primitiv!*)

– Es ist immerhin dankenswert, daß Sie schon sagen „genauso primitiv". Das ist von Ihrer Seite ein hohes Eingeständnis. Das, glaube ich, sollten wir festhalten. (*Heiterkeit und Beifall bei der SPD.*) Ich hatte nicht gehofft, daß meine Aufforderung zur Selbstkritik ein so rasches Echo finden würde. Ich finde dies überzeugend.

Es ist einfacher, sich ohne Wenn und Aber für Kernenergie auszusprechen, als sich die Option offenzuhalten, nach weiteren Erfahrungen und Erkenntnissen auch auf die Nutzung verzichten zu können. Es ist einfacher, die Entwicklungshilfe als Instrument politischen und wirtschaftlichen Einflusses zu propagieren, als sie als ein im Grunde selbstverständliches Gebot mitmenschlicher Solidarität zu vertreten. (*Beifall bei der SPD.*)
Aber, Herr Präsident, meine Damen und Herren, was da einfach erscheint, ist oft genug in Wahrheit nur die überkommene Antwort von gestern, die Antwort auf Fragestellungen, die inzwischen überholt sind. Das sind die bequemeren Antworten, weil sie nicht die Anstrengungen erfordern, herauszufinden, wo sich das Heute vom Gestern und das Morgen vom Heute unterscheidet. (*Beifall bei der SPD.*) Trotz dieser Unterschiede und Gegensätze halte ich es für wünschenswert und biete es an, daß wir uns über einzelne Aspekte zu verständigen versuchen, zumindest aber in ein Gespräch eintreten, z. B. über das mögliche Spannungsverhältnis zwischen Menschenwürde, wissenschaftlicher Forschung und technologischer Entwicklung auf dem Feld der Gentechnologie. (*Beifall bei der SPD.*)
Meine Damen und Herren, lassen Sie uns darüber reden. Es ist nicht mehr nur ein Alptraum, sondern eine realistische Möglichkeit, daß die Zeugung menschlichen Lebens einer Art technischem Produktionsprozeß überantwortet wird, daß sogar menschliche Individuen in ihrer körperlichen Beschaffenheit und ihren Charaktereigenschaften nach Bestellung angefertigt und geliefert werden. Lassen Sie uns die Diskussion über dieses Thema miteinander führen, bevor die Entwicklung uns wieder überholt, überrundet hat. (*Beifall bei der SPD.*)
Lassen Sie uns darüber reden, daß viele Menschen für ihre Probleme wieder selbst zuständig sein und sie im überschaubaren Rahmen selbst angehen wollen und sie der Entmündigung durch allzu große Apparate überdrüssig sind. Sie, Herr Bundeskanzler, haben das heute morgen in Ihrer Sprache auch gesagt.
Sie berufen sich in diesem Zusammenhang gerne auf das Subsidiaritätsprinzip. Aber, meine Damen und Herren, Sie zitieren immer nur die eine Hälfte des Prinzips, daß nämlich die kleinere Gemeinschaft leisten soll, was sie ebensogut oder besser zu leisten vermag als die größeren Gemeinschaften. Das Prinzip hat jedoch auch eine Kehrseite, daß nämlich die größte Einheit – das ist dann letzten Endes der föderal gegliederte Gesamtstaat – eintreten muß, wenn die kleineren Einheiten der anderen Ebenen ihre Aufgabe nicht mehr sozial gerecht bewältigen können. (*Beifall bei der SPD.*)
Außerdem: Wir Sozialdemokraten sind doch nicht gegen Selbsthilfe, Eigeninitiative und Eigenverantwortung. Im Gegenteil: Wir Sozialdemokraten

haben die Eigeninitiative mehr als ein Jahrhundert lang bei denen geweckt und gestärkt, die in Abhängigkeit, ja oft genug in drückender Abhängigkeit lebten und deshalb der Eigeninitiative und des Selbertuns gar nicht fähig waren. (*Beifall bei der SPD.*)

Aber diese Eigenverantwortung war für uns stets mit der Verantwortung für den anderen verbunden. Sie ist und war verbunden mit Solidarität, mit einer Solidarität, die den Schwachen oft genug überhaupt erst eine Chance zur Selbstbehauptung und zum Selbertun gab. Der Staat – dem natürlich auch noch andere wichtige Kompetenzen zukommen – ist dabei eine Organisationsform der Solidarität, sicher nicht die einzige, aber eine unentbehrliche.

Sie sprechen von Selbertun und überschaubaren Größenordnungen. Wo anders wären dazu die Möglichkeiten größer als in den Städten und Gemeinden? Aber erweitern Sie denn den Spielraum kommunaler Selbstverwaltung? Wir haben eine Absichtserklärung gehört. Aber die Taten? – Sie schmälern ihn doch. Sie haben die Gewerbesteuer beschnitten und wollen sie weiter beschneiden. Sie treiben die Sozialhilfeetats der Gemeinden in die Höhe und kürzen damit die Möglichkeiten für kommunale Investition. Wo ist Ihr konkretes Konzept für die Fortführung der kommunalen Finanzreform? Wo? (*Beifall bei der SPD.*) Wir Sozialdemokraten sind auch auf diesem Gebiet zur Kooperation bereit, was eine kommunale Finanzreform angeht. (*Zuruf von der CDU/CSU: Ohne Konzept!*)

Sie fordern mehr Selbertun. Die Beteiligung der Arbeitnehmer am Produktivvermögen und die Stärkung der Mitbestimmung sind eine wichtige Spielart des Selbertuns, nämlich der Mitwirkung der Betroffenen an der Gestaltung ihres eigenen Schicksals. Auch das ist Selbertun im Sinne dieses Wortes. (*Beifall bei der SPD.*) Sie sprechen von einem Gesetzentwurf über die Kapitalbeteiligung der Arbeitnehmer, den Sie vorlegen wollen. Sehr gut. Aber Sie schweigen über die Mitbestimmung. Das Wort „Mitbestimmung" kam heute morgen in Ihrer Erklärung nur in einem einzigen Zusammenhang vor. Daß die Mitbestimmung die Stahlkrise abwenden soll, das war der einzige Bezugspunkt der Mitbestimmung. (*Beifall bei der SPD.*)

Sind Sie denn hier zur Erweiterung des Spielraums des Selbertuns der Betroffenen zu konkreten Schritten bereit? Zum Ausbau der Mitbestimmung nach dem Modell der Montanmitbestimmung? Zur endgültigen Sicherung der Montanmitbestimmung? Zur Einführung der Mitbestimmung am Arbeitsplatz, was für das Selbertun und die Eigeninitiative wahrscheinlich besonders wichtig wäre? Zur überbetrieblichen Mitbestimmung?

Ich stimme Ihnen zu: Im Verhältnis zu anderen Völkern ist der menschenwürdige Friede das höchste Gut. Ihn zu wahren und zu schützen ist das Ziel

unserer Außenpolitik. Grundlagen dieser Politik sind für uns das Atlantische Bündnis, die Europäische Gemeinschaft, die deutsch-französische Freundschaft und die Vertragspolitik gegenüber der Sowjetunion und den übrigen osteuropäischen Nachbarn. Wir halten an diesen Grundlagen fest. Wir sind nicht bereit, eines dieser Elemente aufzugeben. Wir sind auch nicht bereit, uns einreden zu lassen, diese Elemente stünden zueinander im Widerspruch. Wenn Sie, Herr Bundeskanzler, wirklich Kontinuität wollen, müssen Sie eine Politik treiben, die auf diesen von uns geschaffenen Grundlagen aufbaut.
Der Friede erfordert Berechenbarkeit. Diese Berechenbarkeit ginge verloren, wenn wir uns aus dem Bündnis lösen wollten. Unser Einfluß gegenüber beiden Weltmächten würde nicht gestärkt, sondern geschwächt, weil wir in eine gefährliche Isolation gerieten. Wir bekennen uns zum Bündnis. Es steht für uns nicht zur Diskussion und erst recht nicht zur Disposition. (*Beifall bei der SPD.*) Kritik an einzelnen strategischen Konzepten und auch Kritik an unüberlegten, ja gefährlichen Äußerungen in den Vereinigten Staaten ist legitim und muß möglich bleiben. (*Beifall bei der SPD.*)
Fehldeutungen, eine solche Diskussion bedeute ein Infragestellen unserer Mitgliedschaft in der NATO, trete ich auch bei dieser Gelegenheit entgegen. Was Herbert Wehner an dieser Stelle am 30. Juni 1960 über unseren Platz im Bündnis gesagt hat, gilt ohne Abstriche. (*Beifall bei der SPD.*)
Wir wissen um den Wert des Bündnisses für unsere äußere Sicherheit. Wir erfüllen als Mitglied des Bündnisses unsere Verpflichtungen gerade auch aus deutschem Interesse – so, wie es die Partner aus ihrem Interesse tun. Das Bündnis lebt von der Übereinstimmung dieser Interessen. Es lebt davon, daß es Sicherheit gewährt und Entspannung ermöglicht.
Wir bejahen unsere Bundeswehr. Auch ihre Aufgabe ist die Friedenssicherung. Wir anerkennen das Engagement derer, die den Wehrdienst absolvieren oder den Dienst in der Bundeswehr als Beruf gewählt haben. (*Beifall bei der SPD.*) Wir anerkennen aber ebenso das Engagement derer, die auf Grund einer Gewissensentscheidung Ersatzdienst leisten. (*Beifall bei der SPD.*)
Das Bündnis beruht auf einer Übereinstimmung der Verbündeten darüber, wie eine Gesellschaft verfaßt, wie die Machtausübung des Staates gegenüber seinen Bürgern begrenzt sein soll. Diese Übereinstimmung ist auch das Fundament unseres Verhältnisses zu den Vereinigten Staaten. Dieses Fundament ist tragfähig. Darauf ruht letzten Endes auch das Engagement der Vereinigten Staaten und der beiden anderen Mächte für Berlin.
Ebenso wie zum Bündnis bekennen wir uns zur Fortsetzung der Vertragspolitik. Sie beseitigt die ideologischen Gegensätze nicht, aber sie macht deutlich, daß es zur gewaltsamen Austragung von Gegensätzen eine sinnvolle, eine friedliche Alternative gibt, daß Lösungen möglich sind, die im beiderseitigen

wohlverstandenen Selbstinteresse liegen, die den Menschen über die Grenzen der Systeme hinweghelfen und das Leben erleichtern, z. B. durch den Ausbau des Ost-West-Handels.

Außerdem: Warum starren wir eigentlich immer nur auf die militärischen Anstrengungen der Sowjetunion, so besorgniserregend diese auch sind? Für die Bewertung der politischen Potenz einer Großmacht gibt es doch auch eine Vielzahl anderer Aspekte, etwa die ihres wirtschaftlichen Potentials oder die der Akzeptanz (*Dr. Hupka [CDU/CSU]: Gulag!*) ihrer Ordnung durch ihre Bürger oder ihrer Veränderungsfähigkeit. Ich sage: Überlegenheiten auf diesen Gebieten wiegen schwerer als manche Überlegenheit, die sich zählen, wiegen oder in Tonnen Sprengkraft berechnen läßt. (*Beifall bei der SPD.*)

Ein zentrales Thema der Friedenssicherung sind gegenwärtig die Mittelstrekkenraketen-Verhandlungen in Genf. Dort entscheidet sich, ob der atomare Rüstungswettlauf endlich zum Stehen kommt oder ob eine neue Runde dieses Wettlaufs eingeläutet wird.

Dies ist nach wie vor unser Ziel: der Abschluß einer Vereinbarung, die eine so niedrige Begrenzung der Mittelstreckensysteme in Europa gewährleistet, daß die Aufstellung neuer Systeme auf dem Territorium der Bundesrepublik Deutschland überflüssig wird. (*Beifall bei der SPD und bei Abgeordneten der FPD.*) Die bisherigen Vorschläge der Sowjetunion gehen in dieser Richtung noch nicht weit genug, obwohl die gestrigen Äußerungen des Generalsekretärs Andropow anzeigen, daß hier weitere Bewegungen möglich sind. Aber auch die Vereinigten Staaten haben ihren endgültigen Beitrag zur Erreichung dieses Zieles noch nicht geleistet. Die objektiv gegebenen Verhandlungsmöglichkeiten sind deshalb noch keineswegs ausgeschöpft. Festlegungen des Inhalts, die Bundesrepublik werde Ende dieses Jahres der Stationierung neuer Systeme auf jeden Fall zustimmen, sind deshalb nicht zu verantworten. (*Beifall bei der SPD und bei Abgeordneten der GRÜNEN.*)

Bevor wir unsere endgültige Entscheidung treffen, wollen wir wissen, warum eigentlich die INF- und die START-Verhandlungen, also die Mittelstrecken-raketen-Verhandlungen und die Verhandlungen über die Interkontinentalraketen, nicht verbunden werden können.

Dies alles sind keine Argumente gegen das Bündnis. Erst recht geht Ihr Lieblingsvorwurf, das sei Antiamerikanismus, ins Leere. Alle von mir gestellten Fragen wurden in den Vereinigten Staaten eher noch lebhafter diskutiert als bei uns. Oder ist die Mehrheit des amerikanischen Repräsentantenhauses antiamerikanisch, weil sie die Zusammenführung der INF- und der START-Verhandlungen befürwortet? (*Beifall bei der SPD.*)

Oder sind die amerikanischen Bischöfe mit einem überwältigenden Abstimmungsergebnis antiamerikanisch, weil sie an der Strategie der atomaren

Abschreckung grundsätzlich Zweifel äußern und heute nacht mit dieser überwältigenden Mehrheit nicht nur die Drosselung, sondern die Einstellung der Atomrüstung gefordert haben? (*Beifall bei der SPD.*) Oder ist der Senat der Vereinigten Staaten antiamerikanisch, weil er über die Höhe der Verteidigungsausgaben eine andere Meinung hat als der Präsident?
Nein, wer diese Argumente dieser Amerikaner für überzeugender hält als manche Argumente der gegenwärtigen Administration, ist kein Gegner des amerikanischen Volkes. (*Beifall bei der SPD.*) Auf längere Sicht ist er wahrscheinlich der wirkliche Freund Amerikas, ein ebenso guter zumindest wie diejenigen, die den Vereinigten Staaten schon Ende der 60er Jahre zur Beendigung des Vietnam-Krieges rieten und damals auch als Antiamerikaner beschimpft worden sind. (*Beifall bei der SPD.*)
Herr Bundeskanzler, drängen Sie – genau wie ich es bei meinem Besuch getan habe – die sowjetische Führung bei Ihrem bevorstehenden Besuch, in Genf weitergehende Angebote vorzulegen. Sie haben unsere Unterstützung. Aber setzen Sie das ganze Gewicht der Bundesrepublik auch bei unseren Verbündeten in Washington ein, damit es in Genf zu einer befriedigenden Lösung kommt, damit die Aufstellung vermieden werden kann.
Wir Deutschen haben besondere Gründe, allem, was die Gefahr eines nuklearen Konflikts vermehren könnte, mit unserer ganzen Kraft entgegenzuwirken. Ein Blick auf die Landkarte zeigt, daß unser Land bei jeder atomaren Konfrontation in eine Wüste verwandelt würde. Wir sind aber auch auf Grund unserer Geschichte dazu verpflichtet, dieser Gefahr entgegenzuwirken. Das ist der Sinn des Satzes, daß von deutschem Boden nie wieder ein Krieg ausgehen darf. (*Beifall bei der SPD und bei den GRÜNEN.*)
Damit rede ich nicht einer einseitigen Abrüstung das Wort. Aber ich trete für unsere Pflicht und unser Recht ein, jede sinnvolle Initiative, die den Krieg unwahrscheinlicher macht, zu ergreifen und zu unterstützen.
Aber warum greifen wir nicht den Gedanken einer zusätzlichen Nichtangriffsvereinbarung zwischen der NATO und dem Warschauer Pakt auf? (*Dr. Ehmke [SPD]: Sehr wahr!*)
Das gilt auch für die Frage eines atomwaffenfreien Streifens entlang der Grenze zwischen den Militärbündnissen. Der Gedanke, Atomwaffen beiderseits aus einem Gebiet zu entfernen, in dem Kurzschlußhandlungen in Spannungszeiten wahrscheinlicher sind und katastrophalere Folgen haben können als in anderen Gebieten, ist doch zumindest diskussions- und prüfungswürdig. (*Beifall bei der SPD.*)
Sprecher Ihrer Fraktion treten für die Erleichterung des Rüstungsexports ein. Herr Bundeskanzler, wie sagten Sie doch auf Ihren Wahlplakaten? – „Frieden schaffen mit weniger Waffen"! Was sich hier abzeichnet, nämlich eine

Erleichterung des Rüstungsexports, heißt Konflikte schaffen mit mehr Waffen. (*Beifall bei der SPD und bei Abgeordneten der GRÜNEN.*) Ich kündige gegen diese Absichten den entschiedenen Widerstand meiner Fraktion an. (*Beifall bei der SPD – Zuruf des Abg. Reddemann [CDU/CSU].*)
Was die Dritte Welt braucht, sind nicht Waffen, sondern Hilfe und politisches Verständnis. Bis zu Ihrem Regierungsantritt haben wir uns um beides bemüht. Wir haben zur Blockfreiheit ermuntert. Wir haben auf seiten derer gestanden, die unterdrückt und ausgebeutet wurden, beispielsweise im südlichen Afrika oder in Zentralamerika. Viele Länder der Dritten Welt haben uns deshalb als Fürsprecher ihrer Interessen und als Freunde angesehen. Unser Einfluß und unser Ansehen in den Vereinten Nationen, auf die Sie Bezug genommen haben – der positiven Würdigung der Vereinten Nationen schließe ich mich ausdrücklich an –, haben auch darauf beruht.
Sie reden auch hier von Kontinuität. Aber viele in Ihren Reihen sehen doch in jeder Befreiungsbewegung, in jedem Versuch einer sozialen Reform in einem Entwicklungsland bereits eine Gefahr für unsere eigene Sicherheit. Und Herr Strauß hat doch auch hier schon die wirkliche Wende angekündigt. Hier wie im gesamten außenpolitischen Teil Ihrer Erklärung zeigt sich Ungewißheit. Wollen Sie nun Kontinuität oder nicht? Selbst wenn wir bereit sind, Ihnen den guten Willen abzunehmen: Können Sie denn diese Kontinuität tatsächlich durchsetzen? Wer ist denn eigentlich Ihr Außenminister, Herr Genscher oder Herr Strauß? (*Beifall bei der SPD.*)
Mehr noch, Herr Bundeskanzler: Wer bestimmt eigentlich die Richtlinien Ihrer Politik? (*Dr. Waigel [CDU/CSU]: Sie jedenfalls nicht!*) Sie oder der Chef des Teil-, Neben- oder Oberkabinetts, das jetzt regelmäßig in München zusammentritt? (*Beifall bei der SPD.*)
Sie haben viel von Europa gesprochen. Sie sind ja auch viel in Europa unterwegs. Indes, die Wahrheit ist: Die Europäische Gemeinschaft befindet sich in einer überaus kritischen Situation, (*Zuruf des Abg. Dr. Waigel [CDU/CSU]*) 12 Millionen Menschen sind ohne Arbeit. Von den vorhandenen Problemen ist seit Ihrem Regierungsantritt entgegen Ihrer heutigen Darstellung keines der Lösung auch nur einen Schritt nähergebracht worden. Neue sind hinzugekommen.
Eine Hauptquelle der Schwierigkeiten ist die finanzielle Situation der Gemeinschaft. 1983 werden zirka 37 Milliarden DM, das sind über 70 Prozent des Gemeinschaftshaushaltes, von den Kosten des Agrarmarkts in Anspruch genommen. Allein in den ersten Monaten dieses Jahres sind sie um 35 Prozent gestiegen. Der finanzielle Zusammenbruch der Gemeinschaft droht noch 1983. Erfahrungsgemäß müßte die Bundesrepublik zur Abwendung eines

solchen Zusammenbruchs ganz erhebliche Zahlungen leisten. Eine Reform der europäischen Agrarpolitik ist daher im europäischen, aber auch im deutschen Interesse aufs dringendste geboten. (*Beifall bei der SPD.*)
Diese Agrarpolitik ist schlechthin ein Ärgernis. Sie verschlingt Milliarden, damit Produkte, für die keinerlei Bedarf besteht, zunächst erzeugt, dann mit hohen Kosten eingelagert und schließlich mit noch höheren Kosten auf dem Weltmarkt abgesetzt werden. Diese Politik bewirkt auch eine steigende Umweltbelastung und Energievergeudung. Sie bringt uns einem gefährlichen Handelskrieg mit den Vereinigten Staaten immer näher, und sie beraubt Europa der Mittel, die es für die Bekämpfung der Arbeitslosigkeit, für die Behebung der Stahlkrise, für die regionale Strukturförderung dringend benötigt. Mit einer einzigen der Milliarden, die hier nutzlos ausgegeben werden, könnten durch Arbeitsbeschaffungsmaßnahmen 125 000 Arbeitsplätze geschaffen werden. (*Beifall bei der SPD.*) Hier ist aus einer ursprünglichen Wohltat eine Plage geworden. Das ist keine europäische Politik. Das ist ein europäischer Skandal, ein Sprengsatz für die Europäische Gemeinschaft. (*Beifall bei der SPD.*)
Wir stimmen mit Ihnen in der Forderung nach einem starken und handlungsfähigen Europa überein. Wir sind für den Beitritt Portugals und Spaniens. Wir sind für ein Europa, dessen Parlament mehr Rechte hat, dessen Einigung Fortschritte macht. Aber dafür genügen Forderungen und noch so schöne Erklärungen nicht. Sie müssen handeln. Unentwegte Beteuerungen, mit jedermann in jeder europäischen Hauptstadt und mit jedem Besucher, der Bonn erreicht, übereinzustimmen, reichen nicht aus.
Bis jetzt hat die deutsche Präsidentschaft unter Ihrer Verantwortung keinerlei Fortschritte erbracht. Der Brüsseler Gipfel vom März 1983 war eine einzige Enttäuschung. Sie haben Chancen ungenutzt gelassen und die Europamüdigkeit verstärkt. Ihre Europapolitik ist durch Untätigkeit gekennzeichnet. (*Beifall bei der SPD.*)
Das erste konkrete Ergebnis Ihrer Deutschland- und Berlin-Politik ist die Wende, ein Stück Wende zurück in Richtung Konfrontation und kalter Krieg. Ich glaube Ihnen ja, daß Sie selber diese Wende gar nicht wollen und daß Sie sich nach Bekanntwerden des Todes von Rudolf Burkert bemüht haben, der weiteren Eskalation entgegenzuwirken. Aber das Gesetz des Handelns, Herr Bundeskanzler, lag und liegt doch in diesen Tagen auf diesem Feld gar nicht mehr bei Ihnen. Das hat doch längst der Vorsitzende der CSU mit seinen Sekretären an sich gerissen. (*Beifall bei der SPD.*)
Er war doch von Anfang an entschlossen, (*Zuruf von der CDU/CSU: Er hat wohl auch die Mauer gebaut?*) den Tod des Transit-Reisenden Rudolf Burkert in Drewitz als Instrument gegen Sie und Ihre Richtlinienkompetenz

einzusetzen. Deshalb die maßlose Sprache und der provozierende Mordvorwurf, deshalb die übersteigerte Polemik des Herrn Strauß nach allen Seiten. Da sollte doch demonstriert werden, Herr Bundeskanzler, daß all die Leitartikel darüber, wie Sie Herrn Strauß bei den Koalitionsverhandlungen ausmanövriert, wie Sie ihn samt seiner Kutsche wieder nach München geschickt haben, voreiliges Wunschdenken waren, daß das Droh- und Störpotential dessen, der einmal öffentlich gesagt hat, es sei ihm gleich, wer unter ihm Bundeskanzler sei, durchaus noch funktioniert und einsatzfähig ist. (*Beifall bei der SPD.*) Durch all das ist schon jetzt beträchtlicher Schaden entstanden. Millionen von Menschen in und um Berlin sorgen sich um die Erhaltung der menschlichen Erleichterungen, die sie der Politik Willy Brandts und Helmut Schmidts seit 1969 verdanken.

Was Berlin angeht, so erkläre ich namens meiner Fraktion ausdrücklich unsere Bereitschaft zur Kooperation. Die Entscheidungen, die diese Stadt braucht, sind in der Vergangenheit meist einstimmig zustande gekommen. Das sollte sich, soweit es an uns liegt, nicht ändern. Das Zentralproblem der Stadt war übrigens seit den Verträgen von 1972 – hoffentlich hat es sich durch die jüngsten Ereignisse nicht geändert – nicht mehr ihre äußere Sicherheit und die Sicherheit ihrer Integration in die politische, kulturelle und wirtschaftliche Ordnung der Bundesrepublik, sondern ihre Wirtschaftskraft.

Die Arbeitslosigkeit steigt in Berlin in bedrohlicher Weise weiter. Und ich sage: Die Arbeitslosigkeit stellt heute für Berlin eine innere Bedrohung dar, die den äußeren Bedrohungen früherer Jahrzehnte in ihrer Bedeutung und Tragweite kaum nachsteht. (*Beifall bei der SPD.*) Dies sollte alle Fraktionen dieses Hauses vereinen in sinnvollen Hilfs- und Unterstützungsmaßnahmen für Berlin.

Ich füge etwas hinzu: Wir sollten gemeinsam über die langfristige Perspektive Berlins nachdenken. Wer es mit der Durchsetzungskraft evolutionärer Ideen und Prozesse, über alle Grenzen, Gräben und Gegensätze hinweg, ernst meint, wer mit uns glaubt, daß die Nation als Geschichts-, Sprach-, Kultur- und Gefühlsgemeinschaft auch für uns Deutsche ein identität- und einheitstiftender Faktor ist, auf den wir auf Dauer nicht ungestraft verzichten können, der sollte Berlin als Chance und nicht als eine Last begreifen. (*Beifall bei der SPD und des Abg. Hoppe [FPD].*)

Ich sprach von der Arbeitslosigkeit in Berlin. Arbeitslosigkeit ist nicht ein privates Unglück, sondern ein Unrecht, bitteres soziales Unrecht. Massenarbeitslosigkeit ist deshalb nicht nur ein wirtschaftliches Problem, sondern eine ernste politische und gesellschaftliche Herausforderung, die auf längere Sicht unser Gemeinwesen geradezu vergiften kann. Deshalb gilt: Die Überwindung der Arbeitslosigkeit ist neben der Sicherung des Friedens die zentrale Aufgabe der Politik in dieser Wahlperiode. Darin stimmen wir offenbar überein. Aber dann trennen sich unsere Wege.

Sie sagen, die Arbeitslosigkeit werde zurückgehen, wenn der Staat seine Ausgaben und die sozialen Aufwendungen kürze, die sogenannten Selbstheilungskräfte der Wirtschaft und des Marktes gewähren lasse und sich im übrigen darauf beschränke, die Angebotsbedingungen zu verbessern. Dann komme der Aufschwung; dann beschleunige sich das Wachstum; dann werde alles gut. Sie lassen durchklingen, dann werde alles wieder so, wie es früher war. Ich sage Ihnen: Das ist eine nostalgische Illusion. Das greift zu kurz. (*Beifall bei der SPD.*) Natürlich würden wir es begrüßen, wenn sich die Konjunktur tatsächlich erholen würde. Und wichtige Maßnahmen, die in diese Richtung zielen, stammen ja noch aus der Zeit unserer Regierungsverantwortung. (*Widerspruch bei der CDU/CSU.*)

Wir sind auch für sinnvolles Wachstum, für Wachstum, bei dem nicht die sozialen und ökologischen Kosten höher sind als der Ertrag des Wachstums. Aber alles, was Sie heute morgen über Wachstum und Aufschwung gesagt haben, ist doch im Grund ein Wechsel auf die Zukunft und schon wegen der außenwirtschaftlichen Entwicklung keineswegs gesichert.

Wir sind bereit, sinnvolle Maßnahmen zur Belebung der Konjunktur zu unterstützen. Wir werden selber im Rahmen unseres Konzepts entsprechende Initiativen ergreifen. Wir wollen bestimmte öffentliche und auch private Investitionen fördern und die Kreditversorgung insbesondere mittelständischer Unternehmen verbessern. Wir wissen, meine Damen und Herren, um die wichtige Rolle, die gerade der Handwerks- und mittelständische Bereich bei der Bekämpfung der Arbeitslosigkeit gespielt hat. (*Beifall bei der SPD – Zurufe von der CDU/CSU und der FDP.*)

Umgekehrt werden wir uns Absichten widersetzen, die die Massenkaufkraft und damit die Inlandsnachfrage reduzieren (*weitere Zurufe von der CDU/CSU und der FDP*) – meine Damen und Herren, schonen Sie Ihre Stimmbänder, es kommen mindestens noch drei Punkte, bei denen Sie ähnlich reagieren werden –, (*Lachen bei der CDU/CSU und der FDP*) nicht auf eine Umverteilung zu Lasten der Stärkeren hinauslaufen oder die sonst gegen das Gebot der sozialen Gerechtigkeit verstoßen.

Wir sind auch auf dem Gebiet der Weltwirtschaft keine Supermacht. Wir haben Gewicht, aber die Führungsrolle muß bei den Vereinigten Staaten liegen und von ihnen auch ausgeübt werden. Die Volkswirtschaft der USA ist ihrem Volumen und ihrem Gewicht nach von entscheidender Bedeutung. Ohne Impulse und Korrekturen, die von dort ausgehen, ist eine konstruktive Weltwirtschaftspolitik nicht möglich.

Drängen Sie in Williamsburg auf eine internationale Beschäftigungsinitiative, einen internationalen Beschäftigungspakt, der diese Elemente enthält und sich noch entschiedener gegen jeden Protektionismus wendet und zu dem sich die USA und die übrigen Industriestaaten zusammenschließen! Drängen Sie auch auf einen neuen weltweiten Marshallplan! Er wäre leicht zu finanzieren, wenn die beiden großen Bündnissysteme nur auf einen Teil ihrer Rüstungsausgaben von gegenwärtig mehr als 600 Milliarden Dollar verzichten würden. (*Beifall bei der SPD.*) Denn, das füge ich hinzu: Hier, in den übersteigerten Rüstungsausgaben liegt auch einer der Gründe, die uns an der Überwindung der weltweiten Arbeitslosigkeit hindern.

Drängen Sie im deutschen, aber auch im europäischen Interesse! Widersetzen Sie sich aber auch da, wo es notwendig ist; etwa den Bestrebungen, den Ost-West-Handel von neuem als Mittel politischer Pression einzusetzen. Ein solches Vorgehen würde sich rasch als untauglich erweisen, den Menschen in Osteuropa nicht helfen und unsere eigenen wirtschaftlichen Schwierigkeiten nur vermehren. Ein Handelskrieg mit der Sowjetunion ist das letzte, was unsere Volkswirtschaft und die europäische Volkswirtschaft brauchen können. (*Beifall bei der SPD und bei Abgeordneten der FDP.*)

Aber – und das ist der Kernpunkt unserer Auseinandersetzung – selbst wenn der Aufschwung kommt, wird der Abbau der Arbeitsplätze weitergehen. Sie kennen doch die jüngste Vorhersage des Ifo-Instituts genausogut wie ich, die Voraussage, daß allein im verarbeitenden Gewerbe in allernächster Zeit fast eine halbe Million Arbeitsplätze verlorengehen werden, oder das Gutachten der Bundesanstalt für Arbeit, das für die nächsten Jahre 3 Millionen Arbeitslose prognostiziert.

Es zeichnet sich immer deutlicher ab: Die Arbeitslosigkeit wird auch dann nicht oder nur geringfügig sinken, wenn sich die Konjunktur belebt. Im Gegenteil, eine steigende Konjunktur könnte durchaus mit weiter steigender Arbeitslosigkeit einhergehen. Dies deshalb, weil es sich überwiegend um eine strukturelle Arbeitslosigkeit handelt, um eine Arbeitslosigkeit, für die eben nicht mangelnder Leistungswille oder die Staatsschulden oder die Lohnkosten oder das Arbeitslosengeld, sondern in erster Linie der sich beschleunigende Produktivitätsfortschritt und die Veränderungen in der weltweiten Arbeitsteilung ursächlich sind.

Man braucht nicht so weit zu gehen wie Oswald von Nell-Breuning, der kürzlich geschrieben hat, der Jahreswohlstand lasse sich im Jahre 2000 in einem oder zwei Menschenarbeitstagen herstellen, alles andere würden Maschinen besorgen. Aber daß uns neben der langfristigen Durchdringung der Produktionsprozesse mit Mikroprozessoren und Robotern noch zusätzliche intensive Schübe an Produktivitätszunahmen bevorstehen, das ist

gänzlich unbestritten und die Zahl von rund 2 Millionen Arbeitsplätzen, die dadurch zusätzlich bedroht sind, auch.
Diese Produktivitätssteigerung läßt sich eben nur in sehr begrenztem Umfang in sinnvolles Wirtschaftswachstum umsetzen. Andernfalls müßten wir unser jährliches Sozialprodukt in den nächsten zwölf bis vierzehn Jahren noch einmal verdoppeln. Das halten selbst Wachstumsbefürworter für unrealistisch. Und wir halten es auch gar nicht für wünschbar. Der Preis, den ein solches Wachstum an knappen Ressourcen, insbesondere an der Ressource Umwelt, fordern würde, wäre schlechterdings nicht zu verantworten. (*Beifall bei der SPD.*)
Also muß geschehen, Herr Bundeskanzler, wovor Sie zurückschrecken und wovon Sie auch in Ihrer Regierungserklärung nicht gesprochen haben: Es müssen Strukturen verändert werden, und der Staat muß handeln, um dies zu erreichen. Das kann nicht der Markt, den Sie ständig beschwören, allein leisten. Sicherlich, die Mitwirkung der Unternehmen und derer, die in ihnen Verantwortung tragen, ist unentbehrlich. Das gilt insbesondere auch für das Handwerk, die mittelständischen Unternehmen und die Selbständigen. Und der Markt ist da, wo er nicht durch Kartelle und Multis außer Funktion gesetzt wird, effektiv in der Verarbeitung von Informationen und im Ausgleich von Bedarf und Nachfrage. Aber er ist blind für die sozialen und gesellschaftlichen Folgen seiner Funktion. Hier ist die Gemeinschaft, hier ist letzten Endes der Staat gefordert, und hier muß der Staat handeln. (*Beifall bei der SPD.*)
Der Staat kann nicht an die Stelle der selbständigen Wirtschaftseinheiten oder gar an die Stelle des Marktes treten; aber er muß anregend, gestaltend, helfend und schützend eingreifen. So sagt es übrigens fast wörtlich die katholische Soziallehre und auch die evangelische Sozialethik, auf die Sie sich so häufig berufen.
Das sind die wichtigsten Bestandteile unseres Konzepts einer aktiven, solidarischen Beschäftigungspolitik:
Erstens: Förderung und Erleichterung der Arbeitszeitverkürzung auf allen drei Ebenen. Zu diesem Zweck werden wir alsbald den Entwurf eines Arbeitszeitgesetzes und eines Gesetzes über die Vorruhestandsregelung einbringen. Wir begrüßen in diesem Zusammenhang die Aufklärungskampagne der IG Metall für die 35-Stunden-Woche. (*Beifall bei der SPD.*)
Es ist unverständlich, nein, es ist unverantwortlich, daß die Arbeitgeber gerade die Verkürzung der Wochenarbeitszeit zum Tabu erklären. Sie unterbrechen damit einen Prozeß, der seit Jahrzehnten kontinuierlich andauert, einen Prozeß, bei dem die Arbeitszeitverkürzung bei den Tarifverhandlungen stets als Kostenfaktor behandelt wurde und ohne den wir heute

eine weit höhere Arbeitslosigkeit hätten, als sie tatsächlich besteht. (*Beifall bei der SPD.*) Sie tun es gerade in dem Zeitpunkt, in dem die Beschleunigung dieses Prozesses das Gebot der Stunde ist.

Zweitens: gezielter Einsatz staatlicher Mittel dort, wo sie zur Modernisierung unserer Wirtschaft beitragen und hohen gesellschaftlichen Ertrag bringen, also für Umweltschutz, Energieeinsparung, behutsame Stadterneuerung, öffentlichen Personennahverkehr, intelligente Technologien und alternative Energien, sowie Abkehr von der – das sage ich übrigens durchaus auch selbstkritisch – überproportionalen Förderung von Großtechnologien, die immer neue Milliarden verschlingen, deren gesellschaftlicher und ökonomischer Nutzen aber so zweifelhaft geworden ist wie der des Schnellen Brüters (*Beifall bei der SPD und bei Abgeordneten der GRÜNEN*) – Milliarden, die an anderer Stelle viel bewirken würden. Eine ähnliche Fehlleitung zeichnet sich ab, wenn Sie mit der von Ihnen forcierten Breitbandverkabelung ernst machen, von den medienpolitischen Auswirkungen ganz abgesehen.

Drittens: Bereitstellung zusätzlicher Ausbildungsplätze bei öffentlichen und gemeinnützigen Trägern, wenn Handwerk, Industrie und Wirtschaft es trotz aller Anstrengungen allein nicht schaffen. Berlin ist hier unter sozialliberaler Verantwortung mit seinem Berufsamt mit gutem Beispiel vorangegangen. Hessen, Hamburg und Bremen haben ähnliche Wege beschritten. Der jetzige Berliner Senat hat die Zahl der Plätze weiter aufgestockt. Sie werden Ihr Lehrstellenversprechen überhaupt nur dann annähernd erfüllen können, wenn Sie diesen Weg bundesweit beschreiten. Hier ist schnelles Handeln geboten! (*Beifall bei der SPD.*)

Viertens: sinnvolle Beschäftigung von Dauerarbeitslosen, die auf dem allgemeinen Arbeitsmarkt nicht untergebracht werden können, durch geeignete Träger unter Einsatz von Mitteln, die sonst für Arbeitslosengeld, Arbeitslosenhilfe und Sozialhilfe ausgegeben werden müssen. Es ist doch schlicht widersinnig, Milliarden dafür auszugeben, daß Menschen untätig bleiben, wenn sie mit einem geringen Mehraufwand einen Beitrag zum Sozialprodukt leisten und auch wieder Steuern und Sozialbeiträge zahlen könnten. (*Beifall bei der SPD.*)

Über die Stahlindustrie und den Schiffsbau – zwei Wirtschaftsbereiche, die sich in einer tiefen Krise befinden – wird in der Debatte noch ausführlicher zu sprechen sein. Wir bekennen uns für diese Bereiche zur gesamtstaatlichen Verantwortung; wir wollen, daß entsprechend gehandelt wird. (*Beifall bei der SPD.*)

Zu diesen Interessen gehört übrigens auch die Aufrechterhaltung einer ausreichenden Förderkapazität für die deutsche Kohle. Einen Verzicht auf die deutsche Schiffsbauindustrie wird es mit uns nicht geben. (*Beifall bei der SPD.*)

Zum Thema Arbeit gehört das Thema soziale Sicherheit. Soziale Sicherheit ist nicht eine Erfindung von Leuten, die ohne Anstrengung gut leben wollen. Sie ist auf der Grundlage des Sozialstaatsprinzips ein Gebot mit Verfassungsrang. Sie ist ein – wenn nicht sogar das – Fundament unserer sozialen Stabilität. Natürlich kann dieses System von der allgemeinen wirtschaftlichen und finanziellen Entwicklung nicht unberührt bleiben. Denen, die hier ja nicht Almosen empfangen, sondern auf Grund eigener Beiträge ihr gutes Recht zu beanspruchen haben, sind in den letzten Jahren ja auch weiß Gott beträchtliche Opfer zugemutet worden. Jetzt kündigen Sie weitere Einschnitte in der Größenordnung von mehreren Milliarden an.

Ihre Ausführungen dazu waren wenig präzise. Ich beschränke mich deshalb auf folgende Bemerkungen und Fragen:

Erstens. Wir sind für die Erhöhung der Renten zum 1. Juli 1984. Wir sind gegen den Wortbruch, der sich abzeichnet. Wir fordern Sie, Herr Bundeskanzler, auf, in dem in Ihrem Koalitionspapier vereinbarten Konflikt und Streit zwischen Ihrem Wirtschafts- und Finanzminister einerseits und Ihrem Arbeitsminister andererseits nicht in der Rolle des Zuschauers zu verharren, sondern auf die Seite der Schwächeren, also auf die Seite der Rentner, zu treten. Wir jedenfalls werden dort zu finden sein. (*Beifall bei der SPD.*)

Zweitens. Weiteren Kürzungen, etwa beim Arbeitslosengeld und bei der Arbeitslosenhilfe, werden wir nicht zustimmen. Sie sind sozial ungerecht und ökonomisch kontraproduktiv. Außerdem entlastet sich der Bund hier im Ergebnis einseitig auf Kosten der Gemeinden, weil mehr und mehr Hilfsbedürftige von der Bundesanstalt für Arbeit einfach auf die Sozialhilfe und die Sozialämter übergeleitet werden.

Drittens. Warum bleibt die Regierungserklärung angesichts des weiteren rapiden Kostenanstiegs im Gesundheitswesen bei allgemeinen Beschwörungen? Warum wird sie hier nicht konkret? Hier könnte doch – nein: hier muß – auf Kosten der Stärkeren gespart werden. Und die Stärkeren sind hier nicht die Patienten, sondern die pharmazeutischen Konzerne und ein nicht ganz unbeträchtlicher Teil der Ärzteschaft. (*Beifall bei der SPD.*)

Viertens. Vor den Wahlen haben sich prominente Mitglieder Ihrer Partei für die Beseitigung der Selbstbeteiligung bei Krankenhausaufenthalten und Kuren ausgesprochen. (*Dr.-Ing. Kansy [CDU/CSU]: Das ist ein richtiger Quatsch, was der erzählt!*) Heute haben Sie diesen Punkt übergangen. Wir werden – und das schon aus prinzipiellen Gründen – eine entsprechende Gesetzesinitiative einbringen und dann sehen, welche Unionsabgeordneten tatsächlich zu ihrem Wort stehen. (*Beifall bei Abgeordneten der SPD.*)

In der Regierungserklärung wird eine Neuordnung der Alterssicherung in Aussicht gestellt und die Opposition zur Mitarbeit eingeladen. Wir werden unserer Verantwortung gerecht werden und unsere Vorstellungen über eine sozial gerechte Neuordnung vortragen. Dazu gehört dann auch das Problem der Rente nach Mindesteinkommen. Dazu gehört auch die Harmonisierung der Alterssicherungssysteme.

Arbeit, Wirtschaft und soziale Sicherheit sind eng mit den öffentlichen Finanzen verbunden. Sie wollen nach Ihrer gestrigen Erklärung für den Haushalt 1984 gegenüber der mittelfristigen Planung 6,5 Milliarden DM kürzen und weitere anderthalb Milliarden DM umschichten. Wir sind nicht grundsätzlich gegen Kürzungen und schon gar nicht gegen Sparsamkeit. Aber wir wollen wissen, wo Sie kürzen und wie sich diese Kürzungen volkswirtschaftlich auswirken. Wir wollen auch wissen, wem Sie höhere Belastungen zumuten. Was sich bisher erkennen läßt, macht uns mißtrauisch.

Als Opposition haben Sie ständig von der Beschneidung der Subventionen geredet. Was ist daraus geworden? Wo kürzen Sie jetzt ganz konkret Subventionen? Heute haben wir nur eine neue Absichtserklärung gehört.

Sie wollen den Weihnachtsfreibetrag der Arbeitnehmer abbauen. Was ist mit anderen Freibeträgen? Und das Familiensplitting, das Sie planen, ist doch auch nur für Besserverdienende interessant. (*Beifall bei der SPD.*) Da beschweren Sie sich, wenn wir Ihre Politik als eine Umverteilung von unten nach oben bezeichnen?

Ich weiß: Die Philosophie, mit der Sie das rechtfertigen, lautet, das sei alles notwendig, um zur Leistung anzuspornen. Unsere Vorschläge seien leistungsfeindliche Gleichmacherei. Leistung müsse sich wieder lohnen. Sind Sie sich eigentlich bewußt, daß Sie damit einem recht vordergründigen Materialismus huldigen, so, als ob in den höheren Etagen nur das Streben nach mehr Geld intensivere Anstrengungen bewirke, nicht aber der Wunsch nach Selbstbestätigung, danach, für andere einstehen zu können, oder ganz einfach nach Entfaltung der eigenen Fähigkeiten und Anlagen? (*Beifall bei dere SPD.*) Gegen diese Philosophie muß man die Betroffenen in Schutz nehmen.

Ich sagte: Zur Überwindung der Arbeitslosigkeit bedarf es vor allem auch struktureller Veränderungen. Das gilt nicht minder für die Überwindung der Gefahren, die unsere Umwelt, die unsere Natur immer stärker bedrohen. Diese Gefahren haben eine neue Qualität erreicht. Zu lange sind die Warnungen derer, die über den Tag hinaussahen, nicht ernstgenommen worden. Man hat sie allzulange als Phantasten, als Störenfriede, als Außenseiter der Gesellschaft und des Staates angesehen. Man hat ihnen vorgeworfen, daß sie Arbeitsplätze vernichten und die Arbeitslosigkeit steigern würden.

Der Gegensatz von Ökonomie und Ökologie galt als strukturbedingt und deshalb zwangsläufig.

Das hat sich geändert. Seitdem auch bei uns der Wald stirbt, seitdem viele fürchten, Seveso könne sich überall wiederholen, hat sich Gott sei Dank das Umdenken beschleunigt. Immer mehr Menschen erkennen, daß wir nicht über der natürlichen Ordnung stehen, sondern daß wir uns in diese Ordnung einfügen müssen, daß wir nicht einen dauernden Krieg mit der Natur führen dürfen, sondern mit der Natur Frieden schließen müssen, und sie verlangen zu Recht Konsequenzen. (*Beifall bei der SPD.*) Ihre Regierungserklärung zieht diese Konsequenzen nur unzulänglich. Sie bleibt auch auf diesem Felde vage. Was wollen Sie nun konkret gegen das Waldsterben tun?

Die Konsolidierung der Deutschen Bundesbahn, von der Sie gesprochen haben, ist nicht nur ein finanzielles Problem und ein wichtiges Feld für die Sicherung von Arbeitsplätzen. Die Konsolidierung der Bundesbahn ist auch ein umweltpolitisches Thema von hohem Rang. (*Beifall bei der SPD.*) Jeder Verkehr, der von der Schiene abwandert, belastet die Umwelt. Verkehr, der zu ihr zurückkehrt, entlastet sie. Auch das ist Umweltschutzpolitik. (*Beifall bei der SPD – Zurufe von der CDU/CSU.*)

Was Sie zur Liberalität, zur Rechtsstaatlichkeit und zum Verhältnis des Staates zu seinen Bürgern gesagt haben, ist zum Teil vage und unverbindlich. Wo Sie konkret geworden sind, besteht Anlaß zur Sorge, teilweise zu entschiedenem Widerspruch, denn dort kündigt sich eine Gegenreform an, die weit in die Vergangenheit zielt. Sie wollen im Demonstrationsstrafrecht zum Stand von 1970 zurückkehren. Warum eigentlich? Warum ignorieren Sie die bitteren Erfahrungen, die damals im Jahre 1970 eine Änderung notwendig gemacht haben, und die guten Erfahrungen mit der flexiblen und dadurch besonders wirksamen Anwendung des jetzigen Rechts ebenfalls? Warum wollen Sie die Rückkehr zu einem Zufallsstrafrecht, bei dem von Tausenden jeweils eine Handvoll kriminalisiert und dem Gericht vorgeführt wird? Ich weiß wohl, daß Sie damit politische Ziele verfolgen, daß Sie Meinungsäußerungen treffen wollen, die Sie für falsch, für provozierend, für gefährlich halten. (*Zuruf von der CDU/CSU: Unsinn!*) Ich leugne gar nicht: Manche dieser Manifestationen fordern ihres Inhalts wegen auch unseren Widerspruch heraus. Meine Damen und Herren, Sie verschieben aber die Ebenen. Sie bürden der Polizei und der Justiz eine Last auf, die von der Politik getragen und bewältigt werden muß. (*Beifall bei der SPD.*)

Was soll die von Ihnen angekündigte Novellierung des Datenschutzgesetzes bringen? Sie wollen doch gleichzeitig die Amtshilfe für die Nachrichtendienste wieder ausweiten. Also geht es wohl um Einschränkungen, nicht um Verbesserungen.

Das alles bleibt im unklaren, (*Zurufe von der CDU/CSU*) auch die Frage, ob Sie die Reform des § 218 einschließlich der sozial flankierenden Maßnahmen bestehen lassen wollen oder ob und wie weit Sie sie wieder aufheben wollen. Unser Standpunkt ist klar: Wir verteidigen die Reform des § 218 auch deswegen, weil wir glauben, daß sie die Chancen des ungeborenen Lebens nicht vermindert, sondern daß sie die Chancen erhöht hat. (*Beifall bei der SPD – Zurufe von der CDU/CSU.*)

Herr Präsident, meine sehr verehrten Damen und Herren, die Bundesrepublik steht vor, nein, sie steht in einer ernsten Bewährungsprobe. Unsere Auffassungen darüber, wie sie gemeistert werden kann, gehen weit auseinander; sie widersprechen sich in wesentlichen Punkten. Wir sind davon überzeugt, daß wir es mit Herausforderungen einer neuen Qualität zu tun haben, daß Fehlentwicklungen, ja Katastrophen möglich sind, deren Ausmaß alle bisherigen geschichtlichen Erfahrungen weit übersteigen würde. Sie glauben, daß es sich im Grunde um die alten Probleme handelt. Wir ringen um neue Antworten, die mit den Grundwerten ernst machen wollen, die aus Fehlern, auch aus eigenen, lernen. Sie meinen, es genüge, im wesentlichen zu den Maximen der 50er Jahre zurückzukehren. Wir wissen um die Verantwortung des Staates und der Gemeinschaft dort, wo der einzelne und die kleinere Gruppe und Institution zu scheitern drohen. Sie beschreiben das als staatliche Lenkung und Bevormundung und verweigern dem Staat die Instrumente, die er braucht, um dem gerecht zu werden. Wir wollen mehr soziale Gerechtigkeit und mehr Solidarität, weil ein Gemeinwesen gerade in schwierigen Zeiten der Gerechtigkeit und der Solidarität in besonderer Weise bedarf.

Wir bejahen die Demokratie als allgemeines Prinzip, auch in der Form der Wirtschaftsdemokratie. Sie mißtrauen diesem Prinzip, sobald es über die Grenzen des staatlichen Bereichs hinausgreift. Wir begreifen die neuen Bewegungen als Ausdruck einschneidender Umwälzungen, als Warnung und als Mahnung. Sie versuchen, diese Bewegungen auszugrenzen und aus dem gesellschaftlichen Konsens, ja da und dort auch aus dem Verfassungskonsens zu verdrängen.

Diese Gegensätze werden wir in den nächsten vier Jahren auszutragen haben, draußen und hier in diesem Hause. Wir Sozialdemokraten gehen mit Zuversicht in diese Auseinandersetzung, mit der Zuversicht einer politischen Kraft, (*Zuruf von der CDU/CSU: So sehen Sie aber nicht aus!*) die in den 120 Jahren ihrer Geschichte ihren Namen nie geändert und ihren Ursprung und die sittliche Idee ihres Engagements nie aus den Augen verloren hat.

Sie, Herr Bundeskanzler, haben Otto von Bismarck zitiert. Ich zitiere Ferdinand Lassalle. Er sagte am 12. April 1862:

Die sittliche Idee des Arbeiterstandes ist die, daß die ungehinderte und freie

Betätigung der individuellen Kräfte durch das Individuum noch nicht ausreiche, sondern daß zu ihr in einem sittlich geordneten Gemeinwesen noch hinzutreten müsse: Die Solidarität der Interessen, die Gemeinsamkeit und die Gegenseitigkeit in der Entwicklung.

Was Lassalle damals die sittliche Idee des Arbeiterstandes nannte, verstehen wir heute als die sittliche Idee des ganzen Volkes. Es ist die Idee der solidarischen Gesellschaft. Sie ist unser Leitbild, und für diese solidarische Gesellschaft werden wir in den kommenden vier Jahren hier in diesem Hause und draußen all unsere Kraft einsetzen. (*Anhaltender lebhafter Beifall bei der SPD.*)

46.
„Ideologie der 50er Jahre...“

Rede der Bundestagsabgeordneten Frau Marieluise Beck-Oberdorf in der Debatte über die Regierungserklärung am 4. Mai 1983

Mit der Fraktion „DIE GRÜNEN“, die 27 Mandate erhielt, zog erstmalig seit den fünfziger Jahren wieder eine vierte Fraktion in den neuen Deutschen Bundestag ein. Die Fraktionssprecherin der GRÜNEN, Frau Marieluise Beck-Oberdorf, erklärte in der vierten Sitzung des Zehnten Deutschen Bundestages am 4. Mai 1983 zu der Regierungserklärung von Bundeskanzler Dr. Helmut Kohl:

Herr Präsident! Meine Damen und Herren! Meines Wissens bin ich die erste Frau, die in diesem Haus als Sprecherin einer Oppositionsfraktion auf die Regierungserklärung eines Bundeskanzlers antwortet. (*Beifall bei den GRÜNEN – Haase [Kassel] [CDU/CSU]: Ist ja toll!*) Dies macht ein Stück jener politischen Kultur aus, für die die GRÜNEN eintreten. (*Zuruf von der CDU/CSU: Aber erst nach Kampfabstimmung!*) Tragende Elemente unserer Politik sind Gewaltfreiheit, Herr Waigel, Toleranz und Sanftheit. (*Zustimmung der Abg. Frau Dr. Hamm-Brücher [FDP].*) Alle diejenigen, die sich gegen Unterdrückung von Menschen, Zerstörung der Natur und Friedlosigkeit nach innen und außen wehren, sollen hier mit uns zu Wort kommen.

Viele Debatten, die in diesem Hause geführt worden sind, muten die Bürger und auch mich an, als handele es sich um einen Schaukampf von Politikern, die sich wie Hähne spreizen und die sich in ihren Grundeinstellungen letztlich doch einig waren. (*Beifall bei den GRÜNEN.*) Wir wollen uns auf diese billige Sorte Polemik, mit der die frischgebackene Regierung von heute die Regierung von gestern für alle Übel der Welt verantwortlich macht, nicht einlassen. Die Fragen, um die es hier geht, sind für politische Schau- und Konkurrenzkämpfe zu wichtig und zu ernst. (*Beifall bei den GRÜNEN.*)

Sie, Herr Kohl, wurden im vergangenen Herbst als Kanzler für das Herz, als Mann des Vertrauens aufgebaut. Der Wunsch nach Hoffnung ist in der Bevölkerung groß. So wurden Sie denn am 6. März gewählt, weil Ihre Parole vom Aufschwung diese Hoffnung nährte.

Wir jedoch haben Angst vor dem, was hinter Ihrem politischen Konzept steckt. Wir befinden uns in praktisch jeder politischen Frage in einem inhaltlichen Gegensatz zu Ihnen und Ihrer Regierung. Das, was Sie heute morgen in Ihrer Regierungserklärung vorgestellt haben, umreißt eine Ideologie, die mit dem Rückgriff auf Werte der 50er Jahre den Aufgaben der heutigen Zeit gerecht werden will. Sie bemühen viele große Worte wie Freiheit, Dynamik und Selbstverantwortung und pflegen dabei eine Unverbindlichkeit, die einzig und allein Ausdruck Ihrer Hilflosigkeit ist; (*Beifall bei den GRÜNEN und bei Abgeordneten der SPD*) Hilflosigkeit – da helfen auch keine starken Worte – in drei Themenbereichen, die ich hier nur kurz anreißen möchte: die Krise der internationalen Beziehungen, die Blockkonfrontation, aus der sich in Angst erregender Weise die Kriegsgefahr bis hin zur Gefahr eines atomaren Holocausts entwickelt hat; die ökologische Krise, die unser Leben bedroht und unseren Kindern die Zukunft raubt; die wirtschaftliche Krise, die Millionen von Menschen an den Rand dieser Gesellschaft drängt, wo das Geschwätz vom sozialen Netz zur Farce wird und Sie sich mehr um die Löcher dieses scheinbaren Netzes kümmern als um die Maschen. (*Beifall bei den GRÜNEN.*)

Ich bin überzeugt, es ist die historische Aufgabenstellung unserer Zukunft, daß wir bereit sind, die Realität wirklich wahrzunehmen, daß wir es ernst meinen mit einem wirklichen Neuansatz in der Politik, mit dem, was Sie mit dem Begriff der Wende karikiert haben. Immer mehr Menschen in diesem Lande erfahren, daß es um unseres eigenen Überlebens willen gilt, neue Formen unseres Zusammenlebens, neue Formen der gesellschaftlichen Organisation und eine menschengerechte Organisation auch des Wirtschaftslebens zu entwickeln.

Diese Aufgabe aber, Herr Kohl, haben Sie sich offenbar nicht gestellt. Sie haben sich dieser Aufgabe nicht nur einfach entzogen, sondern Sie können sie nicht meistern.

Ihre Politik nimmt für sich in Anspruch, eine konservative Politik zu sein. Konservativ sein hieße bewahren. Angesagt ist in der Praxis jedoch eine Politik der Betonierung unserer Landschaft, des Ausbaus unsinniger, umweltzerstörender Kanäle, der rücksichtslosen Beschleunigung des Atomprogramms, des Abbaus sozialer Leistungen und der Stationierung todbringender Raketen. Das ist keine Politik der Bewahrung, sondern der Zerstörung. (*Beifall bei den GRÜNEN.*) Sie lösen damit eben nicht Ihren Anspruch ein, konservativ, bewahrend zu wirken, sondern sind – objektiv reaktionär, und das nicht nur angesichts der Reaktoren. (*Beifall bei den GRÜNEN.*)

Dagegen ist es eine tragische Ironisierung Ihrer Politik, daß wir als diejenigen, die Sie als Systemveränderer und Mitglieder Ihrer Schwesterpartei als

verdreckte, pseudoakademische Erscheinungen beschimpfen, in diesem Parlament auch auftreten müssen, um mit unserer radikalen, vorwärts gewandten Politik auch für Bewahrung einzutreten. (*Beifall bei den GRÜNEN.*)
Was Sie als geistige Erneuerung verkaufen wollen und gleichzeitig die Wende nennen, ist eine Wende zu den Altvätern Adenauer und Erhard. (*Zuruf von den GRÜNEN: Und Bismarck!*) Adenauer war es, der von Wiedervereinigung sprach und gleichzeitig die Einbindung in den Westen betrieb. Das war keine Politik der Wiedervereinigung, sondern eine Politik der Trennung. (*Beifall bei den GRÜNEN.*) Wir wurden als Bollwerk gegen den Osten feilgeboten. Genannt wurde das Einbindung in die Gemeinschaft der freien Völker des Westens. Aber diese Gemeinschaft hat das Feindbild-Denken zur Grundlage ihrer Politik gemacht. (*Beifall bei den GRÜNEN.*)
Anstatt daß diese Gesellschaft nach 1945 innehielt, um zu ergründen, wie es zum Faschismus, zu dem fürchterlichen Krieg kommen konnte, wurde mit in das große Geheul über den Feind aus dem Osten eingestimmt. Dieses Feindbild wird in Ihrer Regierung wieder gepflegt, Herr Kohl. Es bietet das Alibi für das, was Sie Frieden in Freiheit nennen.
Frieden in Freiheit heißt für Sie wie für große Teile der SPD eine Politik der Abschreckung mit Atomwaffen. (*Beifall bei den GRÜNEN.*) Abschreckung heißt, daß Sie bereit sein müssen, Ernst zu machen, Herr Kohl – aber darüber sind Herr Reagan und Sie ja wohl übereingekommen –, Ernst zu machen mit dem Abwurf von Atombomben auf die Menschen, die angeblich unsere Gegner sind. Das sind Menschen in der UdSSR, aber auch in Polen, Ungarn und der DDR, Herr Kohl.
Wir sagen Ihnen, daß wir solch eine Strategie, die Bereitschaft, ganze Völker auszulöschen, für ein Verbrechen halten. (*Beifall bei den GRÜNEN.*) Was ist das für eine christliche Politik, die sich anmaßt, die Zerstörung der Schöpfung möglich zu machen! (*Beifall bei den GRÜNEN.*)
Angesichts dieser Politik nehmen wir Ihnen Ihr Klagen über das Schicksal von Solidarnosc, der Charta '77, der sogenannten Dissidenten in der UdSSR und der DDR-Friedensbewegung „Schwerter zu Pflugscharen" auch nicht ab, sondern halten es für Heuchelei. (*Beifall bei den GRÜNEN.*) Aber da sind Sie sich mit Herrn Honecker ja auch einig, wenn Sie die Menschen, die für einen gewaltfreien Frieden auf die Straße zu gehen gezwungen sind, Staatsfeinde oder gesellschaftszerstörende Elemente nennen.
Die Menschen aus diesen Bewegungen sind unsere Partner, eine Außenpolitik von unten, die nicht darauf wartet, bis sich die Staaten einigen. Ohne diese Außenpolitik von unten werden sich die Staaten nie einigen. (*Beifall bei den GRÜNEN.*)
„Frieden schaffen mit immer weniger Waffen" tönten Sie im Wahlkampf, und

die Rampen für die neuen Raketen werden bereits gebaut. In Vasallentreue wird unser Land der Regierung der USA für amerikanische Erstschlagswaffen angeboten. Jeder weiß inzwischen, daß in Genf nicht ernsthaft verhandelt wird. (*Zurufe von der CDU/CSU.*)

Sie überhören geflissentlich die Ankündigung des führbaren und begrenzbaren Atomkriegs in Europa. Deswegen sind Sie für uns nicht ein Kanzler des Vertrauens, sondern ein Kanzler tiefsten Mißtrauens. (*Beifall bei den GRÜNEN – Zurufe von der CDU/CSU.*) Vor diesem Hause zu schwören, Schaden vom Volk wenden zu wollen, und gleichzeitig dieses Land mit Atomraketen zu übersäen, das war für uns einer der Gründe, dem Schauspiel Ihrer Vereidigung nicht beizuwohnen. (*Beifall bei den GRÜNEN – Zuruf von der CDU/CSU: Unverschämtheit!*)

Gegen Ihre Unsicherheitspolitik, die Sie Sicherheitspolitik nennen, setzen wir die Forderung nach der Aufkündigung jeder Partnerschaft an der nuklearen Abschreckung der NATO. (*Beifall bei den GRÜNEN.*)

Was sie als neue deutsche Außenpolitik bezeichnet, ist die Fortführung des Alten mit gefährlichen Mitteln. Eine wirklich neue deutsche Außenpolitik würde heißen: keine Pershing II und keine Cruise Missiles in diesem Land! Schritte zur Demilitarisierung bis zur Atomwaffenfreiheit, damit auch andere Länder aufgefordert sind, dasselbe zu tun! (*Beifall bei den GRÜNEN – Zurufe von der CDU/CSU.*) Uns geht es eben nicht nur um die Pershing II, sondern genauso um die SS 20. (*Dr. Stark [CDU/CSU]: Aber die wollt ihr!*)

Es würde heißen: Abrücken von der Bindung an den westlichen Block, damit sich auch der östliche bewegen kann. (*Lachen bei der CDU/CSU.*) Das würde auch heißen: Aufhören mit dem beschämenden Schauspiel, auf dem Rücken der Toten an der Grenze zur DDR Innen- und Deutschlandpolitik zu betreiben. Es würde heißen, endlich zur DDR normale zwischenstaatliche Beziehungen herzustellen, wie auch zu Frankreich. Das wäre Friedenspolitik. (*Dr. Schäuble [CDU/CSU]: Liegt das an uns? – Dr. Stark [CDU/CSU]: Sie sollten Außenminister werden!*)

Wir sind in dieses Parlament mit dem Auftrag von über 2 Millionen Menschen eingezogen, eine Politik der Gewaltlosigkeit zu vertreten und eben diese Strategie aus den Blöcken heraus zu entwickeln. Wir werden in diesem Herbst den Anfang machen, wenn wir aus diesem Parlament herausgehen, um uns mit all unserer Kraft und physischen Existenz gegen die Stationierung der Raketen gewaltfrei zu wehren. (*Beifall bei den GRÜNEN.*)

So wie Ihre Sicherheitspolitik sich ins Gegenteil verkehrt und zu einer Schreckenspolitik wird, beruht Ihre Konzeption vom Aufschwung auf einer Illusion. Nicht etwa, daß die Wende auf dem Arbeitsmarkt eingetroffen wäre.

Doch es ist Ihnen gelungen, auch hier Hoffnungen zu wecken mit der ach so einfachen und gängigen Parole „Wachstum schafft Arbeitsplätze“. Sie erschwindelten das Vertrauen, Herr Stingl und viele Unternehmen halfen nach, und Herr Lambsdorff entwickelte das Konzept. Schon war der Aufschwung herbeigeredet.

Dieser Graf ist es, der behauptet – ich zitiere –: „Von Wachstumsgrenzen kann keine Rede sein.“ Sie ignorieren nach wie vor, daß es den Bericht „Global 2000“ gibt, der uns zeigt, daß die Wachstumsideologie absurd ist. Ihr Wachstum in diesem Land tötet in den Ländern der Dritten Welt täglich Tausende von Kindern. (*Beifall bei den GRÜNEN – Zurufe von der CDU/CSU: Unerhört!*) Sie haben immer noch nicht verstanden, daß das Wachsen einer chemischen und pharmazeutischen Industrie nicht auf Wohlstand schließen läßt, sondern Zeichen der zunehmenden Krankheit in unserer Gesellschaft ist. (*Beifall bei den GRÜNEN.*)

Gewinn ist kein neutraler Begriff, Herr Kohl. (*Zurufe von der CDU/CSU.*) Das Verheerende ist, daß sich in unserer Gesellschaft hinter dem Gewinn Zerstörung und Elend verbergen. (*Beifall des Abg. Voigt [Frankfurt] [SPD].*)

Sie setzen genau da an, wo die Sozialdemokratie scheiterte, nämlich an der Hoffnung auf höhere Wachstumsraten. Diese Ihre Wirtschaftspolitik hinterfragt nicht, wieweit diese wachstumsfördernden Maßnahmen sinnvoll für den Menschen sind, ob sie ökologisch verträglich, ob sie unter Beachtung des Nord-Süd-Gefälles moralisch überhaupt zu rechtfertigen sind. (*Beifall bei den GRÜNEN.*)

Man sollte glauben, es gebe Ihnen zu denken, daß keiner der berufenen Prognostiker Wachstumsraten vorhersagt, die zu einer Beseitigung der Arbeitslosigkeit führen. Das haben Sie doch jetzt von den Wirtschaftsinstituten schriftlich. Man sollte glauben, es gebe Ihnen zu denken, wenn die Wirtschaftspropheten, unberührt von Ihrer Aufschwungseuphorie, ein im großen und ganzen stagnierendes Bruttosozialprodukt vorhersagen. Was Sie jetzt anbieten, ist eine hilflose Mischung aus neokonservativem Angebots- und keynesianistischen Nachfragekonzepten. Auch hier brauchen wir die Daten nicht zu bemühen. (*Klein [München] [CDU/CSU]: Das wäre aber nötig!*)

Wir alle wissen, daß die Ihnen geistesverwandte Maggie Thatcher und Ronald Reagan vor einem Heer von Arbeitslosen stehen und daß nicht wie früher Kaugummi in die Zone, sondern Butterkekse nach Detroit geschickt worden sind. (*Beifall bei den GRÜNEN – Dr.-Ing. Kansy [CDU/CSU]: Ach du meine Güte!*) Die Jugendlichen, denen Sie als Kanzler des Vertrauens

Lehrstellen versprachen, wissen jetzt als erste, was von Ihrem Versprechen zu halten ist. (*Beifall bei den GRÜNEN.*)

Herr Lambsdorff rühmte sich damit, daß die Gewißheit bestehe, daß nach dem 6. März eine Wirtschaftspolitik betrieben wird, die investitions- und leistungsfreundlich ist, und Sie appellieren an die Einsicht der Bevölkerung, daß man vom Anspruchsdenken herunterkommen und den Sozialstaat tieferhängen müsse. (*Beifall des Abg. Kleinert [Hannover] [FDP].*) Doch ein Konzept zum Abbau der Massenarbeitslosigkeit ist von Ihnen nicht zu erwarten. (*Dr.-Ing. Kansy [CDU/CSU]: Was ist denn Ihr Konzept?*)

Investitionen in Großprojekte wie die Verkabelung, Hochtemperaturreaktoren, den Schnellen Brüter und in die Rüstungsindustrie binden viel Kapital und schaffen wenig Arbeit für den Menschen. Die Einführung neuer Technologien entpuppt sich als der unkontrollierte Arbeitsplatzfresser größten Ausmaßes. (*Beifall bei den GRÜNEN.*) Wollen Sie Unternehmen, die wegen Mangels an Absatz krisengeschüttelt sind, noch erweitern, neue Kapazitäten in der Automobilindustrie oder der chemischen Industrie schaffen, obwohl die alten Anlagen bei weitem zu groß sind?

Dies ist kein Konzept für die Zukunft, ein Konzept ohne Zukunft vor allem für Behinderte, sozial Schwache und Rentner, die sich einschränken sollen, damit dieses Programm zugunsten der Expansion bezahlbar wird. Es ist ohne Zukunft für die Frauen, die jetzt wieder an Heim und Herd geschickt werden, ohne Zukunft für die Ausländer, die fix zum Sündenbock der Krise gemacht wurden – das kennen wir schon aus der Geschichte –, weil sie angeblich Arbeit wegnehmen.

Wenn dieses Parlament noch einen Sinn haben soll, (*Lachen bei der CDU/CSU*) muß es Raum bieten für Utopien, die machbar sind. (*Beifall bei den GRÜNEN – Erhard [CDU/CSU]: Utopien sind nicht machbar!*) Es ist eine konkrete Utopie, die vorhandene Arbeit auf alle zu verteilen. (*Beifall bei den GRÜNEN und bei Abgeordneten der SPD.*)

Die Senkung der Arbeitszeit schafft Raum für die notwendige Aufteilung der Erziehungs- und Hausarbeit zwischen Mann und Frau. Sie schafft Raum für eine soziale Sicherheit, in der nicht alle Versorgung staatlich vermittelt und bürokratisiert ist. Was wir brauchen, ist eine Wende zu einem menschenwürdigen Leben, welches nicht auf Kosten der Zukunft aufgebaut ist, (*Dr. Stark [CDU/CSU]: Das ist richtig!*) eine Wende, die von der maßlosen ökologischen Belastung der Umwelt und der forcierten Aufrüstungspolitik abkehren will, (*Dr. Stark [CDU/CSU]: Zurück auf die Bäume!*) die damit aufhören will, unseren gesellschaftlichen Reichtum in unproduktive Wirtschaftskanäle zu lenken.

Die neuen sozialen Bewegungen haben ihre Sache in die eigene Hand genommen, weil auf Politik wie bisher keine Hoffnungen mehr zu setzen sind. Diese Bewegungen sollen mit Intelligenz und großer Entschlossenheit eine tatsächliche Wende herbeiführen. (*Beifall bei den GRÜNEN.*)

Auch Ihre Regierung, Herr Kohl, hat den allgemeinen Trend entdeckt und redet vom Umweltschutz. Während vor wenigen Jahren noch die als „grüne Spinner" bezeichnet wurden, die das Sterben der Wälder bereits sahen, können selbst Sie heute über solche Erscheinungen nicht mehr hinwegreden. Auch Sie sprechen von der Notwendigkeit der Erhaltung unserer natürlichen Lebensgrundlagen, der Erhaltung einer gesunden Luft, eines gesunden Bodens und reinen Wassers.

Doch wie sieht Ihr Umweltschutz aus? Zwischen Reden und Handeln besteht eine große Kluft. Sie können nicht hier die norddeutsche Küstenregion und das Wattenmeer zerstören und dort von Landschaftsschutz sprechen. (*Stratmann [GRÜNE]: Das tun sie aber!*) Sie können nicht den Flughafen um die Startbahn West und den Hafen in Hamburg erweitern und gleichzeitig Naturschutz predigen. (*Dr.-Ing. Kansy [CDU/CSU]: Das kann man!*) Gleiches gilt für den Bau des sinnlosen Rhein-Main-Donau-Kanals. (*Zustimmung bei den GRÜNEN.*)

Es ist ein Skandal, wenn Sie von der Notwendigkeit der Nutzung der Atomenergie sprechen, weil dies die angeblich umweltfreundlichste Energieversorgung sei, (*Dr. Stark [CDU/CSU]: Nachweislich!*) wo doch jeder wissen könnte, daß diese Technologie das größte Risiko in sich birgt, welches die Menschen jemals in Kauf genommen haben. (*Beifall bei den GRÜNEN – Dr.-Ing. Kansy [CDU/CSU]: Objektiv falsch!*)

Umweltschutz muß radikal sein – Herr Kohl, ich weiß, daß Sie dieses Wort fürchten –, (*Lachen bei der CDU/CSU*) radikal im urtümlichen Sinne, nämlich an die Wurzel gehend. Wenn sich dagegen Ihr technokratischer Umweltschutz weiterhin nach den Regelungen der Zumutbarkeit für die Wirtschaft bemißt, wenn Sie weiterhin Nachsorge vor Vorsorge stellen, wenn die Verfahren der Produktion nicht so geändert werden, daß sie Mensch und Natur angepaßt sind, wird die Zerstörung der Natur weitergehen. Hier, Herr Kohl, wäre der Einsatz von Forschungsgeldern sinnvoll, statt das Forschungsministerium zum aussichtslosen Atomministerium zu machen. (*Beifall bei den GRÜNEN und des Abg. Voigt [Frankfurt] [SPD].*) Es werden nicht die Herren von BASF und Hoechst sein, die Ihnen diese Aufgabe abnehmen, auch wenn Herr Riesenhuber darauf vertraut.

Nehmen Sie endlich ernst, was außerhalb dieses Hohen Hauses geschieht, und verteufeln und kriminalisieren Sie nicht länger die Menschen, die auf die Straße gehen, um für das Überleben künftiger Generationen zu kämpfen! (*Beifall bei den GRÜNEN.*)

Ihr Innenminister, Herr Bundeskanzler – es wird Sie nicht erstaunen, daß wir ihn nicht den unseren nennen –, heißt Zimmermann. Dieser Mann, nomen est omen, steht für ein Programm. (*Heiterkeit bei der CDU/CSU.*) Über dieses innenpolitische Programm, das durch Herrn Zimmermann verkörpert wird, werden Sie sich nicht einfach hinwegreden können. Politik à la Zimmermann: Liegen wir falsch, wenn wir davon ausgehen, daß der Innenminister dem Umweltminister mit dem Einsatz des Bundesgrenzschutzes gegen Kernkraftgegner zu Hilfe kommen wird und dies für eine umweltpolitische Maßnahme hält? (*Zuruf von der CDU/CSU: Ja!*)
Liegen wir falsch, wenn wir vermuten, daß er auf der Linie liegt, bei der in Baden-Württemberg bei der Einsatzplanung für Wyhl von vornherein Tote einkalkuliert werden, um den Bau eines weiteren überflüssigen Atomkraftwerkes durchzusetzen? (*Hört! Hört! bei den GRÜNEN.*) Und liegen wir falsch, (*Zuruf von der CDU/CSU: Ja!*) wenn wir ihm zutrauen, aus Anlässen wie der jüngsten Erschießung eines Jugendlichen in Bayern nur einige belanglose Sätze zu finden?
Wir haben erst vor kurzem erlebt, wie leicht dieser Minister mit dem Begriff der Verfassungsfeindlichkeit bei der Hand war, als er alle die, die sich gegen die staatliche Datensammelwut wandten, als Staats- und Verfassungsfeinde diffamierte. (*Stratmann [GRÜNE]: Eure Demokratie!*)
Das Bundesverfassungsgericht hat nun die Einwände dieser „Verfassungsfeinde" immerhin so ernst nehmen müssen, daß es die Volkszählung gestoppt hat. Herr Zimmermann sollte, wenn er sich schon nicht entschuldigen kann, doch zumindest zugeben, daß er vorschnell geurteilt hat. (*Beifall bei den GRÜNEN.*)
Ich glaube, mit diesem Minister, der in den nächsten Jahren darüber befinden soll, was dem Geist und dem Buchstaben der Verfassung entspricht, werden wir noch einige Überraschungen dahingehend erleben, was verfassungskonform ist und was nicht. Möglicherweise werden wir auch durch die Erfahrung überrascht, was für eine dehnbare Verfassung wir eigentlich haben. (*Beifall bei den GRÜNEN.*)
Vermutlich hat uns das, was im Zusammenhang mit der Volkszählung geboten wurde, ein Vorspiel geliefert, mit welchem Geist in Zukunft Innenpolitik betrieben werden wird. Gegner einzelner staatlicher Maßnahmen werden zu Verfassungsgegnern erklärt. Politische Kontroverse wird zu einem Delikt, für das der Verfassungsschutz zuständig ist. Ich muß Ihnen sagen, daß sich unsere Gegnerschaft zu den neuen Informationstechnologien auch daraus speist, daß wir sie niemals in den Händen eines Mannes wie des Bundesministers Zimmermann sehen wollen. (*Beifall bei den GRÜNEN.*)
Wir vermuten, daß Sie trotz der Klage über sozialdemokratische Erblasten

zumindest ein Erbe mit Handkuß übernehmen werden: das der Berufsverbote. (*Zuruf von der SPD: Pfui!*)

– Das muß ich leider sagen, meine Herren von der SPD. Das ist ja wohl so. (*Dr.-Ing. Kansy [CDU/CSU]: Mit dem ausdrücklichen Bedauern!*)

Diese Innenpolitik ist der Flankenschutz für das außen- und wirtschaftspolitische Programm dieser Bundesregierung. Sie ist Instrument für die Durchsetzung der Raketenstationierung bis hin zur Durchsetzung der Sparmaßnahmen gegen gewerkschaftlichen Widerstand.

Herr Bundeskanzler, ich habe eingangs darauf hingewiesen, daß wir hier praktisch in jeder Frage eine inhaltliche Kontroverse bekommen werden. Das wird in den nächsten Jahren hier geschehen. Diese Kritik an Ihrer Regierung und an Ihrer Politik sehen wir als unsere Hauptaufgabe in diesem Parlament an. (*Zuruf von der CDU/CSU: Schade!*)

Ich möchte mich auch noch mit einem Wort an Herrn Vogel wenden. Das, was wir heute nachmittag von Ihnen gehört haben, Herr Vogel, die Kritik an der Aufrüstung, die Skepsis gegenüber der Großtechnologie, die Zurückhaltung gegenüber der Industriegesellschaft und der Hinweis, daß das vorher ja auch schon andere gesagt haben, zeigt uns, daß sich in Ihrer Partei anscheinend etwas bewegt hat. (*Dr. Schäuble [CDU/CSU]: Ja, den Eindruck haben wir auch!*)

Ich möchte allerdings unserer Skepsis Ausdruck verleihen, ob Sie das auch so geäußert hätten, wenn die Wahlen am 6. März anders ausgegangen wären. (*Beifall bei der CDU/CSU.*) Hoffentlich wird sich dieser geistige Wandel, der sich hier heute angekündigt hat, auch in einer Politik der entsprechenden praktischen Schritte niederschlagen. (*Dr. Schäuble [CDU/CSU]: Der Börner kommt morgen!*)

Ich denke, das werden wir in diesem Herbst sehen. Eines sollten Sie wissen: Im Herbst werden wir auf der Seite stehen, wo die Knüppel der Staatsgewalt auf die Menschen niedergehen werden, die die Stationierung neuer Raketen nicht hinnehmen können. (*Beifall bei den GRÜNEN und bei Abgeordneten der SPD.*)

47.
„Hinterlassenschaft einer katastrophalen Finanzpolitik"

Rede des Bundesfinanzministers Dr. Gerhard Stoltenberg in der Debatte über die Regierungserklärung am 5. Mai 1983

Bundesfinanzminister Dr. Gerhard Stoltenberg hielt in der Debatte über die Regierungserklärung von Bundeskanzler Dr. Helmut Kohl in der fünften Sitzung des Zehnten Deutschen Bundestages am 5. Mai 1983 folgende Rede:

Herr Präsident! Meine Damen und Herren! Mich haben die Beiträge der sozialdemokratischen Kollegen, des Fraktionsvorsitzenden Vogel und des Abgeordneten Hoffmann, zur Finanzpolitik an leidenschaftliche Diskussionen und Auseinandersetzungen hier nach dem Regierungswechsel im Herbst erinnert. Sehr viel Neues ist Ihnen, meine verehrten Kollegen, seit Ihrer Wahlniederlage am 6. März nicht eingefallen. (*Beifall bei der CDU/CSU und der FDP.*) Sehr viel überzeugender sind Ihre Argumente, die ja vom Wähler zurückgewiesen worden sind, nicht geworden.
Nun muß ich etwas zur Ausgangsbilanz zu Beginn der neuen Wahlperiode sagen. Herr Kollege Waigel hat darauf hingewiesen: Nach den empfindlichen, von Ihnen bekämpften Sparentscheidungen, die wir vor der Bundestagswahl treffen mußten, haben wir im Bundeshaushalt 1983 dennoch einen Fehlbetrag von 52 Milliarden DM bei rund 253 Milliarden DM Ausgaben des Bundes zu verzeichnen. Mehr als 20 Prozent der erforderlichen Ausgaben dieses Jahres sind nicht durch ordentliche Einnahmen gedeckt. Sicher, wir haben den schon erwähnten Bundesbankgewinn von 11 Milliarden DM. Man kann doch wohl bei dieser Eröffnungsbilanz für eine neue Regierung, Herr Vogel, nicht ernsthaft kritisieren, daß wir den einstellen und vorübergehend zur Defizitdeckung verwenden. (*Lachen bei Abgeordneten der SPD.*) Man kann doch bei der Art der Hinterlassenschaft Ihrer katastrophalen Finanzpolitik uns nicht dafür kritisieren, wenn wir bei 52 Milliarden DM minus – (*Beifall bei der CDU/CSU und der FPD*) Erbe einer 13jährigen sozialdemokratischen Regierungspolitik in Bonn und der Fehleinschätzungen der letzten 18 Monate – (*Zuruf des Abg. Dr. Spöri [SPD]*) diesen Bundesbankgewinn zunächst voll

einstellen und verwenden. (*Hoffmann [Saarbrücken] [SPD]: Sie sind der größte Schuldenbuckel, den es gibt!*)
– Herr Hoffmann, Sie sind ein unfairer Kollege, wenn Sie auf der einen Seite jede Kürzungsabsicht diffamieren und mit demagogischen Argumenten bekämpfen und uns auf der anderen Seite hier in dieser Art Ihre Schulden vorhalten wollen. Ich weise das mit Nachdruck zurück! (*Lebhafter Beifall bei der CDU/CSU – Beifall bei Abgeordneten der FPD.*)
Der Herr Vogel kündigt gestern die Rückgängigmachung der getroffenen Sparentscheidungen an, (*Dr. Vogel [SPD]: Stimmt doch gar nicht!*) und Sie haben die Stirn, uns eine zu hohe Schuldenaufnahme in diesem Jahr vorzuwerfen! Meine Damen und Herren, das ist unter dem Niveau der Sozialdemokratischen Partei, wie ich sie bis jetzt eingeschätzt habe. (*Beifall bei der CDU/CSU.*)
Jetzt würde ich gern zu einer ruhigeren Betrachtung zurückkehren, aber Sie müssen mit Ihren Reaktionen dazu beitragen. – Wir tragen den prinzipiellen Einwänden gegen eine zu hohe Veranschlagung des Bundesbankgewinns doch dadurch Rechnung, daß wir in der vorzulegenden Finanzplanung von einem deutlichen Rückgang in den nächsten Jahren ausgehen. Wir haben die Absicht, die Veranschlagung dieses Bundesbankgewinns in unserer neuen Finanzplanung deutlich und nachhaltig zurückzuführen. Gegenwärtig, in einer Notstandssituation, ist eine besondere Entscheidung unvermeidbar gewesen, aber wir werden – das werden Sie in der Finanzplanung sehen – unseren prinzipiellen Gesichtspunkten Rechnung tragen.
Nun möchte ich Herrn Kollegen Vogel (*Zuruf von der CDU/CSU: Wo ist Herr Vogel?*) und auch Herrn Hoffmann noch folgendes sagen. Man kann die notwendige Umstrukturierung des Bundeshaushalts nicht im Crash-Verfahren durchführen. (*Zuruf von der SPD: In was für einem Verfahren?*)
Ich kann mich nur wundern, wenn Sie uns hier kritisch auf die schwerwiegenden Probleme der Bundesbahn oder auch auf die schwerwiegende Entscheidung über die Weiterführung der modernen Reaktorlinien ansprechen. Die Probleme der Bundesbahn werden uns noch auf Jahre begleiten, und wir müssen versuchen, erste Antworten zu finden.
Was die fortgeschrittenen Reaktorlinien betrifft, standen wir doch vor der Frage, ob wir vorhaben, die Anlagen, die unter Ihrer Federführung zu 70 oder 80 Prozent fertiggestellt wurden, als Investitionsruinen liegenzulassen oder sie mit einem anderen Finanzierungssystem unter stärkerer Beteiligung der EVUs und der Wirtschaft zu vollenden. (*Zurufe von den GRÜNEN.*)
Wir brauchen, um weite Aufgabenbereiche lösen zu können, über die Bundesbahn hinaus, mehr Zeit, aber wir werden die notwendigen Entscheidungen nicht nur für den Haushalt, sondern auch für die Begleitgesetze bis

zur Sommerpause treffen. Wir werden die Entwürfe vor der Sommerpause vorlegen. (*Walther [SPD]: Da bin ich einmal gespannt!*) Das geschieht, weil wir Wert darauf legen, daß Bundesrat und Bundestag erstmals seit vielen Jahren in angemessenen Fristen Stellung nehmen und beraten können. Das haben wir seit der Bundestagswahl 1980 in Ihrer Verantwortung nicht mehr erlebt, meine Damen und Herren. (*Beifall bei der CDU/CSU.*) In solchen Überlegungen wird der Respekt vor Verfassungsorganen vielleicht stärker sichtbar als in manchen Grundsatzdeklarationen.
Meine Damen und Herren, wir müssen also in diesem Jahr immer noch eine Kreditaufnahme von 41 Milliarden DM vorsehen, und natürlich stellt sich die Aufgabe der Konsolidierung, der Gesundung der Staatsfinanzen deshalb als eine der zentralen Herausforderungen dieser Jahre. Es ist eine Aufgabe für Bund, Länder und Gemeinden. Ich unterstreiche hier die Mitverantwortung des Bundes für alle Ebenen, Entlastungen auch für die anderen Ebenen herbeizuführen, so wie wir das im Herbst vergangenen Jahres mit unseren Sparvorschlägen begonnen haben, die Sie bekämpft haben.
Sie dürfen nicht übersehen, daß die Wirtschaftskrise und die Arbeitslosigkeit dem Bund (*Dr. Hauff [SPD]: Erblast!*) ganz besondere finanzielle Belastungen aufbürden. Allein durch den Anstieg der Arbeitslosigkeit seit 1981 sind es auf der Ausgabenseite über 10 Milliarden DM.
Man muß auch sehen, Herr Vogel, wenn Sie über Bund, Länder und Gemeinden reden, daß der Anteil des Bundes an den öffentlichen Schulden von 1970 bis 1982 dramatisch angestiegen ist. Der Bundesanteil an den öffentlichen Schulden betrug 1970 38,8 Prozent, und er liegt heute bei 51 Prozent. Darin spiegeln sich schwerwiegende Probleme besonderer Art wider, die meine Amtsvorgänger genausogut kennen, wie ich sie jetzt zu sehen habe. Da ist z. B. die Tatsache, daß wir überdurchschnittlich die Belastungen durch die Arbeitslosigkeit tragen. (*Zuruf von der SPD.*)
– Da sind wir uns ausnahmsweise einmal einig, meine Damen und Herren. Nun sage ich zu der erneuten sozialdemokratischen Kritik an der notwendigen Konsolidierung folgendes. Ich sage das in bezug auf die Dokumentation der SPD-Fraktion, die Herr Kollege Vogel am 11. April 1983 an seine Parteifreunde verteilt hat, und die dortigen sehr erstaunlichen Feststellungen. Sie haben, wie solche Texte deutlich machen, Herr Kollege Vogel, die erschreckende Wirkung der sprunghaft steigenden Zinsausgaben immer noch nicht voll erkannt. Die Zinsausgaben im Bundeshaushalt betrugen 1969 2,2 Milliarden DM, 1979 11,2 Milliarden DM, und sie sind bis zum Jahre 1983 auf 27,2 Milliarden DM angestiegen. Sie haben in den letzten vier Jahren eine Zunahme der Zinsausgaben im Bundeshaushalt um 16 Milliarden DM. Das ist eine geradezu bedrückende Entwicklung, wenn wir an die Frage des

Gestaltungs- und Handlungs- und Verantwortungsbereichs für die Zukunft denken. Das heißt: Anteil der Zinsausgaben an den Steuereinnahmen des Bundes 1969 2,8 Prozent, 1979 6,8 Prozent, 1983 sage und schreibe 14,5 Prozent. (*Hört! Hört! bei der CDU/CSU.*)
In diesen Zahlen steckt eine Dramatik, die ich hier noch einmal sehr deutlich unterstreichen will. Sie müssen die Perspektive Zukunft ernst nehmen. Wer weiter mit fragwürdigen Argumenten wie manche von Ihnen (*Zuruf von der SPD*) – ja, wie manche von Ihnen – die dringende Aufgabe der Konsolidierung mit den notwendigen Sparbeschlüssen bekämpft, der versündigt sich an der Zukunft unseres Volkes. (*Beifall bei der CDU/CSU und der FPD.*)
Wenden Sie Ihre Sorge in der Verantwortung für die Zukunft gegenüber der nächsten Generation einmal der Frage zu, ob man so weitermachen kann in der Finanzpolitik und Schuldenmacherei, wie wir das in den vergangenen Jahren erlebt haben. (*Beifall bei der CDU/CSU und der FPD.*)
Meine Damen und Herren, weil dies so ist, weil der Verlust eines jeden gestaltenden Handlungsspielraums für die Zukunft wirklich droht, (*Schily [GRÜNE]: Traurig, traurig!*) müssen wir durch Konsolidierung, auch durch Sparbeschlüsse, die Handlungsfähigkeit der staatlichen Finanzpolitik wiedergewinnen.
Wir müssen die Übereinstimmung von Finanz-, Wirtschafts- und Sozialpolitik gewährleisten. Wir haben für eine positive wechselseitige Ergänzung der Fiskalpolitik in Bonn und der Geld- und Kreditpolitik in Frankfurt mit aller Kraft einzutreten. (*Stratmann [GRÜNE]: Reden Sie doch mal von den Arbeitslosen!*)
Herr Kollege Hoppe hat hier schon über den Finanzplanungsrat geredet. Ich möchte diesen Punkt gern noch einmal aufnehmen.
Ich finde es sehr bemerkenswert, daß wir uns im Finanzplanungsrat nach einer mehrstündigen Diskussion im Kreis aller Finanzminister der Länder und der kommunalen Spitzenvertreter darauf verständigt haben, daß in der Tat in der mittelfristigen Periode eine Größenordnung von 3 Prozent der Orientierungsrahmen sein soll; 3 Prozent jährliches Ausgabewachstum. Das setzt natürlich – das wird klar gesagt – eine große Anstrengung zur Konsolidierung voraus.
Ich begrüße es, daß Bund und Länder in diesen Prinzipien übereinstimmen, und würde mich freuen, wenn auch die sozialdemokratische Fraktion nach einer erneuten Prüfung dies grundsätzlich anerkennen könnte. Es bedeutet nicht eine Billigung aller Einzelbeschlüsse, die wir noch vorzulegen und zu erarbeiten haben. (*Dr. Vogel [SPD]: Jetzt ist die Tonart schon angemessener!*) Das Echo ist ja auch viel ruhiger und freundlicher. Ich habe doch nur repliziert, Herr Kollege Vogel.

Ich will in aller Klarheit sagen, daß die steuerpolitischen Ziele, die wir in den Grundzügen in der Regierungserklärung vernommen haben und die in einigen Einzelelementen zu konkretisieren sein werden, für uns der Wirtschafts- und Arbeitsmarktpolitik dienen. Natürlich gibt es die von Herrn Kleinert und anderen erwähnte Problematik der unterschiedlichen Wirkung von Investitionen. Aber man kann daraus doch nicht die verfehlte Folgerung ziehen, wie Sie es getan haben, daß eine Steigerung der Investitionen auch durch eine Senkung der ertragsunabhängigen Steuern gleichsam automatisch zur Steigerung der Arbeitslosigkeit führt. Das wäre ein großes Mißverständnis; denn Aufgabe ist es doch, durch die Steuerpolitik, aber auch durch Kostenbegrenzungen und Entlastungen, also das Gegenteil von dem, was Sie hier in der Diskussion über die Arbeitszeitverkürzung verlangt haben, den Anteil der Betriebserweiterungen und der Neugründungen auch in der Gewichtung der Investitionen wieder zu vergrößern.
Die Verwirklichung der phantastischen Vorstellung einer Arbeitszeitverkürzung auf 35 Stunden plus einer Verkürzung der Lebensarbeitszeit bei vollem Lohnausgleich wäre der sicherste Weg zur Zerstörung unserer Wettbewerbsfähigkeit und zu einer Massenarbeitslosigkeit, die alle Vorstellungen überschreitet. (*Beifall bei der CDU/CSU und der FPD.*)
Wir werden die noch offenen Fragen im Kabinett – auch in der engen Zusammenarbeit der Kollegen Blüm, Graf Lambsdorff und Stoltenberg – so zeitig klären, daß wir die Antworten bis Ende Juni geben können. Nur gilt auch hier: Was von Ihnen über Jahre hinweg nicht entschieden und gelöst wurde, kann man jetzt nicht alles in acht Wochen, auch nicht für die kommenden zwei/drei Jahre, entscheiden. (*Reents [GRÜNE]: Runter mit der Zahl der Arbeitsplätze und rauf mit den Diäten – das geht ganz schnell!*)
Wir wollen die notwendigen Entscheidungen bis Ende Juni treffen – die Grundentscheidungen schon im Mai –, den Bundeshaushalt und die Gesetzentwürfe dann zu Beginn der Sommerpause verabschieden, der öffentlichen Diskussion stellen, so daß Bundesrat und Bundestag die Möglichkeit haben, die Vorschläge der Bundesregierung im Bereich der Finanzpolitik, der Haushaltspolitik und der Steuerpolitik sorgfältig zu beraten.
Ich bitte aber alle sehr herzlich, angesichts der Größe und Schwere der Aufgabe (*Stratmann [GRÜNE]: Hui!*) – wenn Sie Zahlen bewerten können, werden Sie an Hand der Zahlen, die ich vorgefunden habe, schon erkennen, daß das eine große und schwere Aufgabe ist – uns kritisch, aber auch konstruktiv zu begleiten und bei allen Gegensätzen, die wir nicht verwischen wollen, die Ordnung der Staatsfinanzen als eine der großen Gemeinschaftsaufgaben unserer Zeit anzuerkennen. – Schönen Dank. (*Anhaltender Beifall bei der CDU/CSU und der FPD.*)

48.
„Zuerst Produktion, dann Verteilung"

Rede des Bundeswirtschaftsministers Dr. Otto Graf Lambsdorff in der Debatte über die Regierungserklärung am 5. Mai 1983

Bundeswirtschaftsminister Dr. Otto Graf Lamsdorff hielt in der Debatte über die Regierungserklärung von Bundeskanzler Dr. Helmut Kohl in der fünften Sitzung des Zehnten Deutschen Bundestages am 5. Mai 1983 folgende Rede:

Frau Präsidentin! Meine sehr verehrten Damen! Meine Herren! Neben vielen anderen entscheidenden Auswirkungen scheint mir die Bedeutung des Wahlergebnisses vom 6. März 1983 über diesen Tag hinaus auch in zwei Punkten zu liegen. Erstens. Die Mehrheit der deutschen Wähler hat sich für eine Koalition, für eine Regierung, für die sie tragenden Parteien entschieden, die ihnen nicht Wahlversprechen, die ihnen nicht das leichte Leben, nicht das Land, in dem Milch und Honig fließen, angeboten haben, sondern die von Einschränkungen, Beschränkungen, Anstrengung und Leistung gesprochen haben. (*Beifall bei der FDP und der CDU/CSU.*) Es stellt dem deutschen Wähler und seiner politischen Urteilskraft ein gutes Zeugnis aus, daß er nicht hereingefallen ist auf die Sprüche der Umverteilung von unten nach oben und auf die Ellenbogengesellschaft, die in diesem Wahlkampf behauptet worden ist. (*Beifall bei der FPD und der CDU/CSU.*)

Zweitens. Dieses Wahlergebnis ist ein eindrucksvoller Sieg der Idee und der Wirklichkeit der Sozialen Marktwirtschaft, unserer freiheitlichen Wirtschaftsordnung, ihrer politischen, ihrer wirtschaftlichen und ihrer moralischen Qualität.

Alle Analysen haben bestätigt – Herr Stoltenberg hat mit Recht darauf hingewiesen –, daß die Sozialdemokraten diese Wahl wegen ihres Mangels an wirtschaftspolitischer Kompetenz verloren haben. Übrigens: Nicht viele Wähler – ich ganz gewiß nicht – haben diese wirtschaftspolitische Kompetenz dem Amtsvorgänger des jetzigen Bundeskanzlers abgesprochen, wohl aber, Herr Vogel – und das zu Recht –, einer Sozialdemokratischen Partei und Fraktion, die dessen unbequemen Ratschlägen schon längst nicht mehr folgen wollte. (*Beifall bei der FPD und der CDU/CSU.*)

Das, was Sie, Herr Kollege Vogel, gestern – übrigens in bemerkenswerter Kürze angesichts der Bedeutung des Problems; das zeigt ja auch unsere Aussprache – zur Wirtschaftspolitik und zur Arbeitsmarktpolitik gesagt haben, hat in der Tat gezeigt, daß aus dieser Wahlniederlage bei Ihnen bisher keinerlei Konsequenzen gezogen worden sind, daß das Hin und Her der sozialdemokratischen Wirtschaftspolitik, das wir im Wahlkampf erlebt haben, weitergehen wird. Ich erinnere nur an die Stichworte Quellensteuer, Devisenkontrolle, zinsgünstige Notenbankkredite, Zinssubvention, denen gestern nun auch noch der fabelhafte Vorschlag hinzugefügt worden ist, mit einer Mineralölsteuererhöhung die Probleme der Bundesbahn zu finanzieren. Immer nur der Griff in die Tasche des Steuerzahlers! Anderes geht nicht. (*Beifall bei der FPD und der CDU/CSU.*)

Deswegen sage ich, meine Damen und Herren von der SPD, Herr Kollege Vogel: Es bleibt dabei, daß die Slalomkünste, die Sie auf wirtschaftspolitischem Gebiet im Wahlkampf angeboten haben, die Künste des schwedischen Wunderläufers Ingemar Stenmark um ein Vielfaches übertreffen. (*Dr. Vogel [SPD]: Heiterkeit! – Weitere Zurufe von der SPD.*)

Was heute aus den Reihen der GRÜNEN an die Adresse der Bundesregierung gesagt worden ist, wir nähmen die Arbeitslosigkeit nicht ernst, uns gehe es um die Gewinne der Unternehmen, das war eine niederträchtige Unterstellung; ich will das hier noch dreimal unterstreichen. (*Beifall bei der FPD und der CDU/CSU – Zurufe von den GRÜNEN: Das ist die Wahrheit!*)

Ich habe niemals in Frage gestellt, daß wir alle die Probleme der Arbeitslosigkeit in gleicher Weise ernst nehmen. Wir streiten – das ist richtig und gut so – um die Frage, wie man dem Problem beikommen kann.

Sie sagen, wir kürzen Gewerbesteuer, und wir kürzen Vermögensteuer, ohne den Gebietskörperschaften den notwendigen Ausgleich zu geben. (*Zurufe von den GRÜNEN.*) Das ist nicht der Fall. Das ist weder bei der Dauerschuld- und Dauerschuldzinsenregelung der Gewerbesteuer geschehen, noch wird es bei der Frage der Vermögensteuer geschehen. Sie können sich auch ganz darauf verlassen: Es wird keine Regelung geben, die etwa nur Großbetriebe begünstigt, wenn wir bei der Vermögensteuer ansetzen, sondern es wird klar und deutlich eine mittelständische Komponente, die auch Wirkung zeigt, eingebaut werden. (*Beifall bei der FPD und der CDU/CSU.*)

Ich bin ganz mit Ihnen einig, daß das Ansteigen der Steuerlastquote, das sich aus Progression und Preissteigerung weiter ergeben wird, dahin führen muß, daß wir möglichst bald – aber nur ein Schelm verspricht mehr, als er hat und als er zur Zeit zusagen kann – zu einer Tarifreform kommen. Aber wäre es richtig, nun Ansparvorgänge dahin zu machen? Sie wissen doch selber, wie schwierig es für einen Finanzminister ist, anzusparen und das Angesparte auch zu behalten und nicht doch auszugeben.

Eigentlich am wichtigsten war Ihr Ruf nach Gerechtigkeit. Meine Damen und Herren, hier wird wohl niemand bestreiten wollen, daß das Bemühen um Gerechtigkeit – steuerpolitisch, aber auch auf anderen Gebieten – ein Leitfaden all unserer politischen Entscheidungen sein muß. (*Zurufe von der SPD.*) – Muß! Gerade im steuerpolitischen Bereich haben wir festgestellt, daß der Widerspruch zwischen Einfachheit und Gerechtigkeit dazu führt, daß ein immer größeres Maß an Gerechtigkeit zu einer immer größeren Kompliziertheit unseres Steuersystems führt, die schon dadurch, durch ihre Unübersichtlichkeit, durch ihre Nichtmehrhandhabbarkeit, ein gehöriges Maß an Ungerechtigkeit mit sich bringt. Hier den mittleren Weg zu finden, ist schwierig.

Noch schwieriger ist wohl die Überlegung über Gerechtigkeit beim Verteilen der Belastungen, aber auch der Guttaten. Kann das Streben nach nahezu absoluter Gerechtigkeit nicht dazu führen, daß man dann nur noch den Mangel verteilen kann und nicht mehr die Möglichkeiten offenläßt – auch durch ein Maß an Ungleichheit und gewiß auch Ungerechtigkeit –, das zu erwirtschaften, was man nachher steuer-, wirtschafts- und sozialpolitisch verteilen will?

Wenn 1949 in unserem Land der Wiederaufbau unter dem Gesichtspunkt steuerpolitisch absoluter Gerechtigkeit angefangen und betrieben worden wäre, hätte es keine 7-b-Abschreibung, keine Schiffsfinanzierung und ich weiß nicht, was alles, geben dürfen. (*Beifall bei der FPD und der CDU/CSU.*) Damals ist klar gesagt worden: Es muß zunächst einmal produziert, erarbeitet, Sozialprodukt geschaffen werden, und dann muß es verteilt werden. Ich glaube, diese letztendliche Gerechtigkeit, nämlich mehr zu geben, mehr zur Verfügung zu stellen und mehr zu erwirtschaften, das ist der eigentlich entscheidende Punkt, auf den wir uns zubewegen müssen. (*Beifall bei der FPD und der CDU/CSU.*)

Meine Damen und Herren, nach den heutigen Debatten und nach den gestrigen Debatten komme ich gar nicht darum herum, auch die Fraktion der GRÜNEN anzusprechen und auch Sie zu erinnern. Auch Sie kommen in dieses Parlament nicht wie neugeborene und unschuldige Kinder. Ich will nur zwei Beispiele nennen: die Volkszählung und das Draufsatteln von Fragen durch die AL in Berlin oder die Gewaltfreiheit und die Startbahn West. (*Beifall bei der FPD und der CDU/CSU.*)

Frau Beck-Oberdorf hat gestern gesagt: Tragende Elemente unserer Politik sind Gewaltlosigkeit, Sanftheit und Toleranz. Und dann hat Frau Kelly eine haßerfüllte Rede gehalten, und Herr Bastian hat uns im Kasernenhofton angeschnauzt. (*Beifall bei der FPD und der CDU/CSU – Vogt [Kaiserslautern] [GRÜNE]: Das sind Ihre Feindbilder, Graf Lambsdorff!*) Wenn das, meine Damen und Herren, Ihre Sanftheit ist, dann können wir uns ungefähre Vorstellungen von Ihrer Gewaltlosigkeit machen. (*Heiterkeit und Beifall bei der FPD und der CDU/CSU – Verheyen [GRÜNE]: Nicht alles, was Ihnen nicht paßt, ist Gewalt!*)

Frau Beck-Oberdorf hat mich gestern mit dem Satz zitiert: Es gibt keine Grenzen des Wachstums. Ich bitte um den Nachweis, wo ich das gesagt haben soll. Hoffentlich habe ich es nicht gesagt. Jedenfalls ist es nicht meine Meinung. – Natürlich gibt es Wachstumsgrenzen, die wir auch allerorten und täglich spüren. (*Verheyen [GRÜNE]: Sie meinen die Grenzen von Graf Lambsdorff?*)

Aber, meine Damen und Herren, was ich gesagt habe und was ich wiederhole, ist: Ohne Wachstum gibt es keine zusätzlichen Arbeitsplätze. Gleichzeitig aber sage ich auch: Wachstum alleine reicht nicht. Deswegen muß auch über Arbeitszeitverkürzungen nachgedacht werden. Wer aber, wie auch Sie gestern hier, gegen jedes Wachstum argumentiert und auftritt, der betreibt die beschäftigungs- und arbeitnehmerfeindlichste Politik, die in diesem Lande überhaupt denkbar ist. (*Beifall bei der FPD und der CDU/CSU – Vogt [Kaiserslautern] [GRÜNE]: Sie müssen zuhören! Wir sind gegen Industriewachstum und gegen Waldverpestung! – Fischer [Frankfurt] [GRÜNE]: Wer hat die Arbeitslosen hier zu verantworten?*) Deswegen, meine Damen und Herren, wäre ich ganz dankbar, wenn die sozialdemokratischen Kollegen, die jeden Diskussionsbeitrag hier mit einer Wohlwollensadresse an die GRÜNEN eröffnet haben, einmal darüber nachdenken würden, wo sie eigentlich hinwollen.

Wenn Herr Kleinert hier zur Arbeitszeitverkürzung gesprochen hat, so haben Herr Stoltenberg und ich das beantwortet. Aber eines sage ich Ihnen, meine Damen und Herren, gerade als Liberaler: (*Zuruf von den GRÜNEN: Als was?*) Wer aussteigen will, wer sich von dieser Gesellschaft abmelden will, wer zu dieser Gesellschaft nichts leisten will, der hat das volle Recht, das zu tun. Dem ist nicht zu widersprechen. (*Verheyen [GRÜNE]: Von wem reden Sie?*) Aber wenn der alle Sozialleistungen in Anspruch nehmen will, die diese Gesellschaft bietet, dann wird nein gesagt. (*Beifall bei der FPD und der CDU/CSU – Fischer [Frankfurt] [GRÜNE]: Jawohl, Herr Flick!*)

Meine Damen und Herren, das Stichwort wirtschaftliches Wachstum lenkt über zu der Frage, ob wir es denn mit einem konjunkturellen Aufschwung, mit einer konjunkturellen Besserung bei uns zu tun haben. (*Conradi [SPD]: Da sehen Sie nicht sehr gut aus!*)

– Na, Herr Conradi, habe ich in Ihren Augen jemals gut ausgesehen? Das kann doch nicht sein. (*Heiterkeit bei der FDP und der CDU/CSU – Demonstrativer Beifall bei der SPD.*)

Nach meiner Rede zur Eröffnung der Hannover-Messe ist im Lande die kritische Frage gestellt worden, ob das nicht zu optimistisch gewesen sei, ob das nicht den Aufschwung herbeizureden versucht hätte – was man nicht kann, wohl aber kann man einen Aufschwung zerreden. (*Hauser [Krefeld] [CDU/CSU]: Richtig!*)

Das Gutachten der Forschungsinstitute bestätigt, daß die Annahmen der Bundesregierung im Jahreswirtschaftsbericht zutreffen. Das Gutachten der Forschungsinstitute korrigiert sie etwas nach oben. Ich glaube in der Tat, daß wir uns auf dem Wege zu einer besseren wirtschaftlichen Entwicklung deutlich und sichtbar befinden. (*Stratmann [GRÜNE]: Für die Unternehmer! – Dr. Friedmann [CDU/CSU]: Da arbeiten doch viele Leute!*)

Nun, meine Damen und Herren, zum Thema Aufschwung: Diese konjunkturelle Besserung und das, was in den nächsten Jahren zu erwarten ist, reichen nicht aus – niemand täusche sich darüber, nie hat die Bundesregierung in den letzten Monaten anderes behauptet –, die Arbeitsmarktprobleme in unserem Lande in zufriedenstellender Weise zu lösen. (*Zuruf von der SPD: Das hättest du vorher sagen müssen!*)

– Wenn Sie mir zurufen „Das hättest du vorher sagen müssen", dann lesen Sie einmal die Berichte über meine Wahlkampfreden. Dann werden Sie feststellen, daß ich das landauf, landab in 160 Veranstaltungen gesagt habe. – Wir werden noch jahrelang mit zu hohen Arbeitslosenzahlen leben müssen. Mit konjunkturellen Besserungen allein werden wir die strukturellen Probleme, die Notwendigkeit, daß wir uns an weltwirtschaftliche Veränderungen anpassen müssen, nicht lösen bzw. nicht schaffen. Es ist richtig, wenn das Sachverständigengutachten sagt: Die volle Auslastung der Kapazitäten in einem normalen konjunkturellen Zustand genügt nicht. Wir brauchen in den nächsten Jahren etwa eine Million neuer Arbeitsplätze. Das ist die große Aufgabe, der wir gegenüberstehen. (*Beifall bei der FPD und der CDU/CSU.*)

Meine Damen und Herren, ich kann die Politik der Bundesregierung, die dahin führen soll, heute nur in wenigen, knappen Thesen vortragen, um der zeitlichen Beschränkung gerecht zu werden.

Heute nur so viel: Erstens. Die Schwelle für ein beschäftigungswirksames Wachstum liegt aus heutiger Sicht bei 2 Prozent oder 3 Prozent. Die Wachstumsmöglichkeiten unserer Volkswirtschaft sind eher auf unter 2 Prozent abgesunken. Das ist zur Verbesserung der Arbeitsmarktlage zu wenig.

Zweitens. Die Bruttoanlageinvestitionen müßten jährlich um real 6 bis 8 Prozent steigen, wenn das Wachstumspotential um einen halben Prozentpunkt steigen soll.
Drittens. In der Mechanik mancher volkswirtschaftlicher Beobachter bedeutet höhere Produktivität weniger Arbeitsplätze. Die Rechnung ist falsch. Längerfristig bedeutet Verzicht auf Produktivität vor allem Verzicht auf Wettbewerbsfähigkeit. Wirtschaftliche Dynamik bei nachlassender Wettbewerbsfähigkeit – das ist ein Widerspruch, das geht nicht. Hohe Produktivitätsfortschritte sind ein Indiz für die Lebendigkeit und Anpassungsfähigkeit einer Wirtschaft, für die Dynamik, auch mit dem Problem der Arbeitslosigkeit fertigzuwerden.
Viertens. Ein nachhaltiger Aufschwung der unternehmerischen Investitionstätigkeit ist die Schlüsselgröße für die Verbesserung der Beschäftigungslage. Aber: Die Eigenkapitalrendite hat sich seit 1960 etwa halbiert. Gleichzeitig ist der Kapitalmarktzins im Trend gestiegen, die Investitionen schwächten sich erheblich ab.
Fünftens. Entscheidend ist eine Korrektur der Einkommensverteilung zugunsten der Ertragskraft der Unternehmen, damit diese Relation wieder umgekehrt wird. Nötig ist eine größere Stabilität der Lohnkosten, und zwar über eine ganze Anzahl von Jahren. Wichtig ist auch, daß die Lohnentwicklung wieder stärker differenziert wird.
Sechstens. Zur Korrektur der Einkommensverteilung sind wir auf den sozialen Konsens angewiesen. Das verantwortungsbewußte Verhalten der Tarifpartner in der Vergangenheit gibt Hoffnung für die Zukunft. Die Vermögenspolitik kann helfen, den Konsens zu stärken.
Siebtens. Daneben sind günstige Finanzierungsbedingungen erforderlich. Vor allem auch deshalb muß die hohe Beanspruchung der Kapitalmärkte durch die öffentlichen Haushalte zurückgeführt werden.
Achtens. Die Konsolidierung der öffentlichen Haushalte muß durch eine Begrenzung des Ausgabenanstiegs erreicht werden. Die Steuerlastquote und die Sozialabgaben dürfen nicht steigen. Leistungsverweigerung oder Schwarzarbeit sowie Fiskalverdrossenheit grassieren schon jetzt.
Neuntens. Von großer Bedeutung ist ein investitionsfreundliches Steuersystem. Ein Anfang wurde gemacht. Gerade auch im Hinblick auf den Mittelstand und zur Verstärkung der Leistungsanreize darf aber die Reform des Einkommen- und Lonsteuertarifs nicht zu lange hinausgeschoben werden.
Schließlich, meine Damen und Herren, zehntens. Das Konzept der Koalition von Union und FPD setzt auf einen klaren marktwirtschaftlichen Kurs. Die Marktwirtschaft ist anderen Systemen überlegen, weil sie offen ist – offen für

den Menschen, offen für den technischen Fortschritt, offen für die Lösung immer neuer Probleme. Die marktwirtschaftliche Ordnung, meine Damen und Herren, ist und bleibt das Korrelat zu einer freiheitlichen Gesellschaftsordnung. Deswegen stehen wir zu ihr, und deswegen sehen wir auf dieser Grundlage die Möglichkeiten zur Lösung der schweren Probleme, denen sich diese Bundesregierung stellen wird. (*Anhaltender Beifall bei der FDP und der CDU/CSU – Zuruf von den GRÜNEN.*)

49.
Deutsche Außen- und Sicherheitspolitik in den 80er Jahren

Regierungserklärung von Bundesaußenminister Hans-Dietrich Genscher am 15. Juni 1983

Zur deutschen Außen- und Sicherheitspolitik in den 80er Jahren gab in der dreizehnten Sitzung des Zehnten Deutschen Bundestages am 15. Juni 1983 Bundesaußenminister Hans-Dietrich Genscher folgende Regierungserklärung ab:

Herr Präsident! Meine sehr verehrten Damen! Meine Herren!

> Keine unserer Waffen wird jemals eingesetzt werden, es sei denn als Antwort auf einen Angriff.

So heißt es in der Bonner Friedenserklärung der NATO vom 10. Juni 1982, so bekräftigen es die Teilnehmer des Weltwirtschaftsgipfels in Williamsburg, und so steht es im Kommuniqué der NATO-Frühjahrstagung vom 10. Juni 1983.

Das Bündnis des Westens ist ein Bündnis zur Bewahrung des Friedens, ein Bündnis nicht zum Führen oder gar zum vermeintlichen Gewinnen eines Krieges. Es ist ein Bündnis zur Verhinderung eines Krieges in Europa und in allen anderen Teilen des Bündnisgebietes. *(Beifall bei der FDP und der CDU/CSU.)* Unsere Strategie ist eine Strategie der Kriegsverhinderung. Bewahrung des Friedens – zu diesem Ziel haben sich die Mitgliedsstaaten der NATO verbunden, dafür werden unsere Soldaten ausgebildet, und allein dafür sind sie ausgerüstet. Der Dienst in der Bundeswehr ist Friedensdienst. In diesem Bewußtsein leisten junge Menschen ihren Wehrdienst. Sie haben in diesem Dienst Anspruch auf unsere Anerkennung und auf unsere Solidarität.

Das Bündnis will Frieden in Freiheit sichern. Menschenwürde und Freiheit, Demokratie, Selbstbestimmungsrecht – das sind die Werte, zu deren Schutz wir uns im westlichen Bündnis zusammengeschlossen haben. *(Zuruf von den GRÜNEN: Türkei!)* Deshalb sprechen wir von einer Gemeinschaft der Werte.

Sie rufen „Türkei". Ich sage Ihnen auch an dieser Stelle: Es zeichnet dieses

Bündnis aus, daß die Partner der Türkei die dort Verantwortlichen aufrufen, zur Demokratie zurückzukommen, während im Warschauer Pakt die Partner Polens Polen daran hindern, mehr Gewerkschaftsrechte zu schaffen. *(Beifall bei der FDP und der CDU/CSU.)*
Weil wir uns zu Freiheit und Menschenrechten bekennen, sprechen wir von einer Gemeinschaft der Werte in diesem Bündnis. Das bedeutet: Je freiheitlicher unsere Staats- und Gesellschaftsordnung ist, um so verteidigungswürdiger ist sie für unsere Bürger. Freiheit und Gerechtigkeit in unseren Gesellschaften – soziale Gerechtigkeit im Sinne unseres sozialen Rechtsstaatsgebotes – machen die Verteidigungswürdigkeit aus, die den Bürger in Uniform und in Zivil erfüllen muß, wenn er aufgerufen ist, für unsere Staats- und Gesellschaftsordnung einzutreten.
Das NATO-Kommuniqué bekräftigt deshalb, daß die Stärke und die Sicherheit der Mitgliedsstaaten auch auf ihrer sozialen Stabilität und auf ihrem Fortschritt beruhen. Für uns gehören soziale Stabilität, Fortschritt und Verteidigungsbereitschaft zusammen. Unser Bekenntnis zu Freiheit und sozialer Gerechtigkeit erklärt, warum unser Bündnis mehr ist als eine Militärallianz alten Stils.
Die Wertegemeinschaft des Bündnisses bedeutet auch: Jeder, der sich um den Frieden sorgt, der für den Frieden eintritt, erfährt unsere Achtung und unseren Respekt. So würdigen wir auch die Friedensdiskussion in den Kirchen. Einseitig handelt, wer das öffentliche Eintreten für den Frieden in der DDR lobt, es bei uns aber tadelt. Niemand sollte vergessen, daß die Freiheit, über den richtigen Weg zum Frieden mit allen Mitteln einer demokratischen Auseinandersetzung zu streiten, durch unseren demokratischen Rechtsstaat überhaupt erst möglich wird. Niemand sollte vergessen, daß wir diese Freiheit nur deshalb bewahren können, weil wir Mitglied des Bündnisses sind und unsere Soldaten Friedensdienst für die Freiheit leisten. *(Beifall bei der FDP und der CDU/CSU.)* Deshalb begrüßen wir auch die Soldaten unserer Verbündeten – die Amerikaner wie die Europäer – als Garanten unserer Freiheit.
Wer in der Auseinandersetzung über den richtigen Weg zum Frieden das demokratische Mehrheitsprinzip außer Kraft setzen will, wer in der Auseinandersetzung über den richtigen Weg zum Frieden Gewalt an die Stelle von Überzeugung setzen will, legt die Axt an die Grundlagen unserer Freiheitsordnung. *(Beifall bei der FDP und der CDU/CSU.)* Aber diese Ordnung ist es gerade, die unser Land erst verteidigungswürdig macht.
Unsere Friedensordnung mit ihrem Toleranzgebot verleiht niemandem einen Absolutheitsanspruch auf den einzigen, den richtigen Weg zum Frieden. Das Grundgesetz garantiert die Gewissensentscheidung, den Kriegsdienst zu

verweigern, aber das Grundgesetz begründet zuerst die Gewissensentscheidung der Mehrheit unserer jungen Männer für ihren Friedensdienst als Soldat. *(Beifall bei der FDP und der CDU/CSU.)*
Es entspricht unserer parlamentarischen Demokratie, daß hier im Deutschen Bundestag auch in Zukunft die Fragen der Außen- und Sicherheitspolitik entschieden werden, so wie das z.B. in der Vergangenheit bei der Zustimmung zu beiden Teilen des NATO-Doppelbeschlusses geschehen ist. Die Bundesregierung wird die Aussprache darüber immer wieder suchen.
Die Erklärung von Paris, über die ich hier zu berichten habe, ist eine Botschaft des Friedens. Sie verbindet den Willen zur Verteidigung und zur Festigkeit mit dem Willen zu Rüstungskontrolle, Abrüstung, Zusammenarbeit und Entspannung. Sie bekräftigt damit die Ziele und die Grundsätze des Harmel-Berichts.
Die Erklärung von Paris bestätigt die Einheit des Bündnisses und seine politische Handlungsfähigkeit. Die Mitgliedsstaaten lassen keinen Zweifel an ihrer Entschlossenheit, ihre Sicherheit und ihre Unabhängigkeit zu gewährleisten und Freiheit und Gerechtigkeit zu verteidigen. Die Bundesregierung wird das in ihrer Macht Stehende tun, daß niemand unseren deutschen Beitrag zur gemeinsamen Sicherheit in Zweifel ziehen oder gar gefährden kann.
Die konsequente Erfüllung der im Bündnis mitformulierten und übernommenen Verpflichtungen ist deshalb Teil unserer außen- und unserer sicherheitspolitischen Glaubwürdigkeit. Sie ist ein unverzichtbares Element der gemeinsamen Anstrengungen, die gemeinsame Sicherheit zu bewahren.
Die Erklärung von Paris bekräftigt den Willen des Bündnisses, durch Verhandlungen Gleichgewicht auf möglichst niedrigem Niveau herzustellen. Das Ziel der Bundesregierung, Frieden zu schaffen mit immer weniger Waffen, ist das gemeinsame Ziel des Bündnisses. Es bleibt dabei – die Pariser Erklärung stellt es noch einmal fest, und sie bestätigt damit voll die Sicherheitspolitik der Bundesregierung –: Verteidigung und Rüstungskontrolle sind integrale Bestandteile unserer Sicherheitspolitik. Verteidigung und Rüstungskontrolle!
Das Bündnis formulierte in Paris eine Strategie für den Frieden. Elemente dieser Strategie sind Dialog und Zusammenarbeit, das Bemühen um wirkliche Entspannung, Gewaltverzicht, Verteidigung und Rüstungskontrolle als integrale Bestandteile unserer aktiven, auf Friedenssicherung gerichteten Politik. Diese Strategie des Friedens geht von der Grundvorstellung aus, daß wir unsere Beziehungen zum Osten weiter positiv entwickeln wollen. Die Feststellung im Kommuniqué, daß es nicht zuletzt in Spannungszeiten wichtig ist, den Dialog aufrechtzuerhalten, unterstreicht den gemeinsamen Willen, alle Möglichkeiten zur Überwindung der gegenwärtigen schwierigen

Kritische Zuhörer: Journalisten der in- und ausländischen Presse verfolgen auf der Pressetribüne die Debatten im Plenum des Bundestages.

Zur Einzelabstimmung durch „Hammelsprung“ verlassen alle Abgeordneten den Plenarsaal, den sie nur durch drei gekennzeichnete Türen mit den jeweiligen Aufschriften „ja“ — „nein“ — oder „Enthaltung“ wieder betreten können. Dabei werden sie von den Schriftführern gezählt.

166

Der Zeitpunkt der „Wende“: Beim Konstruktiven Mißtrauensvotum der CDU/CSU und der FDP gegen Bundeskanzler Helmut Schmidt am 1. Oktober 1982 wurde Oppositionsführer Helmut Kohl zum neuen Bundeskanzler gewählt. Helmut Schmidt gratuliert seinem Amtsnachfolger Helmut Kohl.

Antrittsbesuch bei der Truppe: Der neue Bundesverteidigungsminister Manfred Wörner informiert sich bei Soldaten des III. Korps der Bundeswehr in Koblenz im November 1982.

Bundeskanzler Helmut Kohl und sein Kabinett im Mai 1983.

internationalen Lage zu nutzen, im Gespräch mit dem Osten immer wieder geduldig um Fortschritte zu ringen.
Der Besuch, den der Bundeskanzler und ich im Juli der Sowjetunion abstatten werden, ist Ausdruck unserer Dialogbereitschaft. Das gleiche gilt für die Bereitschaft des amerikanischen Präsidenten zu einem wohlvorbereiteten Treffen mit dem sowjetischen Generalsekretär Andropow.
Die Verbesserung der West-Ost-Beziehungen dient unserer Zusammenarbeit mit den Staaten des Warschauer Pakts auf der Grundlage der geschlossenen Verträge. Wichtig für die positive Entwicklung des West-Ost-Verhältnisses sind die wirtschaftlichen Beziehungen. Deshalb haben die Außenminister der NATO in Paris festgestellt, daß der Handel auf der Grundlage handelspolitisch vernünftiger Bedingungen und gegenseitigen Vorteils, der eine präferentielle Behandlung der Sowjetunion vermeidet, zu konstruktiven West-Ost-Beziehungen beiträgt. Wir wollen keinen Handelskrieg mit dem Osten. Die Anerkennung der politisch stabilisierenden Rolle der West-Ost-Handelsbeziehungen findet dort ihre Grenzen, wo sie die militärische Stärke der Sowjetunion erhöhen würde.
Von besonderer Bedeutung für die Bundesrepublik Deutschland ist die Erwartung der Bündnispartner, daß die Bemühungen unseres Landes um weitere praktische Fortschritte in den innerdeutschen Beziehungen und um Verbesserungen für Reisende in beiden Richtungen Berlin und dem deutschen Volk in beiden deutschen Staaten unmittelbar zugute kommen. Die Bündnispartner machen sich damit die nationalen Interessen der Deutschen zu eigen. Sie anerkennen, daß das deutsch-deutsche Verhältnis Auswirkungen auf das West-Ost-Verhältnis in seiner Gesamtheit hat. Für die Bundesregierung ist diese Haltung der Verbündeten Ermutigung, fortzufahren in ihren Anstrengungen, daß von den deutsch-deutschen Beziehungen positive und nicht negative Impulse für das West-Ost-Verhältnis ausgehen. Wir wissen, daß wir damit deutsche und europäische Interessen wahrnehmen.
Von großer politischer Bedeutung für die Lage nicht nur in Europa, sondern überall in der Welt ist das erneute und uneingeschränkte Bekenntnis der Bündnispartner zu dem Verzicht auf Gewalt. Dieses Bekenntnis gewinnt zusätzliche Aktualität durch die Vorschläge der Staaten des Warschauer Pakts für den Abschluß eines Gewaltverzichtsabkommens, wie sie bei dem Gipfeltreffen des Warschauer Pakts in Prag am 6. Januar 1983 gemacht worden sind. Die Bündnispartner machen klar, daß die Verpflichtung, in den zwischenstaatlichen Beziehungen keine Gewalt anzuwenden, zwischen allen Staaten ohne Ausnahme zu respektieren ist. Das bedeutet: auch zwischen Staaten desselben Bündnisses. Damit erteilt das Bündnis der Breschnew-Doktrin eine klare Absag, d. h., der Verzicht auf die Drohung mit Gewalt

muß sich auch im Verhältnis und im Verhalten der Sowjetunion gegenüber der Volksrepublik Polen bewähren. *(Beifall bei der FDP und der CDU/CSU.)*
Zum Gewaltverzicht gehört nach Auffassung des Bündnisses auch die Beendigung fortdauernder Gewaltanwendung in Afghanistan. *(Beifall bei der FDP und der CDU/CSU – Fischer [Frankfurt] [GRÜNE]: Und in Nicaragua!)*
In dem Hinweis, daß Mäßigung und Verantwortungsbewußtsein seitens der Sowjetunion von wesentlicher Bedeutung sind für die konstruktiven Beziehungen, welche die Bündnispartner mit der Sowjetunion anstreben, liegt zugleich das Angebot, auf dieser Grundlage das West-Ost-Verhältnis zu verbessern und auszubauen.
In der Tat: Mäßigung und Verantwortungsbewußtsein sind die positiven Aspekte des Verzichts auf die Anwendung oder Androhung von Gewalt in den zwischenstaatlichen Beziehungen. Sie gehören zur Respektierung der Souveränität der anderen Staaten und dem Bekenntnis zu einer gleichberechtigten, einer partnerschaftlichen Zusammenarbeit unter den Staaten. Ein solches Verhalten wird in einer Welt, die von gegenseitiger Abhängigkeit geprägt wird, immer dringender für die Sicherung des Friedens, aber auch für die gemeinsame Entwicklung. Die großen Zukunftsaufgaben der Menschheit, die Überwindung von Hunger, Armut und Krankheit in allen Teilen der Welt und die Sicherung der natürlichen Lebensgrundlagen weltweit, können nur gemeinsam bewältigt werden.
Ein Verhältnis der Gleichberechtigung und der Zusammenarbeit ist auch unverzichtbare Voraussetzung für die von der Bundesregierung gewünschte und gewollte europäische Friedensordnung, in der durch Überwindung der Trennung Europas auch die Probleme der Trennung der Deutschen bewältigt werden können; denn die Erkenntnis, daß Deutschlandpolitik europäische Friedenspolitik ist, muß für das gesamte West-Ost-Verhältnis ihre Gültigkeit haben.
Zu den internationalen Rahmenbedingungen unserer Sicherheit gehört auch die Lage außerhalb des westlichen Bündnisses und außerhalb des Warschauer Pakts. Die Bündnispartner haben deshalb in Paris ihre Aufmerksamkeit auch der Lage in der Dritten Welt zugewendet. Wir wollen, daß die Staaten der Dritten Welt sich politisch, wirtschaftlich und sozial ohne Einmischung von außen frei entwickeln können. *(Frau Beck-Oberdorf [GRÜNE]: Dafür gibt es eine schnelle Eingreiftruppe!)*
In dem Bekenntnis zur weiteren Entwicklung friedlicher und freundschaftlicher internationaler Beziehungen und zur Forderung nach Stabilität und Wohlergehen bekräftigt das Bündnis seine Verantwortung für die wirtschaftliche und soziale Entwicklung in der Dritten Welt.

Ein Vergleich der Aufwendungen der Staaten des westlichen Bündnisses für die Dritte Welt mit den Aufwendungen des Warschauer Pakts zeigt, daß die Bekenntnisse, die aus dem NATO-Kommuniqué sprechen, nicht nur leere Worte sind. So gab z.B. die Sowjetunion nach Angaben des Londoner Instituts für strategische Studien 1980 für Rüstung 13,5 Prozent des Bruttosozialprodukts aus, verglichen mit 3,2 Prozent in der Bundesrepublik Deutschland. *(Hört! Hört! bei der CDU/CSU – Schily [GRÜNE]: Und in den USA?)* Für Entwicklungshilfe wandte die Sowjetunion hingegen nur 0,14 Prozent des Bruttosozialprodukts auf, während die Bundesrepublik Deutschland allein für die staatliche Entwicklungshilfe 0,43 Prozent des Bruttosozialprodukts bereitstellte.
Noch deutlicher ist der Kontrast, wenn man eine Pro-Kopf-Berechnung anstellt: In der Bundesrepublik Deutschland lagen 1980 die Ausgaben für die öffentliche Entwicklungshilfe bei 57 Dollar pro Kopf, verglichen mit nur 6 Dollar in der Sowjetunion. Wer zu den öffentlichen Entwicklungshilfeleistungen noch hinzuzählt, was an privaten Investitionen aus den Staaten des westlichen Bündnisses in die Dritte Welt geht und was unsere Märkte an Absatzmöglichkeiten für Exporte aus den Staaten der Dritten Welt bieten, dem wird zugleich deutlich werden, wer hier einen Nachholbedarf an Werken des Friedens in der Welt hat. *(Beifall bei der FDP und der CDU/CSU.)*
Die NATO ruft zur Respektierung von Souveränität und echter Blockfreiheit auf. Die Unterstützung wirklicher Blockfreiheit ist die Ablehnung einer Politik der Einflußzonen der Dritten Welt. Das Bündnis erkennt damit den stabilisierenden Beitrag der Blockfreienbewegung zur Sicherung des Weltfriedens und auch zur Wahrung unserer eigenen Interessen an.
Sicherheit und Zusammenarbeit in Europa, wie sie auf der Madrider Konferenz verhandelt werden, sind ein Beitrag zur Stabilität in Europa. Die Bundesregierung begrüßt, daß das Bündnis in Paris dem Madrider KSZE-Folgetreffen eine erhebliche Bedeutung zugemessen hat. Wir wollen mit der Fortsetzung des KSZE-Prozesses die in der Schlußakte von Helsinki übernommenen Verpflichtungen zur Verbesserung der Zusammenarbeit in Europa und zur Stabilisierung des West-Ost-Verhältnisses verwirklichen. Wir wollen als Ziel eine europäische Friedensordnung, wie sie in der Regierungserklärung des Bundeskanzlers gefordert wurde. Das Bündnis bestätigt die Auffassung der Bundesregierung, daß der Vorschlag der neutralen und blockfreien Staaten für ein Schlußdokument in Madrid eine geeignete Grundlage für den Abschluß der Konferenz unter der Voraussetzung begrenzter und angemessener Änderungen darstellt. Wir begrüßen ausdrücklich, daß sich die neutralen und ungebundenen Staaten positiv zu den westlichen Verbesserungsvorschlägen eingestellt haben und daß inzwischen

auch Zustimmung aus dem Warschauer Pakt erklärt worden ist. Wir appellieren an die Sowejtunion, sich einer konstruktiven Erörterung der maßvollen westlichen Vorschläge nicht länger zu verschließen. Es sollte möglichst bald ein substantielles und ausgewogenes Schlußdokument verabschiedet werden, das greifbare Fortschritte für die Menschen bringt und das ein präzises Mandat für eine Konferenz über Abrüstung in Europa erteilt. Damit erhielte der mit der Schlußakte von Helsinki eingeleitete KSZE-Prozeß den dringend notwendigen neuen Impuls. Gerade in schwieriger, in einer konfliktgeladenen Zeit müssen wir den KSZE-Prozeß zum Wohle der Menschen und der Völker im geteilten Eurpa stärken.
Eine Konferenz über Abrüstung in Europa könnte einen bedeutsamen Beitrag zur Vertrauensbildung in ganz Europa – das bedeutet vom Atlantik bis zum Ural – bringen. Die Bundesregierung hat sich seit langem nachhaltig für den französischen Vorschlag für eine solche Konferenz ausgesprochen. Wir halten es für notwendig, daß diese Konferenz als integraler Bestandteil des KSZE-Prozesses Verhandlungen aufnimmt und nachprüfbare, militärisch bedeutsame und verbindliche Verpflichtungen für ganz Europa verabschiedet.
Die Pariser Tagung hat unterstrichen, daß die Bündnispartner für alle Bereiche vertrauensbildende Maßnahmen zur Erhöhung der Transparenz bei Streitkräften und militärischen Aktivitäten, zur Beseitigung von Furcht und Mißtrauen und damit zur Erleichterung von Abrüstungsverhandlungen befürworten.
Die Sondergeneralversammlung der Vereinten Nationen für Abrüstung hat im vergangenen Jahr die Bedeutung der vertrauensbildenden Maßnahmen hervorgehoben. Inzwischen hat das westliche Bündnis in den START-Verhandlungen ebenso wie in den Verhandlungen über die Mittelstreckenraketen Vorschläge für vertrauensbildende Maßnahmen eingeführt. Es wurden außerdem für den nuklearen Bereich für die Kommunikation zwischen den Vereinigten Staaten und der Sowjetunion neue Vorschläge unterbreitet. Das Bündnis hat – das haben die Diskussionen in Paris deutlich ergeben – seine Überzeugung bekräftigt, daß Nachprüfbarkeit und Durchschaubarkeit, Erkennbarkeit wichtige Voraussetzungen für die Stabilisierung des West-Ost-Verhältnisses und für wirkliche Abrüstungsergebnisse sind. Nichts führt an der Erkenntnis vorbei: Wer nichts zu verbergen hat, kann sich damit einverstanden erklären, daß die Einhaltung von Abrüstungsvereinbarungen überprüft wird. *(Beifall bei der FDP und der CDU/CSU.)* Wer aber Transparenz und Nachprüfbarkeit verweigert, setzt sich dem Verdacht aus, daß er etwas verbergen will.
Die Vorbereitung des NATO-Doppelbeschlusses und die öffentliche Diskus-

sion seiner Durchführung in seinen beiden Teilen sind Ausdruck der Transparenz und der Offenheit unserer westlichen Gesellschaften. *(Zuruf des Abg. Reents [GRÜNE].)*
Die vor der Weltöffentlichkeit verschwiegene und auch begonnene Stationierung der sowjetischen SS-20-Raketen beweist den Unterschied zwischen einer demokratischen und einer kommunistischen Gesellschaft. *(Beifall bei der FDP und der CDU/CSU.)* Sie verdeutlicht zugleich, welches Maß an Transparenz und Vertrauensbildung der Westen erbringt und wieviel hier die Sowjetunion und ihre Verbündeten noch zu tun haben, um das Mißtrauen in neue, geheime, uns überraschende Rüstungsentscheidungen abzubauen. *(Beifall bei der FDP und der CDU/CSU.)*
Die Sowjetunion ist aufgerufen, die sich aus dem Selbstverständnis unserer freien Gesellschaften ergebende Sicherheit für alle Staaten der Welt vor Überraschungsrüstungen mit einem ebensolchen der Vertrauensbildung dienenden Verhalten zu beantworten.
Das Bündnis stellt in der Pariser Schlußerklärung fest, daß Verteidigung und Rüstungskontrolle integrale Bestandteile unserer Sicherheitspolitik sind. Dem entspricht, daß wir die Verhandlungen in allen Abrüstungsbereichen mit dem Ziel führen, das Gleichgewicht auf einem möglichst niedrigen Niveau zu stabilisieren.
Wir wollen die strategischen Rüstungen der Vereinigten Staaten und der Sowjetunion nicht nur begrenzen, wir wollen sie reduzieren. Sie sollen signifikant geringer sein. *(Beifall bei der FDP und der CDU/CSU.)* Die jüngsten amerikanischen Vorschläge bei den START-Verhandlungen sind geeignet, Bewegungen in diese Verhandlungen zu bringen, wenn die Sowjetunion in dem gleichen positiven Geist reagiert.
Wir wollen Truppenreduzierungen in Mitteleuropa durch die MBFR-Verhandlungen in Wien erreichen. Die Besorgnisse wegen der Gefahren der nuklearen Rüstung dürfen nicht darüber hinwegtäuschen, daß es vor allem die konventionelle Überlegenheit des Warschauer Paktes in Europa ist, die eine glaubwürdige nukleare Abschreckung derzeit noch unverzichtbar macht. Wenn es gelänge, die Instabilität zu beseitigen, die sich aus dem sowjetischen Übergewicht ergibt, dann würden sich neue Perspektiven der Abrüstung auch für den nuklearen Bereich ergeben können. Vor allen dürfen wir angesichts der verständlichen und angesichts der berechtigten Sorgen über die atomare Rüstung nicht vergessen, welche Gefahren als Folge der technischen Entwicklung in unserer Zeit auch von der konventionellen Rüstung ausgehen. Die Vernichtungskraft der modernen konventionellen Waffen übertrifft die der Waffen des Zweiten Weltkrieges um ein Vielfaches. *(Reents [GRÜNE]: Ist das jetzt eine Rede für den Kanzler?)* Es darf nicht zur Verharmlosung der

Gefahren auch eines konventionellen Krieges kommen. Deshalb bedeutet für uns Gewaltverzicht: kein Ersteinsatz atomarer, aber auch kein Ersteinsatz konventioneller Waffen. Wir wollen weder einen atomaren noch einen konventionellen Krieg. *(Beifall bei der FDP und der CDU/CSU – Fischer [Frankfurt] [GRÜNE]: Er soll doch eine Außenministerrede halten! – Frau Beck-Oberdorf [GRÜNE]: Darüber bestimmen Sie doch gar nicht!)*

Noch sind die MBFR-Verhandlungen in Wien das einzige Forum für die Kontrolle der konventionellen Rüstung zwischen den Bündnissen. Die Bundesregierung hält die Verhandlungen trotz ihres auf Mitteleuropa beschränkten Ansatzes für wichtig und setzt sich gemeinsam mit ihren Bündnispartnern nachdrücklich für Verhandlungsfortschritte ein. In Wien sind sich West und Ost darüber einig, daß ein Abkommen gleiche kollektive Höchststärken für beide Seiten beim Personal der Land- und Luftstreitkräfte im Raum der Reduzierungen vorsehen soll. Die Meinungsverschiedenheiten, die einer Einigung noch im Wege stehen, sind bei politischem Willen aller Beteiligten zu überwinden. *(Dr. Ehmke [SPD]: Dann mal los!)*

Aber MBFR kann wegen seiner räumlichen Begrenzung auf Mitteleuropa nur einen beschränkten Beitrag zur Stabilisierung des Verhältnisses der Kräfte im konventionellen Bereich in Europa leisten. Um ganz Europa, vom Atlantik bis zum Ural, in Rüstungskontrollverhandlungen einzubeziehen, brauchen wir eben eine Konferenz über Abrüstung in Europa.

Schon vertrauensbildende Maßnahmen als Ergebnis einer ersten Konferenzphase wären ein wichtiger Beitrag zur Stabilisierung der Sicherheitslage in ganz Europa. Sie würden gleichzeitig auch günstige Voraussetzungen für Fortschritte in den eigentlichen Abrüstungsverhandlungen schaffen. Langfristiges Ziel muß ein ausgewogenes Verhältnis der Kräfte auch im konventionellen Bereich in ganz Europa sein.

Wir wollen das Verbot der Entwicklung, der Produktion und der Lagerung chemischer Waffen sowie die Vernichtung aller vorhandenen Bestände und Produktionsmittel. Wir geben uns nicht damit zufrieden, daß der Einsatz chemischer Waffen schon durch das Genfer Protokoll von 1925 verboten ist. Es wird auch die Nichtanwendung dieser Waffen nicht dadurch garantiert, daß unser Land schon 1954 auf die Herstellung dieser Waffen verzichtet hat. Diese Massenvernichtungsmittel müssen weltweit beseitigt werden. *(Reents [GRÜNE]: Dann fangen Sie einmal in Rheinland-Pfalz an!)*

Im Abrüstungsausschuß der Vereinten Nationen in Genf kann das von uns gewünschte Ziel erreicht werden, wenn die Sowejtunion daran mitwirkt, Inspektionsmaßnahmen und Möglichkeiten zur Nachprüfung der Einhaltung des getroffenen Verbots auszuarbeiten. Hier – bei Inspektionen und Nachprüfbarkeit – liegt das Schlüsselproblem dieser Verhandlungen. Gerade

in diesem Bereich genügen nationale Kontrollen für eine zuverlässige Nachprüfung nicht; es sind internationale Inspektionen und Nachprüfungen vor Ort unerläßlich.
Die Bundesregierung hat wiederholt die Bedeutung eines umfassenden nuklearen Teststopps hervorgehoben. Gerade in diesem besonders sensitiven Bereich ist eine zuverlässige Verifikationsregelung unabdingbar. Daher hält die Bundesregierung Fortschritte in der Arbeitsgruppe des Abrüstungsausschusses, die 1982 für die Problematik der Verifikation und Einhaltung eines umfassenden nuklearen Teststopps eingesetzt wurde, für ausschlaggebend. Wir werden hier wie auch in der Seismologen-Expertengruppe in Genf unseren Beitrag leisten. Wir wollen einen baldigen Abschluß der Verhandlungen über das Verbot radiologischer Waffen. Im Genfer Abrüstungsausschuß setzen wir uns für Vereinbarungen ein, die einen Rüstungswettlauf im Weltraum wirksam verhindern.
Die Bundesrepublik Deutschland hat schon vor 29 Jahren, 1954, ihren Verzicht auf ABC-Waffen erklärt. In konsequenter Fortführung ihrer Politik hat die Bundesregierung 1972 das B-Waffen-Übereinkommen unterzeichnet, den ersten multilateralen Vertrag seit dem Zweiten Weltkrieg, durch den eine Waffenart in ihrer Gesamtheit geächtet wurde. Am 7. April 1983 sind wir durch Hinterlegung der Ratifikationsurkunden Vertragspartei des B-Waffen-Übereinkommens geworden. Die darin vorgesehene Konsultations- und Beschwerdemöglichkeit bei dem Verdacht einer Vertragsverletzung ist nach unserer Auffassung noch nicht befriedigend. Wir setzen uns deshalb dafür ein, auf einer Sonderkonferenz angemessene Verifikationsregelungen zum B-Waffen-Übereinkommen auszuarbeiten.
Herr Präsident, meine Damen und Herren, Aufmerksamkeit und Sorge unserer Bürger konzentrieren sich auf die Verhandlungen über die atomaren Mittelstreckenraketen; sie beschäftigen uns seit Ende der 70er Jahre. Nach wiederholten Aussprachen im Deutschen Bundestag stimmte die Bundesregierung dem NATO-Doppelbeschluß am 12. Dezember 1979 zu. *(Zuruf von den GRÜNEN: Leider!)* Dieser Beschluß fand am 14. Dezember 1979 nach der von mir abgegebenen Regierungserklärung die Unterstützung aller Fraktionen des Deutschen Bundestages.
Es muß zum NATO-Doppelbeschluß festgestellt werden: Erstens. Nicht der Westen, sondern die Sowjetunion hat mit der Mittelstreckenrakete SS 20 eine neue Kategorie der Massenvernichtungsmittel eingeführt. *(Beifall bei der FDP und der CDU/CSU.)* Uns bedrohen nicht amerikanische Mittelstreckenraketen, die noch gar nicht aufgestellt sind, sondern sowjetische SS-20-Raketen, die in immer größerer Zahl auf uns und die anderen Teile Westeuropas gerichtet werden. Sie wollen wir durch Verhandlungen beseitigen.

Zweitens. Der Doppelbeschluß von 1979 ist der Versuch, durch Verhandlungen zu vermeiden, daß aus dieser sowjetischen Vorrüstung automatisch ein neuer Rüstungswettlauf wird.
Drittens. Wir wollen den gänzlichen Verzicht auf sowjetische und auf amerikanische landgestützte Mittelstreckenraketen. Dieser gänzliche Verzicht dient dem Frieden und den Interessen der Völker Europas am besten. *(Beifall bei der FDP und der CDU/CSU – Zurufe von den GRÜNEN.)*
Viertens. Wir betreiben keine Politik des Alles oder Nichts; deshalb unsere Bereitschaft, auch auf ein Zwischenergebnis einzugehen. Wir sind bereit, auf einen teilweisen Verzicht der Sowjetunion auf die schon stationierten SS 20 mit einem teilweisen Verzicht auf die Nachrüstung zu antworten. Wir wollen konkrete Verhandlungsergebnisse. Jede schon stationierte sowjetische Rakete, die durch Verhandlungen beseitigt wird, jede amerikanische Rakete, die deshalb hier weniger stationiert werden muß, ist ein Gewinn für uns alle, im Westen und im Osten. *(Beifall bei der FDP und der CDU/CSU.)*
Fünftens. Die westlichen Verhandlungsangebote, sowohl das Angebot einer beiderseitigen Null-Lösung wie das eines Zwischenergebnisses, sind im Bündnis gemeinsam erarbeitet worden, und sie werden von den Vereinigten Staaten entsprechend den Beschlüssen im Bündnis bei den Verhandlungen mit der Sowjetunion vertreten. Wer die Verhandlungsziele des Westens bei den Genfer Verhandlungen als gegen europäische Interessen gerichtet oder sie als Beweis angeblicher amerikanischer Verhandlungsunwilligkeit denunziert, der führt die Öffentlichkeit in unseren Ländern irre. *(Beifall bei der FDP und der CDU/CSU.)* Wir sind bereit, jeden ernsthaften sowjetischen Vorschlag zu prüfen und zu beantworten. *(Zuruf von den GRÜNEN: Was Sie so nennen!)*
Sechstens. Die Entscheidung über die Stationierung ist 1979 mit dem Doppelbeschluß getroffen worden. *(Zuruf von den GRÜNEN: Das ist nicht wahr!)* In der Regierungserklärung vom 14. Dezember 1979 heißt es – ich zitiere wörtlich –:

> Das Vereinigte Königreich, Italien und die Bundesrepublik Deutschland haben schon jetzt der Dislozierung auf ihrem Boden, zu der es in drei bis vier Jahren kommen wird, zugestimmt.

Das ist damals bei keiner Fraktion auf Widerstand gestoßen. *(Zustimmung bei der CDU/CSU – Frau Beck-Oberdorf [GRÜNE]: Auch nicht bei der SPD!)*
Die Pariser NATO-Erklärung vom 10. Juni 1983 stellt fest – ich zitiere wiederum –:

> Wenn konkrete Verhandlungsergebnisse ausbleiben, werden die Dislozierungen, wie geplant, beginnen, wie das bereits im Dezember 1979 entschieden worden ist.

Die Bundesregierung steht zu der damals übernommenen Verpflichtung. *(Zustimmung bei der FDP und der CDU.)*
Siebtens. Die Stationierung kann ganz oder teilweise vermieden werden, wenn die Sowjetunion ganz oder teilweise auf ihre Vorrüstung verzichtet. Wenn es zu einem konkreten Verhandlungsergebnis kommt, wird der Westen seinen Nachrüstungsbedarf im Sinne des Doppelbeschlusses prüfen. Der Schlüssel für den Erfolg der Verhandlungen liegt in Moskau.
Achtens. Es war 1979 die Auffassung der Bundesregierung und der Fraktionen des Deutschen Bundestages, daß die französischen und britischen Systeme nicht berücksichtigt werden, weil sie nach Zweckbestimmung, Struktur und Umfang nicht bestimmt und nicht geeignet sind, die sowjetische Mittelstreckenbedrohung auszugleichen. An dieser Beurteilung hat sich für die Bundesregierung und für das Bündnis bis heute nichts geändert. Die damals maßgeblichen Gründe bestehen auch heute fort.
Neuntens. Die Bedrohung Westeuropas und anderer Regionen der Welt, die der Sowjetunion benachbart sind, schafft für Westeuropa die Gefahr der Abkoppelung von den USA und für alle betroffenen Regionen die Gefahr atomarer Erpreßbarkeit. Der Doppelbeschluß der NATO wurde im europäischen Interesse gefaßt und nicht in erster Linie im Interesse der USA. Die Europäer würden ihre Sicherheit verspielen, wenn ihre Bereitschaft, das für die eigene Sicherheit Erforderliche zu tun, geringer wäre als der Wille der Vereinigten Staaten, zur Wahrung der gemeinsamen Sicherheit beizutragen. *(Beifall bei der FDP und der CDU/CSU.)*
Zehntens. Konkrete Ergebnisse bei den Mittelstreckenverhandlungen können nur dann erreicht werden, wenn für die Sowjetunion kein Zweifel besteht, daß der Westen mit Festigkeit an beiden Teilen des Doppelbeschlusses festhält. Wer vom NATO-Doppelbeschluß abrückt, wer einen seiner beiden Teile aufgibt, der gefährdet die Abrüstungsverhandlungen in Genf *(Beifall bei der FDP und der CDU/CSU.)*
Es kann nicht oft genug wiederholt werden: Die Mittelstreckenverhandlungen in Genf eröffnen die große Chance, zum ersten Mal eine ganze Kategorie von Massenvernichtungsmitteln zu beseitigen. Das wollen die Völker Europas.
Uns bedrückt es, noch immer unter der sowjetischen SS-20-Bedrohung leben zu müssen, wie es auch die Völker in Ost-Asien und in anderen Regionen der Welt bedrückt.
Die ASEAN-Staaten empfinden das, und die Zustimmung des japanischen Ministerpräsidenten zu der sicherheitspolitischen Erklärung von Williamsburg war doch nicht Ausdruck der Veränderung des Charakters dieser Gipfelbewegung. Nein, diese Zustimmung des japanischen Ministerpräsiden-

ten ist Ausdruck der zunehmenden Sorge auch Japans wegen der sowjetischen SS-20-Bedrohung auch gegenüber Ost-Asien.
Unser Ziel bleibt es, die Anhäufung atomarer Potentiale abzubauen und sie nicht zu vergrößern. Der NATO-Doppelbeschluß verfolgt dieses Ziel. 1980 hat die NATO in Ausführung des NATO-Doppelbeschlusses 1 000 atomare Sprengköpfe aus Europa abgezogen, leider bisher ohne eine entsprechende sowjetische Gegenleistung. Die Möglichkeit, weitere atomare Sprengköpfe in diesem Jahr abzuziehen, wird geprüft. Die Bereitschaft der Sowjetunion zu Vereinbarungen über die Reduzierung atomarer Waffen kürzerer Reichweite könnte diese Entwicklung beschleunigen.
Das Bündnis geht in seinen Entscheidungen vom Grundsatz gleicher Sicherheit aus. Der Wille, dieses Gleichgewicht auf einem möglichst niedrigen Niveau zu schaffen, ist die Absage an jeden Rüstungswettlauf. Einseitige Abrüstung allerdings kann bestehendes Gleichgewicht gefährden oder vorhandene Überlegenheit weiter verschärfen. Wir wissen, daß der Grundsatz gleicher Sicherheit auch die berechtigten Interessen der anderen Seite berücksichtigen muß. Aber wir wissen auch, daß die Hinnahme von Überlegenheit der anderen Seite in Europa nicht mehr Sicherheit, sondern mehr Unsicherheit schaffen würde.
Herr Präsident, meine Damen und Herren, die Chance, die 80er Jahre zu einem Jahrzehnt der Abrüstung zu machen, ist noch immer gegeben. Die Verhandlungen über die strategischen Waffen, über die Mittelstreckenwaffen, über Truppenreduzierungen in Mitteleuropa, die Einsetzung einer Europäischen Abrüstungskonferenz und schließlich im Abrüstungsausschuß der Vereinten Nationen bieten dazu die Möglichkeit. Niemals zuvor wurde in solcher Breite zwischen West und Ost international über Rüstungskontrolle und Abrüstung verhandelt.
Die Bundesregierung bemüht sich, in allen diesen Verhandlungen positive Impulse für Fortschritte zu geben. Wir tun das in dem Bewußtsein, daß Deutsche diesseits und jenseits der Grenzen leben, die mitten durch Europa geht. Wir tun es im Bewußtsein unserer geschichtlichen Verantwortung für den Frieden in Europa. Unsere Politik ist seit Bestehen der Bundesrepublik Deutschland Friedenspolitik. Wer unser Land besucht, wird feststellen: Die Deutschen wollen nichts anderes, als in Frieden leben und arbeiten. Wir wollen mit allen Völkern in guter Nachbarschaft leben.
Wir haben uns mit der Mitgliedschaft in der europäischen Gemeinschaft und im westlichen Bündnis entschieden für die Gemeinschaft der westlichen Demokratien. Die Freundschaft mit den Vereinigten Staaten ist ein unverzichtbarer Bestandteil dieser Bindungen. Das sind Grundentscheidungen unseres Landes. In beiden Gemeinschaften, in der NATO und in der

Europäischen Gemeinschaft, arbeiten wir als ein gleichberechtigtes Mitglied mit unseren Partnern zusammen. Als ein Land im Herzen Europas schaffen wir mit unserer Zugehörigkeit zum Westen politisch, wirtschaftlich und militärisch Stabilität in Europa.

Kraft und Wirksamkeit dieser Gemeinschaften beruhen auf gegenseitigem Vertrauen. Wer unsere Mitgliedschaft in diesen Gemeinschaften in Zweifel zieht, wer das Vertrauen zu den Vereinigten Staaten von Amerika untergräbt, wer eine Neutralisierung der Bundesrepublik Deutschland betreibt, der gefährdet unsere Sicherheit, und der gefährdet die Stabilität in Europa! *(Beifall bei der FDP und der CDU/CSU.)*

Unser Ringen um einen Abbau des West-Ost-Gegensatzes und unser Bemühen um die Schaffung einer europäischen Friedensordnung dürfen nicht durch einen Marsch der Bundesrepublik Deutschland in die Selbstisolierung zunichte gemacht werden. Jeder Schritt auf dem Wege in die Neutralisierung wäre ein Schritt in die Selbstisolierung.

Wir wissen: Die heute noch unverzichtbare Strategie der Abschreckung – unverzichtbar, weil nur sie unter den gegebenen Verhältnissen einen Krieg verhindern kann – kann nicht für alle Zeit die letzte Antwort auf die Frage nach Sicherheit in Europa sein. *(Zustimmung des Abg. Horn [SPD].)* Deshalb wollen wir an Stelle des Nichtkrieges durch Abschreckung eine auf Vertrauen gegründete Friedensordnung in Europa schaffen. Aber eben diese Friedensordnung würde gefährdet, wenn die Bundesrepublik Deutschland ihre Zugehörigkeit zum Westen aufgeben und den Platz zwischen West und Ost suchen wollte. *(Beifall bei der FDP und der CDU/CSU – Zuruf von der SPD: Das will doch keiner!)*

– Daß keiner es will, kann ja wohl niemand ernsthaft behaupten, Herr Kollege, Ihnen persönlich unterstelle ich das ja nicht.

Wir würden auf diese Weise selbst die Ursachen neuer Rivalität schaffen, wir würden zum Objekt west-östlicher Rivalität, wir würden mit der Neutralisierung zum Spielball der Interessen fremder Mächte werden. Nur als verläßlicher Teil des Westens und mit dem Willen zu aufrichtiger Zusammenarbeit mit dem Osten können wir auch in Zukunft die Politik in Europa mitgestalten.

Wir handeln in dem Bewußtsein, daß nur auf diesem Wege unsere nationalen Interessen wirksam wahrgenommen werden können, denn Deutschlandpolitik kann für uns nur bedeuten europäische Friedenspolitik. *(Anhaltender Beifall bei der FDP und der CDU/CSU.)*

50.
„Wehrlosigkeit bringt uns nicht den Frieden!“

Rede von Bundesverteidigungsminister Dr. Manfred Wörner am 15. Juni 1983

Zur deutschen Verteidigungspolitik hielt in der dreizehnten Sitzung des Zehnten Deutschen Bundestages am 15. Juni 1983 Bundesverteidigungsminister Dr. Manfred Wörner folgende Rede:

Herr Präsident! Meine sehr verehrten Kolleginnen und Kollegen! Die sicherheitspolitische Debatte unserer Tage leidet manchmal darunter, daß bewußt oder unbewußt einige Grundtatsachen unserer Lage vergessen oder gar unterschlagen werden. Erlauben Sie mir daher einige dieser Grundtatsachen in die Erinnerung zurückzurufen.

Die erste ist diese: Seit dem Ende des Zweiten Weltkriegs wird die europäische Sicherheitslage von der westlichen Antwort auf den massiven Ausbau sowjetischer Militärmacht bestimmt. Diese massive sowjetische Aufrüstung und nichts anderes hat die Amerikaner gezwungen, ihre Truppen in Westeuropa und hier bei uns zu stationieren. *(Beifall bei der CDU/CSU – Schily [GRÜNE]: Der Historiker ist am Werk!)*

Gleichwohl: Die Ursache der Gefahren, die unserer Sicherheit drohen, liegt nicht in den Waffen oder in der militärischen Konfrontation, sondern im politischen Konflikt. Auch das wird ja häufig genug vergessen oder unterschlagen. Dieser Konflikt wird eben nicht vom Rüstungswettlauf bestimmt, wie so manche sagen, *(Schily [GRÜNE]: Mafia!)* sondern durch die Unterdrückung der Freiheit der osteuropäischen Völker und durch den expansiven Charakter der sowjetischen Machtpolitik, die nach Einfluß und Vorherrschaft in Westeuropa strebt. Da liegt die tiefste Wurzel. *(Beifall bei der CDU/CSU und der FDP – Zuruf von den GRÜNEN: Vietnam!)*

– Wenn Sie jetzt „Vietnam“ dazwischenrufen, dann kann ich Ihnen nur sagen: Nirgendwoanders wird diese Realität stärker sichtbar als in unserem eigenen Vaterland, an der Mauer, an den Tötungsapparaten, am Stacheldraht. *(Beifall bei der CDU/CSU und der FDP.)* Wer von Frieden redet, der muß darüber

reden. *(Schily [GRÜNE]: Daran haben Sie mitgebaut, Herr Wörner! – Gegenruf von der CDU/CSU: Unerhört!)*
Eine andere Grundtatsache: Die einzigen Streitkräfte, die seit dem Ende des Zweiten Weltkriegs europäische Grenzen überschritten und die Souveränität europäischer Staaten – im übrigen in allen Fällen eigener Verbündeter – verletzt haben, waren sowjetische und osteuropäische Armeen. Die einzigen Panzer, die in der Nachkriegszeit in europäischen Städten geschossen haben, waren sowjetische Panzer. *(Jäger [CDU/CSU]: So ist es!)* Alle einschneidenden Nachkriegskrisen waren die Folgen politischer Offensiven der Sowjetunion. *(Schily [GRÜNE]: Hat die Geschichte erst 1945 angefangen, Herr Wörner?)*
Das zeigt: Die Spannungen zwischen Ost und West sind nicht in den Raketen begründet, sondern in dem Gegensatz von Freiheit und Diktatur. Der Frieden ist nicht bedroht, weil es Waffen gibt, sondern weil es Mächte gibt, die diese Waffen zu politischen Zwecken oder zur Eroberung einsetzen, meine Damen und Herren. *(Beifall bei der CDU/CSU und der FDP – Frau Beck-Oberdorf [GRÜNE]: Siehe Vietnam! – Schily [GRÜNE]: El Salvador!)* Die eigentliche Bedrohung des Friedens liegt dort, wo Völker gewaltsam mit Füßen getreten werden und die Freiheit unterdrückt wird. *(Frau Beck-Oberdorf [GRÜNE]: Beispiel Chile!)*
– Wenn Sie dazwischenrufen, dann kann ich nur eines sagen: Nirgendwo wird das deutlicher als im Umgang mit den Mitgliedern der Friedensbewegung in Ost und West oder im Umgang mit Ihnen selber. Bei uns können Sie frei argumentieren. Sie können protestieren, Sie können demonstrieren. Drüben werden Sie eingesperrt oder mit Gewalt zu uns herübergeschoben. *(Beifall bei der CDU/CSU und der FDP – Zurufe von den GRÜNEN!)* Daß Sie das können, *(Schily [GRÜNE]: Verdanken wir nicht Ihnen!)* das danken Sie dem Bündnis und den Soldaten der Bundeswehr, die diese unsere Freiheit schützen, meine Damen und Herren. *(Beifall bei der CDU/CSU und der FDP.)* Sie danken es auch den amerikanischen Truppen.
Der Unterschied ist eben der: Die amerikanischen Truppen stehen hier, um die Freiheit unserer Bürger, auch die Freiheit der Gewerkschaften, auch die Freiheit der Demonstranten zu schützen, während die sowjetischen Truppen in der DDR, in Polen und in anderen osteuropäischen Staaten stehen, um Gewerkschaften und Freiheiten unterdrücken zu helfen. *(Beifall bei der CDU/CSU und der FDP.)* Das ist der Grund, warum wir es nicht zulassen werden, daß sich die Friedensdiskussion auf die Waffen reduziert. Frieden zwischen den Völkern gibt es nicht ohne Freiheit und Menschenrechte. *(Fischer [Frankfurt] [GRÜNE]: Das erzählen Sie mal in Lateinamerika, nicht nur hier!)* Wir wollen einen Frieden mit weniger Waffen, aber keinen Frieden

mit weniger Freiheit. Wir wollen frei sein und frei bleiben. *(Beifall bei der CDU/CSU und der FDP.)* Das und nichts anderes ist der Sinn unserer Verteidigungsanstrengungen.
Eine weitere Tatsache gilt es festzuhalten. Wir haben dem Krieg als Mittel der Politik ein für allemal abgeschworen. *(Schily [GRÜNE]: Aber Sie drohen damit!)* Die NATO bedroht niemanden. Die NATO wird ihre Waffen niemals als erste einsetzen. Im übrigen will die NATO nicht nur keinen Angriffskrieg führen, sie kann auch nicht einen Angriffskrieg führen. Um nur eine Zahl herauszugreifen: 42 500 modernen Panzern des Warschauer Pakts stehen im NATO-Bereich 13 000 gegenüber. Ich sage deswegen: Von uns geht keine Gefahr für den Frieden aus. Wenn alle Staaten der Welt unserem Beispiel folgten, wäre der Frieden gesichert. *(Beifall bei der CDU/CSU und der FDP.)*
Dagegen beansprucht das Programm der KPdSU von 1961, das noch immer verbindliche Grundlage der dortigen Ideologie ist, für die Sowjetunion nicht nur eine „welthistorische Mission", sondern erklärt auch ganz offen, daß man dazu den Weg der Gewalt nicht ausschließen dürfe.
Ein Drittes: Wer von uns verstünde nicht die Sorgen der Menschen, die ihrer Friedenssehnsucht etwa auf dem Kirchentag in Hannover so lebhaft Ausdruck gegeben haben? Wer würde diese Sorgen nicht teilen? Wen von uns quält eigentlich nicht die Tatsache, daß auf dieser Welt Milliarden für Rüstung ausgegeben werden, während anderswo Zehntausende, Hunderttausende von Menschen verhungern? *(Schily [GRÜNE]: Millionen!)*
– Jawohl, Millionen, Herr Schily. Ich unterschreibe das.
Wer bliebe gleichgültig gegenüber der Vorstellung eines nuklearen Infernos angesichts der Schrecklichkeit der Waffenarsenale? *(Fischer [Frankfurt] [GRÜNE]: An den Taten sollt ihr sie erkennen, nicht an den Worten!)* Uns braucht niemand über die schrecklichen Wirkungen von Atomwaffen aufzuklären. Ich sage in aller Deutlichkeit: Der unterschiedslose Einsatz von Massenvernichtungsmitteln gegenüber der Zivilbevölkerung und auf Bevölkerungszentren wäre ein Verbrechen und durch nichts zu rechtfertigen. Ich gehe noch weiter: Der Angriffskrieg, jeder Angriffskrieg schlechthin ist ein Verbrechen. Das gilt auch und gerade für den Krieg mit modernen konventionellen Waffen. Daher bleibt unser Ziel, das Ziel dieser Regierung, das Ziel der CDU/CSU-Fraktion, das Ziel der Koalition und, ich hoffe, das Ziel des ganzen Deutschen Bundestages die Verhinderung des Krieges schlechthin, des atomaren wie des konventionellen. *(Beifall bei der CDU/CSU und der FDP.)*
Die Existenz dieser schrecklichen Waffen legt uns allen zwei beherrschende Gebote auf. Das erste: *(Zuruf von der GRÜNEN: Aufrüsten!)* alles

daranzusetzen, daß diese Waffen niemals eingesetzt werden. Das zweite: *(Schily [GRÜNE]: Noch mehr hinzustellen!)* sich mit aller Leidenschaft dafür einzusetzen, daß die Rüstungsspirale durchbrochen und das atomare und auch konventionelle Potential verringert wird, und zwar einschneidend, so niedrig wie möglich.

Ich sage: Wir sind für Abrüstung, *(Fischer [Frankfurt] [GRÜNE]: Dazu muß man erst einmal kräftig an der Rüstungsspirale drehen!)* für Abrüstung allerdings, die diesen Namen verdient, und im Unterschied zu Ihnen für Abrüstung auf beiden Seiten, kontrolliert und gegenseitig. Das ist die Form der Abrüstung, wie wir sie anstreben. *(Beifall bei der CDU/CSU und der FDP – Frau Potthast [GRÜNE]: Und wieso kriegen wir immer mehr Waffen?)*

– Die Qualität Ihrer Zwischenrufe entspricht etwa der Ihres sicherheitspolitischen Konzepts. Sie taugen nicht viel. *(Beifall bei der CDU/CSU – Schily [GRÜNE]: Jawohl, Herr Lehrer!)*

Diese Bundesregierung ist bereit, sich international zu verpflichten, die bei dieser Abrüstung frei werdenden Mittel zur Beseitigung von Hunger und Not in der Welt einzusetzen. Es liegt nicht an uns, wenn das bis heute noch nicht geschehen ist. Wir haben Vorleistung um Vorleistung erbracht. Ich nenne nur einige: der Verzicht auf die Neutronenwaffe, der Verzicht auf den B-1-Bomber. Wir haben jetzt sechs Jahre lang zugesehen, wie die Sowjetunion jede Woche eine Rakete SS 20 in Stellung bringt.

Als wir 1979 den Doppelbeschluß faßten, hatte die UdSSR bereits 140 SS 20. Wir hatten null. Breschnew erklärte damals, 1979, jetzt existiere Gleichgewicht. Im Februar 1980 hatten die Sowjets bereits 210 SS 20, wir immer noch keine. Und Breschnew erklärte wieder – wörtlich –, es gebe jetzt ein ungefähres Gleichgewicht. Im März 1982 hatte die UdSSR 300 SS 20, wir immer noch keine, und erklärte ein einseitiges Stationierungsmoratorium. *(Frau Beck-Oberdorf [GRÜNE]: Wollen Sie SS 20 aufstellen? – Schily [GRÜNE]: Das scheint ein großer Erfolg zu sein!)*Ungeachtet dessen hat es im August 1982 320 SS 20 gegeben. Und der sowjetische Verteidigungsminister Unstinow erklärte: Es gibt heute immer noch ein ungefähres Gleichgewicht der Kräfte. Jetzt hat die Sowjetunion 351 SS 20; wir haben immer noch keine Gegenwaffen hier stationiert, *(Schily [GRÜNE]: Ist das ein Erfolg des Doppelbeschlusses, Herr Wörner?)* sondern wir verhandeln mit der Sowjetunion mit dem Ziel, keine Raketen stationieren zu müssen.

Meine Damen und Herren, gibt es einen Ausweis höheren Friedenswillens? Gibt es einen Ausweis höherer Bereitschaft zur Vorleistung? Waren nicht die letzten sechs Jahre ein eindeutiger Beweis dafür, daß wir bereit sind, im Interesse des Friedens und der Abrüstung Vorleistungen zu erbringen?

Nur: Wie war die Reaktion der Sowjetunion? – Sie hat weitergemacht, und während wir hier debattieren, macht sie weiter. Deswegen ist daraus die Lehre zu ziehen: Weder einseitige Aufrüstung noch einseitige Abrüstung sichern den Frieden.
Ein anderer, ein sehr viel ernsterer Gedanke muß mitbedacht werden: Wir können – glauben Sie mir, daß ich das zutiefst bedaure – die atomare Unschuld der Menschheit nicht wiedergewinnen. Es ist das Verhängnis unserer Generation und aller kommenden Generationen, „mit der Bombe leben" zu müssen, wie es einmal ein deutscher Philosoph schon in den 60er Jahren geschrieben hat, weil die Fähigkeit zur Konstruktion nuklearer Waffen nicht mehr aus den Köpfen der Menschen zu tilgen ist. Durch Bekenntnisse, durch Wünsche allein verschwinden diese Waffen nicht.
Ich sage deswegen: Solange es Mächte gibt, die auf Gewalt und auch auf Nuklearwaffen setzen, können wir auf Nuklearwaffen nicht einseitig verzichten, gerade wenn wir verhindern wollen, daß sie eingesetzt werden. Ein einseitiger Verzicht auf unserer Seite würde den Einsatz von Massenvernichtungsmitteln gegen uns nicht verhindern. Er macht ihn nach aller Erfahrung der Geschichte wahrscheinlicher.
Fragen Sie sich doch eines: Sind die Atomwaffen auf Hiroshima nicht gerade deswegen geworfen worden, weil Japan keine hatte, weil man sicher sein konnte, daß nicht Washington oder San Francisco dafür bombardiert würden? *(Frau Potthast [GRÜNE]: Von wem sind sie denn geworfen worden?)* Bis zum heutigen Tag ist es die Abschreckung, die uns den Frieden sichert. Ihr danken wir den Frieden seit dem Zweiten Weltkrieg. Darauf ist es zurückzuführen, daß Europa vom Krieg verschont blieb, während rings um uns herum etwa 140 Kriege geführt wurden.
Solange eine umfassende Abrüstung, wie wir sie wünschen, nicht verwirklicht ist, bleibt die Strategie der Abschreckung zur Sicherung unseres Friedens und unserer Freiheit unverzichtbar. Ich sage noch einmal: zur Sicherung des Friedens und unserer Freiheit. Daher akzeptieren wir den moralischen Monopolanspruch der sogenannten Friedensbewegung nicht. Andere reden vom Frieden; die Bundeswehr und das Bündnis sichern ihn. *(Beifall bei der CDU/CSU und der FDP.)*
Ich sage hier – und ich habe mir das gründlich überlegt –: Wer die Verteidigung im nuklearen Zeitalter für ethisch nicht akzeptabel hält, der verlangt nichts anderes als die Kapitulation des Friedfertigen vor dem Gewalttäter, der Freiheit vor der Unfreiheit, des Rechts vor dem Unrecht, und das wäre der Freibrief für die nukleare Erpressung durch aggressive Diktaturen. *(Beifall bei der CDU/CSU und der FDP.)*
Einseitige Abrüstung, Wehrlosigkeit oder der Verzicht auf Rüstung bringen

uns nicht den Frieden – leider Gottes –, sonst würde jeder von uns hier mitgehen. Sie gefährden ihn vielmehr, sie stärken die Positionen der gewalttätigen Diktaturen, sie schwächen die der friedfertigen Demokratien. *(Dr. Ehmke [Bonn] [SPD]: Das sind doch alles Parolen! – Zurufe von den GRÜNEN.)* Sie machen Zugeständnisse der Rüstungstreiber bei Abrüstungsverhandlungen überflüssig und führen daher nicht zu einer Welt mit weniger Waffen, sondern mit immer mehr Waffen auf einer Seite und der steigenden Gefahr, daß davon Gebrauch gemacht wird. *(Zurufe von den GRÜNEN.)*
Wenn es eine Lehre der Geschichte gibt – Sie kennen sie –, dann ist es die, daß militärische Schwäche oder gar einseitge Selbstentwaffnung noch niemals imstande waren, stärkere Staaten von Aggressionen zurückzuhalten. Gibt Ihnen das Schicksal Afghanistans nicht zu denken? Sind die Afghanen überfallen worden, weil sie zu stark oder weil sie zu schwach waren? Ist nicht der Zweite Weltkrieg ausgebrochen, weil sich die westlichen Demokratien einseitig geschwächt hatten? Darum ist die Politik derer, die einseitige Abrüstung empfehlen, nicht einen Deut moralischer oder friedlicher, sondern im Gegenteil: Diejenigen, die Waffenlosigkeit fordern, unterliegen dem tragischen Mißverständnis, daß sie die Lauterkeit ihrer Motive bereits für die Garantie des Friedens halten. *(Beifall bei der CDU/CSU.)*
Ich sage denen, denen ich die Lauterkeit ihrer Motive ausdrücklich bescheinigt habe: Sie sollten ein Wort von Karl Barth aus dem Jahre 1950 einmal nachlesen. Er sagte:

> Der Friede um jeden Preis, den die Welt und auch die Kirche damals haben wollten, war eine tief unmenschliche, aber auch tief unchristliche Angelegenheit. Das ist es, was ich damals zu schreien versuchte. Viel Unmenschliches und Unchristliches, was nachher geschah, hätte damals, wenn die Staatsordnung im Westen rechtzeitig verteidigt worden wäre, *(Fischer [Frankfurt] [GRÜNE]: Und die deutschen Konservativen, das muß man dazu sagen!)* verhältnismäßig schmerzlos, vielleicht sogar ohne Blutvergießen, einfach durch den Beweis bewaffneter Festigkeit verhindert werden können.

Statt sich darüber aufzuregen, sollten Sie lieber dieses Wort von Karl Barth beherzigen. Das würde Ihnen und Ihrem Realitätssinn einiges nützen. *(Beifall bei der CDU/CSU – Frau Dr. Vollmer [GRÜNE]: Das war damals gegen den Nationalsozialismus gesagt!)*
Ein nächstes. Bündnispolitik kann und wird auch in Zukunft den Frieden und unsere Freiheit sichern. *(Frau Dr. Vollmer [GRÜNE]: Wie war das damals beim Nationalsozialismus?)* Wenn einige Unheilspropheten behaupten, die Welt treibe unaufhaltsam in einen Nuklearkrieg und wir stünden unmittelbar vor einer neuerlichen Katastophe eines Weltkrieges, wenn im Blick auf die

Nachrüstung etwa in einem Nachrichtenmagazin in dieser Woche behauptet wird, Deutschland werde jetzt als nukleares Schlachtfeld verplant, so ist das nichts anderes – und ich nenne das beim Namen – als unverantwortliche Angst- und Panikmache. Mit der Wirklichkeit hat das absolut nichts zu tun.

Die Wahrheit ist: Unserem Volk droht kein Krieg, weder ein nuklearer noch ein konventioneller, *(Zuruf von den GRÜNEN: Sie wollen die Leute blind machen!)* wenn wir unsere konsequente Friedenspolitik wie bisher fortsetzen. Der Grund ist ganz einfach: Die sowjetischen Politiker sind keine Abenteurer; sie sind keine Verrückten, und sie sind vor allen Dingen auch keine Selbstmörder. *(Fischer [Frankfurt] [Grüne]: Im Gegensatz zu manchen anderen!)* Sie wissen ganz genau, was ein Atomkrieg für ihr Land bedeutet. Sie werden keinen Krieg führen, solange das Risiko für sie zu hoch bleibt. Dies würde sich erst dann ändern, wenn sich das Risiko für sie verringern oder gar beseitigen würde, wenn wir also den Ratschlägen derer folgen, die uns einseitige Abrüstung empfehlen. Dann bestünden in der Tat Kriegsgefahr oder Gefahr für unsere Freiheit. *(Beifall bei der CDU/CSU und der FDP.)* Was die Sowjets wollen, ist klar. Es ist der Sieg im Frieden. Die erkennbare Absicht der sowjetischen Politik ist es, durch überlegene militärische Macht die westeuropäischen Staaten in ihre Abhängigkeit zu bringen.

Erpressung, Einschüchterung und Drohung sind der Hauptzweck der neuen modernen sowjetischen Rüstung. Das ist eben das Besondere an dieser sowjetischen Rüstung, das ist das Besondere an der SS 20 – und das unterscheidet sie von den Vorgängerwaffen nebst vielen anderen Dingen –: Es ist eine auf den eurasischen Kontinent zugeschnittene Bedrohung, die ihn militärisch abdecken soll, um ihn politisch beherrschen zu können, nicht um auf den Knopf zu drücken, sondern um eine Überlegenheit aufzubauen, die man sich politisch nutzbar machen kann. *(Fischer [Frankfurt] [GRÜNE]: Der gute alte Barth kommt noch zu späten Ehren!)* Das ist die SS 20: ein Mittel der politischen Strategie, eine Waffe zur Abkoppelung der Sicherheit Westeuropas von der Sicherheit der USA eben durch jene speziell auf Europa zugeschnittene Bedrohung.

Und genau diese Bedrohung, Herr Bahr – jetzt komme ich zu Ihnen – ist es, mit der sich die NATO nicht abfinden kann. Sie zu bannen war und bleibt der Sinn des Doppelbeschlusses. Wir halten uns an den Doppelbeschluß, so wie er von Ihrer Regierung beschlossen wurde. Wenn Sie an uns die Frage stellen – ich nehme an, sie war nur rhetorisch gemeint –, ob wir das denn wie eine Bibel verstehen. Keineswegs. Nur: Der Doppelbeschluß ist gefaßt worden, als die Sowjetunion 140 SS-20-Raketen hatte. Jetzt hat sie über 350 *(Schily [GRÜNE]: Das ist der Erfolg des Doppelbeschlusses!)* Da müssen doch auch

Sie sagen: Jetzt ist der Doppelbeschluß eben nicht überflüssig, jetzt ist er doppelt notwendig angesichts der Realität.
Sie haben sich zwar formal zum Doppelbeschluß bekannt, haben ihn aber mit dieser Rede in Wirklichkeit endgültig verlassen, indem Sie ihm eine Interpretation gegeben haben, die dieser Doppelbeschluß nie gehabt hat. *(Beifall bei der CDU/CSU und der FDP – Zuruf von der CDU/CSU: Hexeneinmaleins! – Weitere Zurufe von der CDU/CSU.)*
Herr Bahr, alles das, was Sie zur Erklärung Ihres Schwenks hier vorgetragen haben, existierte vielleicht noch nicht im Jahre 1979, aber mit Sicherheit im September des Jahres 1982. Da hatten Sie aber noch die Regierungsverantwortung. Ich bin nun in der vorzüglichen Lage, über die Akten zu verfügen: Alles, was der Westen tat – oder, genauer gesagt: alles, was die Amerikaner taten –, war mit Ihrer Regierung bis ins einzelne – im übrigen bis in die Einzelheiten der Stationierung hin – abgesprochen, Herr Bahr, *(Fischer [Frankfurt] [GRÜNE]: Hört! Hört! Sehr interessant!)* bis zum September des letzten Jahres. Dann tun Sie doch nicht so, als ob sich die Situation grundlegend geändert und Sie zur neuen Einsicht gebracht hätte. Ich will Ihnen sagen, was Sie zur neuen Einsicht gebracht hat: Die Tatsache, daß Sie jetzt in der Opposition sind, ist es, was Ihnen den Absprung vom Doppelbeschluß in dieser Weise möglich macht. *(Beifall bei der CDU/CSU – Broll [CDU/CSU]: Er hat eine neue Wahrheit entdeckt!)*
Der Herr Bundesaußenminister hat es in Klarheit dargelegt, aber da das wohl ein wichtiger Punkt zu werden beginnt, möchte ich es hier noch einmal in die Erinnerung der deutschen Bevölkerung rufen: Fest steht, daß schon Ihre Regierung die Stationierungsentscheidung getroffen hat, wie es sich aus dem Beschluß selbst und allen Akten eindeutig ergibt. Wenn Sie also von Automatismus reden, was ich im übrigen für falsch halte, dann haben Sie den Automatismus zu verantworten. Sie und Ihre Regierung, Herr Bahr! Sie wissen das auch ganz genau, Sie wollen sich doch nur einen Vorwand schaffen, um aus dem Doppelbeschluß auszusteigen.
Nun komme ich zu einigen Ihrer Argumente. Da ist zunächst einmal das Argument der Seestationierung. Da haben Sie schlicht einen Trick angewandt. Sie haben eines der Argumente – noch nicht einmal das wichtigste, bei weitem nicht das wichtigste –, nämlich daß das technisch nicht machbar sei, herausgesucht und so getan, als sei das das Argument gewesen, mit dem man die Seestationierung damals abgelehnt habe. Sie wissen ganz genau, daß das nicht zutrifft. Es waren drei andere Gründe – vor diesem Grund –, die dazu geführt haben: erstens der Gedanke der strategischen Einheit des amerikanischen und europäischen Kontinents – ein ganz wichtiger Gedanke –, zweitens der Gedanke der Glaubwürdigkeit der Abschreckung, drittens – nicht zuletzt

– rüstungskontrollpolitische Argumente, die Sie im übrigen sehr gut kennen. *(Schily [GRÜNE]: Das mit der Glaubwürdigkeit erklären Sie doch einmal, Herr Wörner! Das wäre ganz interessant!)*

Sie haben dann den Eindruck erweckt, Herr Bahr, als ob die Stationierung der MX in den Vereinigten Staaten deswegen abgelehnt worden sei, weil man sie der Bevölkerung nicht habe zumuten wollen. Sie wissen ganz genau, daß das nicht zutrifft. Sie wissen ganz genau, daß der unsinnige Vorschlag dieses sogenannten „race track", dieses Hunderte von Kilometern umspannenden unterirdischen Netzes, eine Idee war, die nicht realisierbar war und hinsichtlich der ich froh bin, daß sie so nicht realisiert wurde. Im übrigen, Herr Bahr: Die MX-Rakete wird stationiert, und sie wird auf dem Boden stationiert. Also, wenn man Ihre Argumente nimmt und sie einmal auffächert, dann zerfallen sie sehr schnell in nichts.

Dann haben Sie ein schlimmes Wort gebraucht, Herr Bahr, das Sie besser zurücknähmen, „Amerika, du hast es besser!", haben Sie wörtlich gesagt. Das sagen Sie einem Verbündeten gegenüber, der mit seiner Existenz nicht nur für seine eigene Sicherheit, sondern auch für die Sicherheit der Europäer und damit auch für Ihre Sicherheit bürgt und dafür 200000 Soldaten in der Bundesrepublik Deutschland stationiert hat, meine Damen und Herren. *(Beifall bei der CDU/CSU und der FDP.)* Passen Sie auf, Herr Bahr, daß die Melodie nicht zurückschallt – „Europa, du hast es besser" – und daß dann die Truppen abgezogen werden, die Garantie zurückgezogen wird. Dann ist es aus mit unserem Frieden und aus mit unserer Sicherheit. Darum gehen Sie nicht so leichtfertig mit diesen Dingen um! *(Beifall bei der CDU/CSU – Zurufe von den GRÜNEN und von der SPD – Horn [SPD]: Das glauben Sie doch selbst nicht!)*

Das gleiche gilt von Ihrer ständig wiederholten Behauptung, die Amerikaner verhandelten in Genf nicht mit dem nötigen Nachdruck. Sie wissen es besser. Sie waren es doch, die die Amerikaner zur Null-Lösung gedrängt haben. Der Außenminister hat Ihnen das doch vorgelesen. Sie waren einer derer, die das mitgetragen haben, ausdrücklich übrigens, nicht nur stillschweigend, Herr Bahr. Sie haben doch dann von uns gefordert: Ihr müßt jetzt auf die Amerikaner einwirken, daß sie sich bewegen. Dann hat das Bündnis gesprochen, untereinander. ich will nicht verhehlen, daß wir unseren Einfluß ausgeübt haben. Und dann gab der Westen dieses Zeichen. Dann war das Angebot der Zwischenlösung da. Jetzt müssen wir uns von denselben Leuten, die uns darauf gedrängt haben, vorwerfen lassen, daß wir das getan haben, was sie von uns verlangten. Was ist denn das für eine Haltung, Herr Bahr? *(Beifall bei der CDU/CSU.)* So kann man doch nicht Politik machen, weder international noch national.

Der Vorschlag eines Zwischenabkommens ist ein faires Kompromißangebot – Sie wissen das –, das im übrigen hinreichend flexibel ist und jeden wünschenswerten Spielraum läßt. Aber anstatt sich nun an die Sowjetunion zu wenden und von ihr Bewegung und Entgegenkommen zu verlangen, fordern Sie aufs neue Bewegung beim Westen. Wer hat denn die gigantische Vorrüstung ins Werk gesetzt? Wer macht denn damit weiter? Ihre Adresse ist falsch, Herr Bahr. Richten Sie Ihre Blicke nach Moskau und nicht so sehr nach Washington! *(Lebhafter Beifall bei der CDU/CSU.)*

Die Wahrheit ist: Die USA haben sich bewegt, die Sowjets nicht. Derjenige, der dauernd den Doppelbeschluß in Frage stellt und Zweifel an der Entschlossenheit des Westens aufkommen läßt, ist ganz direkt schuld daran, daß es noch nicht zu einer Einigung in Genf gekommen ist. *(Beifall bei der CDU/CSU und der FDP – Zurufe von der SPD – Schily [GRÜNE]: Die Rechnung geht nicht auf!)*

Ich sage Ihnen noch dazu: Ehe Sie sich über Herrn Weinberger aufregen, überlegen Sie sich, wie das Wirken mancher Politiker in der Bundesrepublik Deutschland in Moskau ankommen muß. Dort werden doch fortlaufend Zweifel erweckt, ob wir in der Lage seien, den Doppelbeschluß zu verwirklichen. Wenn wir überhaupt etwas in der Hand haben, um die Sowjets zum Einlenken zu bewegen, dann doch eben dies. Wenn Sie das aus der Hand geben, wenn Sie diese Entschlossenheit verschenken, dann brauchen Sie in Genf nicht weiter zu verhandeln, weil die Sowjets sich dann überhaupt nicht mehr bewegen wollen und bewegen werden.

Darum, sage ich Ihnen, kommt so vieles darauf an, daß das Bündnis jetzt die nötige Entschlossenheit zeigt. Darum sagen wir Ihnen: Überlegen Sie sich gut, wie Sie hier argumentieren und welche Signale Sie nach der Sowjetunion hin ausschicken. *(Schneider [Berlin] [GRÜNE]: Diese Logik wird uns noch alle umbringen!)*

– Die Logik war offensichtlich schon immer nicht Ihre Stärke. *(Beifall bei der CDU/CSU.)*

Ich möchte einen anderen Grundgedanken hier noch einmal bekräftigen. Wir sind sicher und frei hier in der Bundesrepublik Deutschland, solange wir im Bündnis mit den freien Staaten der Welt leben. Darum müssen wir alles daransetzen, das Bündnis zu vertiefen. Wenn es eine Friedensgarantie für die Deutschen gibt, wenn es eine Garantie der Freiheit für unsere Bürger draußen im Lande gibt, dann ist es die Tatsache, daß wir zum erstenmal in unserer Geschichte an der Seite der freien Staaten der freien Welt stehen. Dort müssen wir stehenbleiben. Wer mit dem Gedanken des Neutralismus spielt, der führt unser Volk ins Unheil. *(Beifall bei der CDU/CSU und der FDP – Schneider [Berlin] [GRÜNE]: Siehe Österreich!)*

Der Zusammenhalt der NATO und die strategische Einheit Nordamerikas und Westeuropas sind die Voraussetzungen für die Sicherheit in Europa. Dazu möchte ich drei Überlegungen vortragen.
Erstens. Die NATO hat in den letzten Jahren die Zahl der Nuklearwaffen in Europa nicht erhöht. Im Gegenteil. Seit 1979 hat sie die Zahl der nuklearen Gefechtsköpfe im Zusammenhang mit dem Doppelbeschluß um 1 000 reduziert.
Und ich sage dazu: Sollten gemäß dem Doppelbeschluß und weil es nicht gelingt, in Genf zu einem Erfolg zu kommen, in Europa und in unserem Land amerikanische Mittelstreckenwaffen stationiert werden müssen, dann würde für jeden neu eingeführten Gefechtskopf ein vorhandener entfernt werden. Die Gesamtzahl der nuklearen Gefechtsköpfe wird in keinem Fall erhöht. *(Zuruf des Abg. Schily [GRÜNE].)* Diejenigen, die draußen von zusätzlichen Gefechtsköpfen oder von einer Vermehrung der Nuklearwaffen in Europa auf westlicher Seite sprechen, haben schlicht und einfach unrecht. *(Zuruf des Abg. Schily [GRÜNE].)* Es gibt in Europa kein Wettrüsten oder speziell nukleares Wettrüsten von seiten des Westens. Wohl aber gibt es dieses Wettrüsten von seiten der Sowjetunion. *(Jäger [CDU/CSU]: Sehr richtig!)*
Jetzt komme ich auf einen anderen Punkt, Herr Bahr. Sie haben recht und unrecht zugleich. Die Sowjetunion hat im übrigen auf Grund einer Entscheidung, die lange, lange vor dem Doppelbeschluß lag, drei neue Raketentypen kürzerer Reichweite aufzustellen begonnen. Sie haben sie selbst genannt: SS 20, SS 21 und SS 23.
Im übrigen, eines haben Sie zu sagen vergessen: Die SS 21 steht bereits in der DDR. Sie haben auch vergessen, unser Volk darüber aufzuklären, daß die Vorgängersysteme, nämlich die Frog und die Scud, alles Nuklearwaffen kürzerer Reichweite, schon außerhalb der Sowjetunion – ich kann Ihnen auch sagen, wo: in der DDR, in Polen und in der CSSR – stationiert sind.
Herr Bahr, ich möchte nicht, daß jetzt, wieder mit Ihrer Hilfe eine neue Legende entsteht. Die Sowjetunion hat mit dem Bau der neuen Raketentypen begonnen, bevor der Doppelbeschluß kam. Sie hat mit der Stationierung dieser Waffen begonnen, bevor der Doppelbeschluß kam, oder kurz danach. Und sie wird diese Systeme aufstellen nicht als Antwort auf die westliche Nachrüstung, wenn sie erfolgen sollte, sondern weil sie diese Absicht schon immer gehabt hat und sich durch Sie, jedenfalls bis jetzt nicht, hat irritieren lassen. Das ist die Wahrheit. Also tun wir nicht so und fallen wir nicht auf die Propagandathese herein, das sei die Revanche für die westliche Nachrüstung. Sagen Sie bitte die Dinge hier so, wie sie sich zugetragen haben.
Zum zweiten. Die NATO und die USA streben keine Überlegenheit an, auch und gerade nicht über die Sowjetunion. Wir hätten unser Ziel schon erreicht,

wenn wir das Ungleichgewicht korrigieren könnten, das durch die fortlaufende sowjetische Aufrüstung in einem im Frieden beispiellosen Umfang entstanden ist.
Der dritte Punkt. Die gemeinsame Strategie der USA und der NATO geht eben nicht darauf aus, die Sowjetunion mit einem sogenannten Entwaffnungsschlag zu bedrohen. Wir haben keine Erstschlagsfähigkeit, und wir suchen keine Erstschlagsfähigkeit.
Und ich sage noch einmal: Das Ziel der NATO-Strategie ist die Kriegsverhinderung und nicht die Kriegsführung. Es gibt keine Strategie des begrenzten Krieges auf unserer Seite, meine verehrten Damen und Herren. *(Beifall bei der CDU/CSU und der FDP – Schily [GRÜNE]: Schwacher Beifall!)* Genauso unsinnig ist die Behauptung, die Pershing II sei eine Erstschlagswaffe oder eine Enthauptungswaffe. Ich habe selten etwa Törichteres gehört. Sie ist weder das eine noch das andere. Sie reicht noch nicht einmal bis Moskau. Mit ihr kann noch nicht einmal ein Zehntel der sowjetischen Interkontinentalwaffen erreicht werden und, Herr Bastian, können nur ganz wenige und bei weitem nicht die entscheidenden militärischen Führungszentralen der Sowjetunion – von den zivilen ganz abgesehen – erreicht werden.
Und jetzt sage ich Ihnen etwas dazu. *(Zuruf der Abg. Frau Dr. Vollmer [GRÜNE].)* Es mutet mich schon merkwürdig an, daß Sie darüber lamentieren, aber daß Sie sich offensichtlich mit der Tatsache abgefunden haben, daß die SS-20-Raketen Europa nach derselben kurzen Wartezeit restlos – nicht in einem Randgebiet: restlos! – zerstören könnten. Das ist für Sie offenbar natürlich. Aber gibt es denn ein Gesetz, nach dem die Bürger der Bundesrepublik Deutschland einen geringeren Anspruch auf Sicherheit als die Bürger der Sowjetunion haben? *(Schily [GRÜNE]: Sie wissen doch, daß auch wir gegen die SS 20 sind!)* Wir werden ein solches Gesetz nicht unterschreiben! *(Beifall bei der CDU/CSU und der FDP.)*
Im übrigen gibt es eine ganz einfache Antwort auf diese Ihre Behauptung. Moskau hat es in der Hand, die Stationierung der neuen Waffen bei uns zu verhindern. Es braucht nur seine Vorrüstung abzubauen, die es absolut nicht zu seiner Verteidigung oder zur Wahrung legitimer Sicherheitsinteressen benötigt. Dann braucht es auch die Stationierung der Waffen bei uns nicht zu befürchten.
Lassen Sie mich noch einem Märchen, das ja auch immer wieder erzählt wird, entgegentreten, nämlich der Behauptung, die Pershing II und die Cruise missiles seien Waffen zur Führung eines begrenzten Nuklearkrieges in Europa. Die Antwort darauf hat niemand anders als der sowjetische Verteidigungsminister Marschall Ustinow gegeben. Ich zitiere aus einem Auszug aus „Neues Deutschland" vom 17. April 1983 – allerdings nicht mit

Spaß; ich hoffe, es geht Ihnen genauso –, *(Zustimmung bei der CDU/CSU und der FDP)* wo steht:

> Ungestraft bleiben in diesem Falle auch nicht die Vereinigten Staaten von Amerika. Wenn man in Washington denkt, daß unsere Antwort auf den Einsatz von Raketen vom Typ Pershing II und von Flügelraketen nur gegen Ziele in Westeuropa gerichtet sein wird, so geht man dort zutiefst fehl. Vergeltung würde unweigerlich auch die Vereinigten Staaten selbst treffen.

Herr Bahr, das sollten Sie vielleicht gelegentlich einmal nachlesen, dann hätten Sie auch eine gewisse Antwort auf Ihre Behauptung „Amerika, du hast es besser". *(Schily [GRÜNE]: Herr Wörner, denkt man so in Washington? – Gansel [SPD]: Jetzt glauben Sie den Sowjets mehr als den Amerikaners!)*
Meine Damen und Herren, lassen Sie mich noch ein Wort zu nuklearwaffenfreien Zonen sagen. Es gibt ja Bürger bei uns im Land, die glauben, nuklearwaffenfreie Zonen erhöhten die Sicherheit der in ihnen lebenden Menschen. Das Gegenteil ist richtig. Nuklearwaffenfreie Zonen bieten nicht mehr, sondern weniger Schutz gegen die Anwendung von Nuklearwaffen. Ich sage noch einmal: Hiroshima ist dafür das beste Beispiel.
Jetzt stelle ich Ihnen eine andere Frage. Wer glaubt eigentlich, daß eine Macht wie die Sowjetunion, die noch nicht einmal in Friedenszeiten die territoriale Hoheit neutraler Staaten respektiert – siehe U-Boote in Schweden –, im Ernstfall nuklearwaffenfreie Zonen respektieren würde? Entscheidend ist doch nicht, wo die Waffen stehen, entscheidend ist, wohin sie schießen. *(Beifall bei der CDU/CSU – Dr. Scheer [SPD]: Das ist doch Unsinn! Das ist grotesk, was Sie da erzählen!)* Deswegen gilt: So lange, wie es uns nicht gelingt, Nuklearwaffen aus dieser Welt zu verbannen, gibt es gegen deren Anwendung nur einen Schutz: dem Angreifer klarzumachen, daß für den Fall der Anwendung von Nuklearwaffen auch ihm solche Waffen drohen und daß daher das Risiko für ihn zu groß ist. *(Schily [GRÜNE]: Das nimmt jetzt Züge von Moritaten-Erzählerei an!)*
Meine Damen und Herren, wir streben mit aller Leidenschaft nach guten – ich sage: wenn irgend möglich, sehr guten – Beziehungen zur Sowjetunion. Wir bedrohen sie in keiner Weise. Wir wollen keinen Krieg gegen sie führen, weder einen militärischen noch einen wirtschaftlichen. Jeder weiß, wir ziehen Kooperation der Konfrontation, Abrüstung der Aufrüstung vor. Wir wollen mehr, nicht weniger Austausch. Wir respektieren das begründete Sicherheitsinteresse der Sowjetunion. Wir erwarten allerdings von der Sowjetunion, daß sie auch unsere legitimen Sicherheitsinteressen respektiert. *(Beifall bei der CDU/CSU und der FDP.)* Erst dann, wenn das der Fall ist, kann man von einer Sicherheitspartnerschaft in der Beziehung der beiden Weltmächte

zueinander und in der Beziehung der Sowjetunion zu uns reden. Heute jedenfalls sucht die Sowjetunion nicht Sicherheit mit uns, sie betreibt Aufrüstung gegen uns.

Das zeigt im übrigen auch ihr Verhalten bei den Rüstungskontrollverhandlungen. Ich will hier nur einen einzigen Aspekt herausnehmen. Die Forderung nach Anrechnung der französischen und britischen Waffen bei den INF-Verhandlungen in Genf ist nichts anderes als ein ganz durchsichtiges Manöver, hat den ganz klaren Zweck, das sowjetische Monopol bei den Mittelstreckenwaffen zu sichern und damit die amerikanische Nukleargarantie für Europa in einem wichtigen Bereich außer Kraft zu setzen. *(Dr. Scheer [SPD]: Das ist falsch!)*

Die Sowjets wissen doch, und wir wissen es auch: Es sind die amerikanischen Waffen, die die Sicherheit der nichtnuklearen Staaten, also auch unsere Sicherheit, garantieren, und nicht die britischen und nicht die französischen. Diese Waffen sind für Frankreich und Großbritannien das letzte, wirklich das allerletzte Mittel. Es sind Waffen der Ultima ratio. Sie würden nur als letzte nationale Reaktion auf einen sowjetischen Angriff auf diese Länder *(Dr. Scheer [SPD]: Das ist falsch!)* und nicht als Mittel einer auf andere europäische Länder erweiterten Abschreckung eingesetzt werden. – Lieber Herr Scheer, Sie sagen, das sei falsch. Lassen Sie sich das doch von Ihren französischen Parteifreunden, den Sozialisten, endlich noch einmal sagen. Hat es Ihnen nicht der französische Präsident von diesem Pult aus erklärt, daß es so ist? *(Beifall bei der CDU/CSU und der FDP.)* Wenn Sie es ihm schon nicht glauben und mir nicht glauben, vielleicht glauben Sie es einem Protokoll, das ich nachlesen konnte, über ein Gespräch, das der frühere Bundeskanzler Schmidt im Jahre 1980 mit dem damals noch lebenden Generalsekretär Breschnew geführt hat und in dem Breschnew ausdrücklich anerkannt hat, daß diese Waffen bei den INF-Verhandlungen in Genf nichts zu suchen haben. *(Jäger [CDU/CSU]: Hört! Hört!)* Ich empfehle, gelegentlich Ihre Erinnerung aufzufrischen. *(Schily [GRÜNE]: Dann gebt es doch mal heraus, das wäre nicht schlecht! Weitere Zurufe von den GRÜNEN.)*

Darum zielt die Sowjetunion in Genf auf eine dreistufige Ordnung der Sicherheit in Europa. Auf der höchsten Stufe steht die Sicherheit der Sowjetunion. Danach folgen die Sicherheit Großbritanniens und Frankreichs als Atommächte. Schließlich folgt die Sicherheit der übrigen Staaten auf der niedersten Stufe. Auf Grund der sowjetischen Überlegenheit und auf Grund ihrer Privilegien in der Rüstungskontrolle gegenüber der westlichen Allianz käme die Sicherheit in Europa ins Wanken. Die westeuropäischen Staaten könnten dann nicht mehr damit rechnen, daß die NATO intakt bliebe und sie schützte. *(Schily [GRÜNE]: Sind wir denn schon abgekoppelt?)*

Die Vereinigten Staaten würden in ihrer Präsenz in Europa, in ihrer militärischen Kräftestruktur, ihrem politischen Status und ihrem Engagement für die Verteidigung Europas eingeschränkt. Daher ist es so wichtig, daß wir auf diese Vorschläge nicht eingehen. Die Aussichten europäischer Sicherheit hängen von unserer Entschiedenheit und Entschlossenheit ab. Wir können nicht erwarten, daß die Sowjetunion unsere Sicherheitsbedürfnisse respektiert und gleiche Sicherheitsbedingungen für beide Seiten in Europa akzeptiert, wenn wir unsere eigenen Interessen, unser Bündnis und unsere eigenen Entscheidungen nicht respektieren. Ich sage deshalb, solange die Sowjetunion darauf hoffen kann, uns ihren Willen aufzuzwingen, wird es keinen Kompromiß geben und werden die Verhandlungen nicht zu Ergebnissen in unserem Interesse führen. Darum müssen wir Geduld haben, und wir müssen fest bleiben. Zur Entschlossenheit gibt es keine Alternative.

Freilich – und das sei mein letzter Gedanke – auch wir denken nicht daran, uns mit der Landschaft der Abschreckung auf Dauer abzufinden. Wir müssen versuchen, sie zu überwinden. Der Weg dahin ist nach unserer Auffassung klar. Er führt einmal im militärischen Bereich über beiderseitige kontrollierte Abrüstung. *(Zuruf von den GRÜNEN: Und politisch in den Abgrund!)* Aber das genügt nicht. Die eigentlichen Spannungen liegen im politischen Bereich. Dort müssen sie auch gelöst werden. Und deswegen sage ich Ihnen: Wenn wir hier über den Frieden diskutieren, *(Zuruf von der SPD: Das ist doch ein reziproker Prozeß!)* dann muß über die politische Seite und nicht nur über die Waffen diskutiert werden. *(Fischer [Frankfurt] [GRÜNE]: Aber nicht einäugig!)*

Da kann ich Ihnen mit einer höchst persönlichen Erfahrung dienen. Niemand möge mir verübeln, daß ich sie hier in dieser Form sage. Mir hat man in der Schule noch beigebracht, Frankreich sei unser Erbfeind. Ich habe dann im Jahre 1954/55 ein Jahr in Frankreich studiert. Ich habe es noch da und dort erlebt, daß das Wort vom „Boche" gesprochen wurde. Es war das und dort noch schwierig, in einer französischen Familie zu leben. Heute – fragen Sie doch einmal junge Leute – ist es doch selbstverständlich, daß die Franzosen nicht unsere Erbfeinde, sondern unsere Freunde sind. Der Gedanke an einen Krieg, der Gedanke an Feindschaft ist ausgelöscht. Aber wie wurde das möglich? Doch nicht durch großspurige Reden von Politikern, sondern dadurch, daß man die Menschen zueinander gelassen hat, die jungen Menschen vor allem. Denken Sie an das Deutsch-Französische Jugendwerk. *(Beifall bei der CDU/CSU und der FDP – Zurufe von der SPD und den GRÜNEN.)*

Und das ist der Grund, meine Damen und Herren, warum ich jedem sowjetischen Politiker, sooft ich einen treffe, und jedem sowjetischen

Diplomaten sage: Wenn wir Frieden bauen wollen – und wir wollen das mit aller Leidenschaft –, dann gibt es nur einen Weg: Laßt die Menschen zusammenkommen. Schickt doch 10 000 junge Russen jedes Jahr zu uns und laßt 10 000 junge Deutsche dort rüber. Dann werden beide sehen: Beide Völker wollen nur eines, in Frieden und – ich sage – in Freundschaft miteinander leben.

Dem Frieden steht im Weg die Mauer. Dem Frieden steht im Weg die Unfreiheit. Und wer den Frieden machen will, der darf nicht nur auf die Waffen starren, er muß dazu beitragen, daß Menschenrechte und Menschenfreiheit auf dieser Welt durchgesetzt werden, meine Damen und Herren. *(Langanhaltender Beifall bei der CDU/CSU und der FDP.)*

Anhang

Kurzbiographien der Redner

Konrad Adenauer

Geb. am 5.1.1876 in Köln; kath.; 1894 Abitur; 1894–1897 Studium der Rechtswissenschaft und Volkswirtschaft; 1897 Erstes, 1901 Zweites juristisches Staatsexamen; 1906 bis 1917 Beigeordneter der Stadt Köln; 1917–1933 Oberbürgermeister von Köln; 1918 Mitglied des Preußischen Herrenhauses; 1921–1933 Mitglied und Präsident des Preußischen Staatsrats; März 1933 Entlassung als Oberbürgermeister durch die Nationalsozialisten; Mai–Okt. 1945 Oberbürgermeister von Köln; 1946–1949 Vorsitzender der CDU des Rheinlands und der britischen Zone, Mitglied des Landtags von NRW und Vorsitzender der CDU-Fraktion; 1948/59 Mitglied und Präsident des Parlamentarischen Rats; 1949–1967 Mitglied des Deutschen Bundestags; 15. Sept. 1949 bis 15. Okt. 1963 Bundeskanzler; 1950–1966 Bundesvorsitzender der CDU (1966 Ehrenvorsitzender); 1951–1955 zusätzlich Bundesaußenminister; am 19. April 1967 gestorben in Rhöndorf.

Rainer Barzel

Geb. am 20. 6. 1924 in Braunsberg/Ostpreußen; kath.; 1941 Kriegsabitur; 1941–1945 Kriegsdienst, zuletzt als Leutnant; 1945–1948 Studium der Rechtswissenschaft und Volkswirtschaft, Mitglied des AStA; 1948 Referendar-Examen, 1949 Promotion zum Dr.jur.; 1949–1953 Tätigkeit bei der Regierung von NRW in Frankfurt/M. und Bonn; 1954 Kommissar. Vertreter des Ministers für Bundesangelegenheiten der Landesregierung NRW; am 18. Februar 1954 Eintritt in die CDU; 1956 Geschäftsführer des Landespräsidiums der CDU NRW; seit 1957 Mitglied des Deutschen Bundestags; 1962–1963 Bundesminister für gesamtdeutsche Fragen; 1963 Stellvertretender, 1964–Mai 1973 Vorsitzender der CDU/CSU-Bundestagsfraktion; Oktober 1971–Mai 1973 Bundesvorsitzender der CDU und Kanzlerkandidat; Eintritt in eine Rechtsanwaltpraxis, 1977–1979 Vorsitzender des Wirtschaftsausschusses, seit Dezember 1980 des Auswärtigen Ausschusses des Deutschen Bundestags; 1980 Koordinator für deutsch-französische Zusammenarbeit und Präsident des Deutsch-Französischen Instituts in Ludwigsburg. Am 29. März 1983 Wahl zum Bundestagspräsidenten.

Marieluise Beck-Oberdorf

Geb. am 25.6.1952 in Bramsche/Osnabrück; 1970 Abitur; Studium (Deutsch, Geschichte, Gemeinschaftskunde); Reallehrerin in Pforzheim; Mitglied der GEW und der psychosozialen Beratungsstelle Pforzheim e. V.; seit März 1980 Mitglied der Partei DIE GRÜNEN; Nov. 1980 bis Juni 1982 Landesvorsitzende Baden-Württemberg; Mitglied des Bundestags seit 1983; Fraktionssprecherin.

Ernst Benda

Geb. am 15.1.1925 in Berlin; ev.; 1943 Abitur; Reichsarbeitsdienst, Kriegsmarine, Kriegsteilnahme im Schnellbooteinsatz; Oktober 1946 juristisches Studium; Mitglied des letzten gewählten Studentenrates; 1949 bis 1950 Studium der Journalistik und der politischen Wissenschaften in Madison/Wisconsin (USA); 1951 Erstes, 1955 Zweites juristisches Staatsexamen; seit 1956 Rechtsanwalt in Berlin; seit 1946 Mitarbeit in der CDU, 1948 Vorsitzender der Hochschulgruppe Berlin, 1952 bis 1954 Vorsitzender der Jungen Union in Berlin; 1951 bis 1954 Mitglied der Bezirksverordnetenversammlung Spandau, Fraktionsvorsitzender;

1955 bis 1957 Mitglied des Abgeordnetenhauses von Berlin; Mitglied des Bundestags seit 1957; 1967 Parlamentarischer Staatssekretär im Bundesinnenministerium; am 2. April 1968 Wahl zum Bundesinnenminister (bis 20.10.1969); seit Nov. 1971 Präsident des Bundesverfassungsgerichts in Karlsruhe.

Willy Brandt

Geb. am 18.12.1913 in Lübeck als Herbert Ernst Karl Frahm; 1929 Eintritt in die Sozialistische Arbeiterjugend (SAJ); 1930 Eintritt in die SPD; Oktober 1931 Übertritt in die Sozialistische Arbeiterpartei (SAP), Vorsitzender ihrer Jugendorganisation in Lübeck; 1932/33 Volontär bei einer Schiffsmaklerfirma; März 1933 Annahme des Pseudonyms Willy Brandt; 1. April 1933 Flucht nach Skandinavien; in Norwegen historische Studien, Arbeit als Journalist; 1937 als Journalist und Verbindungsmann der SAP-Auslandsleitung in Spanien (republikanische Bürgerkriegszone); am 3. Sept. 1938 aus Deutschland ausgebürgert; Juli 1940 Annahme der norwegischen Staatsangehörigkeit; danach Publizist; Kontakte mit dem deutschen und norwegischen Widerstand; 1944 Wiedereintritt in die SPD (Ortsgruppe Stockholm); 1945/47 Korrespondent für skandinavische Zeitungen in Deutschland; Pressemitarbeiter der norwegischen Vertretung in Berlin; 1947 deutsche Wiedereinbürgerung unter dem Namen Willy Brandt; 1949–1957 Berliner Abgeordneter im 1. und 2. Deutschen Bundestag (ab 1969 erneut MdB); 1950–1970 Mitglied des Berliner Abgeordnetenhauses (1955–1957 dessen Präsident); 1957–1966 Regierender Bürgermeister von Berlin; 1958–1962 Landesvorsitzender der Berliner SPD; 1958–1963 Präsident des Deutschen Städtetages; 1961 SPD-Kanzlerkandidat (erneut 1965); seit 16. Februar 1964 als Nachfolger Erich Ollenhauers Vorsitzender der SPD; 1966–1969 Vizekanzler und Außenminister; am 21. Oktober 1969 Wahl zum Bundeskanzler (Sozialliberale Koalition); 1971 Friedensnobelpreis; am 14. Dezember 1972 erneute Wahl zum Bundeskanzler; am 7. Mai 1974 in Zusammenhang mit der Affäre des DDR-Kanzleramtspions Günter Guillaume Rücktritt vom Amt des Bundeskanzlers; 1976 Wahl zum Vorsitzenden der Sozialistischen Internationale; 1977 Wahl zum Vorsitzenden der „Nord-Süd-Kommission"; 1979 als SPD-Spitzenkandidat Wahl in das Europa-Parlament.

Heinrich von Brentano

Geb. am 20.6.1904 in Offenbach; kath.; 1929 Zweites juristisches Staatsexamen, Promotion zum Dr. jur.; 1932 Eröffnung einer Anwaltskanzlei in Darmstadt; Präsident der Rechtsanwalts- und Notariatskammer; 1945 Mitbegründer der CDU in Hessen, Mitarbeit an der Ausarbeitung der hessischen Landesverfassung, Abgeordneter im ersten hessischen Landtag; 1948/49 Mitglied des Parlamentarischen Rates in Bonn, Vorsitzender des Hauptausschusses, Überarbeitung der Ausschußfassung des Grundgesetzes mit Thomas Dehler und Georg August Zinn; 1949 Wahl in den Deutschen Bundestag; Fraktionsvorsitzender der CDU/CSU; am 6. Juni 1955 Ernennung zum Bundesminister des Auswärtigen; während der schwierigen Koalitionsverhandlungen mit der FDP am 30. Oktober 1961 Rücktritt; am 24. November 1961 erneute Wahl zum Vorsitzenden der CDU/CSU-Bundestagsfraktion; am 14. November 1964 gestorben in Darmstadt.

Karl Carstens

Geb. am 14.12.1914 in Bremen; 1933 Abitur in Bremen; 1933–1936 Studium der Rechtswissenschaft und der Politischen Wissenschaft; 1936 Erste, 1939 Zweite juristische Staatsprüfung; 1937 Promotion zum Dr.jur.; 1939–1945 Militärdienst, seit 1940 als Ordonnanzoffizier in Bremen, seit 1943 als Ausbilder bei der Flakartillerie; 1945–1949 Rechtsanwalt in Bremen; 1948–1949 Studienjahr und Master of Laws in New Haven/Conn. (USA); 1949–1954 Bevollmächtigter der Hansestadt Bremen in Bonn; 1950–1973 Lehrtätigkeit an der Universität Köln, 1952 Habilitation für Staats- und Völkerrecht, seit 1960 ordentlicher Professor für Staatsrecht und Leiter des Instituts für das Recht der Europäischen Gemeinschaften,

1969–1972 zugleich Leiter des Forschungsinstituts der Deutschen Gesellschaft für Auswärtige Politik in Bonn; 1954–1955 Leiter der Ständigen Vertretung der Bundesrepublik beim Europarat in Straßburg; 1955 Beitritt zur CDU; 1955–1958 Leiter der Europa-Abteilung, 1958–1960 der Politischen Abteilung, 1960–1966 Staatssekretär im Auswärtigen Amt; 1967 Staatssekretär im Bundesministerium für Verteidigung; 1968–1969 Chef des Bundeskanzleramts; 1972–1979 Mitglied des Deutschen Bundestags, 1973–1976 als Vorsitzender der CDU/CSU-Fraktion und Mitglied des CDU-Präsidiums; 1976–1979 Bundestagspräsident; am 23. Mai 1979 Wahl zum fünften Bundespräsidenten.

Thomas Dehler

Geb. am 14.12.1897 in Lichtenfels/Oberfranken; kath.; Gymnasium in Bamberg; Teilnahme am Ersten Weltkrieg; Studium der Rechts- und Staatswissenschaft; Promotion zum Dr. jur.; Mitglied des Deutschen Demokratischen Studentenbundes, Mitbegründer des antifaschistischen Bundes „Der Reichsadler" und Gründungsmitglied des „Reichsbanners Schwarz-Rot-Gold"; 1923 Rechtsanwalt in München und Bamberg; Mitglied der Deutschen Demokratischen Partei (DDP); 1926–1933 Ortsvorsitzender der DDP in Bamberg; Mitglied des Landes- und Reichsvorstandes der DDP, in der Endphase der Weimarer Republik Übertritt zur Deutschen Staatspartei; Kontakte zur Widerstandsbewegung, 1938 und 1944 vorübergehende Verhaftung; Kriegsdienst; 1945 Landrat, 1946 Generalstaatsanwalt in Entnazifizierungsverfahren, sodann Präsident des Oberlandesgerichts in Bamberg; 1946–1956 Landesvorsitzender der FDP in Bayern; 1946–1949 Mitglied des bayerischen Landtags, 1948/49 des Parlamentarischen Rates, 1949–1967 des Deutschen Bundestags; 1949–1953 Bundesjustizminister; 1953–1957 Fraktionsvorsitzender der FDP im Deutschen Bundestag, seit 1954 bis zu seinem Rücktritt 1957 auch Bundesvorsitzender der FDP; seit Juli 1960 Vizepräsident des Deutschen Bundestags; am 21. Juli 1967 gestorben in Streitberg/Oberfranken.

Ludwig Erhard

Geb. am 4.2.1897 in Fürth (Bayern); ev.; 1913 „Einjähriges" an der Realschule; 1913–1916 kaufmännische Lehre; 1916–1918 Soldat, zuletzt Unteroffizier der Bayerischen Artillerie; 1919–1922 Studium der Betriebswirtschaftslehre, Abschluß als Diplom-Kaufmann; 1922–1924 Studium der Volkswirtschaftslehre und Soziologie, Promotion zum Dr.rer.pol.; 1924–1928 Mitarbeit im elterlichen Geschäft; 1928–1942 Mitarbeiter, später stellvertretender Leiter des „Instituts für Wirtschaftsbeobachtung" in Nürnberg; 1942–1945 Gründung und Leitung eines eigenen „Instituts für Industrieforschung" in Nürnberg; am 19. Sept. 1945 Ernennung durch den amerikanischen Militärgouverneur zum Bayerischen Staatsminister für Wirtschaft im Kabinett Wilhelm Hoegners (bis Dez. 1946); im Sept. 1947 Ernennung zum Vorsitzenden der „Sonderstelle Geld und Kredit" des Verwaltungsrats der Bizone in Bad Homburg; 1947 Berufung zum Honorarprofessor der Staatswissenschaftlichen Fakultät der Universität München; am 2. März 1948 Wahl zum Direktor der „Verwaltung für Wirtschaft des Vereinigten Wirtschaftsgebietes" in Frankfurt/Main; am 25. Juni 1949 Eintritt in die CDU; 1949 Wahl in den Ersten Deutschen Bundestag; 1949–1963 Bundesminister für Wirtschaft; am 22. Oktober 1957 Ernennung zum Vizekanzler im 3. Kabinett Adenauer; am 15. Oktober 1963 Wahl zum Bundeskanzler; März 1966–Mai 1967 Vorsitzender, seit Mai 1967 Ehrenvorsitzender der CDU; am 1. Dezember 1966 Rücktritt vom Amt des Bundeskanzlers; am 5. Mai 1977 gestorben in Bonn.

Fritz Erler

Geb. am 14.7.1913 in Berlin; 1928 Mitglied der Sozialistischen Arbeiterjugend (SAJ); 1932 Abitur in Berlin; April 1932–März 1938 Stadtverwaltung Berlin, seit 1935 als Verwaltungsinspektor (aus politischen Gründen ausgeschieden), März–Nov. 1938 kaufmännischer Leiter eines chemischen Unternehmens in

Berlin; Nov. 1938 Verhaftung, Sept. 1939 Verurteilung vom Volksgerichtshof zu zehn Jahren Zuchthaus wegen Vorbereitung zum Hochverrat, 1939–1945 Zuchthaus und Konzentrationslager, April 1945 Flucht aus einem Gefangenentransport; Mai 1945–Jan. 1946 Landrat in Biberach a.d. Riss; Jan.–Mai 1946 Internierung durch die französische Besatzungsmacht; 1946 Mitglied der Beratenden Landesversammlung für Württemberg-Hohenzollern; Juni 1946–Juni 1947 Tätigkeit bei der Landesregierung Württemberg-Hohenzollern; 1947 Mitglied des Landtages von Württemberg-Hohenzollern; Juli 1947 Landrat in Tuttlingen; 1949–1967 Mitglied des Deutschen Bundestags; 1949 Gründungsmitglied des Deutschen Rates der Europäischen Bewegung; 1951 Wahl in den Vorstand der SPD-Bundestagsfraktion; 1956 Wahl in den Parteivorstand der SPD; 1956 Vizepräsident der Deutschen Gesellschaft für Auswärtige Politik; 1957 Wahl zum Stellvertr. Vorsitzenden der SPD-Bundestagsfraktion; 1958 Wahl in das Präsidium der SPD, im Febr. 1964 zum Stellvertr. Vorsitzenden der SPD, im März 1964 zum Vorsitzenden der SPD-Bundestagsfraktion; gestorben am 22. Februar 1967 in Pforzheim.

Hans Friderichs

Geb. am 16.10.1931 in Wittlich; kath.; 1950 Abitur, Studium der Rechts- und Staatswissenschaften; 1954 Erste juristische Staatsprüfung, 1957 Promotion, 1959 Große juristische Staatsprüfung; 1959 bis 1963 Geschäftsführer der Industrie- und Handelskammer für Rheinhessen; 1963 bis Juli 1964 stellvertr. Bundesgeschäftsführer; anschließend bis 1969 Bundesgeschäftsführer der FDP; 1969 bis 1972 Staatssekretär im rheinland-pfälzischen Ministerium für Landwirtschaft, Weinbau und Umweltschutz; Mitglied des Bundestags von 1965 bis 1969; 1972 bis Oktober 1977 Bundesminister für Wirtschaft; jetzt Vorstandssprecher der Dresdner Bank AG; Mitglied der FDP seit 1956; 1958–1959 Vorsitzender des Bezirksverbandes Trier der FDP, 1960–1964 stellvertr. Vorsitzender des Bezirksverbandes Rheinhessen, seit 1966 Vorsitzender des FDP-Bezirksverbandes Eifel-Hunsrück, 1974 bis November 1977 stellvertr. FDP-Bundesvorsitzender.

Hans-Dietrich Genscher

Geb. am 21.3.1927 in Reideburg bei Halle a.d. Saale; ev.; 1943 Dienst als Flakhelfer; 1944 Kriegsabitur in Halle, Reichsarbeitsdienst; 1945 Wehrdienst; zu Kriegsende für wenige Wochen in amerikanischer und britischer Kriegsgefangenschaft; 1946 Ergänzungsprüfung zum Kriegsabitur; 1946–1952 Mitglied der Liberal-Demokratischen Partei (LDPD); 1946–1949 Studium der Rechtswissenschaften; 1949 Erste juristische Staatsprüfung, danach Rechtsreferendar; 1952 Übersiedlung über West-Berlin in die Bundesrepublik Deutschland, Eintritt in die FDP, Mitglied des FDP-Landesvorstands und Stellvertretender Vorsitzender der Deutschen Jungdemokraten in Bremen; im Februar 1954 Zweite juristische Staatsprüfung, anschließend Anwaltsassessor in Bremen; im Okt. 1954 Zulassung als Rechtsanwalt in Bremen, Eintritt in eine Anwalts- und Notariats-Sozietät; 1956–1959 Wissenschaftlicher Assistent der FDP-Bundestagsfraktion; 1959–1965 Geschäftsführer der Bundestagsfraktion der FDP, 1962–1964 zugleich Bundesgeschäftsführer der FDP; 1965 Wahl in den Deutschen Bundestag; 1965–1969 Parlamentarischer Geschäftsführer der FDP-Bundestagsfraktion; 1966 Wahl in den Landesvorstand der FDP von NRW; am 30. Januar 1968 Wahl zu einem der drei Stellvertr. Bundesvorsitzenden der FDP; 1969–1974 Bundesminister des Innern im ersten und zweiten sozial-liberalen Kabinett; am 17. Mai 1974 Ernennung zum Bundesminister des Auswärtigen und Vizekanzler im dritten sozial-liberalen Kabinett (erneut im vierten Kabinett 1976 und im fünften Kabinett 1980); seit 1. Okt. 1974 Nachfolger Walter Scheels als FDP-Bundesvorsitzender; am 5. Nov. 1976 Wahl zum Stellvertr. Präsidenten der „Föderation der liberalen und demokratischen Parteien in der EG“ in Den Haag; seit 4. Okt. 1982 erneut Bundesminister des Auswärtigen im Kabinett Kohl und Vizekanzler.

Eugen Gerstenmaier

Geb. am 25.8.1906 in Kirchheim/Teck; ev.; 1920 Abgang von der Schule, kaufmännische Lehre in Kirchheim/Teck; Mitwirkung im CVJM und in der Jugendbewegung; nach Privatunterricht 1931 Abitur in Tübingen; 1931–1935 Studium der Philosophie, Germanistik, dann der evangelischen Theologie;

Stipendiat der „Studienstiftung des deutschen Volkes", Theologisches Abschluß-Examen, Lehreid auf die lutherischen Bekenntnisschriften, Promotion zum „Lizentiaten der Theologie"; 1935/36 Stadtvikar in Gaildorf/Württemberg; 1936 Eintritt als Wissenschaftlicher Hilfsarbeiter in das „Kirchliche Außenamt", 1943 Konsistorialrat; seit 1937 zugleich Beauftragter der Württembergischen Landeskirche bei den kirchlichen und staatlichen Stellen in Berlin; 1937 Habilitation für Theologie; 1939 erste Verbindungen zum Widerstand gegen das NS-Regime; seit Herbst 1939 dienstverpflichtet für das Auswärtige Amt, daneben Leitung des ökumenischen Referats im Kirchlichen Außenamt; seit 1942 Verbindung zur Widerstandsorganisation „Kreisauer Kreis", am 20. Juli 1944 Festnahme in Berlin; am 11. Jan. 1945 Verurteilung zu 7 Jahren Zuchthaus durch den „Volksgerichtshof"; am 14. April 1945 von amerikanischen Truppen aus dem Zuchthaus befreit; seit 1945 Aufbau und Leitung des „Hilfswerks der Evangelischen Kirchen in Deutschland" (bis 1. Okt. 1951), zuletzt Oberkonsistorialrat; am 14. Aug. 1949 Wahl (für die CDU) in den 1. Deutschen Bundestag; Wiederwahl 1953, 1957, 1961 und 1965; am 16. Nov. 1954 Wahl zum Bundestagspräsidenten (nach dem Tode von Hermann Ehlers); Wiederwahl 1957, 1961 und 1965; zum 31. Jan. 1969 Rücktritt vom Amt des Bundestagspräsidenten; am 19. Okt. 1969 mit dem Ende der Wahlperiode Ausscheiden aus dem Parlament; seit 23. Nov. 1977 Vorsitzender der „Vereinigung ehemaliger Mitglieder des Bundestages e.V.".

Karl Theodor Freiherr von und zu Guttenberg

Geb. am 23.5.1921 in Weisendorf/Krs. Höchstadt (Mfr.); 1930–1936 Erziehung an den Jesuitenkollegien Feldkirch/Tirol und St. Blasien; 1938 Abitur in Würzburg; 1938–1945 Angehöriger der Deutschen Wehrmacht, zuletzt als Oberleutnant; 1944–1945 in englischer Gefangenschaft; 1946 Mitbegründer und Kreisvorsitzender der CSU, 1952–1957 Landrat in Stadtsteinach/Oberfranken; 1957–1972 Mitglied des Deutschen Bundestags (Wahlkreis Forchheim/Oberfranken); 1961–1972 Mitglied des Landesvorstandes der CSU; 1967–1969 Parlamentarischer Staatssekretär im Bundeskanzleramt; am 4. Okt. 1972 gestorben auf Schloß Guttenberg bei Kulmbach.

Gustav Heinemann

Geb. am 23.7.1899 in Schwelm an der Ruhr; 1918–1923 Studium der Rechtswissenschaften, Volkswirtschaft und Geschichte; 1921 Promotion zum Dr.rer.pol.; 1922–1926 juristischer Vorbereitungsdienst und Assessorexamen; seit 1926 Rechtsanwalt in Essen; 1928–1936 Justitiar und Prokurist der Rheinischen Stahlwerke in Essen; 1929 Promotion zum Dr.jur.; 1930–1933 Mitglied im Christlich-Sozialen Volksdienst; 1933–1939 Lehrauftrag für Bergrecht und Wirtschaftsrecht an der Universität Köln; 1933–1945 Mitglied der Bekennenden Kirche; 1933–1948 Presbyter in Essen; 1936–1950 Vorsitzender des CVJM in Essen; 1938/39 Rücktritt von den Ämtern in der Bekennenden Kirche; 1936–1949 Vorstandsmitglied der Rheinischen Stahlwerke; 1945 Mitgründer der Christlich-Demokratischen Union in Essen und im Rheinland; 1945–1967 Mitglied im Rat der EKD; 1946–1949 Oberbürgermeister von Essen; 1947–1950 Abgeordneter des Landtages von NRW; 1947–1948 Justizminister in NRW; 1948 Präsident der verfassunggebenden Kirchenversammlung in Eisenach; 1948–1961 Tätigkeit im Weltkirchenrat; 1949–1955 Präses der gesamtdeutschen Synode der EKD; 1949/50 Bundesminister des Innern; 1950 Rücktritt wegen der von Adenauer eingeleiteten Aufrüstung; 1951 Gründung der überparteilichen „Notgemeinschaft für den Frieden Europas"; 1952 Austritt aus der CDU, Mitbegründer der Gesamtdeutschen Volkspartei (GVP); 1957 Auflösung der GVP, Eintritt in die SPD; 1957–1969 Mitglied des Bundestags; 1958–1969 Mitglied des Parteivorstandes der SPD; 1966–1969 Bundesjustizminister; 1969–1974 Bundespräsident; am 7. Juli 1976 gestorben in Essen.

Theodor Heuss

Geb. am 31.1.1884 in Brackenheim/Württemberg; 1902 Abitur in Heilbronn; 1902–1905 Studium der Nationalökonomie; 1905 Promotion; 1905–1912 Mitarbeiter, seit 1907 leitender Redakteur der Wochenschrift „Die Hilfe"; 1912–1918 Chefredakteur der „Neckar-Zeitung"; 1918 Übernahme der

Geschäftsführung des „Deutschen Werkbundes“ (bis 1924, bis 1933 im Vorstand), und der Schriftleitung der „Deutschen Politik“; 1920 Einzug in die Bezirksversammlung von Berlin-Schöneberg; ab 1920 Studienleiter, von 1924 bis 1933 Dozent für Geschichte und Politik an der Deutschen Hochschule für Politik; 1924–1928 Reichstagsabgeordneter für die Deutsche Demokratische Partei, 1929–1932 für die Staatspartei; am 5. März 1933 „auf Wahlvorschlägen der Sozialdemokratischen Partei“ Wiederwahl in den Reichstag, Aberkennung des Mandates am 12. Juli 1933, Verlust aller öffentlichen Funktionen und Ämter; seit 1936 Schreibverbot, Veröffentlichungen unter dem Pseudonym „Thomas Brackheim“; 1945 Übernahme der Lizenz und der Hauptschriftleitung der „Rhein-Neckar-Zeitung“ (bis 1949); am 24. Sept. 1945 Einsetzung als Kultusminister von Württemberg-Baden durch die Besatzungsbehörden; 1946 Wahl in die Verfassunggebende Landesversammlung und als Kandidat der DVP in den Landtag von Württemberg-Baden; Ende 1946 Erster Vorsitzender der süddeutschen liberal-demokratischen Parteien; 1948 Honorarprofessor an der TH Stuttgart; 1948 Delegierter von Württemberg-Baden im Parlamentarischen Rat; am 12. Sept. 1949 Wahl zum ersten Bundespräsidenten, am 17. Juli 1954 Wiederwahl; 1959 Verleihung des Friedenspreises des Deutschen Buchhandels; am 12. Dez. 1963 in Stuttgart gestorben.

Kurt Georg Kiesinger

Geb. am 6.4.1904 in Ebingen/Württemberg; kath.; 1913 Realschule Ebingen, 1919 Lehrerseminar, 1925–1931 Studium der Geschichte, Philosophie, Rechtswissenschaft; 1931–1945 private juristische Lehrtätigkeit in Berlin, 1935 Rechtsanwalt beim Kammergericht Berlin, 1940–1945 als wissenschaftlicher Hilfsarbeiter dienstverpflichtet im Auswärtigen Amt in Berlin; 1945–1946 amerikanisches Internierungslager (automatischer Arrest); 1947–1948 juristischer Repetitor, 1948 Rechtsanwalt; 1948 Eintritt in die CDU; Landesgeschäftsführer der CDU Südwürttemberg-Hohenzollern; 1949–1958 Mitglied des Deutschen Bundestags; 1969–1976 erneut MdB; 1950–1958 Mitglied der Beratenden Versammlung des Europarates (1955 Vizepräsident und Vorsitzender der Christlich Demokratischen Fraktion); 1950–1960 Mitglied des Geschäftsführenden Vorstandes der CDU; 1958–1966 Ministerpräsident von Baden-Württemberg; 1960–1966 Mitglied des Baden-Württembergischen Landtages; 1962/63 Präsident des Bundesrates; 1963–1966 Bevollmächtigter für kulturelle Angelegenheiten im Rahmen des deutsch-französischen Vertrages; 1966–1969 Bundeskanzler; 1967–1971 Bundesvorsitzender der CDU, seitdem Ehrenvorsitzender.

Helmut Kohl

Geb. am 3.4.1930 in Ludwigshafen; kath.; 1947 Mitbegründer der Jungen Union in Ludwigshafen; seit 1948 Mitglied der CDU; 1950 Abitur in Ludwigshafen; 1950–1958 Studium der Geschichte sowie der Rechts- und Staatswissenschaften; 1953 Mitglied des geschäftsführenden Vorstands des Bezirksverbands Pfalz der CDU; 1954 Stellvertretender Landesvorsitzender der JU; 1955 Mitglied des Landesvorstands der CDU von Rheinland-Pfalz; 1956 Wissenschaftl. Mitarbeiter des Politischen Seminars der Universität Heidelberg; 1958 Promotion zum Dr. phil.; Referent des Industrieverbands Chemie (bis 1969); 1959 Vorsitzender des CDU-Kreisverbands Ludwigshafen, Mitglied des Landtags von Rheinland-Pfalz; 1960 Mitglied (bis 1970) des Stadtrats von Ludwigshafen, Vorsitzender der Fraktion (bis 1966); 1961 Stellvertr. Fraktionsvorsitzender im Landtag von Rheinland-Pfalz; 1962 Stellvertr. Vorsitzender des Bezirksverbands Pfalz der CDU; 1963 Fraktionsvorsitzender im Landtag von Rheinland-Pfalz (bis 1969); 1964 Vorsitzender des Bezirksverbands Pfalz, Mitglied des CDU-Bundesvorstands; 1966 Landesvorsitzender der CDU-Rheinland-Pfalz (bis 1974); 1969 Ministerpräsident von Rheinland-Pfalz (bis 1976), Stellvertr. Bundesvorsitzender der CDU (bis 1973); seit 1973 Bundesvorsitzender der CDU; 1975 Kanzlerkandidat der CDU/CSU für die Bundestagswahl 1976; 1976 Vorsitzender der CDU/CSU-Bundestagsfraktion (1980 wiedergewählt); seit 1. Okt. 1982 Bundeskanzler.

Otto Graf Lambsdorff

Geb. am 20.12.1926 in Aachen; 1944 bis 1946 Wehrdienst und Gefangenschaft, schwerkriegsbeschädigt; 1946 Abitur in Unna; 1947 bis 1950 Studium der Rechts- und Staatswissenschaften; 1950 Referendarexamen, 1952 Dr. jur., 1955 Assessorexamen; seit 1960 zugelassen als Rechtsanwalt am Amts- und Landgericht Düsseldorf; 1955 bis 1971 Tätigkeit im Kreditgewerbe, zuletzt als Generalbevollmächtigter einer Privatbank; 1971 bis 1977 Vorstandsmitglied der Victoria Rückversicherungs-AG; Kurator des Johanniter-Krankenhauses Rheinhausen; seit 1951 Mitglied der FDP, bis 1953 Vorsitzender des Bezirksverbandes Aachen und Mitglied des Landesvorstandes NRW; 1968 bis 1978 Landesschatzmeister und Mitglied des Landesvorstandes; 1972 Mitglied des Bundesvorstandes; 1978 stellvertr. Landesvorsitzender; stellvertr. Vorsitzender des Kuratoriums der Friedrich-Naumann-Stiftung; 1982 Mitglied des Präsidiums der FDP; Mitglied des Bundestags seit 1972; 7. Okt. 1977 bis 17. Sept. 1982 und ab 4. Okt. 1982 Bundesminister für Wirtschaft.

Paul Löbe

Geb. am 14.12.1875 in Liegnitz; Lehrzeit als Schriftsetzer; Kontakt mit der sozialistischen Bewegung; 1899 politischer Redakteur bei der „Breslauer Volkswacht"; seit 1904 Stadtverordneter in Breslau; 1919 Vizepräsident der Weimarer Nationalversammlung; 1920 bis 1924 und 1925 bis 1932 Reichstagspräsident; anschließend Redakteur beim „Vorwärts"; nach 1933 vorübergehend im Konzentrationslager, Freilassung unter der Bedingung, politisch nicht weiter tätig zu sein; bis 1944 Tätigkeit als Korrektor; Verbindung mit der Widerstandsgruppe Gördeler-Leuschner und Teilnahme am 20. Juli 1944; danach erneut verhaftet und ins KZ überführt; 1945 Mitglied des Zentralausschusses der SPD in Berlin; später Mitglied der SPD-Fraktion im Parlamentarischen Rat in Bonn; am 13. Juni 1949 zum Präsidenten der Deutschen Bewegung für die Vereinigten Staaten von Europa gewählt; Mai 1946 Lizenzträger der Tageszeitung „Telegraf"; Alterspräsident im Ersten Deutschen Bundestag; MdB bis 1953; seit 1954 Leiter des „Kuratoriums Unteilbares Deutschland"; gestorben am 3. Aug. 1967 in Bonn.

Heinrich Lübke

Geb. am 14.10.1894 in Enkhausen, Kreis Arnsberg (Sauerland); 1913 Abitur in Brilon; 1914 Studium der Geodäsie, Kulturbautechnik und Landwirtschaft; 1914–1918 Teilnahme am 1. Weltkrieg als Kriegsfreiwilliger, Leutnant d.R.; 1918–1922 Fortsetzung des Studiums; zusätzlich Studium der Volks- und Betriebswirtschaft, der Philosophie und des Verwaltungsrechts; 1923–1926 Tätigkeit in der „Hauptgenossenschaft landwirtschaftlicher Mittel- und Kleinbetriebe"; 1926–1933 Gründungs- und geschäftsf. Vorstandsmitglied der „Deutschen Bauernschaft"; 1931–1933 Abgeordneter des Zentrums im Preußischen Landtag; 1933 Verlust aller Verbandsämter, vorübergehende Verhaftung („Schutzhaft"); 5. Febr. 1934–11. Okt. 1935 Haft in Berlin wegen „Korruption in der Systemzeit"; 1937–1939 Tätigkeit im städt. Wohnungsbauwesen in Berlin; 1939–1945 Tätigkeit im Architekturbüro Schlempp in Berlin; mit dem Büro Dienstverpflichtung beim Generalbauinspekteur der Reichshauptstadt; 1945 Beitritt zur CDU in Westfalen; 1946 Ernennung zum Mitglied des Beratenden Westfälischen Provinzialrates, am 2. Okt. 1946 zum Mitglied des Landtages von NRW; 6. Jan. 1947–31. Dez. 1952 Ernährungs- und Landwirtschaftsminister in NRW; 14. Aug. 1949 Wahl in den 1. Deutschen Bundestag (1950 Mandatsniederlegung); Januar–Oktober 1953 Generalanwalt des Deutschen Raiffeisenverbandes; 1953–1959 Mitglied des Deutschen Bundestags, Bundesminister für Ernährung, Landwirtschaft und Forsten; 1. Juli 1959 Wahl zum Bundespräsidenten (1964 Wiederwahl); 30. Juni 1969 Rücktritt vom Amt des Bundespräsidenten; 6. April 1972 gestorben in Bonn.

Wolfgang Mischnick

Geb. am 29.9.1921 in Dresden; ev.; Abitur; 1939–1945 Soldat, Leutnant der Reserve; Studium an der TH in Dresden; 1945 Mitbegründer der Liberal-Demokratischen Partei (LDPD) in Dresden; zunächst Referent, dann Geschäftsführer der Partei, später Jugendreferent; 1946–1948 Stadtverordneter in Dresden; 1947 Mitglied des Geschäftsführenden Zentralvorstandes der LDPD in der sowjetischen Besatzungszone und Stellvertr. Landesvorsitzender in Sachsen; April/Mai 1948 Flucht in die Bundesrepublik; Aufnahme in die LDP (später FDP) in Hessen; 1948 Stellvertr. Vorsitzender des LDP-Kreisverbandes Frankfurt; 1951 Stellvertr. Landesvorsitzender, 1952 Landesvorsitzender der Deutschen Jungdemokraten (DJD) in Hessen; 1954 Mitglied des Hessischen Landtages (bis 1957); Bundesvorsitzender der DJD; 1955 Parlamentarischer Geschäftsführer der Landtagsfraktion; 1956 Vorsitzender des FDP-Kreisverbandes Frankfurt/M. (bis 1971); Wahl in die Frankfurter Stadtverordnetenversammlung, dort Vorsitzender der FDP-Fraktion 1956–1961 und 1964–1968; seit 1957 Mitglied des Deutschen Bundestags, bis 1967 Stellvertr. Landesvorsitzender, 1967–1977 Landesvorsitzender der FDP in Hessen; 1959–1961 Parlamentarischer Geschäftsführer der FDP-Bundestagsfraktion; 1961–1963 Bundesminister für Vertriebene, Flüchtlinge und Kriegsbeschädigte; 1963–1968 Stellvertr. Vorsitzender, seit 1968 Vorsitzender der FDP-Bundestagsfraktion; seit 1964 Stellvertr. Bundesvorsitzender der FDP; Mitglied des Rundfunkrates des Deutschlandfunks.

Erich Ollenhauer

Geb. am 27.3.1901 in Magdeburg; 1915 kaufmännische Lehre; 1916 Eintritt in die „Arbeiter-Jugend", 1918 in die SPD; 1919 Volontariat in der Magdeburger „Volksstimme", von 1921 bis 1928 Redakteur der Zeitschrift „Arbeiterjugend"; 1921–1946 Sekretär der Sozialistischen Jugend-Internationale; 1928–1933 Vorsitzender der Sozialistischen Arbeiterjugend Deutschlands (SAJ); am 26. April 1933 Wahl in den Parteivorstand der SPD; am 6. Mai 1933 Flucht in die Tschechoslowakei; Juni 1933 bis 1938 in Prag (Mitglied des Parteivorstandes der SPD im Exil); 1935 ausgebürgert, 1938 Flucht nach Paris, Mai/Juni 1940 Internierung, Freilassung und erneute Flucht (in die unbesetzte Zone Frankreichs), im Sept. 1940 über Spanien nach Lissabon; 1941–1945 engster Mitarbeiter des SPD-Vorsitzenden Hans Vogel in London; im Febr. 1946 Rückkehr nach Deutschland, Sekretär im SPD-Büro der Westzonen in Hannover; 1946–1952 Stellvertr. Vorsitzender der SPD; 1949 Mitglied des Parlamentarischen Rates; 1949–1963 Mitglied des Deutschen Bundestags, 1949–1952 Stellvertr. Vorsitzender der SPD-Fraktion; 1950 Mitglied der Gemeinsamen Versammlung der Montan-Union, 1951–1953 der Beratenden Versammlung des Europarates; im Juli 1951 Wahl zu einem der Stellvertr. Vorsitzenden der Sozialistischen Internationale, im Sept. 1963 zum Vorsitzenden; 1952–1963 Vorsitzender der SPD u. ihrer Bundestagsfraktion; am 14. Dez. 1963 in Bonn gestorben.

Annemarie Renger

Geb. am 7.10.1919 in Leipzig; Lyzeum; Verlagslehre; Verlagskaufmann; 1945 bis 1952 Privatsekretärin von Dr. Kurt Schumacher; Mai bis Dez. 1946 Leitung des Büros des Parteivorstandes der SPD in Berlin; Vizepräsidentin der Europa-Union Deutschland; Mitglied des Präsidiums Deutscher Rat der Europäischen Bewegung; Ehrenpräsidentin des Verbandes Demokratischer Widerstandskämpfer (ZDWV); seit 1945 Mitglied der SPD; bis April 1973 Mitglied des Parteivorstandes und des Präsidiums der SPD; seit 1979 Mitglied der Kontrollkommission der SPD; Mitglied des Bundestags seit 1953; von April 1959 bis Jan. 1966 Mitglied der Beratenden Versammlung des Europarates und der Versammlung der Westeuropäischen

Union; Mitglied des Fraktionsvorstandes; 1969 bis 1972 Parlamentarischer Geschäftsführer der SPD-Fraktion; 13. Dez. 1972 bis 13. Dez. 1976 Präsidentin des Deutschen Bundestags, seit 14. Dez. 1976 Vizepräsidentin; seit 1976 Vorsitzende der Deutsch-Israelischen Parlamentariergruppe.

Walter Scheel

Geb. am 8.7.1919 in Solingen; ev.; 1938 Abitur, Ausbildung im Bankfach; 1939 bis 1945 Soldat, zuletzt Oberleutnant der Luftwaffe; 1945–1953 Geschäftsführer einer Stahlwarenfabrik, anschließend Wirtschaftsberater; 1946 Eintritt in die FDP; 1948 Stadtverordneter in Solingen; 1950 Mitglied des Landtages von NRW; 1952 Landesschatzmeister der FDP; am 6. Sept. 1953 Wahl in den Deutschen Bundestag; 1955 Mitglied des Europa-Parlaments; am 21. Febr. 1956 Beteiligung am Sturz des nordrhein-westfälischen Ministerpräsidenten Karl Arnold (CDU) durch die „Jungtürken" in der FDP; im Okt. 1961 Minister für wirtschaftliche Zusammenarbeit, am 27. Okt. 1966 Rücktritt von diesem Amt, zusammen mit den übrigen FDP-Ministern; 1968 Wahl zum Parteivorsitzenden der FDP; Juni 1970 Wiederwahl; 1969 bis 1974 Bundesaußenminister und Vizekanzler; am 15. Mai 1974 Wahl zum Bundespräsidenten; 1979 Verzicht auf eine zweite Amtsperiode als Bundespräsident.

Karl Schiller

Geb. am 24.4.1911 in Breslau; ev.; Abitur in Kiel; Studium der Volkswirtschaftslehre und Soziologie; 1934 Dipl.-Volkswirt, 1935 Dr. rer. pol.; bis 1941 Leiter einer Forschungsgruppe am Institut für Weltwirtschaft in Kiel; 1939 Habilitation und Privatdozent an der Universität Kiel; 1941 bis 1945 Soldat, zuletzt Oberleutnant; 1945 bis 1946 Gastprofessor an der Universität Kiel; seit 1947 Ordinarius für Volkswirtschaftslehre an der Universität Hamburg; Direktor des Instituts für Außenhandel und Überseewirtschaft und Direktor des Sozialökonomischen Seminars der Universität Hamburg; 1956 bis 1958 Rektor der Universität Hamburg; Autor zahlreicher wissenschaftlicher und politischer Publikationen; 1958 bis 1960 Mitglied des Wissenschaftsrates; seit 1947 Mitglied des Wissenschaftlichen Beirates beim Bundeswirtschaftsministerium; seit 1946 Mitglied der SPD; 1964 Mitglied des Parteivorstandes der SPD; 1949 bis 1957 Mitglied der Hamburger Bürgerschaft, 1948 bis 1953 Senator für Wirtschaft und Verkehr in Hamburg; 1949 bis 1953 Mitglied des Bundesrates, 1961 bis 1965 Senator für Wirtschaft in Berlin; von Okt. 1965 bis Sept. 1972 Mitglied des Bundestags, zunächst stellvertr. Fraktionsvorsitzender und wirtschaftspolitischer Sprecher; ab 6. Dez. 1966 Bundeswirtschaftsminister im Kabinett Kiesinger, desgleichen im 1. Kabinett Brandt; ab 13. Mai 1971 zusätzlich Bundesfinanzminister; am 7. Juli 1972 Rücktritt von beiden Ämtern; am 21. August 1972 Rückzug aus SPD-Parteipräsidium und Bundesvorstand, am 24. Sept. 1972 Austritt aus der SPD, Sept. 1980 Wiedereintritt; nach dem Ausscheiden aus der Politik Beratertätigkeit für verschiedene Industriefirmen und Gesellschaften im In- und Ausland sowie für ausländische Regierungen.

Carlo Schmid

Geb. am 3.12.1896 in Perpignan (Südfrankreich); kath.; 1908 Übersiedlung nach Stuttgart; 1914 Abitur in Stuttgart; 1914–1918 Teilnahme am Ersten Weltkrieg als Kriegsfreiwilliger (zuletzt Leutnant der Reserve); 1919–1921 Studium der Rechts- und Staatswissenschaft, 1921 Erste juristische Staatsprüfung; 1923 Promotion zum Dr. jur.; 1924 Zweite juristische Staatsprüfung und Zulassung als Rechtsanwalt beim Landgericht Tübingen; 1925–1940 Hilfs-, dann Amtsrichter, seit 1931 Landgerichtsrat; 1927–1928 Delegation an das Institut für ausländisches öffentliches Recht und Völkerrecht in Berlin; 1929 Habilitation für Völkerrecht und internationales Privatrecht; 1939 Dozent; 1940–1945 Wehrmachtsbeamter in Lille (Frankreich); 1945 Ernennung zum a.o. Professor an der Rechts- und Wirtschaftswissenschaftlichen Fakultät in Tübingen; am 18. Sept. 1945 Staatsrat im Staatsministerium Stuttgart; 1945–1946 Vorsitzender des Staatssekretariats, Staatsrat und Landesdirektor für Justiz sowie Kultur, Erziehung und Kunst in

Südwürttemberg-Hohenzollern; 1946 Landesvorsitzender der SPD in Südwürttemberg-Hohenzollern; 1946–1953 Ordentlicher Professor für öffentliches Recht und Völkerrecht in Tübingen; vom Dez. 1946 bis Juli 1947 Staatssekretär und Landesdirektor für Justiz in Südwürttemberg-Hohenzollern; 1947 Mitglied des 1. Landtags von Württemberg-Hohenzollern; 1947–1950 Stellvertr. Staatspräsident und Justizminister des Landes W.-H.; 1948–1949 Mitglied des Verfassungskonvents von Herrenchiemsee und des Parlamentarischen Rates (Fraktionsvorsitzender der SPD); 1949–1972 Mitglied des Deutschen Bundestages; 1949–1966 und 1969–1972 1. Vizepräsident des Deutschen Bundestags; 1950–1952 Vizepräsident der Europa-Union; 1950–1966 und 1969–1973 Mitglied der Beratenden Versammlung des Europarates in Straßburg und der Versammlung der Westeuropäischen Union in Paris (1963–1966 viermal Präsident der Versammlung der W.U.); 1949–April 1973 Mitglied des Parteivorstandes der SPD; 1953–1966 Ordentlicher Professor für Wissenschaft von der Politik an der Wirtschafts- und Sozialwissenschaftlichen Fakultät der Universität Frankfurt am Main; 1958–1970 Mitglied des Präsidiums der SPD; 1966–1969 Bundesminister für Angelegenheiten des Bundesrates und der Länder in der Großen Koalition; 1967 Goethe-Preis der Stadt Frankfurt; 1970–1974 Vorstandsmitglied des Deutschen Rats der Europäischen Bewegung; seit 1969 Koordinator für die deutsch-französische Zusammenarbeit; 1975 Hansischer Goethe-Preis der Hamburger-Stiftung F.V.S.; am 11. Dez. 1979 gestorben in Bonn.

Helmut Schmidt

Geb. am 23.12.1918 in Hamburg; ev.; 1937 Abitur im Hamburg, Reichsarbeitsdienst, Wehrpflicht; ab 1941 Soldat, zuletzt als Oberleutnant u. Batteriechef; 1945 brit. Kriegsgefangenschaft; 1945–1949 Studium der Staatswissenschaften und Volkswirtschaft (Abschluß: Diplom-Volkswirt); 1946 Eintritt in die SPD, 1947–1948 Bundesvorsitzender des Sozialistischen Deutschen Studentenbundes; 1949–1953 bei der Hamburger Behörde für Wirtschaft und Verkehr, 1952 Verkehrsdezernent; 1953 bis Januar 1962 Mitglied des Deutschen Bundestags; 1957 Mitglied des Vorstandes der SPD-Bundestagsfraktion, 1958 des Bundesvorstandes der SPD; 1961–1965 Innensenator in Hamburg; 1965 erneut Mitglied des Bundestags, Stellvertr. Fraktionsvorsitzender, 1966 Amtierender Fraktionsvorsitzender, 1967–1969 Fraktionsvorsitzender der SPD; 1967 Mitglied des SPD-Präsidiums; seit März 1968 Stellvertr. Vorsitzender der SPD; am 22. Oktober 1969 Verteidigungsminister; am 6. Juli 1972 Bundesminister der Wirtschaft und Finanzen, am 15. Dez. 1972 Bundesminister der Finanzen; am 16. Mai 1974 Wahl zum Bundeskanzler, erneut am 15. Dezember 1976 und am 5. November 1980. Vom 17. Sept. bis 1. Okt. 1982 zugleich Bundesminister des Auswärtigen.

Gerhard Schröder

Geb. am 11.Sept. 1910 in Saarbrücken, ev.; 1929 Abitur in Trier; 1929–1933 Studium der Rechts- und Staatswissenschaften; 1932 Erstes Juristisches Staatsexamen, 1933 Promotion zum Dr.jur.; 1932–1936 Referendarausbildung und Zweites Juristisches Staatsexamen; 1933 Mitglied der NSDAP, (1941 Austritt aufgrund nicht „rassenreiner“ Heirat), 1933/34 SA-Kandidat, seit 1934 Mitglied der Bekennenden Kirche; 1939 Zulassung als Rechtsanwalt beim Landgericht Berlin; 1939–1945 Soldat (zuletzt Obergefreiter); 1945/46 Persönlicher Referent des Oberpräsidenten der Nordrhein-Provinz; 1946/47 Referent für Wahlrechts- und Verfassungsfragen im Innenministerium von NRW; Vorsitzender des „Deutschen Wahlrechtsausschusses für die britische Zone“; Stellvertretendes Mitglied des Zonenbeirats; 1947–1949 Abteilungsleiter der Stahltreuhänderverwaltung; 1947–1953 Anwaltspraxis in Düsseldorf; 1949–1980 Mitglied des Deutschen Bundestags; 1952/53 Stellvertr. Vorsitzender der CDU/CSU-Bundestagsfraktion; 1953–1961 Bundesminister des Innern; 1961–1966 Bundesminister des Auswärtigen; 1966–1969 Bundesminister der Verteidigung; im September 1980 Rückzug aus der Politik.

Kurt Schumacher

Geb. am 13.10.1895 in Kulm an der Weichsel; ev.; 1914 Notabitur in Kulm; 1914–1915 Kriegsfreiwilliger, schwer verwundet; 1915–1919 Studium der Rechts-, Staats- und Wirtschaftswissenschaften; 1918 Eintritt in die SPD; 1918–1919 als Vertreter des Reichsbundes der Kriegsbeschädigten Mitglied des Arbeiter- und Soldatenrates von Großberlin; 1919 Wissenschaftlicher Hilfsarbeiter im Reichsarbeitsministerium; 1920 Rigorosum (1926 Fertigstellung der Dissertation); 1920–1930 Politischer Redakteur der „Schwäbischen Tagwacht"; 1922 Gründer der paramilitärischen Organisation „Schwabenland", 1924 deren Überleitung in das neugegründete Reichsbanner Schwarz-Rot-Gold, Vorsitzender des Stuttgarter Ortsvereins; 1924–1931 Abgeordneter des Württembergischen Landtags, seit 1928 Mitglied des Fraktionsvorstandes; 1930–1933 Abgeordneter des Deutsches Reichstags, seit August 1932 Mitglied des Fraktionsvorstandes; vom 6. Juli 1933 bis zum 16. März 1943 „Schutzhaft" in Gefängnissen und Konzentrationslagern, erneute Inhaftierung vom 24. August bis zum 20. September 1944; im April 1945 Wiederaufbau der SPD Hannovers, im Mai 1945 Einrichtung des „Büros Dr. Schumacher" als inoffizielle Parteizentrale der SPD der Westzonen; 1946 Wahl zum ersten Vorsitzenden der SPD, Wiederwahl 1947, 1948 und 1950; 1948–1949 schwere Erkrankung, Amputation des linken Beines; 1949 Wahl in den Deutschen Bundestag, Fraktionsvorsitzender der SPD; gestorben am 20. Aug. 1952 in Bonn.

Gerhard Stoltenberg

Geb. am 29.9.1928 in Kiel; ev.; Abitur; 1944 bis 1945 Wehrdienst; Studium der Geschichte, Sozialwissenschaften und Philosophie; 1954 Promotion zum Dr. phil.; 1960 Habilitation für neuere Geschichte an der Universität Kiel, Dozent. April 1965 bis September 1965 und November 1969 bis Dezember 1970 Direktor der Fried. Krupp GmbH; Senator der Max-Planck-Gesellschaft. Seit 1947 Mitglied der CDU. 1955 bis 1971 stellvertr. Landesvorsitzender, seit 1971 Landesvorsitzender der CDU Schleswig-Holstein; seit 1969 stellvertr. Bundesvorsitzender; 1955 bis 1961 Bundesvorsitzender der Jungen Union. 1954 bis 1957 und von April 1971 bis Nov. 1982 Mitglied des Schleswig-Holsteinischen Landtages. Mitglied des Bundestags von 1957 bis 3. Juni 1971 und seit 1982. Oktober 1965 bis Oktober 1969 Bundesminister für wissenschaftliche Forschung. Danach bis 1971 stellvertr. Fraktionsvorsitzender der CDU/CSU-Bundestagsfraktion. Vom 24. Mai 1971 bis 4. Oktober 1982 Ministerpräsident des Landes Schleswig-Holstein. Seit 4. Oktober 1982 Bundesminister der Finanzen.

Anton Storch

Geb. am 1. April 1892 in Fulda; 1906–1909 Tischlerlehre; 1909 bis 1914 Tischlergeselle; 1914 bis 1918 Teilnahme am Ersten Weltkrieg; bis 1920 Tischlergeselle. 1920 bis 1933 Angestellter des Zentralverbandes Christlicher Holzarbeiter, u.zw. bis 1921 als Bezirksleiter in Koblenz und bis 1933 als Gauleiter des Verbandes in Hannover; 1929 bis 1931 Vorsitzender des Ortskartells der Christlichen Gewerkschaft in Hannover, 1931 bis 1933 Vorsitzender des Deutschen Gewerkschaftsbundes, Landesverband Niedersachsen; 1933 aus politischen Gründen Verlust seiner Ämter. 1933 bis 1939 Versicherungsvertreter; 1939 bis 1945 Dienstverpflichtung zur Feuerschutzpolizei in Hannover; von Kriegsende bis November 1945 Tätigkeit als Tischlergeselle und Mitarbeit am Aufbau der Allgemeinen Gewerkschaft in Hannover; 1946 bis 1948 Leiter der Sozialpolitischen Abteilung des Deutschen Gewerkschaftsbundes; 1947 bis 1949 Mitglied des Wirtschaftsrates der Bizone; 1948 Direktor der Verwaltung für Arbeit des Vereinigten Wirtschaftsgebietes; Mitglied des Bundestags von Aug. 1949 bis Oktober 1965; Bundesarbeitsminister vom 20. Sept. 1949 bis 29. Okt. 1957 im 1. und 2. Kabinett Adenauer; gilt als der „Vater der dynamischen Rente"; seit 1958 Mitglied des Europäischen Parlaments; gestorben am 26. Nov. 1975 in Fulda.

Franz Josef Strauß

Geb. am 6.9.1915 in München; kath.; 1935 Abitur in München; 1936–1941 Studium der klassischen Philologie und der Germanistik; 1939–1945 Heeres-Flakoffizier (zuletzt Oberleutnant), 1943–1945 Lehroffizier, April 1944–Juni 1945 in amerikanischer Kriegsgefangenschaft; 1941/42 Erstes und Zweites Staatsexamen für das Lehramt an Höheren Schulen; 1943 Ernennung zum Studienrat; 1945 Gründungsmitglied der CSU in Schongau, 1946 Stellvertr. Vorsitzender des CSU-Kreisverbandes Schongau; 1946–1948 Landrat des Kreises Schongau, Jugendreferent im Bayerischen Staatsministerium für Unterricht und Kultus; 1948 Leiter des Bayerischen Landesjugendamtes; Mitglied des bizonalen Wirtschaftsrates in Frankfurt/M; seit 1946 Mitglied des Landesvorstandes und des Präsidiums der CSU; 1948–1952 Landesgeschäftsführer; 1952–1961 Stellvertr. Landesvorsitzender; seit 18. März 1961 Landesvorsitzender der CSU; 1949–1978 Mitglied des Deutschen Bundestages; 1953–1957 und 1963–1966 Vorsitzender der CSU-Landesgruppe und damit zugleich Stellvertr. Vorsitzender der Fraktionsgemeinschaft der CDU/CSU; 1953–1955 Bundesminister für besondere Aufgaben; 1955–1956 Bundesminister für Atomfragen; 1956–1962 Bundesminister für Verteidigung; am 20. November 1962 Rücktritt vom Amt des Bundesverteidigungsministers aufgrund der „Spiegel-Affäre"; 1966–1969 Bundesminister der Finanzen in der Großen Koalition; 1970 Aufsichtsratsvorsitzender der „Deutschen Airbus GmbH" in München, Engagement in der deutschen Luftfahrtindustrie; 1970–1978 finanz- und wirtschaftspolitischer Sprecher der CDU/CSU-Fraktion; seit November 1978 bayerischer Ministerpräsident.

Hans-Jochen Vogel

Geb. am 3.2.1926 in Göttingen; kath.; 1943 Abitur in Gießen; 1943 bis 1945 Soldat; Studium der Rechte; 1948 Erste, 1951 Zweite Juristische Staatsprüfung; 1950 Promotion zum Dr.jur.; 1952 Assessor, dann Regierungsrat im Bayerischen Justizministerium; 1954 Amtsgerichtsrat in Traunstein, 1955 an die Bayerische Staatskanzlei abgeordnet, 1958 Stadtrat und Leiter des Rechtsreferates, 1960 bis 1972 Oberbürgermeister von München, Rechtsanwalt. Seit 1950 Mitglied der SPD; 1970 Mitglied des SPD-Parteivorstandes; 1981 Regierender Bürgermeister von Berlin; sodann Vorsitzender der SPD-Fraktion im Abgeordnetenhaus von Berlin. Mitglied des Bundestags von 1972 bis 28. Januar 1981 und seit 1983; 15. Dezember 1972 Bundesminister für Raumordnung, Bauwesen und Städtebau; 16. Mai 1974 Bundesminister der Justiz; seit März 1983 Vorsitzender der SPD-Fraktion im Bundestag.

Herbert Wehner

Geb. am 11.7.1906 in Dresden; 1922–1923 Mitglied der Sozialistischen Arbeiterjugend; 1924 Realschulabschluß und Ausbildung zum Industriekaufmann; 1926–1927 Angestellter in Berlin und Dresden, Entlassung aus politischen Gründen; 1927 Eintritt in die KPD; 1930 Wahl in den Sächsischen Landtag, stellvertr. Vorsitzender der KPD-Fraktion; 1931 Aufgabe des Landtagsmandats, Abordnung nach Berlin als „Technischer Sekretär" der Parteizentrale; 1933–1937 Tätigkeit für die verbotene KPD in Deutschland, 1935–1937 Mitglied des Zentralkomitees der Exil-KPD und der Komintern; 1937–1941 Aufenthalt in Moskau, 1941 Abordnung nach Stockholm im Auftrag der Komintern, 1942–1944 Inhaftierung wegen „Gefährdung der schwedischen Freiheit und Neutralität", anschließend Internierung; am 6. Juni 1942 Ausschluß aus der KPD; 1944–1946 Viskose-Arbeiter, dann wissenschaftlicher Hilfsarbeiter in Schweden; 1946 Rückkehr nach Deutschland, Redakteur beim „Hamburger Echo", Eintritt in die SPD; von 1949 bis März 1982 Mitglied des Deutschen Bundestags; 1958–1973 stellvertretender Vorsitzender der SPD; 1966–1969 Minister für Gesamtdeutsche Fragen; ab 1969 Fraktionsvorsitzender der SPD im Deutschen Bundestag.

Manfred Wörner

Geb. am 24.9.1934 in Stuttgart; ev.; Abitur in Stuttgart. Studium der Rechtswissenschaft; Erstes (1957) und Zweites (1961) juristisches Staatsexamen; Promotion im Völkerrecht; Regierungsrat bei der Innenverwaltung des Landes Baden-Württemberg; von 1962 bis 1964 parlamentarischer Berater beim Landtag von Baden-Württemberg. Mitglied des Bundestags seit 1965; seit 4. Oktober 1982 Bundesminister der Verteidigung.

Die Präsidenten der Bundesrepublik Deutschland

1949–1959	Theodor Heuss (1884–1963), FDP
1959–1969	Heinrich Lübke (1894–1972), CDU
1969–1974	Gustav Heinemann (1899–1975), SPD
1974–1979	Walter Scheel (1919), FDP
1979	Karl Carstens (1914), CDU

Die Präsidenten des Deutschen Bundestags

1949–1950	Erich Köhler (1892–1958), CDU
1950–1954	Hermann Ehlers (1904–1954), CDU
1954–1969	Eugen Gerstenmaier (1906), CDU
1969–1972	Kai-Uwe von Hassel (1913), CDU
1972–1976	Annemarie Renger (1919), SPD
1976–1979	Karl Carstens (1914), CDU
1979–1983	Richard Stücklen (1916), CSU
1983	Rainer Barzel (1924), CDU

Die Kanzler der Bundesrepublik Deutschland

1949–1963	Konrad Adenauer (1876–1967), CDU
1963–1966	Ludwig Erhard (1897–1977), CDU
1966–1969	Kurt Georg Kiesinger (1904), CDU
1969–1974	Willy Brandt (1913), SPD
1974–1982	Helmut Schmidt (1918), SPD
1982	Helmut Kohl (1930), CDU

Legislaturperioden des Deutschen Bundestags

I.	Legislaturperiode: 1949–1953	VI.	Legislaturperiode: 1969–1972
II.	Legislaturperiode: 1953–1957	VII.	Legislaturperiode: 1972–1976
III.	Legislaturperiode: 1957–1961	VIII.	Legislaturperiode: 1976–1980
IV.	Legislaturperiode: 1961–1965	IX.	Legislaturperiode: 1980–1983
V.	Legislaturperiode: 1965–1969	X.	Legislaturperiode: 1983–

Bestimmungen über den Deutschen Bundestag im Grundgesetz

III. Der Bundestag

Artikel 38

(1) Die Abgeordneten des Deutschen Bundestages werden in allgemeiner, unmittelbarer, freier, gleicher und geheimer Wahl gewählt. Sie sind Vertreter des ganzen Volkes, an Aufträge und Weisungen nicht gebunden und nur ihrem Gewissen unterworfen.
(2) Wahlberechtigt ist, wer das achtzehnte Lebensjahr vollendet hat; wählbar ist, wer das Alter erreicht hat, mit dem die Volljährigkeit eintritt.[1]
(3) Das Nähere bestimmt ein Bundesgesetz.

Artikel 39

(1) Der Bundestag wird auf vier Jahre gewählt. Seine Wahlperiode endet mit dem Zusammentritt eines neuen Bundestages. Die Neuwahl findet frühestens fünfundvierzig, spätestens siebenundvierzig Monate nach Beginn der Wahlperiode statt. Im Falle einer Auflösung des Bundestages findet die Neuwahl innerhalb von sechzig Tagen statt.[2]
(3) Der Bundestag bestimmt den Schluß und den Wiederbeginn seiner Sitzungen. Der Präsident des Bundestages kann ihn früher einberufen. Er ist hierzu verpflichtet, wenn ein Drittel der Mitglieder, der Bundespräsident oder der Bundeskanzler es verlangen.

Artikel 40

(1) Der Bundestag wählt seinen Präsidenten, dessen Stellvertreter und die Schriftführer. Er gibt sich eine Geschäftsordnung.
(2) Der Präsident übt das Hausrecht und die Polizeigewalt im Gebäude des Bundestages aus. Ohne seine Genehmigung darf in den Räumen des Bundestages keine Durchsuchung oder Beschlagnahme stattfinden.

Artikel 41

(1) Die Wahlprüfung ist Sache des Bundestages. Er entscheidet auch, ob ein Abgeordneter des Bundestages die Mitgliedschaft verloren hat.
(2) Gegen die Entscheidung des Bundestages ist die Beschwerde an das Bundesverfassungsgericht zulässig.
(3) Das Nähere regelt ein Bundesgesetz.

Artikel 42

(1) Der Bundestag verhandelt öffentlich. Auf Antrag eines Zehntels seiner Mitglieder oder auf Antrag der Bundesregierung kann mit Zweidrittelmehrheit die Öffentlichkeit ausgeschlossen werden. Über den Antrag wird in nichtöffentlicher Sitzung entschieden.
(2) Zu einem Beschlusse des Bundestages ist die Mehrheit der abgegebenen Stimmen erforderlich, soweit dieses Grundgesetz nichts anderes bestimmt. Für die vom Bundestage vorzunehmenden Wahlen kann die Geschäftsordnung Ausnahmen zulassen.
(3) Wahrheitsgetreue Berichte über die öffentlichen Sitzungen des Bundestags und seiner Ausschüsse bleiben von jeder Verantwortlichkeit frei.

Artikel 43

(1) Der Bundestag und seine Ausschüsse können die Anwesenheit jedes Mitgliedes der Bundesregierung verlangen.

(2) Die Mitglieder des Bundesrates und der Bundesregierung sowie ihre Beauftragten haben zu allen Sitzungen des Bundestages und seiner Ausschüsse Zutritt. Sie müssen jederzeit gehört werden.

Artikel 44

(1) Der Bundestag hat das Recht und auf Antrag eines Viertels seiner Mitglieder die Pflicht, einen Untersuchungsausschuß einzusetzen, der in öffentlicher Verhandlung die erforderlichen Beweise erhebt. Die Öffentlichkeit kann ausgeschlossen werden.
(2) Auf Beweiserhebungen finden die Vorschriften über den Strafprozeß sinngemäß Anwendung. Das Brief-, Post- und Fernmeldegeheimnis bleibt unberührt.
(3) Gerichte und Verwaltungsbehörden sind zur Rechts- und Amtshilfe verpflichtet.
(4) Die Beschlüsse der Untersuchungsausschüsse sind der richterlichen Erörterung entzogen. In der Würdigung und Beurteilung des der Untersuchung zugrunde liegenden Sachverhaltes sind die Gerichte frei.

Artikel 45[3]

Artikel 45a[4]

(1) Der Bundestag bestellt einen Ausschuß für auswärtige Angelegenheiten und einen Ausschuß für Verteidigung.[5]
(2) Der Ausschuß für Verteidigung hat auch die Rechte eines Untersuchungsausschusses. Auf Antrag eines Viertels seiner Mitglieder hat er die Pflicht, eine Angelegenheit zum Gegenstand seiner Untersuchung zu machen.
(3) Artikel 44 Absatz 1 findet auf dem Gebiet der Verteidigung keine Anwendung.

Artikel 45b[4]

Zum Schutz der Grundrechte und als Hilfsorgan des Bundestages bei der Ausübung der parlamentarischen Kontrolle wird ein Wehrbeauftragter des Bundestages berufen. Das Nähere regelt ein Bundesgesetz.

Artikel 45c[6]

(1) Der Bundestag bestellt einen Petitionsausschuß, dem die Behandlung der nach Artikel 17 an den Bundestag gerichteten Bitten und Beschwerden obliegt.
(2) Die Befugnisse des Ausschusses zur Überprüfung von Beschwerden regelt ein Bundesgesetz.

Artikel 46

(1) Ein Abgeordneter darf zu keiner Zeit wegen seiner Abstimmung oder wegen einer Äußerung, die er im Bundestage oder in einem seiner Ausschüsse getan hat, gerichtlich oder dienstlich verfolgt oder sonst außerhalb des Bundestages zur Verantwortung gezogen werden. Dies gilt nicht für verleumderische Beleidigungen.
(2) Wegen einer mit Strafe bedrohten Handlung darf ein Abgeordneter nur mit Genehmigung des Bundestages zur Verantwortung gezogen oder verhaftet werden, es sei denn, daß er bei Begehung der Tat oder im Laufe des folgenden Tages festgenommen wird.
(3) Die Genehmigung des Bundestages ist ferner bei jeder anderen Beschränkung der persönlichen Freiheit eines Abgeordneten oder zur Einleitung eines Verfahrens gegen einen Abgeordneten gemäß Artikel 18 erforderlich.
(4) Jedes Strafverfahren und jedes Verfahren gemäß Artikel 18 gegen einen Abgeordneten, jede Haft und jede sonstige Beschränkung seiner persönlichen Freiheit sind auf Verlangen des Bundestages auszusetzen.

Artikel 47

Die Abgeordneten sind berechtigt, über Personen, die ihnen in ihrer Eigenschaft als Abgeordnete oder denen sie in dieser Eigenschaft Tatsachen anvertraut haben, sowie über diese Tatsachen selbst das Zeugnis zu verweigern. Soweit dieses Zeugnisverweigerungsrecht reicht, ist die Beschlagnahme von Schriftstücken unzulässig.

Artikel 48

(1) Wer sich um einen Sitz im Bundestage bewirbt, hat Anspruch auf den zur Vorbereitung seiner Wahl erforderlichen Urlaub.

(2) Niemand darf gehindert werden, das Amt eines Abgeordneten zu übernehmen und auszuüben. Eine Kündigung oder Entlassung aus diesem Grunde ist unzulässig.

(3) Die Abgeordneten haben Anspruch auf eine angemessene, ihre Unabhängigkeit sichernde Entschädigung. Sie haben das Recht der freien Benutzung aller staatlichen Verkehrsmittel. Das Nähere regelt ein Bundesgesetz.

---

1 neugefaßt durch Gesetz vom 31. Juli 1970 (BGBl. I S. 1161)
2 neugefaßt durch Gesetz vom 23. August 1976 (BGBl. I. S. 2381)
3 gestrichen durch Gesetz vom 23. August 1976 (BGBl. I S. 2381)
4 eingefügt durch Gesetz vom 19. März 1956 (BGBl. I S. 111)
5 Absatz 1 Satz 2 gestrichen durch Gesetz vom 23. August 1976 (BGBl I S. 2381)
6 eingefügt durch Gesetz vom 15. Juli 1975 (BGBl. I S. 1901)

Quellenangaben der Reden im Parlamentspressedienst

Die Chiffren geben Aufschluß über Legislaturperioden und Sitzungstage sowie die Fundorte mit Seiten- und Abschnittsangabe im Parlamentspressedienst des Bundestages (BT-PlPr). Die Reden sind chronologisch geordnet. (1/1 = 1. Wahlperiode / 1. Sitzung; S. 1 B = Seite 1, Abschnitt B)

1. BT-PlPr 10/1 S. 6B – 8B
2. BT-PlPr 1/1 S. 1B – 3A
3. BT-PlPr 1/2 S. 9C – 11C
4. BT-PlPr 1/5 S. 22A – 28A
5. BT-PlPr 1/6 S. 31C – 42D
6. BT-PlPr 1/81 S. 3029 D – 3033B (Schmid)
   BT-PlPr 1/81 S. 3033B – 3034B (Erhard)
7. BT-PlPr 1/125 S. 4757C – 4761A
8. BT-PlPr 1/125 S. 4761B – 4767C
9. BT-PlPr 1/165 S. 6697D – 6699D
10. BT-PlPr 1/222 S. 9851B – 9863C (Strauß)
    BT-PlPr 1/222 S. 9902B – 9907B (Erler)
11. BT-PlPr 1/232 S. 10610B – 10616D
12. BT-PlPr 1/278 S. 13870C – 13873D (Adenauer)
    Bt-PlPr. 1/278 S. 13873D – 13880B (Wehner)
13. BT-PlPr 2/80 S. 4414A
14. BT-PlPr 2/101 S. 5643A – 5647C (Adenauer)
    BT-PlPr 2/105 S. 5777A – B (Gerstenmaier)
15. BT-PlPr 2/154 S. 8334C – 8339B
16. BT-PlPr 2/181 S. 10034A – C
17. BT-PlPr 3/9 S. 401A – 406D
18. BT-PlPr 3/74 S. 4005D – 4010D
19. BT-PlPr 3/80 S. 4376B – 4378D
20. BT-PlPr 3/122 S. 7052 – 7061
21. BT-PlPr 3/167 S. 9769A – 9773B (Adenauer)
    BT-PlPr 3/167 S. 9773C – 9777A (Brandt)
22. BT-PlPr 4/86 S. 4161A – 4165B (Gerstenmaier)
    BT-PlPr 4/86 S. 4165B – 4167A (Adenauer)
23. BT-PlPr 4/90 S. 4192A – 4208C
24. BT-PlPr 4/170 S. 8519B – 8526D
25. BT-PlPr 5/80 S. 3656C – 3665C
26. BT-PlPr 5/82 S. 3699B – 3706B
27. BT-PlPr 5/82 S. 3784B – 3788D
28. BT-PlPr 5/82 S. 3763D – 3769A
29. BT-PlPr 5/154 S. 7881B – 7893D
30. BT-PlPr 5/245 S. 13664D – 13667B
31. BT-PlPr 6/5 S. 20A – 34A
32. BT-PlPr 6/6 S. 37A – 46D
33. BT-PlPr 6/41 S. 2089C – 2091B
34. BT-PlPr 6/53 S. 2692B – 2698B
35. BT-PlPr 6/171 S. 9742D – 9752C (Scheel)
    BT-PlPr 6/171 S. 9820B – 9825D (Schröder)
36. BT-PlPr 6/183 S. 10704A – 10706A
37. BT-PlPr 7/73 S. 4539B – 4544C
38. BT-PlPr 7/100 S. 6593C – 6605D
39. BT-PlPr 7/112 S. 7623D – 7627A
40. BT-PlPr 7/115 S. 7686C – 7687C
41. BT-PlPr 8/50 S. 3756A – 3760C
42. BT-PlPr 8/165 S. 13225B – 13229A
43. BT-PlPr 9/118 S. 7181A – 7200A
44. BT-PlPr 10/4 S. 56A – 74C
45. BT-PlPr 10/4 S. 74D – 92D
46. BT-PlPr 10/4 S. 112D – 117C
47. BT-PlPr 10/5 S.161C – 166D
48. BT-PlPr 10/5 S. 176C – 181D
49. BT-PlPr 10/13 S. 691B – 698A
50. BT-PlPr 10/13 S. 719D – 729A